기행가사자료선집

I

최 강 현

國學資料院

기초전자기학

I

박 현 창

책머리에

역주자가 기행문학에 관심을 가지게 된 지도 어느덧 30년이 되었다. 1966년에 「북정가(北征歌)」를 학계에 보고한 이후부터 한국기행문학에 관심을 가져 왔기 때문이다.

그 결과를 정리하여 한 권의 책으로 엮어 본 것이 『韓國紀行文學硏究 (한국기행문학연구)』(1982)로 출간된 것이다. 당시에는 연구대상 자료가 37편이었으나, 지금은 학계에 보고된 것만도 53편이 넘는다.

이에 필자는 이 분야에 관심을 가지고 공부하려는 후학들을 위하여 1차적으로 2율각(律刻) 1구(句)로 헤아려 2,000구 미만의 작품들만을 가려 뽑아 45편을 주해하여 기행가사 연구 자료선집 제1집으로 엮어 보았다. 여기에 수록한 45편은 이미 우리 학계에 보고된 자료들인데, 지은이와 지어진 연대순으로 배열하되, 지은이와 연대를 알 수 없는 작품들은 작품 이름의 가나다순으로 정리하였다. 내용은 원문대로 싣기를 원칙으로 하되, 원문의 한자어에는 ( )속에 한자 또는 독음을 달아 독자의 이해에 도움이 되게 하였다. 각주는 한 번 앞에서 언급한 사항은 가능한 한 되풀이 않기로 하였다. 이 책이 조선시대 기행가사 연구의 자료집으로 조금이나마 도움이 된다면, 더 없는 영광으로 생각하겠다.

끝으로, 계속되는 출판계의 불황 속에서도 기꺼이 승낙하여 이 책을 정성껏 출간하여 준 국학자료원의 鄭贊溶사장과 韓鳳淑편집실장과 사원들께 감사의 뜻을 표한다.

단군기원 4329년 10월 22일
길밭 崔 康 賢 씀

차 례

책머리에 / 3

1. 관서별곡(關西別曲) ································· 7
2. 관동별곡(關東別曲) ································ 15
3. 틀시곡(出塞曲) ···································· 27
4. 관동속별곡(關東續別曲) ·························· 32
5. 북관곡(北關曲) ···································· 40
6. 연힝별곡(燕行別曲) ······························· 47
7. 서정별곡(西征別曲) ······························· 56
8. 천풍가(天風歌) ···································· 68
9. 녕삼별곡(寧三別曲) ······························· 76
10. 금당별곡(金塘別曲) ······························· 84
11. 피역가(避疫歌) ···································· 90
12. 속스미인곡(續思美人曲) ·························· 94
13. 명촌금강별곡(明村金剛別曲) ···················· 104
14. 탐라별곡(耽羅別曲) ······························ 114
15. 단산별곡(丹山別曲) ······························ 120
16. 북찬가(北竄歌) ··································· 125
17. 북정가(北征歌) ··································· 132
18. 홍리가(鴻罹歌) ··································· 138
19. 표해가(漂海歌) ··································· 144
20. 만언스(萬言詞) ··································· 158
21. 부여노정기(扶餘路程記) ························· 189
22. 북시곡(北塞曲) ··································· 197

23. 병자금강산가(丙子金剛山歌) ………………………………… 238
24. 교쥬별곡(交州別曲) …………………………………………… 257
25. 금강곡(金剛曲) ………………………………………………… 263
26. 총셕가(叢石歌) ………………………………………………… 267
27. 금힝일긔(錦行日記) …………………………………………… 271
28. 북천가(北遷歌) ………………………………………………… 311
29. 지헌금강산유산록(止軒金剛山遊山錄) …………………… 333
30. 관동장유가(關東張遊歌) …………………………………… 360
31. 쵀환지적가(蔡宦再謫歌) …………………………………… 394
32. 봉래별곡(蓬萊別曲) ………………………………………… 415
33. 도히가(渡海歌) ……………………………………………… 420
34. 관동신곡 ……………………………………………………… 427
35. 서유가(西遊歌) ……………………………………………… 452
36. 금강산 완경록(金剛山玩景錄)(백영본) ………………… 476
37. 금강산 완경록(金剛山玩景錄)(궁중잡록본) …………… 495
38. 금강산 유산록(金剛山遊山錄)(연대본) ………………… 503
39. 금강산유산록(金剛山遊山錄)(악부본) ………………… 517
40. 기셩별곡(箕城別曲) ………………………………………… 527
41. 봉니쳥긔(蓬萊淸奇) ………………………………………… 533
42. 숑양별곡(崧陽別曲) ………………………………………… 550
43. 척주가(陟州歌) ……………………………………………… 557
44. 향산록(香山錄) ……………………………………………… 563
45. 향산별곡(香山別曲) ………………………………………… 568

1. 관서별곡(關西別曲)

백광홍(白光弘)

해제 이 작품은 조선 명종 10년(1556) 봄에 지은이가 평안평사(平安評事)에 제수되어 임지에 부임하여 관내를 순찰하면서 보고 들은 견문과 소감을 노래한 것이다. 이 작품은 현전 작품 중 최초의 관서지방가사이다. 지은이 백광홍(白光弘 : 1522-1556)은 호를 기봉(岐峰)이라 하는 명종 때의 문신이었다. 문집으로 『岐峰集(기봉집)』이 있다.

  이 작품이 주목을 끌기 시작한 것은 이주홍(李周洪)이 이 작품으로 잘못 알고 「기성별곡」과 「향산별곡」을 『국어국문학』에 발표하면서부터 관심의 대상이 되다가 이상보(李相寶)와 김동욱(金東旭 : 1922-1991)에 의하여 이 작품이 확실한 백광홍의 「관서별곡」임이 증명되었다.

을묘년에 공이 평안평사가 되어 국경지대 방위 상황을 두루 살펴보고 전하여 오는 풍속을 즐기면서 관서곡을 지어서 임금님을 사랑하고, 나라의 변방을 근심하는 충정을 펴내었다.[1]

關西(관서) 名勝地(명승지)예/王命(왕명)으로 보니실시
行裝(행장)을 다사리니,/칼 흔ᄂᆞ쑨이로다.

---

1) 原註로 "乙卯公爲平安評事 閱歷關防 來惊謠俗 作關西曲 以絹愛君 慮邊之忠"는 글이 원제목 아래 두 줄로 기록되어 있다.

延詔門(연조문) 니달아/모화고기 너머드니,
歸心(귀심)[2]이 쌘르거니/故鄕(고향)을 思念(사념)ᄒ랴?
碧蹄(벽제)[3]에 말 가라/臨津(임진)에 비건너
天水院(천수원)[4]도라드니/松京(송경)[5]은 故國(고국)[6]이라.
滿月臺(만월대)[7]도 보기 슬타./黃岡(황강)은 戰場(전장)이라.
荊棘(형극)[8]이 지엇도다./山日(산일)이 半斜(반사)[9]컨을
歸鞭(귀편)[10]을 다시 쌔와[11]/九硯(구연)[12]을 너머드니
生陽舘(생양관)[13]기슭에/ 버들죠차 프르럿다.
感松亭(감송정)[14]도라드러/大同江(대동강)ᄇ리보니,
十里(십리) 波光(파광)[15]과/萬重(만중) 烟柳(연류)[16]는
上下(상하)의 어릐엿다./春風(춘풍)이 헌ᄉᄒ야
畵船(화선)[17]을 빗기부니/綠衣紅裳(녹의 홍상)[18] 빗기 안자
纖纖(섬섬) 玉手(옥수)로/綠琦琴(녹기금)[19] 니이며[20]

---

2) 歸心:고향에 돌아가고 싶은 마음. 진심으로 사모해서 붙좇음. 여기서는 부임지로 가고 싶은 마음.
3) 碧蹄:벽제역. 현경기도 고양시에 딸린 지명.
4) 天水院:天壽院의 잘못.
5) 松京:송도 지금의 개성.
6) 故國:역사가 오랜 옛 나라.
7) 滿月臺:고려 왕궁터 연경궁 앞 섬돌.
8) 荊棘:가시 덤불.
9) 半斜:반 쯤 기울어짐.
10) 歸鞭:부임해야 할 곳으로 빨리 가려는 채찍.
11) 쌔와:뽑아(拔).
12) 九硯:駒峴院의 잘못.
13) 生陽舘:생양역에 있던 공관.
14) 感松亭:재송정. 재송원의 잘못.
15) 十里波光:널리 펼친 강물결.
16) 萬重烟柳:안개 사이로 버드나무 가지가 겹겹이 쌓인 모습.
17) 畵船:그림 같은 배.
18) 綠衣紅裳:푸른 저고리와 붉은 치마로 단장한 젊은 아가씨들을 가리킴.
19) 綠琦琴:漢나라의 사마상여가 타던 거문고 이름.

1. 관서별곡(關西別曲)

皓齒(호치) 丹脣(단순)²¹⁾으로/采蓮曲(채련곡)²²⁾ 브르니,
太乙(태을) 眞人(진인)²³⁾이/蓮葉舟(연엽주) 트고
玉河水(옥하수)로 느리는듯,/셜미라 王事(왕사) 靡鹽(미고)²⁴⁾흔들
風景(풍경)에 어이흐리?/練光亭(연광정) 도라드러
浮碧樓(부벽루)에 올나가니,/綾羅島(능라도) 芳草(방초)²⁵⁾와
繡山(금산) 烟花(연화)는/봄비슬 자랑혼다.
千年(천년) 箕壤(기양)의/太平(태평) 文物(문물)은
어제론닷 흐다므는/風月樓(풍월루)에 꿈끼여
七星門(칠성문) 도라드니,/細馬駄(세마태)²⁶⁾ 紅衣(홍의)예
客興(객흥)이 엇더흐뇨?/樓臺(누대)도 만흐고,
山水(산수)도 하건마는/百祥樓(백상루)에 올나안ᄌ
晴川江(청천강) 브라보니,/三叉(삼차) 形勢(형세)²⁷⁾난
壯(장)흠도 가이업다./흐믈며 決勝亭(결승정) 느려와
鐵甕城(철옹성) 도라드니,/連雲(연운)²⁸⁾ 粉堞(분첩)²⁹⁾은
百里(백리)에 버려 잇고,/天設(천설) 重岡(중강)³⁰⁾은
四面(사면)에 빗겻도다.四方(사방) 巨陣(거진)과
一國(일국) 雄觀(웅관)이/八道(팔도)이 爲頭(위두)로다.
梨園(이원)의 꼿피고./杜鵑花(두견화) 못다진제

---

20) 니이며:잇게 하며(續). 계속하게 하며.
21) 皓齒丹脣:희고 깨끗한 이와 연지를 바른 여자의 입술.
22) 采蓮曲:악곡 이름. 采蓮子, 중국 梁나라 때 강남에서 유행함.
23) 太乙眞人:하늘에 있는 신선.
24) 王事靡鹽:임금을 위하여 하는 나랏일이 무르지 아니함. 나랏일이 바쁨.
25) 芳草:향기로운 풀.
26) 細馬駄:작은 말의 짐바리.
27) 三叉 形勢:세 갈래로 된 산의 생김새.
28) 連雲:잇닿은 구름.
29) 粉堞:석회를 바른 성가퀴(몸을 숨겨 적을 치기 위하여 낮게 쌓은 담).
30) 天設重岡:하늘이 만들어 놓은 겹친 산등성이.

營中(영중)이 無事(무사)커늘/山水(산수)를 보랴 ᄒ야
藥山(약산)東臺(동대)에/술을실고 올나가니,
眼底(안저) 雲天(운천)31)이/一望(일망)에 無際(무제)로다.
白頭山(백두산) 너린 물이/香爐峯(향로봉) 감도라
千里(천리)를 빗기 흘너/臺(대)32)압프로 지너가니,
盤回(반회) 屈曲(굴곡)33) ᄒ야/老龍(노룡)이 쏘리치고,
海門(해문)34)으로 드난닷/形勝(형승)도 ᄀ이업다.
風景(풍경)인달 안니 보랴?綽約(작약)35) 仙娥(선아)36)와
嬋姸(선연) 玉鬢(옥빈)37)이/雲錦(운금)38) 端粧(단장)ᄒ고,
左右(좌우)의 버려 이셔/거문고 伽倻皷(가야고)
鳳笙(봉생)39) 龍管(용관)40)을/부ᄅ거니 니애거니,
ᄒ는 양(樣)온/周穆王(주목왕) 瑤臺上(요대상)41)의
西王母(서왕모)42)만나/自雲曲(자운곡)43) 브ᄅ난닷
西山(서산)에 희지고,/東嶺(동령)의 달을 안고
綠鬢(녹빈) 雲鬟(운환)44)이/半含(반함) 嬌態(교태)ᄒ고,

---

31) 眼底 雲天:눈 아래 펼쳐진 구름 낀 하늘.
32) 臺:藥山 東臺.
33) 盤回 屈曲:빙 돌아 꺾이고 굽음(구비구비 감돌아 흐름).
34) 海門:육지 사이에 있는 바다의 통로.
35) 綽約:몸이 가냘프고 맵시 있음.
36) 仙娥:선녀.
37) 玉鬢:옥 같이 흰 살갗과 고운 머리카락.
38) 雲錦:선녀가 짠 비단.
39) 鳳笙:봉이 조각된 생황(笙簧).
40) 龍管:용이 조각 된 관악기.
41) 周穆王 瑤臺:중국의 周나라 穆王이 축조하여 미녀들과 놀던 곳으로, 뒤에 선녀들이 머물러 사는 곳으로 대칭되어짐.
42) 西王母:중국의 崑崙山에 살고 있다는 신선으로 상상상의 인물.
43) 自雲曲:중국 거문고의 곡조 이름. 白雪曲의 잘못임.
44) 綠鬢雲鬟:푸른 머리의 아름답고 젊은 여자의 얼굴.

1. 관서별곡(關西別曲)

盞(잔) 밧드는 양은/洛浦(낙포) 仙女(선녀)⁴⁵⁾

陽臺(양대)⁴⁶⁾에 나려와/楚王(초왕)을 놀니는닷

이 景(경)도 됴커니와/遠慮(원려)⁴⁷⁾인둘 이즐쇼냐

甘棠(감당) 召伯(소백)⁴⁸⁾과/細柳(세류) 將軍(장군)⁴⁹⁾이

一時(일시)에 同行(동행)ᄒ야/江邊(강변)으로 巡下(순하)ᄒ니,

煌煌(황황)⁵⁰⁾ 玉節(옥절)⁵¹⁾과/偃蹇(언건)⁵²⁾ 龍旗(용기)⁵³⁾는

長天(장천)을 빗기 지나/碧山(벽산)을 썰쳐 간다.

都南(도남)을 너머 드러/비고기⁵⁴⁾ 올나 안자

雪寒(설한)지 뒤에 두고,/長白山(장백산) 구버보니,

重岡(중강) 複關(복관)⁵⁵⁾은/갈쇼록 어렵도다.

百二(백이) 重關(중관)과/千里(천리) 劍閣(검각)⁵⁶⁾도

이럿텃 ᄒ던도?/八萬(팔만) 貔貅(비휴)⁵⁷⁾는

啓道(계도)⁵⁸⁾ 前行(전행)ᄒ고/三千(삼천) 鐵騎(철기)는

---

45) 洛浦 仙女:洛浦의 선녀 필비(宓妃). 낙포(洛浦)는 중국낙수(洛水)가 있는 곳의 지명. 필비(宓妃)는 복희씨(伏羲氏)의 딸로 낙수에 빠져 죽어 수신(水神)이 되었다고 함.
46) 陽臺:중국 四川省巫山縣에 있는 陽臺山 꼭대기. 뒤에 남녀가 밀회하는 장소로 대유됨.
47) 遠慮:먼 앞일을 잘 헤아려 생각함. 또는 그 생각.
48) 甘棠 召伯:감당나무 밑에서 쉬었다는 召公. 毛傳에 의하면 소공이 촌락을 돌며 백성들의 소원을 재판하되, 폐를 끼치지 않으려고 감당나무 밑에서 잤으므로 백성들이 그의 덕을 흠모하여 노래를 불렀다 함.
49) 細柳 將軍:漢의 周亞夫. 여기서는 軍紀를 엄히 다스린다는 名將.
50) 煌煌:번쩍번쩍하고 빛남.
51) 玉節:옥으로 만든 符節. 信票.
52) 偃蹇:성대한 모양. 또는 높이 솟아 있는 모양.
53) 龍旗:장군의 기. 또는 용을 그린 기.
54) 비고기:梨峴. 고개명.
55) 重岡複關:거듭되는 산등성이와 겹겹의 관문.
56) 劍閣:長安에서 蜀으로 가는 길인 大劍과 小劍 두 山의 要衝地.
57) 貔貅:호랑이와 비슷한 맹수의 이름.
58) 啓道:훤히 뚫린 길.

擁後(옹후) 奔騰(분등)59)ᄒ니,/胡人(호인) 部落(부락)이
望風(망풍)60) 投降(투항)ᄒ야/白頭山(백두산) 나린물의
一陣(일진)도 업도다.長江(장강)이 天塹(천참)61)인달
地利(지리)로 혼쟈 ᄒ며62)/士馬(사마) 精强(정강)63)ᄒ들
人和(인화)업시 ᄒ올쇼냐?/時平(시평) 無事(무사)흠도
聖人之文化(성인지 문화)로다./韶華(소화)64)도 슈이가고,
山水(산수)도 閒暇(한가)ᄒ 제/아니 놀고 어이ᄒ리?
受降亭(수항정)의 비쑴여/鴨綠江(압록강) 너리져어
連江(연강) 列鎭(열진)65)은/장긔 버듯 ᄒ엿거늘
胡地(호지)66) 山川(산천)을/歷歷(역력)히 지니 보니,
皇城(황성)은 언제 뻐여/皇帝墓(황제묘)는 뉘무덤고?
感古(감고) 興懷(홍회)67)ᄒ야/盞(잔)고쳐 부어라.
琵琶串(비파관)68)ᄂ리져어/坡渚江(파저강)69) 건너가니,
層巖(층암) 絶壁(절벽)/보기도 죠토다.
九龍(구룡)쇼(沼)의 비를 미고,/統軍亭(통군정)을 올나가니,
臺隍(대황)70)은 壯麗(장려)ᄒ야/枕夷夏之交(침이하지교)71)로다.

---

59) 奔騰:갑자기 뛰어 오름.
60) 望風:바람을 맞음.여기서는 조선(朝鮮)의 풍속과 문화를 우러러 본받으려 함을 뜻함.
61) 天塹:천연적으로 된 요충지.
62) 혼쟈ᄒ며:지형의 이로움이 인화만 못함을 가리킨 뜻.
63) 士馬精强:군사와 병마가 아주 강함.
64) 韶華:젊은 때. 늙은이로서 젊은이 처럼 빛나는 얼굴.
65) 連江 列鎭:강에 잇달아 나열된 진(鎭).
66) 胡地:호인(胡人)들이 살고 있는 땅. 곧 지금의 만주(滿洲)땅.
67) 感古興懷:옛날을 생각하니 감회가 일어나서.
68) 琵琶串:비파곶.
69) 坡渚江:강이름. 婆猪江이라고도 씀.
70) 臺隍:높은 집과 해자(垓字). 해자(垓字)는 능이나 원(園)이나 묘(墓)의 경계.
71) 枕夷夏之交:오랑캐와 하나라의 교류를 가로막음.여기서는 조선(朝鮮)과 중국

帝鄕(제향)이 어듸미오?/鳳凰城(봉황성) 갓갑도다.
歸西(귀서)ᄒᆞ리[72) 이시면,/好音(호음)[73)이나 보니고져.
千盃(천배)에 大醉(대취)ᄒᆞ야/舞袖(무수)[74)를 썰치니,
薄暮(박모) 寒天(한천)[75)의/鼓笛聲(고적성)이 지지괸다.
天高(천고) 地廻(지회)[76) ᄒᆞ고,/興盡(흥진) 悲來(비래)ᄒᆞ니,
이 ᄯᅩ히 어듸미오?/思親(사친) 客淚(객루)는
절로 흘너 모로미라./西邊(서변)을 다보고
返旆(반패) 還營(환영)[77) ᄒᆞ니,/丈夫(장부) 胸襟(흉금)이
저그 나ᄒᆞ리로다.[78) 셜미라 華表柱(화표주)[79)
千年鶴(천년학)인들/ 날 가타니, ᄯᅩ 보안난다?
어늬제 形勝(형승)을 記錄(기록)ᄒᆞ야/九重天(구중천)[80)의 ᄉᆞ로료?
未久(미구)上達(상달) 天門(천문)[81) ᄒᆞ리라.

<『岐峰集』권 4에서>

〈참 고〉

高敬植,「關西別曲과 出塞曲」,『국어국문학』36호, 국어국문학회, 1967.

간의 교류를 만주인들이 가로막고 있다는 뜻임.
72) 歸西ᄒᆞ리:서쪽으로 돌아갈 사람.
73) 好音:좋은 소식.
74) 舞袖:옷소매를 춤 추듯이 휘저음.
75) 薄暮 寒天:해질 녘의 차가운 날씨.
76) 天高 地廻:하늘은 높고, 땅은 빙글빙글 돌아감.
77) 返旆還營:깃발을 되돌리어 감영으로 돌아옴.
78) 저그 나ᄒᆞ리로다: 저으기 덜하리로다. 조금은 나아질 것이다(癒).
79) 華表柱: 분묘 입구(墳墓入口)에 세워져 있는 돌기둥. 촛대석이라고도 이름.
80) 九重天:임금님이 계신 곳. 곧 대궐.
81) 天門:대궐문의 경칭.

金東旭,「關西別曲效異」,『국어국문학』30호, 국어국문학회, 1965.
李炳基,「關西別曲・關東別曲・關東續別曲의 形態的考察」,『國語國文學』 17輯, 全北大學校, 1975.
李相寶,「關西別曲硏究」,『국어국문학』26호, 국어국문학회, 1963.
李周洪,「關西別曲」,『국어국문학』13호, 국어국문학회, 1955.
全炫基,「關西別曲과 關東別曲의 比較硏究」, 高麗大學校 敎育大學院 碩士學位論文, 1976.

2. 관동별곡(關東別曲)

정 철(鄭澈)

해제 이 작품은 송강(松江) 정철(鄭澈:1536-1593)이 그의 나이 45세 되던 선조 13년(1580)에 강원도 관찰사(江原道觀察使)를 제수받아 강원감영(江原監營)이 있는 원주(原州)로 부임하였다가 뒤에 관내를 순시하면서 관동팔경(關東八景)을 두루 구경하고서 그 풍치(風致)와 민속(民俗) 등을 노래한 것이다. 이 작품은 백광홍(白光弘:1522-1556)이 지은 「관서별곡」을 영향 받아 지어졌지만, 조사(措辭)나 시상(詩想)등이 훨씬 뛰어나서 많은 사람들에게 널리 읽혀지기도 하고, 노래되기도 하여 여러 한학자들에 의하여 한문으로 번역되기도 하였다.[1] 그 결과는 뒤에 조우인(曺友仁:1561-1625)의 「관동속별곡」으로 이어지기도 하여 조선시대 기행가사의 발전에 큰 공헌을 하였다.

　지은이 정철은 자를 계함(季涵), 호를 송강(松江), 시호를 문청(文淸)이라고 하였다. 10세 때에 을사사화(乙巳士禍)라는 정변(政變)을 만나 아버지가 귀양살이를 하게 되매, 아버지를 따라서 여러 곳으로 옮겨 다니다가 16세 때에 아버지의 귀양살이가 풀리매 전라도 담양군 창평(潭陽昌平)에서 머물며 양응정(梁應鼎:1519-?), 임억령(林億齡:?-1568), 김인후(金麟厚:1510-1560) 등에게서 글을 익혀 27세 때에 문과에 급제하여 벼슬이 좌의정(左議政)에 이르렀다. 유저(遺著)에는 한문

---

1) 淸陰 金尙憲·西浦 金萬重·靑湖 李楊烈 등의 飜辭가 『松江別集』 卷1 追錄 遺詞 條에 실려 전한다.

문집『송강집(松江集)』과 가사와 단가집인『송강가사(松江歌辭)』가 전하고 있다.

江湖(강호)²⁾애 病(병)이 깁퍼 /竹林(죽림)에 누엇더니³⁾
關東(관동) 八百里(팔백리)에/方面(방면)⁴⁾을 맛디시니
어와! 聖恩(성은)⁵⁾이야!/가디록 罔極(망극)ᄒ다.
延秋門(연추문)⁶⁾ 드리 ᄃ라 /慶會南門(경회남문)⁷⁾ ᄇ라보며,
下直(하직)고 믈너나니/玉節(옥절)⁸⁾이 알퓌 셧다.
平丘驛(평구역)⁹⁾ 물을 ᄀ라/黑水(흑수)¹⁰⁾로 도라 드니,
蟾江(섬강)¹¹⁾은 어듸메오?/雉岳(치악)이 여긔로다.
昭陽江(소양강) ᄂ린 믈이/어드러로 든단 말고?
孤臣(고신) 去國(거국)¹²⁾에/白髮(백발)도 하도할샤.
東州(동주)¹³⁾밤 계오 새와/北寬亭(북관정)의 올나 ᄒ니,
三角山(삼각산) 第一峰(제일봉)이/ᄒ마면¹⁴⁾ 뵈리로다.
弓王(궁왕)¹⁵⁾ 大闕(대궐)터희/烏鵲(오작)이 지지괴니,
千古(천고) 興亡(흥망)을/아ᄂ다? 몰ᄋᄂ다?

---

2) 江湖:강과 호수. 한가한 시골의 은서지(隱捿地).
3) 누엇더니:자연 속에 물러나 은거하고 지냈는데.
4) 方面:方面之任의 준말. 관찰사의 소임.
5) 聖恩:임금님 은혜.
6) 延秋門:경복궁 서쪽문
7) 慶會南門:경회루의 남쪽문. 경회루와 광화문이란 설도 있음.
8) 옥으로 만든 신표. 관찰사의 상징물.
9) 平丘驛:양주 동쪽 70리에 있는 원주와 춘천의 갈림길에 있던 역.
10) 黑水:驪州 북쪽을 흐르는 한강 상류의 한 지류인 驪江의 옛이름.
11) 蟾江:한강의 한 지류로 원주 서남쪽 50리에 있는 강.
12) 孤臣去國:임금 곁을 떠난 외로운 신하가 서울을 떠남.
13) 東州:지금의 철원.
14) ᄒ마면:웬만하면. 조금만하면.
15) 弓王:궁예왕.

2. 관동별곡(關東別曲) 17

淮陽(회양) 녜 일홈이/ 마초아 ᄀᆞᆮ톨시고!
汲長孺(급장유)16) 風彩(풍채)를/고텨 아니 볼게이고?
營中(영중)17)이 無事(무사)ᄒᆞ고,/時節(시절)이 三月(삼월)인제
花川(화천)18) 시내길히/楓岳(풍악)19)으로 버더 잇다.
行裝(행장)을 다 썰티고,/石逕(석경)20)의 막대 디퍼21)
百川洞(백천동)22) 겨틱 두고,/萬瀑洞(만폭동)23) 드러가니,
銀(은)ᄀᆞᆮ튼 무지게/玉(옥)ᄀᆞᆮ튼 룡의 초리24)
섯돌며25) 뿜는 소리/十里(십리)의 ᄌᆞ자시니,
들을 제는 우레러니,/보니는 눈이로다.
金剛臺(금강대)26) 민 우層(층)의 仙鶴(선학)27)이 삿기 치니,
春風(춘풍) 玉笛聲(옥적성)28)의/첫좀을 ᄭᅵ돗던다.
縞衣(호의) 玄裳(현상)29)이/半空(반공)의 소소 쓰니,
西湖(거호) 녯 主人(주인)30)을/반겨서 넘노는 듯31)

---

16) 汲長孺:중국 漢 武帝 때의 直諫臣으로 성명은 汲黯, 자는 長孺. 武帝가 淮陽 태수로 좌천 시켰으나 선정을 베풀었음.
17) 營中:관찰사가 머물러있는 감영 안.
18) 花川:옛날 회양부에 속하였던 화천현(和川縣).
19) 楓岳:금강산의 가을철의 딴 이름.
20) 石逕:돌이 많은 좁은 길.
21) 막대디퍼:돌길에 지팡이 짚고 가면서.
22) 百川洞:장안사 동북에 있는 옥경대와 명경대로 들어가는 골짜기의 이름
23) 萬瀑洞:표훈사 위로 부터 마하연 밑까지의 계곡 이름.
24) 초리:꼬리(尾).
25) 섯돌며:섞이어 돌며.
26) 金剛臺:표훈사 북쪽에 있는 석벽의 이름.
27) 仙鶴:신선이 타고 논다는 학.
28) 玉笛聲:옥피리 소리. 봄바람 소리를 미화한 것.
29) 縞衣玄裳:학의 겉모양을 의인화한 표현. 몸뚱이는 희고, 날개 끝과 꽁지가 검은 학을 가리킴.
30) 西湖녯主人:宋나라 때 은사 임포(林逋). 임포는 현 항주(杭州)의 西湖가에서 학을 자식으로 생각하고, 매화를 아내처럼 사랑하며 살았다고 함.
31) 넘노는 듯:넘나들며 노는 듯

小香爐(소향로) 大香爐(대향로)32)/눈아래 구버보고,
正陽寺(정양사)33) 眞歇臺(진헐대)34)/고텨 올나 안존 마리
廬山(여산)35) 眞面目(진면목)이/여긔야 다 뵈누다.
어화! 造化翁(조화옹)36)이/헌스토 헌스할샤.
놀거든 쒸디 마나,/셧거든 솟디 마나.
芙蓉(부용)37)을 고잣는듯/白玉(백옥)을 뭇것는듯
東溟(동명)38)을 박츠는듯/北極(북극)을 괴왓는듯39)
놉흘시고! 望高臺(망고대)40)/외로올샤! 穴望峰(혈망봉)41)이
하늘의 추미러/므스 일을 스로리라
千萬劫(천만겁)42) 디나드록/구필줄 모르는다?
어와! 너여이고!/너ᄀ투니 쏘 잇는가?
開心臺(개심대)43) 고텨 올나/衆香城(중향성)44) 브라보며,
萬(만) 二千峰(이천봉)을/歷歷(역력)히 혀여ᄒ니,
峰(봉)마다 밋쳐 잇고,/굿마다 서린 긔운(氣運)
맑거든 조티 마나,/조커든 맑디 마나.
뎌 긔운(氣運) 흐터 내야/人傑(인걸)을 몬돌고쟈.
形容(형용)도 그지 업고,/體勢(체세)45)도 하도 할샤.

---

32) 小香爐,大香爐:만폭동 어귀에 있는 뾰족한 두 봉우리.
33) 正陽寺:표훈사 북쪽에 있는 절 이름.
34) 眞歇臺:정양사 앞에 있는 고개 이름.
35) 廬山:중국 강서성에 있는 산 이름. 남장산, 광산, 광려라고도 함.
36) 造化翁:조물주. 우주 만물을 생성 변화 시키는 신.
37) 芙蓉:연꽃.
38) 東溟:동해 바다.
39) 괴왓는듯:떠받친 듯.
40) 望高臺:금강산 동쪽에 있는 봉우리. 일명 望軍臺.
41) 穴望峰:금강산의 한 봉우리.
42) 千萬劫:영원한 세월.
43) 開心臺:정양사 위에 있는 대.
44) 衆香城:바위 봉우리의 이름.

天地(천지) 삼기실 제/自然(자연)이 되연마ᄂᆞᆫ
이제 와 보게 되니,/有情(유정)도 有情(유정)홀샤.
毘盧峰(비로봉)46) 上上頭(상상두)의/올라 보니 긔 뉘신고?
東山(동산)47) 泰山(태산)48)이/어ᄂᆞ야 놉돗던고?
魯國 조븐 줄도/우리는 모르거든
넙거나 넙은 天下(천하)/엇찌ᄒᆞ야 젹닷 말고49)
어와! 뎌 디위50)ᄅᆞᆯ/어이ᄒᆞ면 알거이고?
오ᄅᆞ디 못ᄒᆞ거니,/ᄂᆞ려가미 고이홀가?
圓通(원통)골51) ᄀᆞᄂᆞᆫ 길52)로/獅子峰(사자봉)53)을 ᄎᆞ자가니,
그 알핀 너러 바회54)/火龍(화룡)쇠(沼)ㅣ55) 되어셰라.
千年(천년) 老龍(노룡)이/구비구비 서려 이셔
晝夜(주야)의 흘녀 내여/滄海(창해)예 니어시니,
風雲(풍운)을 언제 어더/三日雨(삼일우)56)ᄅᆞᆯ 디련ᄂᆞ다
陰崖(음애)57)예 이온58)플을/다 살와 내여스라.
摩訶衍(마하연)59)妙吉祥(묘길상)60)/雁門(안문)재61) 너머 디여

---

45) 體勢:모양새. 몸가짐 태세.
46) 毘盧峰:금강산의 최고봉.
47) 東山:중국 산동성 읍창현에 있는 산.
48) 泰山:중국 산동성 태산현 북쪽에 있는 산.
49) 젹닷말고:『孟子』의 「盡心章 上篇」에서 '登東山而小魯 登泰山而小天下'를 두고 한 말.
50) 뎌디위:저 경지. 여기서는 천하를 좁게 여긴 공자의 위대한 경지.
51) 圓通골:원통동. 표훈사에서 북쪽으로 뚫린 골짜기 이름.
52) ᄀᆞᄂᆞᆫ길:가는길, 세로(細路). 오솔길.
53) 獅子峰:사자암. 화룡소 북쪽에 있는 봉우리.
54) 너러바회:너럭 바위. 넓고 평평한 바위.
55) 火龍沼:만폭동 八潭 중 여덟번째 못.
56) 三日雨:농사에 흡족한 비. 선정이나 임금의 은총.
57) 陰崖:그늘진 벼랑.
58) 시들은
59) 摩訶衍:만폭동의 가장 깊은 곳. 신라 때 의상대사가 세운 마하연암이 있음.

외나모 뻐근 드리/佛頂臺(불정대)62) 올라 ᄒᆞ니,
千尋(천심)63) 絶壁(절벽)을/半空(반공)애 셰여 두고,
銀河水(은하수) 한 구비롤/촌촌(寸寸)이64) 버혀 내여
실ᄀᆞ티 플뎌 이셔/뵈ᄀᆞ티 거러시니,
圖經(도경)65) 열 두구비/내 보매는 여러히라.
李謫仙(이적션)66) 이제 이셔/고텨 議論(의론) ᄒᆞ게 되면,
廬山(여산)67)이 여긔도곤/낫단 말 못ᄒᆞ려니.
山中(산중)을 미양 보랴?/東海(동해)로 가쟈스라.
藍輿(남여) 緩步(완보)68)ᄒᆞ야/山暎樓(산영루) 올나 ᄒᆞ니,
玲瓏(영롱) 碧溪(벽계)69)와/數聲(수성) 啼鳥(제조)70)는
離別(이별)을 怨(원)ᄒᆞ는 둣71)/旌旗(정기)를 썰티니,
五色(오색)이 넘노는 둣72)/鼓角(고각)73)을 섯부니74)
海雲(해운)이 다 것는 둣/鳴沙(명사)75)길 니근76)물이
醉仙(취션)77)을 빗기 시러/바다홀 겻티 두고,

---

60) 妙吉祥:마하연 동쪽 3리 쯤 되는 곳의 석벽에 새겨진 미륵상.
61) 雁門재:마하연과 유점사의 중간에 있는 고개 이름.
62) 佛頂臺:斗雲峙 너머 있는 고개 이름.
63) 千尋:천 길.
64) 촌촌이:마디마디.
65) 圖經:지도책. 산수의 지세를 적은 책.
66) 李謫仙:唐나라 시인 李太白.
67) 廬山:중국의 여산 폭포.
68) 藍輿緩步:뚜껑 없는 가마를 타고 천천히 걸어 감.
69) 玲瓏碧溪:반짝이는 시냇물.
70) 數聲啼鳥:여러 소리로 우짖는 산새.
71) 怨ᄒᆞ눈 둣:원망하는 듯.
72) 오색 깃발이 휘날리며 넘나들며 노니는 듯 나부끼고.
73) 鼓角:북과 피리.
74) 섯부니:섞어 부니.
75) 鳴沙:밟으면 쇳소리가 난다는 모래밭.
76) 니근:익숙한.

海棠花(해당화)78)로 드러가니,/白鷗(백구)야! 느디 마라!
네 버딘 줄 엇디 아는?/金瀾窟(금란굴)79) 도라 드러
叢石亭(총석정)80) 올라 ᄒ니,/白玉樓(백옥루)81) 남은 기동/다
다만 네희 셔 잇고야!/工倕(공수)82)의 셩녕83)인가?
鬼斧(귀부)84)로 다드몬가?/구ᄐ야 六面(육면)은
므어슬 象(상)톳던고85)?/高城(고성)을란 뎌만 두고86),
三日浦(삼일포)롤 ᄎ자가니,/丹書(단서)는 宛然(완연)ᄒ되87)
四仙(사선)88)은 어디 가니?/예 사홀 머믄 後(후)의
어디가 ᄯ 머믈고?/仙遊潭(선유담)89) 永郞湖(영랑호)90)/
거긔나 가 잇는가?91)/淸澗亭(청간정) 萬景臺(만경대)92)/
몃고디 안돗던고?93)/梨花(이화)는 볼셔 디고,
졉동새 슬피 울 제,/洛山(낙산) 東畔(동반)94)으로
義相臺(의상대)95)에 올라 안자/日出(일출)을 보리라.

---

77) 醉仙:취한 신선. 여기서는 작자 자신을 가리킴.
78) 海棠花:해당화가 피어 있는 꽃밭.
79) 金란?窟:통천군 동쪽 12리에 있는 굴.
80) 叢石亭:통천 동쪽 18리에 있는 기둥만 남아 있는 정자터. 관동팔경의 하나.
81) 白玉樓:옥황상제가 오른다는 누각
82) 工수?:중국 고대의 이름난 기술자.
83) 셩녕:솜씨. 공작품.
84) 鬼斧:귀신의 도끼. 신기한 연장
85) 象톳던고:형상했던가.
86) 뎌만두고:저만치 두고. 들리지 않고.
87) 宛然ᄒ되:'永郞徒南石行'이라는 붉은 글씨가 바위에 분명히 남아 있는데.
88) 四仙:신라 때의 仙徒 네 사람. 述郞, 南郞, 永郞, 安祥.
89) 仙遊潭:간성군 남쪽 11리에 있는 물이름.
90) 永郞湖:간성군 남쪽 55리에 있는 호수의 이름.
91) 淸澗亭:간성군 남쪽 44리 해안에 있는 정자, 관동팔경의 하나.
92) 萬景臺:청간정 동쪽에 층층으로 서있는 돌봉우리로 된 대.
93) 안돗던고:앉았던가. 머물렀는가.
94) 東畔:동쪽에 있는 언덕.
95) 義相臺:관동 팔경의 하나. '相'은 '湘'의 잘못인듯 함.

밤듕만 니러 ᄒ니,/祥雲(상운)96)이 집픠논동97)
六龍(육룡)이 바퇴논98)동/바다히 쩌날 제논
萬國(만국)이 일위더니99)/天中(천중)의 티쯔니,
毫髮(호발)100)을 혜리로다./아마도 녈 구름101)
근쳐의 머믈셰라?102)/詩仙(시선)은 어듸 가고
咳唾(해타)103)만 나맛ᄂ니?/天地間(천지간) 壯(장)ᄒ긔별(奇別)
ᄌ셔히도 홀셔이고!104)/斜陽(사양) 峴山(현산)105)의
躑躅(쳑쵹)106)을 므니 불와107)/羽蓋(우개) 芝輪(지륜)108)이
鏡浦(경포)로 ᄂ려가니,/十里(십리) 氷紈(빙환)109)을
다리고 고텨 다려/長松(장송) 울(鬱)흔 소개
슬ᄏ장110) 펴디시니,/믈결도 자도 잘샤.
모래롤 혜리로다./孤舟(고주) 解纜(해람)111)ᄒ야
亭子(정자) 우희 올나가니,/江門橋(강문교)112) 너믄 겨틱

---

96) 祥雲:상서로운 구름.
97) 집픠논동:마구 피어나는 듯. 뭉게뭉게 피어나는 듯.
98) 바퇴논:떠받치는.
99) 일위더니:일렁거리더니. 흔들거리더니.
100) 毫髮:가는 터럭.
101) 녈구름:지나가는 구름(行雲).
102) 머믈셰라:이백(李白)의 「登金陵鳳凰臺」의 시구를 인용, 임금님 곁에 혹시 간신(구름)들이 머무를까 두렵다.
103) 咳唾:기침과 침. 여기서는 훌륭한 사람의 말이나 글로 李白의 「登金陵鳳凰臺」를 가리킴.
104) '李白의 싯구에 세상의 굉장한 진리가 잘 표현 되어 있다.'는 뜻.
105) 峴山:양양 북쪽에 있는 산 이름.
106) 躑躅:철쭉꽃. 여기서는 철쭉꽃이 핀 길
107) 므니볼와:잇달아 밟아, 계속해서 밟아.
108) 羽蓋芝輪:푸른 새깃으로 뚜껑을 한 귀인이 타는 수레.
109) 氷紈:얼음과 같이 희고 깨끗한 비단. 여기서는 경포호의 잔잔한 수면을 가리킴.
110) 슬ᄏ장:실컷. 싫도록.
111) 孤舟解纜:배 한 척의 닻줄을 풀어 배를 띄움. 출범(出帆).

2. 관동별곡(關東別曲)

大洋(대양)이 거긔로다./從容(종용)[113]ᄒᆞ다 이 氣像(기상)[114]
闊遠[115]ᄒᆞ다 뎌 境界[116]/이도곤 ᄀᆞ존듸
쏘 어듸 잇다 말고?/紅粧(홍장) 古事(고사)[117]를
헌ᄉᆞᄐᆞ[118] ᄒᆞ리로다./江陵(강릉) 大都護(대도호)
風俗(풍속)이 됴흘시고./節孝(절효) 旌門(정문)[119]이
골골이 버러시니[120]/比屋(비옥) 可封(가봉)[121]이
이제도 잇다 ᄒᆞ다./眞珠館(진주관)[122] 竹西樓(죽서루)[123]
五十川(오십천)[124] ᄂᆞ린믈이/太白山(태백산) 그림재롤
東海(동해)로 다마가니,[125]/출하리 漢江(한강)의
木覓(목멱)[126]의 다히고져./王程(왕정)[127]이 有限(유한)ᄒᆞ고,
風景(풍경)이 못슬믜니,[128]/幽懷(유회)[129]도 하도 할샤!

---

112) 江門橋:경포 동쪽 어귀에 있는 板橋.
113) 從容:동용>됴용>죠용>조용.
114) 이 氣像:경포 호수의 기상.
115) 闊遠:넓고 아득함. 넓고 멀음. 탁 트이고 멀음.
116) 境界:동해의 수평선을 가리킴.
117) 紅粧古事:고려 우왕 때,강원 감사 朴信과 기생 紅粧에 대한 옛일. 박신이 홍장을 사랑하다 임기가 만료되어 떠나려 할 때 강릉부사 趙云屹이 뱃놀이하며 홍장을 선녀로 꾸며 박신을 현혹케 한 일.
118) 헌ᄉᆞᄒᆞ다:떠들석하게 소문 퍼지고 야단스럽다. 시끄럽다.
119) 節孝旌門:충신과 효자, 열녀를 찬양하기 위하여 세운 붉은 문.
120) 골골이 버러시니:동네마다 널려 있으니.
121) 比屋可封:'즐비하게 늘어선 집들마다 모두 벼슬을 주어 정치에 참여하게 할 만 하다'는 뜻,
122) 眞珠館:三陟府의 客館. '眞珠'는 삼척의 옛이름.
123) 竹西樓:진주관 서쪽에 있는 누각. 관동팔경의 하나.
124) 五十川:삼척부 남쪽으로 흐르는 내로서 죽서루 아래를 흐름.
125) 담아가니. 여기서는 태백산의 풍경을 담은 오십천이 동해로 흘러간다는 뜻.
126) 木覓:서울 남산의 옛이름.
127) 王程:관원의 여정.
128) 못슬믜니:싫고 밉지 않으니.
129) 幽懷:그윽한 회포.

客愁(객수)도 둘 디 업다./仙槎(선사)130)룰 씌워내여
斗牛(두우)131)로 向(향)ᄒ 살가?/仙人(선인)132)을 ᄎᆞ즈려
丹穴(단혈)133)의 머므살가?/天根(천근)134)을 못내 보와
望洋亭(망양정)의 올은 말이/바다밧근 하놀이니,
하놀밧근 므서신고?/ᄀᆞ득 노훈 고래135)
뉘라셔 놀내관디/블거니 쁨거니,
어즈러이 구ᄂᆞᆫ디고?/銀山(은산)136)을 것거 내어
六合(육합)137)의 ᄂᆞ리ᄂᆞᆫ 듯/五月(오월) 長天(장천)138)의
白雪(백설)139)은 므스 일고?/져근덧140) 밤이드러
風浪(풍랑)이 定(정)ᄒ 거늘/扶桑(부상)141) 咫尺(지척)의
明月(명월)을 기드리니,/瑞光(서광) 千丈(천장)142)이
뵈ᄂᆞᆫ 듯 숨ᄂᆞᆫ고야143)/珠簾(주렴)을 고텨 것고,
玉階(옥계)144)룰 다시 쓸며,/啓明星(계명성)145) 돗도록
곳초 안자 브라보니,/白蓮花(백련화)146) 흔가지룰

---

130) 仙槎:신선이 탄다는 뗏목.
131) 斗牛:北斗星과 牽牛星.
132) 仙人:신라 시대의 사선.
133) 丹穴:고성 남쪽에 있는 굴. 신라 때 사선이 놀던 곳이라 전해짐.
134) 天根:하늘의 맨 끝. 여기서는 동쪽 수평선의 맨 끝을 가리킴.
135) 고래:파도를 가리킴.
136) 銀山:신선이 산다는 은산.
137) 六合:天地四方. 온 세상.
138) 長天:멀고도 넓은 하늘.
139) 백설:물보라, 포말의 은유.
140) 져근덧:잠깐 동안에, 잠깐 사이에.
141) 扶桑:동해 바다 가운데 있다는 큰 神木. 해와 달이 뜨는 곳. 동방을 말함.
142) 瑞光千丈:긴 길이의 상서로운 빛줄기.
143) 뵈ᄂᆞᆫ 듯 숨ᄂᆞᆫ고야:나타났다가 곧 숨는구나
144) 玉階:옥으로 만든 섬돌.
145) 啓明星:샛별.
146) 白蓮花:흰 연꽃, 여기서는 달을 가리킴.

뉘라셔 보내신고?/일이 됴흔 世界(세계)
눔대되 다 뵈고져/流霞酒(유하주)147) ᄀᆞ득 부어
둘드려 무른 말이/英雄(영웅)은 어딘 가며,
四仙(사선)은 긔 뉘러니/아모나 맛나 보아
녯 긔별 뭇쟈 ᄒᆞ니,/仙山(선산)148) 東海(동해)예
갈 길히 머도 멀샤!/松根(송근)을 볘여 누어
픗ᄌᆞᆷ을 얼픗 드니/ᄭᅮ매 ᄒᆞᆫ사ᄅᆞᆷ이
날드려 닐온 말이/그ᄃᆡ를 내 모ᄅᆞ랴?
上界(상계)149)예 眞仙(진선)이라./黃庭經(황정경)150)一字(일자)를
엇디 그릇 닐거 두고/人間(인간)의 내려와셔
우리를 ᄯᆞ로ᄂᆞᆫ다?/져근덧 가디 마오.
이 술 ᄒᆞᆫ잔(盞) 머거 보오./北斗星(북두셩) 기우려151)
滄海水(창해수) 부어내여152)/저 먹고 날 머겨늘
서너 잔(盞) 거후로니,/和風(화풍)이 習習(습습)153) ᄒᆞ야
兩腋(양액)154)을 추혀 드니/九萬里(구만리) 長空155)애
져기면 ᄂᆞ리로다./이 술 가져다가
四海(사해)예 고로 ᄂᆞ화/億萬(억만) 蒼生(창생)156)을
다 醉(취)케 밍ᄀᆞᆫ 後(후)의/그제야 고텨 맛나
ᄯᅩ ᄒᆞᆫ 잔(盞) ᄒᆞ쟛고야./말 디쟈 鶴(학)을 트고,

---

147) 流霞酒:신선이 먹는다는 좋은 술.
148) 仙山: 선인이 산다는 동해의 삼신산(三神山).
149) 上界:천상계. 하늘 나라.
150) 黃庭經=도교(道敎)의 경전(經典).
151) 北斗星 기우려:북두성을 자루 달린 술잔에 비유한 표현.
152) 滄海水를 술에 비유한 표현.
153) 習習:바람이 산들산들하게 부는 모양.
154) 兩腋:양쪽 겨드랑이.
155) 長空:높고 먼 공중.
156) 蒼生:세상의 백성.

九空(구공)157)의 올나가니,/空中(공중) 玉簫(옥소)158)소리
어제런가? 그제런가?/나도 좀을 끠여
바다흘 구버 보니,/긔픠롤 모ᄅ거니
ᄀ인들 엇디 알리?/明月(명월)이 千山萬落(천산만락)159)의
아니 비췬 ᄃ 업다.
　　　　　<『松江歌辭』李選本에서>

<참　고>

李炳基, 「關西別曲·關東別曲·關東續別曲의 形態的考察」, 『國語文學』
　　17집, 全北大學校, 1975.
李鐘默, 「關東別曲을 읽는 재미」, 『한국고전시가 작품론 2』白影鄭炳昱
　　先生10週忌追慕論文集 刊行委員會, 集文堂, 1992.
全炫基, 『關西別曲과 關東別曲의 比較硏究』, 高麗大學校敎育大學院, 碩
　　士論文, 1976.

---

157) 九空: '九萬里 長空' 의 준말.
158) 玉簫: 옥으로 만든 피리의 소리. 옥퉁소.
159) 千山萬落: 온 세상.

3. 出塞曲(튤시곡)

조우인(曺友仁)

해제 이 작품의 지은이는 이재(頤齋) 조우인(曺友仁:1561-1625)이다. 조이재는 광해군 8년(1616) 가을에 경성판관(鏡城判官)에 제수되어 임지에 부임하면서 보고 들은 것과 임지에서의 견문을 노래하고 있다. 지어진 연대는 한문으로 된 그의 「출새곡서(出塞曲序)」에 의하여 광해군 9년(1617)쯤으로 믿어진다.

지은이 조우인(曺友仁:1561-1625)은 자를 여익(汝益), 호를 매호(梅湖) 또는 이재(頤齋)라고 하였다. 선조 38년(1605)에 문과에 급제하여 벼슬이 승지(承旨)에 이르렀다. 재주가 뛰어나 시문(詩文)과 악률(樂律)에도 조예가 깊었다. 저술로는 한문 문집 『이재집(頤齋集)』과 국문 가사집 『이재영언(頤齋詠言)』이 전한다.

北方(북방) 二十餘州(이십여쥐)예/鏡城(경셩)이 門戶(문회)러니,
治兵(치병) 牧民(목민)을/날을 맛겨 보내시니,
罔極(망극)훈 聖恩(셩은)을/갑플 일이 어려웨라.
書生(셔싱) 事業(스업)은/翰墨(한묵)인가 너기더니,
白首(빅슈) 臨邊(님변)이/진실노 意外(의외)로다.
仁政殿(인정젼) 拜辭(비스)ᄒ고/칼흘 집고 도라셔니,
萬里(만리) 關下(관하)의/一身(일신)을 다 닛괘라.
興仁門(홍인문) 너다라/綠楊(녹양)의 몰을 フ니,

銀漢(은한) 녯 길흘/다시 지나 간단 말아?
淮陽(회양) 녜 스실(事實)/긔별(寄別)만 드럿더니,
禁闥(금달)을 외오 두고/謫客(젹킥)은 무슴 죄(罪)고?
巉巖(참암) 鐵嶺(철녕)을/험(險)톤 말 젼혀 마오.
世道(세도)를 보거든/平地(평딘)가 너기노라.
눈믈을 베븟고/두어 거름 도라 셔니,
長安(쟝안)이 어듸오?/玉京(옥경)이 ᄀ리거다.
安邊(안변) 迤北(이북)은/져즘긔 胡地(호디)러니,
迅所(신소) 腥膻(셩젼)¹⁾ᄒ야/闢國(벽국) 千里(천리)ᄒ니,
尹瓘(눈관) 宗瑞(종셔)²⁾의/豊功(풍공) 偉烈(위렬)을
草木(초목)이 다 아ᄂ다./龍興江(농흥강) 건너 드러
定平府(정평부)³⁾잠깐(暫間)지나/萬歲橋(만셰교)⁴⁾압희 두고,
樂民樓(낙민누)희 올나 안ᄌ/沃沮(옥져) 山河(산하)를
面面(면면)히 도라보니/千年(쳔년) 豊沛(풍패)⁵⁾에
鬱蒼(울창) 佳氣(가긔)ᄂ/어제론 덧 ᄒ여셰라.
咸關嶺(함관녕)⁶⁾ 져문 날의/믈은 어이 병(病)이 든고?
滿面(만면) 風沙(풍사)의/갈 길히 머러셰라.
洪原(홍원)⁷⁾ 古縣(고현)의/穿島(쳔도)⁸⁾롤 브라보고,
大門嶺(대문녕) 너머 드러/靑海鎭(쳥ᄒ진)⁹⁾에 드러 오니,

---

1) 腥膻=비린내와 노린내.
2) 宗瑞=조선 세종 때의 무신(武臣). 육진(六鎭)을 개척하여 조선의 국토를 넓히는 데에 큰공을 세웠음.
3) 定平府=전 평안도 정주(定州).
4) 萬歲橋=전 함경남도 함흥의 성천강(成川江)에 있던 다리.
5) 豊沛=중국 한나라 유방(劉邦)의 고향. 여기서는 함흥이 조선을 건국한 이성계의 고향이라서 풍패와 같다는 의미.
6) 咸關嶺=함흥 동쪽 70리에 있던 고개.
7) 洪原=전 함경도에 딸린 지명.
8) 穿島=홍원군에 딸린 동해 바다에 있는 구멍이 뚫린 바위섬.

一道(일도) 喉舌(후셜)이요,/南北(남북) 要衝(요퉁)이라.
信臣(신신) 精卒(졍졸)로/利兵(니병)을 베퍼시며,
强弓(강궁) 勁弩(경노)로/要害(요해)롤 디킈는 듯
百年(빅년) 升平(승평)에/民不(민불) 知兵(지병)ᄒ니,
重門(듕문) 待暴(디포)롤/닐너 므슴 ᄒ리오?
居山驛(거산역)10) 디나 드러/侍中臺(시듕디)11) 올나 안자
咫尺(디쳑) 扶桑(부상)의/日出(일츌)을 구버 보고,
長松(댱숑) 十里(십리) 씰헤/征馬(졍마)롤 다시 뫼와
端川(단쳔)12)을 겨틔 두고/四知軒(ᄉ디헌)을 ᄎ자 가니,
伯起(빅긔)13) 淸風(쳥풍)을/다시 본 듯 ᄒ데이고.
磨雲嶺(마운녕) 채 쳐 너머/麻谷驛(마곡역) 물을 쉬워
積雪(젹셜) 磨天(맞쳔)을/허위허위 너머 드니,
秦關(진관)이 어듸고?/蜀棧(쵹잔)이 여긔로다.
城津(셩딘)14) 設鎭(셜딘)이/形勢(형셰)는 됴커니와
亂後(난후) 邊民(변민)이/膏血(고혈)이 몰나시니,
廟堂(묘당) 肉食(육식)은/아ᄂᆞᆫ가? 모ᄅᆞᆫ가?
白頭山(빅두산) 一脈(일믹)이/長白山(댱빅산) 되어 이셔
千里(쳔리)롤 限隔(ᄒᆞᆫ격)ᄒᆞ야/疆域(강역)을 ᄂᆞ홧거든
鎭堡(진보) 星羅(셩나)ᄒ고/郡邑(군읍)이 碁布(긔포)ᄒ니,
表裏(표리) 天險(쳔험)은/장(壯)호미 그지업다.
連天(년쳔) 滄海(챵ᄒᆡ)예/風雪(풍셜)이 섯틔ᄂᆞᆫ디,
跋涉(발셥) 崎嶇(긔구)ᄒᆞ야/木郎城(목낭셩)15)의 드러오니,

---

9) 靑海鎭=젼 함경도에 딸렸던 북쳥도호부의 다른 이름.
10) 居山驛=젼 북쳥도호부에 딸렸던 역이름.
11) 侍中臺=북쳥의 동쪽 70리 동해가에 있는 해돋이구경처로 유명한 언덕.
12) 端川=젼 함경도에 딸린 고을 이름.
13) 白起=중국의 춘추젼국시대 진(秦)나라 명장.
14) 城津=젼 함경북도에 딸린 지명.

千尋(천심) 粉堞(분첩)은/半空(반공)의 빗겨 잇고,
百丈(빅댱) 深濠(심호)는/四面(ᄉ면)의 둘너시니,
人和(인화)를 어들션졍/地利(디리)야 不足(부죡)홀가?
轅門(원문)이 無事(무ᄉ)ᄒ고/幕府(막뷔) 閑暇(한가)ᄒ 제
東山(동산) 携妓(휴기)ᄒ고/北海鐏(북히준)을 거홀우랴
烟花(연화) 三月(삼월)의/元帥臺(원슈디)16)예 올나가니,
春風(츈풍) 駘蕩(이탕)ᄒ야/淑景(슉경)을 부쳐 내니,
萬樹(만슈) 千林(쳔림)은/紅錦(홍금)이 되여 잇고,
雲濤(운도) 雪浪(셜낭)은/하ᄂᆞᆯ을 ᄀᆞ을 사마
噴薄(분박) 雷霆(뇌졍)ᄒ야/臺(디) 압희 물너디니,
銀山(은산)이 거듯ᄂᆞᆫ가?/玉屑(옥셜)을 눌ᄂᆞᆫ가?
깁 ᄀᆞ탄 쟘씌예/白雲(빅운) ᄀᆞ톤 솔을 치고,
穿楊(쳔양) 妙妓(묘기)로/勝負(승부)를 둣토거든
百隊(빅디) 紅粧(홍장)은/左右(좌우)의 버러 이셔,
秦箏(진징) 趙瑟(됴슬)을/트거니 니희거니,
皓齒(호티) 細腰(셰요)로/추거니 부르거니,
韶華(쇼화)17)도 그디업고/風景(풍경)이 無盡(무딘)ᄒ니,
一春(일츈) 行樂(ᄒᆡᆼ낙)이ᄉᆞᆯ믜염즉 ᄒ다ᄆᆞᄂᆞᆫ
鄕關(향관)을 ᄇᆞ라보니/五嶺(오령)이 ᄀᆞ려 잇고,
異地(이디) 山川(산쳔)은/六鎭(뉵딘)이 거의로다.
明時(명시) 謫官(뎍관)이/到處(도쳐)의 君恩(군은)이로디,
遠身(원신) 金殿(금뎐)을/뉘 아니 슬허ᄒ며,
重入(듕입) 修門(슈문)을 어이ᄒ여 긔필(期必)홀고?
平生(평ᄉᆡᆼ) 먹은 ᄯᅳ디/젼혀 업다 홀가마ᄂᆞᆫ

---

15) 木郞城=전 함경북도에 딸렸던 경성(鏡城)의 옛이름.
16) 元帥臺=경성(鏡城) 남쪽 8리 동해가에 있는 명승지.
17) 韶華=봄의 화창한 경치.

時運(시운)의 타시런가?/命途(명도)의 미엿는가?
秦臺(딘디) 白首(빅슈)의/歲月(세월)이 쉬이 가니,
楚澤(초퇴) 靑蘋(쳥빈)은/怨思(원ᄉ)도 한 제이고.
이 잔(盞) ᄀ 득 부어/이 시름 닛댜 ᄒ니,
東溟(동명)을 다 퍼내다/이 내 시름 어이 홀고?
漁夫(어뷔) 이 말 듯고/낙디를 둘너 메고,
빈 션 두드리고/노래를 부른 말이
世事(셰ᄉ)를 니젼디 오라니/몸조차 니젼노라.
百事(빅ᄉ) 生涯(싱애)ᄂᆞ/一竿竹(일간듁) ᄲᅮᆫ이로다.
白鷗(빅구)는 나아 버디라.오명 가명 ᄒᆞᄂᆞ다.

<『頤齋詠言』에서>

〈참 고〉

金永萬, 曺友仁의 歌辭集 '頤齋詠言', 『語文學』 10집, 大邱:韓國語文學會, 1963.
高敬植, 關西別曲과 出塞曲,『국어국문학』 36, 국어국문학회, 1967.

4. 관동속별곡(關東續別曲)

조우인(曺友仁)

해제 이 작품은 조우인(曺友仁:1561-1625)이 만년(晩年)에 송강(松江) 정철(鄭澈:1536-1593)의 「관동별곡」을 읽고 감동하여 자기가 젊었을 때에 유람한 바 있는 관동지방 풍물과 그 소감을 정송강의 「관동별곡」과 중복되지 않는 곳을 중심으로 회상하여 광해군(光海君) 14년 (1622)이나 15년(1623)초에 지은 것이다. 그래서 그 작품의 이름도 「속관동별곡」이라고 하였다는 사실을 한문으로 쓴 서문에서 밝히며 송강의 「관동별곡」을 매우 칭찬하였다.

이 작품은 고경식(高敬植)에 의하여 1962년에 처음으로 우리 학계에 소개되었고, 이어서 김영만(金永萬)에 의하여 조이재의 가집 『頤齋詠言(이재영언)』이 소개되면서 조이재는 갑자기 유명한 고전 국문학작가로 조명 받게 되면서 아울러 이 작품도 학계의 주목을 받게 되었다.

四仙(〈션)¹⁾의 노던 싸흘/關東(관동)이 긔라 호디,
塵埃(딘애) 半生(반생)애/歲月(셰월)이 거의려니,
物外(물외) 烟霞(연하)애/遠興(원흥)이 뵈와나니,

---

1) 〈션=신라 때의 네 국선(國仙). 영랑(永郞), 술랑(述郞), 안상(安祥), 남석행(南石行).

4. 관동속별곡(關東續別曲)

尋眞(심진) 行李(힝니)는/젼 나괴뿐이로다.
武安寺(무안ᄉ) 디나 올라/乘鶴橋(승학교) 건너 드러
塵寰(딘환)이 졈졈(漸漸) 머러/仙境(션경)이 갓갑건가?
三釜瀑(삼부폭) 적화담(積禾潭)도/긔특(奇特)다 ᄒ려니와
漆潭(칠담) 高石亭(고셕뎡)을/비길 디 ᄯᅩ 인는가?
直木驛(딕목역) 잠싼(暫間) 쉬여/通丘驛(통구역) 줌을 ᄭᅵ야
斷髮嶺(단발령) 노픈 재롤/一瞬(일슌)에 올라 안자
雙眸(쌍모)롤 거드러/萬里(말리)예 드러 보니,
蓬萊(봉ᄂᆡ) 海上山(ᄒᆡ상산)이/咫尺(지쳑)에 뵈노민라.
山靈(산녕)도 有情(유졍)ᄒᆞᆯ샤,/날 올 줄 어이 아라
一雙(일쌍) 靑鶴(쳥학)을/마조 내야 보낸 마리
荷衣(하의)롤 ᄠᅥᆯ티고,/半空(반공)애 올나 소사 ᄐᆞ고
長安寺(댱안ᄉ) 萬瀑洞(만폭동)을/눈 아래 구버 보고,
紫烟(ᄌᆞ연)을 헤티고,/百川洞(ᄇᆡᆨ쳔동) ᄎᆞᆽ 드니,
三十六(삼십뉵) 洞天(동텬)에/第一(뎨일)이 여긔로다.
明鏡庵(명경암) 業鏡臺(업경ᄃᆡ)는/어이ᄒᆞ야 삼견는고?
地府(디부) 冥王(명왕)이/次第(ᄎᆞ례)로 버러 안자
人間(인간) 善惡(션악)을/난나치 분간(分揀)ᄒᆞ니,
古今(고금) 天下(천하)애/欺君佞臣(긔군 녕신)과 誤國權姦(오국 권

---

2) 딘환=속세(俗世), 티끌 세계라는 뜻.
3) 삼부폭현=강원도 철원군에 있는 삼부연폭포(三釜淵瀑布)
4) 격화담=현경기도 포천군에 있는 화적담(禾積潭). 일명 화적연(禾積淵).
5) 칠담 고셕뎡=현 강원도 철원군에 있는 못과 정자. 고석정은 孤石亭이라고도 씀.
6) 딕목역=현 강원도 금성군(金城郡)에 있던 역.
7) 통구=통구(通溝・通口)라고도 씀. 전 강원도 금성군에 있었던 역.
8) 斷髮嶺=전 강원도 회양군(淮陽郡)에 있는 고개, 높이 1241m.
9) 댱안ᄉ=내금강산 입구에 있는 큰 절, 지금은 1950년 동란시 불에 타서 없다고 함.

간)11)이
火湯(화탕) 地獄(디옥)에/며치나 드런눈고?
丹崖(단애) 千丈(천댱)애/瑤草(요초)롤 불와 올라
靈源庵(녕원암) 노픈 더레/채 쉬여 도라보니,
白馬峰(빅마봉) 머리 지어/祝融峰(츅늉봉) 다둣도록
飛登(비등) 變化(변화)ᄒ야/버런ᄂ 諸峰(제봉)돌히
人寰(인환)12)을 ᄀ리 마가/世界(셰계)ᄅᆞᆯ 여러시니,
壺中(호듕) 天地(쳔디)와/栗里(율니)13)乾坤(건곤)이
어더 ᄯᅩ 인ᄂ가?/이 ᄯᅡ히 긔 아닌가?
松蘿城(숑나셩)14) 너머 드러/天逸臺(텬일디) 올라 안자
雪立(셜닙) 千萬峰(쳔만봉)을/歷歷(녁녁)히 혜여 보니,
鴻濛(홍몽) 肇判(됴판)15)홀 제/무ᄉᆞᆷ 긔운 흘려 니야
엇디혼 技能(기릉)을/뎌더도록 내안ᄂ고?
夸娥(과아)16)의 運力(운녁)인가?/劍劂(긔궐)17)의 役事(역시)런가?
秦鞭(진편)에 올마 온가?/禹斧(우부)로 다드ᄆᆞᆫ가?
活動(활동)혼 精彩(졍치)와/閃鑠(셤삭)18)혼 光鋩(광망)19)이
ᄃᆞᆫᄂᆞᆫ ᄃᆞᆺ 머므ᄂᆞᆫ ᄃᆞᆺ/션ᄂᆞᆫ ᄃᆞᆺ 뛰노ᄂᆞᆫ ᄃᆞᆺ
鯨波(경파)ᄅᆞᆯ 헤티고/蜃霧(신무)에 소사 올라

---

10) 긔군 녕신=이금을 속이며 아첨하는 신하.
11) 오국 권간=나라를 망하게 하는 권세 잡은 간신들.
12) 인환=인간들이 모여 살고 있는 마을.
13) 율니=진(晉)나라 도잠(陶潛)이 숨어 살던 마을.
14) 송나셩=금강산(金剛山)에 있는 옛 성터. 만폭동의 송라암 아래에 있는 옛 성터.
15) 홍몽 됴판=아직 갈리지 아니한 하늘과 땅을 처음 나누어지게 함.
16) 과아=옛날 선인(仙人)의 이름. 과아(夸娥)라고도 씀.
17) 긔궐=판목(版木)을 새기거나, 그런 일을 하는 사람.
18) 션샥=번쩍하고 빛나는 모양.
19) 광망=광선의 날카로운 모양.

九萬里(구만리) 長天(댱텬)을/구죽히 바쳐시니,
五色(오싴) 補天(보쳔)20)을/긔별(寄別)만 드럿더니,
八柱(팔듀) 衝霄(튱쇼)21)롤/보니야 알리로다.
元化(원화) 洞天(동텬)22)에/羽仙(우션)을 다시 츠자
銅柱(동듀) 十八節(십팔졀)에/月窟(월굴)23)을 여어 보고,
金策(금칰)24)을 다시 올려/紫霞洞(즈하동)25)指向(지향)ᄒ니,
聯珠潭(년쥬담) 綠珠潭(녹쥬담)/碧海潭(벽희담) 너린 瀑布(폭픠) 明珠
(명쥬)롤 홋빗ᄂ가?/素練(소련)26)을 볼리ᄂ가?
奔霆(분뎡)이 싸호ᄂ가?/巨靈(거령)이 우루ᄂ가?
摩訶衍(마하연) 겨틱 두고,/圓寂庵(원젹암) 도라 드러
毘盧(비로) 最高頂(최고뎡)에/머리롤 들어 보니,
爛銀(난은) 濃玉(농옥)27)을/뉘라셔 사겨 내야
乾端(건단)을 노피 괴와/地軸(디축)에 고잔ᄂ고?
올라 보랴 ᄒ면,/一蹴(일츅)에 期必(긔필)홀가?
ᄒᆞ 거름 올미고,/ᄯᅩ ᄒᆞ 거름 다시 올며,
從容(종용) 漸進(졈진)ᄒ야/絶頂(졀뎡)에 올라가니,
茫茫(망망) 八紘(팔굉)을/더편ᄂᆞ니,하ᄂᆞ리오.

---

20) 보천=하늘을 받친 기둥들이 넘어져 비가 새는 것을 여와(女와)가 5색 돌을 다듬어 뚫어진 구멍을 메웠다는 중국의 신화.
21) 튱쇼=땅속에 있다는 8개의 기둥이 하늘을 찌름. 『하도(河圖)』에는 곤륜산(崑崙山)은 땅의 중간에 있는 것이고, 땅 속에는 8개의 기둥이 있는데, 기둥의 너비는 10만리이고, 3천 6백축(軸)이 있다고 하였음.
22) 원화 동텬=만폭동 입구의 반석에 봉래(蓬萊) 양사언(楊士彦)이 썼다는 "蓬萊楓嶽 元化洞天"이라는 8자의 글씨.
23) 월굴=법기봉(法起峰) 산허리 바위 벼랑에 18마디로 된 구리 기둥에 받쳐져 있는 굴암자(窟庵子)인 보덕굴(普德窟)을 상징적으로 표현한 것임.
24) 금칙=황금으로 만든 패쪽. 신선(神仙)을 봉(封)할 때에 사용하였음.
25) 즈하동=붉은 놀이 낀 마을로, 신선들의 세상.
26) 소련=흰깁을 빨아서 다듬이질함.
27) 난은 농옥=빛나는 은과 두터운 옥. 난은은 달을 뜻하기도 함.

日月(일월) 星辰(셩신)은/頭上(두샹)애 버러시니,
二儀(이의) 淸濁(쳥탁)과/萬品(만품) 生成(싱셩)이
昭蘇(쇼소) 森列(슴녈)ᄒᆞ야/眼底(안뎨)예 드러오니,
어디 ᄯᅩ 오ᄅᆞ며,/볼28) 거시 무섯고?
所見(소견)이 이만 ᄒᆞ면,/快活(쾌활)타 ᄒᆞ리로다.
松江(숑강)29) 浪客(낭긱)은/마초아 드러 오디,
仙分(션분)이 업돗던가?/道骨(도골)이 안이런가?
立脚(닙각)이 굿디 아냐/半途(반도)의 폐톳던가?
어디 뉘 금관디/못 올라 보고 난고?
玉京(옥경) 群帝(군뎨)를/우스며 하딕ᄒᆞ고,
駕風(가풍) 鞭霆(편졍)ᄒᆞ야/汗漫(한만)애 ᄂᆞ려올 졔
九龍淵(구룡연) 十二瀑布(십이폭포)/瞥眼(별안)의 디나 보니,
萬(만) 二千峰(이쳔봉)이/蠟屐(납극)30)에 거치내라.
松陰(숑음)을 쁠티고/侍中臺(시즁디)31) 안ᄌᆞ 보고,
雲帆(운범)을 노피 ᄃᆞ라/穿島(천도)32)를 디나오니,
撑天(텡쳔) 鰲柱(오쥬)ᄂᆞᆫ/蛟室(교실)33)에 소사낫고,
洛水(낙슈) 龜文(귀문)은34)은/翠壁(취벽)에 버러시니,
造物(조물)의 情狀(졍샹)을/뉘라셔 窮究(궁구)ᄒᆞᆯ고?
蘭舟(난쥬)를 고쳐 져어/四仙亭(ᄉᆞ션졍)35) ᄎᆞ자 오니,

---

28) 볼=원문에는 "복ㄹ"로 되어 있음.
29) 송강=정철(鄭澈:1536-1593)의 호.
30) 납극=밀납을 발라 광택을 낸 나막신.
31) 시중디=전 강원도 통천군에 딸린 동해 바닷가의 고적(古蹟). 일명 元帥臺)라고도 함.
32) 천도=전 강원도 통천군 흡곡(歙谷) 앞바다에 있는 뚫린 섬.
33) 교실=교룡(蛟龍)이 살고 있는 방.
34) 낙슈 귀문=중국 섬서성(陝西省) 총령산(冢嶺山)에서 발원하여 황하(黃河)로 합류하는 강 이름과 우왕(禹王)이 그 물을 다스릴 때에 낙수에서 글을 등에 지고 나왔다는 신령스런 거북의 무늬.

4. 관동속별곡(關東續別曲)

六字(뉵자) 丹書(단셔)는/仙跡(션젹)이 어제로더,
九宵(구쇼) 笙鶴(싱학)은/언제나 다시 올고?
茂松(무숑) 花津(화진)에/간 더롤 추자ᄒᆞ니,
雪泥(셜니) 鴻爪(홍조)36)는/永郎湖(영낭호)뿐이로다.
瑤臺(요더) 風露(풍노)이/玉簫(옥쇼)롤 빗기 불오.
弄珠(농쥬) 神女(신녀)를/漢浦(한포)37)에 마조 보아
冷風(녕풍)을 트는 덧/鏡浦(경포)38)로 드러오니,
三入(삼입) 岳陽人(악양인)39)을/오는 줄 어이 아라
洞庭(동졍)40)七百里(칠빅니)를/頃刻(경각)이 울며 온고?
月白(월빅) 寒松(한숑)이/有信(유신)ᄒᆞᆫ 沙鷗(스구)들은
浪吟(낭음) 飛過(비과)롤/아는다? 모ᄅᆞ는다?
凌波(능파) 羅襪(나말)41)은/洛浦(낙포)42)로 도라간가?
博望(박망) 仙槎(션사)롤/마조 올 듯ᄒᆞ건마는
月松(월숑) 디날 줄/니즐가 혜돗던가?
東溟(동명)을 다 보고,/眼力(안력)이 나맛거든,
그를 못슬믜여/鳳棲亭(봉셔졍)43) 올라가니,

---

35) 스션졍=강원도 고성군 삼일포(三日浦)에 있는 정자.
36) 셜니 홍조=눈 위를 지나간 기러기의 발자국. 곧 인생의 자취가 흔적이 없음을 이름.
37) 한포=중국 한수(漢水)의 수신(水神)인 여자가 구슬을 희롱하여 물가에서 놀았다는 고사.
38) 경포=현 가원도 강릉시(江陵市)에 있는 경포호(鏡浦湖).
39) 삼입 악양인=당(唐)나라 장열(張說)이 낙양인(洛陽人)이면서 악양(岳陽)의 경치를 좋아하여 여러 번 이사하여 살기도 하고, 귀양가기도 하여 악양에서 훌륭한 글을 많이 지었다는 고사.
40) 동정=중국 호남성(湖南省) 경계에 있는 중국 제일의 담수호(淡水湖)인 동정호(洞庭湖).
41) 나말=물결을 업신여기는 비단 버선. 이것은 조식(曹植)의 「洛神賦」에서 "凌波微步 羅襪生塵"구를 연상한 것임.
42) 낙포=낙수(洛水)에 빠져 죽은 수신(水神) 밀비(密妃)가 있는 곳.

竹實(죽실) 桐花(동화)는/어제론 둣ᄒᆞ야쇼더,
九苞(구포) 祥禽(샹금)⁴⁴⁾은/언제나 ᄂᆞ려올고?
虞淵(우연)⁴⁵⁾의 히 디고,/銀闕(은궐)⁴⁶⁾이 소사 올 제,
瓊盃(경비) 沆瀣(항히)⁴⁷⁾를/브어 잡고 기돌우니,
姮娥(항아) 소영(素影)⁴⁸⁾이/盞底(잔져)에 흘러ᄂᆞ려
桂殿(계전) 仙語(션어)를/날ᄃᆞ려 ᄒᆞ요더,
人間(인간) 煩惱(번뇌)예/네 스실 니졋는가?
玉皇(옥황) 香案(향안)의/노니던 그더러니,
瑤壇(요단)⁴⁹⁾을 븨우고,/下界(하계)에 보낸 쯧은
丁寧(정녕) 帝眷(제권)이/곳 무심홀가마는
世路(세뢰) 엇더콴더/流落(뉴락)ᄒᆞ여 ᄃᆞ니는다?
그 잔(盞) 다 먹고,/쏘 ᄒᆞ 잔 ᄀᆞ득 브어
三生(삼싱) 烟火(연화)롤/다시셔 ᄇᆞ린 후에
早晚(조만)애 玉樓(옥누)⁵⁰⁾고쳐는 다시 올나 오ᄂᆞ라.

<『頤齋詠言』에서>

---

43) 봉셔졍=평해(平海)의 객사(客舍) 동편에 있었던 누정(樓亭).
44) 구포 샹금=아홉 가지 빛깔로 된 봉황새. 샹금은 샹서로운 새. 봉황새를 구포금(九苞禽)이라고도 함.
45) 우연=해가 지는 곳.
46) 은궐=은으로 만든 대궐이라는 뜻에서 달을 가리킴.
47) 항히=옥으로 만든 술잔에 한 밤중에 내리는 이슬. 여기서는 옥배(玉盃)에 가득한 맑은술.
48) 항아 소영=달속에 있다는 선녀의 흰 그림자.
49) 요단=신선이 산다는 곳.
50) 옥누=백옥루(白玉樓)의 준말.

〈참 고〉

高敬植,「關東續別曲」,『慶熙文選』, 慶熙大學校, 1962.
金永萬,「曺友仁의 歌辭集 '頤齋詠言'」,『語文學』 10집, 한국어문학회, 1963.
李炳基,「關西別曲・關東別曲・關東續別曲의 形態的考察」,『國語國文學』 17호, 全北大學校, 1975.

5. 북관곡(北關曲)

송주석(宋疇錫)

해제 이 작품은 장덕순(張德順)에 의하여 최초로 학계에 유배가사로 소개되어 널리 알려지게 된 관북지방으로 유배되는 할아버지 우암(尤庵)을 배행하여 손자인 송주석(宋疇錫 : 1650-1692)이 지은 일종의 기행가사이다. 내용은 중국의 가태부(賈太夫)와 힌이부(韓吏部)의 고사와 연관시키면서 덕원(德源)으로 유배되는 할아버지의 충성심과 억울한 사연을 오가는 도중과 배소에서의 삶에서 보고 듣고 느낀 것들을 할아버지의 처지에서 지은 것이다.

지은이 송주석은 자를 서구(叙九)라 하고, 호를 봉곡(鳳谷)이라고 하였다. 숙종 9년(1683)에 문과에 급제하여 홍문관 부교리(副校理)를 지냈다. 저서로 문집인 『鳳谷集(봉곡집)』이 전한다.

을묘(乙卯:1675) 츈(春)의 봉곡(鳳谷:宋疇錫의 號)부군(府君)긔셔 우암(尤庵:宋時烈의 號)부군(府君) 뫼시고 덕원(德源) 빈소(配所)의 가실 제 지으신 가스(歌辭)니, 지평(持平) 오졍챵(吳挺昌)의 소희 진달(進達)노 이 명(命)이 나리미라.

어와! 셜운지고!　　　이 행차(行次) 무사 일고?
장사(長沙) 천일애(天一涯)에/가태부(賈太傅)1) 행색(行色)인가?
조주(潮州) 팔천니(八千里)에/한니부(韓吏部)2) 길이런가?

북관(北關) 쳔니(千里) 밖에 /어대라고 가시는고?
평생(平生)을 도라보나   지은 죄(罪) 없건마는
늣게야 어쩐 일로   이런 화(禍) 만나신고?
무기(戊己)³⁾ 년간사(年間事)를/생각거든 목이 멘다.
슬플사! 효종대왕(孝宗大王) /큰 뜻을 품으시고,
감반(甘盤)⁴⁾ 구학(舊學)에   동덕(同德)을 찾아시니,
그 적의 일개신(一介臣)이   초야(草野)로 니러 오니,
풍운(風雲) 계합(契合)이   천지(天地)에 드믄지라.
촉선생(蜀先生) 제갈량(諸葛亮)⁵⁾이/그대도록 하도던가?
중회(重恢) 대사업(大事業)을 적이면 이을러니,
신민(臣民)이 무록(無祿)하야 덧없이 여히오니,
고신(孤臣)의 피눈물이   침석(枕席)에 젖었세라.
님 향한 단심(丹心)이   죽기를 생각거든
상제(喪制) 중(重)한 일을   구차히 하올손가?
기년복(朞年服)⁶⁾ 중자설(衆子說)⁷⁾이/녜(禮)대로 하였더니,
해윤(海尹)⁸⁾ 흉소후(凶疏後)에/사설(邪說)이 횡류(橫流)하야

---

1) 가태부=전한(前漢) 문제(文帝) 때의 문신 가의(賈誼). 장사왕(長沙王)의 태부를 지냈음.
2) 한니부=당(唐)나라 문신이며 시인이었던 한유(韓愈). 이부시랑(吏部侍郎)이라는 벼슬을 지냈음.
3) 무기=무오년(숙종 4:1678)과 기미년(숙종 5:1679)을 줄인 말. 이때에 예론(禮論)이 일어나서 정가가 시끄러웠음.
4) 감반=은(殷)나라의 어진 신하. 감반이 가르친 제자 무정(武丁)이 왕이 된 뒤에 스승 감반을 재상으로 임명하였음.
5) 졔갈량=촉한(蜀漢)의 황제 유비(劉備)의 재상이었던 제갈무후(諸葛武侯). 제갈량(諸葛亮)은 성명임.
6) 기년복=일년동안만 입는 상제(喪制). 여기에는 상기(喪期)에 상장(喪杖)을 짚고 일년동안 입는 장기(杖朞)와 그렇지 않은 부장기(不杖朞)가 있다.
7) 중자설=맏아들을 제외한 여러 아들이라는 글자의 뜻대로, 장자가 아닌 사람이 왕위에 올랐을 때에도 장자로 대접할 수 없다는 주장.

비주(卑主) 이종설(二宗說)9)과/국본(國本)이 미정 상소(未定上疏)
전후(前後)에 이름 달나   세철(世哲)에게 극히 되니,
흉참(凶慘)코 위험(危險)한 말 몸의 쌀10) 니노매라.
선왕(先王)이 성명(聖明)하사 간상(奸相)을 통촉(洞燭)하니,
망타(網打)할 흉(凶)한 계교(計巧)/발뵈디 못하더니,
인선후(仁善后)11) 복제(服制)일이/마초아 날 제이고?
참언(讒言)이 망극(罔極)하야/온갓 길로 나아가니,
대성인(大聖人) 총명(聰明)인들/의혹(疑惑)이 업사실가?
그려도 짐작(斟酌)하고,/네 일을 생각하사
종시(終始)히 죄(罪) 주기는/참아 하디 아니시니,
이제곳 계시던들/이런 일이 이실런가?
금상(今上)도 처엄에는/은권(恩眷)이 중(重)하시니,
여닯번 사관행차(史官行次)/우연(偶然)한 뜻이신가?
좌우(左右)에 뫼신 사람/무삼 말쌈 살와관대,
그 덧대 어이 하야/이 뜻을 변(變)하신고?
간신(姦臣)이 틈을 보아/내외(內外)로 향응(響應)하니,
흉인(凶人)의 한 상소(上疏)로/효시(嚆矢)를 삼아 두고,
주야(晝夜)에 마련하야/일시(一時)에 니러나니,
한 사람 잡난 말이/죄목(罪目)도 하도 할사.

---

8) 해윤=해남(海南)에 사는 윤씨(尹氏)라는 뜻으로 여기서는 송시열의 중자설에 반대하여 상소한 고산(孤山) 윤선도(尹善道)를 가리킴.
9) 비주 이종설=효종을 중자로 보는 것은 임금님을 깎아내리는 짓이라고 주장하며, 실제로는 맏이 아니었지만 왕통을 이었을 때에는 맏이로 간주하여 인조대왕에게는 맏아들이 둘인 것으로 보아야 한다는 주장. 당시에 이종설(二宗說)을 주장한 사람은 윤선도와 허목(許穆)등 남인(南人)계 사람들이었음.
10) 몸의 쌀=소름이 끼친다는 뜻. 속된 말의 닭살이 돋는다와 같은 뜻.
11) 仁善后=효종대왕(孝宗大王)의 비(妃)인 인선왕후 장씨(仁宣王后張氏)의 잘못. 인선후(仁宣后)는 현종 15년(1674)2월 24일(음력)에 승하하였음.

무리(無理)코 패악(悖惡)한 말/발명(發明)키 즉거니와
폄손(貶損) 군부(君父)는/일호(一毫)나 근사(近似)하며
강출(降黜) 국통(國統)은/적으나 방불(彷佛)한가?
이러한 못할 말로/함부로 하거든
그밖의 다른 말을/일러 무삼 할 일손고?
아마도 주상전하(主上殿下)/선입(先入)을 주(主)하시니,
고신(孤臣)의 원억(冤抑)한 일/뉘라서 폭백(暴白)할고?
두어 달 객여중(客旅中)에/세뉼(歲律)이 고쳐세라.
결단(決斷) 언제 날고?/대죄(待罪)도 지리하다.
전후(前後)에 구(救)한 사람/아오로 죄(罪) 닙으니,
조정(朝廷)에 현사대부(賢士大夫)/며치나 나마시며,
남북(南北)에 내친 선배/기 무삼 죄(罪) 이실고?
정거(停擧)야 해벌(解罰)이야/어두정 된제이고?
심할사! 시절(時節)사람/낢뜰도 낢뜰시고.
죽일 말 도모(圖謀)커든/삭출(削黜)에 끄칠손가?
마참내 원찬계사(遠竄啓辭)/소회(所懷)에 드러시니,
금오랑(金吾郞) 선문(先文)이/급(急)함도 급(急)할시고.
전지(傳旨)를 들란 후(後)에/창황(蒼黃)이 길을 난니,
싸 낸 말 빈 사람/군속(窘束)도 할제이고.
장양역(長揚驛) 빗긴 날에/골육(骨肉)을 니별(離別)하고,
여윈 말 채쳐 모라/어드로 간단 말고?
가난 이 마음은/어히나 업거니와
보내난 심사(心事)를/생각거든 가이 없다.
하물며 가향친속(家鄕親屬)이야/니별(離別)인들 미처 할가?
감창(感愴)한 정회(情懷)를/어이 구러 견대난고?
주거리(住車里) 너무 다라/죽산(竹山)에 조반(朝飯)하고,
니천(利川)따 광주(廣州)따을/밤낮을 지낸 후(後)에

신릉(新陵)을 바라보고,/어름으로 강(江)을 건너
장안(長安) 지척(咫尺)을/ 곁으로 지난 말이
부운(浮雲)이 옹울(雍鬱)하야/천일(天日)을 가려시니,
처량(凄凉)한 이 행색(行色)을/어니구러 빗최실고?
신변(身邊) 녜 초구(貂裘)로/눈물을 가리우고,
평구역(平邱驛) 지내 다라/본접(本接)골 드러 자고,
포천(抱川)을 도라 드러/김화(金化)로 향(向)한 말니
봉만(峰巒)도 높을시고./도로(道路)도 머도 멀사.
양문역(楊文驛) 풍전역(風田驛)/몇이나 지나거니?
동주(東州)는 어대메요?/보개산(寶蓋山) 뵈노매라.
식목역(植木驛) 낫말 먹여/김성(金城)을 곁에 두고,
구례(九禮)재 겨우 너머/창도역(昌道驛) 든단말가?
보리비탈 험(險)한 길에/빙설(氷雪)이 납혓이니,
부뜨라며 업뜨라며/어이구러 디내거니?
신안역(新安驛) 점심후에/회양(淮陽)을 드러오니,
갓득이 냉낙(冷落)한대,/우설(雨雪)은 무삼 일고?
주인(主人)이 권당(眷黨)이라./대접(待接)이 극진(極盡)하다.
니튼날 조반후(朝飯後)에/철령(鐵嶺)을 올라가니,
엄풍(嚴風)이 차도 찰사./북도(北道)도 여기로다.
운산(雲山)이 첩첩(疊疊)하니,/고향(故鄉)이 어대메오?
도로혀 바라보니,/눈물이 절로 난다.
고산(高山)은 구역(舊驛)이라./역관(驛館)이 비여세라.
마을에 잠간(暫間) 드러/인마(人馬)를 재촉하야
동천(東川)골 저문 후에/불 혀고 드러 오니,
안변수(安邊守) 다한 손이/두어히 모다세라.
그날밤 계요 새와/덕원(德源)을 들냐 하야
남산역(南山驛) 잠간(暫間) 지나/방하(旁下)뫼 주점(住點)하고,

지능(智陵)을 빗겨 보고,/병풍암(屛風巖) 나려 수여
원산촌(遠山村) 다다르니,/대양(大洋)이 거기로다.
정편(征鞭)을 다시 보아/부내(府內)에 드러오니,
여염(閭閻)이 소죠(蕭條)커든/집인들 조흘손가?
그더디 몃 날인고?/이월(二月)이 하매로다.
영(嶺) 우흘 바라보니,/적설(積雪)이 희여세라.
시절(時節)을 헤아리고,/고원(故園)을 생각하니,
화양동(華陽洞)12) 심근 매화(梅花)/몃 가지 버러시며,
소제(蘇堤) 약한 버들/하마면 푸르리라.
엇지타 이 따에는/봄빛이 업서시며,
바람을 어이 조차/그대도록 요란한고?
창(窓) 지게 주어 닷고,/적막히 안자시니,
집 념녀(念慮) 나라 근심/혐가럼도 하고 만타.
이 후(後)에 무삼 죄(罪)를/또 아니 더을넌가?
객창(客窓)에 겨오 든 잠/몃 번이나 놀리친고?
하날을 원망(怨望)할가?/사람을 탓할손가?
네부터 현인군자(賢人君子)/쉬 아니 굿것실고?
동한(東漢)적 당고화(黨錮禍)와/송조(宋朝)에 위학금(僞學禁)을
전사(前史)에 지내 보고,/분개(憤慨)히 녁이던 일
내 집에 친히 볼 줄/내 엇디 아라실고?
아마도 설운 뜻이/가지록 가이 업다.
어나 제 조흔 바람/이운 풀 부러내야
초택(楚澤)을 니별(離別)하고,/고국(故國)에 도라가셔

---

12) 화양동=지금의 충청북도 괴산군 청청면에 있는 화양동 계곡을 이름.이곳은 우암 송시열이 머물며, 후학을 가르치어 중국의 명나라를 사모하는 여러 가지 유적을 남긴 곳임.

겨롓것 모다 안자/이 사셜(辭說) 니르려니?
<필사본『恩譜輯略(은보집략)』에서>

〈참　고〉

張德順,「北關曲」,『現代文學』110호, 서울:現代文學社, 1964.

6. 연힝별곡(燕行別曲)

실명씨(失名氏)

해제 이 작품은 이제까지 학계에 소개된 연행계(燕行系) 사행가사 중에서 가장 오래 된 작품이다. 이 작품은 이상보(李相寶)에 의하여 "박권이 동지정사 申琓, 副使 李弘迪과 함께 서장관으로 연경에 가서 서정별곡을 지은 때가 숙종 20년 仲冬이니, 이 연행별곡을 지은이도 그 때 함께 갔던 일행 중의 한 사람이 아니었던가 생각된다."라고 학계에 소개되었다. 이에 대하여 심재완(沈載完)은 이 작품의 지은이는 숙종 19년(1693)에 동지사행의 서장관으로 연경을 다녀온 심방(沈枋 : 1649-?)이라고 고증하기도 하였으며, 임기중(林基中)은 심방과 같이 연행한 동지사 유명천(柳命天 : 1633-1705)의 작이라고 고증하기도 하였다.1) 그러나 필자는 아직도 실명씨작으로 보는 것이 옳다고 생각한다. 그 이유는 동행한 부사 이인징(李麟徵 : 1643-?)의 작일 수도 있기 때문이다.2)

이 작품의 내용은 연행의 동기와 국내에서의 노정과 중국에서 연경행의 노정과 문견 및 연경에서의 업무수행 등을 노래한 것이다. 회

---

1) 沈載完, 『韓國古典文學』 10(日東壯遊歌·燕行歌), (서울 : 普成文化社, 1978.) 49-51쪽.
林基中, 『고전시가의 실증적연구』, (서울 : 동국대학교 출판부, 1992.) 481-564쪽.
2) 만약 유명천의 작이라면, 심방의 작이 아니라는 증명도 수반되어야 하며, 심방의 작이라면, 또한 유명천의 작일 수 없는 증거가 제시되어야 한다. 아울러 현재로서는 부사였던 이인징의 작일 수도 있기 때문이다. 현전 작품만으로는 삼사신의 어느 한 사람의 작일 듯하기 때문이다.

정의 견문이 많이 생략된 것이 아쉬운 작품이다.
　　지어진 연대는 심재완의 주장대로 숙종 20년(1694)이 옳다.

　　연경(燕京)[3] 만리(萬里)예/륙샥(六朔)[4]을 치힝(治行)[5]ㅎ야
　　지월(至月)[6]초삼일(初三日)의/북궐(北闕)의 하직(下直)ㅎ고
　　갈 길을 도라보니,/구름 밧긔 하눌일싀.
　　군명(君命)이 지즁(至重)ㅎ니,/슈고(수고)를 헤아리랴?
　　모화관(慕華館)[7]사뎌(査對)[8]ㅎ고,/홍제원(弘濟院)[9]드러오니,
　　셔교(西郊)의 젼별(餞別)ㅎ 졔,/친귀[親舊] 만좨[滿座]로다.
　　삼공(三公)[10]이 쥬벽(主壁)[11]ㅎ고,/뉵죄[六曹][12]버러안ᄌ
　　쥬비(酒盃)로 샹쇽(相續)ㅎ야/원힝(遠行)을 위로(慰勞)ㅎ니,
　　지친(至親)[13] 졍경(情景)이 /더옥 더 사오납다.
　　셔산(西山)의 히 진 후에/역마(驛馬)를 밧비 모라
　　벽졔관(碧蹄館)[14]젹막(寂寞)ᄒ더,/대취(大醉)코 너머드니,
　　연궐(燕闕) 단침(丹忱)[15]의/가지록 시로왜라.

---

3) 연경=현 중국의 수도 북경(北京).
4) 륙샥=6개월.
5) 치힝=여행 준비를 함.
6) 지월=동짓달, 곧 음력 11월.
7) 모화관=조선시대 중국에서 온 사신들을 접대하던 곳. 현재 서울 특별시 서대 문구 독립문자리 근처에 있었음.
8) 사뎌=중국 조정에 보낼 외교 문서와 물건들을 장부와 실물과를 대조 확인하 는 일.
9) 홍제원=현 서울특별시 서대문구 홍제동에 있던 역원(驛院).
10) 삼공=조선시대 의정부의 삼정승. 곧 영의정·좌의정·우의정.
11) 쥬벽=좌우로 벌여 앉은 자리에서의 중간 자리, 곧 주인 자리.
12) 뉵죄=육조(六曹)가, 육조는 조선시대 조정의 여섯 관아로 이(吏)·예(례)·호 (戶)·병(兵)·형(刑)·공조(工曹)등인데, 여기서는 6조판서(判書).
13) 지친=부모 형제.
14) 벽졔관=현 경기도 고양시에 있던 역관(驛館).

파평관(坡平館)16)슉쇼(宿所)ᄒ고,/임진강(臨津江) 건너와서셔
숑악산(松岳山) ᄇᆞᄅ보니,/이거시 구되[舊都]로다.
만월듸(滿月臺)17)예 달만 붉고, /션쥭교(善竹橋)의 졀(節)18)만 노파
쳥셕동(靑石洞)19) 험흔 길에/ 금쳔관(金川館)20) 계우 오니,
춍수(葱秀)21)는 어드메오?/동션렬(洞仙嶺)22) 여긔로다.
쇼션(蘇仙)23) 젹벽(赤壁)을/이계 와 다시 보니,
풍류(風流)도 거록홀샤./고젹(古蹟)이 방불(彷佛)ᄒ다.
싱양관(生陽館)24) 말마(秣馬)25)ᄒ고,/지숑관(栽松館)26)도라드니,
픠슈(浿水)27)에 빙합(氷合)흐되,/련광(練光)28)어리엿다.
긔ᄌᆞ(箕子)29)의 구봉(舊封)이오./팔조(八條)의 교민(敎民)인가?
셔관(西關) 쇄약(鎖鑰)30)이/이 따히 거록ᄒ다.
안쥬(安州)31)를 들어와셔/빅샹누(百祥樓)32)를 올나보니,

---

15) 단침=가슴 속에서 우러나는 정성된 마음, 단성(丹誠).
16) 파평관=현 경기도 파주군에 있던 역관.
17) 만월듸=옛날 개성 땅에 고려왕조의 궁궐이 있었던 곳
18) 션쥭교의 절=선죽교에서 순절한 정몽주(鄭夢周)의 충절.
19) 쳥셕동=옛날 황해도 금천군(金川君)에 있었던 지명. 청석고개라고도 하였음.
20) 금천관=조선시대 금천군 금천읍에 있었던 역관(驛館).
21) 춍수=조선시대 황해도 평산군에 있었던 역참(驛站).
22) 동션령=황해도 봉산군에 있었던 고개.
23) 쇼션=중국 송나라 때의 유명한 시인. 소식(蘇軾).그의 「전후적벽부(前後赤壁賦)」가 유명함.
24) 싱양관=평양남도 중화군에 있었떤 역관(驛館).
25) 말마=여행 도중 교통 수단이던 말에게 풀과 물을 주어 먹이는 일.
26) 지숑관=조선시대 평양부에 딸려 있던 역관. 재송원(栽松院)이라고도 함.
27) 픠슈=지금의 평양시(平壤市)를 꿰뚫어 흐르는 대동강(大同江)의 옛이름.
28) 련광=밝은 빛. 여기서는 연광정(練光亭).
29) 긔ᄌᆞ=단군조선 뒤를 이은 기자조선의 개조.
30) 쇄약=자물통과 열쇠. 여기서는 조선의 서부지방 관문이라는 뜻.
31) 안쥬=평안남도 안주군(安州郡).
32) 빅샹누=안주군에 있던 누각.

쳥쳔강(淸川江) 건너 드라/납쳥졍(納淸亭)33) 잠간 쉬니,
소쇄(瀟灑)34) 승상(勝狀)이/일비(一盃)의 다 드럿다.
경치(景致)도 죠커이와/힝식(行色)이 지리(支離)ᄒ다.
의검졍(倚劍亭)35)의 칼을 집고,/룡만관(龍灣館)36)의 드러가니,
압록강(鴨綠江) 작별시(作別時)예/풍셜(風雪)이 ᄌ자 잇다.
소셔강(小西江) ᄯ 지나셔/중강(中江)을 건너 오니,
이거시 어듸메오?/구련셩(九連城)37)이 여긔로다.
몽고장(蒙古帳) 넙게 치고,/호표굴(虎豹窟)의 한둔(寒屯)38)ᄒ니,
치음도 칩거니와/심ᄉ(心事)도 ᄀ이 업다.
동지(冬至)밤 계우 식와/혈암(血巖)의 드러가니,
만상군관(灣上軍官) 帳幕)더믈/열풍(烈風)에 썻거 노해.
잇틀을 노숙(露宿)ᄒ고,/봉황셩(鳳凰城)39)의 득달(得達)ᄒ니,
안시셩(安市城)40)이 지쳑(咫尺)이오./췩문(柵門)41)이 예로고나.
인마(人馬)를 졍졔(整齊)ᄒ야/참참이 헤여 갈 시,
회령령(會寧嶺)42) 계유 지나,/청셕동(靑石洞)43) 너머드니,
그 아리 뇨동(遼東)뜰이/칠팔니(七八里)를 여러셰라.
빅탑(白塔)44)이 최외(崔嵬)ᄒ니,/이거시 화표쥬(華表柱)ᄂ가?
티ᄌ하(太子河) 둘너시니,/연티ᄌ(燕太子)45) ㅣ 예 왓던가?

---

33) 납쳥졍=평안북도 정주군(定州郡)에 있던 누정.
34) 소쇄=물을 뿌리고 비질하여 깨끗이 청소한 모양.
35) 의검졍=평안북도 선천군(宣川郡)에 있던 정자.
36) 룡만관=평안북도 의주(義州)에 있던 객관(客館).
37) 구련셩=지금의 중국 단동시(丹東市)에 있었던 성곽.
38) 한둔=노숙(露宿).
39) 봉황셩=현 중국 요녕성(遼寧省)에 있는 지명.
40) 안시셩=현 중국 요녕성에 있는 지명.
41) 현중국 요녕성에 있었던 지명.
42) 회령령=봉황성에서 160리에 있는 지명.
43) 청셕동=회령령에서 30리에 있는 지명.
44) 빅탑=현 중국 요양(遼陽)에 있는 탑.

신셩(新城)도 조커니와/구셩(舊城)이 거룩ᄒ다.
너른 벌 건네 ᄇ롬/심양(瀋陽)46)을 드러가니,
빅두산(白頭山) 느린 줄기/이거시 쥬봉(主峰)일다.
셩곽(城郭)도 쟝려(壯麗)ᄒ고,/물화(物貨)도 은부(殷富)ᄒ다.
영안교(永安橋)47) 지ᄂ오며,/의무려(醫巫閭)48)를 ᄇᄅ보니,
이 산(山)밧근 몽고(蒙古) ㅣ요,/몽고(蒙古)밧근 달ᄌ(㺚子) ㅣ로다.
쇼항긔(小黃旗)49)대황긔(大黃旗)50)를/죠반춤(朝飯站) 지녀와셔
일판문(一板門)51) 이도정(二道井)52)을/슉쇼(宿所)다혀 드러가니,
남히(南海)를 겻티 두고,/십이산(十二山)이 버럿ᄂ듸,
대릉하(大凌河)53)쇼릉하(小凌河)54)ᄂ/구븨구븨 둘너셰라.
송산(松山55))이 어드메오?/힝산(杏山)56)이 여긔로다.
홍군문(紅軍門)57)뎐댱(戰場)의/빅골(白骨)도 하도 홀샤
풍진(風塵)을 무릅시고,/녕원위(寧遠衛)58)를 드러오니,,
죠디슈(祖大壽)59)ᄉ셰훈업(四世勳業)60)/냥피루(兩牌樓)61)나못도다.

---

45) 연티ᄌ=춘추전국시대 연나라 태자 단(丹).
46) 심양=현 중국 요녕성(遼寧省)의 성도(省都) 옛날의 봉천(奉天).
47) 영안교=심양에서 30리 떨어진 곳에 있는 지명.
48) 의무려=중국 요동성(遼東省)에 딸린 산 이름.
49) 소황긔=소황기보(小黃旗堡)의 준말. 지명.
50) 대항긔=대황기보(大黃旗堡).
51) 일판문=대황기보에서 70리에 있는 지명. 일명 반랍디(半拉里).
52) 이도정=이도정자(二道井子). 일판문에서 20리에 있는 지명.
53) 이도정에서 200리에 있는 지명.
54) 쇼릉하=대릉하에서 25리에 있는 지명.
55) 송산=소릉하에서 약 20리에 있음. 일명 송산관(松山館)
56) 힝산=송산에서 18리에 있는 지명, 일명 행산보(杏山堡)..
57) 홍군문=행산보에서 25리에 있는 지명. 일명 홍기영(紅旗營).
58) 녕원위=홍군문에서 50리에 있는 지명.
59) 죠디슈=명나라 말년 영원백(寧遠伯)을 지낸 장수(將帥).
60) ᄉ셰훈업=조진(祖鎭)·조인(祖仁)·조승훈(祖承訓)·조대수(祖大壽)의 4대가 명나라를 위하여 공을 이룬 일.

홍포(紅袍) 옥교(玉轎)로/남히(南海)예 들어가니,

졀의(節義)도 거록홀사/셩명(姓名)이 그 뉘런고?

동관(東關)62)을 가려 두고,/즁젼소(中前所)63)에 다드르니,

오삼계(吳三桂)64)란 짱힌가?/디셰(地勢)도 거록ᄒ다.

팔니포(八里浦)65)말마(秣馬)ᄒ고,/산히관(山海關)66)을 ᄇ라보니,

산형(山形)이 웅쟝(雄壯)ᄒ고,/분쳡(粉堞)이 만리(萬里)로다.

빅데ᄌ(白帝子)67) 어더 간고?/몽념(夢念)의 헷슈괼다.

쥬근 역부(役夫) 만컨ᄆᄂ/망부셕(望夫石)68)은 이 쑨일시.

텬하(天下) 졔일관(第一關)69)을/ᄒ 거름의 드러 오니,

은구(銀鉤)70)쳘삭(鐵削)이/니ᄉ(李斯)71)의 글씨로다.

길 난 지 ᄉ십일(四十日)애/무령현(撫寧縣)72)의 다드르니,

챵녀현(昌黎縣)73)더 긔특(奇特)다./문필봉(文筆峰)74) ᄇ롯 아리

---

61) 냥피루=두 개의 패루. 패루는 석방(石坊)이라고도 하는데, 일종의 석탑형의 문.
62) 동관=영원위에서 60리 에 있는 지명. 이령 동관역(東關驛).
63) 중전소=동관역에서 105리에 있는 지명.
64) 오삼계=명나라 말년 명군(明軍)의 총병(摠兵)을 지내고, 평서왕(平西王)에 봉작되었으나, 반역하여 주재(周帝)를 칭하다가 죽음.
65) 팔니포=팔리보(八里堡)의 잘못, 중전소에서 27리에 있는 지명. 여기에 강녀묘(姜女廟)가 있음.
66) 산희관=중전소에서 35리에 있는 만리 장성(萬里長城)의 동쪽 관문(關門).
67) 빅데ᄌ=한고조(漢高祖) 유방(劉邦)이 한나라 건국 이전에 유방이 흑룡을 죽이고 등극하여 스스로 백제라고 함.
68) 망부석=만리 장성 축조의 부역을 끌려간 범칠랑(范七郞)의 부인 허맹강(許孟姜)이 남편을 기다리다가 돌이 되었다고 함.
69) 천하제일관=산해관(山海關)의 제액(題額).
70) 은구=은으로 된 갈구리라는 뜻에서 흘림체 글씨를 힘차게 잘 썼음을 비유함.
71) 니ᄉ=진시황 때의 재상. 분서갱유(焚書坑儒)하여 사상을 통일하고, 소전(小篆)의 필법(筆法)을 창안함.
72) 무령현=산해관에서 100리에 있는 지명.
73) 창녀현=퇴지(退之) 한유(韓愈)가 봉하여진 곳. 영평부(永平府)에 속한 지명.
74) 문필봉=한유(韓愈)가 살던 곳.

산셰(山勢)도 방벽(放僻)ᄒᆞ니,/문쟝(文章)을 잉츌(仍出)혼가?
됴쥬(潮州)75)팔쳔리를/블골표(佛骨表)76)혼 쟝일다.
영평부(永平府) 지나가셔/이졔묘(夷齊廟)77)의 뎐알(展謁)ᄒᆞ니,
빅디(百代) 쳥풍(淸風)이오,/만고(萬古) 강상(綱常)이로다.
니참(里站)78)이 젼궐(前闕)79)ᄒᆞ고,/힝싴(行色)이 간초(艱楚)ᄒᆞ야
이졔야 쇼쥐(蘇州)80) 와셔/어양교(漁陽橋)81)드러가니,
양귀비(楊貴妃)82)엇더 ᄭᅡᆫ디,/소샹(塑像)은 무슴 일고?
이 ᄯᅡ히 범연(凡然)ᄒᆞ랴?/호투하(滹沱河)83)앏픠 잇다.
왕랑병(王郞兵)84)은 어듸 간고?/한광무(漢光武)의 진젹(眞跡)이라.
어와! 거룩ᄒᆞᆯ샤!/통쥬(通州)85)는 대도회(大都會)라.
대강(大江)을 둘너다가/틱익지(太液池)86)로 인슈(引水)ᄒᆞ야
남경(南京)87) 소항쥬(蘇杭州)88)를/선로(船路)로 다 통(通)ᄒᆞ니,

---

75) 죠쥬=중국 광동셩(廣東省)에 있는 지명. 한유(韓愈)가 좌천되어조주자사(潮州刺史)로 내려가 "한 장 글월 아침에 올렸다가 저녁에 조주 8천리에 쫓겨 났네(一封朝奏九重天, 夕貶潮州路八千)"이라는 시를 지음.
76) 블골표=당헌종(唐憲宗)이 불교에 심취한 것을 간(諫)하는 내용을 담아 왕에게 올렸던 한유(韓愈)의 표문(表文).
77) 이졔묘=사하역(沙河驛)에서 50리에 있는 백이(伯夷)와 숙제(叔齊)의 위패를 모신 사당.
78) 니참=마을과 역참(驛站).
79) 젼궐=앞에는 없음.
80) 쇼쥬=계주(薊州)의 잘못. 계주는 하북성(河北省) 동북부를 이르는
81) 어양교=계주 5리 앞에 있는 지명.
82) 양귀비=당현종(唐玄宗)의 애비(愛妃). 호는 태진(太眞).
83) 호투하=계주에서 100여리에 있는 지명.
84) 왕랑병=왕창(王昌)의 군사. 왕창은 후한(後漢) 邯鄲인. 점술에 뛰어남. 하북에 천자의 기운이 있다고하여 왕에 추대되었으나, 광무제(光武帝)에게 패하여 망하였음. 랑은 젊었다는 뜻.
85) 통쥬=북경(北京)조양문(朝陽門)에서 동북쪽으로 40리에 있는 지명.
86) 틱익지=북경(北京)의 서원(西園) 안에 있는 인공 호수.
87) 남경=강소성(江蘇省)에 있는 양자강(揚子江) 남쪽가의 지명.
88) 쇼항쥬=양자강 남쪽에 있는 소주(蘇州)와 항주(杭州).

물화(物貨)는 퇴젹(堆積)ᄒ고,/인물(人物)도 거록ᄒ다.
녀염(閭閻)이 년쇽(連續)ᄒ야/ᄉ십니(四十里)를 드러가니,
동악묘(東岳廟)[89])이거신가?/어너 희예 짓돗던고?
각뎐(各殿)을 보려 ᄒ면,/ᄒ로로서 다 못 볼쇠.
황도(皇都)를 들녀 ᄒ고,/잠싼 쉬여 기복(改服)ᄒ니,
통관비(通官輩)는 젼도(前導)ᄒ고,/갑군(甲軍)이 후비(後陪)로다.
졔화문(諸和門)[90])드리ᄃᆞ라/지화ᄉ(祇和寺)의 뉴졉(留接)ᄒ니,
삼각산(三角山) 졔일봉(第一峰)을/모로면 못볼노다.
만불뎐(萬佛殿)을 올ᄂ 안져/황셩(皇城)을 구버보니,
장(壯)홈도 장(壯)홀시고,/이 그르시 졍 크도다.
갑슐년(甲戌年)[91]) 샹원일(上元日)에/황극뎐(皇極殿)에 됴참(朝參)ᄒ니,
명됴(明朝) 썩 졔작(製作)인가?/굉려(宏麗)홈도 굉려(宏麗)ᄒ다.
방물(方物)을 쥰ᄉ(遵査)ᄒ고,/문셔(文書)를 계유 ᄆᆞ챠
무건지 ᄉ십일(四十日)에/오던 길노 도라드니,
젼뢰(前路)가 비록 머나,/힝역(行役)을 니즐노다.
구련셩(九連城) 다시 와셔/통군졍(通軍亭)[92]) 브라보니,
홍분(紅粉)[93])을 ᄀᆞ득 시러/치션(彩船)을 빗겨 잇고,
가국(家國)이 티평(太平)ᄒ니/티평곡(太平曲)을 말닐쏘냐?
아희야! 잔(盞) ᄀᆞ득 부어라./쟝일취(長日醉)를 ᄒ리라.

<필사본 『歌辭選(가사선)』에서>

---

89) 동악묘=북경 종야문 동쪽 2리쯤에 있었던 절.
90) 졔화문=북경의 동문(東門). 일명 조양문(朝陽門), 제화문(齊華門).
91) 갑슐년=숙종(肅宗) 20년(1694).
92) 통군정=평안북도 의주(義州)에 있던 정자.
93) 홍분=붉은 연지와 흰분. 곧 여기서는 기생들을 가리킴.

〈참 고〉

李相寶,「燕行別曲」,『詩文學』52, 서울:詩文學社, 1975.11.
沈載完,「燕行歌考」,『韓國古典文學全集』10, 서울:民衆書館, 1978.11.
林基中,「연행가사와 연행록」,『고전시가의 실증적 연구』, 서울:동국대학교 출판부, 1992.

7. 西征別曲(서정별곡)

박 권(朴權)

해제 이 작품은 이상보(李相寶)와 박상수에 의하여 처음 학계에 보고되어 주목을 끈 연행가사이다.1) 내용은 숙종 20년(1694) 11월 2일에 동지사행의 서장관으로 지은이가 정사 예조판서 신완(申琓 : 1646-1707)과 부사 호조참판 이홍적(李弘迪 : 1634-1697)을 따라 연경을 다녀와서 그 오가는 길에서의 견문을 노래한 것이다.
이 작품이 지어진 연대는 숙종 21년(1695)로 추정된다.
　지은이 박권(朴權 : 1658-1715)은 자를 형성(衡聖), 호를 귀암(歸庵)이라고 하였다. 숙종 10년(1684)에 사마시에 합격하고, 동왕 12년(1686)에 문과에 급제하여 벼슬이 각조판서에 이르렀다. 바른 소리를 잘하여 함경도의 이산(理山)으로 유배되기도 하고, 고향 원주에서 숨어 살기도 하였다. 숙종 37년(1711)에는 동지부사로도 연행하여 외교관으로서의 면모도 보였으나, 동왕 38년(1712)에는 청나라의 목극등(穆克登)이 백두산(白頭山)에 경계석을 세우자고 하였을 때에 늙고 병들었다는 이유로 역관(譯官)만을 현장에 보내어 국경이 축소되었다는 비난으로 벼슬을 쉬게까지도 되었다.

명시(明時)에 득죄(得罪)ㅎ야/전야(田野)의 도라와셔

---

1) 李相寶,「長風에 놀란 물결----原題 西征別曲」,『文學思想』33호, 서울 : 文學思想社, 1973.6.
　朴相洙,「歸庵 朴權의 西征別曲考」,『國語國文學論文集』9·10합집, 동국대학교, 1975.

일곡(一曲)셤호(蟾湖)²⁾의/모옥(茅屋)을 지어 두고,
연ᄉ(烟沙) 월젹(月磧)³⁾의/경조(耕釣)를 일을 삼아
ᄌ믹(紫陌)⁴⁾홍진(紅塵)의/일염(一念)이 쯔쳐더니,
건곤(乾坤)니 지틱(再泰)⁵⁾ᄒ고/일월(日月)이 다시 밝가
탈니(脫離)유잠(遺簪)⁶⁾을/일시(一時)의 수습(收拾)ᄒ니,
쳥강(淸江) 빅셕(白石)의/어조(魚鳥)를 이별ᄒ고,
옥셔(玉署) 금화(金華)⁷⁾의/완노(鵷鷺)⁸⁾를 ᄯ로더니,
연경(燕京) 만리(萬里)길을/ᄉ기(使价)⁹⁾로 명ᄒ시니,
룡누(龍樓)의 ᄒ직(下直)ᄒ고/일긔(馹騎)¹⁰⁾를 쎨이 모라 영은문(迎恩門)¹¹⁾지나 다라/홍제원(弘濟院)¹²⁾다ᄃ라니,
고구(故舊) 친쳑(親戚)이/손죱고 일은 말이
풍상(風霜) 시외(塞外)의/됴히 둔녀 도라오쇼.
동지(冬至)ᄶᆞᆯ 긴긴 밤을/벽제(碧蹄)셔 계유 시와
임진(臨津)을 건너리라./송악산(松岳山)¹³⁾ᄇ라보니,

---

2) 셤호=셤강(蟾江). 여기서는 지은이가 숙종 18년(1692)에 이산9理山)으로 유배되었다가 풀려 고향인 원주(原州)의 셤강가에서 은거하고 있었음을 이름.
3) 월젹=달빛에 빛나는 돌자갈.
4) ᄌ믹=번화한 도성(都城)의 번화한 길.
5) 지틱=다시 태평하여짐.
6) 유잠=벗어서 버려 두었다가 아직 남아 있는 망건·갓·비녀 등 머리 장식 기구.
7) 옥서금화=조선시대 홍문곤(弘文館)의 화려함.
8) 완노=원음은 원로, 봉황(鳳凰)의 일종인 원추새와 백로. 이 두 새의 위용(威容)이 한아(閑雅)함에서 조정의 백관(百官)들이 정연한 질서와 비유하여 이른 것임.
9) ᄉ기=사자(使者). 곧 사신(使臣).
10) 일긔=잘 달리는 역마(驛馬)를 탐.
11) 영은문=현 서울특별시 서대문구 독립문 근처에 았었던 조선시대 중국 사신을 맞이하던 곳.
12) 홍제원=현 서울특별시 서대문부 홍제동에 있었던 역원(驛院).
13) 송악산=구 경기도 개성시(開城市)의 진산(鎭山).

오백년(五百年)도읍지(都邑地)의/기세(氣勢)도 웅장(雄壯)ㅎ다.
션쥭교(善竹橋) 나린 물이/지금(至今)의 오열(嗚咽)ㅎ니,
정포은(鄭圃隱)14)쳔고원흔(千古怨恨)/여긔 아나 부쳣는가?
만월씌(滿月臺) 너분 터의/쇠쵸(衰草)만 나마시니,
인간(人間) 흥폐(興廢)ᄂᆞᆫ/일너 쁠 듸 업거니와
고국(故國) 풍연(風煙)의/긱수(客愁)를 도도놋짜.
평산(平山)을 겨유 지나/총슈춤(葱秀站) 드러가니,
주쳔사(朱天使)15)구유쳐(舊遊處)의/승젹(勝跡)만 나마 이셔
챵이(蒼崖)의 쁘인 글짜/묵젹(墨跡)이 어제론 듯
황강셩(黃崗城)16)드러가니,/븩일(白日)이 노파셰라.
통판(通判)17)이 다졍(多情)ㅎ여/별연(別筵)을 노피 베퍼
금슬(琴瑟) 쳥쥰(淸樽)18)으로/원긱(遠客)을 위로(慰勞)홀시
고누(高樓) 야심후(夜深後)의/츌시곡(出塞曲)19)을 노피 브니
일촌(一寸)니은 간장(肝臟)/여기선 다 ᄭᅳᆾ쳣다.
층빙(層氷)은 식강(塞江)ㅎ고,/젹셜(積雪)은 만산(滿山)ᄒᆞᄃᆡ,
연광졍(練光亭)20)노푼 집의/풍일(風日)도 넝낙(冷落)ㅎ다.
듕화(中和)의 잠싼 쉬여/긔ᄌᆞ셩(箕子城)21)드러가니,
영명ᄉᆞ(永明寺)22)부벽누(浮碧樓)23)을/아니 보려 ᄒᆞ랴마논

---

14) 정포은=고려말(高麗末)의 유학자(儒學者)며, 충신(忠臣)이던 정몽주(鄭夢周:1337-1392).
15) 주쳔사=명나라 사신으로 조선에 왔다가 간 주지번(朱之蕃).
16) 황강셩=구 황해도 황주(黃州).
17) 통판=조선시대 대도호부(大都護府)의 판관(判官).
18) 금슬 쳥쥰=음악과 맑은 술.
19) 츌시곡=중국의 악부횡취곡(樂府橫吹曲)의 이름.
20) 연광졍=평양시 대동강가의 덕암(德巖)위에 있는 정자.
21) 긔ᄌᆞ셩=지금의 평양시(平壤市).
22) 영명ᄉᆞ=평양시내에 있었던 절. 부벽루(浮碧樓)서편 기린굴(麒麟窟) 위에 있었음.

왕졍(王程)이 유한(有限)ᄒᆞ니,/훗긔약(期約)을 머무로니라
슉영관(肅寧館)24)밤이 쉬어/쳥쳔강(淸川江)25)건너 드니,
남누(南樓) 셜월(雪月)의/금영(錦筵)을 버려ᄂᆞ듸,
ᄇᆡᆨ듸(百隊) 홍장(紅粧)26)이/좌우(左右)의 버러시니,
타향(他鄕) 평수(萍水)의/낙시라 ᄒᆞ련마ᄂᆞᆫ,
졀식(絶色) 금가(琴歌)ᄂᆞᆫ/여흔(旅恨)을 바아ᄂᆞ다.
남녀(藍輿)를 눅게 메여/ᄇᆡᆨ상누(百祥樓)의 올나가니,
일듸(一帶) 빙강(氷江)이/벽뉴리(碧琉璃) ᄶᅡ가ᄂᆞᆫ 듯
셜마(雪馬)를 빗기 모라/조쟝(祖帳)27)의 드러가니,
금비(金盃)의 가득 부어/권(勸)ᄒᆞ야 일온 말이
젼산(前山)의 일모(日暮)ᄒᆞ고,/긱노(客路)의 쳔혼(天寒)ᄒᆞ니,
냥관(陽館)28)을 나간 후(後)면,/고인(故人)이 뉘 이스리?
가산(嘉山)29)길 오십니(五十里)를/ᄎᆔ몽듕(醉夢中)의 드러가서
납쳥뎐(納淸殿)30)잠간(暫間) 보고,/신안관(新安館)31)드러가서
영츈당(永春堂)32)놉푼 집의/봄빛츤 어듸 간고?

---

23) 부벽누=평양시 대동강(大同江)가 금수산(錦繡山)에 있는 누각(樓閣).
24) 슉영관=구 평안북도 숙천(肅川)에 있었던 역관(驛館).
25) 쳥쳔강=구 평안도에 있는 강. 묘향산(妙香山)에서 발원하여 서쪽으로 흘러 서해로 들어가는데, 쳥쳔강(晴川江)이라고도 쓰며, 또 살수(薩水)라고도 불리운다.
26) 홍쟝=잘 치장한 미인들.
27) 조쟝=여행 중인 사람의 안전을 위하여 시에게 제사를 지내기 위하여 설치한 장막. 곧 노제(路祭)를 지내기 위하여 설치한 장막.
28) 양관=원래는 중국의 지명. 여기서는 큰 길이라는 뜻으로, 양관대도(陽關大道)의 준말.
29) 가산=구 평안북도 철산군(鐵山郡)에 딸린 마을 이름.
30) 납쳥뎐=구 평안북도 정주(定州)에 있었던 청자.
31) 신안관=정주군(定州郡)에 딸린 신안(新安)의 역사(驛舍).
32) 영츈당=정주(定州) 객관(客館) 동쪽에 있었던 건물 이름. 영춘당(迎春堂)이라고도 부름.

운흥관(雲興館)³³)녀줏 보고,/고션셩(古宣城)³⁴) 드러가니,
의검정(倚劍亭)³⁵)놉흔 누의/단벽(丹碧)이 어릐엿다.
쳥유당(聽流堂)³⁶)져문 날의/곡난간(曲欄干)의 비겨시니,
홍군(紅裙) 취슈(翠袖)³⁷)들이/어름 우의 희롱(戲弄)ᄒᆞ니,
냥쥬(楊州)지 빅연 쳥동(白蓮青銅)/보경(寶鏡)을 지엿ᄂᆞᆫ 듯
무릉계(武陵溪) 삼월 도화(三月桃花)/유슈(流水)의 씌여ᄂᆞᆫ 듯
만곡슈(萬斛愁)³⁸)즘긴 눈셥/거의 아니 펴이거냐?
용만관(龍灣館)³⁹)들여 드러/통군정(統軍亭)을 올나 보니,
호쳔(胡天) 지쳑(咫尺)⁴⁰)의/의ᄃᆡ슈(衣帶水)의 가려시니,
쳥구(青丘) 일역(一域)이/여긔 와 진(盡)탄 말가?
힝장(行裝)을 졈검(點檢)ᄒᆞ야/압녹강(鴨綠江) 건너리라.
여가(驪歌)⁴¹)다 부르니,/셕양(夕陽)이 거의로다.
졍거(征車)의 취(醉)코 올나/고향(故鄕)을 도라보니,
죵남산(終南山)⁴²)일쳔리(一千里)의/구롬이 머흐럿다.
삼강수(三江水)⁴³)다 지나셔/구련셩(九連城) 도라드니,
음풍(陰風)은 권지(捲地)ᄒᆞ고,/삭셜(朔雪)⁴⁴)이 영장(盈丈)⁴⁵)ᄒᆞᄃᆡ,

---

33) 운흥관=구 평안북도 관산군(郭山郡)에 있었던 운흥역(雲興驛)의 객관(客館).
34) 고션셩=구 평안북도 선천군(宣川郡)의 옛이름.
35) 의검정=선천읍(宣川邑)에 있었던 정자.
36) 쳥유당=구 평안북도 용천(龍川)에 있는 청류암(聽流巖) 위에 있었던 정자.
37) 홍군 취수=화려한 옷을 입은 미녀들. 곧 화려하게 꾸민 기생들.
38) 만곡슈=많은 근심.
39) 용만관=구 평안북도 의주(義州)에 있었던 객관(客館).
40) 호천 지척=오랑캐의 땅이 매우 가까움.
41) 여가=이별가. 곧 고별가.
42) 종남산=현 서울특별시 중구와 용산구에 걸쳐 있는 남산(南山). 일명 목멱산(木覓山)
43) 삼강수=압록강(鴨綠江) 하류의 세 갈래 강물. 초강(初江)·중강(中江)·하강(下江).
44) 삭셜=북쪽의 눈. 곧 추운 지역의 눈.

황모(黃茅) 빅위간(白葦間)46)의/포막(布幕)을 나쵸 치고,
일점(一點) 한등(寒燈)이/침변(枕邊)의 발가시니,
강두(江頭)의 취(醉)흔 술이/하마흐면 다 씨거다.
공명(功名)도 그름갓고,/부귀(富貴)도 츈몽(春夢)이라.
인싱(人生)이 언마완디,/형역(形役)이 되야 이셔
고당(高堂) 학발(鶴髮)의/온정(溫情)을 못밧들고
빅운(白雲) 쳔말(天末)의/방촌(方寸)만 서기눈고?
왕준(王遵)47)은 즐어(喞御)흐고,/모의(毛義)48)눈 봉격(奉檄)흐니,
군친(君親)이 일쳬(一體)여니,/충효(忠孝)ㅣ 어이 다를소냐?
금셕산(金石山)49)지나거냐?/셜암(雪巖)이 어더미오.
봉황산(鳳凰山)50)겻티 두고,/안시셩(安市城)51) 여긔로다.
당가(唐家) 빅만병(百萬兵)이/예 와셔 퍼(敗)탄 말가?
산쳔(山川)은 의구(依舊)흐디,/인걸(人傑)은 어디 간고?
져근 듯 비러다가/셩쥬(聖主)긔 드리고져.
요동(遼東) 옛 지계(地界)를/거의 회복(回復)흐련마는
쳔츄(千秋)의 챵망(悵望)흐니,/속졀 업슬 ᄯᆞᆫ이로다.
팔도하(八渡河)52) 나린 물이/몃 구비나 서렷눈고?
쳥셕영(青石嶺)53)회평영(恢平嶺)54)이/놉고도 험훌시고.

---

45) 영장=10척(尺)에 참. 1장(丈)은 10자. 10자는 약 330 cm. 곧 눈이 많이 쌓였다는 뜻.
46) 황모 빅위간=누렇게 시든 잔디와 흰 빛 갈대 사이.
47) 왕준=중국 후한(後漢) 때 사람. 자는 자춘(子春), 호협하고 재변(才辯)이 있었다고 함.
48) 모의=후한(後漢)때의 효자(孝子). 자는 소절(小節).
49) 금셕산=구련성에서 45리 중국쪽에 있는 지명.
50) 봉황산=현 중국 요녕성(遼寧省)에 있는 산 이름.
51) 안시셩=현 중국 요녕성에 있는 지명. 고구려의 양만춘(楊萬春)장군이 당태종(唐太宗)의 100만 대군을 패주(敗走)시킨 곳으로 유명함.
52) 팔도하=현 중국 요녕성(遼寧省)에 있는 강.

정형(井陘)⁵⁵⁾이 이러ᄒ며,/구절(九折)⁵⁶⁾인들 비길소냐?
연산역(連山驛)⁵⁷⁾조반 후(後)의/낭ᄌ산(娘子山)⁵⁸⁾너머가나니,
요양역(遼陽驛)⁵⁹⁾어듸미요?/빅탑(白塔)이 여긔로다.
천연(千年) 화표주(華表柱)⁶⁰⁾는/오히려 나마시되,
만고(萬古) 정영위(丁令威)⁶¹⁾는/어디 가고 놋오던고?
흥망(興亡)을 뭇ᄌ ᄒ나,/옛일을 뉘 알소니?
평원(平原)이 극목(極目)ᄒ고,/빅쵸(百草)논 연쳔(連天)ᄒ논
북풍(北風)이 높이 불려/부운(浮雲)을 다 거드니,
건곤(乾坤)이 묘막(杳漠)ᄒ야/이제(涯際)를 모로놋다.
사ᄒ봉(沙河峰) 지나 다라/심양(瀋陽)의 드러가니,
성지(城池)도 결험(絕險)ᄒ고,/전우(殿宇)도 굉려(宏麗)ᄒ다.
황긔포(黃旗浦)⁶²⁾빅기포(白旗浦)⁶³⁾/소흑산(小黑山)⁶⁴⁾신광년(神光嶺)⁶⁵⁾
이

---

53) 청석영=만주(滿洲)의 연산관(連山關)에서 30리쯤에 있는 산.
54) 회평영=중국 요녕성(遼寧省)에 있는 산.
55) 정형=중국의 하북성(河北省)에 있는 정형산(井陘山) 위의 관명(關名)일명 토문관(土門關). 에
56) 구절=중국 사천성(四川省) 영경현(榮經縣) 서쪽 공리산(邛峽山)에 있는 고개 이름.길이 험하기로 유명함.
57) 연산역=중국 요녕성 본계현(本溪縣) 동남에 있는 역참(驛站.일명 연산관(連山關).
58) 낭ᄌ산=중국 요녕성 책문(柵門)에서 262리쯤에 있는 산.
59) 요영역=중국 요녕성에 있는 지명. 일명 요동(遼東).
60) 화표주=무덤 앞에 세우는 한 쌍의 돌 기둥. 일명 망주석(望柱石) 또는 촛대석.
61) 정영위=한(漢)나라 때의 요동(遼東)사람으로 선도(仙道)를 익혀서 신선이 되었다가 1000년 두이에 학이 되어 이 요동땅의 화표주에 와서 앉아 있었다고 함.
62) 황긔포=심양(瀋陽) 근처에 있는 지명. 황기보(黃旗堡)라고도 함.
63) 빅긔포=황긔포 근처에 있는 지명. 백기보(白旗堡)라고도 함.
64) 소흑산=심양에서 130리에 있는 산.
65) 신광녕=유하구(柳河溝) 근처에 있는 산고개.

7. 西征別曲(서정별곡)

지명(地名)도 ᄒᆞ고 만코,/도리(道里)도 요원(遙遠)ᄒᆞ다.
여양역(閭陽驛)66)건너편의/십삼산(十三山)이 버러시니,
우공(愚公)67)이 제 왓는가?/우부(愚斧)로 싹가는가?
무산(巫山)68) 육봉(六峰)이/언제 나라 저 왓는고?
디쇼능하(大小陵河)69)겨우 건너/고교포(高橋浦)의 다다라니,
운간(雲間)의 비긴 모히/의무려(醫巫閭)70)아니런가?
천봉(千峰)이 두발(斗拔)ᄒᆞ고,/반공(半空)의 다아시니,
오악(五岳)71) 이 뫼도곤 놉돈 말 못ᄒᆞ노라.
졍참(征驂)72)을 줌주(暫駐)ᄒᆞ고,/발히(渤海)를 구버보니,
장풍(長風)의 놀낸 물결/은옥(銀玉)이 츳아(嵯峨)ᄒᆞ다.
노련ᄌ(魯連子)73) 다시 살아/금세(今世)의 날작시면,
창명(滄溟)이 깁다 ᄒᆞ나,/필연(必然)이 바라려니,
연산역(連山驛)74)조반후(朝飯後)의/영영ᄉ(永寧寺)75)줌깐 보고,
거마(車馬)를 밧비 모라/영원위(寧遠衛)76)드러가니,
금탕(金湯)이 굿다 흔들/쇄약(鎖鑰)77)을 뉘 알쇼니?

---

66) 여양역=이대자(二臺子)에서 12리에 있는 역(驛).
67) 우공=『열자(列子)』 탕문(湯問)에 나오는 산을 옮긴 사람. 사자숙어(四字熟語) 우공이산(愚公移山)의 주인공.
68) 무산=중국 사천성(四川省)무산현(巫山縣)에 있는 산.
69) 디쇼능하=중국 요녕성에 있는 대릉하·소릉하를 줄여서 쓴 말.
70) 의무려=의무려산(醫巫閭山)의 준말. 중국 요녕성 광녕(廣寧) 서북쪽 40리에 있는 돌사.
71) 오악=중국의 대표적인 5대산(大山). 곧 동태산(東泰山)·서형산(西衡山)·남화산(南華山)·북항산(北恒山)·중숭산(中嵩山)
72) 졍참=멀리 가는 거마(車馬).
73) 노련ᄌ=전국시대(戰國時代) 제(齊)나라 의사(義士) 노중련(魯仲連).
74) 연산역=소릉하보(小陵河堡)에서 89리에 있는 역.
75) 영영ᄉ=연산역에서 24리에 있는 절.
76) 영원위=연산역에서 30리에 있는 지명.
77) 쇄약=자물쇠. 곧 출입의 요충지.

붕성(崩城) 퓌벽[破壁]의/옛 긔지(基址)만 나마셔라.
통구(通衢) 십ᄌ노(十字路)의/석문(石門)니 최외(崔嵬)ᄒ다.
조장군(祖將軍)[78]사셰 은영(四世恩榮)/환혁(煥赫)도 ᄒ다마는
이소경(李少卿) 농서가성(隴西家聲)/뉘라서 일카라리?
관동(關東)은 육십니(六十里)라./양하슈(兩河水)[79]몃츳 가라
망부셕(望夫石) 추즈리라./뎡여ᄉ(貞女祠)[80] 올나가니,
네 원흔(怨恨) 싱각거든/녹감즉도 ᄒ다마는
쳔츄(千秋) 풍우(風雨)의/눌 위ᄒ야 셔 잇는다?
산ᄒ관(山海關)[81]거의로다./만리셩(萬里城) 바라보니,
쳔구(千衢) 비긴 후(後)의/옥홍(玉虹)이 빗겨는닷
츄쳔(秋天) 둘 발근 졔/은한(銀漢)이 둘너는다.
진황졔(秦皇帝)[82]의 어린 계교(計巧)/쳔고(千古)의 웃건마
당시(當時)의 보던 츰셔(讖書)/과연(果然) 오늘 마츳도다.
유관(楡關)[83]을 월(越)ᄒ리라./창여ᄉ(昌黎祠)[84]드러가니,
슈양산(首陽山)[85]어듸미요?/고쥭국(孤竹國)[86]이 여긔로다.
층디(層臺)의 막대 집허/이졔묘(夷齊廟)[87]드러가니,
쳥풍(淸風)이 늠열(凜烈)ᄒ야/빅셰(百世)의 쑤리는닷

---

78) 조장군=명나라 때 영원백(寧遠伯)을 지낸 조대수(祖大壽).뒤에 이 사람은 쳥태조(淸太祖)에게 항복하여 변절자로 인정 받음.
79) 양하슈=양수하(亮水河)의 잘못.
80) 뎡여ᄉ=중국의 산해관(山海關) 근처에 있는 강녀묘(姜女廟).
81) 산해관=중국 하북성(河北省) 동북 경계에 있는 관문(關門). 만리장성(萬里長城)의 동쪽 끝에 있는 관문.
82) 진황졔=진(秦)나라 시황제(始皇帝).
83) 유관=산해관의 다른 이름. 하북성(河北省) 임유현(臨楡縣)에 있기 때문임.
84) 창여ᄉ=당(唐)나라의 문인 한유(韓愈)의 사당(祠堂).
85) 슈양산=중국 산서성(山西省) 영제현(永濟縣) 남쪽에 있는 산. 은(殷)나라 충신 백이(伯夷)·숙제(叔齊)가 숨어 살다가 죽은 곳으로 유명함.
86) 고쥭국=백이·숙제 형제의 선조들이 봉함 받은 땅.
87) 이졔묘=백이·숙제의 넋을 위로하기 위하여 위폐를 모신 사당(祠堂)).

7. 西征別曲(서정별곡) 65

난하수(灤河水)88)말근 고딕/일비(一盃)를 가득 부어
산두(山頭)의 올여 노코/재비(再拜)ᄒᆞ야 일은 말이
산중(山中)의 나ᄂᆞᆫ 미궐(薇蕨)89)/히마다 풀으거든
슬푸다! 금셰(今世) ᄉᆞ름/키올 줄 모로ᄂᆞᆫ쏘다.
사하역(沙河驛)90)ᄌᆞ고 지나/풍윤(豊潤)91)을 가ᄌᆞ셔라.
계쥐셩(薊州城)92) 드리다라/와불ᄉᆞ(臥佛寺)93)의 올나가니,
삼층(三層) 취각(翠閣)의/금상(金像)이 최외(崔嵬)ᄒᆞ다.
금산ᄉᆞ(金山寺)94)장육신(丈六身)을/뉘라셔 놉다터니?
이제묘(夷齊廟) 보게 되면,/소사미(少沙彌)95)되리로다.
상(床) 우의 취ᄒᆞᆫ 부쳐/몃 겁(劫)을 누어 이셔
셔천(西天)을 ᄭᅮᆷᄭᅮᄂᆞᆫ가?/씰 줄를 모로ᄂᆞᆫ고?
삼하슈(三河水)96)다 디나셔/통쥐강(通州江)97)ᄃᆞᄃᆞᄅᆞ니,
장범(檣帆)98)이 독립(獨立)ᄒᆞ고,/읍니(邑里)도 은셩(殷盛)ᄒᆞ다.
동악묘(東岳廟)99)의 옷슬 가라/치화문(致和門) 드러가니,
황조(皇朝) 옛 궁궐(宮闕)이/완연(宛然)니 잇다마는
한관(漢官) 위의(威儀)를/어듸 가 ᄎᆞᄌᆞ 보리?
오봉문(五鳳門) 너머 드러/태화전(太華殿) ᄇᆞ라보니,

---

88) 난하수=영평부(永平府)에서 5리에 있는 강.
89) 미궐=고사리.
90) 사하역=영평(永平)에서 20리에 있는 역.
91) 풍윤=사하역(沙河驛)에서 100리에 있는 지명.
92) 계쥐셩=하북성(河北省) 동북부에 있는 지명.
93) 와불ᄉᆞ=계주(薊州)에 있는 절. 당(唐)나라 때 절로 뒤뜰에 약 7m즘의 구리 와
    불(臥佛)이 있음.
94) 금산ᄉᆞ=우리 나라 전라북도 금산(錦山)에 있는 절.
95) 소사미=나이 어린 사미승(沙彌僧). 곧 아기 중.
96) 삼하슈=중국 계주에서 70리에 있는 지명.
97) 통쥐강=통주에 있는 강. 통주는 북경(北京) 북동족 70리에 있음.
98) 장범=돛대.
99) 동악묘=북경의 조양문(朝陽門) 동족 2리쯤에 있는 절.

금화(金華) 취벽(翠壁)은/조일(朝日)을 ᄇ라이고,
수각(水閣) 돈누(丹樓)ᄂ/치운(彩雲)이 어리엿다.
경천(擎天) 옥쥬(玉柱)ᄂ/일ᄡᅡᆼ(일쌍)이 마조 셔고,
가공(架空) 은교(銀橋)ᄂ/다ᄉ시 버러 잇다.
틱익지(太液池)100)말근 물이/만수산(萬壽山)101)둘러시니,
곤명(昆明)102)이 넙다 흔들/쳥결(淸潔)ᄒ미 이러ᄒ랴?
인공(人功)이 극딘(極盡)ᄒ니,/민역(民力)이 견딀쇼냐?
존망(存亡)이 유슈((有數)ᄒ니,/폐흥(廢興)이 유덕(有德)이라.
궁ᄉ(窮奢) 극치(極侈)103)ᄒ고,/장구(長久)ᄒ니 뉘 잇던고?
옥하관(玉河館)104)깁흔 고디/벗업시 혼ᄌ 누어
ᄒᆡᆼ졍(行程)을 묵산(默算)ᄒ니,/ᄉ쳔니(四千里) 밧기로다.
수방(殊方) 긱니(客裏)의/츈ᄉᆡᆨ(春色)이 도라오니,
유ᄌ(遊子) 천이(天涯)의/촌심(寸心)이 시로와라.
챵젼(窓前) 효월(曉月)은/여침(旅枕)을 여어 보고,
젹니(笛裏) 양유(楊柳)ᄂ/긱몽(客夢)을 놀니놋다.105)
교두(橋頭)의 우는 물이/동ᄒᆡ(東海)로 갈작시면,
ᄉ향누(思鄕淚) ᄲᅧ려니야/고원(故園)의 붓치고져.
언제면 쳥춘(靑春)으로/벗슬 ᄉ마 됴히 도라가리요?

<필사본에서>

---

100) 틱익지=북경의 서원(西苑)에 있는 못.
101) 만수산=하북성(河北省) 원평현(苑平縣) 서쪽에 있는 산.
102) 곤명=섬서성(陝西省) 장안현(長安縣) 서남에 있는 못. 한(漢)나라 무제(武帝)가 만들어 수전(水戰)을 연습시켰음.
103) 궁ᄉ 극치=사치(奢侈)가 더할 수 없이 심함.
104) 옥하관=북경 조양문(朝陽門)을 지나 서남 5리쯤에 있던 집채. 조선국 사신들이 묵던 객관(客館).
105) 놀니놋다=놀라게 하는구나. 곧 객몽(客夢)을 깨우는구나.

〈참 고〉

李相寶, 「長風에 놀란 물결·原題 西征別曲」, 『文學思想』 33호, 서울:文學思想社, 1975.6.
朴相洙, 「歸庵朴權의 西征別曲考」, 『國語國文學論文集』 9·10합집, 東國大學校, 1975.11.

8. 천풍가(天風歌)

노명선(盧明善)

해제 이 작품은 이종출(李鐘出)에 의하여 처음으로 학계에 소개되어 널리 알려지게 된 기행가사이다. 천풍은 지명이면서 지금의 전라남도 장흥군에 있는 천관산(天冠山)을 이르는데, 이 작품은 지은이 노명선(盧明善)이 만년인 숙종 24년(1698)경에 이 산을 오르고 지은 것으로 추정된다.
    지은이 노명선(1647-1715)은 광원군(光原君) 의(穀)의 후손으로, 호를 청사(淸沙)라 하며, 시골 선비로 노봉(老峰) 민정중(閔鼎重 : 1628-1692)과 어울려 시문을 창수하기도 하였다.[1]

공명(功名)의 박명(薄命)ᄒ고,/부귀(富貴)예 연분(緣分)업셔
탁낙(卓犖)ᄒ 문장(文章)이/빅옥(白屋)의 허노(虛老)ᄒ니,
튱효(忠孝) 양졀(兩節)을/원(願)대로 못ᄒᆯ 망졍
선풍(仙風) 도골(道骨)이/셰속(世俗)애 마츨소야?
연ᄒ(烟霞)예 고질(痼疾)되고,/천석(泉石)의 고황(膏肓)되여
삼산(三山)[2]의 긔약(期約) 못ᄒ고/오호수(五湖水)[3]예 못갓신 졔

---

1) 노명선의 생몰 연대를 1707-1775로 보는 것은 잘못이다. 『長興志續錄(장흥지속록)』에는 노명선이 "민노봉 정중과 어울려 놀며 문학으로 그이름을 세상에 떨쳤다(從遊閔老峰鼎重 文學名世)" 라고 있기 때문이다.
2) 삼산=삼신산(三神山)의 준말.
3) 오호수=중국의 강소성(江蘇省)과 절강성(浙江省)의 사이에 있는 태호(太湖)의

8. 천풍가(天風歌)

천만 이십(千萬二十) 이 강산(江山)을/일괄(一括)로 다 보리라.
부유(浮游) 물표(物表)ᄒ야/노난 디로 ᄒ건만는
천풍산(天風山)4) 팔만봉(八萬峰)은/각별(恪別)ᄒ 천지(天地)로다.
갓 업슨 풍경(風景)을/디기(大槪)만 니로리라.
천관(天冠)5)은 고찰(古刹)이라./사덕(寺蹟)이 긔이(奇異)ᄒ다.
딤쩌봉(峰) 나린 활기/가다가 도로 도라
용비(龍飛) 봉무(鳳舞)ᄒ야/불국(佛國)을 밍근 후(後)예
통영화상(通靈和尙) 어느 쩌예/잇터홀 아라 보고,
쇠막디 쩌진 잣쵞/어제란 닷 그졔란 닷
석노(石路)의 흘니 쉬여/반산(半山)을 올나가니,
딘심(塵心)이 소산(消散)ᄒ니,/우화(羽化)ᄒ기 거의로다.
청녀장(靑藜杖) 가는 디로/구졍암(九精庵) 드러가니,
첨단(簷端)의 자던 구름/석정(石井)을 더퍼 잇다.
학골(鶴骨)은 어디 가고,/벽도(碧桃)만 나만난고?
단이(斷埦)을 빅기 건너/수층(數層)을 올나가니,
원통(圓通) 빈 암자(庵子)/운학(雲鶴)이 직키엿다.
옥졍(玉井)의 연만(蓮滿)ᄒ고,/가난 길노 도라가니,
영축(靈筑)은 터만 잇고,/수목(樹木)이 자자 잇다.
션궁(仙宮)도 이러ᄒ니,/인세(人世)을 가지(可知)로다.
비회(徘徊) 빙목(聘目)ᄒ야/디장봉(大壯峰)을 브라보니,
연ᄒ(烟霞)는 가쟈 개는가?/엄는 닷 잇는 닷
빅보(百步) 구졀(九折)을/촌촌(寸寸)이 올나가니,

물.
4) 천풍산=지금의 전라남도 장흥군(長興郡)에 있는 천관산(天冠山). 일명 지제산(支提山)이라고도 함.
5) 천관=천관사(天冠寺)의 준말. 이 절은 천관산(일명 천풍산) 서쪽 산자락에 있음. 신라 애장왕 때에 통영화상이 보현사, 옥룡사, 탑산사 등 89암자와 같이 창건하였다고 함.

구말이(九萬里) 장천(長天)이/막쩌 숫터 다허 잇다.
문참(捫參) 역정(歷井)ᄒ야/자ᄒ(紫霞)의 비겻시니,
옥황(玉皇)의 말삼이/지척(咫尺)의셔 들니난다.
고로봉(古老峰) 천주봉(天柱峰)/동편봉(東便峰) 모든 봉(峰)이
젼후(前後) 좌우(左右)의/닷토와 버려시니,
나난 닷 뛰난 닷/티도(態度)도 ᄒ고 만타.
쳥풍(淸風)이 건듯 부러/호흥(豪興)을 도도오니,
송등(松藤)의 바람긋티/빈바회 올나쾌라.
돗듸날 소리 도고/딤디난 돌이 된다.
팔만경(八萬景) 이러ᄒᆫ 줄/뉘라셔 자셰 알가?
셔역(西域)은 호국(胡國)이라./불담(佛談)이 허탄(虛誕)ᄒ다.
션승(禪僧)이 손을 들러/구용봉(九龍峰) 가라치니,
남국(南國)을 괴온 바회/적소(赤宵)의 다 올나
히쳔(海天) 반벽(半壁)을/틈 업시 괴와시니,
긔국(杞國) 근심은/아조 알니로다.
쳥동(靑童)이 손을 잡고,/경각(頃刻)의 올나가니,
표표(飄飄) 호호(浩浩)ᄒ야/우주(宇宙)밧긔 형희(形骸)로다.
구용(九龍)의 유적(遺蹟)은/옥담(玉潭)이 아홉이라.
쳔황씨(天皇氏) 젼(前)의 난 솔/셰월(歲月)이 얼매 간고?
암하(巖下)의 비겨 안자/팔극(八極)을 브라보니,
동남(東南) 오초(吳楚)난/반벽(半壁)의 여긔 져긔
일편(一片) 건곤(乾坤)은/물우희 평초(萍草)로다.
젹셩(赤城) 가던 안긔/가난 닷 머무난 닷
디쳔(大川) 지는 날의/학가(鶴歌)을 쩨야 닌다.
장가(長歌)을 노피 불고,/옥젹(玉笛)을 셕거시니,
하변(河邊) 직녀(織女)난/옥보디(玉寶臺) 훗터지다.
연하(烟霞)에 노던 군선(群仙)/듕악(衆樂)을 져러난 닷

8. 천풍가(天風歌)

흉금(胸襟)을 탕쳑(蕩滌)ᄒ고,/운산(雲山)으로 나려갈 졔
아류왕(阿育王)6) 세운 탑(塔)이/노풀샤 언졔려고?
위문졔(魏文帝)7) 요광사(姚廣寺)의/옥부도화(玉府圖畵) 뉘 꼰고?
금동(金銅) 셕부(石佛)리/틈마다 안자 잇고,
옥쟈(玉字) 쳔단(千團)은/면(面)마다 쎠 잇다.
빅학(白鶴)이 나라 드니,/화표듀(華表柱) 안닐넌가?
사양(斜陽)과 함끠 나려/의샹암(義相庵) 들녀가니,
빅셕(白石) 창틱(蒼苔)예/구름이 쥬인(主人)이라.
셔니(仙崖) 션졔(仙梯)의/역역(歷歷)키 지너 보니,
종셩(鐘聲)을 겨오8) 차자/탑션암(塔仙庵) 드러가니,
암만(暗滿) 초목(草木)은/지너난 곳 갓건니와
누각(樓閣)이 몃 층(層)이며,/동학(洞壑)이 황홀(恍惚)ᄒ다.
평생(平生) 몽혼(夢魂)이/별경(別境)에 다이더이
숙셰(宿世) 인연(因緣)이라/노아디 분명(分明)ᄒ다.
신공(神功)도 긔이(奇異)ᄒ다./일역(人力)으로 어이 ᄒ리?
불등(佛燈)을 노피 걸고,/션쟈(仙子)와 말을 ᄒ니,
골닝(骨冷) 혼쳥(魂淸)ᄒ야/몽미(夢寐)도 아이로다.
시벽 북 밧비 칠 졔/팔창(八窓)을 여러 보니,
만봉(萬峰)의 자던 구름/비 밧비 건너 간가?
공산(空山) 격락(隔落)ᄒ니,/영은사(靈恩寺) 안니런가?
치미(醉味) 음시(吟詩)ᄒ던/송지문(宋之問)의 회포(懷抱)로다.
동암(東庵) 다든 문(門)을/반공(半空)으로 여러 보니,
연화디(蓮花臺) 가는 기리/샹일암(尙日庵)이 반(半)이로다.

---

6) 아류왕=아육왕(阿育王)의 잘못. 아육왕은 asoka의 번역. 서력기원전 200년경 인디아를 통일하고 불교를 보호한 왕.
7) 위문제=조조(曹操)의 큰 아들로, 위나라 초대왕. 이름은 비(丕).
8) 겨오=겨우. 원문에는 "거오"로 되어 있음.

반야(般若) 지킨 즁이/영약(靈藥)을 진전(進前)ᄒ야
일완(一椀) 이완(二椀)의/모골(毛骨)이 쳥신(淸新)된다.
각역(脚力)은 피곤(疲困)ᄒ더,/변이(變異)할샤 눈이로다.
연화(蓮花) ᄌ즌 질로/반야디(般若臺) 나려오니,
쳔틱산(天台山) 굼떤 즁이/어제 온가? 긔제 온가?
합쟝(合掌)ᄒ 반졀(半拜)이/학(鶴) 아이면 선자(仙子)로다.
요화(瑤花)을 껏거 쥐고,/만학(萬壑)을 건너 가니,
잔원(潺湲)ᄒ 옥계슈(玉溪水)는/도쳐(到處)의 원원(源源)ᄒ다.
폭류(瀑流) 비단(飛湍)이/셕각(石角)의 눈 뿌리난다.
옥담(玉潭)의 귈(耳)을 싯고,/졀협(絶峽)으로 도라가니,
서암(西庵) 셜미승(沙彌僧)9)이/빅셜(白雪) 밧비 쓴다.
댱공(長空)의 긴 바람리/양액(兩腋)의 기시 되며,
탈건(脫巾) 노발(露髮)ᄒ고,/창포봉(菖蒲峰) 올나가니,
창포(菖蒲) 푸른 닙피/구졀마다 고시(花) 피고,
굴곡(屈曲)ᄒ 늘근 솔은/하날 다허 못 커 잇다.
仙翁(선옹)의 옥장긔(玉將棋)난/뒤다가 어디 간고?
옥져(玉指)로 씻던 양(樣)은/날 위하야 두고 간고?
안기상(安期生)10) 보게 ᄒ야/셕면(石面)의 일홈 쓰니,
인간(人間)이 꿈이로다./너 안이 신션(神仙)인가?
셕면(石面)을 구버 보고,/만경(萬景)을 긔역홀 제
불영대(佛映臺) 저문 정자(亭子)/취미간(翠微間)의 써러지다.
암화(巖花)도 작작(灼灼)ᄒ고,/송계(松桂)도 씩씩ᄒ다.
만심디(萬心臺) 지니 갈 때,/안쵸당(安草堂) 보라보니,
운학(雲壑)의 지닌 물리/빅일(白日)의 뇌셩(雷聲)이다.

---

9) 셜미승=사미승(沙彌僧)의 잘못.
10) 안기생=진(秦)나라 때 신선.

8. 천풍가(天風歌)

연이(緣崖) 반목(攀木)ㅎ야/졔일봉(第一峰) 올나가니,
벗 업슨 쳥학(靑鶴)이/쉬여 넘쟈 ㅎ난 닷
달연난 쇠쥴은/기벽(開闢)을 지다리고,
물에 뜬 만봉(巒峰)은/후쳔지(後天地)에 나리로다.
션산(仙山)도 불힝(不幸)ㅎ다./봉수(峰燧)나 쏘 엇지요?
봉두(峰頭)예 혼자 셔셔,/사방(四方)을 쥬남(周覽)ㅎ니,
쳔양(天壤)이 다 물리요?/운봉(雲峰)만 뭇치로다.
디(臺) 우의 팔연공(八年功)은/신공(神功)만 허비(虛費)ㅎ고,
공부자(孔夫子) 소쳔ㅎ(小天下)논/쳔만고(千萬古)의 과연(果然)ㅎ다.
동셔(東西) 남북(南北)을/지뎜(指點)ㅎ고 싱각ㅎ니,
고금(古今) 흥망(興亡)이/안저(眼底)의 비죠(飛鳥)로다.
한당송(漢唐宋) 도읍(都邑)은/이제도 알연이와
부유(蜉蝣)갓탄 옥디(玉帶)눈/어디어디런고?
비회(徘徊) 양구(良久)ㅎ니,/감흥(感興)도 ㅎ고 만타.
나됴시11) 자로 들 졔/동일암(東日庵) 지니가니,
쑴인가? 취즁(醉中)인가?/잇 싸히 어더매요?
옥당(玉堂) 금벽(金壁)은/인역(人力)으로 ㅎ려니와
죠화(造化)는 무삼 일노/편벽(偏僻)도이 삼겨 노코,
암만(巖巒)의 밤이 들고,/동곡(洞谷)도 고요홀 졔
창명(蒼溟)의 도든 달리/만학(萬壑)의 다 비최니,
경굴(瓊窟)을 허친 소래/학(鶴)의 쑴 졀로 샌다.
빅운(白雲) 탄 우객(羽客)이/벽봉(碧峰)으로 지니갈 졔
철적(鐵笛) 흔 소래의/히산(海山)이 요동(搖動)한다.
초경(初庚)12)의 잠 못 들어/오경(五庚)13)되도록 안자시니,

---
11) 나됴시=저녁 새. 곧 석조(夕鳥)
12) 초경=하룻밤을 5등분한 시간 중 첫 번째. 곧 저녁 7-9시 사이. 갑야(甲夜)라고도 하며, 초저녁을 뜻함.

창망(蒼茫)흔 운무간(雲霧間)의/화윤(火輪)[14]이 소사나니,
부상(扶桑)의 쩌난 비시/양곡(陽谷)도 못비칠 졔
저근 덧 불근 비시/만학(萬壑)의 능란(凌亂)흐다.
계명봉(鷄鳴峰) 빅옥계(白玉鷄)난/나래도 주죠 친다.
목어(木魚) 한 소래의/자연(紫煙)이 다 거드니,
산쳔계(三千界)[15]이 명낭(明朗)흐니,/안저(眼底)도 씩씩흐다.
군산(群山)은 어득어득/신션(神仙)갓치 벼려 잇고,
벽희(碧海)에 쩌난 비난/불사약(不死藥) 캐려 온다.
진시황(秦始皇) 예을 닛고,/서시(徐市)[16]을 보느연난가?
동남(童男) 동녀(童女)는/어듸로 가든 말고?
한무제(漢武帝) 구신션(求神仙)도/진지(眞智)는 안니로다.
문셩(文成) 오리(五利)난/애매(曖昧)히 주거쪼다.
망야루(望夜樓) 겨오 차자/벽송딕(碧松臺) 지닉가니,
바호예 밧튼 춤이/고어션(古漁船)의 쩌러진다.
북바호 빈바호난/상모(狀貌)도 갓건이와
처바도 소리 업고,/타 바도 안이 간다.
금수골(金水窟) 금든 물을/슬토록 먹근 후(後)의
심신(心身)이 상연(爽然)커날/반야암(般若庵) 차자가니,
도화(桃花) 쓴 시닉물은/밋 밧그 홀너 간다.
고읍(古邑) 방촌(傍村)[17]은/무능도원(武陵桃源) 아니런가?
금션딕(琴仙臺) 청언딕(淸遠臺)는/운무간(雲霧間)의 싸 잇다.

---

13) 오경=무야(戊夜)라고도 하는데, 아침 3-5시 사이의 시간. 곧 인(寅)시에 해당함.
14) 화륜=해. 곧 태양의 다른 이름.
15) 삼천계=삼천세계(三千世界)의 준말. 삼천세계는 소천세계·중천세계·대천세계로 되어 있다고 함.
16) 서시=서불(徐市)의 잘못. 진시황 때의 방사(方士).
17) 방촌=천관산 밑에 있는 위씨(魏氏)들의 세거지(世居地).

문수암(文殊庵) 도라 드러/거북봉(峰) 도라보니,
계수젼(溪水前) 쳔년(千年) 거북/등 쐬인지 오러거다.
산화(山花)는 작작(灼灼)ᄒ고,/사경(四境)을 비져 닌다.
팔십구(八十九) 암자(庵子)을/못본 디 반(半)이 늠다.
홍진(興盡) 비니(悲來)/회포(懷抱)도 ᄒ고 만타.
쳔연(千年) 만고(萬古)의/빗 빗츤 으구(依舊)ᄒ다.
틱산(泰山) 정상(頂上)의/옥경(玉京)이 지쳑(咫尺)이라.
활려(華麗)ᄒ 문장(文章)은/과긱(過客)의 진젹(陳跡)이요,
졀승(絶勝)ᄒ 산수(山水)난/후인(後人)의 호사(豪奢)로다.
소박(素朴)ᄒ 이 니 몸이/글자도 못ᄒ며는
요산(樂山) 요수(樂水)ᄒ달/인지(人智)을 어이 알니?
빈발(鬢髮)이 호빅(皓白)ᄒ고,/긔력(氣力)이 쇠진(衰盡)ᄒ니,
공밍(孔孟) 안증(顔曾)은/꿈의도 못보니,
서방(西方) 미인(美人)은/소식(消息)이 언졔 오고,
석실(石室) 운산(雲山)의/옥담(玉潭)이 쳔(千)이로다.
초려(草廬)의 도라 드러/다시곰 바래보니,
만 이십(萬二十) 이 쳥산(靑山)이/호남(湖南)의 졔일(第一)이라.
쳥산(靑山)을 못 니져서/다시 쏘 오자쩌니,
포의(布衣)로 미양(每樣) 오니,/산수(山水)도 붓글엽다.
<필사본에서>

〈참 고〉

李鍾出,「盧明善의 天風歌」,『韓國言語文學』4집, 韓國言語文學會, 1966.

9. 녕삼별곡(寧三別曲)

권 섭(權燮)

해제 이 작품은 권섭(權燮:1671-1759)이 그의 나이 34세 때인 숙종 30년(1704)에 강원도(江原道) 삼척부사(三陟府使)로 있는 장인 이세필(李世弼)을 찾아가면서 제천(堤川)에서 출발하여 영월(寧越)을 거쳐 삼척에 당도하여 그 일대를 여행하고 지은 기행가사이다.

지은이 권섭(權燮:1671-1759)은 자를 조원(調元),호를 옥소(玉所) 또는 백취옹(百趣翁)이라고 하였다. 연잠(淵潛) 권상명(權尙明:1652-1684)의 아들로 백부인 수암(遂庵) 권상하(權尙夏:1641-1721)에게서 학문을 닦았으나, 풍파가 심한 벼슬살이에는 뜻을 두지 않고,산수를 탐승하면서 글짓기로 일생을 보냈다. 그의 저술은 인쇄되어 출간한 문집 『옥소유고(玉所遺稿)』 13권 7책이 있고, 필사 미간본 40책도 전한다. 특히 미간본 유고중의 한 책인 『옥소고(玉所稿)』에는 「도통가(道統歌)」 등의 국문 가사 작품과 단가 작품 75수들이 실려 있다.

이몸이 텬디간(天地間)의/쁴올 디 젼혀 업서
삼십년(三十年) 광음(光陰)을/흐롱하롱1) 보내여다.
풍졍(風情)이 호탕(豪宕)2)ᄒ여/믈외(物外)3)예 연업(緣業)4)으로

---

1) 흐롱하롱=희롱해롱, 사람의 처신이 진지하지 못하고 장난치듯 흐지부지 살아가는 모양.
2) 호탕=넓고 큰 모양, 마음이 자유로운 모양.

9. 녕삼별곡(寧三別曲)

녹슈(綠水) 청산(靑山)의/분(分)대로 돈니더니,
져근덧 병(病)이 드러/님장(林庄)5)을 닷아시니,6)
엇던 뒷졀 중이/헌ᄉ(獻辭)도 홀셰이고7)
쥬령을 느지 집고8)/날ᄃ려 닐은 말이
네병(病)을 내 모ᄅ랴?/슈셕(水石)의 고황(膏肓)9)이니,
츈풍(春風)이 완만(緩晩)10)ᄒ여/빅화(百花)는 거의 딘 졔
산듕(山中)의 비 ㅈ 긔니,/텬긔(天氣)도 몱을시고.
어와! 이 사룸아!/쳘업시 누어시랴?
쳥녀댱(靑藜杖)11)비야12)집고/ 갈대로 가쟈스라.
결의13)니러 안자/창(窓)을 열고 ᄇ라보니,
쳥풍(淸風)이 건듯14) 블고,/새소리 지지괼 제,
시냇ㄱ 방초(芳草) 길히/동협(東峽)의15) 니어셰라.
아히죵 블너 내여/ᄲ 걸닌 여윈 물께
채직을 거더 쥐고/임의(任意)로 노아 가니,
삼삼(三三) 가졀(佳節)이/째마춤 됴홀시고.
산동(山童) 야로(野老)들이/츈흥(春興)을 못내 겨워

---

3) 믈외=속세 밖의 세계, 인간 세상의 속된 일에서 벗어남.
4) 인연(因緣)과 업보(業報)
5) 님장=초가집
6) 닷아시니=닫았으니.
7) 헌ᄉ도 홀셰이고=들려 주는 말도 너무 자주하는구나.
8) 쥬령을 느지 집고=스님이 짚고 다니는 지팡이를 느슨히 짚고.
9) 고황=염통과 가로막 사이, 여기서는 고황지질(膏肓之疾)의 준말로 자연을 좋아 하는 것이 고질처럼 되어 도저히 고칠 수가 없다는 뜻.
10) 완만=행동이나 되어가는 일이 느림.
11) 쳥녀댱=명아주대로 만든 지팡이.
12) 비야=재촉하여, 바삐. 기본형은 "비아다"
13) 결의=결에, 그 때에
14) 건듯=문득.
15) 동협의=동쪽에 있는 산골로,

탁쥬병(濁酒甁) 두러메고,/촌가(村歌)를 느초 블며,
오락가락 돈니는 양(樣)/한가(閑暇)토 한가(閑暇)홀샤.
물 등의 느즌 좀을/셕양(夕陽)의 빗기 드러
천봉(千峰) 만학(萬壑)을/꿈 속의 디내치니,
듀천(酒泉)[16] 눌인 믈이/쳥녕포(淸冷浦)[17]로 다ᄒᆞ셰라.
물 ᄂᆞ려 ᄉᆞ비(四拜)ᄒᆞ고,/에에쳐[18] 울은 말이
셕벽(石壁)은 참텬(參天)[19]ᄒᆞ고/인젹(人跡)이 긋쳣ᄂᆞᄃᆡ,
동쳥슈(冬靑樹)[20]넛가지예/쵹빅셩(蜀魄聲)[21]은 므스일고?
창오산(蒼梧山) 졈은 구름/갈 길도 깁흘시고.
동강(東江)[22]을 건너리라./믈ᄀᆞ의 ᄂᆞ려오니,
샤공(沙工)은 어디 가고,/뷘 비만 걸렷ᄂᆞ니?
사앗대 손조 잡아/거스러 올라가니,
금강졍(錦江亭)[23]블근 난간(欄干)/표묘(縹渺)히 내돗거눌
져근덧 올라 안자/머리를 드러ᄒᆞ니,
봉ᄂᆡ산(蓬萊山)[24]졔일봉(第一峰)의/치운(彩雲)이 어리ᄂᆞᄃᆡ,
션옹(仙翁)을 마조 보아/ 므스 일 뭇ᄌᆞ올 듯,
머흔 내[25] 스므 구빈/ 건너고 곳쳐 건너,

---

16) 듀천=지금의 강원도 영월군에 딸린 지명.
17) 쳥녕포=지금의 강원도 영월군 태화산(太華山) 아래에 있는 지명, 단종(端宗)이 폐위된 뒤 노산군(魯山君)으로 유배(流配)되어 머물던 곳.
18) 에에쳐=의성어, 울음소리.
19) 참텬=하늘을 찌를 듯이 공중으로 높이 솟음.
20) 동쳥슈=사철나무
21) 쵹빅셩=소쩍새 소리.
22) 동강=서강(西江)을 거쳐 영월 중심가를 꿰뚫고 흐르는 강.
23) 금강졍=영월 동강의 높은 언덕에 있는 정자. 세종(世宗)때에 군수 김복항(金復恒)이 세움. 경치가 대단히 좋음.
24) 봉ᄂᆡ산=삼신산(三神山)의 하나, 여기서는 영월읍 영흥리(永興里)와 삼옥리(三玉里)에 걸쳐 있는산, 높이는 800m. 경치가 뛰어남.
25) 머흔 내=험한 시내.

9. 녕삼별곡(寧三別曲)

청산(靑山)은 은은ᄒ고,/벽계슈(碧溪水) 둘럿ᄂ디,
운니촌(雲離村) 뫼밋 ᄆ을/일흠도 됴흘시고.
산가(山家)의 손이 업서/개와 돍ᄲᅮᆫ이로라.
귀오리26) 데친 밥의/픗ᄂᆞ믈 슬마 내여
포단(蒲團)27)펴 안쳐 노코/슬토록 권(勸)ᄒ슨다.
어와! 이 빅셩(百姓)들/긔특(奇特)도 흔져이고.
십니(十里) 장곡(長谷)의/절벽(絶壁)은 됴커니와
서덞길28) 머흔 곳의/냥협(兩峽)이 다ᄒ시니,
머리 우 조각 하늘/뵈락 말락 ᄒᄂ고야.
밀거니 드리거니,/곳드르며 나간 말이
별이실 외쫀 ᄆ을/히ᄂᆞ 어이 쉬 넘거니,
봉당에 자리 보아/더 새고 가쟈스라.
밤듕만 사립29) 밧긔/ᄇ람 니러나며,
삿기곰 큰 호랑이/목 ᄀ라 우ᄂ 소리
산쏠의 울혀이셔/긔염(氣焰)30)도 홀난홀샤.
칼 쌔여 겻희 노코,/이 밤을 계유 새와
압내희 ᄲᅡ던 오슬/집ᄧᅡ셔 손의 쥐고,
긴 별로(別路) 도로 ᄃ라/벌 쐴의 뙤야 닙고
진(秦)31)적의 숨은 빅셩(百姓)/ 이제 와 보게 되면,
도원(桃源)32)이 여긔도곤/낫닷말 못ᄒ려니.

---

26) 귀오리=귀리. 곡식의 한 가지.
27) 부들풀로 만든 방석.
28) 서덞길=산기슭의 돌자갈로 된 길.
29) 사립=사립문의 준말, 사립짝을 달아서 만든 문.
30) 긔염=대단한 기세(氣勢).
31) 진=중국의 고대국. 기원전 249-267사이에 걸쳐 장양왕(莊襄王)·시황제(始皇帝)·호해(胡亥)·영(   )이 왕위에 있었음.
32) 도원=무릉도원(武陵桃源)의 준말, 신선세계(神仙世界)의 별칭.

텬변(天邊)의 ᄀᆞᆯ진 뫼/대관녕(大關嶺)33) 니어시니,
위틴(危殆)코 놉흔 댓대/쵹도란(蜀道難)34)이 이러턴가?
하늘의 도든 별을/져기면35) 몬질노다.
망망대양(茫茫大洋)이/그 알픠 둘러 이셔
대디(大地) 산악(山岳)을/일야(日夜)의 혼드는 돗
밋 업슨 큰 굴헝의/흔(限)업시 ᄲᅡ힌 믈이
만고(萬古)의 흐ᄅᆞᆯᄀᆞ티/영튝(盈縮)36)이 잇돗던가?
텬디간(天地間)장(壯)흔 경계(境界)/반(半)남아 믈이로다.
아마도 져 긔운(氣運)이/무어스로 삼겻는가?
셩인(聖人)을 언제 만나/이 니(理)를 뭇ᄌᆞ오리?
바회길 닉은 듕의37)/대 남여(藍輿)38) 느초 메워
쩌러진 험(險)흔 빙애(氷崖)39)/얼는 돗 디내티여
쳥옥산(靑玉山)40) 흔 속으로/쳡쳡(疊疊)이 도라드니,
운모병(雲母屛)41)금슈쟝(錦繡帳)42)이/좌우(左右)로 펼쳐셰라.
운교(雲橋)43)를 걸어 건너/솔 속의 쉬여 안자

---

33) 대관녕=강원도 평창군 발왕산(높이 1458m)과 명주군 황병산(높이 1407m) 중간에 있는 높이 865m의 고개.
34) 쵹도란=중국의 사천성(四川省)에 있는 지명인 쵹(蜀)으로 가는 길처럼 험하고 어려움.
35) 져기면=웬만하면, 조금만 더하면.
36) 영튝=가득 차는 것과 줄어 드는 것.
37) 듕의=스님들에게.
38) 대남여=대나무로 만든 두껑이 없는 의자형의 가마.
39) 빙애=벼랑.
40) 쳥옥산=강원도 북평읍 삼화리와 하장면 중봉리 경계에 있는 산, 높이 1404m, 청옥이 많이 났기 때문에 붙여진 이름이라고 함.
41) 운모병=운모로 만든 병풍, 여기서는 화강암 벼랑.
42) 금슈쟝=비단천에 수를 놓아 만든 휘장. 여기서는 산비탈 벼랑의 경치가 아름다움을 이름.
43) 운교=구름다리. 여기서는 삼척군 삼화리에 있는 높은 다리.

나모ᄒᆞᄂᆞᆫ 아ᄒᆡ들아!/디난 일 믓쟛고야.
불암의 움즉인들/놀여젼디 긔 몃 히며,
ᄯᅡᆨ업슨 녯 셩문(城門)이/어ᄂᆞ 젹의 ᄡᅡ닷말고?
이 손님 뉘시완ᄃᆡ/어이 들어 와 계신고?
낫슷기⁴⁴⁾ 메오 츠고,/압 졀의 샹재[上佐]⁴⁵⁾러니,
나모섭 ᄯᅡ라 와셔/무심(無心)이 돈니오네.
진관암(眞觀庵) 폐(廢)ᄒᆞᆫ 줄은/우리 다 알거니와
그 밧긔 물을 일은/목젹(牧笛)의⁴⁶⁾ 부쳐셰라.
뫼 밋희 셜인 뇽(龍)이/변화(變化)도 무궁(無窮)ᄒᆞ야
음심(陰深)ᄒᆞᆫ 오랜 소(沼)희/굴택(窟宅)을 삼아 이셔
층애(層崖) 빅쳑(百尺)의/일필련(一疋練)⁴⁷⁾ 거러 두고,
빅일(白日) 뇌졍(雷霆)이/동학(洞壑)의 ᄌᆞ자시니,
구프려 보던 줄이/내일(來日)이 셤ᄯᅥ울샤.
명사(明沙)를 믄이 볼아⁴⁸⁾/동ᄒᆡ(東海)로 ᄂᆞ려가셔
빅옥쥬(白玉珠) 벌은 곳의/헤혀고 안즌 말이
동셔(東西)를 모ᄅᆞ거니,/원근(遠近)을 어이 알니?
창파(滄波)의 ᄯᅥᆺᄂᆞᆫ 돗기⁴⁹⁾/주줄이⁵⁰⁾ 펼텨 이셔
엇그제 어ᄃᆡ 디나/어디로 간닷 말고?
어촌(漁村)의 늙은 샤공(沙工) 손 혜여 블너 내여
ᄒᆡ샹(海上) 쇼식(消息)을/슬ᄏᆞ장 믈은 후(後)의
홰블을 비야⁵¹⁾ 들고,/셩문(城門)을 드러가니,

---

44) 낫슷기=낫과 새끼.
45) 샹재=불교 사찰의 행자(行者), 또는 사승(師僧)의 대를 이을 제자(弟子).
46) 목젹의=목동들이 부는 피리 소리에.
47) 일필련=하얗게 바랜 한 필의 흰 천. 여기서는 폭포수가 흐르는 모양.
48) 믄이 볼아=문이어 밟아, 곧 연이어 밟아.
49) 돗기=돛이, 곧 배에 달아 놓은 돛이.
50) 주줄이=줄줄이.

오오(嗚嗚)52) 군각셩(群角聲)53)의/히월(海月)이 도라셰라.
금쇼졍(琴嘯亭) 도로 드라/칠션(七仙)은 긔 뉘런고?
금줌구ᄉ(金簪舊事)ᄂ/멋 히나 되엿ᄂ니?
소션(蘇仙)54)젹벽(赤壁)55)의/학영(鶴影)은 그첫ᄂ디,
셔셰(瑞世)56)단봉(丹鳳)57)을/헛되이 기돌일샤?
댱검(長劒)을 쎼쳐 내여/손 속의 거더 쥐고,
긴 노래 ᄒᆫ 곡죠(曲調)를/목 노하 블은 말이
산호수(珊瑚樹) 벽헌(碧軒)의/ᄇᆞ람의 비겨 안자
니젹션(李謫仙)58)풍치(風彩)를/다시 만나 볼거이고,
댱경셩(長庚星)59) 븕은 빗치/긔 아니 긔롯던가?60)
태빅산(太白山) 깁흔 속의/게나 아니 가 잇ᄂ가?
오ᄅ며 ᄂ리며,/슬ᄏ쟝 혜다히니,61)
어와! 헌ᄉ홀샤!/내 아니 허랑(虛浪)ᄒᆞ야
뉴하쥬(流霞酒)62) ᄀᆞ득 부어/둘빗츨 섯거 마셔
흉금(胸襟)이 황낭(晃朗)63)ᄒᆞ니,/져기면 놀리로다.
빅년(百年) 텬디(天地)의/우락(憂樂)을 모ᄅ거니,
일몽 진환(一夢塵寰)64)의/영욕(榮辱)을 내 아더냐?

---

51) 빈야=재촉하여, 바삐.
52) 오오=시끄럽게 우는 소리.
53) 군각셩=여러 가지 피리소리.
54) 소션=중국 송나라 시인 소식(蘇軾)
55) 젹벽=중국 호북성(湖北省)가어현(嘉魚縣) 서쪽에 있는 지명.
56) 셔셰=상서로운 세상. 좋은 일만 있는 세상.
57) 단봉=임금의 말씀. 또는 임금님이 계시는 궁궐.
58) 니젹션=중국 당나라 시인 이백(李白)
59) 쟝경셩=혜성의 하나, 곧 태백성(太白星).
60) 긔롯던가=그이었던가?
61) 혜다히니=혀를 대니, 곧 마시니.
62) 뉴하쥬=신선이 마신다는 술.
63) 황낭=밝은 모양.

퍼랑이⁶⁵⁾ 초메토리/다 쩌러 불이도록
산님(山林) 호히(湖海)예/ᄆᆞᆷ굿 노니며서
이렁셩 져렁셩 구다가/아므리나 흐리라.
<필사본에서>

〈참 고〉

朴堯順,「詩人 玉所 그 未知의 作品世界」,『文學思想』16호, 서울: 文學思想社, 1974.1.
_____,「權燮의 詩歌研究」,『국어국문학』 85집, 서울:국어국문학회, 1981.
_____,『玉所 權燮의 詩歌研究』, 서울:探求堂, 1987.

---

64) 일몽진환=한 마당 꿈과 같이 허무한 인간 세계.
65) 퍼랑이=패랭이, 곧 대나무가지로 엮어서 만든 갓의 한 가지, 평양자(平涼子), 평량립(平涼笠).

10. 금당별곡(金塘別曲)

위세직(魏世稷)

해제 이 작품은 이종출(李鐘出)이 삼족당(三足堂) 위세보(魏世寶)의 작품으로 학계에 처음 소개하여 학계의 주목을 받게 되었다. 그러나 뒤에 그 지은이는 위세직(魏世稷)임이 밝혀졌다. 이 작품은 지은이가 지금의 전라남도 완도군에 있는 금당도(金塘島)와 만화도 주변의 아름다운 경치를 구경하고,노래한 것으로 향토 기행 가사라고 하겠다.
   지은이 위세직(1655-1721)은 평생을 지금의 전남 장흥군(長興郡)에서 보낸 지방의 선비로, 존재(存齋) 위백규(魏伯圭)의 할아버지인 위세보의 삼종형(三從兄)이었다.

일신(一身)의 병(病)이 드러/만사(萬事)에 흥황(興況) 업셔
죽림(竹林) 깁픈 곳의/원학(猿鶴)을 벗슬 삼마
십년(十年) 셔창(書窓)의/고인시(古人詩) 쑌이로다.
일생호입(一生好入) 명산곡(名山曲)을/우연(偶然)히 기리 을퍼
만고(萬古) 시호(詩豪)을/녁녁(歷歷)히 허여 본이
팔션(八仙) 천재후(千載後)에/니을 이 그 뉜게요?
강산(江山) 풍월(風月)이/한가(閑暇)흔지 여러 해여
분분 세사(紛紛世事) 나도 슬여/풍월 쥬인(風月主人)되랴 후야
명구(名區) 션경(仙境)이/반공(半空)의 얼른얼른
명구(名區) 션경(仙境)에/반세(半世)를 늙어 잇다.

젼산(前山) 아춤 비애/쵸목(草木)이 만발(滿發)이라.
산화(山花) 피온 곳이/흥미(興味)도 하고 만타.
학(鶴) 우의 션자(仙子)들은/이 째에 만나 보아
항금단(黃金丹) 지어내여/삼동계(三同契) 뭇쟈 ᄒᆞ야
송뇨(松醪)을 박타 내여/일렵 편쥬(一葉片舟) 실어 두고,
말니(萬里) 연파(烟波)의/임의(任意)로 쯰워 내이
엽셔 화담(花潭)은/망안(望眼)의 가경(佳境)ㅣ요,
백빈(白蘋) 홍뇨(紅蓼)ᄂᆞᆫ/단도(短棹)의 향긔(香氣)로다.
산형(山形)도 됴컨이와/슈셰(水勢)도 ᄀᆞ이 업다.
쳥강(淸江) 백구(白鷗)야!/문노라. 가는 길이
삼신산(三神山) 너린 활기/이리로셔 어듸 멀며
도원도(桃園島) 지는 곳은/언의 물로 ᄂᆞ리ᄂᆞᆫ고?
계도(桂棹)을 훌리 져어/가는대로 노하스라.
년회(連回) 고면(顧眄)ᄒᆞ야/곳곳지 지졈(指點)홀 제,
샹운(祥雲) 일편(一片)이/해쳔(海天)의 검어 이셔
온자(溫藉)ᄒᆞᆫ 학(鶴)의 소릭/십니(十里)의 들니거늘,
난도(蘭棹)을 썰리 져어/ᄂᆞᄃᆞ시 들어가니,
부용화(芙蓉花) 픠운 거동(擧動)/반공(半空)의 소사ᄂᆞᄂᆡ.
올 저 듯던 그 솔의/잇 짜히셔나실셰라.
평사(平沙)의 닷슬 주고,/치하(彩霞)을 헷쳐 보니,
밋 알에 물 우희/그 스이 쳔쳑(千尺)이라.
긔상(氣象)이 만쳔(滿天)이라./파능(巴陵)이 이갓든가?
대굴은 그 알홈이/이졔 보니 과연(果然)ᄒᆞ다.
연하(烟霞)와 홈긔 ᄂᆞ려/셕노(石路)로 올나가니,
경화(瓊花) 요초(瑤草)ᄂᆞᆫ/곳곳의 깁퍼 잇고,
옥뎐(玉殿) 금깅(金莖)은/골골이 널려 잇다.
한졔금갱(漢帝金莖) 언의 째예/잇 짜히 옴계시며,

와황보쳔(媧皇補天)[1] 어이ㅎ야/해쳔(海天)에 썰어진고?
죠코도 몰근 긔샹(氣象)/ᄀ줌도 ᄀ줄시고.
셕쟉년화(石作蓮花) 운작디(雲作臺)논/이런 디롤 이롬이ᄅ.
애미산(蛾媚山) 젹벽강(赤壁江)의/츄경츄샹(秋景秋狀) 이러ᄒ저?
젹송ᄌ(赤松子)[2]안긔샹(安期生)은/우화등션(羽化登仙) 예 와 흔가?
반산(半山)의 흘러 쉬여/제일봉(第一峰) 올라 가이
일진(一陣) 션풍(仙風)이/양액(兩腋)의 빅기 부러
표표(飄飄) 쌍메(雙袂)예/심신(心身)이 쳥냉(淸冷)ᄒ니,
봉구(蓬丘) 소삭(消息)을/거의 안니 드을쏘냐?
왕ᄌ(王子) 요디(瑤臺)예/벽도(碧桃)만 늘거 잇고,
냥열(兩列) 셕구(石臼)의/치하(彩霞)만 즘겨 잇다.
셕각(石角)을 노피 베고,/희경(海景)을 다시 보이,
표묘(漂渺)흔 동명샹(東溟上)의/만텹 강산(萬疊江山) 여긔져긔
챵망(滄茫)흔 운ᄒ(雲海)가의/닐편 어쥐(一片漁舟) 오락가락
안져(眼底)의 모든 경(景)이/식식(色色)이 쟈랑ᄒ이,
건곤(乾坤)의 이 조화(造化)을/뉘라셔 아러 보리?
셩관(星冠) 월패(月佩)을/꿈애나 보쟈 ᄒ야
송근(松根)을 놉피 베고,/낫잠을 잠간(暫間) 드니,
쳥동(靑童)이 나을 잡여/봉내산(蓬萊山) 건너 뵈니.
송뇨쥬(松醪酒)[3] ᄀ둑 부어/나 잡고 져 권(勸)홀 제
쟝생(長生)게 뭇쫀 말을/반튼 채 못들어
구고(九皐) 일셩(一聲)의/션몽(仙夢)을 놀나 끼이,

---

1) 와황보쳔=중국의 천지 창조신화의 여자 주인공 여왜(女媧). 복희씨(伏羲氏)의 동모매(同母妹)로 하늘이 무너졌을 때에 여와가 돌과 가죽과 밧줄로 무너진 하늘을 기웠다는 고사가 전함. 최초로 생황(笙簧)을 민들고, 친족간 혼인을 금하기도 하였다고 함.
2) 젹송ᄌ=안기생(安期生)과 동시대 진(秦)나라의 신선.
3) 송뇨쥬=솔잎으로 담근 막걸리.

10. 금당별곡(金塘別曲)

쟝연(長烟)이 일공(一空)ᄒ운디,/호월(皓月)이 쳘니(千里)로다.
화졍(霞汀)의 멸파(滅波)ᄒ고,/수로(水路)도 무변(無邊)ᄒ다.
애쟝(牙檣)4)을 다시 쭘며,/만화도(萬花島)로 ᄂ려간이,
산음(山陰) 셜야(雪夜)의/ᄌ유(子猶)의 호흥(豪興)이라.
셕강(石江) 츄월(秋月)의/빅야(白也)의 시졍(詩情)이라.
지낸 경(景)도 됴컨이와/밤 경(景)이 더옥 됴타.
사변(沙邊)의 자던 구로(鷗鷺)/됴셩(潮聲)의 졀로 ᄭᅵ여
삼강(三江)5) 연월(烟月)의/홈긔 놀자 우는 쨧
슈져(水底)의 노던 샹애(湘娥)6)/요슬(瑤瑟)을 ᄶᅦ아롤 졔
남풍(南風) 오현(五絃)의/셩음(聖音)을 젼(傳)ᄒ는 듯
괴예(扣枻)7) 승류(乘流)ᄒ야/흥(興)겨워 머물 제,
셔산(西山)의 둘이 지고,/동곡(東谷)의 날이 나이,
금파(金波)을 탕양(蕩漾)ᄒ야/만강(滿江)이 능란(凌亂)홀 졔,
연져(烟渚)의 비을 미고,/낙화(落花)을 쏠아 드이,
새벼 안개 츤 이슬이/초의(草衣)예 저즐셰라.
산하(山下) 벽도(碧桃)는/녯 봄을 그져 쯰여/
훗 쥐인(主人)을 기드리고,/곡니(谷裏) 유란(幽蘭)은
ᄇ람 긋테 향긔(香氣)로/날리은 닷 알와는 듯
해긱(海客)은 무심(無心)ᄒ야/빅구(白鷗)을 쏠우거을,
션인(仙人)은 어디 가고,/황학(黃鶴)만 남안는고?

---

4) 애쟝=아쟝(牙檣)의 잘못. 아쟝은 상아로 만든 상앗대.
5) 삼강=중국 강소성(江蘇省)에 있는 태호(大湖)에서 흘러 내리는 송강(松江)·누강(婁江)·동강(東江). 또는 오송강(吳淞江)·전당강(錢塘江)·포양강(浦陽江)을 이르기도 함.
6) 샹아=달속에 살고 있다는 선녀. 일명 항아(姮娥)라고도 함.
7) 괴예=구예(扣枻)의 잘못. 악기를 연주하는 모양. 여기서는 문맥으로 볼 때에 구설(扣枻)의 잘못인 듯함. 구설은 흥겨워서 뱃전을 두드리며 노질한다는 뜻임.

빅화향(白花香) 훗든 곳의/옥쇼(玉簫)을 빅기 부이,
벽히(碧海) 쳥쳔(靑天)의/빅학(白鶴)이 ᄂ라 든다.
어와! 황홀(恍惚)ᄒ야/내 아니 신션(神仙)인가?
일빅쥬(一盃酒) 즈로 부어/취(醉)토록 머근 후(後)의
삼화루(三花樓) 비겨 안저/물 밋톨 구버 보니,
월계(越溪)8)의 싯던 비단/어니 물의 밀려 오며,
낙포(洛浦)9)의 ᄂ던 션녀(仙女)/어이ᄒ야 잠긴 계뇨?
슈식(水色)도 긔이(奇異)ᄒ다./다시곰 살펴보니,
호산(湖山)의 픠온 고시/물 아래 빗출셔라.
ᄀᆺ 업슨 이 경개(景槪)을/일폭(一幅)의 옴겨 내여
셔시(西施)10)와 안긔(安期) 뵈여/대동젼(大同殿)의 보내딘돌
오뇽(五龍)의 그린 가릉(嘉陵)11)이 산수(山水)와 엇덜런고?
풍광(風光)도 흔(限)이 업고,/의사(意思)도 그지업다.
익도롤사 이 내 몸이/션화(仙化)의 연분(緣分) 업셔
진심(塵心)이 미진(未盡)ᄒ야/향관(鄕關)을 싱각ᄒ여
강산(江山)의 후긔(後期) 두고,/빅구(白鷗)와 밍셔(盟誓)ᄒ야
허쥐(虛舟)을 다시 츌라/오던 길노 츠자 오니,
못다 본 나믄 경(景)을/글귀예 영냥(領量)ᄒ이,
도긔려지 호구(狐裘)ᄂ/쳔만고(千萬古)의 과연(果然)ᄒ다.
산창(山窓)을 다시 듯고,/섬쩌히 누어시이
말니(萬里) 강쳔(江天)의/몽혼(夢魂)만 ᄌ자 잇다.

---

8) 월계=중국 월나라 땅에 있는 시내 이름. 송지문(宋之問)의 「발단주초입서강(發端州初入西江)」시로 유명함.
9) 낙포=중국의 하남성(河南省) 황하지류인 낙하(洛河)를 이름.
10) 셔시=오(吳)나라 임금 부차(夫差)의 총희(寵姬)였던 월(越)나라 미인 서시(西施).
11) 가릉=중국의 장강(長江)상류의 지류인 강이름. 아름다운 경치로 유명함.

엇지타! 갑업슨 강산 풍월(江山風月)을/결로 가게 ᄒᆞᄂᆞᆫ고?
<필사 교합본에서>

〈참 고〉

李鐘出,「魏世寶의 金塘別曲考」,『국어국문학』 34·35합집, 국어국문학회, 1967.

11. 避疫歌(피역가)

황 전(黃㙔)

해제 이 작품은 유재영(柳在泳)에 의하여 처음 학계에 소개되어 주목 받게 되었다. 정조 때의 실학자였던 이재(頤齋) 황윤석(黃胤錫)의 아버지인 만은(晚隱) 황전(黃㙔)이 숙종 46년(1720)에 17세의 나이로 당시에 유행하던 돌림병을 피하여 글을 읽을 만한 곳을 찾아다니면서 지금의 전라북도 고창군(高敞郡)에서 출발하여 정읍군(井邑郡) 태인(泰仁) 지역 일대를 여행하며 견문한 것을 노래한 작품이나, 뒷부분이 훼손되어 불완전한 작품으로 전함이 애석하다.

  지은이 황전(1704-1771)의 자는 사구(士垢) 또는 여구(汝垢)요, 호는 만은, 애일재(愛日齋), 선포(仙浦)라고 하였다. 시문이 뛰어났으나, 몇 차례 과거에 응시하였다가 실패하고 향유(鄕儒)로 여생을 마쳤다. 저서로는 『晚隱集(만은집)』 3책이 전하고 있다.

고기 끼여 換酒(환주)ᄒ야/一杯一杯(일배일배) 自酌(자작)ᄒ니,
功名富貴(공명부귀) 불울소냐?/醉(취)흔 興(흥)이 건들ᄒ야
興德(흥덕)을 도라보니,/쟈금도 쟈글시고!
丈夫身(장부신)을 어듸 두리?/四海(사해)룰 다 보랴고,
이 馬首(마수) 내다를 제/이 너몸을 둘러 보니,
우리 집 나쓴이라./堂上(당상)의 老親(노친) 잇고,
膝下(슬하)의 兒孩(아해) ᄒ나,/千里(천리)밧긔 흔 번 놀면,

11. 避疫歌(피역가)

萬般(만반) 家事(가사)를 눌 미들고?/疎遠(소원)홀손 우리 門中(문중)
孤單(고단)키로 가이 업닉./從行間(종항간)이 언마호뇨?
四寸(사촌) 호나뿐이로다./慙愧(참괴)호다. 朋知(붕지)들아!
才士之名(재사지명) 可笑(가소)로다./이 初試(초시) 져 初試(초시)
이 내 가슴 다 녹는듯./이 及第(급제) 져 及第(급제)
이 내 가슴 다 타는듯/讀書 萬卷(만권) 무엇ᄒ리?
堯舜 郡民(요순군민)[1] 부질업다./詩山(시산)[2]이 죠타거놀
舂米(용미)ᄒ야 니다라니,/淸沙白石(청사 백석) 가는 길희,
楚江流水(초강 유수) 閑暇(한가)롭다./簫簫笛竹(소소 적죽) 風動(풍동)
ᄒ니,
뭇 風流(풍류)의 소리로다./烏貂裘(오초구)를 버서내여,
흔 雙(쌍) 져(笛)째 사라 ᄒ니,/紫衣使令(자의 사령) 밧비 나와
官家(관가)째라 禁止(금지)ᄒ닉./長袖(장수)를 披拂(피불)ᄒ고,
邑內(읍내)로 지닐 적의/淸歌一曲(청가 일곡) 碧空(벽공)소리
玉手纖纖(옥수섬섬) 佳人(가인)이라./戲蝶狂心(희접 광심) 잇건마는
男兒身(남아신)의 不關(불관)홀가?/七寶山(칠보산)을 건너보고,
古縣內(고현내)[3]로 츠자가니,/草樹山林(초수 산림) 深陰(심음)ᄒ듸,
溪水潺潺(계수 잔잔) 多情(다정)ᄒ다./崔孤雲(최고운)의 노던 터는
千秋 萬歲(천추 만세) 依然(의연)ᄒ다./伽倻山(가야산)의 月白(월백)ᄒ
고,
五柳亭(오류정)의 風淸(풍청)이라./千尺 玉龍(천척 옥룡) 고뷔고뷔
玉杯(옥배) 몇 번 띄엇던고?/西山松栢(서산 송백) 鬱蒼(울창)ᄒ듸,
金門名墓(금문 명묘) 有名(유명)커날/나조 點心(점심) 全忘(전망)ᄒ고,
落日杖策(낙일 장책)[4]올라가니,/龍蟠虎踞(용반 호거)죠홀시고,

---

1) 郡民=아마도 "君民"의 잘못인 듯함.
2) 詩山=지금의 전라북도 정읍군 칠보면(井邑郡七寶面)의 옛 이름.
3) 古縣內=지금의 정읍군 칠보면에 딸린 마을 고현리 안으로.

子孫(자손)되기 그룰소냐?/靑山日色(청산 일색)조차 눌려
새올 마올 구버 보니,/渭陽風度(위양풍도)5) 죠흘시고!
竹林凄凉(죽림처량) 淸秋(청추)로다./斥斥(척척)홀손 後進(후진)이야!
孔子釋氏(공자석씨)6) 抱送(포송)이라./蒼蒼雲樹(창창 운수) 져 東邨(동촌)은
講學(강학)ᄒ기 有名(유명)커날,/冊(책)을 끼고 治裝(치장)ᄒ야
西河降帳(서하강장) 브라보니,/거룩홈도 거룩ᄒ다.
萬人和氣(만인화기) 一團(일단)이라./同僚(동제)를 둘너 보니,
玉雪靑袍(옥설청포) 져 아희야!/凡常(범샹) 아히 아니로다.
春服(춘복) 임의 이러거늘,/沂水(기수)7)의 가 沐浴(목욕)ᄒ고,
江山(강산) 죠키 이러커든/人物(인물)나기 그를쏘냐?
奇異(기이)홀손 이 先生(선생)은/疫患(역환)조차 아냐쩐고?
西神四方(서신 사방) 遍熾(편치)ᄒ니,/接足(접족)홀 씌 바히 업닉.
山房(산방)이 죠컨마는/곳곳마다 못가건닉.
東邨(동촌)으로 經過(경과)ᄒ야/靈川(영천)으로 가랴 ᄒ니,
一年同苦(일년동고) 뉘라 홀고?/光山再從(광산재종)8)이로뿐다
無兄無弟(무형무제) 無自身(무자신)은/이 닉 몸을 일넛던고?
思家步月(사가보월) 淸宵立(청소립)은/이 내 몸을 일넛도다.
太行山(태항산)의 瞻雲(첨운)ᄒ고,/望子峰(망자봉)의 眼花(안화)리라.

<필사본에서>

---

4) 落日杖策=해가 질 때에 지팡이를 짚고 바삐 걸어감.
5) 渭陽風度=중국 에 있는 위수(渭水) 북쪽의 풍정. 진(秦)나라 강공(康公)이 위수 북쪽에서 어머니의 형제들을 송별한 고사에서 비롯되어 "위양정(渭陽情)"이라 는 말이 생겨 외가집 식구들을 생각하는 마음을 가리킴. 여기서는 지은이의 외가가 이 고현리에 있기 때문임.
6) 孔子釋氏=유학(儒學)의 시조 공자와 불교의 초조 석가모니(釋迦牟尼).
7) 沂水=공자가 살던 산동성 곡부에 흐르는 물 이름.
8) 光山再從=김증(金增).

〈참 고〉

柳在泳,「晩隱 黃土廛의 避疫歌」,『圓光文化』7호, 圓光大學校,1968.

12. 속ᄉ미인곡(續思美人曲)

이진유(李眞儒)

해제 이 작품은 가람(伽藍) 이병기(李秉岐)에 의하여 학계에 보고된 『歌詞(가사)』라는 국문 필사본 가집에 실려 있는 것이다. 내용은 지은이가 중국에 사신으로 갔다가 귀국하던 중 압록강에서 역률(逆律)에 연좌되어 잡혀서 추자도(楸子島)로 유배되어 3년째가 되던 영조 3년(1727)에 지은 것이다.

지은이 이진유(李眞儒1669-1730)는 자(字)를 사진(士珍)이라 하고, 호를 북곡(北谷) 또는 반송(盤松)이라고 하였다. 숙종 31년(1705)에 진사가 되고, 숙종 33년(1707)에 문과에 급제하여 벼슬이 이조판서에 이르렀다. 소론(少論)에 속하여 있던 지은이는 영조의 등극을 반대하던 김일경(金一鏡)의 당으로 연루되어 4차나 유배 생활을 하였으며, 종당에는 국문에 의하여 옥사하였다. 글씨를 잘 써서 그의 글씨로 된 금석문이 유명하다.

삼년(三年)을 님을 써나/히도(海島)의 뉴락(流落)ᄒ니,
내 언제 무심(無心)ᄒ여/님의게 득죄(得罪)혼가?
님이 언제 박정(薄情)ᄒ여/날 대졉(待接) 소(疎)히 혼가?
내 얼골 곱돗던지/질투(嫉妬)홀산 즁녀(衆女)로다.
유한(幽閑)혼 이내 몸을/션음(善淫)혼다 니ᄅ노쇠.
셔하(西河)의 식옥(拭玉)ᄒ고,/샤쟈거(使者車)로 도라오니,
봉황셩(鳳凰城) 다ᄃᆞ르며/고국쇼식(故國消息)경심(驚心)ᄒ다.

황혼(黃昏)의 녯 긔약(期約)을/다시 거의 츳즐너니,
참언(讒言)이 망극(罔極)ᄒ니/님이신들 어이ᄒ올고?
시호(市虎)¹⁾도 성의(成疑)ᄒ고/증모(曾母)는 투져(投杼)²⁾ᄒ디,
우리 님 날 밋기야/셰상(世上)의 뉘 비(比)ᄒ올고?
듕산(中山) 방셔(謗書)롤/협듕(篋中)의 ᄀ득 두고,
함졍(陷穽)의 건져 내여/션디(善地)의 편관(編管)ᄒ니,
구연셩(九連城) 노숙(露宿)ᄒ고/압녹강(鴨綠江) 밧비 건너
셩초(星軺)³⁾롤 부리오고/초교(草轎)롤 ᄀ리 시러
쳥쳔강(淸川江) 삼일우(三日雨)의/졍삼(征衫)을 다 젹시고,
셩야(星夜)의 질치(疾馳)ᄒ야/패수(浿水)룰 건너 올시,
일하(日下) 음신(音信)을 /어듸로셔 쏘 드러다?
근긔(近畿) 압송(押送)은/고금(古今)의 초견(初見)이요,
ᄌ딜(子姪) 제직(除職)은/이은(異恩)도 됴쳡(稠疊)ᄒ다.
박명(薄命)ᄒᆫ 이 내 몸의/님의 은혜(恩惠) 이러ᄒ니,
녀관(旅舘) 잔등(殘燈)의/피눈믈이 결노 난다.
금오리(金吾吏)김턱귀(金澤龜)롤/벽졔역(碧蹄驛)의 만나보고,
션산(先山)의 잠간(暫間)드러/통곡(痛哭)ᄒ여 비별(拜別)ᄒ고
셩셔(城西)⁴⁾ 구틱(舊宅)의/가묘(家廟)의 하직(下直)ᄒ니,
원근(遠近) 친쳑(親戚)이/손 잡고 니별(離別)ᄒ올 시,
쳥운(靑雲) 구붕(舊朋)은/안듕(眼中)의 드무도다.

---
1) 시호=삼인셩시호(三人成市虎)의 준말. 거짓된 소문도 여러 사람이 믿으면, 참말처럼 믿어지게 된다는 뜻.
2) 투져=옛날 중국의 효자 증자(曾子)가 어렸을 때에 살인하였다고 거짓말을 하는 사람이 있어도 곧이 듣지 않았는데, 같은 이야기를 여럿이 하매, 증자의 어머니가 베틀 위에서 북을 던지고 참말 여부를 확인하려고 뛰어 나갔다는 고사.
3) 셩초=먼 곳으로 가는 사신이 타는 수레.
4) 셩셔=지금의 서울특별시 서대문구 교남동에서 영천동 사이의 반송방(盤松坊)에 지은이의 집이 있었으므로, 한성 서편이라고 한 것임.

엄졍(嚴征)이 유한(有限)ㅎ니/경각(頃刻)인들 엄뉴(淹留)ㅎ랴?
관악산(冠岳山) 십니지(十里地)의/숑츄(松楸)의 훌날 쉬여
쳔니(千里) 힝장(行裝)을/초초(草草)히 츠려 갈 시,
종남(終南)5)을 회슈(回首)ㅎ니/오운(五雲)이 의의(依依)ㅎ고,
의릉(懿陵)6)을 쳠망(瞻望)ㅎ니/숑빅(松栢)이 챵챵(蒼蒼)ㅎ다.
고신(孤臣) 원누(怨淚)롤/한수(漢水)의 ᄀ득 뿌려
님 향(向)ᄒ 일편졍(一片情)을/참고 춤아 쩌나가니,
내 ᄆᆞ음 이러홀 졔/님이신들 니즐숀가?
호남(湖南)길 더위잡아/노령(蘆嶺)의 올나 쉬여
북(北)으로 도라보고/두 세번 탄식(歎息)ㅎ니,
부운(浮雲)이 폐일(蔽日)ㅎ야/경국(京國)을 못볼노다.
금셩산(錦城山)7) ᄇ라보고/젹소(謫所)롤 츳ᄌ가니,
남쥬(南州) 대도회(大都會)의/낙토(樂土)롤 쳐음 보와
쥬인(主人) 뎡ᄉ군(鄭使君)이/마조나 반겨ㅎ니,
거쳐(居處)도 과분(過分)ㅎ고/의식(衣食)도 념녀(念慮)업다.
망나(網羅)의 벗기신 몸/이곳의 언식(偃息)ㅎ니,
가지록 님의 은혜(恩惠)/도쳐(到處)의 망극(罔極)ㅎ다.
시직(時宰) 욕살(欲殺)ㅎ야/화식(禍色)이 층격(層激)ㅎ니,
도거(刀鉅) 졍확(鼎鑊)이/됴셕(朝夕)의 위급(危急)일새,
졀도(絶島) 쳔극(荐棘)으로/듕노(衆怒)롤 막으시니,
종시(終始)예 곡젼(曲全)ㅎ심/오늘이야 더옥 알다.
션녁(宣力) ᄉ방(四方)은 /신ᄌ(臣子)의 직분(職分)이라.
봉사(奉使) 미로(微勞)롤/일ᄏ롤 것 젼(全)혀 업다.
젼후(前後) 은포(恩褒)ᄂ/화곤(華袞)도곤 빗나시니,

---

5) 종남=종남산(終南山)의 준말. 지금의 서울 남산.
6) 의릉=경종(景宗)의 계비(繼妃)인 선의왕후함종어씨(宣懿王后咸從魚氏)의 능침.
7) 금셩산=지금의 전라남도 나주시(羅州市)에 있는 산.

이죄(以罪) 위영(爲榮)은/이 더옥 망외(望外)로다.
즈식(姿色)도 업슨 내외/지덕(才德)도 업손 날을
무어슬 취(取)ᄒ시며/무어슬 듐(重)히 녁여
언언(言言)이 쟝허(獎許)ᄒ며/ᄉᄉ(事事)의 두호(斗護)ᄒ샤
비박(菲薄)ᄒ 이 ᄒ 몸을/다칠가 념(念)ᄒ시니,
엇그제 만난 님이/졍의(情誼)는 닉듯 서듯
님의 ᄯᅳᆺ 나 모르고/내 ᄯᅳᆺ도 님 모로며,
무ᄉᆞᆫ 일 이대도록/견권(繾綣)ᄒ미 곡진(曲盡)ᄒ고,
빅년(百年)을 히로(偕老)ᄒᆫ들/이에서 더ᄒᆞᆯ손가?
님의 은혜(恩惠) 이럭ᄉᆞ록 /긔질(忌疾)홈은 더 심(甚)ᄒᆞ외.
히도(海島)도 하고 ᄒᆞ대/원악디(遠惡地)를 골나 내여,
빅년(百年) 형극(荊棘)을/츄ᄌᄃᆞ(楸子島)의 처음 여니,
골육(骨肉)도 구시(仇視)커든/늠이야 니롤손가?
힝니(行李) 다 ᄎᆞ리고/금오랑(金吾郞)을 기ᄃᆞ릴시,
엇더타 우리 묘군(卯君)8)/금능(金陵)9)의 원뎍(遠謫)ᄒ니,
문운(門運)도 건둔(蹇屯)ᄒ고/가화(家禍)도 쳡쳡(疊疊)ᄒ다.
월남촌(月南村) ᄀᆞ을밤의/긔회(機會)ᄒ여 니별(離別)ᄒ니,
타향(他鄕) 대침(對枕)은 /이 쏘ᄒᆞᆫ 님의 은혜(恩惠)
격ᄒᆡ(隔海) 샹망(相望)은 /경뇌(瓊雷)나 다롤손가?
니진(梨津) 항구(港口)의/쥬즙(舟楫)을 뎡돈(整頓)ᄒ야
동풍(東風)이 건 듯 불며/쌍범(雙帆)을 놉히 다니,
창파(滄波) 묘망(杳茫)ᄒ여/물 밧근 하늘일다.
고도(孤島)를 지점(指點)ᄒ니/흑ᄌ(黑子)만 계유ᄒ다.
시야(時夜) 쟝반(將半)ᄒ매/광풍(狂風)이 졉텬(接天)ᄒ니,

---

8) 묘군=지은이의 아내.
9) 금릉=지금의 경상북도 금산(金山).

듕뉴(中流) 실타(失柂)ᄒ야/호흡(呼吸)의 위티(危殆)홀시,
쟝년(長年)이 쇽슈(束手)ᄒ고/쥬듕(舟中)이 실식(失色)ᄒ니,
묘연(杳然)흔 이 내몸이/ᄉ성(死生)이야/관계(關係)ᄒ랴?
지성(再生)ᄒ신 님의 은혜(恩惠)/듕도(中道)의 귀허(歸虛)홀가?
감심(甘心)ᄒ던 모든 원(願)을/오늘날 일워줄가?
경ᄉ(經史)를 묵숑(默誦)ᄒ고/녯ᄉ롬을 싱각ᄒ니,
부강(涪江)10)의 뎡슉ᄌ(程叔子)11)ᄂ/셩경(誠敬)으로 득녁(得力)ᄒ고,
쳥회(淸淮)의 댱ᄌ방(張子方)12)은/튱신(忠信)으로 힘 닙으나,
평싱(平生)을 졈검(點檢)ᄒ니/이 공부(工夫) 쇼여(掃如)ᄒ다.
치셕(采石)의 착월(捉月)ᄒ던/니젹션(李謫仙)13)과 함긔 놀듯,
샹슈(湘水)의 쟝어(葬魚)ᄒ던/굴삼녀(屈三閭)14)를 거의 볼듯,
봉창(蓬窓)의 정금(整襟)ᄒ고/텬명(天命)만 기드릴새,
한 조각 남글 어더/긔계(器械)를 수보(修補)ᄒ니,
젼위(轉危) 위안(爲安)이/져근덧 ᄉ이로다.
ᄉ성(死生)이 유명(有命)ᄒ고/화복(禍福)이 지텬(在天)ᄒ나,
오늘날 사라남은/우리 님 도으신가?
동방(東方)이 긔빅(旣白)ᄒ매/소리ᄒ고 낙범(落帆)ᄒ야
셕긔(石機)의 비롤 미고/도듕(島中)의 드러가니,
촌낙(村落)이 쇼죠(蕭條)ᄒ야/수십호(數十戶) 어가(漁家)로다.
풍우(風雨)를 무릅쓰고/와실(蝸室)을 ᄎ자드니,
모ᄌ(茅茨)ᄂ 다 눌니고/듁창(竹窓)의 무지(無紙)ᄒ대,

---

10) 중국 사천성(四川省) 송반현(松潘縣)에서 발원하여 동남으로 흐르는 가릉강(嘉陵江)의 지류.
11) 뎡슉ᄌ=중국 송나라 유학자 정이(程頤).호는 이천(伊川), 자는 졍슉(正叔).
12) 댱ᄌ방=한(漢)나라 삼걸(三傑)의 한 사람인 장양(張良). 자방(子方)은 그의 자(字).
13) 니젹션=당나라 시인 이백(李白).
14) 굴삼녀=삼려대부를 지낸 굴원(屈原).

샹샹(床床) 옥루(屋漏)눈/므른대 젼(專)혀 업다.
말만흔 좁은 방(房)의/조슬(蚤蝨)도 만흘시고.
팔쳑(八尺) 댱신(長身)이/구버 들고 구버나며,
다리롤 셔려 누워/긴 밤을 새와 내니,
쥬듕(舟中)의 젹신 의복(衣服)/어니 불의 물뇌오며,
일힝(一行)이 긔갈(饑渴)흔들/무어스로 구홀손고?
힝탁(行橐)15)을 쩔어내니/수두미(數斗米)뿐이로다.
빅쥭(白粥)을 뿌어 네여/둘너 안쟈 뇨긔(療飢)ㅎ고,
복물션(卜物船)16) 도박(到泊)흠을/일야(日夜)로 바라더니,
여익(餘厄)이 미딘(未盡)ㅎ야/듕양(中洋)의 치패(致敗)17)ㅎ니,
만ᄉ(萬死) 여싱(餘生)이/ᄉ라나미 다힝(多幸)ㅎ나,
결활(契活)18)이 무칰(無策)ㅎ니/어이 ㅎ야 지보(支保)홀고?
십쟝(十丈) 형니(荊籬)19)롤/ᄉ면(四面)의 둘너치고,
북편(北便)의 궁글 두어/물길흘 겨유 내니,
구만니(九萬里) 댱쳔(長天)을/뎡듕(井中)의 브라보ᄃᆺ
듀야(晝夜)의 들니ᄂ니/히도(海濤)와 밍풍(盲風)이오.
됴모(朝暮)의 섯두ᄂ니/댱무(漳霧)와 만우(蠻雨)로다.
셔식(棲息)을 미뎡(未定)ᄒ여/냥질(兩姪)을 니별(離別)홀 시,
댱부(丈夫)의 일촌간쟝(一寸肝臟)/냥항누(兩行淚)롤 금(禁)ᄒᆯ소냐?
남관(藍關)의 별손(別孫)ᄒ던/한니부(韓吏部)20)의 졍경(情景)이오.

---

15) 힝탁=여행자의 주머니.
16) 복물션=짐을 실은 배.
17) 치패=실패를 당함. 여기서는 지은이의 생활 용품을 실고 오던 배가 파선을 당하여 실패하였다는 뜻.
18) 결활=생활을 위하여 일하면서 고생함.
19) 형니=가시나무로 된 울타리.
20) 한니부=당(唐)나라 문호 한유(韓愈). 당헌종(唐憲宗)이 많은 돈을 들여 불사리탑(佛舍利塔)을 세우려 하매, 한유는 「佛骨表」를 올려 반대하다가 조주자사(潮州刺使)로 좌천되어 부임하러 갈 때에 장안(長安) 남쪽 약 30km에 있는

월강(越江)의 송뎨(送弟)ᄒ던/뉴ᄌ후(柳子厚)21)의 회포(懷抱)로다.
압숑관(押送官) 비별(拜別)ᄒ야/님 계신 대 도라가니,
경경(耿耿)ᄒ 일단심(一丹心)이/다시곰 새로워라.
가을이 졈졈(漸漸) 깁고/긱회(客懷)ᄂ 뇨락(寥落)ᄒ대,
송옥(宋玉)의 비추부(悲秋賦)롤/초셩(楚聲)으로 놉히 읇고,
뉴박(柳朴) 이긱(二客)을/쵸쵸(悄悄)히 상대(相對)ᄒ야
용슬(容膝) 슈간옥(數間屋)을/초창(草創)ᄒ믈 경영(經營)홀시
도듕(島中)의 모든 빅셩(百姓)/딘심(盡心)ᄒ여 완역(完役)ᄒ니,
번토(番土) 운와(運瓦)ᄒ던/챵화현(昌化縣) 풍속(風俗)일다.
졔도(制度)ᄂ 추익(湫隘)ᄒ나/거쳐(居處)ᄂ 쇼쇄(蕭灑)ᄒ다.
언앙(偃仰) 굴신(屈伸)ᄒ미22)/이제야 죠안(粗安)ᄒ다.
감군은(感君恩) 삼ᄌ(三字)롤 /벽샹(壁上)의 대셔(大書)ᄒ고,
망미헌(望美軒)23) 편익(扁額)은/도듕(島中)의 뉘 모로리?
죵일(終日) 폐호(閉戶)ᄒ고/주서(朱書)24)를 피열(披閱)ᄒ니,
의리(義理) 무궁(無窮)ᄒᆷ을/늙게야 씨ᄃ롤다.
됴쟉(鳥鵲)은 본(本)디 업고/오연(烏鳶)만 지져괴며,
어두(魚頭) 귀면(鬼面) ᄌᆞᆫ흔/포한(浦漢)이롤 만나 보니,
야록(野鹿)의 셩졍(性情)이오/믹만(貊蠻)의 어음(語音)일다.
상디(相對) 믹믹(脈脈)ᄒ야/무슴 말을 슈쟉(酬酌)홀고?
엄동(嚴冬)이 깁허지고/뉵디(陸地)롤 못 통(通)ᄒ니,

남관(藍關)에서 날씨가 나빠 고생하고 있을 때에, 질손(姪孫)인 샹(湘)이 찾아
와 배웅하여 준 일을 「左遷至藍關示姪孫湘」이라는 시를 남겼음.
21) 뉴ᄌ후=당나라 시인 유종원(柳宗元). 자후(子厚)는 자(字), 세상 사람들은 유
   유주(柳柳州)라고 불렀다.
22) 언앙 굴신=누워서 쳐다 보기도 하고, 몸을 구부리기도 하고 펴 보기도 함.
23) 망미헌=지은이가 머물고 있는 집채의 이름. 그 뜻은 임금님을 생각하는 집이
   라고 풀이됨.
24) 주서=송나라의 큰 유학자 주희(朱熹)가 저술한 책.

냥식(糧食)도 핍절(乏絶)커든/반찬(飯饌)이야 의논(議論)ᄒ며,
염쟝(鹽醬)을 못 먹거든/어육(魚肉)이야 의논(議論)ᄒ면,
도듕(島中) 슈십니(數十里)의/일년초(一年草) 희한(稀罕)ᄒ다.
됴셕(朝夕)밥 못 닉일 제/방(房)덥기 싱각ᄒ랴?
정됴(正朝) 대명일(大名日)의/소(素)국의 썩을 쑤어
갯믈의 져린 비ᄎ/샹찬(上饌)으로 올나시니,
어와! 이 경샹(景狀)은/싱너(生來)의 처엄 보내.
츈풍(春風) 도리화(桃李花)야/못 보다 관계(關係)ᄒ랴?
ᄀ을이 다 딘(盡)토록/국화(菊花)룰 못보거든
낙모(落帽)25) 가졀(佳節)의/츅신(逐臣)을 뉘 우스며,
녕균(靈均)26)이 여긔 온들/무어스로 셕찬(夕饌)ᄒᆞᆯ고?
삼하(三夏)룰 열딘(閱盡)ᄒ고/고황(苦況)을 포긱(飽喫)ᄒ니,
염증(炎蒸)도 그지 업고/비습(卑濕)도 ᄌ심(滋甚)ᄒ다.
승예(繩蚋) 문믱(蚊蝱)은/빅(百)가지로 뽀지지고,
샤갈(蛇蝎) 오공(오蚣)은/ᄉ벽(四壁)의 종횡(縱橫)ᄒ니,
ᄒᆞᆫ 일도 흥황(興況) 업고/빅악(百惡)만 구비(具備)ᄒ다.
샹인(傷人) 히물(害物)ᄒᆞᆯ 것/세샹(世上)의 하도 ᄒᆞᆯ샤.
듕야(中夜)의 좀이 업셔/옹금(擁衾)ᄒ고 니러 안쟈
신셰(身勢)룰 ᄌ탄(自歎)ᄒ고/평싱(平生)을 무렴(撫念)ᄒ니,
고로(孤露)ᄒᆞᆫ 이 내몸이/ᄌ셩(子省)도 업ᄂ 내오.
쟝히(瘴海)의 병(病)이 든들/구호(救護)ᄒ리 뉘 이시며,
반계(盤溪)예 녯 폐려(蔽廬)롤/뷔여신들 뉘 딕힐고?

---

25) 낙모="낙모지진(落帽之辰)"의 준말. 진(晉)나라 맹가(孟嘉)가 환온(桓溫)을 따라 용산(龍山)에 올라가 놀다가 술에 취하여 바람에 가가 모자를 잃어버리매 온이 사람들에게 시를 지어 놀려 주었더니, 그에 화답한 시가 명작이었다고 함. 음력 9월 9일 곧 중양절을 이름.
26) 녕균=굴원(屈原)의 자(字).

스셔(賜書) 쳔권(千卷)을/ 고각(高閣)의 못거시니,
두셔틈(蠹書蟲)27) 다 먹은 들/긔 뉘라셔 포쇄(曝洒)ㅎ며,
평천장(平泉庄) 만원화(滿園花)롤/젼벌(剪伐)ㅎ들 뉘 금(禁)홀고?
텬하(天下)의 무고(無辜)ㅎ니/나밧긔 또 이실가?
쥬문왕(周文王) 티기(治岐)홀 제/인졍(仁政)을 베프시면,
가련(可憐)ㅎ 이 내몸이/반드시 몬져 들니.
텬디간(天地間) 독닙(獨立)ㅎ야/ᄉ방(四方)을 둘너보니,
우리 님 아니시면/눌을 다시 의지(依支)홀고?
시운(時運)이 불힝(不幸)ㅎ야/쳔니(千里)의 써나시니,
내 신셰(身勢) 고혈(孤孑)흔 줄/님이 모로실가?
긴 ᄉ매 들고 안쟈/녯 건앙(愆殃)을 녁슈(歷數)ㅎ니,
우직(愚直)ㅎ기 본셩(本性)이오/광망(狂妄)홈도 내 죄(罪)오나,
근본(根本)을 성각ㅎ니/님 위(爲)혼 정셩(精誠)일시.
일월(日月)ᄀ튼 우리 님이/거위 아니 죠림(照臨)홀가?
싱셩(生成)ㅎ신 이은혜(恩惠)롤/결쵸(結草)ㅎ기 긔약(期約)ㅎ나,
협ᄉ(篋笥)의 츄풍션(秋風扇)이/어ᄂ 날 다시 날고?
쳥신(淸晨)의 혼ᄌ 누어/빅두음(白頭吟)28)을 슬피 읇고,
황금(黃金)을 못 어드니/댱문부(長門賦)29)롤 어이 사리?
지하(芝荷)로 오슬 짓고/부용(芙蓉)으로 치마 지어
협듕(篋中)의 두어신들/눌 위(爲)ㅎ야 단장(丹粧)홀고?
고국(故國)의 도라갈 꿈/벽히(碧海)롤 문이 넓고,
옥누(玉樓) 놉흔 곳의/야야(夜夜)의 님을 뫼셔
일당(一堂) 우불(吁咈)30)의/슈답(酬答)이 여향(如響)ㅎ니,

---

27) 두셔틈=책을 갉아먹는 좀벌래.
28) 빅두음=한(漢)나라 탁문군(卓文君)이 지은 악부(樂府)의 이름.
29) 댱문부=사마상여(司馬相如)가 지은 부(賦).
30) 우불=아! 틀렸구나!하면서 부정적 감탄을 토하는 소리 또는 그런 모양.

젼셕(前席)의 문귀(問鬼)ᄒ던/가태부(賈太傅)[31] 이갓홀가?
어촌(漁村) 원계셩(遠鷄聲)이/긴줌을 ᄭᅴ드르니,
우리 님 옥음(玉音)은/이변(耳邊)의 완연(宛然)ᄒ고,
우리 님 어로향(御爐香)이/의슈(衣袖)의 품여계라.
어ᄂ날 이 내 꿈을/진줏것 삼을손가?
두어라! 왕셔긔ᄀᆡ지(王庶幾改之)롤/여일망지(余日望之)ᄒ노라.
　　　　　　　　　　　　　　　　　　　　　　　<필사본에서>

〈참　고〉

李秉岐, 「別思美人曲과 續思美人曲에 대하여」, 『국어국문학』 15호, 국어국문학회, 1968.

---

31) 가태부=장사왕(長沙王)의 태부(太夫)벼슬을 지낸 가의(賈誼).

13. 明村金剛別曲(명촌금강별곡)

박순우(朴淳愚)

해제 이 작품은 김성배(金聖培 : 1917-1981)가 학계에 처음 소개하면서 널리 알려지게 되었다.[1] 이 작품은 명촌(明村) 박순우(朴淳愚:1686 -1759)가 그의 나이 54세 때인 영조 15년(1739)에 지은이가 유유하며 산수에 벽(癖)이 있어 명산 구경이 평생의 소원인데, 그중에서도 금강산은 삼신산(三神山)의 하나라고 하니, 한번 꼭 보는 것이 소원이건만, 망령되이 세상 공명(功名)에 뜻이 있어 책읽기와 과거 응시에 분주하다가 54세에 이르렀으니, 집뒤의 소금강(小金剛)부터 올라 보자면서 도갑산(道岬山)에 남여를 타고 등척(登陟)한 뒤, 나라에서 친경후(親耕後)에 알성과(謁聖科)를 보인다니, 아들과 함께 서울로 올라가 3월 15일 한강(漢江)을 건너 서울 구경을 하고, 21일 관동을 향하여 길을 떠나면서 아들을 성균관(成均館)에 데려다 주고, 동대문에서 곽처사(郭處士) 만채(晚采)와 이생원(李生員) 동(彤)을 만나 대망의 금강산 여행길에 오른다. 7-8리를 가다가 두 갈래 길에서 설악산(雪嶽山)의 서우(瑞雨)스님을 만나 먼저 금강산을 구경하고, 그 다음에 인제(麟蹄)의 설악산과 강릉 오대산(五臺山)을 구경하면, 길이 편할 것이라는 말을 듣고, 그대로 실천하여 금강산 구경을 마친 뒤 설악산(雪嶽山)으로 가고자 강릉(江陵)으로 향하던 중 비를 만나 하루를 쉬는 음력 4월 12일 밤중에 지었다고 한다.

---

[1] 金聖培, 明村朴淳遇의 金剛別曲, 『梁柱東博士華誕紀念論文集』, 東國大學校, 1963.

13. 明村金剛別曲(명촌금강별곡)

　지은이 박순우(朴淳愚:1686-1759)는 자를 지수(智叟), 호를 명촌(明村)이라고 하는데, 전남 영암(靈巖)에서 태어나 문필로서 이웃에 명성이 높았으나, 과거에 실패하고, 산수를 탐승하며 생애를 보냈다. 저술로는 한문 문집 『明村遺稿(명촌유고)』가 필사본으로 전하고 있다. 여기에는 금강산 기행문인 한문으로 지은 「東遊錄(동유록)」이 실려 있다.

此身(차신)이 悠悠(유유)ᄒ야/山水(산수)의 癖(벽)이 잇셔
名山(명산)을 遍踏(편답)홈이/一生(일생)의 素計(소계)로다.
江原道(강원도) 金剛山(금강산)이/三山中(삼산중) 一山(일산)이라.
東方(동방)의 第一(제일)이오./天下(천하)의 無雙(무쌍)이다.
千里(천리)를 不遠(불원)ᄒ고,/一見(일견)이 願(원)이러니,
世上(세상) 功名(공명)의/妄靈(망녕)도이 뜻을 두어
書籍(서적)의 汨沒(골몰)ᄒ고,/場屋(장옥)2)의 奔走(분주)ᄒ니,
五十四(오십사) 光陰(광음)이/倏忽(숙홀)히 지나거다.
男兒(남아)의 事業(사업)이/白牌(백패)흔丈(장)哀嗟(애차)ᄒ다.
溪山(계산) 宿約(숙약)을/至今(지금)에 못 브르니,
집뒤희 小金剛(소금강)을/시험(試驗)ᄒ야 몬져 보쟈.
道岬山(도갑산)3) 藍輿(남여) 트고,/北池塘(북지당)의 徘徊(배회)ᄒ야
奉仙庵(봉선암) 上下見性(상하견성)/午前(오전)의 지나가셔
龍庵(용암)의 쉬여 자고,/九井峰(구정봉) 올라셔니,
擎天臺(경천대) 般若峰(반야봉)은/三尊(삼존)을 對(대)ᄒ얏고,
露積峰(노적봉) 香爐峰(향로봉)은/金水窟(금수굴)을 連(연)ᄒ얏다.
靈(영)ᄒ다.動石(동석)이여!/郡名(군명)이 맛당토다.
天王峰(천왕봉) 上下頭(상하두)의/飄然(표연)히 혼자 셔셔

---
2) 場屋=과거 보는 장소.
3) 道岬山=지금의 전라남도 영암군(靈巖郡)에 있는 월출산(月出山).

層層(층층) 七池(칠지)룰/眼下(안하)의 구버 보니,
飛湍(비단) 瀑流(폭류)는/몃길이 걸련는고?
仙藥峰(선약봉) 雨花峰(우화봉)은/氣像(기상)도 雄壯(웅장)ᄒᆞ다.
小金剛(소금강)이 이러ᄒᆞ니,/大金剛(대금강)을 可知(가지)로다.
己未三月(기미 삼월) 十九日(십구일)의/謁聖(알성)을 定(정)ᄒᆞ거늘
趁期(진기) 上京(상경)ᄒᆞ야/禮圍(예위)예 드러나니,
命兮(명혜) 數奇(수기)ᄒᆞ야/不得意(부득의)ᄒᆞ닷말가?
韓公(한공)의 含淚渡패(함루 도패)/그다지 狹隘(협애)던가?
大丈夫(대장부) 志氣(지기)를/一得失(일득실)의 推挫(최좌)ᄒᆞ랴?
路由(노유) 關東(관동)ᄒᆞ야/金剛山(금강산)을 ᄎᆞ자가셔
半百年(반백년) 졋던 비술/이제아 갑프리라.
삼월(三月) 聚粮(취량)ᄒᆞ야/卜日(복일) 發行(발행)홀식,
郭處士(곽처사) 李生員(이생원)이/徒步(도보) 相從(상종)ᄒᆞ니,
行裝이 瀟灑(소쇄)ᄒᆞ야/三尺篇(삼척소) 一介(일개)로다.
弱馬(약마)로 兼卜(겸복)ᄒᆞ고 /殘동(잔동)으로 벗을 삼아
東大門(동대문) 내ᄃᆞ라셔/關王廟(관왕묘) 지난 후(後)의
무너미4)점심(點心)ᄒᆞ고,/비운돌 너머 드러/
征夫(정부)롤 만나 보면,/前路(전로)롤 ᄌᆞ셰(仔細) 무러
抱川鐵原(포천철원) 金化金城(김화금성)/次第(차제)로 지나도다.
길 난지 엿샌 만의/淮陽(회양)짜 계유 드러/
摩尼洞(마리동) 깁픈 골로/斷髮嶺(단발령) 올라 셔셔
金剛山(금강산) 眞面目(진면목)을/처엄으로 브라보니,
心神(심신)이 灑落(쇄락)ᄒᆞ고,/眼目(안목)이 豁然(활연)ᄒᆞ다.
百川橋(백천교) 지나 가셔/山暎樓(산영루) 올라가니,

---

4) 무너미=현 서울 특별시 도봉구(道峰區)에 딸린 수유리(水踰里)의 순수한 옛 우리말 이름.

一帶(일대) 淸流(청류)는/檻前(함전)의 둘러 잇고,
四面(사면) 蒼顔(창안)은/簷檻(첨함)의 隱暎(은영)ᄒ다.
長安寺(장안사) 寅賓堂(인빈당)의/一夜(일야)롤 留宿(유숙)ᄒ고,
曉飯(효반)을 催促(최촉)ᄒ야/指路僧(지로승) 압 셰오고,
粧鏡峰(장경봉) 도라보며,/觀音峰(관음봉) 지나가니,
地藏釋迦(지장석가) 두 峰(봉) ᄉ이/玉鏡臺(옥경대) 골이로다.
臺(대) 우희 刻(각)ᄒ 글ᄌ/宛然(완연)히 어제 ᄀ다.
그 아리 黃川江(황천강)을/긔 뉘라셔 일홈ᄒ고?
上下(상하) 澄潭間(징담간)의/네 혼자 金(금)빗치다.
江(강) 우희 城(성)을 ᄊᆞ고,/城腰(성요)의 門(문)을 내니,
門名(문명) 地獄(지옥)이/어니 즁 지어낸고?
明鏡臺(명경대) 몰근 ᄂᆞᆺ츨/門(문) 우희 거러시니,
依然(의연)ᄒ 一幅障子(일폭 장자)/畵筆(화필)로 그려낸 ᄃᆞᆺ,
門(문)으로 드러가면,/靈源洞(영원동)이 그 안히다.
泉石(천석)도 됴커니와/峰名(봉명)도 유심(有心)ᄒ다.
十王峰(십왕봉) 將軍峰(장군봉)과/童子峰(동자봉) 使者峰(사자봉)은
일홈ᄒ 처엄 ᄯᅳᆺ이/明鏡(명경)의 照應(조응) ᄒ다.
地獄門(지옥문)을 憑藉((빙자)ᄒ야/衆生(중생)을 警戒(경계)토다.
百川洞(백천동) 구버 보고,/鳴淵潭(명연담) 지나가니,
萬瀑洞(만폭동) 氣像(기상)을/이롤 보아 알리로다.
安養庵(안양암) 石面佛(석면불)과/白華庵(백화암) 前後佛(전후불)이
人功(인공)이 奇異(기이)ᄒ나,/上願佛(상원불)의 밋츨소냐?
表訓寺(표훈사) 잠간 쉬여/萬瀑洞(만폭동) 드러갈 제
金剛門(금강문) ᄀ 지나며,/石路(석로)롤 攀緣(반연)ᄒ니,
五賢(오현) 遺跡(유적)이/石峰(석봉)만 남어셰라.
靑鶴(청학)은 어디 가고,/蒼松(창송)만 셔 인는고?
그 겻티 天日臺(천일대)는/華表柱(화표주) 되엿도다.

蓬萊楓岳(봉래풍악) 元化洞天(원화동천)/天下第一(천하제일) 名山字(명산자)는
크나 큰 盤石(반석) 우의/뉘라 써 삭엿는고?
上下(상하) 八潭(팔담)을/일홈 츠자 보아 가니,
萬里(만리) 東溟(동명)의/長鯨(장경)이 품어낸가?
黃河水(황하수) 西來(서래)ᄒᆞ야/崑崙(곤륜)을 헛치는 듯
홋터지니 구슬이오./쌜히니 안개로다.
四時(사시)의 飛雪(비설)이오./萬古(만고)의 雷聲(뇌셩)이다.
李謫仙(이적선) 瀑布詩(폭포시)롤/壯(장)히 녀겨 닑엇더니,
이제 와 이롤 보니,/뉘야 더 웅(雄)壯(장)ᄒᆞ고?
普德窟(보덕굴) 올라가셔/石窟(석굴)을 구경(求景)ᄒᆞ고,
銅柱(동주)롤 구버 보니,/몃길이 놉닷말고?
人力(인력)을 浪費(낭비)ᄒᆞ니,/佛道(불도)의 有益(유익)ᄒᆞ가?
浮虛(부허)도 ᄒᆞ거니와/誕妄(탄망)도 그지 업다.
獅子峰(사자봉) 도라 드러/摩訶衍(마하연) 드러 보고,
表訓寺(표훈사)로 ᄂᆞ려 오며,/萬瀑(만폭)을 다시 보니,
스랑코 미친 ᄆᆞ음/美色(미색)인들 이ᄀᆞᄐᆞ랴?
正陽寺(정양사) 츠자 가셔/歇惺樓(헐성루) 안자 보니,
三十洞(삼십동) 萬二峰(만이봉)을/一一(일일)히 다 볼로라.
北(북)으로 衆香城(중향성)이/嵬然(외연)히 特立(특립)ᄒᆞ야
南(남)으로 穴望峰(혈망봉)을/마조 안자 ᄇᆞ라거던
그 남은 許多峰巒(허다 봉만)/다 각각 뫼셔시니,
兩將(양장)이 대진(對陣)ᄒᆞ야/玉帳(옥장)을 노피 열고,
千兵(천병) 萬馬(만마)롤/井井(정정)히 排置(배치)ᄒᆞᆫ 듯
劒戟(검극)은 森嚴(삼엄)ᄒᆞ고,/隊伍(대오)는 整齊(정제)ᄒᆞ니,
一山中(일산중) 奇觀(기관)이/指點間(지점간)의 다 버렷다.
毘盧峰(비로봉) 大小香爐(대소 향로)/先鋒(선봉)인가?中軍(중군)인가?

望軍臺(망군대) 石鷹峰(석응봉)은/左翼(좌익)인가?右翼(우익)인가?
日出月出(일출월출) 永郞峰(영랑봉)은/伏兵(복병)이 分明(분명)ㅎ다.
千態(천태) 萬狀(만상)이/兩眼(양안)의 昭昭(소소)ㅎ니,
올라가 다시 본둘/무어시 더 나으리?
內山(내산)을 그만 보고,/外山(외산)을 구경(求景)ㅎ쟈.
李生(이생)은 人馬(인마) 주어/通川(통천)으로 돌게 ㅎ고,
郭處士(곽처사)나 드리고,/內水岾(내수점)을 너머 갈 제
或先(혹선) 或後(혹후)ㅎ야/八潭(팔담)을 고쳐 보고,
摩訶衍(마하연) 又 지나며/別世界(별세계)룰 만나 보니,
層峰(층봉) 澄潭(징담)이/일홈 업슨 空地(공지)로다.
數(수) 업슨 峰壑(봉학)을/다 제금 主張(주장)ㅎ니,
仙客(선객)의 짜 안이면,/釋家(석가)의 物(물)이로다.
堂堂(당당)ᄒ 君子儒(군자유)는/어디룰 次知(차지)홀고?
호을로 이 石峰(석봉)이/特立居中(특립거중) ㅎ여시니,
不偏(불편) 不倚(불의)는/中庸(중용)의 道(도) 아닌가?
靜而有常(정이유상)은/君子(군자)의 德(덕) 아닌가?
峰下(봉하)의 흐른 물이/方塘(방당)이 절로 되어
不括(불괄) 不停(불정)ㅎ야/活水源(활수원)이 되어셰라.
峰稱樂仁(봉칭 요인)ㅎ고,/潭號(담호)는 處智(처지)로다.
活源洞(활원동) 三字(삼자)로/洞名(동명)을 肇錫(조석)ㅎ니,
슬프다. 이내 行色(행색)/寂료(적료)룰 免(면)ㅎ도다.
鍮岾寺(유점사)로 드러가며,/泉石(천석)을 翫賞(완상)ㅎ고,
各因其形(각인 기형)ㅎ야/潭名(담명)을 分定(분정)ㅎ니,
內外山(내외산) 八潭(팔담)이/恰然(흡연)이 彷彿(방불)ㅎ다.
隱身臺(은신대) 萬景臺(만경대)룰/指顧(지고)ㅎ고 지나가셔
朴達峙(박달치) 올라 안저/南(남)으로 브라보니,
北崖(북애) 陰谷(음곡)의/곳곳이 凍雪(동설)이다.

돌인가? 어름인가?/光色(광색)이 일양(一樣)이라.
滿山(만산) 檜栢(회백)은/蒼翠(창취)가 爛漫(난만)ᄒ고,
躑躅(척촉) 杜鵑(두견)은/紅白(홍백)이 低仰(저앙)ᄒ니,
一時(일시) 風物(풍물)이/客興(객흥)을 도아낸다.
木橋(목교)롤 攀緣(반연)ᄒ야/佛頂臺(불정대) 올라 보고,
短筇(단공)을 힘을 샴아/峻坂(준판)을 계유 ᄂ려
松林(송림) 窟中(굴중)의/쉬어 안저 指點(지점)ᄒ니,
造化翁(조화옹) 手段(수단)이/到處(도처)의 技巧(기교)ᄒ다.
圓通庵(원통암) 午飯(오반)ᄒ고,/孝養峙(효양치)롤 ᄯᅩ 너므며
以手(이수)로 撫膺(무응)ᄒ고,/步步(보보)의 休息(휴식)ᄒ니,
使人(사인) 凋朱顔(조주안)이/헛말이 아니로다.
眼目(안목)을 專爲ᄒ고,/脚力(각력)을 不計(불계)ᄒ니,
古人(고인)의 깁픈 癖(벽)이/내 ᄆᆞ음과 一般(일반)이다.
鉢淵寺(발연사) ᄇᆞ라보고,/瀑布庵(폭포암) ᄎᆞ자가니,
盤陀(반타) 大巖(대암)이/澗底(간저)의 펴엿ᄂᆞᆫ디,
一條(일조) 淸波(청파)ᄂᆞᆫ/瀑布水(폭포수) 되어셰라.
蓬萊島(봉래도) 刻(각)ᄒᆞᆫ 글字(자)/楊士彦(양사언)의 筆(필)이로다.
衣裳(의상)을 버셔 노코,/물셜의 드러 안저
汗垢(한구)를 다 시ᄉᆞ니,/我心(아심)이 淸兮(청혜)로다.
一點(일점) 塵念(진념)이/胸中(흉중)의 留滯(유체)ᄒ랴?
千秋(천추)에 浴沂氣像(욕기 기상)/이예셔 더홀런가?
시내를 조차 ᄂᆞ려/下瀑(하폭)을 다ᄃᆞᄅᆞ니,
水光(수광) 石色(석색)이/上局(상국)의셔 一倍(일배)로다.
鉢淵寺(발연사) 즁을 불러/ 馳瀑(치폭)을 구경(求景)ᄒ니,
赤身(적신) 渾脫(혼탈)ᄒ고,/돌홈의 箕坐(기좌)ᄒ야
水勢(수세)롤 홀리 ᄯᅡ라/번개 ᄀᆞ치 ᄂᆞ려가니,
非常(비상)타 이 奇觀(기관)을/뉘 처엄 시겨 낸고?

13. 明村金剛別曲(명촌금강별곡)

下流(하류)의 三層淵(삼층연)이/갈스록 新奇(신기)ᄒ다.
山僧(산승) 鉢盂形(발우형)이/이 아니 宛然(완연)ᄒ가?
新溪寺(신계사) 洞口(동구) 밧긔/막대 잡고 ᄇ라보니, 層巖(층암)
疊障(첩장)이/이 어인 形狀(형상)인고?
眼中(안중)의 依依(의의)ᄒ야/面分(면분)니 ᄀ쟝 닉다.
離別(이별)ᄒᆫ 內金剛(내금강)을/예 와 볼 줄 혜여시랴?
淸溪(청계)를 幾渡(기도)ᄒ야/玉流洞(옥류동)을 드러간고?
반가온 萬瀑洞(만폭동)을/쏘 어더 보리로다.
夸夫(과부)로 運轉(운전)ᄒ가?/壑舟(학주)로 읾견는가?5)
雄偉(웅위)ᄒᆫ 形勢(형세)ᄂ/長短(장단)이 잇거니와
廣闊(광활)ᄒᆫ 規模(규모)ᄂ/이야 더 快活(쾌활)ᄒ다.
天地(천지)도 偏僻(편벽)ᄒ고,/造物(조물)도 多事(다사)홀샤.
萬瀑洞(만폭동) 玉流洞(옥류동)을/內外(내외)에 홈끠 내니,
遊客(유객)의 題品(제품)이/前後(전후)의 紛紜(분운)ᄒ다.
九龍(구룡)소(沼) 上下淵(상하연)은/쏘 어이 幷設(병설)ᄒ고?
雄壯(웅장)도 雄壯(웅장)ᄒ고,/危險(위험)도 危險(위험)ᄒ다.
蜿蜒(완연) 神物(신물)이/淵中(연중)의 줌겨시니,
내 萬一(만일) 變化(변화)ᄒ야/德施(덕시)를 너비 ᄒ고,
數千里(수천리) 東方(동방)의/雨順風調(우순 풍조)ᄒ게 ᄒ면,
人民(인민)의 崇奉(숭봉)홈이/東南海神(동남 해신) 홀로 ᄒ랴?
엇디타 乾二爻(건이효)를/取象(취상)치 아니ᄒ고,
無浪(무랑)ᄒᆫ 遊山客(유산객)의/指點(지점)만 ᄒ이ᄂ다.
頷下(함하)의 明月珠(명월주)를/날 ᄒ나식 논화 주어
筆頭(필두) 波瀾(파란)의/珠玉(주옥)을 픔게 ᄒ럄.
逸興(일흥)은 無窮(무궁)ᄒ고,/夕陽(석양)은 빗겨세라.

---

5) 原文에 "읾견는가"는 "옮겼는가"의 뜻임.

靑山裏(청산리) 水聲中(수성중)의/밧비 거러 ᄂ려 와셔
玉洞(옥동)을 하직(下直)ᄒ고,/三日浦(삼일포)로 도라셔니,
東海(동해)ᄂ 앏퓌 잇고,/金剛(금강)은 뒤희 잇다.
僕夫(복부)룰 分付(분부)ᄒ야/征馬(정마)를 모지 마라.
一步(일보) 一回(일회)ᄒ니,/遲遲(지지)타 吾行(오행)이여!
溪聲(계성)을 못드르니,/漸漸(점점) 먼 줄 ᄭ칠로다.
白日(백일)은 無情(무정)ᄒ야/西嶺(서령)을 지나 가고,
烟霧(연무)ᄂ 무ᄉᆞᆷ 일로/屛顔(잔안)을 곰츠ᄂ다?
惜別(석별) 無限情(무한정)은/갈ᄉᆞ록 미쳐셰라.
뭇노라.溪神山靈(개신 산령)/내 懷抱(회포) 아ᄂᆞᆫ다?
宿債(숙채)룰 못다 갑고/新債(신채)룰 다시 지니,
自顧塵踪(자고 진종)이/淸分(청분) 젹은 탓시로다.
四仙亭(사선정) 後嶺(후령) 우희/도라셔셔 ᄇ라보니,
澗水(간수)ᄂ 東流(동류)ᄒ야/歸客(귀객)을 ᄯᆞ로ᄂ 듯
翠眉(취미)ᄂ 攢愁(찬수)ᄒ야/離恨(이한)을 ᄯ엿도다..
東南(동남)이 絶遠(절원)ᄒ야/終老約(종로약)을 못 미즈니,
文字(문자)로 記錄(기록)ᄒ고,/畫筆(화필)로 그려내여
常目在之(상목재지)ᄒ야/不忘資(불망자)를 삼으리라.
九郡(구군) 八景(팔경)을/歷路(역로)의 보아 가며,
다치 못ᄒ 나믄 興(흥)이/雪嶽山(설악산)을 ᄎᆞ자 가셔,
彷佛(방불)ᄒ 네 얼굴을/다시 보고 반길로다.
내 집이 靈巖(영암)이라./月出山(월출산) 아러로다.
小金剛(소금강) 名稱(명칭)이/善形容(선형용)ᄒ단 말이
이 아러 卜居(복거)ᄒ니,/네 顔面(안면)을 차리로다.6)
戀戀(연연)ᄒ 깁픈 情(정)을/片夢中(편몽중)의 부치리라.

---

6) 차리로다="찾으리로다"의 뜻인 듯함.

아마도 此生(차생) 未死前(미사전)의/다시 갈가 ᄒ노라.
<石版本『明村遺稿(명촌유고)』에서>

〈참　고〉

김성배, 「明村 朴淳愚의 金剛別曲」, 『无涯梁柱東博士華誕紀念論文集』, 東國大學校, 1963.

14. 耽羅別曲(탐라별곡)

정언유(鄭彥儒)

해제 이 작품은 윤석창(尹錫昌)에 의하여 학계에 처음 알려진 뒤에 학계의 주목을 받게 되었다. 내용은 지은이가 지금의 제주도에 목사(牧使)로 부임하여 관내를 순시하고 경험한 견문을 노래한 것이다.
　지은이 정언유(鄭彥儒 : 1687-1764)는 자를 임종(林宗)이라 하고, 호는 우헌(迂軒)이라고 하였다. 영해부사(寧海府使)를 지내고 영조 25년(1749)에 제주목사에 제수되어 2년을 근무하였다. 저서로 문집 『迂軒集(우헌집)』이 필사본으로 전한다.

耽羅(탐라) 녯 都邑(도읍)이/몇 千年(천년) 基業(기업)인고?
星主王子(성주 왕자) 지난 後(후)에/物換星移(물환성이) 오러로다.
城郭(성곽)이 곳쳐스니,/人民(인민)인들 녯 갓홀손가?
聖朝(성조)의 臣屬(신속)되미,/命吏(명리)를 보니시니,
한 조각 彈丸小島(탄환 소도)/大海(대해)에 쩌 잇난듸,
三邑(삼읍)을 分置(분치)ᄒ여/솟발갓치 버려시니,
山南(산남)은 兩縣(양현)이오./山北(산북)은 州城(주성)이라.
土地(토지)난 그 얼마며,/民物(민물)도 壯大(장대)하다.
營門(영문)을 陞設(승설)하고,/名位(명위)를 重(중)히 하야
節制使(절제사) 兼防禦(겸방어)로/一島(일도)를 彈壓(탄압)이라.
寧海(영해)에 차던 印綬(인수)/시 使君(사군)께 傳掌(전장)하고,

14. 耽羅別曲(탐라별곡)

行李(행리)를 收拾(수습)하여/嶺湖(영호)로 도라와셔
諭書(유서)를 압셔오고,/重溟(중명)을 겨우 건너
禾北鎭(화북진) 下碇(하정)하여/東城門(동성문) 도라 드니,
閭閻(여염)이 雜錯(잡착)한데,/四隅(사우)에 石牆(석장)이오.
街路(가로)가 廣平(광평)한데,/兩行(양항)에 楊柳(양류)로세.
左右(좌우)를 둘너 보니,/壯麗(장려)할손,公廨(공해)로다.
觀德亭(관덕정) 넙히 안져/壯士(장사)의 禮貌(예모) 밧고,
殿碑(전비)에 肅拜(숙배)하며,/斧鉞(부월)을 손에 쥐니,
公然(공연)한 白面書生(백면서생)/大將(대장)의 威儀(위의)로다.
延曦閣(연희각) 잠간 쉬여/巡歷(순력)길 밧비 나셔,
海方(해방)도 둘너 보며,/風俗(풍속)도 살펴보니,
어엽불스! 우리 百姓(백성)!/무삼 일노 偏苦(편고)하여
衣食(의식)이 艱窘(간군)하나,/興味(흥미)가 잇슬손가?
八陽足踏(팔양족답) 겨우 하야/薄田(박전)을 耕作(경작)하니,
자른 허믜 젹은 보십/辛苦(신고)히 매갓구어,
五六月(오뉴월) 盡力(진력)하며,/西城(서성)을 바라더니,
造物(조물)이 忌極(기극)하고,/天時(천시)도 그릇되여,
惡風(악풍)과 甚(심)한 霖雨(임우)/히히마다 孔極(공극)하니,
田畝(전무)를 도라오면/兵馬(병마)로 짓발분 듯
各穀(각곡)을 둘너 보면,/鐵鞭(철편)으로 줏첫난 듯,
남은 이삭 쥬어 니니/븬 셥풀 뿐이로다.
무엇으로 公債(공채) 갑고,/엇지 구러 살어 갈고?
거리거리 모단 飢民(기민)/駕轎(가교) 잡고 일는 말이,
셜러울산 우리 性命(성명)/나라헤 달녓스니,
流民圖(유민도) 윙겨다가/人君(인군)이 기신 디 알와고져.
가죽옷 풀 戰笠(전립)이이 무산 衣冠(의관)인고?
모밀밥 橡實粥(상실죽)이/그 무산 飮食(음식)일고?

歲歲(세세)에 國恩(국은) 입어/羅鋪移轉(나포 이전) 虛費(허비)하니,
請粟(청속)도 낫치 업고,/生計(생계)도 茫然(망연)하다.
牧子一族(목자 일족) 鮑作(포작) 구실,/이에셔 더셜우며,
船格(선격)의 貿易(무역) 무리/그 안이 難堪(난감)한가?
滄溟(창명)이 限隔(한격)하고,/邦禁(방금)이 嚴截(엄절)하니,
살 곳에 못가기난/屹干山(흘간산)언 시갓도다.
슬푸다! 너의 艱苦(간고)/뇌 어이 모르리오?
힘더로 救濟(구제)키난/官長(관장)에게 미엿스나,
견더여 지너기난/네 마음에 달엿시니,
글억사록 惕念(척념)하야/常(상)히 心性(심성) 保全(보전)하야
天恩(천은)을 닛지 말고,/父子兄弟(부자 형제) 相愛(상애)ᄒ면,
玉皇(옥황)이 구버 보셔/福祿(복록)을 쥬시나니,
窮困(궁곤)을 恨(한)치 말고,/네 道理(도리) 盡心(진심)하면,
其中(기중)에 榮華(영화) 잇셔/貧賤(빈천)을 버셔나니,
녯 時節(시절) 도라보면,/그 안이 알 일인가?
三聖山(삼성산) 소사난 後(후)/民俗(민속)이 純和(순화)하니,
歲事(세사)도 豊登(풍등)하고,/人畜(인축)도 蕃盛(번성)하여
집집이 橘林(귤림)이오./곳곳이 駿馬(준마)러라.
御乘(어승)도 예셔 나고,/祭牛(제우)도 예셔 나니,
國畜(국축)도 盛(성)커니와/私屯(사둔)인덜 적을손가?
飛龍(비룡) 갓혼 宛馬種(완마종)은/各牧場(각목장)에 가득하고,
黃金(황금) 갓흔 洞庭橘(동정귤)은/公私園(공사원)에 향(香)너 난다.
和平(화평)한 別天地(별천지)를/前古(전고)에 일너스니,
조혼 써 그 世界(세계)에/너희처럼 셔러ᄒ랴?
하물며 漢拏山(한라산)은/天下(천하)에 일홈 잇셔.
瀛州(영주)가 쏘 奇異(기이)함이/三神山의 하나이며,
老人星(노인성) 발근 光彩(광채)/壽域(수역)을 여러 노코,

14. 耽羅別曲(탐라별곡)

金剛草(금강초) 푸른 빗치/白髮(백발)을 검게 하니,
녯날의 秦皇漢武(진황한무)/못보아 遺恨(유한)이라.
너희난 仙分(선분) 조하/이곳에 生長(생장)하여
瀛室(영실)을 겻헤 두고,/白鹿潭(백록담)[1) 우헤 안져
流霞觴(유하상) 가득 부어/老仙(노선)과 酬酌(수작)하니,
烟火食(연화식) 不關(불관)커든/달은 念慮(염려) 잇슬손가?
닷툴 것이 무엇이며,/求(구)할 것이 무엇시니?
놉흔 峰(봉) 올너 셔셔/塵土(진토)를 구버 보면,
큰 바다 잔만하여/世上(세상)이 春夢(춘몽)이라.
그 가운디 잇난 사람/營爲(영위)하기 可笑(가소)로다.
山房(산방)을 볼작시면,/븬 절만 基址(기지) 잇고,
土城(토성)을 살펴보면,/녯 陣(진)터 앗셔시니,
萬事(만사)를 혜아리면,/뉘 아니 헛되리요?
金方慶(김방경)[2)]崔瑩將軍(최영장군)[3)]/왓던 踪跡(종적) 그 뉘 알며,
李景文(이경문) 三別抄(삼별초)난/叛亂(반란)만 지여 잇네.
九鎭(구진)이 버려 잇셔/防守(방수)를 申飭(신칙)하미,
兵器(병기)도 精巧(정교)하고,/武士(무사)도 壯健(장건)하니,
異國(이국)이 여엇본딜/나라 못 거너리라.
軍餉(군향)도 업건만은/天塹(천참)이 밋부도다.
閑漫(한만)한 營中公事(영중 공사)/開閉門(개폐문)쑨이로다.
차라히 막디 잡고,/勝地(승지)나 遊賞(유상)하러
翠屛潭(취병담) 題名(제명)하고,/登靈區(등령구) 차자가셔

---

1) 白鹿潭=지금의 제주도 한라산 정상에 있는 못이름.
2) 金方慶=고려 후기의 명장. 삼별초(三別草)의 난을 평정하는 중에 제주도에 온 일이 있음.
3) 崔瑩將軍=고려말의 명장. 고려의 남해안을 노략질하는 왜구(倭寇)를 토멸하기 위하여 제주에 와서 큰 전과를 올렸음.

流觴曲水(유상곡수) 노리하며,/追雉(추치) 산양 시작하네.
妓女(기녀)의 歌管(가관)소래/仙樂(선악)과 和答(화답)하미,
天風(천풍)에 놀는 笙鶴(생학)/半空(반공)에 나리오니,
世緣(세연)을 다 썰치고,/胸海(흉해)을 더 널뛰미,
赤松子(적송자) 安期生(안기생)을/거의 셔로 만날너니,
王事(왕사)을 못 닛져셔/驅點(구점)을 시쟉(始作)이라.
十二場(십이장) 차례 지여/往來(왕래)하며 보살퍼니,
무리무리 모단 말이/구룸인가? 비단인가?
壯觀(장관)이 어더하기는/山馬點烙(산마 점락)이로다.
木柵(목책)을 구지 겻고,/一時(일시)에 모라내니,
나난 듯 쒸노난 듯.巖谷(암곡)이며 林藪(임수)로다.
북소래 旗幟(기치) 빗헤/山獸(산수)조차 너다라니,
豪健(호건)한 모단 將校(장교)/닷토와 재죠 뵌다.
獐鹿(장록)도 만커니와/武勇(무용)도 壯(장)하도다.
一場(일장)에 勝(승)흔 로옴/보기도 조커니와
民情(민정)을 히알리니,/心膽(심담)이 아득하여
悄悄(초초)히 도러와셔/臥仙閣(와선각)의 비겨드니,
無端(무단)한 찬비발암/橘園(귤원)에셔 이러나네.
試驗(시험)으로 자든 꿈을/놀나 쌔여 일어나셔
望京樓(망경루) 넙흔 欄干(난간)/의지(依支)하여 멀이 보니,
바다빗 아득한대,/長安(장안)이 머럿세라.
瓊樓玉宇(경루 옥우) 縹渺(표묘)한 곳/우리 인군 치우신가?
孤身(고신)의 숨은 근심/到處(도처)에 밋첫시니,
어나 쩌 順風(순풍) 만나/險海(험해)를 利涉(이섭)하여
이곳에 物情民憂(물정 민우)/細細(세세)히 알외고져.
默默(묵묵)히 혼자 안져/百(백)가지로 思量(사량)하니,

슐이나 盡醉(진취)하여/한 쌔나 이즈리라.
一盃一盃(일배일배) 復一盃(부일배)을/無盡無盡(무진무진) 먹어스니,
睡鄕(수향)인 듯 醉鄕(취향)인 듯/客懷世慮(객회 세려) 有無間(유무간)에
바람길 畵角聲(화각성)이/玉簫仙(옥소선)을 接(접)하난 듯
恍惚(황홀)한 이 내 몸이/華胥天(화서천)에 와 잇넌가?
塵客(진객)인가? 仙官(선관)인가?/거 뉘라셔 分辨(분변)하리?
어와! 이렁저렁 지내니,/萬斛(만곡) 실음 다 푸러바리거라.
<필사본 『迂軒集(우헌집)』에서>

〈참 고〉

尹錫昌, 「耽羅別曲 硏究」, 『명지어문학』14, 명지대학교, 1982.
耽羅文化硏究所, 「耽羅別曲解題」, 『耽羅文化』12, 제주대학교, 1992.

15. 丹山別曲(단산별곡)

신광수(申光洙)

해제 이 작품은 필사본 두루말이에 적혀 있는 것인데, 김일근(金一根)에 의하여 처음 학계에 보고된 기행가사이다. 내용은 지은이가 단양군수(丹陽郡守)로 부임하여 관내를 돌아보고 그 느낌을 노래한 것이다. 이 작품에는 지은이가 회우재(會友齋)로 되어 있는데, 이를 처음 소개한 김일근은 신광수(申光洙)가 영월부사로 부임한 해인 영조 28년(1752) 가을에 단양을 여행하고 지은 것으로 추정하였다. 필자는 일단 이 주장을 여기서는 따르지만, 앞으로 재검토의 여지가 있다고 본다.

현재 지은이로 인정되고 있는 신광수(申光洙 : 1712-1775)의 자는 성연(聖淵)이고, 호는 석북(石北) 또는 오악산인(五嶽山人)이라고 하였다. 벼슬은 승지(承旨)에 이르렀고, 시·서·화를 두루 잘하였다. 저서로 『石北集(석북집)』이 전한다.

人生至樂(인생지락) 혀여 보니/山水(산수)밧긔 또 잇눈가?
烟霞(연하) 痼疾(고질)이오/泉石(천석) 膏肓(고황)이라.
淸福(청복)이 잇돗던지/聖恩(성은)이 至極(지극)ᄒ샤,
領運使(영운사) 湖南(호남)비의/海山風景(해산 풍경) 다흔 후(後)에
碧水(벽수) 丹山(단산)의/墨綏(묵수)를 빌니시니,
景槪(경개)도 죠커니와/水土(수토)도 淸凉(청량)ᄒ다.
瘴海烟波(장해 연파) 드온 病(병)을/이 아니 ᄢᅥ셔 볼가?

15. 丹山別曲(단산별곡)

少年(소년) 行樂時(행락시)의/꿈갓치 보아더니,
五馬(오마)로 다시 오니/옛길이 依稀(의희)ᄒ다.
長淮村(장회촌) 도라 드니/彩雲峰(채운봉)이 반기는 듯
구름 속 쑤린 비는/그 아니 神女(신녀)런가?
石谿(석계) 빗긴 곳의/肩輿(견여)를 가라 메니,
巫峽(무협) 猿聲(원성)은/兩岸(양안)의 들니는 듯,
鳥道(조도) 三千(삼천)은/劒閣(검각)을 지니는 듯,
松亭(송정)벌 너머드러/官府(관부)를 바라보니,
羽化橋(우화교) 무지개는/銀河水(은하수)을 쎄첫는 듯,
二樂樓(이락루)風樓亭(풍루정)은/神仙(신선)의 居處(거처)로다.
三淸(삼청) 福德地(복덕지)/이곳이 아니런가?
吏隱堂(이은당) 맑은 뜰희/나리나니 鳥雀(조작)이라.
簿牒(부첩)이 閑暇(한가)ᄒ고/楓菊(풍국)이 爛漫(난만)ᄒᆯ 졔
仙遊洞(선유동) 집흔 막대/下仙巖(하선암)의 슈엿시니,
層層(층층)히 노힌 盤石(반석)/座榻(좌탑)이 졀노 되고,
구븨구븨 맑은 물은/술잔(盞)을 씌웟셔라.
空中(공중)의 쓰러진 돌/뉘라셔 괴왓는고?
瑤池(요지) 蟠桃(반도)를/玉盤(옥반)의 다만는 듯
石鼎(석정)의 밥을 닉혀/둘너 안져 먹은 후(後)에
中仙巖(중선암) 드러가니/水石(수석)이 擾亂(요란)ᄒ다.
雙龍瀑(쌍룡폭) 뿜는 소래/白日(백일)에 雷霆(뇌정)이라.
絶壁(절벽) 層臺(층대)는/鬼斧(귀부)로 짜가 노코,
秋水(추수) 寒潭(한담)은/鏡面(경면)을 닷가시니,
雲影(운영) 天光(천광)이/上下(상하)의 어릐엿다.
靈源(영원)을 츠즈리라./上仙巖(상선암) 올나가니,
臥龍巖(와룡암) 누은 瀑布(폭포)/鱗甲(인갑)을 썰첫는 듯
擎天壁(경천벽) 노픈 돌은/뉘 손으로 밧첫는가?

守一庵(수일암) 더 새여셔/雲巖村(운암촌) 다드르니,
禹舍人(우사인)¹⁾ 노던 바회/九疊雲屛(구첩 운병) 여러셔라.
女媧氏(여와씨) 保天石(보천석)을/괴이 싸가 괴얏는가?
阿彌陀佛(아미타불) 千年工夫(천년 공부)/百層塔(백층탑)을 무엇는가?
石面(석면)의 그린 바독/四皓(사호)를 거의 볼 듯
시내물 새이 두고/四仙臺(사선대)도 絶勝(절승)ᄒ다.
외나무 다리 건너/水雲亭(수운정) 올나가니,
奇巖(기암) 古木(고목)의/曲欄(곡란)이 瀟洒(소쇄)ᄒ대,
碧玉(벽옥)갓튼 촌 물결이/巴字形(파자형) 둘너 잇셔
竹嶺山(죽령산) 달 쓴 후(後)의/萬片金(만편금) 뛰노는 듯
濁酒(탁주)를 半醉(반취)ᄒ고/七絃琴(칠현금) 집헛시니,
世間(세간) 榮辱(영욕)이/太空(태공)의 浮雲(부운)이라.
上津(상진)의 돗츨 다라/島潭(도담)의 沿洞(연동)ᄒ니,
六鰲背(육오배) 三神山(삼신산)이/어느 희여 써 왓던고?
靑天(청천) 半落(반락)ᄒ니/鷺州(노주)의 二山(이산)이오.
中流(중류) 不頹(불퇴)ᄒ니/東海(동해)의 砥柱(지주)로다.
凌瀛臺(능영대) 발근 달의/玉笛(옥적)을 쯰엿시니,
猴山(후산) 笙鶴(생학)이/半空(반공)의 나리는 듯
醉眼(취안) 잠간 드러/石門(석문)을 바라보니,
놀납다! 져 峰巒(봉만)은/어이ᄒ여 쭐녓는고?
龍門山(용문산) ᄯᅳ린 도치/水門(수문)을 내엿는가?
巨靈(거령)의 큰 손바닥/山窓(산창)을 밀쳣는가?
萬古(만고)의 洞開(동개)ᄒ여/다들 줄 몰낫도다.
仙人畓(선인답) 열 두바미/瑤草(요초)를 싱겻던가?
仙人(선인)은 어듸 가고/들엉만 나마시니,

---

1) 禹舍人=고려말 사인 벼슬을 지낸 역동(易東) 우탁(禹倬: 1263-1343).

우리 百姓(백성) 勸耕(권경)ᄒ여/壽城(수성)의 올니고져.
滿江風浪(만강풍랑) 치는 곳의/隱舟巖(은주암) 奇妙(기묘)홀샤.
一葉漁艇(일엽 어정) 드러가면/處士蹤跡(처사 종적)긔뉘 알니?
八判洞(팔판동) 기픈 곳을/武陵(무릉)이라 ᄒ건마는
人居(인거)는 몃낫친지/白雲(백운)만 줌겻셔라.
下津(하진)의 배를 나려/丹巖書院(단암서원) 瞻拜(첨배)ᄒ니,
至今(지금)의 씨친 德化(덕화)/山水間(산수간)의 홀너 잇다.
石柱灘(석주탄) 밧비 건너/降仙臺(강선대) 올나 셔니,
兩腋(양액) 淸風(청풍)이/飄然(표연)이 輕擧(경거)홀 듯
可憐(가련)홀샤! 杜香魂(두향혼)은/무쳔느니 여긔로다.
勝地(승지)의 留名(유명)은/兒女子(아녀자)도 願(원)이런가?
夕陽(석양)의 順流(순류)ᄒ여/龜潭(귀담)으로 나려가니,
蒼壁(창벽)은 揷天(삽천)ᄒ고/綠水(녹수)는 滿地(만지)ᄒ대,
前後(전후) 峰巒(봉만)이/面面(면면)이 마즈나니,
살살이 펴인 붓치/疊疊(첩첩)이 도는 屛風(병풍)
諸佛(제불)이 拱立(공립)ᄒ 듯/衆山(중산)이 나 니는 듯,
이리 져리 뵈는 거동/擧動(거동)/恍惚(황홀)도 ᄒ져이고.
돌노 싱긴 져 거북은/名區(명구)를 직히는가?
五老峰(오로봉) 眞面目(진면목)은/芙蓉(부용)이 소사는 듯
壺天臺(호천대) 올나 안자/全體(전체)를 嶺略(영략)ᄒ고,
蒼霞亭(창하정) 잔/盞(잔)을 드러/風烟(풍연)을 戲弄(희롱)타가
忽然(홀연)니 도라보니/이 몸이 登仙(등선)홀 듯,
逸興(일흥)을 가득 시러/ᄒ 구븨 홀니 도니,
마죠 오는 玉筍峰(옥순봉)이/쏘다시 神奇(신기)이ᄒ다.
天柱(천주)는 突兀(돌올)ᄒ여/北極(북극)을 괴왓는 듯
碧玉(벽옥) 琅玕(낭간)이/낫낫치 버러시니,
이 쩔기 열매 열면/鳳凰(봉황)이 먹으리라.

丹邱洞門(단구동문) 삭인 글즈/先賢(선현)의 筆跡(필적)이라.
仙府(선부)을 重(중)히 녁여/境界(경계)를 졍ᄒ신가?
靈區(영구)의 소요(逍遙(소요)ᄒ니/古今(고금)의 뉘시런고?
九曲灘(구곡탄) 노리ᄒ여/朱夫子(주부자)를 思慕(사모)ᄒ며,
東山(동산)의 携妓(휴기)ᄒ니/謝安石(사안석)의 風流(풍류)런가?
赤壁(적벽)의 泛舟(범주)ᄒ니/蘇子瞻(소자첨)의 樂(낙)이로다.
봄노름 가을 興(흥)과/雪景(설경)을 죠츠ᄒ고,
梅軒(매헌)의 놉피 누어/名勝(명승)을 손곱다가
閃遽(섬거)이 춤을 드니/丹邱生(단구생)을 꿈의 만나
엇개를 훔긔 겨러/즐거이 노니다가
五庚(오경) 츤 셔리에/胡蝶(호접)이 도라오니,
滿窓(만창) 松月(송월)의/鶴唳聲(학려성) 뿐이러라.

<필사본에서>

〈참 고〉

金一根,「申會友齋作·'丹山別曲'의 作者考」,『京畿語文學』7집, 서울:경기대학교, 1986.

16. 北竄歌(북찬가)

이광명(李匡明)

해제 이 작품은 정기호(鄭琦鎬)에 의하여 학계에 처음 보고되어 유배가사 작품으로 주목 받게 된 것이다. 이 작품은 『贈參議公謫所詩歌(증참의공적소시가)』라는 가집에 실려 있는 것으로 이 책은 현재 국립 국사편찬위원회에 소장되어 있다. 내용은 큰아버지인 이진유(李眞儒)가 영조 등극을 반대한 김일경(金一鏡)의 무리로 연좌되어 이미 옥사한 뒤의 추시(追施)에 연좌되어 벼슬살이도 하지 않고 강화섬에서 은거하고 있다가 55세 때인 영조 31년(1755)에 함경도 갑산(甲山)으로 유배되어 그 억울함과 자기의 외로움과 홀로 수절하며 자기를 길러 주신 노모에 대한 효성심과 유배지에서의 견문들을 노래한 것이다.

지은이 이광명(李匡明 : 1701-1778)은 진위(眞偉)의 외아들로 태어나 10세 때에 아버지를 여의고, 강화도에서 어머니 송씨에게 글을 배워 하곡(霞谷) 정제두(鄭齊斗 : 1649-1736)의 문하에 들어가 그의 손자 사위가 되어 조선 양명학파(陽明學派)의 태반(胎盤)인 강화학파의 뿌리가 되었다. 지은이는 갑산의 배소에서 23년간을 살다가 78세로 졸하였다. 조선 후기 실학에 많은 영향을 주었던 강화학파의 이거창(李建昌)·건승(建昇)은 그의 5세손들이다.

가련(可憐)타 묘여일신(藐如一身)[1]/텬지간(天地間)뉘비흘고?

---
1) 묘여일신=너무 작아서 보잘 것이 없는 이 한 몸.

십세(十歲)에 조고(早孤)2)ᄒ니,/엄안(嚴顔)3)을 안다 홀가?
일싱(一生)을 영폐(永廢)ᄒ니,/군문(君門)조차 ᄇ라볼가?
친쳑(親戚)이 다 불이니,/붕우(朋友)야 니롤쏘냐?
셰군(細君)4)조차 포병(抱病)5)ᄒ니,/싱산(生産)도 머흘시고.
형뎨(兄弟)는 본디 업고,/계ᄌ(繼子)롤 ᄆ자 일헤
오륜(五倫)의 버셔나니,/팔ᄌ(八字)도 궁독(窮獨)6)홀샤.
편친(偏親)만 의지(依支)ᄒ여/지낙(至樂)이 이쑌이라.
고ᄋ(考兒)의 두린 ᄆᄋᆷ,/넘쩔 둣 다칠 둣
과환(科宦)도 뜻이 업서/셰망(世網)을 피(避)ᄒ리라.
경낙(京洛)ᄀ치 번화지(繁華地)롤/젼성시(全盛時)의 하딕(下直)ᄒ고,
ᄒ곡(海曲)으로 깁히 들어,/암혈(巖穴)에 곰최이니,
경화긱(京華客) 못 맛나니,/인간 시비(人間是非) 내 아던가?
지친(至親)을 일우거냐?/복지(福地)가 여긔로다.
슉수(菽水)롤 못 니워도/슬하(膝下)의 댱시(長侍)ᄒ여
ᄌ훈(慈訓)을 엄사(嚴師) 삼아/삼쳔교(三遷敎)롤 ᄇ라보고,
아들 노릇 ᄯᆞᆯ 노릇/유ᄋ희(乳兒戲)롤 일삼으며,
친년(親年)이 졈고(漸高)ᄒ니/원유(遠遊)를 의ᄉ(意思)홀가?
졀ᄉ(節祀)길도 못 둣닐 제,/지뎡(至情)이 결연(缺然)홀샤.
집 뒤혜 텬장(遷葬)ᄒ고,/됴셕(朝夕)의 쳠비(瞻拜)ᄒ니,
양싱(養生)이며 ᄉ망(事亡)ᄒ매,/졍녜(情禮)롤 거의 펼 둣
닙신 편양(立身便養) 못ᄒ거니,/힘대로나 밧들니라.
후ᄉ(後嗣)도 쳐냥(悽涼)ᄒ니,/내몸ᄶᅡ장 다ᄒ오려

---

2) 조고=어린 나이에 아버지를 여윔.
3) 엄안=아버지의 얼굴.
4) 세군=한문 편지에서 자기의 아내를 이르는 말.
5) 포병=병 들어 앓고 있음.
6) 궁독=더할 수 없이 외로움.

16. 北竄歌(북찬가)

천만(千萬) 근심 다 브리고,/여싱(餘生)을 즐기더니,
경심(驚心)타! 지어앙(池魚殃)에/묵은 불 닐어나니,
삼십여년(三十餘年) 눅힌 은전(恩典)/오늘날에 쏘 면(免)홀가?
향옥(鄕獄)에 즈취(自就)ㅎ여/쳐분(處分)을 기드일시.
빅일(白日)에 벽녁(霹靂) 느려/눈 우희 서리 치니,
눈섭에 쎠러진 익(厄)/독의 든둘 피(避)홀년가?
일신(一身)의 화복(禍福)이야/피창(彼蒼)만 미더신둘
외로울슨 우리 편모(偏母)/눌노 ㅎ여 위안(慰安)홀고?
일월(日月)이 고명(高明)ㅎ샤/옥석(玉石)을 굴희시니,
특지(特旨)의 혼 말숨이/즈명(自鳴)혼둘 더홀쏘냐?
죽은 남기 봄을 만나/므 른 쎠희 술 도치니,
남찬(南竄)혼 북적(北謫)혼둘/죄(罪)가 아냐 영광(榮光)일시.
투저(投杼)ㅎ던 남은 경혼(驚魂)/의녀(倚閭)ㅎ고 감읍(感泣)ㅎ네.
이 군은(君恩) 이 천행(天幸)은/결초(結草)혼둘 다 갑홀가?
소미(素昧)에 강도상(江都相)도/법(法) 밧긔는 측은(惻隱)커놀
지친(至親)의 판금오(判金吾)는/내 언제 져브린가?
불모지(不毛地) 춧고 추자/극북(極北)에 더지이니,
북당(北堂)의 미츤 말이/놀나온 둣 다힝(多幸)혼 둣
험딘(險津)을 혜지 말고,/듀야(晝夜)로 둘녀 와셔
ㅎㄹ밤 ㅎㄹ 나즐/손 잡고 작벽(作別)홀시,
뉵십쇠년(六十衰年) 빅발옹(白髮翁)이/팔질병친(八耋病親) 쩌나올 제
수천니(數千里) 혼(限) 업슨 길/다시 보기 긔약(期約)홀가?
이 내 정경(情境) 이 내 니별(離別)/고금(古今)의 듯도 못희.
일식(日色)도 참담(慘憺)커든/텰셕(鐵石)인둘 견딜손가
친의(親意)를 진정(鎭定)ㅎ려/모진 ᄆ음 둘너먹고
셜운간댱(肝腸) 설이담아/눈물을 춤고춤아
하딕(下直)ㅎ고 문(門)을 나니/가슴이 터지거다

팔쳑댱신(八尺長身) 셜잉구여/반부담(半負擔)의 실녀시니
챵능참(昌陵站) 수십리(數十里)의/송츄(松楸)롤 디나갈싀
조훈(祖訓)을 듯줍눈둣/ᄋ혼(兒魂)이 ᄯ로눈둣
지원(至冤)ᄒ 싸힌회포(懷抱)/통곡(痛哭)ᄒ둘 플닐소냐
엄견(嚴譴)이 유흔(有限)ᄒ니/경극(頃刻)인돌 엄뉴(淹留)홀가
부용몰 채쳐몰아/십젼구돈(十顚九頓) 면(免)홀소냐
양쥬(楊州)라 노던ᄯᅡ히/구안면(舊顔面)이 다피(避)ᄒ고
쳥화현(淸化縣) 낫제들어/쥬인(主人)도 됴타마ᄂ
힝식(行色)이 볼디업서/간곳마다 곤욕(困辱)이라
자고새아 가고가니/뒤길은 날날 머니
보리비탈 삼일우(三日雨)에/졍삼(征衫)을 다젹시고
고산녕(高山嶺) 계유올나/경국(京國)을 굽어보니
부운(浮雲)이 폐식(蔽塞)ᄒ여/남북(南北)을 못ᄀᆯ횔다
냥쳔ᄉ(梁泉寺) ᄎ자들어/ᄉ싱(死生)을 묵도(默禱)ᄒ고
젼졍(前定)을 졈검ᄒ니/신셰(身世)도 곤익(困厄)ᄒ다
쳥운샹(靑雲上) 녯벗이야/ᄉ거(使車)로 돌녀신돌
탈(頉)업슨 초원긱(草原客)은/져ᄂ조차 도피(逃避)ᄒ니
말못ᄒᄂ 강산(江山)의둘/이경싁(景色)의 눈을들가
낙민누(樂民樓) 만셰교(萬歲橋)롤/ᄭᅮᆷ결에 디나거다
관남관북(關南關北) 갈닌길흘/단쳔(端川)으로 내여노코
쳥히영(靑海營) 물을쉬워/부녕젹힝(富寧謫行) 히후(邂逅)ᄒ예
길쥬명쳔(吉州明川) 어드메오/경뢰샹망(瓊雷相望) 머도멀샤
안변참보(安邊慘報) 경통(驚痛)ᄒ다/도쳥도셜(道聽道說) ᄭᅮᆷ이과져
녕남극변(嶺南極邊) 제도가니(諸道間에)/삼분오녈(三分五裂) 수졀(愁切)홀샤.
궁황졀막(窮荒絶漠) 일됴노(一條路)에/ᄎ신고혈(此身孤子) 더욱 셥다.
후치매덕(厚峙賣德) 무인지(無人地)롤/구뷔구뷔 쉬여 넘어

16. 北竄歌(북찬가)

능귀촌(能歸村) 더위잡아/호닌역(呼獜驛) 도라들어
빅두산(白頭山) 겻히 두고/녀진국(女眞國) 남은 터히
익가(益加)수플 헤쳐 내여/형극(荊棘)을 열어시니,
팔면부지(八面不知) 일향창(一鄕倀)과/셔식(棲息)을 의탁(依托)ᄒ고,
쳑동(尺僮)을 편지(片紙) 주어/친졍(親庭)의 도라갈시
가향(家鄕)은 한ᄀ이라/인즈니졍(人子離情) 아득ᄒ다
삭풍(朔風)은 들어치고/ᄉ산(四山)은 욱인골이
희믁은 얼음이오/조츄(早秋)의 눈이 오니.
빅초(百草)가 션녕(先零)커든/만곡(萬穀)이 될셰 업니.
귀보리밥 못니으며/니쌀이아 구경ᄒ가?
소최(蔬菜)도 주리거니/어육(魚肉)을 싱각ᄒ가?
가죽옷 과하(過夏)ᄒ니/포피(布被)로 어한(禦寒)엇지
마니사곡(摩尼沙谷) 별건곤(別乾坤)에/산진희착(山珍海錯) 어디 두고,
하외삼갑(夏外三甲) 호(虎)난 악지(惡地)/빅죵만물(百種萬物) 그리는고?
츄국낙영(秋菊落英)업슨 곳에/녕균(靈均)인돌 셕찬(夕餐)ᄒ가?
고듁두견(孤竹杜鵑) 못들으니/낙텬(樂天)이도 홀말업니.
미친 실음 플쟉시면/분닉곤고(分內困苦) 헌ᄉᄒ가?
토산(土産)의 박박쥬(薄薄酒)도/긔나마나 미매(賣買)ᄒ가
댱평산(長平山) 허쳔강(虛川江)에/유남(遊覽)에도 뜻이 업니.
민풍(民風)도 후(厚)타ᄒ되/웃거라도 아니온다
붓 덥고 흙닌 방(房)에/두문(杜門)ᄒ고 홀노 이셔,
승예(蠅蜹)는 폐창(蔽窓)ᄒ고/조갈(蚤蝎)은 만벽(滿壁)ᄒ듸
안즌 곳의 히디우고/누은 자리 밤을 새와
좀든 밧긔 한숨이오/한슌 뜻히 눈물일식.
밤밤마다 ᄭᅮᆷ이 뵈니/ᄭᅮᆷ을 둘너 샹시(常時)과져.
학발ᄌ안(鶴髮慈顔) 못보거든/안독셔신(雁足書信) 즈줄염은
기ᄃᆞ린들 동이 올가?/오노라면 돌이 넘니.

못본제는 기드리나/보니는 싀훤홀가?
노친쇼식(老親消息) 나모롤제/내쇼식(消息) 노친(老親)알가?
천산만슈(千山萬水) 막힌길희/일반고ᄉ(一般苦思) 뉘헤울고
문노라. 붉은돌아!/냥지(兩地)의 비최거뇨?
ᄯ로고져 ᄯ는 구롬/남텬(南天)으로 돗눈고야!
흐르는 내히 되여/집압희 둘넛고져!
ᄂ눈돗 새나 되어/창젼(窓前)의 가 노닐고져!
내 ᄆ옴 혜여ᄒ니/노친졍ᄉ(老親情事) 닐너 무슴.
여의(如意)⁷⁾일혼 뇽(龍)이오/치(鴟)⁸⁾업슨 비 아닌가?
츄풍(秋風)의 낙엽(落葉)곳히/어드메가 지박(止泊)홀고?
졔퇴(第宅)도 파산(破散)ᄒ고/친쇽(親屬)은 분찬ᄒ니,
도노(道路)의 방황(彷徨)ᄒᆞ둘/할 곳이 젼(全)혀 업니.
어ᄂ 째에 즘으시며/무스거술 잡습ᄂ고?
일졈으리(一點衣履)⁹⁾ 숨히더니/어ᄂ ᄌ손 디신(代身)홀고?
나 아니면 뉘 뫼시며/ᄌ모(慈母)밧긔 날 뉘 괼고?¹⁰⁾
눔외업슨 모ᄌ졍니(母子情理)/슈유샹니(須臾相離) 못ᄒ더니
조믈(造物)을 뮈이건가?/이대도록 쩨쳐 온고?
말노장신(末路藏身) 덜ᄒ던가?/셕일건앙(昔日愆殃) 못씨칠다.
텬명(天命)인가?가운(家運)인가?/뉘탓시라 원망(怨望)홀고?
가묘신알(家廟晨謁) 구폐(久廢)ᄒ고/구목슈호(丘木守護)홀 길업니.
ᄉ시가졀(四時佳節) 다 보내고/상여긔신(喪餘忌辰) 도라올 졔,
분향젼쟉(焚香奠酌) 못ᄒ올 일/싱니(生內)에 처음이라.
텬애고흔(天涯孤恨) 더져두고/친변경샹(親邊景像) 오즉 홀가?

---

7) 여의=여의주(如意珠)의 준말.
8) 치=배의 방향을 돌리는 기구(器具), 곧 키의 와음(訛音).
9) 일졈으리=한 벌뿐인 옷과 할 켤레뿐인 신발.
10) 괼고=사랑하여 주실까? 또는 생각하여 주실까?

마지 말아 륜낙(淪落)거든/형뎨(兄弟)나 두도던가?
형뎨(兄弟)가 동션(終鮮)커든/ᄌ셩(子姓)이나 니웟던가?
독신(獨身)이 무후(無後)ᄒ여/시측(侍側)에 의탁(依托)업시
무흔(無限)ᄒ 애만 쁴워/불효(不孝)도 막대(莫大)ᄒ다.
ᄌ탄신셰(自嘆身世) 홀일 업서/츌알오 닛쟈ᄒ되,
한(恨)을 삼긴 소ᄉ정(情)이/뭣뭣마다 절노 나니,
긴긴 낫 깁흔 밤의/쳔니샹ᄉ(千里相思) 한굴ᄀᆺ히.
ᄒᄅ도 열두 쌔오./흔돌도 셜흔 날에
날 보내고 둘 디내여/ᄒ마 거의 반년(半年)일시.
일어구러 히포되면/사나마나 무엇홀고?
고낙(苦樂)이 순환(循環)ᄒ니/어니 날에 도라갈고?
텬샹금계(天上金鷄) 울어녜면/우숨 웃고 이말 ᄒ리.
아마도
우리셩군(聖君)효니하(孝理下)의/명츈은경(明春恩慶) 미ᄎ쇼셔
<필사본『贈參議公謫所詩歌』에서>

〈참 고〉

鄭琦鎬,「李匡明의 謫所詩歌에 대하여」,『人文科學硏究』3, 인하대학교, 1977.

17. 北征歌(북정가)

이용(李溶)

해제 이 작품은 작자와 연대 미상의 필사본을 최강현(崔康賢)이 처음 학계에 소개하면서 그 지은이는 이용(李溶)이고 지어진 연대는 대략 영조 52년(1776)임을 고증하였다. 이 작품은 『適宜(적의)』라는 국립중앙도서관에 소장되어 있는 필사본에 실려 있다. 내용은 선비가 되려다가 무부(武夫)가 되어 관북지방을 돌아다니게 된 것을 한탄하면서 관북지방 여러 곳을 여행하고 얻은 견문을 노래하였다. 이 작품은 내용면으로 볼 때에는 "관북별곡"이라고 할 만한 작품이다.

지은이 이용은 전주이씨(全州李氏) 무안대군(撫安大君)의 후손으로, 농암(農巖) 김창협(金昌協 ; 1651-1708)의 사위인 일헌(逸軒) 유수기(兪受基 : 1691-1729)의 아들 언민(彦民 : 1709-1773)의 서사위이나,그의 정확한 생몰 연대는 알 수가 없다.

내 본디 悠悠者(유유자)로/百年(백년)을 放蕩(방탕)ᄒ려
風塵(풍진)에 썰친 막대 / 곳곳이 집퍼셰라.
山水(산수)에 다흔 눈이 / 塞外(새외)예 여단말가?
滔滔(도도)흔 놉흔 興(흥)이/千里志(천리지)를 즈아내니
長纓(장영)을 쳥(請)ᄒ리라./畵筆(화필)을 더져스라.
儒冠(유관)으로 밧곤 戎衣(융의)/그 무어시 快(쾌)ᄒ던다.
行裝(행장)을 點檢(점검)ᄒ니/遠遊篇(원유편)이 새로왜라.
다락院(원)의 믈을 먹여 / 梁文驛(양문역)에 쉬오고져.
淮陽(회양)이 어드메요? / 네 일홈을 ᄎᆞ자가니,

17. 北征歌(북정가)

三神山(삼신산)이 겨틔 잇다./魯連海(노련해)도 갓가올샤.
雪雲嶺(설운령)은 엇디ㅎ여/져대도록 놉닷말고?
길흘 녜여 올나가니,   / 고뷔고뷔 絶險(절험)ㅎ다.
머리 우희 瀑布(폭포)소리/萬山中(만산중)을 흔드는듯
머리 아릭 구롬덩이   / 一行人(일행인)을 밧드는듯
悠然(유연)이 우화(羽化)ㅎ여/半空中(반공중)의 소소 쓰니,
心神(심신)이 悅漾(황양)ㅎ여/놀납기도 그음업다.
놉거든 險(험)치 마라. / 險(험)커든 놉지마라.
白沙公(백사공)에 壯(장)탄 말이/맛초아 ᄎ틀시고.
高山(고산)을 지내모라 /釋王寺(석왕사) 바라보니,
古蹟(고적)은 하것마는 /宿緣(숙연)이 不足(부족)홀샤.
碧海水(벽해수)飜(번)듸쳐셔/閭閻(여염)을 둘너시니,
關北(관북)으로 오는 舡隻(강척)/到泊處(도박처)가 되어셰라.
水陸(수륙)에 生理(생리)됴키/원산창(元山倉)이 아닐넌가?
츠즈리라.先王舊蹟(선왕구적) /德源(덕원)으로 드러가니,
故老(고로)의 傳(전)ㅎ말이 / 熹微(희미)홈도 熹微ㅎ다.
龍興江(용흥강) 느린 줄기/黑石里(흑석리)롤 둘너시니,
周(주)나라 八百基業(팔백기업)/海東(해동)에 이ᄅ실샤.
萬歲橋(만세교) 놉흔드리 /十里(십리)에 거의로다.
樓閣(누각)이 葱籠(총롱)ㅎ니/樂民(낙민)이 아닐넌가?
本宮(본궁)에 兩株松(양주송)이/奇異(기이)홈도 奇異홀샤.
鬱鬱(울울)이 蒼蒼(창창)ㅎ여/殿角(전각)을 덥퍼잇고,
祥雲(상운)이 어린 고데   /民物(민물)이 安樂(안락)ㅎ니,
聖祖(성조)의 雨露澤(우로택)을/至今(지금)ᄭ지 보리로다.
咸關嶺(함관령)을 겨유 넘어/侍中臺(시중대)로 올은 말이
옛 將帥(장수)의 雄才大略(웅재대략)/어이그리 壯(장)돗던고?

女眞(여진)을 蕩掃(탕소)ᄒᆞ고/先春嶺(선춘령)의 碑(비)ᄅᆞᆯ 삭여
凱歌(개가)로 돌아올 제 /이 짜히 노랏도다.
靑海(청해)ᄅᆞᆯ 구버 보고 /居山驛(거산역)을 도라드니,
崩城敗壁(붕성패벽) 宛然(완연)ᄒᆞ야/至今(지금)에 流傳(유전)ᄒᆞ니,
肅愼氏(숙신씨) 故都(고도)을/몃千年이 지낫는고?
구름을 ᄀᆞ랏는 듯 /하늘을 ᄀᆞ랏는 듯
雪雲(설운)이야 咸關(함관)이야/오히려 놀낫거든
險(험)ᄒᆞ고 놉다ᄒᆞᆫ들 /이ᄀᆞᆺ투니 ᄯᅩ 잇는가?
城津(성진)은 關隘(관애)이오./吉州(길주)ᄂᆞᆫ 雄府(웅부)로다.
戰功(전공)을 무ᄅᆞ리라./臨溟(임명)이 어드메요?
殉國(순국)ᄒᆞ던 許家(허가)들은/一村(일촌)을 지어 잇고,
歸然(규연)흔 重峰廟(중봉묘)ᄂᆞᆫ/後人(후인)이 興感(흥감)ᄒᆞ니,
十里(십리)ᄅᆞᆯ 오른 언덕/忽然(홀연)이 수거드니,
蘇武(소무)의 깁흔 굴이/여긔야 올톳던가?
無限(무한)이 千百仞(천백인)을/짜 속으로 드러가니,
鬼物(귀물)이 森然(삼연)ᄒᆞ여/客(객)의 魂(혼)을 놀내거다.
今世(금세)에 이ᄅᆞᆯ 본 者(자)/뭇노라.몃몃치뇨?
안즌 바회 셧는 돌히/긔는 듯 ᄯᅱ노는 듯
形形色色(형형색색)奇異(기이)ᄒᆞ다/엇디ᄒᆞ면 보리런고?
안개 구름 어린 듕에 /海瘴(해장)조ᄎᆞ 섯바괴니,
男兒(남아)의 壯(장)흔 ᄯᅳ지/奮然(분연)이 썰처나셔
子長(자장)을 배홧더니,/從軍(종군)이 되어셰라.
七寶山(칠보산) 됴흔 景(경)이/눈 속의 熹微(희미)ᄒᆞ니,
會象臺(회상대) 金剛窟(금강굴)을/하마면 가리로다.
鏡城(경성)을 ᄇᆞ라보고/明川(명천)을 넘어ᄒᆞ니,
號令(호령)이 嚴肅(엄숙)흔데/威儀(위의)도 하도ᄒᆞᆯ샤.

17. 北征歌(북정가)

制勝堂(제승당) 너른뜰에/鼓角(고각)이 喧塡(훤전)ㅎ니,
肅曺(숙조) ㅈ튼 吏隷(이예)와/熊羆(웅비)ㅈ튼 士卒(사졸)이
整齊(정제)히 버린中(중)에/旌旗(정기)를 麾動(휘동)ㅎ니,
大丈夫(대장부)의 快훈 일을/긔아니 볼거이고?
元帥臺(원수대) 놉흔 터히/渤海(발해)를 구버보니,
漁浪(어랑)으로 가는 믈이/어드러셔 븬단 말고?
貿貿(무무)훈 荒裔之地(황예지지)/倫綱(윤강)을 아는 거슨
李副率(이부수)의 傳(전)훈 學行(학행)/蒙士(몽사)를 敎化(교화)ㅎ니
精淑(정숙)훈 山河之氣(산하지기)/一身(일신)에 모혓시니,
吾道(오도)의 廣大(광대)ㅎ믈/이에 와 알니로다.
길ᄀ히 몱은 시니 /가는 사람 머무로니,
屹然(흘연)훈 兄弟巖(형제암)이/天作(천작)으로 빠혀나셔
雙(쌍)으로 셧는 거동/雁序(안서)를 ᄎ렷시니,
伯夷叔齊(백이숙제) 놉흔 持操(지조)/節義(절의)를 잡앗ᄂᆞᆺ
蘇軾蘇轍(소식소철) 너른 文章(문장)/名望(명망)을 가졋ᄂᆞᆺ
ᄒᆞᆫ번 보면 드시 오니,/긔 아니 多情(다정)턴가?
茂山嶺(무산령)이 젹다마는/두 세번을 쉬여 넘어
十五里(십오리)를 버더시니/뉘라셔 쉽다턴고?
豆滿江(두만강) 흐른 고데/鴻溝(홍구)를 난화시니,
鰲山(오산)으로 地界(지계)삼아/눈알픠 막켜 잇고,
接賓館(접빈관)에 드는 거시/紅抹頭(홍말두) 言俙偐(언미려)라.
쟝ᄉᆞㅎᄂᆞᆫ 胡人(호인)들은/무숨 일노 온단 말고?
大宛馬(대완마)와 羊鼠皮(양서피)로/牛鹽(우염)을 交易(교역)ㅎ니,
寧塔(영탑)의 모화 두어/別區(별구)를 삼앗고야.
兩國(양국)이 交收(교수)ᄒᆞ려 /和親(화친)을 ᄒᆞ돗던가?
宋(송)나라 運盡(운진)홀 제/兩靑衣(양청의) 行酒(행주)ㅎ고,

五國城(오국성)의 주리단 말/드럿더니 보완지고.
江左(강좌)의 英雄(영웅)드리/됴흔 謀策(모책) 업돗던지
千萬代(천만대)예 붓그림을/씨서보기 어려웨라.
路傍에 누누(누누)ᄒᆞ미/皇帝塚(황제총)이 眞傳(진전)인가?
荒原衰草(황원쇠초) 너른들에/金棺玉匣(금관옥갑) 슬프도다.
胡山(호산)을 녑히 씨고/擧樑峴(거량현)을 넘어셔니,
鎭北樓(진북루) 빗난 丹雘(단확)/中天(중천)에 소사 잇고,
永嘯堂(영소당) 宏傑(굉걸)ᄒᆞᆫ 집/一營(일영)을 鎭定(진정)ᄒᆞ니,
녜붓터 移駐(이주)ᄒᆞ여/ 이 城(셩)을 직희돗다.
兵馬의 精强(정강)홈과 /元戎(원융)의 深謀遠慮(심모원려)
敵國(적국)이 저허ᄒᆞ니,/邊疆(변강)이 몱을시고.
沙漠(사막)에 王庭(왕정) 업기/몃百年(백년)이 지낫관ᄃᆡ
人民(인민)이 승화(乘化)ᄒᆞ여/淳俗(순속)이 되어ᄂᆞᆫ다?
鐘穩城(종온성) 넘어 드러/江邊(강변)으로 조ᄎᆞ가니,
胡塵(호진)이 咫尺(지척)이라./花草(화초)도 만흘시고.
春來(춘래)에 不似春(불사춘)이/녯글도 날 속여라.
妙(묘)홀시고.동당아!/징영홀손 立巖(입암)이
무ᄉᆞᆫ 일을 뭇ᄌᆞ오려/하ᄂᆞᆯ게 츄미럿ᄂᆞᆫ?
撫夷鎭(무이진) 나즌 城(셩)의/防卒(방졸)이 數十(수십)이라.
關隘(관애)을 防禦(방어)ᄒᆞ미/疎迂(소우)홈도 疎迂(소우)ᄒᆞ다.
八池(팔지)를 瞻望(첨망)ᄒᆞ고,/句甫(구보)로 둘워가니,
御射臺(어사대) 놉흔 터히/斡東(알동)을 向(향)ᄒᆞ엿다.
洪武年間(홍무년간) 사르실제/諸千戶(제천호)를 避(피)ᄒᆞ시샤
赤島(적도)로 드르시니,/陶穴(도혈)이 열세고지
至今에 宛然(완연)ᄒᆞ니,/窮困(궁곤)ᄒᆞ미 極(극)ᄒᆞ실샤.
赤池(적지)에 主人翁(주인옹)이/客龍(객룡)을 좃츨 時節(시절)

17. 北征歌(북정가) 137

黑白(흑백)을 分辨(분변)ᄒ샤/흔살노 마치시니,
血痕(혈흔)이 블거 이셔/後世(후세)예 알니로다.
西水羅(서수라) 싱긴 터히/瓢子(표자)ᄀ치 드러가셔
夷夏(이하)롤 난혼 고데/瑟海(슬해)롤 ᄀ리치니,
ᄯᅡᆺ근 바다히요,/믈밧근 하날이라.
平生(평생)에 아는 바는/하늘사히 ᄀᆺ다더니,
이제야 ᄭᅵ닷과라./하늘이 너르도다.
너른 하늘 그여올나/四海(사해)롤 구버 보면,
ᄯᅡ히 현마 너른 고지/업슬 줄이 아니로되,
泰山(태산)에 오른 말이/좁거니 좁은 海東(해동)
天下(천하)도 적엇ᄂ니,/容納(용납)홀 듸 專(전)혀 업다.
卵島(난도)의 알 둔 져비/時時로 도라오고,
烏碣巖(오갈암)의 안즌 白鷗(백구)/興盡(흥진)ᄒ매 ᄂ라나니,
遠客(원객)의 離鄕心事(이향심사)/三千里(삼천리)롤 놀내거다.
萱堂(훤당)에 倚閭情(의려정)은/日夜(일야)에 縣望(현망)ᄒ고,
蘭堦(난계)예 서너 줄기/晨昏(신혼)으로 기도로니,
아희야! 물안장 ᄒ여사라./도라가 위로ᄒ리라.

　　　　　　　　　　(合一百三十句)
　　　　　　　　　<필사본 『適宜』에서>

〈참　고〉

崔康賢,「北征歌小攷」,『語文論集』1, 서울:고려대학교, 1966.
＿＿＿,「未發表關北歌辭北征歌」,『풀과별』6호, 서울:풀과별社, 1972.

18. 鴻罹歌(홍리가)

이방익(李邦翊)

해제 이 작품은 안춘근(安春根)에 의하여 처음 유배가사로 공개된 것이다. 내용은 지은이가 정조 6년(1782)에 고향 사람 이택징(李澤徵)을 은신시켜 준 죄로 지금의 전나남도 완도군에 딸린 귀자도(龜玆島)에 유배되어 가는 길과 배소에서의 삶에 대하여 노래한 것이다. 지어진 연대는 정조 7년(1783)으로 추정된다.

지은이 이방익(李邦翊)은 강릉에서 살았던 무관으로 벼슬이 중추도사(中樞都事)를 지낸 것을 알 수 있을 뿐이다. 지은이는 정조 8년(1784)에 방면되었다.

어져! 내일이야!/이러홀 줄 어이 알니?
班超(반초)[1]의 붓을 더져/立身揚名(입신 양명) 호랴 홀 제,
出將(출장) 入相(입상)은/ᄇ라지 못ᄒ여도
南統(남통) 此閫(차곤)은/掌中物(장중물)로 알앗더니,
氣質(기질)이 魯鈍(노둔)ᄒ여/怜悧(영리)치 못ᄒ 말이
俗態(속태)에 버서나니/時事(시사)인들 어이 알니?
進寸(진촌) 退尺(퇴척)ᄒ여/卒無(졸무) 所成(소성)ᄒ고,
薄命(박명) 不幸(불행)ᄒ니/讒謗(참방)이 니러ᄂ다.
神妬(신투) 鬼神中(귀신중)에/命道(명도) ᄒ나 崎嶇(기구)홀샤.
偶然(우연)이 得罪(득죄)ᄒ야/配所(배소)를 마련(磨練)ᄒ니,

---

1) 班超=후한(後漢)의 명장. 서역(西域)을 정벌하였음.

고기 금을 베퍼다가/기러기 걸닌 貌樣(모양)
쑬 먹은 벙어린 둣/ 發明(발명)홀 터이 업다.
王命(왕명)이 至重(지중)ᄒᆞ니/죽기라도 甘受(감수)로다.
老母(노모)의 샹셔(上書)ᄒᆞ랴/부즐 들고 안즌 말이
淚下(누하) 筆前(필전)ᄒᆞ니/成字(성자)를 엇지ᄒᆞ리?
大槪(대개)로 알욀 말슴/寬懷無常(관회 무상)而已(이이)로다.
言忠信(언충신) 行篤敬(행독경)은/내 집의 경계(警戒)러니,
橫厄(횡액)이 이러ᄒᆞ니/世上事(세상사)를 모를노라.
肯構堂(긍구당) 奉甘旨(봉감지)ᄂᆞᆫ/다만 내 몸쑨이여니,
子息(자식)들 어려시니/家事(가사)를 엇지ᄒᆞ리?
五倫(오륜)으로 긔걸(饑乞)ᄒᆞ여/大小事(대소사) 付託(부탁)ᄒᆞ고,
匹馬(필마) 單僮(단동)으로/南大門(남대문) 내다르니,
行色(행색)이 蒼黃(창황)ᄒᆞᆫ디/羅將(나장)의 所驅(소구)로다.
銅雀(동작)이 막 건너며/三角山(삼각산) 도라보니,
故國山川(고국 산천) 죠타마ᄂᆞᆫ/다시 볼 줄 어이 알니?
大海(대해)를 두 번 건너/絶島(절도)셤의 드러가니,
江山(강산)은 異域(이역)이요/瘴氣(장기)ᄂᆞᆫ 侵身(침신)이라.
痛哭(통곡)을 ᄒᆞ려 ᄒᆞ니/怨國(원국)인 둣 不安(불안)ᄒᆞ여
춤고 다시 춤아/죠흔 체 ᄒᆞ노라니,
言語(언어)비록 如常(여상)ᄒᆞ나/顔色憔悴(안색 초췌)졀노 ᄒᆞᆫ다.
窓(창)앏픠 아춤 가치/죠흔 消息(소식) ᄇᆞ라더니,
네 소리 無靈(무령)ᄒᆞ니/도로혀 둣기 슬타.
故鄕(고향)이 어디민요?/東(동)다히 ᄇᆞ라보니,
雲山(운산)은 疊疊(첩첩)ᄒᆞ여/千里(천리)의 杳然(묘연)ᄒᆞ고,
海霧(해무)ᄂᆞᆫ ᄌᆞ옥ᄒᆞ여/指向(지향)이 젼혀 업다.
家室(가실)이 蒼茫(창망)ᄒᆞ고/信使(신사)도 阻絶(저절)ᄒᆞᆫ디,
邦禁(방금)이 至嚴(지엄)ᄒᆞ니/書問(서문)을 莫通(막통)이라.

歲月(세월)이 如流(여류)ᄒ여/뵈오리에 북 지나 돗
荏苒(임염) 瞬息間(순식간)의/暮年(기년)이 되거고나.
堂上(당상)의 鶴髮老親(학발 노친)/朝暮(조모)의 倚閭(의려)ᄒ셔
榮養((영양)은 못ᄒ고셔/싱각 얼마 ᄒ시ᄂ고?
當此(당차) 喜懼年(희구년)의/이러ᄒ 不孝子(불효자)를
도로혀 飴憂(이우)ᄒ기/이더도록 甚(심)홀시고?
晨昏(신혼) 定省(정성)은/홀 일이 업거니와
衣服飮食(의복 음식) 扶護疾恙(부호 질양)/뉘라셔 ᄒ단 말고?
子職(자직)이 戱闕(희궐)ᄒ니/罪(죄) 우희 ᄯ 罪(죄)로다.
이리 싱각 져리 싱각/ᄌᆷ을 어이 일울소니?
二三庚(이삼경) 明月下(명월하)의/杜鵑(두견)이 啼血(제혈)ᄒ니,
슬프다. 져 새소리/내 말 ᄀᆺ치 不如歸(불여귀)라.
形骸(형해)ᄂ 예 이시나/精神(정신)은 집이로다.
片時(편시) 春夢中(춘몽중)의/내 집의 도라가셔
陪父兄(배부형) 率妻子(솔처자)ᄂ/常時(상시)와 ᄀᆺ톨시고.
人子之(인자지) 事父母(사부모)와/人臣之(인신지) 事君王(사군왕)이
忠孝(충효)의 兼(겸)ᄒ 情義(정의)/秋毫(추호)나 다를소냐?
入侍(입시)도 ᄒ여 보고/隨駕(수가)도 ᄒ여 뵈니,
有思者(유사자)의 有夢(유몽)인가?/蒙有(몽유)홀 吉兆(길조)런가?
胡蝶(호접)이 忽散(홀산)ᄒ니/似眞而(사진이) 非眞(비진)이라.
噓唏(허희) 退枕(퇴침)ᄒ고/이러 안저 싱각ᄒ니,
어와! 애돌올사!/ᄭᅮᆷ을 常時(상시) 삼고 지고.
朝旭(조욱)은 滿窓(만창)ᄒ고/竹林(죽림)에 風淸(풍청)홀 졔
찟고리 묽은 소리/낫ᄌᆷ ᄭᅵ기 有益(유익)ᄒ나,
궁궁 벅국 비들기ᄂ/加一層(가일층) 心亂(심란)이라.
둘마다 監營關子(감영 관자)²⁾/罪人申飭(죄인 신칙) ᄒᄂ고나.
朔望點考(삭망 점고)³⁾ 別點考(별점고)에/마즈리라 드러가셔

庭下(정하)의 꿀엇다가/일홈 나며 對答(대답)홀 제,
無心(무심)코 칩더 보니/萬戶(만호)의 안즌 거동(擧動)
赳赳武夫(규규 무부) 아니런가?/地上(지상)의 神仙(신선)인 듯
그려도 官家威儀(관가 위의)/客舍東軒(객사 동헌) 갈나 짓고,
將校衙前(장교 아전) 업다 ᄒᆞ랴?/通引急唱(통인 급창) 버러 잇다.
猿生(원생)이 사롬 貌樣(모양)/임내는 다 내는 체,
朝夕吹打(조석 취타) 開閉門(개폐문)은/無虎洞中(무호동중) 狸作虎(이작호)라.
本官(본관)은 刑吏摘奸(형리 적간)/本鎭(본진)은 使令廉問(사령 염문)
官令(관령)이 이러ᄒᆞ니/措手足(조수족)을 어이 ᄒᆞ리?
戶庭(호정) 一步地(일보지)를/任意(임의)로 못나가니,
棘圍(극위)를 ᄒᆞᆫ 罪人(죄인)과/間隔(간격)이 전혀 업다.
僻陋海島(벽루 해도) 깁흔 곳의/夷而鳥語(이이 조어) 만흘시고.
風俗(풍속)을 볼작시면/化外(화외)에 蒼生(창생)이라.
錢穀(전곡)으로 트집ᄒᆞ고/所任(소임)으로 自尊自大(자존자대)
얼풋ᄒᆞ면 詬辱(후욕)이요/죠곰ᄒᆞ면 싸홈ᄒᆞ니,
어른의게 비흔 行實(행실)/아희 辱說(욕설) 더 잘 흔다.
사롬들 거동(擧動) 보쇼./날 곳 보면 外面(외면)ᄒᆞ니.
몸이 비록 罪人(죄인)이나/얼굴죠차 덜업더냐?
不相(불상) 干渉(간섭)이라./是非(시비)는 무슴 일고?
我東方(아동방) 禮儀(예의)말은/일커느니 天下(천하)사롬
立紀綱(입기강) 正名分(정명분)은/國朝(국조)의 法(법)이어니,
有罪(유죄) 無罪間(무죄간)의/一時竄配(일시 찬배) 고이ᄒᆞ다.
削奪官職(삭탈 관직)ᄒᆞ여시랴?/爲奴定屬(위노 정속)ᄒᆞ여시랴?

---

2) 監營關子=감영에서 보낸 공문(公文).
3) 朔望點考=매월 초1일과 15일마다 사람들의 이름에 점을 찍어 가면서 확인하는 일.

그려도 이 내 몸이/士夫(사부)더로 朝官(조관)더로
졀문 主人(주인) 衙前(아젼)이니/ㅎ여란 말 고이ㅎ랴?
當(당)치 아닌 눔의 잔치/감 노ㅎ라. 비 노ㅎ라.
自過(자과)는 不知(부지)ㅎ고/責人則(책인즉) 明(명)이로다.
眞實(진실)노 井底蛙(졍져와)라./義理(의리)를 졔 어이 알니?
二十里(이십리) 龜玆(귀자)셤에/生於斯(생어사) 長於斯(쟝어사)라.
져를 어이 責望(책망)ㅎ리?/付之一笑(부지 일소)뿐이로다.
弊(폐)ㅎ는 이 主人(주인)이오./불샹홀손 保授(보수)무을.
흔 둘의 서말 糧食(양식)/변변튼 아니ㅎ나,
글인들 공(空)흔 거시/어더셔 난단 말고?
져희도 艱難(간난)ㅎ여/먹은 軍餉(군향) 지은 稅米(셰미)
推移(추이)가 無路(무로)ㅎ여/나며 들며 걱정인디,
귀향다리 군 食口(식구)이 아니 可憐(가련)ㅎ냐?
筮仕(서사)를 八年(팔년)ㅎ니/國恩(국은)이 隆重(융중)이라.
赤心(적심)으로 惠民(혜민)ㅎ여/萬一(만일)을 갑즈터니,
百姓(백성)에 貽弊(이폐)ㅎ기/이더도록 甚(심)홀시고?
風土(풍토)도 괴이ㅎ사/낫이면 푸리 즈츨,
밤이면 벼록 빈디/모귀는 무슴 일고?
기동 ス튼 굴헝이와/부디 フ툰 진의 形狀(형상)
島中(도중)에 風俗(풍속)이냐?/農家(농가)에 法(법)이런가?
아춤인 未明(미명)이요/져녁은 二庚(이경) 못춤
精神(정신)도 죠흘시고!/때 마초와 잘도 ㅎ니.
물퉁보리 콩 조밥의/돌도 만코 뉘도 만타.
가지 가지 석거시니/落葉(낙엽)에 秋聲(추성)이라.
饑者(기자)의 甘食(감식)이라./죠흠도 죠흘시고!
富貴(부귀) 아녀 貧賤(빈천)ㅎ되/換腸(환장)을 졀노 홀다.
海産(해산)은 무엇 무엇/먹을 시 아니 알냐?

귀눈만 有福(유복)ㅎ니/畫餠(화병)의 充饑(충기)로다.
大丈夫(대장부) 시름ㅎ면/窮狀(궁상)이 인다 ㅎ니,
ㅈ득의 이런 듕의/雪上加霜(설상가상) 염며(念慮)로다.
도로혀 플쳐 혜니/내 몸이 侍下(시하)로다.
이러ㅎ여 어이ㅎ리?/或(혹) 살아 도라가면,
涓埃(연애)를 圖報(도보)ㅎ고/母子相見(모자 상견)ㅎ올이다.
無罪(무죄)ㅎ 귀향 罪人(죄인)/네도 혹(或) 잇건마는
이러ㅎ 太平聖代(태평 성대)/더옥 아니 冤痛(원통)ㅎ냐?
天作孼(천작얼) 自作孼(자작얼)이/條目(조목)이 各各(각각)이라.
有罪(유죄) 以罪(이죄) 아녀/得罪(득죄)ㅎ 타시로다.
八萬家(팔만가) 만흔 사롬/曖昧(애매)ㅎ 줄 뉘 모로랴?
公議(공의)가 自在(자재)ㅎ니/현마 아니 플녀 가랴?
日月(일월) ㅈ튼 우리 聖上(성상)/堯舜禹湯(요순우탕) 文武(문무)시라.
玉石(옥석)을 굴희시고/特命放送(특명 방송)ㅎ시거든
춤 추고 도라가셔/天恩(천은)을 感祝(감축)ㅎ고,
萱堂膝下(훤당 슬하) 餘年(여년)을/繁華(번화)로이 지내리라.
<필사본에서>

〈참 고〉

安春根,「鴻罹歌考」,『文學思想』45호, 서울:文學思想社, 1976.6.
李相寶,「李邦翊의 鴻罹歌」,『文學思想』45호, 文學思想社, 1976.
최강현,「홍리가(鴻罹歌)의 지은이에 대하여」,『韓國言語文學』20집, 韓國言語文學會, 1981.

19. 漂海歌(표해가)

이방익(李邦翼)

해제 이 작품은 1914년 『靑春(청춘)』 창간호에 "넷글새맛"이라는 난에 소개되어 학계에 널리 알려지게 된 기행가사이다. 내용은 지은이가 정조 20년(1796) 9월에 충장장(忠壯將)으로 서울에서 아버지를 뵈오려 제주도로 갔다가 뱃놀이중 풍랑을 만나 중국의 팽호도(澎湖島)에 표착하여 구사일생으로 살아나서 중국을 남북으로 꿰뚫어 구경하면서 압록강을 건너 귀국한 내력을 자상하게 노래한 표해가이다. 이 작품과 관련된 글로는 사정동주(沙汀洞主)라는 삶이 한문으로 기록한 「李邦億漂海錄(이방억표해록)」이라는 작품과 정조의 명을 받아 연암(燕巖) 박지원(朴趾源)이 한문으로 지은 「書李邦翼事(서이방익사)」라는 글이 있다.

지은이 이방익(李邦翼 : 1757-?)은 오위장(五衛將)을 지낸 광빈(光彬)의 아들로 제주도 사람이다. 정조 8년(1784)에 무과에 급제하여 2년 뒤에는 수문장(守門將),그 이듬해에는 무겸(武兼), 정조 20년(1796)에는 충장장, 전주 중군(全州中軍)이 되었다.

耽羅居人(탐라 거인) 李邦翼(이방익)은/世代(세대)로 武科(무과)로셔,
이 몸에 이르러셔/武科出身(무과 출신) 쏘 하엿다.
聖恩(성은)이 罔極(망극)하야/忠壯將(충장장) 職名(직명) 씌고,
受由(수유) 어더 覲親(근친)하니/丙辰九月(병진 구월) 念日(염일)이라.

19. 漂海歌(표해가)

秋景(추경)을 사랑하야/船遊(선유)하기 期約(기약)하고,
茫茫大海(망망대해) 潮水頭(조수두)에/一葉漁艇(일엽 어정) 올나 타니,
李有甫等(이유보등) 일곱 船人(선인)/次例(차례)로 조찻고나.
風帆(풍범)을 놉히 달고/바람만 조차 가니,
遠山(원산)에 빗긴 달이/물 가운데 빗쵸엿다.
靑紅綿緞(청홍 면단) 千萬匹(천만필)을/匹匹(필필)히 헷써린듯,
하날인가? 물빗인가?/水天(수천)이 一色(일색)이라.
陶然(도연)히 醉(취)한 後(후)에/船板(선판) 치며 즐기드니,
西北間(서북간) 一陣狂風(일진 광풍)/忽然(홀연)이 이러나니,
泰山(태산) 갓흔 놉흔 물결/하날에 다핫고나.
舟中人(주중인)이 慌忙(황망)ᄒ야/措手(조수)할 길 잇을소냐?
나는 새 아니어니/엇지 살기 바라리요?
밤은 漸漸(점점) 깁허 가고/風浪(풍랑)은 더욱 甚(심)타.
萬頃蒼波(만경 창파) 一葉船(일엽선)이/가이 업시 써나가니,
슬푸다! 무삼 罪(죄)로/下直(하직) 업는 離別(이별)인고?
一生(일생) 一死(일사)는/自古(자고)로 例事(예사)로대,
魚腹(어복) 속에 永葬(영장)홈은/이 아니 寃痛(원통)한가?
父母妻子(부모 처자) 우는 擧動(거동)/싱각하면 목이 멘다.
죽기는 自分(자분)하나/饑渴(기갈)은 무삼 일고?
明天(명천)이 感動(감동)하사/大雨(대우)를 나리시매,
돗디 안고 우러러셔/落水(낙수)를 먹음으니,
渴(갈)한 것은 鎭定(진정)하나/입에셔 성에 나네.
발그면 낫이런가?/어둡면 밤이런가?
五六日(오륙일) 지닌 後(후)에/遠遠(원원)히 바라보니,
東南間(동남간) 三大島(삼대도)가/隱隱(은은)히 소사낫다.
日本(일본)인가? 짐작(斟酌)하야/船具(선구)를 補緝(보집)하니,
무삼 일노 바람 형세(形勢)/또 다시 變(변)하는고?

그 셤을 버서나니/다시 못 보리로다.
大洋(대양)에 飄盪(표탕)하야/물결에 浮沈(부침)하니,
하날을 부르즈져/죽기만 바라더니,
船板(선판)을 치는 소리/귀가에 들니거늘,
물결인가? 疑心(의심)하야/蒼黃(창황)이 나가 보니,
자 넘은 검은 고기/舟中(주중)에 뛰여 든다.
生(생)으로 토막 쟐나/八人(팔인)이 노나 먹고,
頃刻(경각)에 쯘을 목슘/힘 입어 保全(보전)하니,
皇天(황천)에 주신 젠가?/海神(해신)에 도움인가?
이 고기 아니러면/우리 엇지 살엇스리?
어느 덧 十月(시월)이라./初四日(초사일) 아츰 날에
큰 셤이 압헤 뵈나/人力(인력)으로 엇지하리?
自然(자연)이 바람결에/셤 아러 다핫고나.
八人(팔인)의 손을 잡고/北岸(북안)에 긔어 올나
驚魂(경혼)을 鎭定(진정)하고/탓던 빅 도라보니,
片片(편편)이 破碎(파쇄)하여/어디 간 줄 어이 알이?
夕景(석경)은 慘淡(참담)하고/精神(정신)은 昏迷(혼미)하니,
世上(세상)인 듯 九天(구천)인 듯/해음 업은 눈물이라.
한 食頃(식경) 지닌 後(후)에/水伯(수백)이 오고나네.
비록 지저귀나/語音相通(어음 상통) 못하리라.
나는 비록 짐작(斟酌)하나/져 七人(칠인)은 모르고셔
風浪(풍랑)에 놀닌 魂魄(혼백)오히려 未定(미정)하야
저런 人物(인물) 쏘 만나니/우리 生死(생사) 모를 배라.
慰榮(위영)[1]하야 닉 이르되/丁未歲(정미세)[2]勅行時(칙행시)에

---

1) 慰榮=慰勞의 잘못인 듯함.
2) 丁未歲=정조 11년(1787).

19. 漂海歌(표해가)

니 그때 武兼(무겸)이라./待衛(대위)³⁾에 드럿더니,
中國人(중국인)의 衣服制度(의복제도)/저러하데.念慮(염려)마소.
붓드너니 쯔으너니/護衛(호위)하야 다려 가니,
五里(오리)밧 瓦家大村(와가 대촌)/鷄犬牛馬(계견 우마) 繁盛(번성)하다.
饑渴(기갈)이 滋甚(자심)하니/엇지하면 通情(통정)하리?
입 버리고 배 쑤드려/주린 形狀(형상) 나타내니,
米飮(미음)으로 勸(권)헌 後(후)에/저진 衣服(의복) 말니우네.
恩慈(은자)한 저 情眷(정권)은/我國(아국)인들 더할손가?
一夜(일야)를 지닌 後(후)에/精神(정신)이 頓生(돈생)하니,
죽을 마음 전혀 적고/故國(고국) 生覺(생각) 懇切(간절)하다.
눈물을 먹음고셔/窓(창) 밧게 나와 보니,
크나 큰 公廨(공해) 집에/懸板(현판)이 걸넌는대,
黃金(황금)으로 메운 글자/配天堂(배천당)이 分明(분명)하다.
붓으로 써 무르니/福建省(복건성) 澎湖府(팽호부)라.
馬宮大人(마궁대인) 무삼 일노/우리 八人(팔인) 불넛던고?
使者(사자) 서로 인도(引導)하야/彩船(채선)에 올니거늘,
船行(선행) 六七里(육칠리)에/衙門(아문)에 이르럿다.
眼目(안목)이 眩悅(현열)하니/畵圖中(화도중)이 아이럿다.
너 너 門(문)⁴⁾ 지나가서/高聲長呼(고성 장호) 한 소리에
나오더니 그 누군가?/前後擁衛(전후 옹위) 恍惚(황홀)하다.
身上(신상)에는 紅袍(홍포) 입고/불근 日傘(일산) 압헤 섯다.
端正(단정)하고 雄威(웅위)할사/진실(眞實)노 奇男子(기남자)라.
그 집을 돌나보니/左右翼廊(좌우 익랑) 宏壯(굉장)하다.
臺上(대상)에 뫼신 사람/庭下(정하)에 無數(무수) 軍卒(군졸)

---
3) 待衛=侍衛의 잘못임.
4) 너너門=서너 門의 잘못인 듯함.

黃綠旗(황록기)竹棍杖(죽곤장)이/雙雙(쌍쌍)히 버렷으니,
威儀(위의)는 肅肅(숙숙)하고/風采(풍채)도 凜凜(늠름)할사.
그 官人(관인) 묻자오되/어느 나라 사람인가?
一盃酒(일배주)로 慰勞(위로)한 後(후)/저 七人(칠인)은 다 보니고,
혼자 부르거늘/쏘 다시 드러가니,
官人(관인)이 斂衽(엄임)하고/무슨 말삼 하옵는고?
그대 비록 飢困(기곤)하나/七人(칠인) 동무 아니로다.
무삼 일노 漂流(표류)하야/이 짜에 이르신고?
眞情(진정)으로 뭇잡나니/隱諱(은휘) 말이 엇더한고?
知鑑(지감)도 過人(과인)할사./긔일 길이 잇슬소냐?
朝鮮(조선) 末端(말단)에셔/風景(풍경) 짜라 배 탓다가
이 짜에 오온 일을/細細(세세)히 告(고)한 後(후)에
故國(고국)에 도라감을/눈물노 懇請(간청)하니,
官人(관인)이 이 말 듯고/酒饌(주찬) 너여 待接(대접)하며,
長揖(장읍)하야 出送(출송)하니/큰 公廨(공해)로 가는구나.
中門(중문) 안에 드러가니/큰 집 한 間(간) 지엿는듸,
關公塑狀(관공 소상) 크게 하야/儼然(엄연)히 안젓고나.
좌우(左右(좌우)를 둘너 보니/平床(평상)이 몃몃친고?
平床(평상) 우에 白氈(백전) 피고/白氈(백전) 우에 紅氈(홍전)이라.
繡(수)노흔 緋緞(비단) 이불/畵床(화상)에 버린 飮食(음식)
生來(생래)에 初見(초견)이라./날 爲(위)하야 베프럿네.
十餘日(십여일) 治療後(치료후)에/澎湖府(팽호부)로 가라거늘,
行裝(행장)을 收拾(수습)하야/밧겻헤 나와 보니,
華麗(화려)한 불근 누혜5)/길가에셔 待候(대후)한다.
使者(사자)와 함긔 타고/十里(십리) 長程(장정) 올나가니,

---

5) 누헤=수레의 잘못인 듯함.

19. 漂海歌(표해가)

　文熙院(문희원) 놉흔 집에/懸板(현판)이 두렷하다.
　金銀采緞(금은 채단) 輝煌(휘황)하고/唐橘閩薑(당귤 민강) 豊盛(풍성)하다.
　女人衣服(여인 의복) 볼작시면/唐紅(당홍)치마 草綠唐衣(초록 당의)
　머리에 五色(오색) 구슬/花冠(화관)에 얼켜 잇고,
　허리에 黃金帶(황금대)는/노리기가 자아 잇다.
　金叉(금차)에 緋緞(비단)꼿을/줄줄히 쒸엿으니,
　艶艶(염염)헌 저 態度(태도)는/天下(천하)에 無雙(무쌍)이라.
　澎湖府(팽호부) 드러가니/人家(인가)도 稠密(조밀)하다.
　層層(층층)한 樓臺(누대)들은/丹靑(단청)이 玲瓏(영롱)하고,
　叢叢(총총)한 대수풀은/夕陽(석양)을 가리웟다.
　나무마다 자나비를/ 목줄 며여 놀엿으니,
　구경(求景)은 조커니와/客愁(객수)가 새로와라.
　官府長(관부장)이 傳令(전령)하되/그대等(등)의 緣由(연유)를
　臺灣府(대만부)에 移文(이문)하니/아즉 暫間(잠간) 기다리난[6)]
　日氣(일기)은 極寒(극한)하고/갈길은 萬餘里(만여리)라.
　館中(관중)에 早飯(조반)하고/마궁(馬宮)에 배를 타니,
　餞送(전송)하는 行者飮食(행자 음식)/眼前(안전)에 가득하다.
　風勢(풍세)은 和順(화순)하고/日氣(일기)은 明朗(명랑)하니,
　臺灣府(대만부)가 어대메뇨?/五日(오일)만에 다닷거라.
　船艙(선창) 左右(좌우)에난/丹靑(단청)한 漁艇(어정)이요,
　長江(장강) 上下(상하)에난/無數(무수)한 商船(상선)이라.
　鐘鼓(종고)와 笙歌(생가)소리/곳곳에셔 밤 새우니,
　四月八日(사월 팔일) 觀燈(관등)인들/이갓흘 길 잇슬소냐?
　타던 船人(선인) 離別(이별)하고/層城門(층성문) 달녀드니,

---

6) 기다리난=기다리소의 잘못인 듯함.

琉璃帳(유리장) 水晶簾(수정렴)이/十里(십리)에 連(연)하엿다.
官府(관부)를 다시 나셔/상간부에 下處(하처)하고,
冬至(동지)밤 긴긴 새벽/景(경)업시 누엇더니,
오넌 션비 그 뉘런가?/盞(잔)드러 慰勞(위로)한다.
兵符使者(병부 사자) 부르거늘/衙門(아문) 압헤 나아가니,
黃菊丹楓(황국단풍) 百鳥聲(백조성)이/遠客愁心(원객수심) 돕는고나.
상산 병부 층슈거를/두렷이 셰웟는듸,
千兵萬馬(천병 만마) 擁衛(옹위)하고/劍戟儀仗(검극 의장) 森嚴(삼엄)하다.
軍容(군용)을 整齊(정제)한 後(후)/三大門(삼대문) 드러가니,
곳사이에 靑鳥白禽(청조백금)이 넙풀면셔 노리하고,
나무 아리 麋鹿猿獐(미록 원장)/무리지여 往來(왕래)하네.
景槪(경개)도 絶勝(절승)할사./그림속이 아니런가?
十餘層(십여층) 壁階上(벽계상)에/士官將帥(사관 장수) 뵈온 後(후)에
五行船(오행선) 올나타니/西皇城(서황성)이 一萬里(일만리)라.
丁巳正月(정사 정월) 初四日(초사일)에/廈門府(하문부)에 드러가니,
紫陽書院(자양서원)7) 네글자를/黃金(황금)으로 메웟대,
甲紗帳(갑사장) 둘너치고/左右翼廊(좌우 익랑) 奢麗(사려)하다.
내 비록 區區(구구)하나/禮義之國(예의지국) 사람이라.
이 書院(서원) 지나가며/엇지 膽拜(담배)8) 아니리요?
拜禮(배례)를 畢(필)한 後(후)에/殿(전)밧게 나와 보니,
數百儒生(수백 유생) 갈나 안져/酒饌(주찬)으로 推讓(추양)한다.
念七日(염칠일) 轎子(교자) 타고/福建(복건)으로 發行(발행)하니,
天聚府(천취부)가 어대메뇨?/이 쪼한 녯 國都(국도)로다.

---

7) 紫陽書院=송나라 유학자 주희(朱熹)를 사모하여 그가 강학하던 곳에 세워진 서원.
8) 膽拜=瞻拜의 잘못인 듯함.

城郭(성곽)은 依舊(의구)한대/人物(인물)도 繁華(번화)할샤.
使者(사자)의 뒤를 짜라 層閣(층각)에 올나서니,
唐紅緋(당홍비)9)繡方席(수방석)이/안기가 怳惚(황홀)하다.
杯盤(배반)을 罷(파)한 後(후)에/舍處(사처)로 도라오니,
六千里(육천리) 水路行役(수로 행역)/疲困(피곤)키로10)滋甚(자심)하다.
鳳城懸(봉성현)11)路文 노코/北門(북문)밧게 나와 보니,
丹靑(단청)한 큰 碑閣(비각)이/漢昭烈(한소열)의 遺蹟(유적)이라.
거긔 잇는 저 무덤은/엇던 사람 무첫난고?
石灰(석회)싸하 封墳(봉분)하고/墓上閣(묘상각)이 燦爛(찬란)하다.
兩馬石(양마석) 神道碑(신도비)를/水石(수석)으로 삭엿으니,
卿相(경상)인가? 하엿더니/尋常(심상)한 民塚(민총)이라.
돌다리 五十間(오십간)에/무지게문(門) 몃치런고?
다리 우에 저자 안고/다리 아리 行船(행선)한다.
婦女(부녀)들의 凝粧盛服(응장 성복)/畵閣(화각)에 隱暎(은영)하니,
鸚鵡(앵무)도 戲弄(희롱)하며/或彈或歌(혹탄혹가) 하는고나.
鳳城縣(봉성현) 길을 써나/法海寺(법해사) 구경(求景)하고,
布政司(포정사)에 글을 올녀/治送(치송)하기 바라더니,
皇帝(황제)씌셔 下敎(하교)하사/護送官(호송관)을 定(정)하엿다.
淸風時節(청풍시절) 못되여서/보리가 누르럿고,
夏四月(하사월)이 來日(내일)인데/조이삭이 드리오니,
黃津橋(황진교) 지나 와셔/水軍府(수군부)로 드러오니,
泰山(태산)갓치 오는 것은/멀니 보니 그 무엇고?
數百人(수백인)이 메엿는데/불근 줄로 쓰으럿다.
둣더갓혼 銘旌(명정)대는/龍頭鳳頭(용두봉두) 燦爛(찬란)하다.

---

9) 唐紅緋=唐紅緋緞의 잘못인 듯함.
10) 疲困키로=疲困키도의 잘못.
11) 鳳城懸=鳳城縣의 잘못.

帳(장)안에서 哭聲(곡성)이요/가진 三絃(삼현) 압헤 섯다.
無數(무수)한 별輩(연) 獨喪家(독상가)/婢子(비자) 타다 하네.
行喪(행상)하는 저 擧動(거동)은/瞻視(첨시)가 고이하다.
남정현(南鄭縣) 太淸館(태청관)과/建寧府(건녕부) 다 지나셔,
建安縣(건안현) 긴긴 江(강)에/石橋(석교)를 건너가니,
無礙(무애)괴 그림자는/물가운대 잠기엿고,
고기잡는 楚江漁父(초강 어부) /푸른 물에 戱弄(희롱)하네.
寶華寺(보화사)에 暫間(잠간) 쉬여/玄武嶺(현무령) 너머가니,
楚(초)나라 옛 도읍(都邑)이 天界府(천계부)에 雄壯(웅장)하다.
益州府(익주부) 進德縣(진덕현)은/嚴子陵(엄자릉)12)에 녯 터이라.
七星灘(칠성탄) 긴 구븨에/釣臺(조대)가 놉핫스니,
漢光武(한광무)의 故人風采(고인 풍채)/依然(의연)이 보앗는 듯,
船上(선상)에서 經夜(경야)하고/荊州府(형주부)로 드러가니,
綠衣紅裳(녹의 홍상) 무리 지여/樓上(누상)에서 歌舞(가무)한다.
天柱山(천주산)은 東(동)에 잇고/西湖水(서호수)는 西便(서편)이라.
錢塘水(전당수) 푸른 물에/采船(채선)을 며엿는데,
朝鮮人(조선인) 護送旗(호송기)가/蓮(연)꼿 우에 번득인다.
皓齒丹脣(호치 단순) 數三美人(수삼 미인)/欣然(흔연)이 나를 마자,
纖纖(섬섬) 玉手(옥수)로/盞(잔) 드러 술 勸(권)하니,
鐵石肝腸(철석 간장) 아니며/니 엇지 아니즐기리요?
岳陽樓(악양루)13) 遠近道路(원근 도로)/護行(호행)에게 무러 알고,
順風(순풍)에 돗츨 다니/九百里(구백리)가 瞬息(순식)이라.
採蓮(채련)하는 美人(미인)들은/雙雙(쌍쌍)이 往來(왕래)하고,
고기 잡는 漁父(어부)들은/낙대 메고 나려오네.

---

12) 嚴子陵=후한(後漢) 광무제(光武帝)때의 은사 엄광(嚴光)의 자(字).
13) 岳陽樓=중국 호남성(湖南省) 악양현 동정호(洞庭湖) 동쪽 언덕에 있는 요지인 악주부(岳州府)의 서문(西門)의 누각.

鄂州南城(악주 남성) 十里(십리) 밧게/岳陽樓(악양루) 놉핫스니,
十字閣(십자각) 琉璃窓(유리창)이/半空(반공)에 소사낫다.
洞庭湖(동정호) 七百里(칠백리)/돗 달고 가는 빈,
瀟湘江(소상강)14)을 向(향)하는가?/彭蠡湖(팽려호)로 가시는가?
巫山(무산) 十二峰(십이봉)을/손으로 指點(지점)하니,
楚襄王(초양왕) 朝雲暮雨(조운 모우)/눈 압헤 보앗는 듯,
蒼梧山(창오산) 점은 구름/시름으로 걸녓스니,
二妃(이비)15)의 竹上窓淚(죽상창루)16)/千古(천고)의 遺恨(유한)이라.
十里明沙(십리 명사) 海棠花(해당화)는/불근 안게 자자 잇고,
兩岸漁磯(양안 어기) 紅桃花(홍도화)는/夕陽漁父(석양 어부) 나려오네.
杜工部(두공부)17)의 遷謫愁(천적수)는/古今(고금)에 머물넛고,
李靑蓮(이청련)18)의 詩壇鐵椎(시단 철추)/棟梁(동량)이 부셔젓다.
이 江山(강산) 壯(장)한 말을/녯글에 들엇더니,
萬死餘生(만사 여생) 이 내몸이/오날 구경하니,
쑴결인가? 참이런가?/(羽化登仙 아니런가?)19)
西山(서산)에 日暮(일모)하고/東嶺(동령)에 月上(월상)하니,
烟寺暮鐘(연사 모종) 어대매뇨?/金樽美酒(금준 미주) 가득하다.
十九日(십구일) 비를 찌여/九江(구강)으로 올나가니,
楚漢(초한)적 戰場(전장)이요/鏡浦(경포)의 風棹(풍도)로다.
虎邱지柱(호구 지주) 다 지나서/소주府(소주부)에 배를 매니,

---

14) 瀟湘江=호남성 영원현(寧遠縣)에서 발원하여 상수(湘水)로 흘러 합쳐진 강.
15) 二妃=중국의 순(舜)임금의 두 아내. 요(堯)의 두 딸인 아황(娥皇)과 여영(女英). 순이 죽자 상강(湘江)에 몸을 던져 아황은 상군(湘君)이 되고, 여영은 상부인(湘夫人)이 되었다고 함.
16) 竹上窓淚=죽강원루(竹上寃淚)의 잘못임.
17) 杜工部=당나라 시인 두보(杜甫).
18) 李靑蓮=당나라 시인 이백(李白).
19) ( ) 속의 1구=다른 데는 더 들어 있음.

孫仲謀(손중모)의 壯(장)한 都邑(도읍)/數萬人家(수만 인가)버러 잇고,
東門(동문)밧 五里許(오리허)에/赤壁江(적벽강)이 둘엿으니,
武昌(무창)은 西(서)에 잇고/夏口(하구)는 東便(동편)이라.
山川(산천)은 寂寥(적료)하고/ 星月(성월)이 照輝(성휘)한데,
烏鵲(오작)이 지져리니/千古興亡(천고 흥망) 네 아는가?
玲瓏(영롱)이 달인 石橋(석교)/그 아러 배를 타니,
含嬌含態(함교 함태) 娟美人(연미인)/날 爲(위)하야 올녓으니,
(大風樂을 올녓스니)20)/그 소러 嘹亮(요량)하다.
虎邱寺(호구사) 黃金塔(황금탑)에에21)/南屛山(남병산)을 指點(지점)하니,
七星壇(칠성단) 諸葛祭風(제갈 제풍)/歷歷 여긔로다.
寒山寺(한산사) 金山寺(금산사)을/차례(次例)로 다 본 뒤에,
탓던 배 다시 타니/蘇州差使(소주 차사) 護行(호행)한다.
楊州府(양주부) 江東縣(강동현)은/五湖水(오호수) 合流處(합류처)라.
그 가운디 三里石山(삼리석산)/百餘丈(백여장)이 놉핫으니,
造化(조화)의 無窮(무궁)함을/測量(측량)키 어렵도다.
俉家庄(오가장) 쏘 지나니/언으듯 五月(오월)이라.
江南(강남)을 離別(이별)하고/山東省(산동성) 드러 오니,
平原曠野(평원 광야) 뵈는 穀食(곡식)/黍稷稻粟(서직도속)쑨이로다.
柴草(시초)는 極貴(극귀)하야/수수찍을 불 싸이고,
男女(남녀)의 衣服(의복)들은/다 쩌러진 羊皮(양피)로다.
지져귀에22) 往來(왕래)하니/그 形狀(형상) 鬼神(귀신) 갓다.
豆腐(두부)로 싼 수수煎餠(전병)/猪油(저유)로 부쳣으니,
아무리 飢腸(기장)인들/참마 엇지 먹을소냐?

---

20) ( )=다른 글에는 있음.
21) 黃金塔에에=뒤의 에는 잘못.
22) 지져귀에=지저귀며의 잘못인 듯함.

죽은 사람 入棺(입관)하야/길가에 버렷으니,
그 관(棺)이 다 썩은 후(後)/白骨(백골)이 허여진다.
夷狄(이적)의 風俗(풍속)이니/참아 못보리로다.
夏五月(하오월) 初三日(초삼일)에/燕京(연경)에 다다르니,
皇極殿(황극전) 놉흔 집이/太淸門(태청문) 소사낫다.
天子(천자)의 都邑(도읍)이라/雄壯(웅장)은 하거니와
人民(인민)의 豪奢(호사)함과/山川(산천)의 秀麗(수려)함은
(比較(비교)하야 볼작시면)23)/江南(강남)으로 싸흘쏘냐?
寶貨(보화) 실은 江南(강남)배는/城中(성중)으로 往來(왕래)하고
山東(산동)에 심은 버들/皇都(황도)에 다핫으니,
三伏(삼복)에 往來行人(왕래 행인)/더운 줄 이젓서라,
禮部(예부)로 드러가서/速速沉送(속속 침송)24)바랏더니,
皇帝(황제)게 알왼 後(후)에/朝鮮館(조선관)에 머믈나네.
이 아니 반가온가?/결하고 나와 보니,
鋪陳飮食(포진 음식) 接待諸節(접대 제절)/아모리 極盡(극진)하나,
江南(강남)에 比較(비교)하면/千倍(천배)나 못ᄒ고나.
온갓 구경 다한 후(後)에/本國(본국)으로 가랴하니,
이 아니 즐거오냐?/우슴이 절노 난다.
太平車(태평거) 各各(각각)타고/山海關(산해관) 나와 보미,
萬里長城(만리 장성) 여긔로다./瀋陽(심양)으로 드러오니,
鳳凰城將(봉황성장) 나를 마자/江南(강남) 구경 하온 말삼
차례(次例)로 다 무른 후(後)/欽歎不已(흠탄 불이)하는고나.
그대는 奇男子(기남자)라/이런 壯觀(장관)하엿으니,
本國(본국)에 도라감을/엇지 다시 근심하리?

---

23) 다른 글에는 있음.
24) 沉送=治送의 잘못.

이곳을 써나오니/無人之境(무인지경) 七百里(칠백리)라.
鴨綠江(압록강) 바라보고/護行官(호행관) 離別(이별)한다.
閏六月(윤유월) 初四日(초사일)에/義州府(의주부)로 건너 왓다.
府尹(부윤)이 그 뉘신고?/沈知縣(심지현)이 慰問(위문)한다.
醫官(의관)으로 問病(문병)하고/衣服一襲(의복 일습) 보내엿다.
三日(삼일)을 묵은 뒤에/次次(차차)로 轉進(전진)하야
臨津江(임진강) 다다르니/오는 사람 그 뉘신고?
家親(가친)의 一封書札(일봉 서찰)/마조 와셔 傳(전)하엿네.
손으로 바다 쥐니/가슴이 抑寒(억한)[25]한다.
半向(반향)을 鎭定(진정)하야/눈물로 씌여 보니,
밋친 듯 어린 듯/精神(정신)이 怳惚(황홀)하야
因(인)하야 배를 건너/晝夜信道(주야 신도)하니,
迎恩門(영은문)이 여긔로다./畿營(기영)[26]압헤 말을 나려
巡相(순상)[27]게 뵈온 後(후)에/雇馬廳(고마청)에 물너 오니,
惶悚(황송)흡다.우리 家親(가친)/몬져 와 기다리네.
절하야 뵈온 後(후)에/두 손목 서로 잡고,
脈脈(맥맥)히 相對(상대)하니/하올 말삼 견혀 업네.
聖上(성상)의 命(명)을 바다/相府(상부)로 드러오니,
어느 덧 傳敎(전교)하사/五衛將(오위장) 시기시고,
肅拜(숙배)를 못하여셔/全州中軍(전주 중군) 相換敎旨(상환 교지)
차례(次例)로 맛기시니/聖恩(성은)도 罔極(망극)할사.
明日(명일)에 謝恩(사은)하고/因(인)하야 入侍(입시)하니,
中國(중국)의 山川險阻(산천 험조)/江南(강남)의 人心厚薄(인심 후박)
耳目(이목)의 듯고 본것/細細(세세)히 무르시고,

---

25) 抑寒=抑塞(억색)의 잘못.
26) 畿營=京畿監營의 준말.
27) 巡相=여기서는 京畿道監司.

쏘 傳敎(전교) 나리오사/장부 赴任(부임)하라시니,
殿陛上(전승상) 咫尺間(지척간)에/玉音(옥음)이 丁寧(정녕)하다.
어화! 니 몸이/遐鄕(하향)의 一賤夫(일천부)로,
海島中(해도중) 죽을 목숨/天幸(천행)으로 다시 사라
天下大觀(천하 대관) 古今遺蹟(고금 유적)/歷歷(역력)히 다 보고서,
故國(고국)에 生還(생환)하야/父母妻子(부모처자) 相對(상대)하고,
쏘 이날 天恩(천은) 입어/非分之職(비분지직) 하엿으니,
運數(운수)도 奇異(기이)할사/轉禍爲福(전화위복) 되엿도다.
이 벼슬 瓜滿(과만)하고/故土(고토)로 도라가서
父母(부모)믜 孝養(효양)하며/지낸 事實(사실) 글 만드러
豪壯(호장)한 漂海光景(표해 광경)/後進(후진)에게 니르라저[28].
天下(천하)의 危險(위험)한 일/지내노니 快(쾌)하도다.

<필사본 『雅樂府歌集(아악부가집)』에서>

〈참 고〉

姜銓燮, 「李邦翼의 漂海歌에 대하여」, 『韓國言語文學』20집, 韓國言語文學會, 1981.
崔康賢, 「한국해양문학연구 —주로 "표해가"를 중심 하여—」, 『省谷論叢』12집, 서울:성곡학술문화재단, 1981.

---

28) 니르라저=이르과저의 잘못.

20. 만언ᄉ(萬言詞)

안 도 원

해제 이 작품은 이상보(李相寶)에 의하여 처음 학게에 보고되어 관심의 대상이 된 유배 작품의 백미로 평가되었다. 내용은 지은이가 대전별감으로 왕을 가까이서 모시다가 잘못하여 추자도(楸子島)로 귀양을 가게 되매 자기의 신세 한탄과 배소에 이르기까지의 견문과 소감 및 배소에서의 1년을 보내면서 체험한 갖가지 고통을 왕에게 탄원하는 형식으로 노래한 것이다. 필사본에 따라서는 「만언사답」·「사부모」·「사백부」·「사처」·「사자」 등 일련의 여러 작품들이 같이 기록되어 있어서 연작성(連作性)을 띠우고 있다.

지은이는 일부의 필사본에 정조시대 대전별감을 지낸 안도원으로 되어 있다. 추자도에 유배될 당시 34세였다는 기록에 의하여 영조 46년(1765 : 을유)에 출생하였으리라 추정은 되지만, 그 나머지 실명의 한자 표기를 비롯하여 본관도 잘 알 수가 없는 실정이다.

어와 벗님너야/이너 말솜 들어보소.
인싱(人生) 쳔지간(天地間)의/그 아니 느꺼온가
평성(平生)을 다 ᄉᆞ아도/다만지 빅년(百年)이라
ᄒᆞ물며 백년(百年)이/반듯기 어려우니
빅구지과극(白駒之過隙)[1]이요/창ᄒᆡ지일속(滄海之一粟)[2]

---

1) 세월이 매우 빠르다는 비유로 쏜다.
  [史記] 人生一世間, 如白駒之過隙

20. 만언ᄉ(萬言詞)

역려(逆旅)³⁾ 건곤(乾坤)에/지나는 손이로다
비러온 인싱(人生)이/쑴의 몸 가지고셔
남ᄋ(男兒)의 ᄒ올 일을/평싱(平生)을 다ᄒ여도
풁긋히 이슬이니/오히려 덧업거든
어와! 니 일이야!/광음(光陰)을 혜여보니
반싱(半生)이 치 못되어/육륙(六六)⁴⁾에 둘이 업너
이왕(已往) 일 싱각ᄒ고/즉금(卽今)일 혜아리니
번복(翻覆)도 측량(測量)업고/승침(昇沈)도 그지업다
남디되 이러ᄒ가/나 혼ᄌ 이러한가?
니 비록 니일이나/니 역시(亦是) 니 몰너라.
장우단탄(長吁短歎)⁵⁾ 졀로 나니/도중상감(島中傷感) 쑨이로다
부모싱아(父母生我) ᄒ오실 제/죽은 나를 나흐시니
부귀공명(富貴功名) ᄒ랴던지?/졀도 고싱(絶島苦生) ᄒ랴던지?
쳔명(天命)이 기요던지?/션방(仙方)으로 시험(試驗)ᄒ지?
일주야(一晝夜) 죽은 아희/홀연(忽然)히 ᄉ라 나니,
ᄉ쥬 팔ᄌ(四柱八字) 무어 너여/평싱 길흉(平生吉凶) 졈복(占卜)홀제,
수부강녕(壽富康寧) 가ᄌ시니,/귀양 살 셩 잇셔랴?
비단 치의(緋緞彩衣) 몸의 입고,/노리ᄌ(老萊子)⁶⁾를 효칙(效則)ᄒ여
슬하(膝下)의 어린 체로/시름 업시 ᄌ라더니,
어와! 긔박(奇薄)ᄒ다./나의 명(命)도 긔박(奇薄)하다.
십일셰(十一歲)에 ᄌ모상(慈母喪)의/호곡 이통(呼哭哀痛) 혼졀(昏絶)
ᄒ니,

---

2) 푸르고 넓은 바다 속에 떠 있는 좁 쌀 한 알, 곧 사람이란 넓은 세상에 비기면 매우 작은 존재라는 비유로 쓴다.
3) 여관이나 주막이라는 뜻.
4) 이 作者의 年齡이 三十四歲때에 이 글을 지은 것임을 알게 하는 말이다.
5) 길고 짧은 탄식.
6) 중국 춘추 시대 초나라의 효자.

그 쩌의 나 죽엇더면,/이 쩌 고생 아니 보리.
혼번 셰상(世上) 두 번 스랴/인간 힝낙(人間行樂) ᄒ랴던지?
종쳔지통(終天之痛) 슬픈 눈물/미봉가절(每逢佳節) 몃번인고?
십년 양휵(十年養育) 외가은공(外家恩功)/호의호식(好衣好食) 그려스랴?
이즌 일도 만타마ᄂ/봉공무가(奉供無暇) ᄒ미로다.
어진 ᄌ당(慈堂) 드러오ᄉ/임ᄉ지덕(姙姒之德)[7] 가지시니
밍모[8](孟母)의 삼쳔지교(三遷之敎)/일마다 법(法)ᄒ시고
증모(曾母)의 투져(投杼)ᄒ믄,/날 밋고 아니시니,
셜니[9](雪裏)의 읍쥭(泣竹)ᄒ믄/지셩(至誠)이 감텬(感天)이요,
빅니(百里)의 부미(負米)ᄒ믄/효ᄌ(孝子)의 홀 비로다.
입신(立身) 양명(揚名)은/문호(門戶)의 광치(光彩)로다.
힝셰(行世)의 먼져 홀 닐/글밧긔 쏘 잇는가?
통ᄉ 고문(通史古文) ᄉ셔 삼경(四書三經)/당음(唐音) 쟝편長篇) 송명시(宋明詩)를
명명(明明)히 슉독(熟讀)ᄒ고,/ᄌᄌ(字字)이 외와너니,
일기도 ᄒ려니와/짓긴들 아니ᄒ랴?
삼월 츈풍(三月春風) 화류시(花柳時)와/구츄 황국(九秋黃菊) 등고절(登高節)의
소인 묵긱(騷人墨客) 버지 되어/음풍영월(吟風詠月)일 숨을 졔,
당시(唐時)의 조격(調格)이요,/송명시(宋明時)의 지치로다
문여필(文與筆)이 혼가지라./쓰옵기도 ᄒ오리라
번화 갑졔(繁華甲第) 부벽셔(付壁書)와/ᄉ치 공ᄌ(奢侈公子) 병풍서

---

7) 태임(太任)과 태사(太似)를 말함. 태임은 왕계(王季)의 아내이며 주문왕(周文王)의 어머니요. 태사는 주문왕의 아내이며, 무왕(武王)의 어머니로서 현모양처(賢母良妻)였다.
8) 맹자의 어머니가 아들의 교육을 위하여 세 번이나 이사간 일.
9) 중국 삼국시대의 맹종(孟宗)의 이야기로, 효성이 뛰어났음.

(屛風書)를,
　왕우군(王右軍)10)의 진체(晋體)런가?/조맹부(趙孟頫)11)의 촉체(蜀體)런가?
　유명무실(有名無實)ᄒ다 ᄒ나,/일시재동(一時才童) 일컷더니,
　구지부득(求之不得)요죠슉녀(窈窕淑女)/젼젼반측(輾轉反側) 싱각ᄒ니,
　동방 화쵹(洞房華燭) 느져 간다/약관젼(弱冠前)에 유실(有室)ᄒ니,
　유한 졍졍(幽閑靜貞) 법(法)을 받아/삼죵지의(三從之意) 아라시니,
　닉죠(內助)에 어진 쳐(妻)는/셩가(成家)ᄒᆯ 증죠(徵兆)로다
　유인유덕(有仁有德) 우리 빅부(伯父)/구셰 동거(九世同居) 효측(效則)
ᄒ여
　일가지너(一家之內) ᄒᆞ디 잇셔/감고우락(甘苦憂樂) 갓치 ᄒ니,
　의식 분별(衣食分別) 뉘 아던가?/셰간구차(世間苟且) 너 몰너라.
　입신 양명(立身揚名) 길을 ᄎᆞᄎᆞ/권문 귀퇵(權門貴宅) 어듸어듸,
　장군 문하(將軍門下) 막빈(幕賓)인가?/승상부즁(丞相府中) 긔실(記室)
인가?
　쳔금 쥰마(千金駿馬) 환소쳡(換小妾)은/소년(少年)노리 더욱 죠타.
　즈금 믹상(紫禁陌上)12) 번화셩(繁華性)을/나도 잠간(暫間) ᄒ오리라.
　이젼(以前)마음 견혀 잇고,호심 광흥(豪心狂興) 홀연 나니,
　빅마 황혼(白馬黃昏) 미친 ᄆᆞ옴/유협 경박(遊俠輕薄) 다 따른다.
　무릉 장디(武陵將臺) 천진교(天陳橋)도/명승지(名勝地)라 일너시나,
　삼쳥 운디(三淸雲臺) 광통교(廣通橋)도/노리처(處)가 아니런가?
　화조 월셕(花朝月夕) 븬 날 업시/쥬ᄉ 쳥누(酒肆靑樓) 단일 젹의

---

10) 중국 진(晋) 나라의 서성(書聖)이요, 문장가이다. 이름은 희지(羲之), 자(字)는 일소(逸少), 벼슬이 우장군(右將軍)이었으므로 왕우군(王右軍)이라고도 부른다.
11) 송말(宋末) 원초(元初)의 서호가(書畵家). 자는 자앙(子昻), 호는 송설도인(松雪道人). 특히 그의 행서(行書)는 송설체(宋書體)라고 하여 우리나라 서예계에 많은 영향을 끼쳤다.
12) 스스로 자랑하며 「맥상가」를 부른다.

만쥰 향노(滿樽香料) 익츄(溺醉)ᄒ고/졀디 가인(絶對佳人) 침익(沈溺)ᄒ여
취디 나군(翠黛羅裙) 고은 티도(態度)/쳥가 묘무(淸歌妙舞) 희롱(戱弄)홀 제
풍류 호ᄉ(風流豪士) 그 뉘런고?/쥬중 선군(酒中仙君) 부러ᄒ랴?
만ᄉ 무심(萬事無心) 이져시니/슈신제가(修身齊家) 싱각ᄒ랴?
소년(少年)노리 그만ᄒᄌ./부모(父母) 근심 깁흐시다
믹상 번화(陌上繁華) ᄌ랑ᄒ니/규리 화죠(閨裏花鳥) 느져 간다.
옛마음 곳쳐 나니,/ᄒ던 근고(勤苦) 고쳐 ᄒᄌ.
밤을 시와 나즐 이어/일시 불쳘(一時不輟) ᄒᄂ고나.
군문 월음(軍門月音) 유족(猶足)ᄒ니,/부모 봉양(父母奉養)ᄒ랴던지?
너 홀 일 아니런지?/슈삼년(數三年)을 치 못ᄒ고,
유식지인(有識之人) 아니되여/말기지업(末技之業) 일 삼더니,
어와! 바라시랴?/꿈결의나 ᄇ라시랴?
어악원(御樂院)에 드르가니,/금문 옥계(金門玉階) 길을 여러 지미 지쳔(至微至賤) ᄒ온 몸이/천문 근시(天門近侍) 바라시랴?
금의(錦衣)를 몸의 감고/옥식(玉食)을 베고 잇셔
부귀(富貴)의 ᄊ여시며,/번화(繁華)의 씌여시니,
일신 겸디(一陣兼帶) 삼ᄉ쳐(三四處)는/궁임(宮任)ᄲᆫ이 아니로다.
복과(福過) 지싱(災生)이라./소심 봉공(小心奉公) 잘못ᄒ여
삭안 티거(削案退去)ᄒ온 후(後)의/칠일 옥중(七日獄中) 지니오니,
곱든 의복(衣服) 무색(無色)ᄒ고/조흔 음식(飮食) 마시 업다.
초창 복망(悄愴伏望) 그리면서/쥬야 유체(晝夜流涕) ᄒ여셰라.
묘사슈직(茅舍守直) 싱각밧긔/두료 소식(斗料素食) 연명(延命)되니,
망극 천은(罔極天恩) 가업ᄉ니,/희극환비(喜極環悲) 눈물 난다.
어와! 과분(過分)ᄒ다./천은(天恩)도 과분(過分)ᄒ다.
궁임 감셔(宮任監署) 승탁(承託)ᄒ믄/싱각ᄉ록 과분(過分)ᄒ다.

20. 만언ᄉ(萬言詞)

번화 부귀(繁華富貴) 고쳐 ᄒ고,/금의 옥식(錦衣玉食) 다시 ᄒ여
장안 도상(長安途上) 너른 길노/비마 경구(肥馬輕裘) 단일 젹의
소비 친쳑(疎卑親戚) 깅위친(强爲親)은/예로부터 일너나니,
여긔 가도 손을 잡고/져긔 가도 반겨 ᄒ니
입신도 되다 ᄒ고,/양명(揚名)도 ᄒ다셰라.
만ᄉ(萬事)가 여의(如意) ᄒ니,/막비쳔은(莫非天恩) 모를손가?
츙즉 진명(忠則盡命) 아라시니,/쇄신 보국(碎身報國) ᄒ랴더니,
졸부귀(猝富貴) 불상(不祥)이라/곤마 복즁(困馬卜重) 되었던지?
다 오르면, 나려 오고,/가득ᄒ면, 찌엿던지?
호ᄉ(好事)가 다마(多魔)ᄒ고,/조믈(造物)이 싀긔(猜忌)ᄒ지?
인간(人間)의 일이 만하/화젼 츙화(花田衝火) 되엿는지?
쳥쳔 빅일(晴天白日) 말근 날의/뇌졍 벽녁(雷聲霹靂) 급히 치니,
삼혼 칠빅(三魂七魄) 나라ᄂ니,/쳔지 인ᄉ(天地人事) 아올소냐
여불승의(如不勝衣) 약(弱)ᄒ 몸의/이십 오근(二十五斤) 칼을 쓰고,
수쇄 죡쇄(手鎖足鎖) ᄒ온 후(後)의/ᄉ옥즁(死獄中)의 갓치오니,
나의 죄(罪)를 혜아리니,/여산여ᄒᆡ(如山如海) ᄒ거고나.
앗갑다. ᄂ 일이야!/이달다. ᄂ 일이야!
평싱 일심(平生一心) 원(願)ᄒ기를/츙효 양젼(忠孝兼全) ᄒᄌ더니,
ᄒ 번 일을 그릇ᄒ니,/불충불효(不忠不孝) 다 되엿다.
회셔 졔이(悔噬臍而) 막급(莫及)이라./뉘웃친들 무슴ᄒ리?
등잔(燈盞)불 치ᄂ 나뷔/져 죽을 줄 아라시며,
어디셔 식녹지신(食祿之臣)/죄(罪) 짓ᄌ 하랴마는
ᄃᆡ익(大厄)이 당젼(當前)ᄒ고,/눈조츠 어두오니,
마른 셥 등의 지고,/열화(熱火)에 들미로다.
지된들 뉘 타시며,/살 가망(可望) 업다마는
일명(一命)을 꾸이오셔/ᄒᆡ도(海島)의 보니시니,
어와! 셩은(聖恩)이야!/가지록 망극(罔極)ᄒ다.

강두(江頭)에 비을 미고,/부모 친척(父母親戚) 이별(離別)홀 제,
슬푼 우름 흔 쇼리의/막막슈운(漠漠愁雲) 머무는 듯,
손잡고 이른 말숨/죠히 가라. 당부(當付)ᄒ니,
가슴이 막히거든/디답(對答)이 ᄂ올손가?
여취(如醉) 여광(如狂)ᄒ니,/눈물니 하직(下直)일다.
강상(江上)의 비 쩌나니,/이별시(離別詩)가 이 쩌로다.
요도(搖棹) 일셩(一聲)의,/흐르는 비 술갓트니,
일디(一帶) 장강(長江)이/어너 ᄉ이 가로졋다.
풍편(風便)에 우는 소리/공강(空江)을 건너 오니,
힝인(行人)도 낙누(落淚)ᄒ니,/니 가슴 무여진다.
호부 일성(呼父一聲) 업더지니/이고소리 ᄲᅮ이로다.
규쳔 고지(叫天叩地) 아모련들/아니 갈 길 되올쇼냐?
범 ᄀᆺ튼 관치(官差)들은/슈이 가자 지촉ᄒ니,
할 일업셔 말게 올나/압길을 ᄇᆞ라보니,
청산(靑山)은 몇 겹이며,/녹수(綠水)는 몃 구뷔뇨?
넘도록 뫼히여늘/건너도록 물이로다.
석양(夕陽)은 지를 넘고,/공산(空山)이 적막(寂寞)흔디,
녹음(綠陰)은 욱어지고/두견(杜鵑)이 제혈(啼血) 홀 졔,
슬푸다! 져 시소리/불여귀(不如歸)는 무슴 일고?
네 일을 우름이냐?/니 일을 우름이냐?
갓득히 헛튼 근심/눈물이 져져셰라.
만수(萬樹)에 연쇄(連鎖)ᄒ니,/니 근심 먹으믄 듯,
쳔림(千林)에 노결(露結)하니, 니 눈물 ᄲᅮ리는 듯,
쓰든 말 지게 가니,/압츔(站)이 어디미오?
놉흔 영(嶺) 반겨 올나/고향(故鄕)을 ᄇᆞ라보니,
창망(滄茫)흔 구름 속에/ᄇᆡ구비거(白鷗飛去) ᄲᅮᆫ이로다.
경긔(京畿)짜 다 지니고/츙쳥도(忠淸道) 달녀 드니,

계룡산(鷄龍山) 놉흔 뫼히/눈결의 지나거다.
열읍(列邑)의 관문(關問) 밧고,/곳곳이 졈고(點考)ᄒᆞ여
은진(恩津)을 너머드니/여산(礪山)은 젼나도(全羅道)라.
익산(益山) 지나 견주(全州) 들어/셩시산림(城市山林) 둘어보니,
반갑다. 남문(南門) 길이/장안(長安)도 의연(依然)ᄒᆞ다.
빅각젼(百角廛) 버러시니,/종각(鐘閣)도 지나는 듯,
한벽당(寒碧堂) 소쇄(瀟灑)ᄒᆞ디,/됴일(朝日)이 놉하셰라.
만막(萬幕)골 긴 골의/장쳔(長天)이 빗겨셔라.
금구 티인(金溝泰仁) 졍읍(井邑)지나/장셩역마(長城驛馬) 가라 타고,
나쥬(羅州) 지나 영암(靈岩) 드러/월츌산(月出山)을 도라드니,
만학(萬壑) 쳔봉(千峰)이/반공(半空)의 소스시니,
동셕암(動石巖) 방아셕(石)이/뫼히 잇다 ᄒᆞ니,
일국지(一國之) 명산(名山)이라./경긔(景致)도 죠타마는
니 마음 어득ᄒᆞ니/어니 결을 살펴보리?
쳔관산(天冠山)을 가라치고,/달마산(達磨山)을 지너치니,
불분주야(不分晝夜) 몃 날만의/히변(海邊)으로 오단 말가?
바다흘 바라보니,/파도(波濤)도 흉용(洶湧)ᄒᆞ다
가업슨 바다히요,/한(限)업시 파도(波濤)로다.
티극 조판(太極肇判) ᄒᆞ온 후(後)의/쳔지 광디(天地廣大) ᄒᆞ다거늘,
하늘 아래 넙ᄉᆞ옴은/싸히런가? 아라더니,
즉금(卽今)으로 보량이면,/왼 쳔하(天下)가 다 물일다.
ᄇᆞ롬도 쉬어 가고,/구룸도 쉬어 넘네.
나는 시도 못 지너니/제를 어이 가쟌 말고?
썬마즌 셔북풍(西北風)이/니 길을 지축는 듯,
션두(船頭)의 일쌍 빅긔(一雙白旗)/동남(東南)을 가라치니,
쳔셕(千石) 시른 디즁션(大重船)의/ 쌍돗츨 놉히 달고,
건장(健壯)ᄒᆞᆫ 도ᄉᆞ공(都沙江)이/빈머리의 나와 셔셔

지곡츙13) 션쇼릭의/어ㅅ화 화답(和答)홀 졔,
마딕마딕 쳐량(凄凉)ㅎ니,/젹긱심ㅅ(謫客心懷) 엇더홀고?
회슈장안(回首長安) 바라보니,/부운폐일(浮雲蔽日)아니 뵌다.
이 닉 길이 어인 길고?/무슴일노 가는 길고?
불노초14)(不老草) 구(求)하려고/삼신산(三神山)을 추즈가나?
동남 동녀(童男童女) 아니어든/방ㅅ셔시(方士徐市) 짠라가나?
동졍호(洞庭湖) 발근 달의/악양누(岳陽樓) 오르랴나?
소상강(瀟湘江) 구진 비의/조상군(弔湘君) ㅎ랴는가?
젼원(田園)이 장무(將蕪)15)하니,/귀거릭(歸去來) ㅎ옵는가?
노어회(鱸魚膾)16) 살져시니,/강동거(江東去) ㅎ옵는가?
오호쥬(五湖舟) 홀니 져어/명쳘보신(明哲保身) ㅎ랴는가?
긴 고릭 칩더 타고,/빅일 승쳔(白日昇天)ㅎ랴는가?
부모 쳐자(父母妻子) 다 바리고,/어딕메로 혼ㅈ 가노?
우는 눈물 소(沼)이 되야/딕희슈(大海水)룰 보틱오니,
흑운 일편(黑雲一片) 어디로셔/홀연 광풍(忽然狂風) 무슴 일고?
산악(山嶽) 갓튼 놉흔 물결/빅머리룰 둘너 치니,
크나 큰 빅 죠릭 되니,/오장 육부(五臟六腑) 다 나온다.
쳔은(天恩) 입어 남은 목슘/마ㅈ 진(盡)케 되거고나.
초한건곤(초한건곤) 한 영즁(營中)의/장군긔신(장군기신)되려니와
셔풍 낙일(西風落日) 멱나슈(汨羅水)의/굴삼녀(屈三閭)를 불원(不願)터니,
차역쳔명(此亦天命) 홀일업다./일싱 일사(一生一死) 엇지ᄒ리?
츌몰ㅅ싱(出沒死生) 삼쥬야(三晝夜)의/노(櫓) 지우고 닷츨 쥬니,

---

13) 「지국츙」「至菊忽」 等으로 써서 배젓는 소리를 흉내낸 말이다.
14) 秦나라의 첫임금, 이름은 政.
15) 도연명(陶淵明)의 「歸去來辭」에 있는 말을 따온 것.
16) 진(晉)나라 장한(張翰)의 옛 이야기에서 따온 것.

20. 만언ᄉᆞ(萬言詞)

슈로 천니(水路千里) 다 지니고,/츄ᄌᆞ(楸子)셤이 여긔로다.
도즁(島中)을 둘너 보니,/날 알 니 뉘 잇스리?
뵈는 거시 바다히요,/들니는이 물소리라.
벽희(碧海) 갈인 후(後)의/모리 모혀 셤이 되니,
츄ᄌᆞ(楸子)셤 숨길 제는/천작지옥(天作地獄) 여긔로다.
ᄒᆡ슈(海水)로 셩(城)을 쏘고,/운산(雲山)으로 문(門)을 지여
셰샹(世上)을 ᄭᅳᆫ쳐시니,/인간(人間)이 아니로다.
풍도(豊都)셤이 어디민뇨?/지옥(地獄)이 여긔로다.
어듸미로 가잔 말고?/뉘집으로 가잔 말고?
눈물이 가리오니,/거름마다 업더진다.
이 집의 가 쥬인(主人)ᄒᆞᄌᆞ/가는ᄒᆞ다평계ᄒᆞ고,
져 집의 가 쥬인(主人)ᄒᆞᄌᆞ/연고(緣故) 잇다 칭탈(稱頉)ᄒᆞ니,
이 집 져 집 아모 딘들/젹긱 쥬인(謫客主人) 뉘 되리?
관역(官力)으로 핍박(逼迫)ᄒᆞ니,/셰부득이(勢不得已) 마타시나,
관인(官人)다려 못ᄒᆞᆯ 말을/맘맘ᄒᆞ니 너 다 듯네.
셰간 그릇 훗더지며,/역정(逆情) 너여 ᄒᆞ는 말이
져 나그니 헤여보쇼./쥬인(主人) 아니 불샹ᄒᆞᆫ가?
이집 져집 줄 스는 집/ᄒᆞᆫ 두집이 아니여든,
관인(官人)들은 인정(仁情)[17] 밧고,/손님너는 츄김 드러
굿ᄒᆞ여 너집으로/연분(緣分) 잇셔 와 계신가?
너 스리 담박(淡泊)ᄒᆞᆯ 줄/보시다야 아니 알가?
압뒤히 젼답(田畓) 업고,/물속으로 싱이(生涯)ᄒᆞ여
압 녀흘의 고기 낙가/뒤녁으로 쟝ᄉᆞ 가니,
ᄉᆞ망(絲網) 이러 보리셤이/미들 거시 아니로셰.
신겸쳐ᄌᆞ(身兼妻子) 셰 식구(食口)도/호구(糊口)ᄒᆞ기 어렵거든,

---

17) 인정=청을 넣기 위하여 돈이나 물건을 남에게 주는 것.

양식(糧食) 업는 나그너는/무엇 먹고 살야시오?
집이란들 잇슬손가?/긔여 들고, 긔여 나니,
방(房) 혼 간(間) 쥬인(主人) 드니,/나그너는 잘 더 업너.
씌즈리 혼 닙 쥬어/쳠하(簷下)의 거쳐(居處)ᄒ니,
쟝긔(瘴氣)의 누습(漏濕)ᄒ야/즘싱도 ᄒ도 흘소.
발 나문 구렁비암/쎰 나문 청지에는
좌우(左右)의 버러시니,/무섭고도 증그럽다.
셔산(西山)의 일낙(日落)ᄒ고,/금음밤 어두온더,
남북쵼(南北村) 두 셰집의/솔불이 희미(稀微)ᄒ다.
어더셔 슬픈 소리/너 근심 더ᄒ는고?
별포(別浦)의 비 쩌나니,/노(櫓) 젓는 소리로다.
눈물노 밤을 시와/아츰의 죠반(朝飯) 쥬니,
덜 쓰른 보리밥의/무쟝썽잇분이로다.
흔 슐을 써셔 보고,/큰 덩이 너여 쥬니,
그도 져도 아조 업셔/굴물 제는 업셧든가?
여름날 긴긴 날의/비 곱파 어려워라.
의복(衣服)을 도라보니,/한숨이 졀노 난다.
남방 염쳔(南方炎天) 찌는 날의/ᄲ지 못혼 누비바지
쌈이 비고, 써 오르니,/굴둑 막은 덕셕인가?
덥고 검기 다 바리고,/너음시를 엇지ᄒ리?
어와! 너일이야! 가련(可憐)이도 되거고나.
손잡고 반기는 집,/너 아니 가옵더니,
등 미러 너치는 집/구ᄎ(苟且)이 비러 잇셔,
옥식 진찬(玉食珍饌) 어더 가고,/믹반 염장(麥飯鹽藏) 되여시며,
금의 화식(錦衣華飾) 어더 가고,/현순 빅결(懸鶉百結) 되엿는고?
이 몸이 ᄉ람는가?/죽어셔 귀신(鬼神)인가?
말ᄒ니 ᄉ람는가?/모양(貌樣)은 귀신(鬼神)일다.

한슘 끗티 눈물 나고,/눈물 끗티 어이업셔,
도로혀 우슘 ᄂᆞ니,/미친 ᄉᆞ롬 되거고나.
어와! 보리 가을/믹풍(麥風)이 셔늘ᄒᆞ다.
전산(前山) 후산(後山)의/황금(黃金)을 펼쳐시니,
지게을 버셔 노코,/젼산(前山)을 굽일면셔
한가(閑暇)히 뷔는 농부(農夫)/뭇노라. 져 농부(農夫)야!
밥 우희 보리 단슐/몃 그릇 먹어나냐?
쳥풍(淸風)의 취(醉)ᄒᆞᆫ 얼골/쐬연들 무엇ᄒᆞ리?
년년(年年)이 풍년(豊年) 드니,/히마다 보리 뷔여
마당의 두드리고,/용정(舂精)의 쓰러너여
일분(一分)은 밥쏠ᄒᆞ고/일분(一分)은 술쏠ᄒᆞ여
밥먹어 비부르고/술먹어 취(醉)ᄒᆞᆫ 후(後)의
함포(含哺) 고복(鼓腹)ᄒᆞ고/격양가(擊壤歌)를 부르는 양(樣)
농가(農家)의 죠흔 흥미(興味)/져런 줄 아라더면,
공명(功名)을 탐(貪)치 말고/농사(農事)를 힘 쓸 거슬
빅운(白雲)이 즐기는 줄/쳥운(靑雲)이 알 양이면,
탐 탐화(探花) 봉졉(蜂蝶)이/망나(網羅)의 걸녀시랴?
어졔 올턴 말이/오날이야 왼 줄 알고,
뉘웃친 마음이야/업다이 ᄒᆞ랴마는
범 물일 줄 아라시면,/깁흔 산(山)의 드러가며,
쩌러질 줄 아라시면,/놉흔 남게 올나시며,
천동(天動)홀 줄 아라시면,/잠 든 누(樓)에 올너시며,
파션(破船)홀 줄 아라시면,/젼셰 디동(田稅大同) 시러시며,
실슈(失手)홀 줄 아라시면,/너기 장긔(將棋) 벌여시며,
죄(罪) 지을 줄 아라시면,/공명 탐(功名貪)ᄎ ᄒᆞ여시랴?
산진(山陣)미 슈진(水陳)미와/히동쳥(海東靑) 보라미가
심슈 총님(深樹叢林) 슉어나려/산계 야목(山鷄夜鶩) ᄎᆞ고 날 졔,

앗갑다. 걸니거다./두 날기 걸니거다.
먹기의 탐(貪)이 나니,/형극(荊棘)을 몰나 보니.
어와! 민망(憫惘)ᄒ다./쥬인 박디(主人薄待) 민망(憫惘)ᄒ다.
아니 먹은 혯 쥬정(酒酊)의/욕셜(辱說)조차 비경(非輕)ᄒ다.
혼ᄌ 안ᄌ 군말ᄒ듯/날 드르라. ᄒ는 말이
건넌 집 나그너는/졍승(政丞)의 아돌이요,
뒷집의 손님너는/판셔(判書)의 아오로셔
나라의 득죄(得罪)ᄒ고,/졀도(絶島)의 드러오면,
이젼(以前) 말은 ᄒ도 말고/여긔 ᄉᆞ름 일을 비와
고기 낙기 나무 뷔기/ᄌᆞ리치기 신삼기와
보리 동냥 ᄒ여다가/쥬인 양식(主人糧食) 보티거든,
한군디는 무슴 일노/공(空)ᄒ 밥을 먹으랴노?
쓰ᄌ는 열 손가락/꼼죽이도 아니ᄒ고,
것ᄌ는 두 다리는/움죽이도 아니ᄒ니.
셕은 남게 박은 끌가?/젼당(典當) 잡은 촉디(燭臺)런가?
종 차지련 상젼(上典)인가?/빗 바드련 치쥬(債主)런가?
동이셩(同異姓)의 권당(眷黨)인가?/풋낫치 친구(親舊)런가?
양반(兩班)인가? 상인(常人)인가?/병인(病人)인가? 반편인가?
화쵸(花草)라고 두고 볼가?/괴셕(怪石)이라 노코 볼가?
은혜(恩惠) 씨친 일이 잇셔/특명(特命)으로 먹으려나?
져 지은 죄(罪) 뉘 타시며,/졔 셔름을 니 아던가?
밤나즈로 우는 소리/슬픈 소리 듯기 실타.
ᄒᆞᆫ번 듯고, 두번 듯고,/통분(痛憤)키도 ᄒ다마는
풍속(風俗)을 보아ᄒ니,/히연(駭然)이 막심(莫甚)ᄒ다.
인륜(人倫)이 업셔시니,/부ᄌ(父子)의 싸홈이요,
남녀(男女)을 불분(不分)ᄒ니,/계집의 등짐이라.
방언(方言)이 고이(怪異)ᄒ니,/존비(尊卑)을 아올손가?

20. 만언ᄉ(萬言詞)

다만지 아는 거시/손곱아 쥬먹 헴의
두 다섯 홋 다섯시/뭇 다섯 곱기로다.
포학(暴虐) 탐욕(貪慾)이/예의 염치(禮義廉恥) 되어시며,
푼젼(分錢) 승흡(升合)으로/효졔 츙심(孝悌忠信) 솜아시며,
일이(一二)롤 공득(空得)ᄒ면,/지효(至孝)로 아라시며,
혼졍(昏定) 신셩(晨星)은/보리 담은 치독이요,
츌필고(出必告) 반필면(反必面)은/돈 모으는 벙어리라.
무지(無知)가 이러ᄒ고,/막지(莫知)가 이러ᄒ니,
왕화(王化)가 불급(不及)ᄒ니,/견융(犬戎)의 힝ᄉ(行事)로다.
인심(人心)이 아니여든/인ᄉ(人事)를 칙망(責望)ᄒ며,
니 귀향(歸鄕) 아니러면,/이런 일 보아시랴?
죠고먼 실개쳔에/발을 바진 소경놈도
눈 먼 줄 한탄(恨歎)하고/개쳔 원망(怨望) 안하나니
임자 안여 지난 기를/ᄭ지자니 무엇하리?
아마도 홀 일 업다./싱이(生涯)를 싱각ᄒᄌ.
고기낙기 ᄒᄌᄋ니,/물멀미을 엇지ᄒ리?
ᄌ리차기 신삼기는/모르거든 어찌하리?
어와! 홀 일 업다./보리 동냥 ᄒ오리라.
탈망건(脫網巾) 갓 슉이고,/홋중치막 ᄯ 그르고,
육총 집신 들메이고/세술부치 츠면(遮面)ᄒ고,
담비 엽손 뷘 담비ᄶ/소일(消日) 조로 가지고서
비슥비슥 걷는 걸음/걸음마다 눈물 난다.
셰상 인ᄉ(世上人事) 꿈이로다./너일 더옥 꿈이로다.
엇그졔는 부귀ᄌ(富貴者)요,/오날 아침 빈쳔지(貧賤者) 꿈이런가?
쟝원 호졉(長園胡蝶) 황홀(恍惚)ᄒ니,/어너 거시 졍 꿈인고?
한단침(邯鄲枕)[18]의 빈 꿈인가?/남양 초려(南陽草廬)[19] 큰 꿈인가?
화셔몽(華胥夢)[20]의 칠원몽(七圓夢)에/남가 일몽(南柯一夢) ᄭ치고져.

몽즁 흉ᄉ(夢中凶事) 이러ᄒᆞ니,/셔벽더길(書壁大吉) 쓰오리라.
가난한 집 지나치고,/가음 연 집 몃 집인고?
사리문(門)을 드자 하랴?/마당가의 셧즈 하랴?
철업슨 어린 아희/쇼갓튼 져믄 계집
손가락질 가라치며,/귀량(歸鄕) 다라온다
어와! 고이(怪異)ᄒᆞ다./다리 지칭(指稱) 고이(怪異)ᄒᆞ다.
구름다리 나무다리/증검다리 돌다린가?
츈졍월(春正月) 십오야(十五夜)의/사원야(上元夜) 발근 달의
장안시상(長安市上) 열 두다리/다리마다 발불 적의
옥호(玉壺) 금쥰(金樽)은/다리다리 빈반(盃盤)이요,
젹셩(笛聲) 가곡(歌曲)은/다리다리 풍뉴(風流)로다.
우다히로 발븐 다리/셕은 다리 헌 다리요,
금천교(錦川橋)의 다리 발바/장흥교(長興橋) 압 발븐 다리,
붕어(鮒魚)다리 슈문(水門)다리/송교(松橋)다리 세경(細徑)다리,
모젼교(毛廛橋)의 다리 발바/군긔시(軍器寺)압 발븐 다리,
아리다리 철물(鐵物)다리/파즈(笆子)다리 두 다리요,
즁촌(中村)으로 광통(廣通)다리/구분다리 수표(水標)다리,
효경(孝經)다리 대압(大鴨)다리/화장위 겻다린가?
도로 올나 즁학(中學)다리/셔소문(西小門)안 학(鶴)다리요.
남디문(南大門)안 슈각(水閣)다리/모든 다리 발븐 다리,
이 다리 져 다리예/금시초문(今時初聞) 귀향(歸鄕)다리,
슈종(水腫)다리, 습(濕)다리에/온양 온슈(溫陽溫水) 젼(廛)다린가?
아마도 이 다리ᄂᆞᆫ/실족(失足)ᄒᆞ여 병(病) 든 다리,
두 손길 느리치면,/다리의 갓가오니,

---

18) 한단침=남가일몽(南柯一夢). 한단(邯鄲)은 조(趙)나라의 서울.
19) 남양초려=제갈공명이 살던 집으로, 남양에 있는 초가집이라는 뜻.
20) 화셔몽=황제(黃帝)가 꾼 꿈.

사지(四肢)의 손과 다리/그 수이 언마치리
훈 츙(層)을 조곰 놉혀/손이라나 ᄒ려무나.
붓그럼이 먼져 나니,/동냥 말이 나올손가?
장(長)가락 입의 물고,/아니 ᄂᄂ 헷기침의
허리을 굽힐 졔ᄂᆞᆫ/공슌(恭順)ᄒᆞᆫ 인ᄉ(人事)로다.
니 허리 가이 업다./비부(卑夫)의게 졀이로다.
니 인사(人事) 츠셔(次序) 업다./죵의게 존디(尊待)로다.
혼ᄌᆞᆺ말 즁즁ᄒ니,/산미(山魅)를 들여ᄂᆞᆫ가?
그집 ᄉ롬 눈치 알고,/보리 ᄒᆞᆫ 말 써 쥬면서,
불샹ᄒ다. 가져 가소./젹긱(謫客) 동냥 예ᄉ(例事)오니,
당면(當面)ᄒ여 바들 졔ᄂᆞᆫ/마지 못ᄒᆞᆫ 치ᄉ(致謝)로다.
그렁져렁 어든 보리/들고 가기 어려왜라.
어니 노비(奴婢) 슈운(輸運)ᄒ리?/아모커나 져 보리라.
갓슨 쓰고 지려니와/홋즁치막 엇지ᄒ리?
쥬션(周旋)이 웃듬이라./변통(變通)을 아니ᄒ랴?
너븐 ᄉᄆᆡ 구긔 질너/품쇽의 너코 보니,
하 고이(怪異)치 아니ᄒ다./긴 등거리 졔법일다.
아마도 쑴이로다./일마다 쑴이로다.
동냔도 쑴이로다./등짐도 쑴이로다.
뒤히셔 당긔ᄂᆞᆫ 듯/압히셔 미압난 듯,
아모리 굽흐려도/잣바지니 어이ᄒ리?
머지 아닌 쥬인(主人)집을/쳔신만고(千辛萬苦) 계오 오니,
죤젼(尊前)의 츌입(出入)ᄂᆞᆫ가?/흔츌쳠빅(汗出沾背)ᄒ기고나.
져 쥬인(主人)의 거동(擧動) 보소./코우슘의 비우슘의
양반(兩班)도 할 일 업다./동냥도 ᄒ시난고?
즁인(中人)도 쇽졀 업ᄂᆡ./등짐도 지시ᄂᆞᆫ고?
밥쁜 노릇 ᄒ오시니,/견역밥은 만히 먹소.

네 우슘도 보기 슬코/만흔 밥도 먹기 슬타.
동냥도 흔번이지./빌긴들 미양(每樣)ㅎ랴?
평시(平生)의 처음이오./다시 못홀 일이로다.
찰하리 굴물진졍/이 노릇슨 못홀놋다.
무숨 일을 ᄒ잔 말고?/신 삼기나 ᄒ오리라.
집 흔단 츄겨 노코/신날부터 ᄭ오아 보니,
조희노도 모로거든/집식기를 엇지 ᄭ오리?
다만 흔발 치 못 ᄭ오와/손가락이 다 부릇닉.
홀 일 업셔 너여노코/노 ᄭ오기나 ᄒ오리라.
긴 삼디 벗겨 너여/자리노홀 비와 ᄭ오니,
쳔슈 만한(千愁萬恨) 이 니 마음/노 ᄭ오기의 븟쳐셔라.
날이 가고 밤이 시니,/어너 시졀(時節)되엿ᄂ고?
오동(梧桐)은 엽낙(葉落)ᄒ고,/금풍(金風)이 소슬(蕭瑟)ᄒ디,
하목(夏鶩)은 졔비(齊飛)ᄒ고,/슈쳔(水天)은 일식(一色)이라.
황국(黃菊) 단풍(丹楓)이/금슈(錦繡)를 ㅅ구며시며,
만산(萬山) 초목(草木)이/입입이 츄셩(秋聲)이라,
시벽 셔리 지ᄂ 달의/외기럭이 슬피 우니,
잠엇슨 니 몬져 듯고,/님 싱각이 시로와라.
보고지고 보고지고./우리 님을 보고지고.
날기 돗친 학(鶴)이 되어/나라가셔 보고지고.
만니 장쳔(萬里長天) 구롬되여/쩌나가셔 보고지고.
낙낙 장송(諾諾長松) 바롬되여/부러가셔 보고지고
오동 츄야(梧桐秋夜) 달이 되어/비춰 보고지고.
벽ᄉ창젼(碧紗窓前) 셰우(細雨)되여/쑤리면셔 보고지고.
츄월츈풍(秋月春風) 멋멋 힉을/쥬야 불니(晝夜不離)ᄒ옵다가
쳔산만슈(千山萬水) 머나먼디 소식(消息)죠츠 돈졀(頓絶)ᄒ니,
쳘셕 간장(鐵石肝腸) 아니여든/그리움을 견딜소냐?

어와! 못 니즐사!/님 그려 못 니즐사!
용천검(龍泉劍),틱아검(太阿劍)의/비수 단검(匕首短劍) 손의 쥐고,
청산니(靑山裏) 벽계슈(碧溪水)를/힘까지 버혀 와도,
쓴쳐지지 아니ᄒ고,/흔디 이어 흐흐ᄂ니,
물 버히는 칼도 업고,/정(情) 버히는 칼도 업닉.
물 쓴키도 어려오니,/마음은 쓴키 어려워라.
용문지셕(龍門之石) 가뷔엽고/유정지슈(有情之水) 흐리오며,
상젼(桑田)이 벽희(碧海)되고/벽희(碧海)가 상젼(桑田)되ᄂ,
님 그리는 마음이야/가실 줄이 업건만는,
닉 이리 그리는 줄/아르시나? 모로시나?
모로시고 이즈신가?/아르시고 속이시나?
닉 아니 이져거든/님이 혈마 이져시랴?
풍운(風雲)이 흣터져도/모도힐 썩 잇서스니,
샹셜(霜雪)이 차다 흔들/우로(雨露)가 아니 오랴?
우룸 울어 쩌는 님을/우슘 우셔 만나고져.
이리 져리 성각ᄒ니,/가슴 속의 불이 눈다.
간장(肝腸)이 다 타오니,/무어스로 ᄭ 존 말고?
쓰기도 어려온 불/오장(五臟)의 불이로다,
쳔상슈(天上水)를 어더 오면,/쓸 법도 잇건마는,
알고도 못 어드니,/허밧타 말이 업다.
찰하리 쾌(快)히 죽어/이 셜음 모로고져.
포구산변(浦口山邊) 펼쳐 안져/종일(終日)토록 통곡(慟哭)ᄒ니,
망히 투ᄉ(望海投死) ᄒ려 흠도/흔두번니 아니오며,
젹젹 즁문(寂寂重文) 구지 닷고,/쳔ᄉ만ᄉ(千事萬事) 다 버리고,
불식 아ᄉ(不食餓死) ᄒ랴 흠도/몃번인 줄 아라실고?
일각삼츄(一刻三秋) 더듸 가니,/이 고싱(苦生)을 어이ᄒ리?
시비(柴扉)의 긔 지지니,/날을 노홀 관문(關文)인가?

반겨 나가 무러 보니,/황우(荒貨) 파는 쟝스로다.
바다희 비가 오니,/스문(赦文) 가진 관션(官船)인가/
이러 셔셔 브라보니,/고기 낙는 어션(漁船)이라.
ᄒᆞ로도 열두시(時)의/몇번이나 기다린고?
셔름 모혀 병(病)이 되니,/빅(百)가지 증(症) 흔디 난다,
비곱하 허긔증(虛飢症)의/몸이 치워 닝증(冷症)이요,
잠 못드러 현긔(眩氣) 나고,/조갈증(燥渴症)은 예증(例證)이라.
슐노 든 병(病)이 오면,/슐을 먹어 곳치오며,
님으로 든 병(病)이 오면,/님을 만나 곳치나니,
공명(功名)으로 든 병(病) 곳칠 약(藥)을 비와
상궁지조(傷弓之鳥) 놀나시니,/살바지에 안즈 ᄒᆞ랴?
신농씨(神農氏) 꿈의 보고/병(病) 곳칠 약(藥)을 비와
소심환(小心丸),회심단(回心丹)의/근심탕(湯)을 먹어신들
천금 준마(千金駿馬) 일흔 후(後)의/외양 실케 곳치미요.
가즌 셩녕 다 비호자/눈 어두온 일이로다.
어와! 그 스이의/힉 발셔 져무럿다.
쳥츄(淸秋)가 다 지나고/엄동(嚴冬)이 되단 말가?
강촌(江村)의 눈 날니고/북풍(北風)이 쇼슬(蕭瑟)ᄒᆞ다.
상하(上下) 산쳔(山川)의/빅옥경(白玉京)이 되여시니,
십이누(十二樓) 오경(五京)을/이 길노 통(通)ᄒᆞ도다.
져 건너 놉흔 뫼희/홀노 셧는 져 소나무,
오상(傲霜) 고졀(高節)은/니 님이 아랏노라.
광풍(狂風)이 아모련들/겁(怯)홀 줄이 업건마는
독긔 멘 쵸부(樵夫)들이/벌목(伐木)도 잇건마는
져 남글 먼져 보고,/힝혀나 쩍을셰라.
동빅화(冬栢花)피온 곳츤/눈속의 불거시니,
셜만(雪滿) 장안(長安)의/학졍홍(鶴頂紅)이 의연(毅然)ᄒᆞ다.

엇그제 그런 ᄇᆞᄅᆞᆷ/간밤의 이런 누의
놉흔 졀(節) 고은 빗츨/곳치미 업서시니,
츈풍(春風) 도리화(桃李花)ᄂᆞᆫ/도려 붓그럽다.
어와! 의박(衣薄)ᄒᆞ다./셜풍(雪風)의 어이ᄒᆞ리?
ᄒᆞ믈며 흔디 누워/어러 죽기 졍녕(丁寧)ᄒᆞ다.
쥬인(主人)의 물역(物力) 비러/방 반간(房半間) 의지(依支)ᄒᆞ니,
흙바람 발나시나/죠희맛 아올손가?
벽마다 틈이 버니,/틈마다 버레로다.
구렁 비암 격거시니,/약간 버레 져허ᄒᆞ랴?
굴근 버레 쥬어니고,/ᄌᆞ근 버레 더져 둔다.
더 얼거 문을 ᄒᆞ고,/헌 조리 가리오니,
ᄌᆞ근 ᄇᆞᄅᆞᆷ 가리온들/큰 바ᄅᆞᆷ 아니 들가?
도중(島中)의 남기 노라/죠셕(朝夕)밥 겨오 짓니.
가난한 손의 방(房)의/불김이 쉬울손가?
션거젹 쓰더 펴니,/션단요(仙緞褥)되엇시며,
긔가죽 츅겨 덥고/비단(緋緞)이불 삼아셰라.
격무인(謫無人) 빈 방(房)안의/게발 무러 더진드시,
시오잠 곱송그려/긴긴 밤 시와날 졔
우흐로 한긔(寒氣) 들고,/아리로 닝긔(冷氣) 올나,
일홈이 온돌(溫突)이나,/한디만도 못ᄒᆞ고나.
육신(肉身)이 빙상(氷霜)되여/한젼(寒戰)이 졀노 난다.
송신(送神)ᄒᆞᄂᆞᆫ 손디런가?/관혁(貫革)마즌 살디런가?
스풍 세우(斜風細雨) 문풍진(門風紙)가?칠보잠(七寶簪)의 금나븐가?
사랑 만나 안고 쩌나/겁(怯)난 ᄯᅳᆺ터 놀나 쩌나
양생법(養生法)도 모로거든,/고치(叩齒)죠츠 ᄒᆞᄂᆞᆫ고나.
눈물 흘녀 져긔 밋터/어름조각 버셕인다.
시벽돍 홰홰 우니,/반갑다. 둙의 소리

단봉문(丹鳳門) 디루원(待漏院)의/더기문(大開門) ᄒᆞ던 쩌라.
시로 이 눈물 지고,/쟝탄식(長歎息) ᄒᆞ던 ᄎᆞ(次)의
동방(東方)이 긔명(旣明) ᄒᆞ고,/틴양(太陽)이 놉하시니,
게얼니 이러 안ᄌᆞ/곱은 다리 펴올 젹의
삭다리를 족이는 듯/마디마디 쇼리로다.
돌담비더 입남초(南草)를/쉿동불의 붓쳐 물고,
양지(陽地)를 ᄯᅡ라 안ᄌᆞ/오시 니를 쥬어닐 졔,
아니 비슨 헛튼 머리/두귀 밋틀 덥허시니,
셜피여케 마른 양ᄌᆞ(樣姿)/눈코만 나맛고나.
니 힝싁(行色) 가련(可憐)ᄒᆞ다./그려니여 보고지고.
오ᄉᆡᆨ 단쳥(五色丹靑) 진케 메어/그리온더 보니고져.
젼젼(前前)의 깁흔 졍(情)을/만(萬)의 ᄒᆞ나 옴기시면,
오날날 이 고ᄉᆡᆼ(苦生)이/몽즁ᄉᆞ(夢中事)되련마는,
기럭이 다 눈 후(後)의/쳑셔(尺書)도 못 젼(傳)ᄒᆞ니,
쵸슈 오산(楚水吳山) 쳔만(千萬)겹의/너 그림을 뉘 젼(傳)ᄒᆞᆯ고?
사라홉다.이 볏치야!/어러던 몸 다 녹는다.
빅년(百年)을 ᄯᅩ 이온들/마다야 ᄒᆞ랴마는,
어어흔 죠각 구름/잇다감 그늘 지니,
찬바롬 지너칠 졔/뼈 스려 아쳐롭다.
오날도 ᄒᆡ가 지니,/이 밤을 어이 시며,
이 밤을 지너온들/오는 밤을 엇지 ᄒᆞ리?
잠이 업거들낭/밤이나 즈르거나,
밤이 길거들낭/잠이나 오려무나.
ᄒᆞ고흔 밤이 오고,/밤마다 잠 못드러
그리오 니 싱각ᄒᆞ고,/살드리 이를 셕여
목숨이 부지(扶支)ᄒᆞ여/밥먹고 살시니,
인간 만물(人間萬物) 삼긴 즁(中)의/낫낫치 혜여보니,

모질고 단단ᄒ기/날밧긔 쏘 잇ᄂ가?
심산즁(深山中)빅악호(白嶽虎)들/모질기 날만 ᄒ며,
돌 ᄯᅡ리ᄂ 쳘(鐵)몽둥이/단단ᄒ기 날 갓트랴?
가삼이 터져 오니,/터지거든 궁글 ᄯᅮ러
고모 쟝ᄌ(障子) 셰살 쟝ᄌ(障子)/완ᄌ창(卍字窓)을 갓초 너여
이쳐로 갑갑ᄒᆯ 졔/여다쳐나 보고지고.
어와! 엇지ᄒ리?/혈마 ᄒ들 엇지ᄒ리?
셰샹 귀향(世上歸鄉) 낫분이며,/인간 니별(人間離別) 나 혼자랴?
소무(蘇武)의 북히 고ᄉᆼ(北海苦生)/도라올 ᄯᅢ 잇셔시니,
홀노 니 고ᄉᆼ(苦生)이/귀불귀(歸不歸) 혈마 ᄒ랴?
무슴 일 마음 붓쳐/시름을 이즈리라.
ᄌᆞ근 낫 손의 쥐고,/뒤동산의 올나가니,
풍상(風霜)이 셕거 친 후(後)/만목(萬木)이 소슬(蕭瑟)ᄒ듸,
쳔고졀(千古節) 푸른 디ᄂ/봄빗치 혼ᄌ로다.
고든 디 ᄶᅦ쳐 너여/가지 쳐 다듬으니,
발가옷 낙시더가/죠흔 품 되어거늘
쳥올치 가ᄂ 쥴에/낙시 미여들어 메고,
이웃집 아히들아!?/오날이 눌이 죠타.
시바롬 아니 불고,/물결이 고요ᄒ니,
고기가 물 ᄯᅥ로다./낙시질 ᄒ긔 가ᄌ.
사립(蓑笠)을 졋게 쓰고,/망혜(芒鞋)를 조혀 신고,
죠디(釣臺)로 나려가니,/내 노리 ᄒ가(閑暇)ᄒ다.
원근(遠近) 산쳔(山川)이/홍일(紅日)을 ᄯᅴ여시니,
만경(萬頃) 창파(蒼波)ᄂ/모도 다 금빗치라.
낙시를 드리오고,/무심(無心)이 안져시니,
은린(銀鱗) 옥쳑(玉尺)이/졀ᄂ 와 무ᄂ고나.
굿ᄒ여 니 마음이/취어(取魚)가 아니로다.

지취(志趣)를 취(取)ᄒᆞ미라./낙디를 떨쳐 드니,
ᄉᆞ면(四面)의 잠든 빅구(白鷗)/너 낙디 그림ᄌᆞ의
져 잡을 날만 녁여/다 놀나 날리고나.
빅구(白鷗)야! 나지 마라./너 잡을 니 아닐다.
네 본디 영물(靈物)이라./너 마음 모를소냐?
평ᄉᆡᆼ(平生)의 곱던 님을/쳔니(千里)의 니별(離別)ᄒᆞ고,
사랑은 커니와/그리오물 못이긔여
슈심(愁心)이 쳡쳡(疊疊)ᄒᆞ니,/마음 둘디 업셔
흥(興) 업ᄂᆞᆫ 일간죽(一竿竹)을/실업시 드러신들
고기도 불관(不關)커든/ᄒᆞ물며 너 잡으랴?
그려도 니 마음을/아무도 못 밋거든,
너 가진 김 부리로/니 가삼 쏘아 헛쳐
흉즁(胸中)의 븕은 마음/보면은 아오리라.
공명(功名)도 다 더지고,/셩은(聖恩)을 갑흘려니,
갑흘 법(法)도 잇거이와/이 ᄉᆞ이 일 업스니,
셩셰(盛世)의 한민(閒民)되여/너조ᄎᆞ 단이랴니,
날 보고 나지 마라./네 벗님 되오리라.
빅구(白鷗)와 슈쟉(酬酌)ᄒᆞ니,/낙일(落日)이 창창(蒼蒼)ᄒᆞ다.
낙디의 쥭 거두어/낙근 고기 ᄭᅦ여 들고,
강촌(江村)으로 도라드러/쥬인(主人)집을 ᄎᆞᄌᆞ 오니,
문압희 짓던 기ᄂᆞᆫ/날 반겨 ᄭᅩ리 친다.
난감(難堪)ᄒᆞᆫ 니 고ᄉᆡᆼ(苦生)이/오런 줄 가지(可知)로다.
즛던 기 아니 즛고,/님ᄌᆞ로 아ᄂᆞᆫ고나?
반일(半日)을 이즌 시름/자연(自然)이 고쳐나니,
아마도 니 시름은/잇ᄌᆞᄒᆞ기 어려왜라.
강촌(江村)의 월낙(月落)ᄒᆞ고,/은하슈(銀河水) 기우도록
방등(房燈)은 어디 가고,/눈 감고 안ᄌᆞ시니,

참선(參禪)ᄒᆞ는 노승(老僧)인가?/송경(誦經)ᄒᆞ는 밍인(盲人)인가?
팔도 명산(八道名山) 어니 졀의/중 소경 뉘가 본가?
누은 들 잠이 오며,/혬가림도 ᄒᆞ도 홀소.
니 혬이 무소 혬이/이다지 만슙든고?
남경(南京)장소 북경(北京) 가셔/갑졀 장소 남겻는가?
북경(北京)장소 남경(南京) 가셔/반졀(半折)장소 밋젓는가?
이 혬 져 혬 아모 혬도/그만 혜면 다 혜엿지?
은금 보화(銀金寶貨) 봉부동(封不動)의/미젼 목포(米廛木布) 혬일넌가?
나제도 혬을 ᄒᆞ고/밤의도 혬을 헤고,
안ᄌᆞ도 혬을 헤고/누어도 혬을 헤고,
이리 헤고 져리 헤고/치 헤고 나리 헤고,
혜다가 다 못혜니/무한(無限)ᄒᆞᆫ 혬이로다.
오미(寤寐)의 미친 셔름/눌다려 ᄒᆞ존 말고?
북벽(北壁)은 증인(證人)되여/니 셔름을 알년마는
알고도 묵묵(默默)ᄒᆞ니,/아는동 모로는동
남초(南草)가 벗지 외어/니 셔름 위로(慰勞)ᄒᆞᆫ다.
먹고 썰고 담아 부쳐/ᄒᆞᆫ 무릅히 소오(四五)더의
현긔(眩氣) 나고,두통(頭痛) 나니,/셔름 잠간(暫間) 잇치인다.
잇치인들 오릴손가?/홀연(忽然) 놀나 싱각ᄒᆞ니,
어와! 이 일 무슴 일고?/니 몸 어이 여긔 왓노?
번화 고향(繁華故鄕) 어디 두고,/적막 졀도(寂寞絶島) 드러오며,
오량 와가(五樑瓦家) 어디 두고,/모옥 반간(茅屋半間) 의지(依支)ᄒᆞ며,
니외 장원(內外牆垣) 어디 가고,/밧고랑의 뷘 터이며,
세 살 장ᄌᆞ(障子) 어디 가고,/쥭창문(竹窓門)을 다다시며,
셔화 도벽(書畵塗壁) 어디 가고/흙바람 되어시며,
산슈 병풍(山水屛風) 어디 가고/갈발디를 둘러시며,
각장 장판(角壯壯版) 어디 가고/삿ᄌᆞ리를 까라시며,

겨울 핫것 어디 가고/본누비것 입어시며,
정쥬 탕건(定州宕巾) 어디 가고/봉두 난발(蓬頭亂髮) 되어시며,
안팟 보션 어디 가고/다목다리 벌거ᄒᆞ며,
녹피 화ᄌᆞ(鹿皮靴子) 어디 가고/육총 집신 신어시며,
조반 졈심(朝飯點心) 어디 가고/일죵(日終)ᄒᆞ기 어려오며,
빅통 연쥭(白銅煙竹) 어디 두고/돌담비더 무러시며,
사환 노비(使喚奴婢) 어디 두고/고공(雇工)이가 되엿는고?
아춤이면, 마당쓸기/젼역이면, 불 ᄯᅥ히기,
들의 가면, 집 직히기/보리 멍셕 시 날니기,
거쳐 번화(居處繁華) 의복 스치(衣服奢侈)/나도 젼(前)의 ᄒᆞ엿던가?
조흔 음식 맛는 마슨/하마 거의 이져셰라.
셜음의 싸여 잇셔/날 가는 줄 몰나더니,
혬업슨 아ᄒᆡ들은/뭇지도 아닌 말을
ᄒᆞᆫ 밤 ᄌᆞ면, 셜이 오니/병탕(餠湯) 먹고 웃노ᄌᆞ니.
아ᄒᆡ말을 신쳥(信聽)ᄒᆞ랴?/여풍과이(如風過耳) 드럿더니,
남인(南人) 북촌(北村)의/타병셩(打餠聲)이 들니거놀,
손 곱아 날을 혜니/오날 밤이 졔셕(除夕)일다.
이향(離鄕)의 봉가졀(逢佳節)이/잇분이 아니로다.
상빈(霜鬢) 명조(明朝)의/쏘 ᄒᆞᆫ 히 되단 말가?
송구(送舊) 영신(迎新)이/이 ᄒᆞᆫ 밤 ᄉᆞ이로다.
어와! 샹풍(常風) 그럿턴가?/젼역밥상(床) 그럿턴가?
예 못보던 나모반(盤)의/슈져(匙箸) 가촌 쟝(獎), 김치의
나락밥이 돈독(敦篤)ᄒᆞ고/싱션(生鮮)토막 풍셩(豊盛)ᄒᆞ다.
그려도 셜이로다./빈 부르니, 셜이로다.
고향(故鄕)을 ᄯᅥ나완 지/어졔로 아라더니,
ᄂᆡ 이별(離別) ᄂᆡ 고싱(苦生)이/격년시(隔年事) 되단 말가?
어와! 섭섭ᄒᆞ다./졍조 문안(正朝問安) 섭섭ᄒᆞ다.

북당(北堂) 쌍친(雙親)은/빅발(白髮)이 더ᄒ시고,
공규(空閨) 화월(花月)은/얼마나 느졋는고?
오셰(五歲)의 쩌난 ᄌ식(子息)/뉵셰아(六歲兒)되거고나.
니 아니라 남이라도/니 셜음은 셜다 ᄒ리.
쳔니(千里) 원별(遠別)이/히 발셔 밧괴도록
일ᄌ(一字) 가신(家信)을/꿈의나 드러실가?
운산(雲山)이 막혓는가?/하히(河海)가 가렷는가?
긔창젼(綺窓前) 한미 소식(寒梅消息)/무러 보리 업셔시니,
바다길 일쳔니(一千里)가/머다도 ᄒ려니와
약슈(弱水) 삼쳔니(三千里)의/쳥죠(靑鳥)가 젼신(傳信)ᄒ고,
은하슈(銀河水) 구만리(九萬里)의/오작(烏鵲)이 다리 노코,
북히샹(北海上)의 기러기/샹님원(上林苑)의 나라시니,
니 가신(家信) 어이ᄒ여/이디지 막혓는고?
꿈의나 혼(魂)이 가셔/고향(故鄕)을 보련마는
원슈(怨讐)의 잠이 올셰/꿈인들 아니 쑤랴?
흐르나니 눈물이요./지느니 한슘이라.
눈물인들 한(限)이 잇고,/한슘인들 끚치 잇지.
니 눈물 모혀시면,/츄자(楸子)셤이 잠겨시며,
니 한숨 픠여니면,/한나산(漢拏山)을 덥허시리.
강한(江岸)의 낙죠(落照)ᄒ고/어촌(漁村)의 니 잠길 제,
ᄉ공(沙工)은 어디 가고/뷘 비만 미엿는고?
산샹(山上)의 구젹(口笛)소리/소 모는 아희로다.
황독(黃犢)은 하산(下山)ᄒ여/구소(舊巢)로 나라드니,
셕조(夕鳥)는 투림(投林)ᄒ여/구소(舊巢)로 나라드니,
금슈(禽獸)도 집이 잇셔/도라갈 줄 모로는고?
보는 거시 다 셜우며,/듯는 거시 다 슬푸니,
귀 먹고 눈 어두어/듯고 보지 말고지고.

니 셔름 오릴 줄을/분명(分明)이 알 양(樣)이면,
흔 일을 결단(決斷)ㅎ여/만스(萬事)를 이즈려니,
나 죽은 무덤 우희/논을 풀지? 밧츨 갈지?
일도(一道) 혼빅(魂魄)이/잇슬는지? 업슬는지?
시비(是非) 분별(分別)이야/드르랸들 쉬울소냐?
비가 올지? 눈이 올지?/바람 부러 셔리 칠지?
의의(依依)흔 쳔의(天意)을/알기가 어려워라.
험(險) 구진 이 인싱(人生)이/살고즈 살아시랴?
자과(自過)을 부지(不知)ㅎ고/요힝(僥倖)을 바라즈니,
촌촌(寸寸) 간장(肝腸)이/구뷔구뷔 다 셕는다.
간밤의 부든 바람/젼산(前山)의 빗치나니,
구십(九十) 동군(東君)이/번화(繁華)을 즈랑ㅎ니,
밋블손 쳔긔심(天氣心)을!/봄쳘노 알게 ㅎ니,
나무나무 입히 나고/가지가지 꼿치로다.
방초(芳草)는 쳐더(處處)ㅎ더,/츈조셩(春鳥聲) 들니거눌,
오슈(午睡)을 이러 안즈/기창(假窓)을 열고 보니,
창젼(窓前)의 수지화(數枝花)는/웃는 듯 반기는 듯,
반갑다. 져 꼿치여!/예 보던 꼿치로다.
낙양(洛陽) 셩즁(城中)의/져 봄빗 흔가지로,
고향(故鄕) 원니(園裏)의/이 꼿치 퓌엿는가?
거년(去年) 금일(今日)의/우슴 우셔 보던 꼿츨,
쳥쥰(靑樽)의 슐을 부어/꼿 썩거 헴을 노코,
장진쥬(將進酒) 노러ㅎ고,/무진무진(無盡無盡) 먹즈 홀 졔,
니 번화(繁華) 질기무로/져 꼿츨 보어더니,
금년(今年) 츠일(此日)의/눈물 쏙려 보는 꼿츤
아춤의 낫분 밥이/낫 오(午)의 시장ㅎ니,
박잔(盞)의 흐린 슐이/갑 업시 쉬울손가?

20. 만언ᄉᆞ(萬言詞)

니 고싱(苦生) 슬푸므로,/져 곳츨 다시 보니,
거년화(去年花) 금년화(今年花)가/곳빗츤 ᄒᆞᆫ가지나,
거셰인(去歲人) 금셰인(今歲人)은/인ᄉᆞ(人事)ᄂᆞᆫ 다르도다.
인싱(人生) 고락(苦樂)이/슈우잠의 꿈이로다.
이렁져렁 허튼 근심/다 후리쳐 더져 두고,
의식(衣食) 그려 ᄒᆞᄂᆞᆫ 셔름/목젼(目前) 셔름 난감(難堪)ᄒᆞ다.
ᄒᆞᆫ번 의복(衣服) 입은 후(後)의/츈하 츄동(春夏秋冬) 다 지니니,
안팟 업슨 소음 옷슨/니 옷밧긔 ᄯᅩ 잇ᄂᆞᆫ가?
검기도 검을시고,/온닝(溫冷)도 부젹(不適)ᄒᆞ다,
옷칠(漆)의 감칠(漆)인가?/슛장의 먹장인가?
여름의 ᄒᆞᆫ 더울 제/겨울을 ᄇᆞ랏더니,
겨울이 ᄒᆞᆫ 치우니/여름이 싱각 ᄂᆞᆫ다.
씨오신 망건(網巾)인가?/입으신 쳘갑(鐵甲)인가?
ᄉᆞ시(四時)의 하동(夏冬) 업시/츈츄(春秋)만 되엿고져.
팔굼치 드러나니,/그는 족(足)히 견디려니,
바지밋 터져시니,/이 안니 민망(憫惘)ᄒᆞᆫ가?
니 손조 갑ᄌᆞ ᄒᆞ니,/기울 것 바히 업다.
익(厄)구즌 실이로다./이리 얼고 져리 얼거
고기그물 거러민 듯/찡의 눈 ᄢᅦ여민 듯
침지(針才)도 긔졀(奇絶)ᄒᆞ고,/슈품(手品)도 ᄉᆞ치(奢侈)롭다.
증젼(曾前)의 젹던 식냥(食糧)/크기는 무슴일고?
ᄒᆞᆫ 술의 요긔(療飢)ᄒᆞ고,/두 술의 물니더니,
ᄒᆞᆫ 그릇 담은 밥은/쥬린 범의 자지로다.
조반(朝飯) 석죽(夕粥)이면,/부가옹(富家翁) 부러ᄒᆞ랴?
아춤은 죽(粥)이러니,/져역은 간 ᄃᆡ 업ᄂᆡ.
못 먹어 비 곱푸니/허릿듸 타시런가?
허긔(虛飢)져 눈 깁흐니/뒤꼭 뒤 거의로다.

졍신(精神)이 아득ᄒᆞ니,/운무(雲霧)의 ᄡᅩ혓는 듯
흔 고뷔 넘단 말가?/두통(頭痛)도 ᄌᆞ심(滋甚)ᄒᆞ다.
팔진미(八珍味) 무어신고?/봉탕(鳳湯)을 ᄂᆡ 아던가?
ᄒᆞ되 밥 쾌(快)히 지어/실토록 먹고지고.
이러흔들 엇지ᄒᆞ며,/져러흔들 엇지ᄒᆞ리?
쳔고(千苦) 만상(萬傷)을/아모런들 엇지ᄒᆞ리?
의식(衣食)이 족(足)흔 후(後)의/녜졀(禮節)을 알 거시요,
긔흔(飢寒)이 ᄌᆞ심(滋甚)ᄒᆞ면,/념치(廉恥)를 모로ᄂᆞ니,
궁(窮) 무소불위(無所不爲)는/옛 사람이 일너시니,
사(辭) 불관면(不冠冕)은/군ᄌᆞ(君子)의 녜졀(禮節)이요,
기(飢) 불탁속(不啄粟)은/장부(丈夫)의 염치(廉恥)로다.
질풍(疾風)이 분 연후(然後)의/경초(勁草)를 아읍ᄂᆞ니,
궁ᄎᆞ(宮且) 익견(益堅)이/쳥운(靑雲)의 뜻지로다.
삼순(三旬) 구식(九食)을/먹으나 못 먹으나,
십년(十年) 일관(一冠)을/쓰거나 못 쓰거나,
녜졀(禮節)을 모를 것가?/념치(廉恥)를 모를 것가?
ᄂᆡ 싱이(生涯) ᄂᆡ 버려셔/구ᄎᆞ(苟且)를 면(免)ᄒᆞ리라.
쳐음의 못ᄒᆞᆫ 일/나죵의 다 비호니,
ᄌᆞ리치기 몬져 ᄒᆞᄌᆞ,/틀을 ᄭᅩᄌᆞ 날을 거러
바늘ᄶᅵ ᄶᅩᆷ니면셔/바듸를 드노흘 제,
두 엇기 물너 나고,/팔회목이 ᄲᅡ지는 듯,
바든 삭 삭이ᄌᆞ니,/졋 먹든 힘 다 쓰인다.
멍셕 ᄒᆞᆫ닙 겨러너니,/보리 닷말 슈공(手工)이오.
도릭방셕 트너니,/돈 오푼(五分)이 갑시로다.
약흔 근력(筋力) 강죽(强作)ᄒᆞ여/부즈런을 ᄂᆡᄌᆞ ᄒᆞ니,
손부리의 피가 나니,/조희골모 열이로다.
이러코도 ᄉᆞᄌᆞ ᄒᆞ니,/ᄉᆞᄌᆞ ᄒᆞ는 ᄂᆡ 그르다.

20. 만언스(萬言詞)

일누(一縷) 잔천(殘喘)을 끈첨즉도 ᄒ다마는
모진 목슘 못 죽기는/니 목슘을 이르미라.
인명(人命)이 지중(至重)ᄒ믈/이계야 알니로다.
누구셔 이르기를/셰월(歲月)이 약뉴(若流)아든고?
니 셔름 오릴스록/화약(火藥)이나 아니 될가?
날이 지나 달이 가고/히가 지나 돌시로다.
상년(上年)의 뷔던 보리/올히 고쳐 뷔여 먹고,
지는 여름 낙선 고기/이 여름의 쏘 낙그니,
시보리밥 바다 노코/가슴 막혀 못먹으니,
쒸는 싱션(生鮮) 회(膾)를 친들/목의 넘어 드러가랴?
셜워홈도 남의 업고/못견딤도 별(別)노 ᄒ니,
니 고싱(苦生) ᄒ 히 홈은/남의 고싱(苦生) 십년(十年)이라.
족징기죄(足徵其罪) 되올넌지?/고진감니(苦盡甘來) 언계 훌고?
ᄒᄂ님긔 비ᄂ이다/셜운 졍원(情願) 비ᄂ이다.
칙녁(冊曆)도 히 묵으면/고쳐 보지 아니ᄒ고,
노ᄒ옴도 밤이 즈면/푸러져셔 바리ᄂ니,
셰스(世事)도 묵어지고/인스(人事)도 묵어시니,
쳔스 만스(千事萬事) 탕쳑(蕩滌)ᄒ고/그만져만 셔용(敍用)ᄒ스
끈쳐진 녯 인연(因緣)을/곳쳐 잇게 ᄒᆞ옵소셔.

<필사본에서>

〈참 고〉

尹亨德, 『萬言詞硏究』, 檀國大學校大學院碩士論文, 1990.
李宰植, 「만언ᄉ와 만언답셔」, 『建國語文學』 13·14합집, 建國大學校, 1989.
_____, 「萬言詞 其他作品」, 『建國語文學』 15·16합집, 建國大學校, 1991.
_____, 『萬言詞硏究』, 建國大學校大學院碩士論文, 1991.

21. 부여노정기(扶餘路程記)

연안이씨(延安李氏)

해제 이 작품은 권영철(權寧徹)에 의하여 학계에 처음 알려져 널리 읽혀지게 된 것이다. 이 작품은 첨지중추부사겸오위장(僉知中樞府事兼五衛將)을 지낸 유사춘(柳師春 : 1741-1814)의 아내인 연안이씨(延安李氏)가 부여군수로 부임하는 아들의 내행(內行)으로 따라가면서 보고 들은 일들과 현지에서 남편의 회갑을 아들이 차려 주어 대접받은 일들을 노래한 여류가사이다.

  이 작품이 지어진 연대는 순조 2년(1802)으로 추정된다. 그 이유는 이 작품의 내용이 아들 학서가 홍문관 교리(校理)에 임명되어 서울로 다시 올라오게 된 소식까지를 담고 있기 때문이다. 그리고 필사 이본 중에는 「경신신유노졍긔」라고 제목이 되어 있는 작품도 있으므로, 이 작품이 1802년에 지어진 것은 더욱 뚜렷하다.

  지은이는 영조 때에 예조판서를 지낸 이지억(李之億 : 1699-1770)의 딸로, 순조 때에 사헌부 대사간(司憲府大司諫)을 지낸 학서(鶴棲) 유태좌(柳台佐 : 1763-1837)의 어머니인 정부인연안이씨(貞夫人延安李氏 : 1737-1815)이다. 이 작품보다 앞서 이 부인은 「쌍벽가(雙壁歌)」라는 가사도 지은 것이 있다.

황정경(黃庭經) 일ᄌ(一字)를1)엇지타 그롯 일고,

---

1) 일ᄌ를=원문에는 "를"이 없음.

인간(人間)의 젹강(謫降)하여/평싱(平生)의 병(病)이 만하
북창하(北窓下)의 누엇시니/여위여 여불위라.
자미셩운(紫薇星運) 꿈구더니/금됴(今朝)의 희쟉셩(喜鵲聲)이
과연(果然)이도 신영(神靈)하다./경듀인(京主人) 한님소러
늘어지게 나는고나./갑인연(甲寅年)2) 방(榜)소런가?
을묘년(乙卯年)3) 감시(監試)런가?/홍문관(弘文館) 딕듕(職中) 아히
평서(平書)를 올이거날/소슈(素手)를 얼풋 드러
방함(芳緘)을 쯰여 보니/츙쳥도(忠淸道) 부강틱슈(扶江太守)4)
말망(末望)의 몽졈(蒙點)ᄒ니/어우와! 셩은(聖恩)이야!
가지록 망극(罔極)하다./젼년(前年)의 안악 연감(安岳슈監)
일문(一門)의 감우(甘雨)러니/오날날 이 희보(喜報)는
긔 더욱 망외(望外)로다./슈월(雖曰) 소읍(小邑)이나,
내게는 고향(故鄕)이라./착할사. 우리 듀ᄉ(主嗣)!
일마다 거록ᄒ다./굉ᄌ셕으로
됴동(祖宗)을 광보(廣報)ᄒ고/뎡공등 어더내야
병친(病親)이 쾌ᄎ(快差)ᄒ니/화풍(和風)은 만실(滿室)ᄒ고,
시절(時節)은 삼월(三月)이라./시유(時維)는 낙낙(落落)ᄒ고,
이화(梨花)는 향긔(香氣)로다./ᄌ션셰(自先世) 쳥덕(淸德)이라.
풍박(豊薄)을 의논(議論)ᄒ며/셩은(聖恩)이 듕쳡(重疊)ᄒ니,
이역(吏役)5)을 피(避)홀소야?/쳥하(淸夏)6) 초삼일(初三日)의
영양(榮養)7)으로 발힝ᄒ니/친쳑(親戚)이 희열(喜悅)ᄒ고,

---

2) 갑인년=졍조 18년(1794). 이 해에 지은이의 큰 아들 유태좌(柳台佐)와 장질 유
상조(柳相祚)가 32세의 동갑으로 같이 과거에 급제하였음.
3) 을묘년=졍조 19년(1795).
4) 부강틱슈=지금의 충청남도 부여군(扶餘郡)의 군수(郡守).
5) 이역=벼슬아치가 맡은 일.
6) 쳥하=음력 4월.
7) 영양=부모님을 모신 이가 그 부모님을 모시기 위하여 벼슬살이하는 것을 이

고붕(古朋)이 하례(賀禮)ᄒᆞ니,/범 ᄀᆞ튼 뭇뭇 나돌(羅卒)
됴슈(潮水)ᄀᆞ치 미러드러/부운춍(浮雲驄) 됴흔 말게
쌍교(雙轎)롤 놉히 시러/쳥풍(淸風)은 션비(先陪)[8]되고,
명월(明月)은 후비(後陪)[9] 삼아/추동(追從)이 십니(十里)로다.
좌우(左右)겻 권마셩(勸馬聲)은/위풍(威風)이 볼만ᄒᆞ다.
당시(當時)의 듯던 소리/반갑긔 그지 업다.
소교(小轎)롤 후거(後擧)ᄒᆞ니/별슈(別數)는 바히 업닉.
예쳔(醴泉)[10]짜 노쳔니롤/발아리 구어 보고,
용궁읍(龍宮邑)[11]을 얼풋 지내/우두원 숙소(宿所)로다.
샹산(尙山)[12]의 좀관(暫間) 드러/옛벗님 ᄎᆞᄌᆞ 보고,
슈행(隨行) 승션(乘船)ᄒᆞᆯ 제/어용(魚龍) 즐긔는 듯
육힝(陸行) 승거(乘車)ᄒᆞᆯ 제/곳마다 반겨 웃닉.
댱숑(長松)은 울울(鬱鬱)ᄒᆞ고,/녹듁(綠竹)은 의의(依依)로다.
삼츈(三春)은 거의 다코/연녹(軟綠)이 더옥 됴희.
창쟝(窓帳)의 치운(彩雲)이오,/마데(馬蹄)의 향풍(香風)이라.
층암(層巖) 벽계(碧溪)롤/몃고지나 지낫거니?
듀렴(珠簾)을 좀관(暫間) 들고/원근(遠近)을 쳠망(瞻望)ᄒᆞ니,
산쳔(山川)도 슈방(殊邦)ᄒᆞ고/지세(地勢)도 활원(闊遠)ᄒᆞ다.
ᄉᆞ십년(四十年) 막힌 흉금(胸襟)/이지야 틔이거다.
함창(咸昌)짜 틱봉 듀점(胎峰酒店)/음식(飮食)도 졍결(淨潔)ᄒᆞ고,
샹쥬(尙州)는 디관(大關)이라/인물(人物)이 번화(繁華)ᄒᆞ다.
보은(報恩)[13]은 협듕(峽中)이라/송니산(俗離山)너믹(來脈)일쇠.

름.
8) 션비=길을 인도하는 안내자.
9) 후비=높은 어른이 길을 갈 때에 뒤에서 보호하기 위하여 따라가는 사람들.
10) 예쳔=지금의 경상북도에 딸린 지명.
11) 용궁읍=지금의 예천군에 딸린 지명.
12) 샹산=지금의 경상북도 상주(尙州)의 옛이름.

옥천(沃川)14)을 다시 보니/반셕(盤石)이 더욱 됴희.
셜은 히 쩌난 동싱(同生)/유셩(儒城)15) 와 만너 보니,
됴료(早聊)의 곱던 얼골/반빅(半白)이 다 되엿너.
손 줍고 톄루(涕淚)ᄒ니/회포(懷抱)도 엄엄(嚴嚴)ᄒ다.
압길이 탄탄(坦坦)ᄒ니/옛 말솜 다홀손가?
피(牌)거리 큰 슌막(幕)의/부흥(復興)이 마초 오니,
십오야(十五夜) 밝근 달의/셩신(星辰)을 거나린 듯
빅연화(白蓮花) 한 가지가 연연(姸然)이 나라 드러
쳔빅인(千百人) 앙쳠듕(仰瞻中)의/지지현 ᄒ올 젹의
이 됴흔 이 셰계(世界)롤/남디도 뵈고지고.
힝인(行人)은 국공(鞠拱)ᄒ고/편(便)토록 하령(下令)ᄒ니,
가교마(駕轎馬) 별연독교(別輦獨轎)16)/슈비(隨陪)의 다리셜긔,
빅비(百倍)나 더ᄒ고나.
마샹(馬上)이 엄슉(嚴肅)ᄒ니/삼군(三軍)이 회쳥ᄒ다.
연산(連山)17)의 말을 가라/금편(錦鞭)을 다시 치니,
치셕강(採石江) 비머리가/녀흘을 만니는 듯
진익(塵埃)에 무든 쩌롤/빅마강(白馬江)의 업시 ᄒ니,
금회(襟懷)가 탁낙(卓犖)18)ᄒ여/션분(仙分)이 젹을소냐?
골안ᄉ 쳥풍졍(淸風亭)은/본다시 알거니와
됴용디(釣龍臺) 풍쳥(風淸)은/안즈도 보리라.
노젹현(魯積縣)19) 은진 미력(恩津彌勒)20)/이졔야 친히 보고,

---

13) 보은=지금의 충청북도에 딸린 고을 이름.
14) 옥천=지금의 충청북도에 딸린 지명.
15) 유셩=지금의 대전시 유성구.
16) 별연 독교=원문에는 "벌연 독교"로 되어 있음.
17) 연산=지금의 충청남도 논산군에 딸린 지명.
18) 탁낙=탁월(卓越).
19) 노젹현=지금의 충청남도 논산군에 딸린 노성면(魯城面).

션경(仙境)을 얼풋 지나/부ᄋ(府衙)로 도라 드니,
향닉(鄕內)에 싱겁 거동(生怯擧動)/삼번(三番)이 현알(見謁)ᄒ니.
오리정(五里亭) 너른 들의/ᄭᅮᆯ벌이 모혀는 듯
ᄉ령(使令)의 가치옷과/급창(及唱)의 불근 덜넝
기암의 작난 곳의/오식(五色)이 어러엿니.
큰 북을 날이 치니/육각(六角)소리 댱(壯)ᄒᆞᆯ시고.
빅제(百濟)적 도읍(都邑)이라/오히려 풍역(風域)일다.
듀문(主門)을 크게 열고/니아로 뫼실 젹의
년졍셤 슈양(垂楊)버들/그늘도 한가(閑暇)ᄒᆞ다.
완완(緩緩)이 힝보(行步)ᄒᆞ야/쳥즁(聽衆)의 올나셔니,
삼듐셕(三重席) 만화안(萬花案)을/이리져리 노핫는듸,
난호여 안즌 후(後)의/옛거동(擧動) 샹샹(想像)ᄒ니,
명쥬(名州)의 됴흔 풍경(風景)/아시(兒時)의 즐겨더니,
유양(유양)의 됴흔 의식(衣食)/슬토록 ᄒᆞ엿더니,
황셰(荒歲)에 됴흔 셩덕(聖德)/듕(重)토록 입엇더니,
부상(扶桑)의 됴흔 마슐/노릭(老來)에 다시 보니,
아히야! 슐 부어라!/취(醉)토록 먹으리라.
한틱부(韓大夫)[21])의 남궁령(南宮令)[22])이/이ᄀᆞᆺ치 즐겁더냐?
쥬듕(酒中)의 진졍 발의(陳情發意)/임ᄌ 계츅(壬子癸丑)[23]) 긔황시졀
(飢荒時節)
셕감(昔感)이 젹을소야?/ᄎ마 엇지 잇칠손이?
남인(南隣)의 염(鹽)을 빌고/북촌(北村)의 남글 쥬니,
십육년(十六年) 동고지인(同苦之人)[24])/어딘로 가단 말고?

---

20) 은진미력=지금의 논산군 은진면 관촉사(灌燭寺)에 있는 미륵불상(彌勒佛像).
21) 한틱부=당(唐)나라 태부 벼슬을 지낸 한유(韓愈).
22) 남궁령=당나라 예부(禮部)에서 주관하던 연회령(宴會令).
23) 임ᄌ 계츅=정조 16년(1792)과 17년(1793).

난즈(蘭姿) 옥질(玉質)은/안즁(眼中)의 삼삼(森森)ᄒ고,
이셩(異姓) 화기(和氣)ᄂᆞ/일긱(一刻)인들 잇칠손가?
유작 유소(有作有所) 유귀거(有歸去)라./옛글의도 잇거니와
당당(堂堂)ᄒᆞ 동상방(同上房)의/녀를 엇지 못안치며,
이 됴흔 이 셰계(世界)를/너를 엇지 못뵈노니?
오미(寤寐)예 미친 한(恨)이/속광젼(屬纊前)25) 풀일손야?
의법젼(依法典) 동부직(從夫職)/증ᄌᆞ(贈字)로 쓰돈 말고?
부ᄉᆡᆼ(復生)이 양몽(若夢)ᄒᆞ니/쳔당(天堂)의 만날소야?
취리(醉裏) 건곤(乾坤)이요./한듕(閑中) 금리(錦履)로다.
동디(冬至)ᄯᅡᆯ 염육일(念六日)은/유학ᄃᆡ감(幼學大監)26) 회갑(回甲)일다.
유ᄌᆞᄌᆞ효(有子子孝) 여증ᄌᆞ(如曾子)./유부부(有夫婦) 경부 친부(卿輔親父)27)
시화(時和) 셰풍(世豊)ᄒᆞ니/ᄯᅥ 가장 됴타마ᄂᆞ
팔역 신민(八域臣民) 소의듕(素衣中)28)/셜연(設宴)이야.
당당 졍츙(堂堂精忠) 익쳐 성즁(哀悽聲中)/증증 한셕(貞靜閑席) 젹을소야?
우흐로 듀신 쌀을/시딕 빙쳥(媤宅빙쳥) 모화더니,
남산(南山)마치 쩍을 ᄒᆞ고/한강(漢江)쳐로 슐을 ᄒᆞ야
동누(鐘樓)ᄀᆞ치 너른 상(床)의/삼각산(三角山)을 괴와 올녀

---

24) 동고지인=함께 괴로움을 겪으며 살았던 사람. 여기서는 부강태수로 부임하는 유태좌(柳台佐)의 부인이며, 지은이의 맏며느리.
25) 속광젼=죽기 전. 속광은 임종 때에 솜을 코밑에 대어 숨이 지었나를 알아보는 일임.
26) 유학ᄃᆡ감=벼슬하지 않은 선비를 높여서 이른 말. 여기서는 부강태수의 아버지이며, 동시에 지은이의 남편인 유사춘(柳師春).
27) 경부친부=나라의 높은 벼슬아치의 친 아버지라는 뜻인 "경보친부(卿輔親父)"의 잘못인 듯함.
28) 소의듕=흰옷을 입고 있는 중. 여기서는 정조 24년(1800:경신) 음력 6월에 정조대왕께서 승하하신 까닭으로 온 국민이 거상중(居喪中)임을 가리킨 것임.

병부(兵符) 츤 틱슈아(太守兒)29)는/궁공(躬拱)ᄒᆞ여 헌슈(獻壽)ᄒᆞᆯ 졔,
연벽 진ᄉᆞ(聯璧進士) 듕계아(中季兒)ᄂᆞᆫ/샹(床)을 들고 동후(從後)ᄒᆞ네.
배셕(陪席)ᄒᆞ신 두 노인(老人)은/셔로 부부(夫婦) 고면(顧眄)ᄒᆞ니,
내 평ᄉᆡᆼ(平生) 못ᄒᆞᆫ 일을/ᄌᆞ식(子息)의게 밧을나니,
두 귀밋치 홧홧ᄒᆞ고/츄모지심(追慕之心) 비승(倍勝)ᄒᆞ다.
삼ᄌᆞ 일셔(三子一壻) 모셔 안고/니흉연 지방ᄒᆞ니,
금방 쇼ᄉᆞ 경셩윤이/ᄉᆞ참이도 이르럿너.
남의 이른 일도/오히려 긔특(奇特)거든
이 집 아ᄒᆡ(兒孩)/이 ᄉᆞ업(事業) 이 영양(榮養)은
니 아니 갸륵ᄒᆞᆫ가?/이 갸륵ᄒᆞᆫ가?
이 업나니 졍과 쭉쭉/이 잇나니 싱율(生栗) 쪽쪽.
하져(下箸)ᄒᆞ고 샹(床) 몰리니/토인(通人) 급챵(急唱) 포복(匍匐)일다.
월졍 원일(月正元日) 됴흔 날의/사향지심(思鄉之心) 더ᄒᆞ더니,
승졍원(承政院) 옥당 셔리(玉堂胥吏)/유슈찬(柳修撰)30) 유지(諭旨) 올니나야.
어우와! 셩은(聖恩)이야!/가지록 망극(罔極)ᄒᆞ다.

〈필사본에서〉

---

29) 틱슈아=여기서는 지은이의 아들인 부여군수(扶餘郡守)로 부임한 유태좌(柳台佐).
30) 유수찬=수찬 벼슬에 있는 유씨라는 뜻.

〈참 고〉

權寧徹,「扶餘路程記硏究」,『國文學硏究』4집, 효성여자대학교, 1973.
崔康賢,「경신신유노정기(庚申辛酉路程記)소고」,『홍익어문』1집, 홍익대
    학교, 1982.

22. 북시곡(北塞曲)

구 강(具康)

해제 이 작품은 서봉식(徐奉植)에 의하여 학계에 소개되어 널리 읽혀지게 되었다. 이 작품은 구강(具康)의 가집 이름이기도 하고, 또 현재로서는 조선시대 유일한 암행어사가(暗行御使歌)인 한편의 가사 작품의 이름이기도 하다. 내용은 지은이가 56세 때인 순조 12년(1812)에 함경도 암행어사에 임명되어 변복하고 일행을 양길로 나누어 임무 수행을 위한 여행을 하는 중에 체험한 일과 보고 들은 일들을 소상히 그러면서도 해학적으로 묘사하여 당시 북도 지방의 조선 인민들이 어떻게 살았는가를 잘 전달하여 주는 우수한 작품이다.
  지은이 구강(具康 : 1757-1832)은 자를 공휴(公休)라고 하며, 호를 휴휴(休休) 또는 북성거사(北城居士)라고 하였다. 정조 19년(1796)에 사마시에 합격하여 정조 22년(1798)에 사릉참봉(思陵參奉)이 되고, 동 24년(1800)에 문과에 급제하여 여러 벼슬을 거쳐 사간원 대사간(大司諫)을 지냈다. 그의 가집 『北塞曲(북새곡)』에는 13편의 자작 가사와 한시 형태로 된 「등등가」가 1편이 실려 있다.

어렵다 북시(北塞)길의 　북시곡(北塞曲) 지어보쟈.
험(險)키도 ᄒᆞ거니와 　머다도 ᄒᆞ리로다.
바로 가면 삼쳔니(三千里)요/도라 가면 오쳔니(五千里)라.
(2구 판독 불능).
도망(逃亡)ᄒᆞᆫ 남의 죵을/진짓 ᄎᆞ즐 곳일네라.

(2구 판독 불능).
봉셔 유쳥(封書諭請) 품의 품고/마픠(馬牌)는 엽희 춧다.
(2구 판독 불능).
다락원 낫물 먹여/솔모로 즈거셔라.
(2구 판독 불능).
그 ᄉ이 다ᄉᆞᆺ 고을/칠일(七日)만의 지나셔라.
(2구 판독 불능).
물 탈 길 업돗더라./단공(短笻)을 싹가 니야
(2구 판독 불능).
졀졍(絶頂)의 안즌 모양(模樣)/묘연(杳然)도 ᄒᆞ온지고.
(2구 판독 불능).
이곳의 안즌 쥴을/엇디 알니? 우리 가쇽(家屬).
(2구 판독 불능).
에셔붓터 북관(北關)이라./깁고 깁다.쩌진 디형(地形).
이 짝이 놉흔 쥴을/져편으로 알니로다.
안져 쉬고 셔셔 쉬니/ᄂ려가기 십니(十里)로다.
시졀(時節)이 구월(九月)이라./골골마다 단풍(丹楓)나무.
다홍댱(多紅帳)을 둘넛시며/샹풍(商風)1)은 쇼슬(蕭瑟)ᄒ다.
고산(高山)2)셔 비를 맛고/셕왕ᄉ(釋王寺) 드러가니,
반모츔 두른 누역 /옷쥬제 볼 것 업다.
반 남아 기른 털억/완증흔 ᄎᆔ(醉)흔 즁이
손의 모양 걸긱(乞客)이라./걸긱(乞客)ᄃ려 달는 말이
소승(小僧) 댱삼 낡아/여벌이 잇습거든
빈승(貧僧)의게 시쥬(施主)ᄒ오./오빅 이십(五百二十) 나한(羅漢)님과

---

1) 샹풍=가을 바람.
2) 고산=조선시대 안변도호부에서 남쪽 75리지점에 있었던 고산역(高山驛).

부귀공명(富貴功名) 비오리다./내 디답(對答) 들어 보소.
내 본디 간난(艱難)ᄒ야/영흥(永興)고을 걸터 가니,
단벌 큰 옷 버셔 니고,/동돌지만 입고 가면,
관문(關門)엔들 들일손가?/관가(官家)의 드러가셔
옷가지나 엇게 되면,/ 오올 적 다시 츠즈
두루막이 버셔 줌시./ 철 모로눈 뮌더갈이
보치눈 일 우숩더라.
덕원(德源)[3]으로 가쟈셔라./원산(元山)마을 드러오니,
남관(南館)의눈 대도회(大都會)라./물싯(物色)이 번화(繁華)터라.
북히(北海)를 처음 보니/넙으나 넙은 물이
긴 눌의 우뢰소리/빅만(百萬) 슈레 구우눈 듯
이 소리 죵일 듯고/문천 역촌(文川驛村) 드러가니,
져 건너 다리 아리/사롬들이 뭇거 셧니.
벌거 벗고 물의 드러/연어(鰱魚)잡기 흔다커늘
돈 서푼(分) 손의 쥐고/거줏 스라 건너가니,
슈척 은린(數隻銀鱗) 잡아 니야/풀망터의 드리치니,
보기도 장(壯)ᄒ거니/져 사롬들 시험(試驗)ᄒ여
그 듕의 뮈운 놈긔/이분네 고기 스시.
스랴거든 스 가시오./두돈 팔푼(八分) 너라시나.
흥졍의 에누리를/이젼(以前)의 들엇거니.
이분네 욕심(慾心) 만타./흔흔 고기 과(過)흔 갑시
내 소견(所見)과 엉뚱ᄒ니/서푼 받고 팔냐시나?
어디 잇눈 킈 큰 냥반(兩班)/열 업슨 말 다시 마샤.
아모 철도 모로면셔/고기 스쟈 ᄒ눈고나.
그져 ᄒ나 건네올가?/이 냥반(兩班) 어셔 가시.

---

3) 덕원=전의 함경남도에 딸린 지명.

이스라면 아니 갈가?/가라 ᄒ니 가노메라.
고원(高原)으로 가쟈셔라./고원(高原) 주고 영흥(永興) 가니,
관쳥(官廳)의 연(緣)혼 과즐/혼 됴각 뉘 줄쏘냐?
슈슈엿 유명(有名)ᄒ니/ᄉ다가 뇨긔(療飢)ᄒ싀.
니낭쳥(李郞廳) 젼집니(全執吏)⁴⁾는/용이(容易)히 먹거니와
이 업슨 구싱원(具生員)⁵⁾은/녹이노라 더디고나.
다 먹고 언제 가리?/우물거리며 가쟈셔라.
가고 가고 셕양(夕陽) 써의/졍평(定平) 주고 함흥(咸興) 가니,
함흥(咸興) 가니 함흥(咸興)사롬/사롬 알기 신통(神通)터라.
우리 죵인(從人) 각각(各各) 나쟈./황우짐⁶⁾을 풀어닉여
바날 골모 담비디를/분슈(分受)ᄒ여 난혼 후(後)의
지셔방(池書房)과 니승(尼僧)들은/홍원 북쳥(洪原北靑) 바로 가고,
니낭쳥(李郞廳)과 젼집니(全執吏)는/죠ᄎ 댱진(長津) 가싀.
셔북(西北)으로 난회오니/부딕부딕 거푸 부딕
밥 잘 먹고 잠 잘 자고/병(病) 업시 단니다가
아모 둘 아모 써의/경흥(慶興)으로 긔회(期會)ᄒ쟈.
뉵진 칠읍(六鎭七邑) 주셰 보소./나올 적 다시 뒤싀.
인졍(人情)이 그러혼가?/심약(心弱)ᄒ야 그러혼지?
써나기도 어렵거니/어늬 념녀(念慮) 업돗던가?
잘 가셔 슈이 보싀./일 들고 늣 써나소.
이 사롬의 의관(衣冠) 보소./두루막이 몃 조각을

---

4) 젼집니=동행자. 성이 전씨인 집리(執吏). 집리는 조선시대 육조와 의정부와 선혜청(宣惠廳) 등의 기관에서 사무를 맡아 보던 벼슬아치.
5) 구싱원=지은이 자신. 암행어사(暗行御史)이기 때문에 자기 신분을 감추기도 하면서 해학적(諧謔的)으로 말한 것임.
6) 황우짐=황아장수들이 팔기 위하여 지고 다니는 짐. 온갖 일상 생활 필수품들을 싸서 재래식 장날이나, 부락단위별로 옮겨 다니며 파는 황화(荒貨)장수의 짐.

뉘 손으로 기왓는지?/죠각마다 슈십(數十)일네.
기러가 절넛거든/소미죠츠 좁앗너냐?
헌 것 너허 삼은 집신/뒤축가지 들메이고,
썩거진 치양 갓슨/끈죠츠 니어 미고,
곽만 남은 셔피 휘항(黍皮揮項)[7]/턱 아래 미고 미야
바롬도 피(避)ᄒ려니/면목(面目)을 감쵸고져.
귀신(鬼神)인가? 힝걸(行乞)인가?/냥반(兩班)인가? 상인(常人)인가?
거동(擧動)이 괴이(怪異)커니/그 속을 뉘 알니오?
흔일즈(一字) 외통길의/종적(踵跡)을 감츌쏘냐?
누셜(漏泄)ᄒ면 못ᄒ려니/역(驛)놈들아! 죠심(操心)하라.
댱진(長津)이 급(急)다 ᄒ니/어셔어셔 가오리라.
듕녕(竹嶺)도 험(險)커니와/부젼령(赴戰嶺)[8]이 무섭더라.
막디를 턱의 괴고/촌촌(寸寸)이 셔셔 쉬니,
안즈랸들 터이 업다./눈 우희 안즐소냐?
황쵸령(黃草嶺) 바라보니/부젼령(赴戰嶺)이 죠스(祖師)로다.
오르즈니 숨이 츠고/ᄂ리즈니 허리 앏퓌.
하마하마 죽을너라./왼 몸이 짬이로다.
긔운(氣運)이 거의 진(盡)코/정신(精神)이 산란(散亂)터니,
헌 누덕이 입은 뉴(類)가/남진인지? 계집인지?
어린 자식(子息) 등의 업고/즈란 즈식(子息) 손의 썰고,
울면서 눈물 쩻고/업더지며 오는 모양(模樣)
츠마 보지 못홀너라./나즉이 뭇넌 말솜
어듸로셔 죠츠 오며/어듸러로 가라는고?
쥬려들 가는 인가?/가게 되면 어더 먹나?

---

7) 셔피 휘항=담비라는 짐승의 털가죽으로 만든 옛날 방한구(防寒具).
8) 부젼령=함경도 함흥 북쪽 140리에 있는 고개.

아모 데도 흔가지라./날 짜라 도로 가면,
주니 원(員)님 가셔 보고/안졉(安接)ᄒ게 ᄒ야 줍시.
겨우겨우 디답(對答)ᄒ되/우리 곳은 댱진(長津)이라.
여러 히 흉년(凶年) 들어/살 길이 업눈 듕(中)의
도망(逃亡)ᄒ 이 신구환(身救還)을/잇는 쟈(者)의 물니랴니,
졔것도 못 바치며/남의 곡식(穀食) 엇다 홀고?
못바치면 미 마즈니/미 맛고 더옥 살가?
졍쳐(定處) 업시 가게 되면/죽을 줄 알건마는
아니 가고 엇디ᄒ리?/굼고 맛고 죽을 디경(地境)
츨하리 구렁의나/ 념녀(念慮) 업시 뭇치이면,
도로혀 편(便)홀지라./이런 고로 가노메라.
급(急)히급(急)히 넘어가쟈./이 빅셩(百姓)들 살녀 보셰.
둘지 녕(嶺)을 올나 셔셔/고을 디경(地境) 바라보니,
열 집의 닐곱 집은/횡그러니 뷔엿더라.
읍듕(邑中)으로 드러가니/남은 집의 곡셩(哭聲)이라.
젼년(前年)의 이 쳔여호(二千餘戶)/금년(今年)의 칠빅호(七百戶)라.
미혹(迷惑)ᄒ 뉴부ᄉ(柳府使)와/답답(沓沓)ᄒ 니도호(李都護)는
국규(國規)도 즁(重)커니와/인명(人命)인들 아니 볼가?
빅셩(百姓) 업눈 곡식 바다/그 무어셰 쓰랴 ᄒ노?
츌도(出道)ᄒ 후(後) 젼녕(傳令)ᄒ야/니징 죡징(里徵族徵) 업시ᄒ고,
허두(虛斗)잡이 호역(戶役)들을/태반(殆半)이나 더러 쥬고,
신구환(身救還) 칠만셕(七萬石)00은/탕감(蕩減)ᄒ쟈 알외깃네.
디력(地力)은 다 진(盡)ᄒ고/텬긔(天氣)는 일 치워셔
만각 곡(萬斛穀)이 아니 되니/그 빅셩(百姓)이 이슬쏘냐?
진(鎭)으로 읍(邑)되기는/혜마련 그릇ᄒ고,
읍(邑)으로 진(鎭)이 되면/도로혀 다힝홀네.
이리로셔 어디 갈고?/뉵진(六鎭) 지나 삼슈(三水) 가쟈.

압녹강(鴨綠江) 겻히 두고/팔빅니(八百里) 반이 길이
좁으나 다시 좁아/뵈너뵈만 못ᄒ더라.
이 쩌는 십월(十月)이라./촌촌(寸寸)이 빙판(氷坂)일네.
죠심(操心)ᄒ소. 실죡(失足)ᄒ리./져승이 지척(咫尺)일네.
다리 덤불 츩너츌을/붓들며 긔여 가니,
팔 다리 부엇거니/두 손바닥 덕것더라.
이 언덕 겨우 ᄂ려/험탄(險灘)을 건너랴니,
비 일홈이 마샹(馬狀)이라/몰 먹이는 귀우로다.
아모리 위티(危殆)ᄒ들/아니 탈 길 이슬쏘냐?
검고 깁고 너른 물이/산듕(山中)으로 뽀아ᄂ니,
구당(句當)이 이러턴가?/황공탄(惶恐灘)이 여긔로다.
집치 ᄀᆺ흔 큰 비라도/니셥(利涉)기 극난(極難)커든
버들닙 ᄀᆺ흔 우희/칠쳑신(七尺身)을 시럿고나.
굴원션싱(屈原先生) 죠샹(弔喪)키가/경각(頃刻)의 잇는 듕(中)의
넉 업슨 말 들어 보소./져 ᄉ공(沙工) ᄒᄋᆞ비기를,
엇그제 이 비의셔/두 사름이 죽엇슴늬.
젼젼긍긍(戰戰兢兢)ᄒᄋᆞᆯ 쩌의/이 말슴 엇더ᄒ니?
ᄒᆞ번도 십년 감슈(十年減壽)/아홉 번 무슴 일고?
무양(無恙)이 등안(登岸)ᄒ니/왕녕(王靈)이 도으신가?
엇디ᄒᆞ야셔 뉵진(六鎭)고?/별히 신방 묘파(申方卯阪)⁹⁾로다.
ᄌᆞ쟉구비(自作具備) 강구어(江口於)면/함흥(咸興)셔는 셔편(西便)일네.
누구누구 직희던고?/만호 권관(萬戶權管)¹⁰⁾ 잇돈더라.
관가(官家)를 볼쟉시면/봇셥질노 니엇고나.
담만 못ᄒ 셩(城)이올네./지악돌노 에웟고나.

---

9) 신방묘파=서쪽을 향하여 동남쪽으로 치우쳐 있음.
10) 만호 권관=조선시대 무관직(武官職). 만호는 정4품관이며, 고려시대 원나라의 군제에서 비롯된 것이며, 권관은 각진(各鎭)에 배치된 종9품의 무관임.

만흔 인가(人家) 몃치런고?/진하(鎭下)의 서너 집식
놉흔 거슨 둙의 홰오./나즌 거슨 돗희 우리.
아젼이 군ᄉ(軍士)되고/군ᄉ(軍士)가 아젼 되야
셔로 가며 츄이(趨移)ᄒ니/만홀 제 각각(各各)ᄒ랴?
제 모양(模樣) ᄎ리고쟈/일마다 긔담(奇談)이라.
다방머리 긴 디답(對答)은/통인(通引)은 어인 일고?
귀우리는 닙뿔이오./강남콩은 팟치로다.
바다히 팔구빅니(八九百里)/소곰 어더 먹을쏘냐?
나무독의 갓짐치는/짠 것 업시 담앗거니,
싀쯻고 승거온 맛/진짓 그 밥 반찬일네.
기름을 맛보랸들/참씨 들씨 이슬쏘냐?
불 켜는 양 가이업다./익기나무 옹도리나
흔 발 되는 결읍디의/좁뿔 쓰물 무쳐 말녀
쇠테 흔 졍쯔 목의/열업시 가로 질너
덧업시 타는 동안/반반 시(半半時)도 못되더라.
죠희가 지귀(至貴)ᄒ니/창(窓) 바른 죠희 보소.
봇셥질 엷게 이러/더덕귀로 붓쳣시니,
바롬은 막으려니/볏치야 보올쏘냐?
보기 슬타 너홰집은/뉵간 칠간(六間七間) ᄒ 기리로
되는 디로 지엇시니/졍ᄌ간(間)이 기둣더라.
그 안의 무엇무엇 /흔가지로 잇돗던고?
소와 돗과 긔 둙 즘싱/사롬과 셩겨 즛데.
못 살너라. 못 살너라./뉵진(六鎭)셔는 못살너라.
산도라지 호표(虎豹) 곰과/일의 승냥 들소등물(等物)
쮜며 울며 셔며 안져/밤낫스로 작난ᄒ고,
아기네 쥬어다가 /왼이로 삼킨다데.
동지(冬至) 셧 달 치울 젹의/셩쥬목(成柱木)도 못견듸여

언 썹질이 튀여날 제/쇠뇌도곤 무셥다데.
칠월(七月)의 셔리 오고/팔월(八月)의 눈 오기는
삼년(三年)의 이년(二年)이오./오년(五年)의 삼년(三年)이라.
오조와 귀우리는/겨우겨우 먹거니와
닙뿔의 팟 둔 밥은/종신(終身)토록 맛볼쏘냐?
갓 삿갓 쁘랴 ᄒ니/디와 갈 이슬쏘냐?
도리 좁은 노벙거지/성긋성긋 결어 뻣데.
기가쥭 긴 돌지는/팔ᄌ(八字) 조하 어더 닙고,
큰 녹피(鹿皮) 왼통바지/호ᄉ밧치 겨우 입고,
빈ᄌ(貧者)는 보션 벗고/검고 낡은 뵈져고리
삼동(三冬)이 다 진(盡)토록/버슬 줄 모로더라.
이러ᄒᆫ 사롬들이/손 디졉(待接) 알가 보냐?
졔일(第一)노 인사셩(人事性)이/평안(平安)ᄒ오? 어듸 계셔?
먼 길의 시쟝(澌腸)ᄒ리./담비질 ᄒ시옵소.
졀도(絶倒)ᄒ다.너희 인ᄉ./세 번 지는 엇던턴고?
이리로 들는 말이/안으로 븟ᄒ랴데.
아모리 븟ᄒ랴니/ᄂᆡ외(內外)가 각별(恪別)ᄒ다.
두 줄 세 줄 담비 환ᄌ(還子)/팔노(八路)의 업는 일을
삼슈(三水) 와셔 쳐음 듯니./담비가 살니는가?
죠희 필묵(筆墨) 파는 체로/질쳥의 드러가셔,
젼나도(全羅道) 슌텬(順天)손이/산슈(山水) 보기 겸(兼)ᄒ야셔
무산(茂山) 고을 가는 길의/집 들기 극난(極難)ᄒ니,
샹쥬(喪主)님네 보살피셔/죠희쌍 븟ᄌ로나
문셔(文書)나 젹으시고/셕반 일긔(夕飯一器) 먹인 후(後)의
ᄒᆞᆫ 즈리 빌니시셔/하로 밤 더 시옵셰.
이 아젼(衙前) 거동(擧動) 보소./뒤 보고 압 보더니,
ᄒ나 둘식 ᄎᆞᆺ ᄶᅨ야/문 잠으고 다 나가데.

이 힝식(行色)이 피폐(疲弊)ᄒ나/하방인물(遐方人物) 아닌쥴은
밍낭(孟浪)터라 짐쟉(斟酌)ᄒ고/말ᄒ기 괴롭기의
이러타 아니ᄒ고/져졀노 피(避)ᄒ거니,
열젹게 도로 나와/ᄉ면(四面)을 둘너 보니,
아모커나 슈샹(殊狀)ᄒ지?/관문(關門)밧긔 사롬들이
오뉵십(五六十)이 셩군(成群)ᄒ야/가는 곳만 보돗더라.
디엿 쥴 인친 죠희/길가의 ᄲ졋거늘
알니로다.집어 보니/풍헌(風憲)의게 젼녕(傳令)이라.
환ᄌ(還子)들 급(急)히 말고/족징(族徵)ᄒᆯ가 넘녀(念慮) 말나.
열 서 말식 가져 오면/그디로 바드리라.
우숩다. 모로던가?/이 젼녕(傳令) 본 지 오리.
보라 ᄒ고 ᄲ졋거니/다시 알게 무엇ᄒ리?
후쥬(厚州)로 드러가쟈./오빅니(五百里) 험(險)ᄒᆫ 산쳔(山川)
간신(艱辛)이 발섭(跋涉)ᄒ니/강계 녕원(江界寧遠) 디경(地境)이라.
셜읍(設邑)의 논 오활(迂闊)ᄒ다./댱진(長津) 모양(模樣) 되오리라.
남의 죵 숨은 놈과/살육 죄인(殺戮罪人) 도망(逃亡)ᄒᆫ 놈
오합지졸(烏合之卒) 모혓시니/밋을 것 젼혀 업다.
디방(地方)은 편협(偏狹)ᄒ고/흉년(凶年) 들면 죽을 데라.
닌읍(隣邑)이 머럿시니/곡식 슈운(穀食輸運) 어이ᄒ리?
이 슌(二旬)만의 갑산(甲山) 오니/폐막(廢幕)도 만흘시고.
구환(구환)은 구산(구산) ᄀᆺ고/녹용 진샹(鹿茸進上) 어렵더라.
촌민(村民)의 싱이(生涯)들은/무어스로 ᄒ돗던고?
돈셔(돈서)를 사녕ᄒ여/먹은 환ᄌ(還子) 바치려니,
몹슬 관댱(官長) 오게 되면/늑(勒)미 늑탈(勒奪) ᄒᄂᆫ고나.
이ᄲᅮᆫ만 그러ᄒᆞᆫ가?/녹용(鹿茸)도 돈피(豚皮)로다.
기싱(妓生)들의 간난(艱難) 보소./보병치마 즐너 닙고,
만호 권관(萬戶權管)비러가면/남병ᄉ(南兵使)의 쳡(妾)이 된 듯

깃버ᄒ기 측냥(測量) 업닉./그 무슴 영화(榮華)되리?
불면 나는 뫼조밥도/변변이 못먹니,
그 무어시 깃부관듸/조청(自請)ᄒ야 가려는고?
ᄒᆫ 계집이 서너 셔방(書房)/응당(應當)으로 아는 풍속(風俗)
본 셔방(書房)이 좃케 너겨/밤이면 오라 ᄒ니,
그 스나회 별비위(別脾胃)라./이적(夷狄)도곤 심ᄒ옵데.
달고 감은 참들쥭이/이 산(山)거시 진품(眞品)이라.
그 국의 국슈 만 것/빗고 곱고 맛도 다다.
무산(茂山)으로 넘어갈 제/지는 녕익 말ᄒ리라.
속산령(속산령)을 너얏거든/빅산령(白山嶺)은 무슴일고?
급업(岌嶪)ᄒ다.셜관녕(雪關嶺)은/하늘을 괴야 잇고,
멀거다.이숑녕(二松嶺)은/이숑녕(二松嶺)이 족(足)ᄒ거든
구십니(九十里) 어위 안의/닐곱 녕(嶺)이 형뎨(兄弟)로다.
져모도록 쥬렷거니/비 골타 엇디 홀고?
구졀녕(九折嶺) 강팔녕은/올을 뜻이 망연(茫然)ᄒ다.
이 외(外)에 열 네 녕(嶺)은/놉고 낫기 닷톨소냐?
구름인가? 안긔런가?/뫼도 ᄀᆺ고 바다 ᄀᆺ다.
활의 샹(傷)ᄒᆫ 겁닌 시라./ᄀᆺ흔 모양(模樣) 보게 되면,
ᄆᆞ음이 황공(惶恐)ᄒ고/다리가 썰니더라.
젼나무 잣나무는/익기나무 셧겨 이셔
뉘 와셔 침노ᄒ니/념녀(念慮) 업시 ᄌᆞ랏시니,
크기도 크거니와/곳기도 곳을시고,
동냥 쥬즙 되련마는/잇는 곳이 벽원(僻遠)ᄒ니,
텬하(天下)의 냥쟝(良將)인들/알음이 이슬소냐?
앗갑다.이 지목이/눈비의 썩으리라.
갑산 무산(甲山茂山) 두 산듕(山中)의/녕약(靈藥)도 이스려니,
신롱(神農)이 머럿시니/맛볼 이 다시 업다.

엇디ᄒᆞ여 슐이11) 업고/엇디ᄒᆞ여 싀가 업노?
빅산(白山)다는 황제(皇帝)다라/이곳 밧 업다더라.
익기진 어디 쓰노?/헌듸예 명약(名藥)일네.
동인진(鎭) 다ᄅᆞ드니/곤쟝덕 싹근 고기
이 고기 넘어 가면/허항녕(許項嶺)이 거긔로다.
이 고기 넘으랴니/사ᄅᆞᆷ마다 눈물이라.
허항녕(許項嶺) 어렵기는/북관(北關)의 유명(有名)ᄒᆞ니,
열 사ᄅᆞᆷ 오르다가/다ᄉᆞᆺ 여ᄉᆞᆺ 죽는다데.
산신(山神)이 지악(至惡)ᄒᆞ여/과긱(過客)이 죠곰ᄒᆞ면,
목이 공연(空然) ᄲᅢ지기의/녕(嶺)일홈이 허항(許項)일네.
그러ᄒᆞ기 이 녕(嶺)의ᄂᆞᆫ/왕닉인(往來人)이 업다 ᄒᆞ데.
수쳔니(數千里) 타향긱(他鄕客)이/ᄉᆞ성을 모로거니,
져 사ᄅᆞᆷ들 우는 씃이/뫕지 아닌 이 늙은이
죽으라 가는 일이/ᄌᆞ연(自然)이 불샹ᄒᆞ니,
아모리 북인(北人)인들/측은지심(惻隱之心) 업슬소냐?
죽은들 엇디ᄒᆞ리?/혈마 엇더 ᄒᆞ올손가?
아모커나 금즉더라./삼빅니(三百里) 긴긴 녕(嶺)의
나는 시도 업슬 젹의/사ᄅᆞᆷ이야 이슬소냐?
썜도리 로년 포목이/바ᄅᆞᆷ을 못 이긔여
ᄲᅲ리죠ᄎᆞ 넘어져셔/언건(偃蹇)12)이 누엇시니,
이 일홈이 진동(震動)이라./진동(震動)이 어인 뜻고?
사ᄅᆞᆷ마다 무섭기의/진동(震動)ᄒᆞ다 ᄒᆞ돗더라.
ᄲᅲ리는 검각(劍閣)이오./둥신은 댱셩(長城)이라.
쥬린 죵인(從人) 넘노나리/긔운(氣運)이 쇠진(衰盡)ᄒᆞ고,

---

11) 슐이=새짐승. 독수리 등의 사나운 새.
12) 언건=태도가 점잖고 거만함. 또는 성대(盛大)한 모양.

넘어지는 여윈 물은/몃 번이나 이르키니,
셩황당(城隍堂) 음참(淫僭)ᄒ다./귀신(鬼神)이 이슬너라.
나무 끗치 흔들흔들/음풍(陰風)이 이러ᄂ며,
슈파롬 세 마디가/마듸마다 이원(哀願)터라.
엇더혼 이 엇디 죽어/원귀(寃鬼)가 되얏는가?
일힝(一行)이 의괴(疑怪)ᄒ야/졀ᄒ며 빈다더라.
모밀범벅 혼 노고¹³)와/빅지 셕 쟝 걸고 오데.
내 경샹(景狀) 위급(危急)ᄒ니/ᄉ지(四肢)가 동히는 듯
말ᄒ랴니 홀 길 업고/얼골이 검푸르니,
방인(傍人)이 황급(遑急)ᄒ야/봉셔 마픠(封書馬牌) 거두면셔
눈물이 방방ᄒ니/속으로 한심(寒心)ᄒ데.
졍신(精神)을 가다듬아/궐연(蹶然)이 이러셔며,
슐 훈 쟌(盞) 마신 후(後)의/강개(慷慨)히 속의 말이
디신(地神)들은 호위(護衛)ᄒ여/악귀(惡鬼)를 쪼ᄎ 쥬소.
왕명(王命)으로 오는 샤쟈(使者)/디신(地神)인들 모를소냐?
봉ᄂ 산쳔(蓬萊山川) .신령(神靈)들이/쏘흔 우리 왕신(王臣)이라.
아니 돕고 엇디ᄒ리?/급(急)히 급(急)히 보옵쇼셔.
이윽더니 녯내로다./노마(老馬)를 치질ᄒ여
빅두산(白頭山) 격(隔)히 두고/삼지연(三池淵) 지나오니,
이놀 밤 구십니(九十里)를/불 업시 올 젹의ᄂ
황구(遑懼)ᄒ고 위틱(危殆)터라./쉬랴 흔들 어듸 쉬리?
우슈슈 압 슈풀의/무슴 즘성 지나더니,
이틀 밤 한 두홀 제/목셕(木石)인들 견딜소냐?
의복(衣服)은 박낙(剝落)ᄒ고/바롬은 디동치듯
뼈마다 싹가지고/고니는 쩌러질네.

---

13) 노고=놋쇠로 된 그릇.

통나무 베허다가/화셩을 쏘하 노코,
사롬인지 물일넌지?/머리를 불노 두고,
참노라니 오죽ᄒ랴?/아모죠록 살냐ᄒ니,
불샹흔 이 덕취러라./날 위ᄒ야 등마츄니,
뒤흐로 도라 안져/화긔(火氣) 온 돌 쪼일소냐?
만일(萬一)의 눈비 오면/살냐 흔들 살가 보냐?
하놀이 도으신지?/귀신(鬼神)이 감동(感動)ᄒ지?
잇흘 밤 지앙(災殃) 업시/목숨을 보즁(保重)ᄒ나,
귀우리밥 눈의 데여/쟝(醬) 업시 먹즈 하니,
비의셔는 오라거니/목궁기 아니밧데.
팔십니(八十里) 무산(茂山)길의/인가(人家)를 겨우 어더
눌 져문 태산촌의/쥬인(主人)이라 드러가니,
기가죡 닙은 놈이/반말죠츠 드더지며,
문(門)을 막고 흘겨 보며/괴이(怪異)홀손 우엔 손고?
우리 쟝모(丈母) 병환(病患) 계셔/힝인(行人)을 엇디 츠리?
우리 쳐남(妻男) 거북ᄒ니/아니가고 엇디홀고?
내 몬져 디답(對答)ᄒ되/져문 눌 모른 길의
어듸로 가라 ᄒ노?/갈 곳을 닐너 쥬소.
사롬도 사롬 쏫나?/무산 인심(茂山人心) 괴이(怪異)ᄒ의.
호표 시랑(虎豹豺狼) 별것신가?/인듕(人中)의논 네로고나.
그려도 가라 ᄒ니/역(驛)놈들이 오죽ᄒ냐?
쌤 치며 발노 차니/져의 호령(號令) 들어 보소.
이놈들아! 냥반(兩班) 치고/귀향은 뉘 갈소니?
병(病) 든 쟝모(丈母) 놀나시셔/병혼(病魂) 더쳐 상ᄉ(喪事) 나면,
살인 죄인(殺人罪人) 되오려니/너의 놈들 가지 말아!
이스라니 가올소냐?/우리 이셔 디변(對辯)ᄒ쟈.
물짐 풀고 드러가니/젠들 다시 엇디ᄒ리?

무산(茂山)놈들 극악(極惡)더라./남계촌(南溪村) 더시랴니,
탕건(宕巾) 쓴 킈 큰 쥬인(主人)/가잠나롯 거스리고,
팔 뽐니며 호령(號令)ᄒ니/무셥기도 무셥더라.
도젹(盜賊)인가? 여러 놈이/이 밤듕의 뛰여드니,
내집의 화살총(銃)을/너 위(爲)ᄒ여 두엇노라.
죠약돌을 겨우 면(免)코/슈마셕(水磨石)을 맛나고나.
잔약(殘弱)히 구다가논/대픽(大敗)를 보올너라.
내 역(驛)이 호령(號令)ᄒ되/네 화살 무셥고나.
내집의 큰 칼 들어/시험(試驗)을 ᄒᆞ즈터니,
너ᄀᆞ흔 놈 죠톳더라./견듸여 보올쏘냐?
홀 일 업다. 싀골분네./내 슈단(手段) 어이 알니?
내 헛장 고지 듯고/제 헛장 움치면셔
신 신고 갓 쓰면셔/다시 풀쳐 ᄒᄂ 말이
다시 보니 어룬 손님/이 인ᄉ(人事) 허물 마오.
히포 병(病) 든 쟈근 쏠이/안방의 누엇시니,
누츄(陋醜)타 말으시고/어셔어셔 붓ᄒ시오.
곰의 가족 ᄯᅡ라 쥬며/담바괴 붓쳐 쥬데.
산듕(山中)의 즘싱 만키/화살총(銃)은 잇돗더라.
이 후(後)란 손을 만나/디졉(待接)ᄒ라.면계(面戒)ᄒ니,
대져(大抵) ᄒ지(寒地) 북도(北道)사름/피잔흔 이 보게 되면,
만모ᄒ기 특심(特甚)ᄒ고/거북흔이 디졉ᄒ데.
큰 챵옷 입은 이ᄂ/샹긱(上客)으로 혜아리며,
열 그릇 밥이라도/도산 쥬면 대로(大怒)ᄒ기
죠희 속의 골모 바날/몰니 너여 두고 올네.
산(山) 양벽(兩壁) 시로 난 길/촉도(蜀道)를 다시 만나
오리(五里)를 기여가니/손바닥이 피빗치라.
쁘리고 쎗쎗ᄒ니/봇겁질노 동히셔라.

쏘 훈 곳 다다르니/홀 일 업다. 엇디훌고?
우희는 물 못타고/아릭는 대강(大江)이라.
산(山)의는 물 못타고/강(江)의는 빈가 업다.
듕간(中間)의 좁은 길이/길마가지 안친 모양(模樣)
사롭은 긔려니와/마필(馬匹)은 메고 갈네.
메고 가면 가련마는/사룸 격어 엇디ᄒᆞ리?
반갑다.소릭 ᄂᆞ니/산녕 포슈(砲手) 여숫 놈이
산도야지 둘너메고/희끈희끈 넘어오니,
여보소! 포슈보살(砲手菩薩)!/여러 힘 비러 보식.
디답(對答)ᄒᆞ되 이리로는/산댱(山長)이나 겨우 오지.
ᄌᆞ고(自古)로 우마(牛馬)들은/통(通)치 못훈 곳이로세.
훈 계교(計巧) 싱각ᄒᆞ니/이 물을 메여 쥬소.
여러히 올타 ᄒᆞ고/일시(一時)의 췩여 드니,
즘싱도 녕물(靈物)일네./사룸의게 몸을 맛겨
너분이 메이어셔/다 가도록 죵용(從容)ᄒᆞ데.
이곳 일홈 무러 보니/슈심빈(愁心濱)이라 ᄒᆞ둣더라.
오쥭ᄒᆞ야 슈심(愁心)인가?/슈심(愁心)훌 밧 훌 일 업데.
외령(外嶺)서 조반(朝飯)ᄒᆞ고/죵셩(鐘城)으로 가랴더니,
삼ᄉᆞ니(三四里) 못 다 가셔/홀연(忽然)이 음한(陰寒)ᄒᆞ니,
북편(北便)다이 무슴 긔운(氣運)/검어 어득 ᄒᆞ야지며,
바롬은 눈을 불고/눈은 바롬 죠ᄎᆞ
지쳑(咫尺)을 불변(不變)ᄒᆞ니/경각(頃刻)의 십댱(十丈)이라.
몰 비가 쓴지거니/마샹(馬上)의 견딜소냐?
아마도 갈 길 업다./오던 길 ᄎᆞ즈랴니,
슌식(瞬息)의 변화(變化) 보소/구령이 언덕 되고,
언덕이 뫼히 되니/녯 길을 ᄎᆞ즐소냐?
듕간(中間)의셔 겨우 ᄌᆞ고/다시 곳 쩌나오니,

힝인(行人)이 업는 지라./길이 어이 날가 보니.
두서넛 마부(馬夫)들을/분부(分付)ᄒ야 답셜(踏雪)ᄒ니,
불샹ᄒ다. 우리 마부(馬夫)!/언 발이 모도 쌘져
허리만 뵈는고나./넘어질 쎠 무슈(無數)ᄒ다.
빈들 오죽 골풀소냐?/불샹ᄒ다.우리 마부(馬夫).
힝영셩니(行營城裏) 드러가셔/도시(都市) 귀경 ᄒ야셔라.
몰 타고 총(銃) 노키는/국ᄂ(國內)의 졔일(第一)일네.
본영 션달(本營先達) 우세챵은/칠형뎨(七兄弟) 등과(登科)ᄒ니,
셰샹(世上)의 드믄 일을/하방(遐方)의셔 보거고나.
이눌 밤의 잠이 업셔/삼ᄉ경(三四庚)이 되얏던지?
삼슈 갑산(三水甲山)/무산(茂山)짜홀/다시곰 싱각ᄒ니,
집집이 나무 굴둑/혼 길식 셰워 두고,
니마다 물방아는/열 스물 거러 이셔
머리를 마죠 디고/셔로 가며 졀ᄒ는 듯
나무 싯는 나무발구/쇠게 메여 왕니(往來)홀 졔,
강원도(江原道)셔 보앗더니/셰 고을 흔ᄒ더라.
쉰 아희 쟝가 갈 졔/권마셩(勸馬聲)은 무슴 일고?
가슨아희 신힝(新行)홀 졔/시비(是非)는 무슈(無數)ᄒ되,
쇠 등의 틀을 ᄒ야/치마폭을 둘너치고,
동아쥴 ᄎ긴 견마(牽馬)는/슈십보(數十步)나 쌔쳣시니,
도로혀 지뢰14)터라./호ᄉ(豪奢)룰 것 젼혀 업니.
늙은 쳐녀(處女) 오늘 밤의/셔방(書房) 맛시 호ᄉ(好事)로다.
아기네를 낫케 되면/글ᄒ는 놈 활 쏘는 놈
어미 신힝(新行) 지뢰ᄒ나/그러타고 아니 날가?
댱진(長津)셔 회령(會寧) 오기/이쳔 팔빅(二千八百) 오십니(五十里)의

---

14) 지뢰=지리하다는 뜻.

괴이(怪異)ᄒᆞᄃᆡ.그곳 사롬/ 일싱(一生) 죽지 아니턴가?
무덤들이 이스려니/어이ᄒᆞ야 못 볼넌고?
드르니,그럴너라./셩분(成墳)을 ᄒᆞ게 되면,
곰 즘싱 극흉(極凶)ᄒᆞ야/무덤인 줄 짐작(斟酌)ᄒᆞ고,
아모죠록 헤쳐 너야/시신(屍身)을 파 먹으니,
이런 고로 그 짜 사롬/죽으면 평토(平土)ᄒᆞ니,
가이업고 불샹ᄒᆞ다./네 고을 사롬들은
살아셔 ᄌᆞ미(滋味) 업고/죽어도 편(便)ᄒᆞᆯ쏘냐?
이 싱각 져 싱각의/동방(東方)이 거의 붉네.
인(因)ᄒᆞ야 이러나셔/볼하진(볼하진) 지나오니,
텬쟉(天作)으로 두른 곳이/오국셩(五國城)이 여긔로다.
휘죵 흠죵(徽宗欽宗) 대송황졔(大宋皇帝)/금인(金人)에게 잡히여셔
에 와셔 가치이니/쳔고(千古)의 치ᄉᆞ(恥事)ᄒᆞ다.
황포(黃袍)ᄂᆞᆫ 어ᄃᆡ 두고/쳥기(靑鎧)만 짜랏너니?
황졔(皇帝)를 귀(貴)타 마라./포의(布衣)만 못ᄒᆞ고나.
고령진(高嶺鎭) 동문(東門) 밧긔/두 무덤이 쳐량(凄凉)ᄒᆞ다.
토인(土人)들이 지졈(指點)ᄒᆞ되/황졔총(皇帝塚)이 져거시라.
슬푸다! 두 황졔(皇帝)가/오국셩(五國城)을 언제 떠나
고국(故國)으론 못 가시고/북변(北邊)의 긱혼(客魂)되야
의지(依支)ᄒᆞᆯ 곳 젹막(寂寞)ᄒᆞ다./원한(怨恨)이야 오죽ᄒᆞ랴?
겨울이 다힝(多幸)ᄒᆞ다./두우우(杜雨憂)15)를 업ᄂᆞᆫ 쩌라.
이삼월(二三月) 만나던들/긱누(客淚)를 금(禁)ᄒᆞᆯ쏘냐?
죵셩(鐘城)의 부계(涪溪) 븨ᄂᆞᆫ/가늘기로 일홈이라.
두 필(疋)을 쓰랴 ᄒᆞ면/일년(一年)만의 겨우 쎄여
ᄒᆞᆫ 필(疋)의 스무 냥(兩)식/용이(容易)히 밧눈다데.

---

15) 두우우=비가 내려서 길을 가지 못하게 될까 두려워하는 근심

엇더니가 스셔 입노?/집 쥬고 밧굴쏘냐?
뵈 쓰기는 잘ᄒ거니/말소리는 잘못 쓰데.
기가 줏나 돗치 우나?/아모리 스토린들,
쌕쌕 썩썩 지르기는/손의 귀를 쑤드랴나?
열 말의 둘만 알면,/그 뉘라셔 괴이(怪異)탈고?
네 소리 그만 듯고/내 길이나 가오리라.
경홍(慶興)부터 뉵진(六鎭)이오./셔슈라(西水羅)는 디진두(地陳頭)라.
젹지젹도(赤池赤島) 녯 ᄌ최오./빅마빅뇽(白馬白龍) 참말이라.
환죠대왕(桓祖大王) 처음 쩌의/야인(野人)들이 침노ᄒ니,
이리로 피(避)ᄒ실 젹/최시(崔氏)16)와 홈긔 ᄒ니,
방불(彷佛)ᄒ다.고공단보(古公亶父)/솔셔 슈호(守護)아니신가?
히국(海國)은 챵만(漲滿)ᄒ디/녀진(女眞)의 녯 터이라.
감쵸(甘草)가 당지(唐材)여늘/예셔도 진샹(進上)ᄒ데.
삼밧슙 누른 부어(鮒魚)/북도(北道)는 업는 고기
두어 ᄭ 맛슬 보니/과연(果然) ᄒ지지미(遐地之味)17)로다.
우리 죵인(從人) 약속(約束)디로/읍듕(邑中)의 셔로 만나
반갑기도 측냥(測量)업다./엇디 온고? 병(病) 업던가?
꿈의 ᄌ로 뵈던 말과/복ᄌ(卜者)의게 뭇던 일을
낫낫치 고(告)ᄒ 후(後)의/웃고 안져 보는고나.
쩌는 지는 넉 둘이오./단니기는 스쳔니(四千里)라.
이리로셔 복노(復路)ᄒ니/경원(慶源)으로 나오리라.
훈융진(訓戎鎭) 지날 젹의/되놈들이 브라보데.
피디(彼地)가 지쳑(咫尺)이라./젹은 강(江)이 막앗시니,
둙 기 소리 들니더라./즁디(重地)라고 ᄒ리로다.

---

16) 최시=조선 태조의 아버지인 환조(桓祖)의 부인 의혜왕후최씨(懿惠王后崔氏). 곧 조선 태조의 어머니.
17) ᄒ지지미=서울에서 멀리 떨어져 있는 시골의 맛이라는 뜻.

후츈(薰春)도 삼십니(三十里)라./그 아니 즁디(重地)런가?
셩님도 큰 사녕을/못본 일 한(恨)이로다.
황즈파(黃柘坡) 진관(鎭館)뒤희/웃둑 션 져 바회야!
한(漢) 적의 금깅(金罌)인가?/진시(晉時)의 동쥬(銅柱)런가?
곳기도 곳거니와/둥굴기도 둥글더라.
형뎨(兄弟) ㅈ치 둘이 셔셔/원방 계방(元方季方) 알 길 업다.
다목이 운젼(運轉)ㅎ야/내 짐 앏히 두고 지고,
앗갑다.너의들을/뉘 와셔 귀경ㅎ리?
미원쟝(丈)이 보돗던들/어룬이라 졀ㅎ리라.
영달진 긴긴 밤의/대셜(大雪)이 오단 말가?
압길은 이쳔니(二千里)오./풍셜(風雪)은 ㅈ잣는디,
변누(邊樓)의 호젹(胡笛)소리/챵즈를 쓴는 드시
오경(五庚)이 다 진(盡)토록/긱(客)의 꿈을 놀너고나.
경원부(慶源府) 드러갈 제/모진 바롬 귀를 베데.
다 쩌러진 셔피(黍皮) 토슈/무명 슈갑(手匣) 허리쯰를
씨고 미고 쯰엿신들/제 엇디 유공(有功)ㅎ랴?
등골이 닝쳘(冷鐵)이오./비속이 어름이라.
무슴 말 이르즈니/입이 쏘흔 병어리라.
힝년(行年)이 오십 뉵셰(五十六歲)/이런 치위 못보거다.
이런 치위 격는 줄을/낙양 친구(洛陽親舊) 아시던가?
목죠대왕(穆祖大王) 계시던 디/용당니(龍堂里) 이곳이라.
강(江)을 두른 스면 셕곽(四面石郭) /금셩(金城)이 졀노 되야
만부(萬夫)라도 못 열너라./진짓 일온 텬부(天賦)로다.
져놈의 녕고탑(寧古塔)이 /삼빅니(三百里) 못된다니,
엿시만 허비(虛費)ㅎ면/가 보고 오련마는
범월 죄인(犯越罪人) 되올소냐?/이 싱각 오활(迂闊)ㅎ다.
듕원(中原)이 불힝(不幸)ㅎ면/이리로 온다 ㅎ데.

가도(假道)ᄒᆞᄂᆞᆫ 폐(弊)가 나면/ 엇디ᄒᆞ여 무ᄉᆞ(無事)ᄒᆞ리?
허(許)코 막기 냥난(兩難)ᄒᆞ니/방칙(方策)을 익혀 두소.
온셩(穩城)이 몃 니(里)런고?/우리 ᄆᆞᆯ이 지쳣고나.
셔셩(西城)밧긔 잠간(暫間) 쉬여/ᄆᆞᆯ 어더 먹이랴니,
홀연(忽然)이 소쥬(燒酒)쟝ᄉᆞ/앏히 와 팔냐 ᄒᆞ니,
그 술을 먹어 보쟈./촌인(村人)의 솜시 아녀
분명(分明)이 관양(官孃)18)일네./그 곡졀(曲折) 몰을소냐?
이 사ᄅᆞᆷ의 기쥬(耆酒)흠을/태슈(太守)가 들엇더라.
쳔긔(賤妓)ᄒᆞ야 독게 비져/예 와셔 기ᄃᆞ련 지
여러 눌이 되얏더라./슈샹(殊狀)이 오ᄂᆞᆫ 손을
날일 줄 짐작(斟酌)ᄒᆞ고/진짓 ᄲᅩ게 파돗더라.
ᄌᆞ연(自然)이 이 쇼식(消息)을 /풍편(風便)의 얼풋 들의.
아른 쳬 무엇ᄒᆞ리?/담비디 둘을 쥬고,
ᄒᆞᆫ 병(瓶)을 기우리니,/감홍노(甘紅露)19)와 진 일 업네.
유심(有心)터라. 니부ᄉᆞ(李府使)야!/너 언제 날 아더냐?
이리로셔 죵셩(鐘城) 가기/오십니(五十里)가 된다 ᄒᆞ니,
밧비 가ᄂᆞᆫ 져문 길의/어름 밋희 ᄲᅡ지고나.
보션 힝젼 다 적시고/톳 명티가 되얏더라.
이 ᄆᆞᆯ골 이 거동(擧動)을/남 뵈기 슈참(羞慙)ᄒᆞ다.
죠인듕(朝人中)에 츌도(出途)ᄒᆞ고/남여(藍轝) 우희 놉게 안져,
강쟉(强作)ᄒᆞ야 슈렴(收斂)ᄒᆞᆫ들/그 뉘가 져허ᄒᆞ리?
져 기ᄉᆡᆼ(妓生)의 말 보아라./져 냥반(兩班)이 어ᄉᆞ(御使)신가?
어ᄉᆞ(御使)쏘 쥬제 보소./그 집이 간난(艱難)ᄒᆞᆫ가?
갓슨 어이 ᄶᅥ거지고/옷슨 어이 ᄭᅡᆞᄒᆞ며,

---

18) 관양=관기(官妓).
19) 감홍노=조선시대 평양(平壤)에서 생산되었던 붉은 빛깔의 술.

발 밉시 더옥 죠타./집신죠추 신엇고나.
킈 크고 얼골 길면/어스(御使)라 ᄒᆞ돗던가?
들을 제는 범일너니/보믜는 미육이라.
가마니 살펴보니/내라도 피뢰ᄒᆞ다.
대좌긔(大座起) 우션(優先)ᄒᆞ고/좌슈 니방(座首吏房) 잡아 들여
고찰(考察)ᄒᆞ야 형츄(刑推)ᄒᆞ니/졍강이가 헤여지데.
큰 칼 씌워 인봉(印封)ᄒᆞ고/쓰어너여 하옥(下獄)ᄒᆞ니,
그 기싱(妓生)의 눈치 보소./고솜도치 되얏더라.
앗가는 죠롱(嘲弄)터니/시방(時方)은 쩌느고나.
네 거동(擧動) 그만 보고/회령(會寧)으로 가오리라.
회령(會寧) ᄌᆞ고 어듸 갈고?/부령(富嶺)으로 가오리라.
고풍산(古豊山) 어두울 제/원집으로 드러가니,
밤듕의 숨이 막혀/놀나 ᄭᅢ야 이러나니,
왼 방의 너가 가득/병풍(屛風)의 불이 붓데.
져구리 츠ᄌᆞ 보니/개ᄌᆞ츄(介子推)20)가 되얏더라.
하마터면 화장(火葬)될네./즁의 신셰(身勢) 면(免)ᄒᆞ거다.
남의 옷 어더 닙고/부령(富寧)으로 가올너라.
부령(富寧)길이 무셥더라./불시(不時)의 디진(地震)ᄒᆞ여,
공연(空然)ᄒᆞᆫ 평디(平地)를/도쳐(到處)의 두려 쎄니,
그 속의 ᄒᆞᆫ번 들면/다시 날 슈 이슬쏘냐?
앙압다. 우리 일ᄒᆡᆼ(一行)/다ᄒᆡᆼ이 면ᄒᆞ고나!
맛치 ᄀᆞᆺ다 삼슈(三水) 올 제/바롬이 불게 되면,
알음드리 나무들이/불시(不時)의 넘어지니,
공교(工巧)이 그 시졀(時節)의/그 스이로 지나더면,

---

20) 개ᄌᆞ츄=중국의 진문공(晉文公) 때에 산불에 타 죽은 사람으로 한식(寒食) 명절의 유래가 된 사람. 여기서는 다 타 버렸다는 뜻.

22. 북시곡(北塞曲)

벼락이 나려질 제/녠들 낸들 살가 보냐?
황지(黃紙)가 긔특(奇特)ᄒ니/지가승(在家僧)이 쓰돗더라.
누르기는 니금(泥金)이오./맛그럽기 비단(緋緞)이라.
무어시 잇게 되면/밧구와도 오고 십의.
읍ᄂᆡ(邑內) 지나 오리 밧긔/형뎨암(兄弟巖)이 긔특(奇特)더라.
황ᄌᆞ파(黃柘坡) 그 바회와/긔샹(氣像)이 다르더고.
힝인(行人)이 쥬마(駐馬)ᄒ야/길 갈 줄 모로더라.
슈셩 역촌(愁城驛村) 머물 쩌의/몬져 누구 안젓던고?
곤쟝(棍杖)코의 쥬걱턱이/누른 쌤이 넙격더라.
부르기를 셕도령(昔道令)가?/셕도령(昔道令)의 거동(擧動) 보소.
져 언제 날을 본지?/반갑다. 인사(人事)ᄒ고,
부령(富寧) 잇는 션비로다./도령(道令)이라 ᄌᆞ칭(自稱)ᄒ니,
어이ᄒᆞ야 도령(道令)이며/시방(時方) 나히 몇 살인고?
셜혼 네 살 먹ᄉ왓숩./쟝가 들 길 업노라고.
검은 눈썹 집흐리고/긴 한숨 ᄌᆞ로 ᄒ니,
무솜 일노 쟝가 맛슬/지금토록 못보신고?
내 냥반(兩班) 좃컨마는/간난(艱難)ᄒ 탓시로쇠.
부ᄌᆞ(富者)는 제 슬타고/빈ᄌᆞ(貧者)는 내 슬타여
그렁져렁 ᄒ다가셔/죠흔 광음(光陰) 다 지너고,
어나덧 궁샹(窮狀)되야/삼십(三十)이 넘어셔라.
시방(時方) 둘 데 잇습ᄂᆞ가?/엇던 곳이 가합(可合)던고?
우리 동ᄂᆡ 십ᄂᆡ(十里) 긔비/니별감(李別監) ᄒᄂᆞᆫ 사름
무남 독녀(無男獨女) 두엇시니/지질(才質)이 비범(非凡)ᄒ고,
가계(家計)가 유족(裕足)ᄒ니/이 쟝가 들게 되면,
그 지물(財物) 내것 되리./일싱(一生)이 편안(便安)ᄒ리.
즁ᄆᆡ(仲媒) 들 니 잇게 되면/쟝가 든 후(後) 그 지물(財物)을
반(半) 남아 난호려니/그 아니 죠흘손가?

어리다. 셕도령(昔道令)아! /내 슈단(手段) 어이 알니?
친(親)ᄒᆞᆫ즉. 셕도령(昔道令)아! /명쳔(明川)으로 올가보냐?
아모커나 괴이(怪異)ᄒᆞᆫ데./회령 부령(會寧富寧) 풍쇽(風俗)이야!
ᄯᅩᆯᄌᆞ식(子息) 낫케 되면/삼십(三十)가지 혼인(婚姻) 안코,
일 것 일 것 부리다가/다 늣기야 셔방(書房) 맛쳐
ᄌᆞ식(子息) 낫키 과시(誇示)ᄒᆞ고/오리ᄌᆞ나 늙은 이라.
이러ᄒᆞ야 그러흔지/심북(深北)사름 계집 ᄉᆞ랑
붉더이기 물깃기와/나물 키기 방아 ᄶᅥᆺ키
ᄉᆞ나희 손쥬ᄒᆞ고/계집은 모로더라.
일ᄉᆡᆼ(一生)을 출입(出入)ᄒᆞ랴?/방안의셔 ᄒᆞᄂᆞᆫ 일이
바나질 뵈ᄶᅳ기나/어린 아희 졋먹이기
여러 계집 혼 방(房)의셔/소곤 속닥 ᄒᆞ련 마ᄂᆞᆫ
밤낫으로 죵용(從容)ᄒᆞ야/혼 소러나 이슬소냐?
이 풍쇽(風俗)거록ᄒᆞ다./고을마다 이러ᄒᆞ데.
경셩(鏡城)으로 드러가니/북병ᄉᆞ(北兵使)ᄂᆞᆫ 어디 가고,
ᄒᆡᆼ영(行營)의 드러간지 /두 둘이 되얏더라.
북평ᄉᆞ(北評使) 보려 ᄒᆞ니/ᄀᆡ시(開市) 뵈랴 회령(會寧) 갓데.
본관(本官)이 겁 만터라./감토나 쓰오신가?
졔승헌(制勝軒)이 큰 집이라./뉘 능히 제승(制勝)ᄒᆞᆯ고?
산셰(山勢)가 긔이(奇異)ᄒᆞ니/낫고 곱은 아밀너라.
홍도 벽도(紅桃碧桃)두기ᄉᆡᆼ(妓生)이/십뉵셰(十六歲) ᄀᆞᆺ치 먹어
다홍치마 쵸록(草綠) 웃옷/내게 와셔 현신(現身)ᄒᆞ니,
얼굴도 ᄭᅢᆺᄭᅳᆺᄒᆞ고/검무(劍舞)가 일등(一等)일네.
ᄒᆞ로밤 노니오니/네 구경 건너 ᄒᆞ랴?
디명(地名)은 명쳔(明川)인디/귀문관(鬼門關) 흉(凶)ᄒᆞ고나.
쳔암(千巖) 만목(萬木)의/눈으로 닙혓시니,
이러ᄒᆞᆫ 흰 셰계(世界)의/ᄲᅡᆯ키도 ᄒᆞ련마는

본식(本色)이 음참(淫僭)ᄒ니/눈빗죠츠 검어 뵈데.
더부룩흔 잣나무는/우두 나찰(牛頭那刹)21) 버럿는 듯,
음뿍ᄒ온 구덩이는/철산 디옥(鐵山地獄) 베펏는 듯,
죄 업스니 관계챤테./무스이 지나고냐.
칠보산(七寶山)이 명산(名山)이라./그윽이 오르고쟈.
대셜(大雪)이 뿌엿시니/올을 길 훌 일 업다.
북도(北道) 눈이 만히 올 제/집 쳠하(簷下)와 ᄀᆞ치 뿌혀
출입(出入)을 못ᄒᆞᆫ다데./다힝(多幸)이 이러흔 눈
아직은 본 일 업너./본 일 업다 깃거 말소.
이 앏히 만흔 태령(太嶺)/어셔어셔 넘어 보소.
셩곽(城郭)이 볼 것 업다./면면(面面)이 문허졋너.
이십 ᄉ관(二十四關) 다 지나도/이런 셩곽(城郭) 처음 볼네.
셩졍곡(셩졍곡) 바다니야/히마다 엇디 ᄒᆞ고,
회(灰) 흔 되 돌 흔 덩이/들인 곳 전혀 업다.
직힐 곳 횡그러니/ᄉ셩 부장(사셩부장) 무엇ᄒ리?
명쳔(明川) 대구 유명(有名)ᄒ니/길고 넓고 살찌더라.
부령(富寧)의 관ᄌᆞ(관ᄌᆞ)ᄒ야/니별감(李別監) 드려다가
셕도령(昔道令) 즁미(仲媒)ᄒ랴?/신낭 지목(新郎材木) 오라 ᄒ야
혼일(婚日)을 칙녁(冊曆) 보고/ᄉ쥬 단ᄌᆞ(四柱單子) 의양 단ᄌᆞ(儀樣單子)
간지(干支) 쎄야 졍히 뼈셔/별감(別監) 드려 바드라니,
꿀어 안져 두 손으로/버벗드려 바다가니,
셕도령(昔道令)의 거동(擧動) 보소./졀ᄒ고 츔 츄는 양(樣)
너푼너푼 죽금죽금/광디 지인(廣大才人) 쳔연(天然)ᄒ다.
훗 쇼식(消息) 몰낫시니/되온지 못되온지?

---

21) 우두나찰=지옥(地獄)의 하나.

길쥬(吉州)의 션문(先文) 노코/오후(午後)의 드러가니,
돈 못 쓸 디 돈 만키ᄂᆞᆫ/길쥬(吉州)가 읏듬일네.
만 냥거리(萬兩去來) ᄒᆞᄂᆞᆫ 집의/문셔 슈탐(文書搜探)ᄒᆞ야 오니,
살아지라! 비데마ᄂᆞᆫ/국법(國法)을 어이 ᄒᆞ리?
관가(官家)의 팔션녀(八仙女)ᄂᆞᆫ/죳치 아닌 쇼식(消息)일네.
송월(松月)이 불너 보세./녯 ᄯᅥ의 슈쳥(守廳)이라.
죵시(宗氏)가 감ᄉᆞ(監司) 격의/슌력(巡歷)길의 소면(所眄)22)이라.
어나덧 십 이년(十二年)의/녀죠츠 늙엇고나.
녯말 ᄒᆞ야 무엇ᄒᆞ리?/긱심(客心)만 어즈럽다.
네 ᄯᆞᆯ이 아홉 살의/노러 소리 긔이(奇異)터라.
내 힝탁(行槖) 쇼연(蕭然)ᄒᆞ니/너 줄 것 젼혀 업다.
네 원(員)님 나오거든/쳐ᄌᆞ(妻子)나 ᄒᆞ라 ᄒᆞ마.
더부러 긴 말 마ᄌᆞ./ᄒᆞ올 일 무슈(無數)ᄒᆞ다.
길쥬(吉州)의 젼복 (全鰒) ᄎᆞ돌/대국(大國)도곤 낫다더라.
삼빅 명(三百名)·풍악(風樂)으로/졍병(精兵)이라 ᄒᆞ올너라.
북관(北關)의 쳔 명(千名)이오./남관(南關)의 쳔 명(千名)이오.
슌영(巡營)의 쳔 명(千名)이라./합ᄒᆞ야 삼쳔 명(三千名)이
갑쥬(甲胄)가 션명(鮮明)ᄒᆞ고/물 타고 활 뽀기ᄂᆞᆫ
다른 군ᄉᆞ(軍士)만 쥬어야/밧굴 길 업슬너라.
이 사룸들 두남 두소./이일당십(以一當十)23) ᄒᆞ오리라.
셩진 긱ᄉᆞ(成津客舍) 긔이(奇異)ᄒᆞ데./놉흔 디 지엇시니,
앏희ᄂᆞᆫ 창히슈(滄海水)요/뒤희ᄂᆞᆫ 평원(平原)이라.
그림으로 그리랴니/형용(形容)이 어려울네.
문어 홍합(文魚紅蛤) 성복 ᄒᆡ삼(生鰒海蔘)/그 아러셔 잡돗더라.

---

22) 소면=본부인 이외의 젊은 첩.
23) 이일당십=한 사람의 군인으로 적 10명을 막아낼 수 있음.

져녁 반찬(飯饌) 신긔(神奇)ᄒ데./셔울 사롬 먹이고져
효반(曉飯)을 지쵹ᄒ야/단쳔(端川)으로 향(向)ᄒ랴니,
마쳔령(摩天嶺)이 놉고 놉희/안져 쉬며 ᄒᄂ 말이
ᄯ 다시 이러ᄒ 녕(嶺)/남은 쁠기 아니ᄒ니,
물죠츠 겁(怯)을 ᄂ야/갈 싱각 아니ᄒ니,
눈 속의 져 비탈을/어이 홀고? 위팀(危殆)ᄒ다.
좌우(左右)로 붓들니어/겨우겨우 넘어셔라.
단쳔(端川)이 보비 만타./금은동쳘(金銀銅鐵) 다 나더라.
돌담비디 팔모 쳐셔/져 지마다 노앗더라.
예셔붓허 돈을 쓰니/오고 가는 힝녀(行旅)들이
돈으로 포목(布木) ᄉ며/포목(布木)으로 돈을 ᄉ데.
곳곳이 파슈군(把守軍)이/힝쟝(行裝)을 니라 ᄒ기
북(北)으로 오쳔 니(五千里)를/괴롭기 심(甚)ᄒ더니,
예셔붓허 이 일 업기/시비(是非)가 덜니더라.
덕취아! 남관(南關) 왓다./북관(北關) 일 맛고 가쟈.
북관(北關)의 아홉 고을/셔편(西便)으로 네 고을의
일졀(一切)이 관ᄌ(關子)ᄒ야/괴괴 명식(怪怪名色) 업시 ᄒ세.
삼영곡(三營穀)과 셩졍곡(城政穀)과/빅일곡(百日穀)과 한유곡(閑裕穀)과
냥반 환작(兩班還作) 누남졍(累濫丁)들/빅셩(百姓)의게 졀골(竊緇)ᄒ 일
엄칙(嚴飭)ᄒ여 다 던 후(後)의/보쟝(報狀)을 ᄒ라 ᄒ소.
보쟝(報狀)이 ᄎᄎ 온다./ᄒ나 업시 데렷시니,
누 만셕(累萬石)을 어덧시니/그도 젹지 아니터라.
그 빅셩(百姓)들 노리 둣소./어ᄉ(御使)의 은혜(恩惠)라데.
지인(罪人)들이 만컨마ᄂ/게ᄒ 다 결단(決斷)ᄒ고,
녕(令) 넘긴 일 업슙더니/감복(感服)도 ᄒ더라데.
마운령(摩雲嶺)이 ᄯ 놉흐니/니원(利原)길이 근심이라.
남녀(藍轝) 어더 타랴 홀 졔/우슈운 일 잇돗더라.

타는 이도 쳿불 탕건(宕巾)/구싱원(具生員)을 본바든가?
고을은 말만 흔들/히식(海色)은 먼니 뵌다.
맛나다.강요쥬(江瑤珠)24)는/싱거시 초미(初味)로다.
둥글고 살 찌기는/몰굽쎡 모양(模樣)이라.
연(軟)ᄒ기 입의 드러/이 업셔도 씹을너라.
히읍(海邑)은 흔가지나/흔코 귀(貴)키 각각(各各)이며,
북쳥(北靑)이 대도회(大都會)라./관ᄉ(館舍)도 웅장(雄壯)ᄒ다.
빅물(百物)이 가잣시니/사롬 살 만ᄒ돗더라.
군물 셩쳡(軍物城堞) 완고(完固)ᄒ니/남병ᄉ(南兵使)의 잇는 데라.
동문(東門)밧 우물 물이/텬하(天下)의 웃듬이라.
여러 히 먹게 되면/벙어리도 말을 흔다.
입마다 일커르니/과연(果然) 그러ᄒ돗더라.
이틀을 마셔 보니/흉격(胸膈)이 샹쾌(爽快)터라.
대져(大抵) 흔지(寒地) 북도(北道)물이/셩미(性味)가 너무 셰데.
홍원(洪原)의 의두루(倚頭樓)는/승경(勝景)이라 ᄒ리로다.
쳥히(靑海)25)는 망망(茫茫)ᄒ야/가업시 흘너가고,
군산(群山)은 졈졈(點點)ᄒ야/유정(有情)이 둘너 잇고,
묘현(渺眩)ᄒ 샹박(商舶)들은/젹은 잔(盞)을 씌여셔라.
북두단심앙(北斗丹心昻)이오./동명빅발슈(東溟白髮愁)는
이 늙은이 글이로쇠./경결(硬決)흔 츙졍(衷情)이라.
일츌(日出)을 보련마는/희짓는 구름이라.
이 장관(壯觀)도 연분(緣分)인가?/셩진(城津)셔는 안기 덥고,
셔슈라(西水羅) 난포셔(卵捕鼠)는/셜화(雪花)가 죵일(終日)ᄒ야
이 세 곳슬 허송(虛送)ᄒ니/다시 볼 데 업다.ᄒ데,

---

24) 강요쥬=살조개.
25) 쳥히=동해(東海).

댱진(長津)으로 옛가지는26)/집집이 우물길의
동아줄 굵게 꼬아/기다ᄒ게 쌀앗시니,
눈이 오면 통노(通路)ᄒ니/진젹ᄒ 일이로다.
슛막도 본 데 업고/쟝시(場市)도 못볼너라.
촌가(村家)가 잇는 ᄃᆡ는/홍살문을 셰웟더라.
너홰집과 굴피집과/결읍집과 돌집이오.
초가(草家)집은 젼혀 업고,/기와집은 약간(若干)일네.
뉵진(六鎭) 다리27) 유명(有名)터니/머리 기니 드무더라.
돈피 셔피(豚皮黍皮) 흔타더니/구피(狗皮)밧긔 본 일 업다.
심북(深北)의 고은 빗츤/잇지 못홀 두 남기라.
봇나무는 분을 짜고/깃버들은 단ᄉ(緞絲)로다.
바날 열의 씽 흔 마리/일권지(一卷紙)의 셰포(細布) ᄉ쳑(四尺)
ᄉ랴 ᄒ면 쉽다 ᄒ니/씽과 뵈는 흔ᄒ옵데.
귀(貴)흔거시 무명모시/놉흔거시 좌슈(座首)28)별감(別監)29)
심듕(心中)의 긔록(記錄)흔 것/이로 다 의논(議論)ᄒ리?
힘흥(咸興)으로 다시 가쟈./함관령(咸關嶺)을 어이ᄒ리?
씰 길 업고 날 길 업다./긔긴들 믜양(每樣) ᄒ랴?
인손30)은 뒤흘 밀고/여쟝(余掌)은 앏흘 막소.
압사롬의 발뒤츅이/뒷 사롬의 니마 우희
번번이 걸니거니/그 어인 연괴런고?
뒷자락 잡아 미고/압자락 두치고,

---

26) 옛가지는=여기까지는.
27) 다리=여자들이 머리 숱을 많게 하려고 덧 넣는 머리.
28) 좌슈=조선시대 향소(鄕所)의 으뜸 벼슬. 향소의 선비들 중 가장 나이가 많고 덕망이 있는 사람을 향사들이 선거하여 뽑아 수령(守令)이 임명하였음. 임기는 2년이나, 수령이 바뀌면 개선할 수도 있음.
29) 별감=여기서는 향소(鄕所)의 직책으로 좌수(座首) 다음의 지위.
30) 인손=다른 사람의 손.

마즈막 넘는 녕(嶺)을/처음으로 넘어가니,
만세교(萬歲橋) 못 미쳐셔/낙민루(樂民樓) 올나 안져
성천강(成川江) 굽어 보니/묽기가 거울 곳다.
물 깁히 언마런고?/들빗츤 즈음 업다.
발히(渤海)의 먼 구름은/봉봉(峰峰)이 이러느며,
빅일(白日)의 뇌졍(雷霆)소리/굉굉(轟轟)이 들니더라.
무변 대야(無邊大野) 셩천월(成川月)이오./욕상고루(欲上高樓) 발히운(渤海雲)은
이 년구(聯句) 내 글이라. 순스(巡使)가 현판(懸板) 흐리?
너르디 너른 스쟝(沙場)/십만 갑병(十萬甲兵) 츄격(追擊)홀 만,
놉고 놉흔 치각(彩閣) 우희/오빈 홍군(娛賓紅裙) 가무(歌舞) 흐야
태평(太平)을 비식(비식) 흐면/남아(男兒)의 쾌실너라.
지락졍(至樂亭) 온즈(蘊藉) 흐니/화듕(畵中)의 집이로다.
북산누(北山樓) 고졀(고졀) 흐고/격구졍(擊球亭) 통활(統闊) 흐다.
쥬찬(酒饌)과 풍악(風樂)으로/곳곳이 놀 만흐데.
본궁(本宮)의 봉심(奉尋) 흐쟈./아태죠(我太祖) 구긔(舊基)시라.
쓰시던 검은 갓슨/우리만 남아 잇고,
쏘시던 누른 살은/근즁(斤重)이 무겁더라.
심으신 삼지송(三枝松)은/슈틱(手澤)이 그져 남아
노룡(老龍)이 셔리온 듯/상셜(霜雪)을 겁(怯) 홀소냐?
일기(一介) 쳔신(賤臣)이/다힝(多幸)이 봉완(奉玩) 흐니,
만일(萬一) 셩은(聖恩) 곳 아니시면/이 긔회(機會) 맛날소냐?
함관(咸關)의 길게 놀고/정평(定平)으로 물을 모라
흑셕(黑石)고기 안는 쯧이/흑셕(黑石) 보랴 연고(緣故)로다.
언덕의 쌀녀거날/두어 죠각 쥬어 보니,
검기는 즈셕(磁石)이오./밋그럽기 활셕(滑石)이라.
슈레 쓰는 남관(南關) 사롬/뭇다라기 퓌여다가

박휘의 발낫시면/기름도곤 낫다더라.
셔울 지샹(宰相) 알게 되면/쵸헌(軺軒)의 긴요(緊要)홀네.
오리ᄌᆞ냐 진흥(振興)하리./민려(民慮) 들 일 낫돈더라.
현판(懸板) 글ᄌᆞ 메여 보면/당(唐)숫먹과 엇더ᄒᆞ리?
쵸원 역마(草原驛馬) 가라 타고/영흥(永興)으로 도라드니,
니습(履涉)은 완만(緩慢)ᄒᆞ고/향풍(鄕風)이 강악(强惡)터라.
남관(南關)의ᄂᆞ 웅읍(雄邑)이라./환ᄌᆞ 군졍(還子軍政)어렵더라
동남(東南)으로 십삼 니(十三里)의 흑셕니(黑石里) 잇다ᄒᆞ니,
이 마을이 용능(龍稜) ᄀᆞᆺ다./지원 원년(至元元年)³¹⁾ 동 십월(冬十月)의
아태죠(我太祖) 강헌대왕(康獻大王)/탄싱(誕生)ᄒᆞ신 곳시로다.
대명 홍무(大明洪武)³²⁾ 하오월(夏五月)의/쥰원젼(璿源殿)³³⁾을 지은 후(後)의
어용(御容)을 뫼셧시니/영희젼(永禧殿)³⁴⁾과 ᄀᆞᆺ돗더라.
관ᄃᆡ(冠帶)로 봉심(奉尋)ᄒᆞ고/고젹(古蹟)을 귀경ᄒᆞ니,
젼죠(前朝)의 호젹(戶籍)ᄒᆞ신/문ᄍᆞ(文字)가 완연(宛然)ᄒᆞ다.
쁘오신 범녜(凡例)들은/요ᄉᆞ이와 다르더고.
위령(威靈)과 한 참봉(韓參奉)이/폐막(陛幕)을 보장(保障)ᄒᆞ니,
그 말이 올톳더라./별단(別單)의 너흐리라.
긱관(客館)의 도라와셔/둘 붉고 잠 업스니,
져 기싱(妓生) 노리ᄒᆞ라./ᄎᆞ화기진(此花皆盡) 깅무화(更無花)라.

---

31) 지원원년=고려 충숙왕 복위 4년인 원나라 순제(順帝)의 두 번째 연호 지우너(至元) 원년(1335).
32) 대명홍무=대명은 조선에서 중국의 주원장(朱元璋)이 세운 명(明)나라를 섬겨서 이른 말이고, 홍무는 명나라 태조의 연호로, 고려 공민왕 17년(1368)-조선 태조 7년(1398)의 31년간을 이름.
33) 쥰원젼=선원전(璿源殿)의 잘못.
34) 영희젼=지금의 서울 특별시 중구 저동(苧洞)에 있었던 전각(殿閣). 일명 남별전(南別殿)이라 한 묘당(廟堂)이었음.

각관(各官)의 졀구비(節口婢)를/볼 곳이 업돗더라.
이젼(以前)의 일홈 난 곳/오는 원(員)이 사즐ᄒᆞ야
원 기싱(妓生)의 얌젼ᄒᆞᆫ 것/뎟비 너코 쎄여가니,
잇눈 거시 오죽ᄒᆞ냐?/졀구꽁이 겨 무든 것
얼눅덜눅 얼굴 빗치/분 바른 것 괴이(怪異)터라.
출하리 올이알의/제 쏭 무듬거홀너라.
황우 쟝ᄉ 송도(松都)놈을/함부로 어덧거니,
여러 코의 셥삭임은/이년들의 지죠로다.
고을손 녀염(閭閻) 계집/열의 여숫 곱다더라.
남남 북녀(南男北女) 일컷기눈/녀염(閭閻) 계집 말일너라.
이샹(異常)ᄒᆞ다.져 하방(遐方)의/침션(針線)들이 긔이(奇異)ᄒᆞ다.
이 말이 한담(閑談)이라./한담(閑談) 말고 가오리라.
고원(高原)고을 피잔(疲殘)ᄒᆞ나/아희 기싱(妓生) 만타더라.
어듸 원(員)이 ᄒᆞ던 말이/고원(高原)의 지나거든
홍옥(紅玉)이란 아희 기싱(妓生)/머리 언쳐 주고 가오.
어엿부고 츔 잘 츄고/노릭가 명챵(名唱)이라.
글 잘 ᄒᆞ고 슐 잘 먹는/어ᄉ도(御使道)가 그져 갈가?
그ᄃᆡ ᄀᆞ흔 쇼년 명ᄉ(少年名士)/남의게 ᄉ양(辭讓)ᄒᆞ노?
미힝(尾行)으로 지나려니/져 어이 보올소니?
쳔불암(千佛庵)이 어드메오?/문쳔(文川)이라 ᄒᆞ돗더라.
슌샹(巡相)의 글을 보니/볼만도 ᄒᆞ건마는,
쳔인 졀벽(千仞絶壁) 길의/답셜군(踏雪軍)이 거폐(巨弊)로다.
고원(高原) 지나 문쳔(文川) 즛고/덕원(德源) 으로 직쥬(直走)ᄒᆞ니,
동편(東便)으로 격젼니(赤田里)눈/익죠대왕(翼祖大王) 나신 곳가?
터죠츠 심후(深厚)ᄒᆞ니/젹덕 빅년(積德百年) ᄒᆞ오시리.
원산(元山)이 픽(敗)ᄒᆞᆫ 후(後)로/덕원(德源)이 간난(艱難)타데.
힉마다 오륙 쳔냥(五六千兩)/샹셰(商稅)를 밧치더니,

슈년(數年)을 흉황(凶荒)ᄒ니/샹고(商賈)가 드무더라.
바다히 어렷시니/어션(漁船)도 극귀(極貴)ᄒ다.
고을마다 못ᄒ다니,/그러ᄒ고 엇디ᄒ리?
함흥(咸興)이 번화(繁華)타고/금고(今古)의 독젼터니,
시방(時方)은 가이업데./각읍(各邑)인들 녜 ᄀᆺᄒ랴?
남대쳔(南大川) 긴긴 다리/만셰교(萬歲橋)의 버금일네.
이 다리 넘어셔면/안변 읍니(安邊邑內) 여긔로다.
갈 제ᄂᆞᆫ 지낫시니/올 제나 드러가쟈.
남안(南岸)의 웃둑 션 집/표표 연졍(飄飄蓮亭) 일홈 ᄀᆺ다.
안변(安邊)비와 함흥(咸興)ᄉ과/졔 곳도곤 낫다더라.
빅ᄌᆞ(栢子)맛과 쒱의 고기/회양(淮陽)만 못ᄒ더라.
이 눌이 졔셕(除夕)이라./눌과 흠끠 슈셰(守歲)ᄒ고?
쳔니(千里) 원긱(遠客)이/회포(懷抱)도 무궁(無窮)ᄒ다.
쳐ᄌᆞ 형뎨(妻子兄弟) 어디 잇노?/날 싱각 오죽ᄒ랴?
엇디ᄒ리? 늙은 몸이/졀시(絶塞)의 봉명(奉命)ᄒ야
쳔신(千辛) 만고(萬苦)타가/다힝(多幸)이 예를 오니,
경국(京國)이 머지 안타./언마 ᄒ야 환죠(還朝)ᄒ리.
오륙삭(五六朔)이 오리던가?/뉵쳔니(六千里)가 머다 ᄒ랴?
다만 늙고 병(病)든 몸이/죵죵 칩고 쥬리면셔
슝녕(嵩嶺) 악계(嶽界)의/십젼 구부(十顚九仆)[35]ᄒ니,
듕노(中路)의 불ᄒᆡᆼ(不幸)ᄒ여/만일(萬一)의 병(病)이 들어
젹역 고쵼(謫域孤村) 젹막(寂寞)ᄒ ᄃᆡ/길게 누어 눈 감으면,
왕ᄉᆞ(王事)를 못 맛츠니/국은(國恩)죠ᄎ 져ᄇᆞ리고,
쳐ᄌᆞ 동ᄉᆡᆼ(妻子同生) 광경(光景)인들/그 아니 불샹ᄒᆞᆫ가?

---

35) 십젼 구부=아홉 번 쓰러지고, 열 번 넘어짐. 곧 심한 역경을 극복하고 성취한다는 뜻.

어듸러로 지향ᄒ리?/날 ᄎ즈랴 오는 모양(模樣)
아모리 혼빅(魂魄)인들/그 아니 측연(惻然)ᄒ랴?
마계 우희 길게 누어/가던 길노 올 거시니,
녕(嶺)마다 올을 젹의/쵸혼(招魂)인들 뉘 홀소니?
이런 말 다시 ᄒ고/시방(時方)은 웃건므는,
그 씨 힝식(行色) 뉘 알니오?/황당(荒唐)타도 ᄒ리로다.
우리 임금 덕틱(德澤)으로/완젼(完全)이 거의오니,
무슴 시름 이슬소냐?/향ᄉ(鄕思)를 잠간(暫間) 참고,
쟐 ᄌ고 너일(來日)낭은/셕왕ᄉ(釋王寺) 승통(僧統) 즁이
샤도(使道)님긔 문안(問安)ᄒ오./드러오라. 다시 보니,
가증(可憎)턴 일 이즐소냐?/옷 달나던 네로고나.
이 즁놈의 거동(擧動) 보소./황겁 지겁(惶怯至怯) 업듸면셔
죽ᄉ와지다.샤도(使道)님긔/쇼승명(小僧命)을 바치ᄂ니,
오르거라.이 즁놈아!/너를 어이 속일소니?
본관(本官)의 이 말 ᄒ고/무명 흔 필(疋) 어더 쥬고,
차담(茶啖)의 과즐 다식/다 물녀 먹이고나.
남산참(南山站) 죠반(朝飯)ᄒ고/단속문 바라보니,
갈 제는 단풍(丹楓)이오./올 제는 빅셜(白雪)이라.
불이문(不二門) 드러가셔/쳥셜당(聽說堂) 안져 쉬니,
팔십 여명(八十餘名) 뭇 납(衲)들이/ᄎ례(次例)로 합쟝(合掌)ᄒ니,
머리의 곳갈 속낙/손의는 념쥬 목탁(念珠木鐸)
길고 길다.스미 길희/짜히 썰닌 검은 댱삼(長衫)
귀에 넘게 팔을 들어/휩쓰러 졀을 ᄒ고,
문안 드리오. ᄒ온 후(後)의/남무아미타불(南無阿彌陀佛)이라.
젼 집니(全執吏)아! 녯말을/ᄌ셰히 이르리라.
태죠대왕(太祖大王) 농잠시(龍潛時)의/이샹(異常)ᄒ신 꿈ᄭ시고,
셜봉산하(雪峰山下)토굴(土窟)속의/신승무학(臣僧無學)ᄎᄌ가셔

흑두타(黑頭陀)스님아!/꿈 히득(解得)ᄒ야 쥬소.
세 꿈을 꾸엇시니/ᄒ 꿈은 파옥듕(破屋中)의
세 셕가리 등의 지고/ᅩ ᄒ 꿈은 일만(一萬)집의
모든 ᄃᆰ이 홈끠 울고/또 ᄒ 꿈은 두 가지니,
ᄭᅩᆺ치 쑥쑥 ᄯᅥ러지고/거울이 ᄂ려지니,
그 어인 징죠(徵兆)런고?/길흉(吉凶)을 뭇즙노라.
션시 풀어 디답(對答)ᄒ되/몽죠(夢兆)가 크게 길(吉)히.
세 셕가리 등의 지니/님금 왕ᄍᆞ(王字) 아니런가?
만 가(萬家)의 ᄃᆰ이 우니/고귀위(高貴位)를 하례(賀禮)ᄒ고,
ᄭᅩᆺ치 ᄯᅥ러지니/여름이 열 거시오.
거울이 ᄂ려지니/소리 엇디 업스리오?
님금 도실 꿈이시고/군왕(君王)의 얼굴이라.
보즁 보즁(寶重寶重) ᄒ옵쇼셔./이 앏히 다시 뵈리?
등극(登極)ᄒ신 삼년(三年) 젹의/큰 졀을 이르키고,
셕왕ᄉ(釋王寺)라. 일홈ᄒ니/님금 왕ᄍᆞ(王字) 푼 연괴라.
무학(無學)을 놉히시셔/국ᄉ(國師)라 ᄒ오시고,
오ᄇᆡᆨ년(五百年) 갓갑도록/츈츄(春秋)로 불공(佛供)ᄒ데.
원 듕(園中)의 심으신 비/지금가지 열니더라.
태죵(太宗) 슉죵(숙종(肅宗) 영죵(英宗) 졍죵(正宗)/네 녈셩(列聖) 어제 어필(御製御筆)
집 짓고 비(碑)의 삭여/쳔먄년(千萬年) 무궁(無窮)ᄒᆞᆯ네.
경오년(庚午年)36) 대슈후(大水後)의/공쟝(工匠) 드려 슈축(修築)ᄒ니,
누각(樓閣)이 일신(一新)ᄒ야/단쳥(丹青)이 조요(照耀)ᄒ고,
계쳬(階砌)도 층층(層層)ᄒ야/두 길이나 되읍더라.
셕가여리(釋迦如來) 관음보슬(觀音菩薩)/오ᄇᆡᆨ나한(五百羅漢) 지쟝보슬

---

36) 경오년=순조 10년(1810).

(地藏菩薩)37)
아란존ᄌᆞ(阿蘭尊者)38) 가셥존ᄌᆞ(迦葉尊者)39)/남무아미타불(南無阿彌陀佛)40)들을
깁흔 집의 ᄎᆞ례(次例)디로/뫼셔 두고 녜불(禮佛)홀 졔,
빅단향(白檀香) 피워노코/화음경(華嚴經)41) 펼쳐 쥐고,
죵(鐘) 치며 경쇠(磬釗) 치며,/빅팔 념쥬(百八念珠) 목의 걸고,
죠셕(朝夕)으로 젓슈을 제/업는 신령(神靈) 이슬너라.
다홍 운문(雲紋) 즘당이오./오화슈문(五花樹紋) 포단(蒲團)이오.
팔쳡 금쟝 왜병(倭甁)이오./침향 화류(沈香樺榴) 좌탑(座榻)이오.
슌금(純金) 오동(烏銅) 향노(香爐) 향합(香盒)/니룡(螭龍)이가? ᄉᆞ지(獅子)런가?
옥등(玉燈)이며 뉴리등(琉璃燈)과/쥬셕 불긔(朱錫佛器) 구리 불긔(佛器)
녈 셩죠(列聖朝)의 ᄉᆞ송(賜送)이라./너무 아니 과흘쏘냐?
셜봉산(雪峰山) 곰취 죠타./연(軟)호고 향긔(香氣)로니,
ᄒᆡ마다 ᄉᆞ월(四月)이면/두 농식 진상(進上)ᄒᆞ데.
쳔엽 ᄀᆞᆺ흔 찰셕이를/소곰 기름 뭇쳐 ᄂᆞ여
숑이(松栮) 좌반 셧거 가며/빅반(白飯)을 빗먹으면,
연담ᄒᆞ기 거록ᄒᆞ다.고기 쥬워 밧굴쏘냐?
두 둘을 기리 묵어/남북관(南北關)의 왕ᄂᆡ(往來)ᄒᆞ야
못 안 일 다시 알고/셔계(書契)를 닷가셔라.

---

37) 지장보살=도리천에서 석가여래의 부촉을 받고 매일 아침 선정(禪定)에 들어 중생의 근기를 관찰 석존이 입멸한 뒤부터 미륵불(彌勒佛)이 출현할 때까지 몸을 6도에 나타내어 천상에서 지옥까지의 일체 중생을 교화하는 대자대비한 보살.
38) 아란존자=아라한(阿羅漢)의 높임말.
39) 가섭존자=가섭의 높임말.
40) 남무아미타불=아미타불께 귀의하겠다는 서원의 뜻.
41) 화음경=화엄경(華嚴經)의 잘못.

남관(南關)의 관즈(關子)ᄒ야/두량 분급(斗糧分給) 션졔모(先除耗)를
못ᄒ게 엄히 ᄒ소./빅셩(百姓)이 식견(식견)ᄒ리?
오눌이 심심ᄒ니/북관(北關)의 못ᄒ 말을
내 다시 ᄒ오려니,/방인(邦人)들은 들어 보소.
ᄉ 대왕(四大王) 젹덕(積德)ᄒ신/녯ᄮ히 북관(北關)이라.
야인(野人)이 왕니(往來)ᄒ야/오리도록 궁황(窮荒)터니,
김종셔(金宗瑞)ᄂ 긔쳑(開拓)ᄒ고/니셰화(李世華)[42]ᄂ 슈츄ᄒ야
반셕(磐石)이 되얏더라./그 공(功)이 삭엽즉데[43].
쳥(淸)나라 목극등(穆克登)[44]이/빅두산(白頭山)의 졍계(定界)ᄒ야
산북 산남(山北山南) 버혀닉여/번한 냥디(藩韓兩地) 되얏더라.
금고 감ᄉ(今古監司) 잘ᄒ기ᄂ/남약쳔(南藥泉)[45]이 졔일(第一)이오.
젼후(前後)의 어ᄉ(御使)노릇/니오쳔(李五쳔)이 웃듬일네.
ᄯ 한 가지 좌ᄯᆫ 일이/낙민루(樂民樓) 우편(右便) 길의
경샹 감ᄉ(慶尙監司) 션정비(善政碑)가/여긔 셔긔 우엔 일고?
만셰교(萬歲橋) 다리 나무/낙동강(洛東江)의 ᄯ 나오니,
관챨ᄉ(觀察使) 박녕셩(朴영셩)이/북도(北道)일을 짐작(斟酌)ᄒ고,
몃 만셕(萬石) 운젼(運轉)ᄒ야/북인(北人)들을 살녓시니,
그 비(碑)가 아니 셔랴?/지샹(宰相)이라 ᄒ리로다.
ᄌ늬도 들어 본가?/북(北) ᄉ토리 우습더라.
예란 말은 영각이오./계란 말은 경각이라.

---

42) 李世華=조선 숙종 때의 문관. 인현왕후의 폐비론을 반대하였다가 졍주(定州)로 유배되어 현지인들의 교화에 힘씀. 뒤에 숙종의 뉘우침으로 재등용되어 각조 판서를 지냈다.
43) 삭엽즉데=새겨 둘만 하더라.
44) 穆克登=청나라 무관. 백두산에 조선과 청나라간의 국경을 정하기 위한 졍계비(定界碑)를 세운 중국측 대표.
45) 남약쳔=숙종 때 노론(老論)의 거두로 영의졍을 지낸 남구만(南九萬:1629-1711).

늙은 계집 만나거든/마노라라 못ᄒᆞᆯ너라.
마노라 말 대로(大怒)ᄒᆞ야/네 마노라냐? 욕ᄒᆞ다데.
사롬 만나 길 뭇기를/아모 ᄃᆡ를 져리 가나?
녕악(獰惡)히 딕답(對答)ᄒᆞ되/누구라셔 아니라콩
말버릇 괴이(怪異)ᄒᆞ데./콩 ᄡᅳ는 어인 뜻고?
엇던 이는 오라 ᄒᆞ면/귀 빠지게 다라나고,
엇던 이는 가라 ᄒᆞ면/코가 다케 업드리데.
업드리나 다라나나/흘긋흘긋 도라보노?
엇그제 갓나 아희/닝슈(冷水)의 너허 보기,
긔품(氣稟)을 시험(試驗)ᄒᆞ니/뉵빈(六鎭)셔 그리 ᄒᆞ데.
촌가(村家)의 삼쳑 동ᄌᆞ(三尺童子)/샹토는 무슴 일고?
나무홀 제 간편(簡便)ᄒᆞ다./아희 어룬 요망(妖妄)ᄒᆞ다.
일가 친쳑(一家親戚) 먼니 이셔/죽으면 엇다ᄒᆞ노?
겁질 살은 다 벗기고/뼉다귀만 모화다가
섥 속의 너허 메니/경편(輕便)키는 ᄒᆞ려니와
엇디 ᄎᆞ마 ᄒᆞ돗던고?/아마도 금슈(禽獸)로다.
무산(茂山) 갑산(甲山) 그러터니/단쳔(端川) 니원(利原) 또 ᄀᆞᆺ더라.
다 그러랴? 그 듕(中)의도/거록ᄒᆞᆫ 이 업슬쏘냐?
학ᄒᆡᆼ(學行)도 진실(眞實)ᄒᆞ고/심ᄉᆞ(心思)도 츙순(忠順)ᄒᆞᆫ 이
왕왕(往往)이 잇건마는/호홀노 뉘가 쓰리?
효ᄌᆞ(孝子) 녈녀(烈女) 탁ᄒᆡᆼ(卓行)들은/민 쟝(葬)이 무슈(無數)터라.
죠슈(鳥獸)와 동군(同郡)ᄒᆞ고/목셕(木石)과 동거(同居)ᄒᆞ야
셰샹(世上)이 몰을 션졍/츙신(忠臣) 의ᄉᆞ(義士) 업슬소냐?
이런 말 그만 두고/힝쟝(行裝)을 슈습(收拾)ᄒᆞ셰.
쳘령(鐵嶺)이 삼십 니(三十里)라./넘어가면 타도(他道)로다.
타도(他道) 말 무엇ᄒᆞ리?/어셔어셔 가오리라.
다락원(院) 넘어 와셔/왕십니(往十里) 도라드니,

잠실(蠶室) 건너 둥구레는/내 벗세 집이로다.
쥬린 술 ᄎᆞ즈 먹고/회포(懷抱)를 다 ᄒᆞ거고나.
반 셰(半歲) 남아 단니다가/삼월(三月)의 복명(復命)ᄒᆞ고,
내집의 도라오니/만ᄉᆞ(萬事)가 무한(無限)ᄒᆞ다.
젼원(田園)이 황무(荒茂)ᄒᆞ고/가ᄉᆞ(家事)가 퇴뷔(頹圯)[46]ᄒᆞᆫ들
그 무어시 관계(關係)ᄒᆞ리?/노병(老兵)이 살아 왓다.
평싱(平生)의 나타(懶惰)ᄒᆞ야/산듕(山中)의 문(門)을 닷고,
져 홀노 누엇시니/셰샹(世上) 벗님 뉘 ᄎᆞ즈리?
묘당(廟堂)의셔 어이 알며/셩쥬(城主)가 네라 ᄒᆞ샤
관북(關北)의 암힝(暗行)으로/듕임(重任)을 맛기시니,
용녈(慵劣)ᄒᆞᆫ 뼈은 션비/무슴 일을 아돗던가?
황공(惶恐)ᄒᆞ고 민망(憫忙)ᄒᆞ기/몸 둘 곳이 업돗더라.
셩죠(聖朝)의 망극(罔極)ᄒᆞ신/은혜(恩惠)를 어이ᄒᆞᆯ고?
오눌 눌 당(當)ᄒᆞ야셔/만분(萬分)의 일(一) 갑흘 ᄯᅳᆺ이
병심(秉心)의 지공(持供)ᄒᆞ니/그나마 볼 거이고.
능(能)ᄒᆞᆫ 거시 좃텃더냐?/쾌(快)ᄒᆞᆫ 거시 엇잔터라.
원(員)노릇 챡히 ᄒᆞ면/원쉬(怨讐) 온들 엇디ᄒᆞ며,
원(員)노릇 몹시 ᄒᆞ면/지친(至親)인들 엇디ᄒᆞ며,
염문(염문)이 다 올터냐?/죄(罪)업ᄂᆞ니 죄(罪)의 들어
만일의 죄(罪)를 쥬면/앙급자손(殃及子孫) 아닐쏘냐?
이 념녀(念慮) 져 상냥(商量)의/잠이 온들 ᄌᆞ올쏘냐?
여러 둘 쥬리다가/혹시혹시 출도(出道)ᄒᆞ면,
음식(飮食)은 장(壯)컨마는/ᄒᆞ나히나 살노 가랴?
여러 눌 칩 셜다가/더운 방(房)의 드러오면,
흉듕(胸中)이 번열(번熱)ᄒᆞ니/먹ᄂᆞ니 닝슈(冷水)로다.

---

46) 퇴뷔=퇴패(頹敗)와 같은 뜻인 퇴비(頹圯)의 잘못.

누구셔 어스(御使) 벼슬/좃타고 ᄒ돗던고?
봉고 파츌(封庫罷黜) 쾌(快)ᄒ 일가?/형문 곤쟝(刑門棍杖) 츠마 ᄒ랴?
못홀 일 강잉(強仍)ᄒ니/제 심졍(心情) 글너지고,
낙숑ᄌ(樂訟者)ᄂ 칭원(稱寃)ᄒ야/몹 쓸 말 지어너니,
모로난 이 어이 알리?/그 말을 고지 듯나?
고맙다 니 잠간(暫間)이오./원슈(怨讐)ᄂ 디디(代代)로다.
괴롭기ᄂ 져 혼ᄌ라./못홀 거시 어스(御使)로다.
엇디ᄒ리? 다 죠흐랴?/붓그러운 일 업스면,
엇디홀 이 관계(關係)ᄒ랴?/관계(關係)ᄒ 일 잇돗더라.
져 일 것 단니면셔/민은(民恩)을 ᄌ시 알아
낫낫치 별단(別單)ᄒ니/묘당(廟堂)의셔 고퇴(鼓推)ᄒ야
열의셔 일곱 여듧/시힝(施行)을 아니ᄒ면,
그 아니 밍낭(孟浪)ᄒ가?/이 일이 관계(關係)ᄒ다.
힘을며 북도(北道) 빅셩(百姓)/위열(慰悅)홀 터 만톳더라.
위열(慰悅)ᄒ여 쥬오시면/부탕 도화(赴湯蹈火)[47]ᄒ오리라.
불샹ᄒ다.심북(深北)빅셩(百姓)/왕셩(王城)이 누쳔니(累千里)라.
감ᄉ(監司)도 모로거든/님금을 엇디 알니?
제 몸의 졀통(切痛)ᄒ 일/아모리 잇건마ᄂ
뉘게 와셔 ᄒ올소니/형셰(形勢)가 홀 일 업다.
죽으라면 죽을 밧긔/무슴 슈(手)가 이슬쏘냐?
날 보고 길을 막아/울며 노치 아니ᄒ니,
내로소니 츠마 가랴?/머물고 위로(慰勞)ᄒ 말
우리 쥬샹(主上)젼하(殿下)님이/너희 질고(疾苦) 넘녀(念慮)ᄒ샤
날 보너여 알나시니/내 가셔 알외려니,

---

47) 부탕도화=물불을 헤아리지 아니하고 뛰어 들어감. 곧 목숨을 내놓고 일을 한다는 뜻.

죽지 말고 기드리라./덕틱(德澤)이 미츠리라.

비옵느니 쥬광하(黈纊下)⁴⁸⁾의/빅비(百拜)ᄒ고 비옵느니,

양츈(陽春)이 포틱(浦澤)홀 졔/음곡(陰谷)붓허 몬져 ᄒ면,

머다머다 져 사롬들/거위거위 도로(徒勞)ᄒ리?

반(半) 남아 늙은 몸이/왕녕(王令) 곳 아니시면,

뉵쳔 오빅(六千五百) 머단 길의/무양(無恙)이 오올쏘냐?

아희야! 잔(盞)쯔셔라!/텬황시(天皇氏)⁴⁹⁾일만 팔쳔(一萬八千),

디황시(地皇氏)⁵⁰⁾ 일만 팔쳔(一萬八千)/합(合)ᄒ야 삼만 뉵쳔셰(三萬六千歲)를

우리 님긔 헌슈(獻壽)ᄒ쟈.

<필사본에서>

〈참 고〉

姜銓燮,「南湖具康의 北塞曲에 대하여」,『韓國學報』69호, 서울:一志社, 1992.겨을.

朴堯順,『韓國古典文學新資料硏究』,大田:韓南大學校出版部,1994.

徐奉植,「北塞曲 解題」,『鄕土硏究』10집, 大田:忠南鄕土史硏究會, 1991.

崔康賢,「기행가사 북새곡(北塞曲)을 살핌」,『勤齋梁淳珌博士華甲紀念語文學論叢』, 제주대학교, 1993.

_____,「가사작가 휴휴(休休) 구강(具康)을 살핌」,『慕山學報』4집, 大邱:慕山學術硏究所, 1993.

---

48) 쥬광하=임금님께. 주광은 면류관(冕旒冠)의 양쪽으로 귀에 닿을 만큼 늘이어 맨 누른 솜방울이므로, 임금님을 상징함.
49) 텬황시=상고시대 삼황(三皇)의 한 사람.
50) 디황시=상고시대 삼황(三皇)의 한 사람.

23. 병자금강산가(丙子金剛山歌)

실명씨(失名氏)

해제 이 작품은 서울대학교 도서관 소장의 『장편가집(長篇歌集)』이라는 책속에 들어 있는 것으로 지은이와 연대를 알지 못하던 미발표 작품을 최강현이 처음 학계에 소개하여서 비로소 알려지게 된 금강산 기행가사이다. 최강현(崔康賢)은 이 작품 속에서 "이때가 어느 땐고? 병자 3월 7일이라."라고 밝혀 주고 있는 점과 표기체계와 작품 내용에 의하여 순조 16년(1816) 병자년의 기행가사임을 고증하였다.

  내용은 기승전결의 4단계로 짜여져 있는데,
  기사(起詞)에서는 금강산 구경의 소망을 밝히고,
  승사(承詞)에서는 출발에서 내·외금강산 구경을 마치기까지의 노정과 견문을 노래하였고, 전사(轉詞)에서는 관동팔경을 구경하자며 흡곡현(歙谷縣) 시중대(侍 中臺)부터 평해(平海) 월송정(越松亭)까지의 구경한 소감을 나열하고, 결사(結詞)에서는 장한 구경을 만족하게 생각한다고 뽐내는 것으로 끝맺고 있다.

어와! 벗님네야!   /   이니 말숨 드러 보소.
초로 츈몽(草露春夢) 인싱(人生)들이/빅년(百年)을 미들손가?
츈츄(春秋)로 짓친 몸이/초당(草堂)에 누엇시니,
노수 츈풍(路樹春風) ᄉ양ᄒ(斜陽下)에/학(鶴)의 노리 움을 ᄭ여

23. 병자금강산가(丙子金剛山歌)

셰샹ᄉ(世上事)를 헤아리니,/희화¹⁾셩셰(羲黃盛世) 아니런가?
보귀²⁾공명(富貴功名) 좃타희도/영욕(榮辱)이 일반(一般)이라.
어와! 우습도다! /   이닉 일을 싱각ᄒ니,
엇그제 이삼십(二三十)이/무졍 광음((無情光陰) 오십이라.
도덕인의(道德仁義) ᄒ엿든가?/부귀공명(富貴功名) ᄒ엿든가?
쥬공(周公) 공ᄌ(孔子)³⁾ 엇더ᄒᄉ/만고 셩인(萬古聖人) 되옵시고,
딕순(大舜)증ᄌ(曾子) 엇더ᄒᄉ/쳔츄효ᄌ(千秋孝子) 되옵신고?
평싱(平生) ᄒ 일 업셔시니/싱각ᄒ면 슬프도다.
셩인(聖人)에 ᄒ신 일은/아마도 못ᄒ리라.
출하리⁴⁾ 다 썰치고/턴하 명산(天下名山) 구경 가셰.
호탕(豪宕)ᄒ 밋친 홍(興)을/츈광(春光)에 ᄌ아닉여
오호 쳥쥬(烏壺淸酒) 일이비(一二盃)에/취홍(醉興)이 도도(滔滔)ᄒ니,
구졀 쥭장(九節竹杖) 빗겨 집고/풍유 호ᄉ(風流好事) 벗을 짜라
화홍 류록(花紅柳綠) 가시졀(佳時節)에/산수(山水) 구경 가자셰라.
이 쩌가 어늬 쩐고?/병ᄌ 삼월(丙子三月) 칠일(七日)이라.
양쥬(楊州)짜에 누완이요,/포쳔(抱川)짜에 홀모로다.⁵⁾
마셕교(磨石橋)는 영형게(永平溪)⁶⁾오./달고딕는 쳘원(鐵原)이라.
고기 산쳔(山川) 바라보니/졔불지고찰(諸佛之古刹)이라.
금화현(金化縣)⁷⁾지나 노코/금셩읍(金城邑) 다다라셔,
쥬산 닉룡(主山內龍) 둘너보니/금게 포란(金鷄抱卵) 형(形)이로다.
피금졍(披襟亭) 현명(懸名)ᄒ고/창도(昌道)을 너다르니,

---

1) 희화=희황(羲黃)의 잘못.
2) 보귀=부귀(富貴)의 잘못.
3) 쥬공공ᄌ=원문에는 "쥬고고ᄌ"로 되어 있음.
4) 출하리=원문에는 "츠하리"로 되어 있음.
5) 홀모로다="솔모루(松隅)다"의 잘못인 듯함.
6) 영형게=영평계(永平溪)의 잘못인 듯함.
7) 금화현=원문에는 "그화현"으로 되어 있음.

육읍(六邑) 슴쳔(三千) 슴빅니(三百里)을/츈광(春光)의 지나셰라.
긔셩니을 너머 셔셔/통긔창(通溝倉)⁸⁾ 바라면셔,
촌촌(寸寸)이 젼진(前進)ᄒ니/단발령(斷髮嶺)⁹⁾ 놉흔 고긔
허위허위 올나 안져¹⁰⁾/금강문(金剛門) 바라보니,
상쾌(爽快)흔 풍경이여!/마음이 쾌락(快樂)ᄒ다.
왕고 닉금(往古來今) 혜ᄋ리고/고금 인걸(古今人傑) 싱각ᄒ니,
한무제(漢武帝) 승노반(승로반)은/츈몽(春夢) 갓치 허여지고,
엄ᄌ릉(嚴子陵)에 부츈산(富春山)은/비디에 놉하셰라.
진시황(秦始皇) 만리 쟝셩(萬里長城)/뉘 ᄯᅡᆼ이 되엿ᄂ고?
소허(巢許)¹¹⁾에 영쳔수(潁川水)¹²⁾ᄂᆞᆫ/지금(至今)에 마거 잇네.
만리 강산(萬里江山) 도라보고/텬리 힝용(千里行龍) 혜아리니,
기ᄌ 티금(개자태금) 조판시(肇判時)의/곤륜산(崑崙山)¹³⁾니 두긔(頭起)
ᄒ고,
빅두산(白頭山) 제일용(第一龍)의/함경도(咸鏡道) 되야 잇고,
금강산(金剛山)¹⁴⁾에 나린 믹(脈)니/강원도(江原道)되야 잇고,
영병흔 산 홀인 후(後)에/평안도(平安道)되야 잇고,
구월산(九月山)홀튼 줄기/황희도(黃海道) 되야 잇고,
가야산(伽倻山)이 즁조(中祖)되여/츙쳥도 되야 잇고,
지리산(智異山) 니린 용믹(龍脈)/전라도(全羅道) 되야 잇고,
티빅산(太白山)니 즁긔(中起)ᄒ여/경상도(慶尙道) 되야 잇고,

---

8) 통긔창="통구창(通溝倉)"의 잘못임.
9) 단발령=원문에는 "단반령(斷髮嶺)"의 잘못임.
10) 올나 안져= 원문에는 "어나안져"로 되어 있음.
11) 巢許=중국 상고시대 현인으로 천자의 자리를 사양하고 숨어 산 소부(巢父)와 허유(許由).
12) 潁川水=영천의 물. 영천은 하남성(河南省) 등봉현(登封縣)에서 발원하여 안휘성(安徽省)의 회수(淮水)로 흘러들어가는 물. 허유가 이물가에서 살았다고 함.
13) 곤륜산=원문에는 "고륜산"으로 되어 있음.
14) 금강산=원문에는 "금강상"으로 되어 있음.

23. 병자금강산가(丙子金剛山歌)

팔도 강산(八道江山) 모든 졍긔(精氣)/숨각산(三角山)에 밋쳐셰라.
일지화(一枝花) 썩거 쥐고/단발영(斷髮嶺) 넘어 가니,
촉도 험쥰(蜀道險峻) 어렵거던/오초 산텬(吳楚山川) 엇더턴고?
텬이 졀벽(天涯絶壁) 층층입(層層立)에/ᄉ면 츈식(四面春色) 둘너 잇셔,
완보 증소(緩步譜笑)ᄒ오면셔/유졍(有情)이 드러가니,
화쳔(花川) 시너길에/좌우로(左右)로 버럿도다.
산명 수려(山明水麗)ᄒ니/ 이러ᄒ니/과연(果然) 텬하 승지(天下勝地)로다.
봉봉(峰峰)이 봉니 머니/문치(文彩)도 분명(分明)ᄒ고,
골골이 우는 시는/소리마다 유졍(有情)ᄒ다.
낙낙 장숑(落落長松) 의의죽(의의죽)은/쳐뿌ㅇ (淸風)의 흥(興)을 겨워
소소 닝닝(笑笑冷冷) 소리ᄒ여/가금셩(가금셩)을 지어 잇고,
작작(작작)ᄒ 불근 꼿은/산산이 피엿는더,
황금(黃金) 갓튼 꾀고리는/숨츈(三春)에 북이 되여,
양뉴(楊柳)시로 왕너(往來)ᄒ니/인들 아니 경(景)일소야?
슬피 우는 두견(杜鵑)시는/촉졔(蜀帝)의 혼(魂)이 되여,
유벽(幽僻)ᄒ 공산(空山) 속에/은근(慇懃)이 슈머 잇고,
어화! 조흔지고!/이곳이 어데멘가?
츈풍 도리(春風桃李) 호시졀(好時節)은/화악산(華嶽山) 츈경(春景)이요,
녹음 방초(綠陰芳草) 승화시(승화시)는/봉닉산(蓬萊山) 하경(夏景)이라.
구츄 황국(九秋黃菊) 단풍졀(丹楓節)은/풍악산(楓岳山) 추경(秋景)이요,
눈동 흔텬(蠢動寒天) 셜만산(雪滿山)은/기골산(皆骨山) 동경(冬景)이라.
어와! 더욱 긔이(奇異)ᄒ다./이 산(山)은 엇지ᄒ여
츈하츄동(春夏秋冬) 씩을 싸라/경(景)과 일홈 각각인고?
ᄉ시 경긔(四時景槪) 이러ᄒ니/텬하 졔일(天下第一) 명산(名山)이라.
즁원(中原)ᄉ룸 원(願)ᄒ기를/원싱고려(願生高麗) 견금강(見金剛)을,
창창(蒼蒼)ᄒ 층암(層巖)길의/ᄌ쥬 거러 드러가니,
씩씩홀손 쳥계수(淸溪水)는/슬플시고 츈산(春山)이라.

마천교(마천橋)을 너머스니/히동 제일(海東第一) 장안〈(長安寺)라.
풍편(風便)의 풍경(風磬)소리/흉금(胸襟)이 쇄락(鎖락)ᄒ다.
범종누(梵鐘樓)도 조커니와/ᄉ쳐와이 더욱 조타.
됴양 황연 이층 법당(二層法堂)/더웅 보젼(大雄寶殿) 금ᄌ(金字)로셰.
긔화 단쳥(丹靑) 찰란(燦爛)ᄒ고/힝니도 진동(振動)ᄒ다.
ᄉ층 탁ᄌ(四層卓子) ᄒ 가운디/칠존 금불(七尊金佛) 단좌(端坐)로셰.
법기보살(法起菩薩) 긔립(起立)ᄒ고/좌우(左右)부쳐 엄숙(嚴肅)ᄒ다.
약ᄉ젼(藥師殿)에 약ᄉ보살(藥師菩薩)/명부젼(命府殿)에 지장보솔(地藏菩薩)
십왕젼(十王殿)은 동(東)의 잇고/나한젼(羅漢殿)은 셔(西)의 잇다,
십디왕(十大王) 십뉵나한(十六羅漢)/ᄎ례(次例)로 벼려셰라.
외외 층층(嵬嵬層層) 신션누(神仙樓)는/구름 속의 잠겨 잇고,
쳥산(靑山)의 걸린 빗츤/운무 심니(雲霧深裏) 출묘(出渺)ᄒ고,
녹수(綠水)의 졈은 경(景)은/조젼비이지환(조젼비이지환)이리.
셔가봉(釋迦峰) 지장봉(地藏峰)은/반공(半空)에 소삿ᄂᆞ디,
장경〈(藏經寺) 장경봉(藏經峰)은/북극(北極)을 괴와 잇고,
옥경디(玉鏡臺)의 면경디(面鏡臺)ᄂᆞᆫ/형용(形容)이 긔이(奇異)ᄒ고,
지옥문(地獄門)과 황텬강15)(黃泉江)은/일홈도 이상(異常)ᄒ다.
영원동(靈源洞) 가는 길에/감노수(甘露水) 차져 너여
표ᄌ(瓢子)의 가득 쩌셔/두 셰번 먹어 보니,
진심(塵心)이 바이 업고/셰욕(世慾)을 이겨셰라.
극낙문(極樂門) 그여 넘어/빅탑동(白塔洞) 나려가니,
긔이(奇異)ᄒ 너와 돌이/빅탑(白塔)은 만장(萬丈)이라.
진쥬탑(眞珠塔) 부셕탑(浮石塔)은/빅셜(白雪)이 날니ᄂᆞᆫ 듯
십왕디(十王臺) 드러가니/지장보살(地藏菩薩) 쥬봉(主峰)이라.

---

15) 황텬강=원문에는 "황텬각"으로 되어 있음.

제일젼(第一殿) 진광디왕(眞光大王)/졔이젼(第二殿) 초관디왕(超關大王)은/ 남북(南北)으로 쥬벽(主壁)ᄒ고,
졔숨젼(第三殿) 승졔디왕(勝濟大王)/졔ᄉ젼(第四殿) 오광디왕/동셔(東西)로 버려 잇고,
졔오젼(第五殿) 염나디왕(閻羅大王)/졔뉵젼(第六殿) 변셩디왕(遍成大王)/인신방(寅辛方)을 직켜 잇고,
졔칠젼(第七殿) 틔산디왕(태산대왕)/졔팔 도시디왕/ᄉ희방(巳亥方)을 쥬장(主張)ᄒ고,
졔구젼(第九殿) 평등디왕(平等大王)/졔십젼(第十殿) 젼윤디왕(젼륜대왕)/즁양궁(中央宮)에 젼좌(젼좌)로셰.
무셥도다. 사졔봉(獅子峰)은/쒸노는 듯 ᄲᅵ닷는 듯,
관음봉(觀音峰)은 겻히 잇셔/지미시쥬(齋米施主) 허옵는 듯,
우읍도다. 죄인봉(罪人峰)은/십왕봉(十王峰)을 옹위(擁衛)ᄒ고,
합즁ᄉ(合掌師)되는 형상(形狀)/그 안니 우수운가?
쒸노는 듯 빅마봉(白馬峰)은/긔셰(氣勢)도 장(壯)ᄒ지고!
항우(項羽) 타던 오초마(오추馬)며/관공(關公) 타던 젹토(赤土)로다.
투구 슨 듯 장군봉(將軍峰)은/빅모 황홀(白毛황홀) 둘넛는 듯
초한(楚漢)쩍 텬지(天地)런가?/긔치(旗幟)가 버려 잇고,
홍문연(鴻門宴) 시졀(時節)인가?/금극(劒戟)이 둘넛은 듯,
좌두봉(左頭峰) 우두봉(右頭峰)은/좌우(左右)로 승읍(相揖)ᄒ네.
형졔암(兄弟庵) 가는 길에/삼불동(三佛洞) 드러가니,
완년(宛然)ᄒ 삼불(三佛)바위/합장(合掌)ᄒ 듯 셰위는가?
조코조코 조흔 경(景)이/이 안니 극낙(極樂)인가?
표운ᄉ(表訓寺) 드러가니/디명당(大明堂) 터이로다.
일조문(一柱門)16)과 범종각(梵鐘閣)에/ᄉ텬왕(四天王)이 더욱 좃타.

---

16) 일조문=일주문(一柱門)의 잘못.

디웅보젼(大雄寶殿) 연화탑(蓮花塔)에/삼존 금불(三尊金佛)단좌(端坐)
ᄒᆞ고,
　좌우(左右)에 디소 법당(大小法堂)/십왕 나한(十王羅漢) 버려 잇고,
　사양누(사양樓)도 조커니와/광동(關東) 구경 조홀시고.
　동셔 남북(東西南北) ᄉᆞ방등(四方燈)은 /금목수화(金木水火) 오힝등
(五行燈)
　북거 남지(北去南之) 칠성등(七星燈)은/건연 곤졀(乾連坤絶) 팔괘등
(八卦燈)
　기기 졔졔(기기제제) 발발등(燈)이/이리 져리 달여구나!
　졍양ᄉᆞ(正陽寺)에 올나 안져/헐황누(歇惶누)에 비회(徘徊)ᄒᆞ며,
　금강산(金剛山) 일만 이쳔봉(一萬二千峰)을/역역(歷歷)히 도라보니,
　봉봉(峰峰)이 밋친 봉니/긔이(奇異)ᄒᆞ고 유명(有名)ᄒᆞ다.
　검극(劒戟) 갓치 두른 봉(峰)이/물형(物形)을 텬작(天作)이라.
　울울 창창(鬱鬱蒼蒼) 층암상(層巖上)에/여기져기 버려 잇고,
　외외 참치(嵬嵬參差) 일만봉(一萬峰)이/일광(日光)을 가려는디,
　놉흘시고 망군디(望軍臺)ᄂᆞᆫ/구름 속의 소삿는 듯,
　빅운디(白雲臺) 등임(登臨)ᄒᆞ니,/텬문(天門)이 지척(咫尺)일다. 뉴각졍
(六角亭) 구경ᄒᆞ니,/긔화 이초(奇花異草) 더욱 조타.
　니원동(내원동) 잠간(暫間) 보고/쥬마탑(走馬塔) 츠져 가니,
　공산(空山)이 젹막(寂寞)ᄒᆞ디/쥬마탑(走馬塔)뿐이로다.
　빅화(百花)ᄂᆞᆫ 작작(綽綽)ᄒᆞ고/노수(綠水)ᄂᆞᆫ 잔잔(潺潺)ᄒᆞ디,
　속이 시니 흘으는 듯/마음이 시로셰라.
　셕문동(石門洞) 십니 폭포(十里瀑布)/반공(半空)의 걸여스니,
　은하수(銀河水) 이엇는 듯/빅용(白龍)의 굽이로다.
　구비구비 회류(回流)ᄒᆞ여/만경 창파(萬頃蒼波) 일워셰라.
　니쥬탑(내주탑) 너머가셔/강션디(降仙臺) 들어가니,
　반셕(盤石)은 층층(層層)ᄒᆞ디/비로봉(毘盧峰)니 여긔로다.

곡밀디(곡밀대) 은은(慇慇)흐디/향기(香氣)도 진동(振動)흐네.
텽용담(靑龍潭) 흑용담(黑龍潭)은/노룡(老龍)이 셔렷눈 듯,
거북 갓튼 거북디(臺)눈/구셩도(구성도)를 등의 걸고,
낙셔(洛書)17)를 발블 젹의/하우씨(夏禹氏)18)가 어드신가?
비 갓튼 비담(潭)이야!/형상(形狀)도 이상(異常)흐다.
작쥬거(作舟車) 흐오실 졔/헌원씨(軒轅氏)19)가 지으신가?
황용(黃龍) 부쥬(浮舟)흘 졔/이 비가 안니런가?
용마(龍馬) 갓튼 용마담(龍馬潭)은/팔괘(八卦)를 짊어지고,
하도(河圖)의 나올 젹에/복희씨(伏羲氏)20)가 어드신가?
팔담(八潭)을 다 본 후(後)에/보덕골21)(普德窟) 추져 가니,
뉴수(流水)구뷔 빅텬(百千)이요,/셕경 곡곡(石逕谷谷) 만억(萬億)이라.
산벽(山壁)을 의지(依支)흐고/외나무다리 건너
보덕암(普德庵) 드러가니/구름 속의 치각(彩閣)이라.
보덕(普德)각시 안진 형상(形象)/긔이(奇異)흐고 우읍도다.
구리기동 흔 줄기에/십구총 무어너여
쳔만장(千萬丈) 바위 우의/쇠스실노 얼거시니,
인력(人力)의 조읍22)(造業)이며/귀신(鬼神)의 조화(造化)런가?
셕가수(釋迦水) 먹은 후(後)에/마가뎐23)(摩訶衍) 드러가니,
졔불지도회쳐(諸佛之都會處)요/삼한(三韓)젹 고수(古寺)로다.

---

17) 洛書=하(夏)나라 우(禹)가 홍수를 다스릴 때에 낙수(洛水)에서 나온 신귀(神龜)의 등에 있었다고 하는 45개 점으로 된 무늬.
18) 夏禹氏=중국의 하나라를 개국한 우임금. 성은 사씨(似氏)임.
19) 軒轅氏=중국 고대의 제왕이던 황제(黃帝)의 이름.
20) 伏羲氏=중국의 상고시대 제왕. 삼황(三皇) 중의 1인. 백성들에게 농사짓기·물고기잡기·짐승기르기 등을 처음으로 가르쳤고, 팔괘(八卦)를 처음 창안하였다고 함.
21) 보덕골=보덕굴(普德窟)의 잘못.
22) 조읍=조업(造業)의 와음(訛音).
23) 마가뎐=마하연(摩訶衍)의 잘못.

압헤 잇는 쳘마봉(鐵馬峰)은/뉘라셔 궁글 쓸어
련만년(千萬年)을 지나도록/막힐 줄을 모로는고?
수간 법당(數間法堂) 졍쇄(淨灑)ᄒ고/만수 빅화(萬樹百花)24) 둘너는디,
치 틴 방셕(方席) 연화승(蓮花上)에/빅운 진불(白雲眞佛) 단좌(端坐)ᄒ고,
금강경(金剛經)을 힝논젼(行論殿)에/률봉디ᄉ(栗峰大師)25) 공부(工夫)ᄒ네.
어화! 보완지고?/져 션ᄉ(禪師)에 거동(擧動) 보소.
빅옥(白玉)갓치 흰26) 얼골의 츄상(秋霜) 갓튼 위염(威嚴)일세.
누비 송낙(송락) 흠벅 쓰고/가ᄉ 착복(袈裟着服) 흑장삼(黑長衫)의
빅팔 염쥬(百八念珠) 목에 걸고/엄연 단좌(嚴然端坐) ᄒ온 형샹(形象)
로룡(老龍)이 셔렷는 듯/빅호(白虎)가 굽니는 듯
경(磬)쇠 쌍쌍 목탁(木鐸) 털틸/분향 염불(焚香念佛) ᄒ는 소리
더자더비(大慈大悲) 쥬샹 젼ᄒ(主上殿下)/셩쥬 만세(聖主萬歲) ᄒ옵소셔.
자인 이덕(慈仁愛德) 왕비 젼ᄒ(王妃殿下)/셩쥬 련련(聖主千年) ᄒ옵소셔.
지인 지셩(至仁至聖) 셰쥬 젼ᄒ(世子殿下)/셩쥬 쳔츄(聖主千歲) ᄒ옵소셔.
극낙 셰계(極樂世界) 관셰음보살(觀世音菩薩)/나무아미(南無阿彌) 타불(陀佛)소리
어와! 보완지고?/인들 안니 경(景)일런가?
은션디(隱仙臺) 드러가니/산텬(山川)은 텬작(天作)이라.

---

24) 만수 빅화=원문에는 "마수빅화"로 되어 있음.
25) 률봉디ᄉ=조선시대 스님 청믓(靑杲:1738-1823). 율봉은 그의 호. 19세에 무구대쥰(無垢大俊)에게 중이 되어 금강산 마하연에서 금강경을 연구하여 신기한 일을 많이 하였다고 함.
26) 흰=원문에는 "흔"으로 되어 있음.

양풍(涼風)은 쳥미(淸微)ᄒ고/긔운(氣運)은 욱여(욱여)로다.
극낙 셰계(極樂世界) 어듸런고?/인들 안니 경(景)일런가?
류리(琉璃) 갓튼 평상(平床)바위/빅옥(白玉) 갓튼 널분 바위,
여기져기 노얏ᄂ듸/돌슈(數)좃ᄎ 무슴일고?
텽쳔 삭츌(靑天削出) 미륵봉(彌勒峰)은/벽공(碧空)을 괴얏ᄂ 듯
의의 산산(의의산산) 쳡쳡봉(疊疊峰)에/물형(物形)으로 분명(分明)ᄒ다.
곳갈 슨 듯 염쥬(念珠) 멘 듯/가사 착복(袈裟着服) ᄒ엿ᄂ 듯,
신션봉(神仙峰)과 노인봉(老人峰)은/북극(北極)을 괴얏ᄂ 듯,
티상 노군(太上老君) 셔 계신 듯/비의 신션(神仙) 노니ᄂ 듯,
옥녀봉(玉女峰)과 동ᄌ봉(童子峰)은/옥쵹디(玉燭臺)을 븟자분 듯,
셔왕모(西王母)27)와 반부인(班夫人)28)은/반도 진공(蟠桃進供) ᄒ옵ᄂ 듯,
삼공 육경(三公六卿) 양반(兩班)바위/금관 조복(金冠朝服) 허니ᄂ 듯,
쳥옥빅옥(靑玉白玉)동ᄌ봉(童子峰)은/좌우(左右)로 츔추ᄂ 듯,
일츌봉(日出峰) 월츄롱(月出峰)은/오식(五色) 구름 어려온 듯,
쳥슈봉(靑首峰) 빅슈봉(白首峰)은 운슈(雲首)의 넘누ᄂ 듯,
쳔봉(千峰)이 슈려(秀麗)ᄒ고/만학(萬鶴)이 경유(經由)로다.
만학(萬壑)에 안기 거더/쳔봉(千峰)이 빅운(白雲)되고,
어화! 조흔지고!/이곳이 어데민가?
빅운(白雲)거더 다긔봉(多起峰)은/별건곤(別乾坤)이 여기로다.
봉봉(峰峰)이 둘넛ᄂ 듯/불형(佛形)이 완년(宛然)ᄒ다.

---

27) 셔왕모=중국 상대에 받들어진 여신선의 이름. 성은 양(楊). 이름은 회(回). 주 목왕(周穆王)이 곤륜산(崑崙山)에 사냥을 갔다가 서왕모를 만나 요지(瑤池)에서 놀며 돌아오기를 잊었다고 함. 한무제(漢武帝)가 장수를 원하자 하늘에서 선도(仙桃)를 따다 바쳤다고 함.
28) 반부인=한대(漢代)의 여류시인 반첩여(班倢伃). 성제(成帝)의 궁녀가 되었다가 조비연(趙飛燕)에게 쫓겨 장신궁(長信宮)에 머물며 태후를 모시고 시부를 지었는데, 그중에 원가행(怨歌行)이 유명하다고 함.

천불동(千佛洞)이 안니여든/극낙셰계(極樂世界) 아니런가?
스히 팔계 벗님네야! 극낙 셰계 구경ᄒᆞ소.
젹션(積善)ᄒᆞ면 극낙(極樂)이요,유죄ᄒᆞ면 디옥(地獄)29)이라.
극낙 셰계(極樂世界) 구경ᄒᆞ니/션심(善心)이 ᄌᆞ발(自發)ᄒᆞ다.
안무지며 밧무지라./유졈ᄉᆞ(楡岾寺)로 드러가니,
용인 보젼(龍仁寶殿)30) 놉흔 집의/단쳥(丹靑)도 가딜시고.
무지기 다리 우의/산영누(山暎樓)도 죠커니와
법당문(法堂門) 열고 보니,/금슈 병풍(錦繡屛風) 둘너 치고,
긔긔괴괴(奇奇怪怪) 물싴(物色)들이/우읍고도 경(景)이로다.
셰조디왕(世祖大王) ᄉᆞ송(賜送)ᄒᆞ신/잉무비(鸚鵡盃)와 호박준(호박盞)이
셰상(世上)에 ᄯᅩ잇ᄂᆞᆫ가?/금강산즁(金剛山中)졔일보(第一寶)라.
어실젼(御室殿)도 조커니와/오탁슈31)(烏啄水)가 더욱 조타.
평싱(平生)에 드른 소문/오날날 구경ᄒᆞ다.
텬티산(天台山)32) 느름남계/곳마다 오십 삼불(五十三佛)
셔텬(西天)33)셔 나오실 졔/돌비 타고 션뉴(船遊)ᄒᆞ며,
동희(東海)로 도라 드러/금강산(金剛山) 드러 오셔,
유졈ᄉᆞ(楡岾寺) 터를 좁아/법당(法堂)을 지은 후(後)의
오십삼불(五十三佛) 좌졍(坐定)ᄒᆞ니/금강산(金剛山)이 원(願)이런가?
고셩군수(高城郡守) 노츈씨(盧椿氏)ᄂᆞᆫ34)무슴 도덕(道德) 닥가 니여
싱젼(生前)에 베슬ᄒᆞ고/ᄉᆞ후(死後)의 싱불(生佛)된고?
구용젼(九龍殿) 드러가니/텬하졔일(天下第一) 웅장(雄壯)ᄒᆞ다.

---

29) 디옥=원문에는 "이옥"으로 되어 있음.
30) 용인보젼=능인보젼(能仁寶殿)의 잘못인 듯함.
31) 오탁슈=원문에는 "오락슈"로 되어 있음.
32) 텬티산=중국의 절강성(浙江省) 천태현에 있는 천태종의 성지인 산. 여기서는 그 모양으로 만든 가산(假山).
33) 셔쳔=서천축국(西天竺國)의 준말.
34) 노츈씨ᄂᆞᆫ=원문에 "노츈셔ᄂᆞᆫ"으로 되어 있음.

구용소(九龍沼) 층층ᄒᆞ여/은ᄒᆞ수(銀河水) 이엿는 듯,
텬빅용(千百龍)이 셔렷는 듯/마음이 경동(驚動)혼다.
이어산 쥬봉ᄒᆞ(主峰下)의/나옹화상(懶翁和尙) 원불(願佛)이요,
빅호아(白虎庵) 칠보디(七寶臺)의/금동거ᄉ(金同居士) ᄉ젹(事蹟)이라.
ᄡᅡᆼ봉암(雙峰庵)을 나려가셔/풍월디(風月臺)의 누엇스니,
풍경 월식(風景月色) 조커니와/나봉이 쌍뉴로다.
학셔디(鶴棲臺) 등임(登臨)ᄒᆞ니/황학누(黃鶴樓)며 빅학누(白鶴樓)라.
벽오동(碧梧桐) 상상지(上上枝)에/션학(仙鶴)이 식기 첫다.
발련ᄉ(鉢淵寺) 불경누(佛經樓)의/모든 션ᄉ(禪師) 불경 공부(佛經工夫).
수리수리 마하수리/수수리 스바허라.
긔ᄌ령(嶺) 너머 셔셔/신계ᄉ(新溪寺) 드러가니,
문누(門樓)도 광장(廣壯)ᄒᆞ고/법당(法堂)도 기묘(奇妙)ᄒᆞ다.
어실젼(御室殿)과 십왕젼(十王殿)의/좌우익(左右翼)을 벼려도다.
원건 산쳔(遠近山川) 바라보니/하우씨(夏禹氏) 치젹(治跡)이라.
니외금강(內外金剛) 구경ᄒᆞ니/일국지명산(一國之名山)이라.
봉니산즁(蓬萊山中) 조흔 경(景)은/양봉니(楊蓬萊)의 필젹(筆跡)이라.
텬ᄒᆞ제일 명산(天下第一名山)이라./뉘 글시로 쎠 계신고?
안진경(顔眞卿)[35]의 수필(手筆)이요/유공권(柳公權)[36]의 체격(體格)이라.
빅셕담(白石潭)을 너려가니/텬셕(川石)도 긔이(奇異)ᄒᆞ다.
획획 졈졈(劃劃點點) 장옥(璋玉)이요/낙화 비셜(落花飛雪) 완년(宛然)ᄒᆞ다.
희거든 곱지 말고/곱거든 희지 말지,
천암(千庵)이 젹젹(寂寂)ᄒᆞ고/만암(萬庵)이 요요(寥寥)ᄒᆞ다.

---

35) 안진경=중국 당나라 충신이며 서예가. 자는 청신(淸臣).
36) 유공권=중국 당나라 때의 명필. 벼슬은 공부상서(工部尙書)를 지냄.

토굴(土窟)을 잠간(暫間) 보고/빅경봉(白鯨峰)을 나가 안져
텬이(天涯)을 바라보니/츄수 장텬(秋水長天) 일싴(一色)이라.
빅ᄉ장(白沙場) 십이허(十里許)여/히당화(海棠花) 불것는더,
고기 잡는 어션(漁船)들은/물결의 잠겨셰라.
소상 야우(瀟湘夜雨) 소쇄셩(瀟灑聲)은/아황 여영(娥黃女英) 눈물인가?
산시 청남(山市靑嵐) 안기 속의/낙ᄒ고목(落霞古木) 졔비(鸒鵾)ᄒ고,
연ᄉ모종(煙寺暮鐘) ᄒᆞᆫ 소러의/평ᄉ낙안(平沙落雁)다 날 것다.
강텬모셜(江天暮雪)져문 날의/원포 귀범(遠浦歸帆)흘리 져어
어촌 낙조(漁村落照)바라보니,/동경 츄월(洞庭秋月)도다 온다.
산수 풍경(山水風景) 이러ᄒ니/밋친 홍(興)이 졀노 난다.
황졍경(黃庭經) 슉지ᄉ(熟知事)로/인호상(人互相)이 자각(自覺)ᄒ니,
텽풍 명월(淸風明月) 유졍(有情)ᄒ고/옥산ᄌ도(玉山自倒) 비인퇴(非人推)37)라.
일비일비(一盃一盃) 부일비(復一盃)로/천수 만한(千愁萬恨) 다 스러지네.
온졍(溫井)의 목욕(沐浴)ᄒ고/션바위로 도라 드러
만물초(萬物肖)의 드러가니/각식 경물(各色景物) 조흘시고.
무심(無心)ᄒᆞᆫ 빅운(白雲)들은/봉봉(峰峰)이 걸어 잇고,
유의(有意)ᄒᆞᆫ 홍화(紅花)들은/산산(山山)이 불거 잇네.
어화! 조흘시고!/이곳 경기(景槪) 더욱 좃타.
쌍교(雙轎) 갓튼 웃둣봉(峰)은/순상 힝ᄎ(巡相行次)ᄒ옵시나?
뒤에 잇는 일산봉(日傘峰)은/본읍틱수(本邑太守) 나옵시나?
종종ᄒᆞᆫ 잇신봉은/열읍틱수(列邑太守) 쌀으시나?
넙젹 실죡(失足) 양반봉(兩班峰)은/과거 셜장(科擧設場) ᄒ여스며,
쑈죡 웃둑 갈무봉(猲舞峰)은/청쳔 빅일(靑天白日) 비오시나?

---

37) 옥산ᄌ도비인퇴=이백(李白)의 「양양가(襄陽歌)」에 나오는 시구. 뜻은 사람이 밀치지 않아도 옥산이 넘지려면 스스로 넘어지기도 한다는 의미,

23. 병자금강산가(丙子金剛山歌) 251

시루봉과 가마봉은/슉셜츠지(熟設次知)38) 그 뉘시며,
탕건(宕巾) 슨 듯 노인봉(老人峰)은/만고 풍상(萬古風霜) 격거 온 듯,
가사 착복(袈裟着服) 노승봉(老僧峰)은/아미타불(阿彌陀佛) 염불(念佛)
ᄒᆞ며,
염쥬(念珠) 멘 듯 보살봉(菩薩峰)은/왕싱졍토(往生淨土) 진언(眞言)ᄒᆞ
네.
죡도리 쓴 듯 션여봉(仙女峰)은/후세 남ᄌᆞ(後世男子) 발원(發願)인가?
지셩 봉공(至誠奉供) ᄒᆞ온 공(功)니/영업부모 죠슉(寧業父母祖叔)39)이라.
가리마 쓴 기싱(妓生)인지?/은안 빅마(銀鞍白馬) 칩더 탄 듯,
무산 낙죠(巫山落照) 션녀(仙女)런가?/인물(人物) 좃코 밉시 잇다.
명산 승지(名山勝地) 구경ᄒᆞ여/풍뉴 호걸(風流豪傑) 보려 ᄒᆞ나,
만산 쵸목(滿山草木) 중즁(重重)ᄒᆞ디/번화 츈싴(繁華春色) 비단(緋緞)
이라.
옥우 징연(玉雨爭娟)40)ᄒᆞ옵는 듯41)/쥬졔 비명(走蹄飛鳴) 진금 이류(珍禽異類)
불승 경기(不勝景槪) ᄒᆞ오면셔/음풍 영월(吟風詠月) 비회(徘徊)ᄒᆞ여,
운빈 화안(雲鬢花顔)42)옥여 화상(玉女和尙)43)/화안석(花案席)에 안진
형용(形容),
지나간 밤 오든 비에/도화 반개(桃花半開) ᄒᆞ엿는 듯,
문방 ᄉᆞ우(文房四友) 옥서안(玉書案)의/허다 셔칙(許多書冊) 무어신고?
슴상 오힝(三常五行) 열여젼(烈女傳)에/통ᄉᆞ 고문(通史古文) 칠셔(七

---

38) 슉셜츠지=잔치 때에 음식 요리를 주관하는 사람
39) 영업부모죠슉=부모님과 조부모와 숙부모들이 모두 편안히 자기 일을 함.원문
   에는 "영읍부모죠슉"으로 되어 있음.
40) 옥우징연=배꽃들이 활짝 핀 모양을 이름.
41) ᄒᆞ옵는 듯=원문에는 "ᄒᆞ옵눗듯"으로 되어 있음.
42) 운빈화안=탐스러운 귀밑머리숱과 아름다운 얼굴.
43) 옥여화상=빅옥 같이 흰 살결의 여자 스님.

書)런가?
　황셕공(黃石公)⁴⁴⁾의 즘동계(撍動計)며/허진경(許眞卿)의 옥츄경(玉樞經)⁴⁵⁾가?
　아미타불(阿彌陀佛) 염불칙(念佛冊)의/보현보살(普賢菩薩) 진언(眞言)인가?
　우조 시조(羽調時調) 싱면조(界面調)⁴⁶⁾며/단가 잡가(短歌雜歌) 령산(靈山)인가?
　풍유 힝낙(風流行樂) 다 흔 후(後)의/공셩 신퇴(功成身退) 실님인가?
　ᄌ니 소원(所願) 무엇신가?/고디 광실(高大廣室) 마다 ᄒ고,
　ᄌ니 소원(所願) 무엇신가?/금의 옥식(錦衣玉食) 마다 ᄒ며,
　ᄌ니 진졍(眞情) 드러보셰./쳔ᄒ명ᄉ(天下名士)낭군(郞君)인가?
　리티빅(李太白)의 문필(文筆)인가?/유궁후(庚弓帿)⁴⁷⁾의 궁지(弓才)런가?
　두목지(杜牧之)의 풍신(風身)인가?/소진 장의(蘇秦張儀)⁴⁸⁾ 구변(口辯)인가?
　ᄌ니 소원(所願) 싱각ᄒ면/난어슝텬(難於上天) 촉도(蜀道)로다.
　쳔지(天地)도 쇠로(衰老)ᄒ고/산쳔(山川)도 영기(靈氣) 젹어
　인싱 빅년(人生百年) 혜아리니/망망 창ᄒᆡ(茫茫滄海) 부평초(浮萍草)라.
　녯날 ᄉ젹(史蹟) 드러 보면/긔 무엇시 귀홀손가?
　션거롤ᄉ 왕소군(王昭君)⁴⁹⁾은/호산(胡山)의 흙이 되고,

---

44) 황셕공=중국 진(秦)나라 말의 병법가. 장양(張良)에게 병서를 전하여 주었다고 함.
45) 옥츄경=도가(道家)들의 경전.
46) 싱면조=계면조(界面調)의 잘못인 듯함.
47) 유궁후=중국 춘추시대 형(衡)나라 사람으로 대부(大夫)였던 유공차(庚公差). 『孟子』에서는 "庚公之斯"로 되어 있는데, 명사수로 알려졌음.
48) 소진 장의=춘추 전국시대 유세가(遊說家) 소진(蘇秦)은 합종설(合從說)을 주장한데 반하여 장의(張儀)는 열국(列國)들이 진(秦)나라를 섬겨야 한다는 연횡설(連衡說)을 주장하였음.
49) 왕소군=전한(前漢) 원제(元帝)의 궁녀(宮女). 이름은 장(嬙). 소군은 그녀의 자

앗가울사 양티진(楊太眞)⁵⁰⁾은/마외역(馬嵬驛)의 틔글이라.
명산(名山)의 드러가셔/션경(仙境)을 구경ᄒᆞ니,
만ᄉᆞ 무심(萬事無心) 이곳이요./삼공 불환(三公不換) 여기로다.
옥경수(玉瓊水)의 눈을 씻고/졍신(精神)⁵¹⁾ ᄎᆞ려 다시 보니,
반갑도다. 슬푸도다./녯날 고졍(古情) 안일런가?
어니 통곡(慟哭) 졀노 나니./평양(平壤)집이 안일런가?
슬프도다. 반갑도다./부벽션(浮碧船)이 예로구나!
옥용 젹막(玉容寂寞) 눈물 흔젹(痕迹)/니화 일지(梨花一枝)⁵²⁾ 디륜(帶輪)이라.
한숨(汗衫)으로 눈믈 씻고/덥썩 안고 쎕을 디니,
흔심 지여 웃는 형용(形容)/예날 모양 완연(宛然)ᄒᆞ다.
팔만 디장(八萬大藏) 발원덕(發願德)에/우리 두리 맛나 잇셔
빅연 히로(百年偕老) 긔약(期約)ᄒᆞ고/니별(離別) 마ᄌᆞ 밍셰(盟誓)러니,
조물(造物)의 시긔런가?/남가(南柯)의 일몽(一夢)이라.
예날 소리 ᄒᆞ여 보셰./팔은 벼려 춤을 츄며,
뒤거름에 나가다가/두 소민을 다시 풀쳐
까치 거름 갈지자로/업푸러지게 드러가셔
압치마를 거두치고/휘듥지게 나아가니,
노는 형상(形狀) 보량이면/헌고름⁵³⁾고 밉시 잇다.
월궁(月宮)의 항아(姮娥) 갓고/요지(瑤池)의 션여(仙女)로다.
ᄒᆞ던 소리 ᄒᆞ여 보셰./오동츄야(梧桐秋夜) 발근 달에
임 싱각이 졀노 나네./ᄌᆞ니 화답(和答) 드러 보셰.

(字). 흉노(凶奴)와의 화친을 위하여 볼모로 잡혀가 호한사션우(呼韓邪單于)와 결혼하여 아이 넷을 낳고 자살함.
50) 양티진=당현종(唐玄宗)의 총비(寵妃)였던 양귀비(楊貴妃).
51) 졍신=원문에는 "견신"으로 되어 있음.
52) 니화일지=원문에는 "니화일기"로 되어 있음.
53) 헌고름=원문에는 "헌거롬"으로 되어 있음.

즁츄 팔월(中秋八月) 십오야(十五夜)에/광명(光明) 조타 츄월(秋月)이라.
죠코 죠코 죠흔 즁(中)의/오호(嗚呼)! 한심 졀노 눈다.
주니 형상(形象) 무견(默見)호니/독수 공방(獨守空房) 분명(分明)[54]호다.
정절 슈절(貞節守節) 이러호니/닌들 아니 무류호가?
니 수랑의 정절(貞節)이야!/긔특(奇特)호고 불상호다.
유명(유명)이 현수(현수)호니/작별(作別)이 슬푸도다.
간다.간다. 슬어 마소./아조 간들 이질손가?
모년 모월(某年某月) 하시졀(夏時節)에/우리 부쳐(夫妻) 흔날 옴셰.
숨위 합폄(三位合貶) 헐작시면/자손 충셩(子孫昌盛) 만디 힝화(萬代行火)
즁언 부언(重言復言) 수작(酬酌)호니/우지 말고 잘 잇거라.
일보(一步)에 이고(이고)호니/산쳔(山川)도 젹막(寂寞)호다.
다시 안져 싱각호니/쵸목(草木)도 슬푸괴라.
등 고분 듯 노고봉(老姑峰)은/오뉴월(五六月) 복쥬 감틋
웨는 소리 드러 보니/보리 탁쥬(濁酒) 귀리 송편,
효쵸(胡椒) 약염 계피 건강(桂皮乾薑)/작박산이 더욱 조소.
머리 푼 듯 귀신봉(鬼神峰)은/무삼 죽엄 호엿눈고?
젼싱(前生)에 지은 죄(罪)를/극낙(極樂)의 발원(發願)호니,
션도(仙道)를 닥가스면/지옥(地獄)으로 드러가랴?
결박(結縛)흔 듯 죄인봉(罪人峰)은/무숨 죄(罪)를 지엇시며,
어화! 조흔지고!/금강(金剛)구경 제일(第一)이라.
셔양셰계(西洋世界) 어디멘고?/극낙셰계(極樂世界) 여기로다.
여보시오! 벗님네야!/인싱 세간(人生世間) 비빅세(非百歲)라.
그 무엇시 귀(貴)홀손가?/관동 팔경(關東八景) 구경 가세.
죠코죠코 조흔 경(景)을/안니 보고 무엇홀가?
흡곡현(歙谷縣)[55] 드러가셔/시즁디(侍中臺) 구경호니,

---

54) 분명=원문에는 "분면"으로 되어 있음.

23. 병자금강산가(丙子金剛山歌)

동작디(銅雀臺)가 이럿튼가?/줌간(暫間) 휴복(休復) 상쳐(上處)라.
통천군(通川郡) 드러가셔/총셕정(叢石亭) 구경ᄒ니,
고져 츰치(高低參差) 쳔만셕(千萬石)이/여류 여쥭(如柳如竹) 쳔작(天作)이라.
고셩군(高城郡) 드러가셔/히금강(海金剛) 구경ᄒ니,
쳔하 졔일(天下第一) 긔관(奇觀)이요/관동경즁(關東景中) 우히 업고,
간셩군(杆城郡) 드러가셔/쳥간졍(淸澗亭) 등임(登臨)ᄒ니,
녹쥭 쳥송(綠竹靑松) 풍만(風滿高)은/쳥강 젹벽(淸江赤壁) 월쳔츄(月千秋)라.
양양부(襄陽府) 드러가셔/낙산디(洛山臺) 올나 안져,
동파 젹션(東坡謫仙) 어디 간고?/ᄒ번 노라 보고지고.
강능국(江陵國) 드러가셔/경포디(鏡浦臺) 구경ᄒ니,
야광(野廣)ᄒ니 텬져수(天低水)요/강쳔(降天)ᄒ니 월건인(월건인)을.
숨쳑군(三陟郡) 드러가셔/쥭셔루(竹西樓) 구경ᄒ니,
쥭고졀이(竹高節而) 쳥연쳥(淸淵靑)은/장ᄉ(長沙)의 지졀(至節)이요,
평히군(平海郡) 드러가셔/양양경(洋洋景) 구경ᄒ니,
숭쾌(爽快)ᄒ다.풍경(風景)이여!/악양누(岳陽樓)와 뉘 다음고?
울진현(蔚珍縣) 드러가셔/월송졍(月松亭) 올나가니,
디두 요망(戴頭遙望) 텬외진(天外鎭)의/비각임허(碑閣臨虛)[56] 지욕보(地欲保)[57]라.
여봅소. 벗님네야!/남아(男兒) 헐 일 안니런가?
억고 상심(憶古傷心)졀노 나니,/ᄉ무여한(死無餘恨) 안니런가?
이보소.동히 벗님!/우리 유산(遊山) 잘ᄒ엿네.
금강산(金剛山)을 본다 흔들/뉘 이럿틋 ᄒ여슬고?

---

55) 흡곡현=원문에는 "협곡현"으로 되어 있음.
56) 비각임허=비각은 이미 허물어져 없어졌고, 비석만 땅바닥에 넘어져 있음.
57) 지욕보=넘어져 있는 비석을 땅은 묻어서 보호하려 함.

당시 풍유(當時風流) 남즈는/우리쑨인가 ᄒ노라.
<필사본에서>

〈참 고〉

崔康賢, 「金剛에 살으리 －金剛山歌」, 『詩文學』73호·75호, 서울:詩文學
社, 1977.8.10

24. 교쥬별곡(交州別曲)

구 강(具康)

해제 이 작품은 충청남도 도청 사료편찬실에 본부를 둔 향토사연구회에서 간행하는 『鄕土硏究(향토연구)』 제10집에 구강(具康)의 가집인 『北塞曲(북새곡)』이 영인 발표되면서 학계의 주목을 받게 된 작품이다.
    교주(交州)는 조선시대 강원도에 딸렸던 회양(淮陽)의 다른 이름이다. 그러므로 「교주별곡」은 「회양별곡」과 같은 것다. 이 작품은 지은이 구강(具康 :1757-1832)이 그의 나이 63세 때에 회양부사가 되어 부임하였다가 이듬해인 순조 20년(1820)에 지방 순시를 마치고 지은 것이다.

이몸이 쓸 더 업셔/궁항(窮巷)의 누엇더니,
셩은(聖恩)이 지즁(至重)ᄒ샤/비옥(緋玉)1)을 쥬신 후(後)의
일망(一望)이 겨우 넘어/회양(淮陽)2)을 맛기시니,
닝훈지(冷寒者)가 더워지고/말은 남긔 곳치로다.
비(比)컨디 늙은 계집/님의 사랑 의외(意外)로다.
봉니 오운(蓬萊五雲) 깁흔 곳의/하직(下直)고 물너 오니,
션죠(先朝)3)의 노신(老臣)으로/금일(今日)의 신션(神仙)되야

---
1) 비옥=붉은 옷과 옥관자(玉貫子). 곧 당상관(堂上官)의 관복(官服).
2) 회양=교주(交州)의 오늘날 이름으로 강원도에 딸린 지명.

오마(五馬)를 밧비 몰아/잣바고기 넘어셔니,
심벽(深僻)흔 산듕(山中)이오./쇼죠(蕭條)흔 읍너(邑內)로다.
전패(田稗)4)의 연명(延命)ᄒ고/녕각(零刻)5)의 도임(到任)ᄒ니,
급댱유(汲長儒)6)의 고군(古郡)이라./유풍(遺風)을 볼 거이고.
득듕당(得中堂)이 동헌(東軒)이오./와치헌(臥治軒)이 별당(別堂)이라.
집 일홈 불감(不堪)ᄒ다./그 사롬 쏘 뉘신고?
근심을 난화오니,/내 지죠 붓그럽다.
두쇼(斗筲)는 엇더ᄒ며,/공황(公貺)은 엇더턴지?
빅셩(百姓)은 ᄌ식(子息)이라./ᄌ식(子息)을 침학(侵虐)ᄒ랴?
열 스물 ᄀᆺ게 되면,/먹여 살녀 니련마는
챵늠(倉廩)이 부죡(不足)ᄒ니,/여러 ᄌ식(子息) 엇디ᄒ리?
농ᄉ(農事)는 셔쇽(黍粟)이오./싱업(生業)은 마젹(麻績)이라.
이 두 가지 그릇 되면/ᄉ방(四方)의 뉴리(遊離)ᄒ리.
보니고 가는 ᄆᆞ음/참측(慘惻)을 이길쏘냐?
근심우(憂) 나눌분(分)이/이거슬 일음이라.
만힝(萬幸)으로 낙셰(樂歲) 만나/갓던 빅셩(百姓) 도로 와셔
쳐ᄌ 형뎨(妻子兄弟) 잘 잇다면/츔이라도 츄올너라.
이 ᄢ를 당(當)케 되면,/온갓 맛시 더욱 죠희.
ᄉ동면(사동면) 고치 굽고,/당양면(당양면) 잣쥭 뿌어
옥(玉) ᄀᆺ흔 소금 찍고,/눈 ᄀᆺ흔 ᄭᅮᆯ을 타셔
단단이 뻡어 먹고,/훌훌이 마신 후(後)의
산ᄉ(山樝) 머루 다리 졍과/쇡쇡(色色)으로 입의 너허
비린 비위(脾胃) 졍ᄒᆯ 씨의/경옥고(瓊玉膏)와 밧굴쏘냐?

---

3) 션죠=돌아가신 임금님.여기서는 정조(正祖)를 가리킴.
4) 젼패=밭에 나는 피. 곧 먹을 만한 곡식이 못되는 먹거리.
5) 영각=아주 빠른 시간.
6) 급댱유=한무제(漢武帝) 때의 동해태수(東海太守)를 지낸 급암(汲黯).

민간(民間)은 무스(無事)ᄒ고,/관가(官家)는 한가(閑暇)홀졔,
쥬묵(주묵)을 거두치고,/긔반(妓班)을 불너다가
기쟝슐 두어 잔(盞)을/건드러니 반취(半醉)ᄒ고,
쳥풍(淸風)이 오ᄂᆞᆫ 곳의/낙ᄌᆞ셩(落子聲)7)이 한가(閑暇)ᄒ다.
시붕(詩朋)은 겻히 안져,/일흥(一興)을 도을 즈음
댱표량ᄉᆞ(長表兩寺)8) 삼보(三寶) 즁이/ᄯᅥ 마쵸와 보쟝ᄒ되,
화악(華嶽)의ᄂᆞᆫ 곳치 뛰고,/풍악(風嶽)의ᄂᆞᆫ 닙히 고희.
남녀(藍輿)ᄂᆞᆫ ᄭᅮ며 두고,/지로승(指路僧)도 디령(待令)ᄒ니,
어늬 ᄯᅢ 힝ᄎᆞ(行次)ᄒᆞᆯ 지/아모 ᄯᅥ가 한챵이오.
쳥금(靑襟)9)이 움즉이니,/글ᄯᅩ마다 비졈(批點)이라.
츈츄(春秋)의 이 보쟝(寶帳)이/어ᄂᆞ 곳셰 이슬쏘냐?
봉ᄂᆡ각(蓬萊閣) 쥬인(主人)들은/션리(仙吏)라도 ᄒ리로다.
젹이라 형니아!/그졔ᄉ 무어신고?
화하동(花霞洞)이 최다(最多) ᄒ며,/풍하암(楓霞巖)이 졀호(絶好)런고?
동여홍혜(東如紅兮) 도도(滔滔)ᄒ니/부티 일지(附帶日之) 쟝모(將暮)로다.
두어 말노 보ᄂᆞᆫ 후(後)의/힝쟝(行裝)을 슈습(收拾)ᄒ니,
시츅(詩軸)은 누가 츌고?/긔국(碁局)은 네가 져라.
지고 츠고 막디 집허/금강산(金剛山) 드러가니,
츈하츄동(春夏秋冬) ᄉᆞ시졀(四時節)이 /죠만(早晚)은 잇건마는,
두견(杜鵑)은 ᄉᆞ월(四月)이오,/단풍(丹楓)은 구월(九月)일네.
삼ᄉᆞ일(三四日) 두루 보고,/아듕(衙中)으로 도라오니,
디방(地方)은 넓다마ᄂᆞᆫ/십니(十里)의 두 세 집식
벽공(碧空)의 샛별인가?/희쇼(稀少)도 ᄒᆞ올시고,
챨히(滄海)의 셤이런가?/외롭기도 ᄒᆞ돗더라.

---

7) 낙ᄌᆞ셩=바둑 두는 소리.
8) 댱표량ᄉᆞ=장안사와 표훈사의 두 절.
9) 쳥금=선비들.

셕거고 삭은 울의/잔연(殘烟)은 씌를 뛰고 ,
엉셩흔 너해집은/엄상을 옷 입은 듯,
닝낙(冷落)이 이러ᄒ니, /셩인를 알니로다.
풍헌 동댱(風軒洞長) 니졍(吏丁)들은/무어슬 지쵹 노라.
문(門)의 셔셔 나오라니,/놀난 기만 즛눈고나.
아병 긔병(兒兵飢兵) 금위ᄌ보/션무 번포(宣武番布) 군관젼(軍官錢)과
관쳥 소랍(官廳所納) 허다 명식(許多名色)/치게 시탄 유쳥이오.
영문(營門)의 별복졍(別卜丁)은/녹각(鹿角) 오소리 산양피(山羊皮)와
이외(以外)에 허다(許多)흔 것/쥬는 갑시 변변ᄒ랴?
함녕 쥰판(咸嶺峻坂) 교군(轎軍)들은/억기 쉴 시 드무더라.
더듸 온다. 미질이오./젹게 멘다. 호령(號令)이라.
북관ᄉ긱(北關使客) 낙역(絡繹)ᄒ고,/금강산(金剛山)이 거페(巨弊)로다.
이런 일 혜여 보소./잔민(殘民)이 견딀소냐?
졔게 무엇 잇다 ᄒ고,/이다지 보치는고?
졔살도 사롬이랴./피가 나게 엇디 치리?
이 몸은 공노(功勞)업시/쳔은(天恩)으로 원(員)이 되야
쳐ᄌ(妻子)를 빅 불니고,/노복(奴僕)은 쥬림 업시
히 넘어 여러 돌을/일 업시 즑엿시나,
빅셩(百姓)은 궁곤(窮困) 늘니/붓그럽다.네 원(員)이야!
군은(君恩)은 젼혀 잇고,/힝낙(行樂)은 무슴 일고?
읍한졍(悒瀚亭)의 관어(觀魚)ᄒ고/슈당헌의 낙화(落花)ᄒ며,
옥녀봉(玉女峰) 연하긔(煙霞氣)를/놀마다 마셧시며,
은파동(銀波洞) 쒸는 구슬,/손으로 희롱ᄒ고,
취병디(翠屛臺) 병풍바회/녹파(綠波)의 둘너치고,
홍년 취련(紅蓮聚蓮) 묽은 노래/반공(半空)의 씌엿시니,
내 노름 하다 ᄒ니,/더 놀 것 업건마는,
오두속(五斗粟)의 썩근 허리10)/귀거러ᄉ(歸去來詞) 더듸고나.

비소암 놉흔 구름/멍에를 지촉는 듯,
빅양탄 빅구(白鷗)들은/더듸 간다. 긔롱(譏弄)이라.
강즁의 노어(鱸魚) 싱각/당한 이만 ᄒ랴마는,
칠니탄(七里灘) ᄌ룡디(子龍臺)의/황혼(黃昏)이 못미쳐니.
쳥츈(靑春)이면 혈마ᄒ랴?/빅발(白髮)이 붓그럽다.
현거홀 ᄒᆡ 머지 아니/괘과(掛科)홀 눌 업슬소냐?
내 몰을 치를 치면/언마ᄒᆞ야 내집이리.
하손의 동각 믜화(東閣梅花)/고향(古鄕)의도 착화(着花)ᄒ며,
도잠(陶潛)의 핑틱 츌쥬(彭澤出走)/야옥(野屋)의도 영쥰(盈樽)ᄒ러
쥬남(周南)의 뉴체(留滯)키논/무어시 권련(眷戀)인고?
츄풍(秋風)이 쳥냥(淸凉)ᄒ민,/녯병이 소북ᄒ니,
산음(山陰)의 하셜(夏雪)홀 적/치교(彩轎)의 건녀로다.
ᄉ 빅니(四百里) 머단 길의/날 짜르리 누구누구?
셔진강(西津江)의 쳥풍(淸風)이오./동님산(東林山)의 명월(明月)이라.

<필사본에서>

〈참 고〉

姜銓燮,「南湖具康의 北塞曲에 대하여」,『韓國學報』69호, 서울:一志社,

---

10) 오두 속의 썩근 허리=진(晉)나라 도잠(陶潛)이 굶주림을 면하고자 팽택령(彭澤令)이 되었다가 곧 그만 둔 고사(故事).

1992.겨울.
朴堯順,『韓國古典文學新資料研究』, 大田:韓南大學校出版部, 1994.
徐奉植, 「北塞曲解題」,『鄕土研究』 10집, 大田 : 忠南鄕土史研究會, 1991.
崔康賢, 「기행가사 북새곡(北塞曲)을 살핌」,『勤齋梁淳珌博士華甲紀念語文學論叢』, 제주대학교, 1993.
_____, 「가사작가 휴휴(休休) 구강(具康)을 살핌」,『慕山學報』 4집, 大邱 : 慕山學術研究所, 1993.

25. 금강곡(金剛曲)

구 강(具康)

해제 이 작품도 「교주별곡」과 같이 구강의 작품으로 『북새곡』이 소개되면서 함께 주목받게 된 것이다. 지은이가 회양부사로 부임한 이듬해인 순조 20년(1820)에 지은이가 다스리는 관내에 있는 금강산을 구경하고 지은 기행가사가 바로 이 「금강곡」이다.

에엿스! 올나가쟈./금강산(金剛山) 올나가쟈.
금강산(金剛山) 올나가니,/다시 업슬 뫼히로다.
형형 식식(形形色色)ᄒᆞᆫ 뫼오./긔긔 괴괴(奇奇怪怪)ᄒᆞᆫ 뫼라.
곳거든 굽지 마나./희거든 검지 마나.
틈틈이 검은 빗츤/빅셜(白雪)의 구름이오.
간간(間間)이 굽은 모양/년화(蓮花)의 쳐진 퍼귀,
곱다도 ᄒᆞ려니와/묽지도 아닐쇼냐?
졍양ᄉ(正陽寺) 헐셕누(歇惺樓)의/셕양(夕陽)의 다시 올나,
만 이쳔봉(萬二千峰) 진 면목(眞面目)을/앎히 노코 바라보니,
민심(民心)이 버리시시/빈희 불측(賓喜不測)ᄒᆞ다 ᄒᆞ야,
텬하 긔관(天下奇觀)되온 일을/내 잠간(暫間) 의논(議論)ᄒᆞ리.
쵸한 건곤(楚漢乾坤) 보앗더냐?/홍문연(鴻門宴)[1) 옥당(玉堂) 앏히
항쟝(項將)[2)이 칼츔 츄어/패룡(沛龍)[3)을 찌르랴며,

번쾌(樊噲)4)는 방퍼 씨고/놀라 쒸여 드러와셔
댱(帳) 헤치고 셔향(西向)ᄒ야/목지 진렬(目在瞋例)5) 분훈 거동(擧動)
진평(眞平)이 좌침(挫沈)ᄒ고,/범증(范增)의 거결(据抉)ᄒ던
참담(慘憺) 위름(危懍) 일쟝 풍우(一場風雨)/홀연(忽然)이 빗츨 고쳐,
금속(金粟)6) 아란(阿蘭) 가셥존쟈(迦葉尊者)/년화디(蓮花臺)의 쳥법(聽法)ᄒ고,
총녕(葱嶺)7) 항ᄉ(恒沙)8) 오빅나한(五百羅漢)/빅팔념쥬(百八念珠) 목에 메고,
금노(金爐)의 단향(檀香) 퓌며,/니마로 녜슈ᄒ데.
시방(時方) 보던 이 모양(模樣)이/홀연(忽然)이 간 곳 업고,
댱양 댱탄(長養長灘) 빅만듕(百萬中)의 /츙돌(衝突)ᄒ던 죠ᄌ룡(趙子龍)9)과
오관참쟝슈(五關斬將帥) 엄칠군(嚴七君)/승승 당당(勝勝堂堂) 관운댱(關雲長)10)은,
경각(頃刻)의 감춰이고,/엇더ᄒ니 뵈시던고?
남훈전상(南薰殿上) 탄월 팔괘(彈月八卦)/오현금(五絃琴) 남풍가(南風

---

1) 홍문연=중국 섬서성 임동현(陝西省臨潼縣)의 홍문(鴻門)에서 한고조 유방(劉邦)과 초왕 항우(項羽)가 베푼 잔치. 항우가 범증(范增)의 말을 듣고 유방을 죽이려다가 장양(張良)의 꾀로 유방이 무사히 피할 수 있었던 유명한 회합.
2) 항장=항우(項羽)
3) 패룡=유방(劉邦)을 가리킴.
4) 번쾌=한고조(漢高祖) 유방의 무장. 홍문연(鴻門宴)에서 유방을 구제하여 무양후(舞陽侯)가 되었음.
5) 목지진렬=눈을 부릅떠서 사물을 온 눈속에 담고 있음.
6) 금속=유마거사(維摩居士)의 전신인 금속여래(金粟如來).
7) 지금의 파밀고원에 뻗어 있는 큰 산맥. 평균 5000미터의 높은 곳.
8) 항사=항하사(恒河沙)의 준말. 항하의 모래라는 뜻으로 무수(無數) 무량(無量)의 크고 많음을 나타내는 말.
9) 죠ᄌ룡=촉한(蜀漢)의 무장 조운(趙雲). 자룡은 그의 자(字).
10) 관운댱=촉한(蜀漢)의 용장 관우(關羽). 운장은 그의 자(字).

歌)와
　순(舜)임금 뫼셔 안져/깅ㅈ가(賡載歌)[11]로 화답ᄒᆞ며,
　공문(孔門)의 칠십제ᄌᆞ(七十弟子)/츈삼월(春三月) 힝단(杏壇) 우희,
　ᄎᆞ례(次例)로 문답(問答)ᄒᆞ고/뫼시고 도라올 제,
　칙포관(治捕官) 가쥭 씌ᄂᆞᆫ /경각(頃刻)의 물너가고,
　옥홀(玉笏) 금관(金冠)으로/쳔ᄌᆞ(天子)끠 죠회(朝會)ᄒᆞ고,
　위이(逶迤)히 물너 올 제/화져로 힛나니ᄂᆞᆫ
　앗가 뉴건(儒巾) 우션(羽扇)으로/뉵츌 긔산(六出奇算)ᄒᆞ던 인가?
　우마(牛馬)를 치질ᄒᆞ던/ᄉᆞ방(四方)의 장ᄉᆞ들이
　슌식(瞬息)의 신션(神仙)되야/봉(鳳) ᄉᆞ슴 멍에ᄒᆞ고,
　벽쇼(碧沼)로 오르ᄂᆞᆫ 듯/챵희(滄海)로 향(向)ᄒᆞᄂᆞᆫ 듯,
　엇디엇디 보량이면,/경누 쥬궁(瓊樓朱宮) 표묘(飄渺)ᄒᆞ고,
　엇디엇디 보량이면,/긔금 이슈(奇禽異獸) 비쥬(飛走)ᄒᆞ고,
　엇디엇디 보량이면,/셔쵸 녕목(瑞草靈木) 삼나(森羅)ᄒᆞ니,
　앗가 거시 참이런가?/시방(時方)거시 거즛신가?
　진가(眞假)ᄂᆞᆫ 의논(議論) 말고,/다시곰 들어보소.
　단쳥(丹靑)으로 그리랴도/형용(形容)이 황홀(恍惚)ᄒᆞ고,
　시문(詩文)으로 ᄭᅮ미랴도/졍신(精神)이 쇼삭(蕭索)ᄒᆞ니,
　금고(今古)의 냥공 직ᄌᆞ(良工才子)/그리고 짓노라니,
　되 ᄌᆞ 만만 젓시니,/골ᄌᆞ야 어들쏘냐?
　어와! 다ᄉᆞ(多奢)ᄒᆞ라./ 화옹(化翁)이 다ᄉᆞ(多奢)ᄒᆞ라.
　공연(空然)ᄒᆞᆫ 벽히(碧海) 우희/헷졍녁(精力) 무궁(無窮)토록
　고봉 쥰만(高峰峻巒) 싹가ᄂᆡ야/벽공(碧空)을 괴야 쥬니,
　하늘이 문허지나?/그 아니 허ᄉᆞ(虛事)런가?
　이 긔운(氣運) 모앗다가/인걸(人傑)을 되(代)로 ᄂᆡ야

---

11) 깅ᄌᆞ가=갱재가(賡載歌)의 잘못. 갱재가는 슌(舜)과 고요(皐陶)가 주고 받은 노래.

왕좌지지(王佐之才) 삼앗시면,/여턴지무궁(如天之無窮)토록
태산 반석(泰山盤石)되오려니,/ 금강산(金剛山)과 엇더ᄒ리?
<필사본에서>

<참 고>

姜銓爕,「南湖具康의 北塞曲에 대하여」,『韓國學報』69호, 서울:一志社,
 1992, 겨울.
朴堯順,『韓國古典文學新資料硏究』, 大田:韓南大學校出版部, 1994.
徐奉植,「北塞曲解題」,『鄕土硏究』10집, 大田:忠南鄕土史硏究會, 1991.
崔康賢,「기행가사 북새곡(北塞曲)을 살핌」,『勤齋梁淳珌博士華甲紀念語
 文學論叢』, 제주대학교, 1993.
_____,「가사작가 휴휴(休休) 구강(具康)을 살핌」,『慕山學報』4집, 大
 邱 : 慕山學術硏究所, 1993.

26. 총셕가(叢石歌)

구 강(具康)

해제 이 작품도 구강이 지은 가집 『북새곡』에 실려 소개된 작품이다. 지은이가 회양부사로 부임하였을 때에 경내를 순행하고 총석정에 올라 구경한 느낌을 순조 20년(1820)에 노래하여 읊은 것이다.

몰아라! 어셔 보쟈./총셕졍(叢石亭) 어셔 보쟈.
총셕졍(叢石亭) 죠탄 말을/일즉이 들엇거니,
바롭 불면, 못보려니,/몰아라! 어셔 보쟈.
벽히(碧海) 우희 놉흔 집이/져거시 총셕졍(叢石亭)가?
올나 보니, 후면(後面)이라./젼면(前面)으로 보오리라.
빈더여라! 스공(沙工)들아!/풍낭(風浪)이 이지 아냐
층타(층타)로 도라 져허/총셕 젼면(叢石前面) 보게 ᄒᆞ라!
비 씌여라! 구뷔마다/홀니 져허 보량이면,
녕쇼젼(靈昭殿)¹⁾ 태을궁(太乙宮)²⁾을/지으랴고 경영(經營)턴가?
돌기동 쳔빅기(千百個)를/뉴모로 싹가니야
기기(個個)히 묵거 셰워/몃 만년(萬年)이 되얏던지?
황양(荒凉)흔 더 버렷시니,/비업셔 못실던가?
요지(瑤池)의 셔왕모(西王母)는/운모병(雲毛屛)을 만드러셔

---
1) 녕쇼젼=주(周)나라 문왕(文王)의 이궁(離宮).
2) 태을궁=천제(天帝)가 머물러 사는 하늘나라의 궁궐(宮闕).

쥬목왕(周穆王) 오시거든/반도회(蟠桃會)ᄒ랴 ᄒ고,
쳡쳡(疊疊)이 붓쳐 두고,/길길이 묵거 셰워
ᄡᆞᆯ 디 업시 버려 이셔/풍우(風雨)가 아롱ᄒᆞ니,
ᄇᆡᆨ운(白雲)이 깁흔 곳셰/길 머러 못옴긴가?
녀동빈(呂洞賓) 니태ᄇᆡᆨ(李太白)은/금슈댱(錦繡帳)을 삭여ᄂᆡ야
쥬옥(珠玉)으로 쑴은 글을/이 시축(詩軸)의 먹을 적셔
흐르는 벽파(碧波) 우희/흔 묵금을 뉘여 두고,
일월(日月)이 오리도록/어디 가셔 아니 오노?
하ᄂᆞᆯ 깁던 여와시(女蝸氏)는/학희(학해)의 왕ᄌᆞ교(왕자교)로
부던 싱황(笙簧) 흔 묵금을/만경 창파(萬頃蒼波) ᄡᅥ는 가의
곳곳이 더져 두고,/무슴 일노 아니 춋노?
녕산(靈山)의 석가여릭(釋迦如來)/년화디(蓮花臺)를 놉게 무어
즁싱(衆生)과 송법(誦法)다가/어듸 가고 디만 남아
곳마다 물의 잠겨/변(變)ᄒᆞ여 검엇는고?
텬틱산(天台山) 마고(麻姑)한미/니션(李仙)을 먹이랴고,
흔 ᄶᅥ가리 마고 만져/층층(層層)이 괴얏다가
먹고 남은 여러 갈이/히포 되야 이러ᄒᆞ지?
흰빗츤 검엇시나/모양은 의구(依舊)ᄒᆞ다.
형용(形容)을 ᄒᆞ랴 ᄒᆞ니,/이러틋 ᄒᆞ거니와
홀 길 업시 되온 일을/묵묵(默默)히 궁구(窮究)ᄒᆞ니,
화옹(化翁)이 엇디흔지?/인력(人力)으로 ᄒᆞ올쏘냐?
하우시(夏禹氏) 독긧불이/공문(공문)을 뚤엇시나,
이 돌을 맛낫시면,/이ᄀᆞᆺ치 ᄶᅡ글셰며,
녕쟝(靈匠)이 신묘(神妙)ᄒᆞ야/콧긋히 것쩍엇시나,
이 돌을 다듬다고/이ᄀᆞᆺ치 골을쏘냐?
엇더흔 부근(斧斤)으로/용이 되 ᄶᅡᆨ갓시며,

엇더흔 승묵(繩墨)으로/텬연(天然)이 골낫눈고?
노 업시 묵것시되,/틈업시 묵것시며,
풀 업시 부쳣시되,/흔적(痕迹) 업시 부쳣시니,
공녁(功力)을 이리 들여/무어세 쓰려 ᄒ고,
흔 묵금식 두 묵금식/셰울낙 누일낙,
긔괴(奇怪)이 ᄶᅮ며다가/셰인(世人)의 노리기 되야
시(詩) 짓고,노리ᄒ야/기리기만 위흔 것가?
통쳔(通川)의 총셕졍(叢石亭)과/고셩(高城)의 삼일포(三日浦)며,
간셩(杆城)의 쳥간졍(淸澗亭)과/양양(襄陽)의 낙산ᄉ(洛山寺)며,
강능(江陵)의 경포디(鏡浦臺)와/삼쳑(三陟)의 듁셔루(竹西樓)며,
울진(蔚珍)의 망양디(望洋臺)와/평희(平海)의 월송졍(月松亭)은
이 이른 관동팔경(關東八景)/ᄌ웅(雌雄)을 의논(議論)말아!
텬하(天下)의 두 총셕(叢石)은/응당(應當) 다시 업스려니.
물의는 동희슈(東海水)요,/돌의는 총셕(叢石)이라.
폭포(瀑布)의는 구룡(九龍)이요,/돌의는 총셕(叢石)이라.
장관(壯觀)을 다흔 후(後)의/다시곰 혼즈 말이
괴외 긔걸(魁嵬奇傑) ᄒ온 사롬/이 ᄌᆺᄒ니 잇다 ᄒ면,
쳔니(千里)를 머다 말고 /결단(決斷)코 츠즈리라.

<필사본에서>

⟨참 고⟩

姜銓燮,「南湖具康의 北塞曲에 대하여」,『韓國學報』69호, 서울:一志社, 1992.겨울.
朴堯順,『韓國古典文學新資料硏究』, 大田:韓南大學校出版部,1994.

徐奉植, 「北塞曲解題」, 『鄕土硏究』 10집, 大田 : 忠南鄕土史硏究會, 1991.

崔康賢, 「기행가사 북새곡(北塞曲)을 살핌」, 『勤齋梁淳珌博士華甲紀念語文學論叢』, 제주대학교, 1993.

_____, 「가사작가 휴휴(休休) 구강(具康)을 살핌」, 『慕山學報』 4집, 大邱 : 慕山學術硏究所, 1993.

27. 금힝일긔(錦行日記)

은진 송씨(恩津宋氏)

해제 이 작품은 노태조(盧泰朝)가 처음 학계에 소개하여 널리 알려지게 된 여류가사 작품이다. 내용은 지은이가 시숙(媤叔)인 권영규(權永圭 : 1790-1857)이 공주 판관(公州判官)으로 부임하여 시어머니가 초청하매 헌종(憲宗) 12년(1845) 3월에 날을 잡아 길을 떠나면서 그 여행 동기와 가는 길의 노정과 견문 및 현지에 다달아서의 여러 가지 보고 듣고 느낀 일들을 여성다운 섬세한 감정으로 노래한 것이다.

지은이 은진 송씨(恩津宋氏 : 1803-1860)는 목사(牧使) 송기정(宋基鼎 : 1771-1840)과 숙인 연일정씨(淑人延日鄭氏 : 1778-1863)의 장녀로 출생하여 지금의 충청남도 논산군 연산면 반곡리(論山郡連山面盤谷里)에 사는 권형규(權亨圭)와 결혼하여 무자하매 시동생 권홍규(權弘圭)의 아들을 입양 양육하면서 살았다. 박학 다식하여 이 작품 이외에도 「훅양가(育養歌)」를 지은 여류 가사 작가이다.

존당 니슬(尊堂離膝)[1] 십오지(十五載)의/여류 광음(如流光音) 헛되도다.
젹연 하회(積然下懷)[2] 여산(如山)ㅎ나/승안 긔회(承顔機會)[3] 망연(茫然)ㅎ니,

---

1) 존당 니슬=존당은 남의 어머니를 뜻하는데, 여기서는 지은이의 시어머니 임천 조씨(林川趙氏)를 가리키며, 이슬은 어버이의 곁을 떠난다는 뜻.
2) 젹연 하회=많이 쌓여 묵은 웃어른께 여쭙고 싶은 마음이나 뜻.
3) 승안 긔회=웃어른을 찾아 뵈올 기회.

북쳔 쳠망(北天瞻望)4) 초창(悄愴)5)ᄒ여/망운지회(望雲之懷)6) 여히(如海)로다.
남북 요원(南北遙遠) 낙낙(落落)ᄒ니/관산 이각(關山涯角)7) 막혓도다.
하일 하시(何日何時) 호시졀(好時節)의/슬하 단취(膝下團聚)8)ᄒ와 볼가?
젼일 화시(前日花時) 싱각ᄒ니/한단 침지(邯鄲枕之)9)츈몽(春夢)일시.
친구가(親舅家)10)로 오나가나/북당쌍친(北堂雙親)11)가족ᄒ셔
형뎨 남미(兄弟男妹) 셩열(盛列)ᄒ여/슬젼(膝前)의 단희(團喜)홀 젹,
양친 히로(兩親偕老) 만만슈(萬萬壽)를/쳔지 신명(天地神明) 츅슈(祝手)ᄒ고,
무치 광음(無滯光音)12)연낙(連樂)으로/날 가ᄂ 줄 모롤너니,
죄여 악극(罪如惡極) 관쳔(貫天)ᄒ와/화급 션구(火急先驅)ᄒ오시니,
반벽 운절(返壁殞絶)13)호쳔(昊天)ᄒ와/쳔혼 지함(天渾地陷)14)망극(罔極)ᄒ다.
부지 부덕(不才不德) 불초인(不肖人)을/별륜 지(別倫慈愛) 호탕(豪宕)ᄒᄉ,
특몽 셩은(特蒙盛恩)ᄒ와더니,/일죠 일셕(一朝一夕) 여희옵고,

---

4) 북쳔 쳠망=지은이의 시부모님들이 계시는 북쪽을 우러러 바라봄.
5) 초창=슬퍼하는 모양.
6) 망운지회=어버이를 그리워하는 마음.
7) 관산 이각=고향이 멀리 궁벽하게 떨어져 막혀 있음.
8) 슬하 단취=부모님을 모시고 흩어져 있던 식구들이 화목하게 같이 모임.
9) 한단 침지=한단지몽(邯鄲之夢). 이필(李泌)의 『침중기(枕中記)』에 나오는 이야기로, 당현종(唐玄宗) 19년(731)에 도사(道士) 여옹(呂翁)의 집에 소년 노생(盧生)이 찾아가 괴로움을 탄식하여 여옹의 베개를 빌려 베고 잠 들었다가 화려한 일생을 꿈꾸고 깨어난 허망한 인생담(人生談). 남가일몽(南柯一夢)과 같은 뜻.
10) 친구가=친정과 시댁.
11) 북당 쌍친=친가의 부모 두분.
12) 무치 광음=빠른 시간, 지체 없는 세월.
13) 반벽 운졀=빌어 온 물건을 돌려 주듯 목숨이 다하여 죽음.
14) 쳔혼 지함=하늘이 흐리고 땅이 가라앉음.

천고 지격(天高地隔)ᄒᆞ오시니,/죵천지통(終天之痛) 이 지한(至恨)을
미ᄉᆞ지젼(未死之前) 이즐손가?/빅슉 셩효(伯叔誠孝) 지극(至極)ᄒᆞ샤,
편친 봉양(偏親奉養) ᄒᆞ랴시니,/궁한 벽촌(窮寒僻村) 막막(漠漠)ᄒᆞ여,
노친 감지(老親甘旨) 못홀 고(故)로/경셩 번화(京城繁華) 뎨미(除未)ᄒᆞ디,
위친 효양(爲親孝養) 되시시니,/영졍 무의(零丁無依) 우져(愚猪)15)들은
불원 각산(不願各散) 졀노 되니./년근 삼십(年近三十)되여가나,
　유츙 아심(幼冲兒心)16) 그져 이셔/셰간 묘리(世間妙理) 밤등이라.
납두 쟝변(納頭場邊)17)두 져(猪)희18)/더욱 엇지 아라실고?
아시(兒時)부텀 군죵 남미(男妹)/연리 화우(和友) 번화(繁華)ᄒᆞ여
됴왕 모리(朝往暮來) 즐겻더니./호ᄉᆞ 다마(好事多魔) 흥쇠(興衰)ᄒᆞ여
친구가(親舅家)로 부모동긔(父母同氣)/경향가(京鄉家)로 분슈(分手)ᄒᆞ니,
고단 무의(孤單無依) 초챵(悄愴)ᄒᆞ여/내외 샹디(內外相對) 감회(感
懷)로다.
무졍 셰월(無情歲月) 뉴ᄒᆞ미와/삼연 죵샹(三年終喪) 못ᄌᆞ오니,
속졀업손 영모지통(永慕之痛)/촉쳐(觸處)의 망극(罔極)ᄒᆞ다.
초토 삼연(草土三年)ᄒᆞ오시니,/가젹 탕진(稼積蕩盡) 위급(危急)ᄒᆞ와
복직 외님(復職外任) 죠이시나,/이히져히 쳔연(遷延)ᄒᆞ니.
가빈 친노(家貧親老) 급(急)ᄒᆞᆫ ᄉᆞ졍(事情)/됴졍(朝廷)이 공논(公論)ᄒᆞ와
외임(外任)을 ᄒᆞ이실 시/가운(家雲)니 트이시고,
셩은(聖恩)이 호탕(豪宕)ᄒᆞᄉᆞ/영고 령남(榮枯歷覽) 외엄(誶嚴)ᄒᆞ오시니,
일가 샹하(一家上下) 용약(踊躍)ᄒᆞ여/환셩(歡聲)이 만실(滿實)ᄒᆞ고,
인인(隣人)이 하례(賀禮)ᄒᆞ며/경향 죡친(京鄉族親) 즐겨ᄒᆞ다.
옛 일을 츄감(追感)ᄒᆞ와/츄쳔 영모(追薦永慕) ᄀᆞ이 업니.

---

15) 우져=어리석은 식구들. 스스로를 낮추어 이른 말.
16) 유츙 아심=어린 아이의 마음.
17) 납두 쟝변=시골 돌림장으로 돌아다니며 남에게 머리 숙여 굽실거림.
18) 두 져희=두번의 돼지띠해, 곧 24년.

길월 길일(吉月吉日) 션틱(選擇)ᄒ여/도임 힝ᄎ(到任行次)ᄒ오시고,
이민 현졍(愛民現政)ᄒ오시니,/목비 석비(木碑石碑) 셧다 ᄒ니.
츌쳔지효(出天之孝) 다 ᄒ오셔/승안 양지(承顔養志) ᄒ오시고,
우이 돈목(友愛敦睦) 지극(至極)ᄒ셔/슬하 담낙(膝下湛樂)19)ᄒ오시고,
남편(男便)너는 ᄯ로 조ᄎ/귀령 단희(歸寧團喜)20)ᄒ건마는,
규리(閨裏)의 미인 몸은/어ᄂ ᄯ 감하(感荷)21)일고?
외임(外任)은 회소지(會所地)22)니,/승젼 이비(陞轉移拜)23)ᄒ시거든,
관항(官巷)의 다풍박(多豊薄)/의논(議論)치 마오시고,
인근읍(隣近邑) 올무시면,/귀령 단취(歸寧團聚)ᄒ련만은
일싱 심곡(一生心曲) 지한(至恨)이라./쥬야 츅슈(晝夜祝手) ᄒᄋᆸ더니,
졍셩(精誠)이 부족(不足)던지?/ᄯ가 밋쳐 못당(當)ᄒ지?
쥬야츅슈(晝夜祝手)ᄒᄋᆸ더니,/가평왕도(加平往道)로 올무시고,
그렁져렁 년포되고,/친년(親年)는 놉ᄒ시니,
희귀 경츅(稀貴慶祝) ᄀ이 업고,/만년 하슈(萬年賀壽) 츅슈(祝手)로다.
니위지졍(離闈之情)24)일어ᄒ나,/뵈올 지속(遲速) 망연(茫然)ᄒ다.
남즁 인읍(南中隣邑) 올무시면,/몸소라도 가련마는
년년 경경(戀戀耿耿) 밋친 ᄆᄋᆷ/일일 시시(日日時時)ᄒᄋᆸ더니,
지셩(至誠)이 감쳔(感天)ᄒᄉ/쳔우신죠(天佑神助) ᄒ오신가?
니측지회(離側之懷) 몃희만의/금영본관(錦營本官)25)올무시니,
ᄂᆡ힝ᄎ(內行次) 뫼신 후(後)면,/승안 단취(承顔團聚)ᄒ와 볼가?

---

19) 슬하 담낙=부모님을 모신 가운데, 평화롭고 화락하게 즐김
20) 귀령 단희=따로 사는 자식이나, 시집 간 딸이 본집에 가서 부모님을 뵙고 여러 가족들과 모여서 즐김.
21) 감하=남에게 입은 은혜를 감사히 여김.
22) 회소지=여러 사람들이 모여 드는 곳.
23) 승젼 이비=직위가 올라서 다른 곳으로 새로 부임함.
24) 니위지졍=부모의 슬하를 떠나는 마음.
25) 금영 본관=조선시대 충청도 감영이 있는 곳의 으뜸 벼슬. 여기서는 공주판관(公州判官).

적연 소원(積年所願) 일워시니,/희낙 무비(喜樂無比)ᄀ이업너.
복일 길시(福日吉時) 퇵일(擇日)ᄒ여/차차 도임(次次到任)ᄒ오시고,
고을 소산(所産) 복물(卜物)오니,/문졍(門庭)이 열요(列饒)ᄒ너.
사롬마다 치하(致賀)ᄒ며,/누구 아니 불워홀가?
죤당 셩후(尊堂盛候) 강건(康健)ᄒ와/흔아 퇴평(欣訝太平)26) 즐기시고,
도임상(到任床) 가진 음식(飮食)/아히 쥬라.보니시니,
귀흔 음식(飮食) 귀경 삼아/고로고로 난화 쥬니,
쳔부 야녀(賤婦野女) 우믱(愚氓)27)들이/어더 가 보아실가?
본니 션찬(膳饌) 팔진미(八珍味)로28)로/셔로 자랑ᄒᄂ고나.
츅일(逐日)ᄒ여 고을 문안(問安)/당후 강건(堂候康健)ᄒ오시니,
즈손(子孫)의 큰 경ᄉ(慶事)요,/문호(門戶)의 영화(榮華)로다.
니힝 정돈(內行整頓) ᄒ오신 후(後)/우리들 오라시니,
불감 고쳥(不敢固請) 소원(所願)을/무어시라 시암홀고?
츄슈후(秋收後) 심동젼(深冬前)의/가기 완졍(完定)ᄒ려더니,
아히 두우(頭疣)29)시통(始痛)ᄒ여/증졍(症情)이 비경(非輕)ᄒ니,
하눌의 턱을 걸고,/운우(雲雨)의 씌인 마음,
쥬야(晝夜)로 츅슈(祝手)ᄒ여/퇴평 츌장(太平出場) ᄇ라더니,
무ᄉ이 송신(送神)ᄒ고,/날로 완쇼(完蘇)30) 여상(如常)ᄒ니,
이갓치 깃븐 일은/막더(莫大)흔 경ᄉ(慶事)로다.
그럿틋 님셰(臨歲)ᄒ니,/ᄉ고 다ᄉ(事故多事) 년쳡(連疊)ᄒ여
셰젼 금힝(歲前錦行)31)파의(罷意)ᄒ고,/셰후(歲後)로 퇴졍(退定)ᄒ니,

---

26) 흔아 퇴평=기쁘게 맞이하여 태평함.
27) 우믱=어리석은 백셩(百姓).
28) 팔진미=중국에서 셩대한 음식상에 갖춘다는 진귀한 여덟 가지 음식. 순모(淳母), 순오(淳熬), 포장(炮胖), 포돈(炮豚), 도진(擣珍), 오(熬), 지(漬), 간료(肝膋).
29) 두우=머리에 돋는 부스럼.
30) 완소=완젼히 다시 살아남.
31) 셰젼 금힝=금년이 다 가기 전에 충청감영이 있는 공주(公州)로 감.

경월(正月) 초칠일(初七日)은/존당 슈신(尊堂晬辰)32)되오시니
대연(大宴)을 기쟝(開場)ᄒ고,/대회 헌슈(大會獻壽)ᄒ랴실 시,
빅형슈(伯兄嫂) 하셔(下書)마다/이런 긔회(機會) 희한(稀罕)ᄒ니,
연슈(年首) 밋쳐 부디 모혀/무쳐 지락(無滯至樂) ᄒ여보세.
누츳 간쳥(屢次懇請) ᄒ오시니,/귀령지심(歸寧之心) 범연(泛然)홀가?
슈신(晬辰) 밋쳐 가려 완정(完定)/치힝 경영(治行經營)ᄒ엿더니,
다시 곳쳐 싱각ᄒ니,/아모리 동긔간(同氣間)의
무간지졍(無間之情) 졀긔(切奇)ᄒ들/녀편(女便)니 관부 출입(官府出入)
졍초(正初)의 블긴(不緊)ᄒ여/삼월(三月)노 물여스니,
연수(年首) 밋쳐 못가옵기/챵회 블효(愴懷不孝)33)ᄀ이 업다.
금아(錦衙)셔 소분 힝차(掃墳行次)34)/금의 환향(錦衣還鄉)ᄒ오시니,
젹연 니회(積然離會) 처음으로/감(感)ᄒ니와 반갑도다.
각처 산소(各處山所) 셩묘후(省墓後)의/궁고 빈츅(窮苦貧蹙)35)무파(無罷)시고,
샹하 촌민(上下村民) 디회(大會)ᄒ여/함포고복(含哺鼓腹)36)먹이시니,
몃 빅감 허비(虛費)ᄒ니,/누구 아니 송덕(頌德)홀가?
관항(官巷)도 금작ᄒ고,/셩덕(盛德)도 쟝(壯)ᄒ실 시.
이ᄌ지원(睚眥之怨)37)일반덕(一般德)을/낫낫치 맛치신 후(後)
환관 발힝(還官發行) ᄒ랴실 시/님힝 ᄒ셔(臨行下書) 무르시디,
금아 힝츳(錦衙行次) ᄒ시랴면,/어느 ᄶᅢ로 ᄒ실넌지?
인마(人馬)를 보니랴니,/경한(定限)을 이ᄅ소셔.

---

32) 존당 슈신=여기서는 지은이의 시어머님의 생신.
33) 챵회 블효=마음 속으로 슬퍼지는 불효(不孝).
34) 소분 힝차=경사스런 일이 있을 때에 조상의 산소에 가서 무덤을 깨끗이 하고 제사를 지내기 위하여 가는 일.
35) 궁고 빈츅=가난의 괴로움과 부끄러움.
36) 함포고복=배 불리 먹고 배를 두드림.
37) 이ᄌ지원=아주 작은 원망.

말솜이 황감(惶感)ᄒ와/니 몬져 자죽 틱일(自作擇日)
삼월 초슌(三月初旬) 완정(完定)ᄒ니,/만심(滿心)이 환희(歡喜)ᄒ다.
굴지 계일(屈指計日) 기드리여/쥬야 공쥬(晝夜公州) 치힝(治行)ᄒ니,
군ᄌ 회시(君子回示) 관힝ᄎ(官行次)논/슈샴일젼(數三日前) 몬져 ᄒ시고,
우리 일힝(一行) 츄후(追後)ᄒ니,/슈일 지격(數日之隔)ᄒ엿도다.
집안 즁물(重物) 쟝슈(藏守)38)ᄒ고,/남노 여복(男奴女僕) 당부(當付)ᄒ여,
진심 슈직(盡心守直)39) 신칙(申飭)40)ᄒ 후(後)/고을셔 부마(夫馬) 오니,
금명일(今明日)은 발힝(發行)이라./진야몽야(眞耶夢耶) 불분(不分)ᄒ고,
환희 지락(歡喜至樂) 잠이 업셔/개동영(開東令)41)의 소셰(梳洗)42)ᄒ고,
두 집 쇼솔(所率) 발힝(發行)ᄒ니,/노비 촌인(奴輩村人) 하직(下直)ᄒ니.
긔구(器具)의 번화(繁華)ᄒ미/관힝ᄎ(官行次) 버금이라.
말지 싀슉(媤叔) 비힝(陪行)ᄒ여/젼ᄎ 후옹(前遮後擁)43) 나아가니,
간간 호호(間間呼呼) 권마셩(勸馬聲)의/말거롬도 집도 질ᄉ.
경향 분슈(京鄕分手) 젹뇨(寂寥)홀 젹/금일 영화(今日榮華) 꿈속일다.
젹연 하회(積然下懷) 그려니여/이번 길의 베퍼 볼가?
호호 낙낙(好好樂樂) ᄌ랑ᄒ여/경쳔 즁하(敬天中下)되엿도다.
ᄎ례(次例)로 말게 ᄂ려/하쳐(下處)로 드러가니,
화문셕(花紋席) 셜포장(設布帳)의/금슈병(錦繡屛)을 둘엇도다.
반일구치(半日驅馳)44)곤비(困憊)45)ᄒ여/힝식(行色)의지졉더니,
어룬 아히 시쟝ᄒ여/허긔(虛飢)진 상(相) 우습도다.

---

38) 쟝슈=잘 간직하여 지킴.
39) 진심 슈직=마음을 다하여 잘 지킴.
40) 신칙=단단히 일러서 경계함.
41) 개동영=이른 새벽부터 움직이라는 명령.
42) 소셰=낯을 씻고 머리를 빗질함.
43) 많은 사람들이 앞뒤로 나뉘어 앞에서는 보호하고, 뒤에서는 앞을 지켜 줌.
44) 반일 구치=한 나졀을 급히 달림.
45) 곤비=원문에는 "곤빈"으로 되어 있음.

유주(幼子)의 밥 지촉은/철업시 소리 질너
챵뇽(蒼龍)이 뛰노는 듯/힝각(行閣)46)이 떠나가고,
딜녀(姪女)의 공쟝 슈식(空腸愁色)47)/시름ᄒᆞ는 곳시로다.
시벽길 일은 밥의/궐식(闕食)ᄒᆞᆫ 연괴런가?
어룬도 시쟝ᄒᆞ여/견디기 엽거든,
실시(失時)ᄒᆞᆫ 아희들이/아니아니 그러ᄒᆞᆯ가?
졈심젼(點心前) 요긔(療飢)ᄒᆞ려/져ᄌᆞ의 가 보라 ᄒᆞ니,
아모 것도 업더라고,/묵을 쳐 드려 오니
마날노 쥬직(主材)ᄒᆞ여/니음시 고약ᄒᆞ니
아희도 마다 ᄒᆞ고,/졉구(接口)ᄒᆞ기 어렵도다.
이윽고 샹(床)이 드러 오니,/어룬 아희 포식(飽食)ᄒᆞ고,
임시(臨時) 지촉 급히 ᄒᆞ고,/샹(床)을 물녀 종들 쥰 후(後)
당일 득달(當日得達) 히 져물가/지촉ᄒᆞ여 길의 나니,
ᄐᆡ양(太陽)이 즁쳔(中天)ᄒᆞ여/일긔도(日氣)도 쳥화(晴和)ᄒᆞ다.
이 날이 어셔 가면,/금시(今時)의 가련마는
음양 둔갑(陰陽遁甲) 츅지법(縮地法)의/됴화 무궁(造化無窮) 져 홍일(紅日)은
무슴 일을 권연(倦然)48)ᄒᆞ여/즁쳔 유유(中天悠悠) 머무는고?
약익(躍翼)이 고샹(翶翔)ᄒᆞ여/당각(當刻)의 가옵고져.
교즁(轎中)이 비편(非便)ᄒᆞ니,/일시(一時)가 삼츄(三秋)로다.
이럿틋 급(急)ᄒᆞᆫ 마음/십오 츈츄(十五春秋) 견디던고?
이갓치 ᄉᆞ샹(思想)ᄒᆞ여/길이 졈졈 갓가오니,
아즁(衙中)이 십니(十里) 남짓,/마샹킥(馬上客)이 마조 오니,

---
46) 힝각=행랑(行廊). 궁궐이나 절 또는 관공서 같은 곳에 본채 옆이나 앞에 달아 지은 건물.
47) 공쟝 슈식=아무 것도 먹지 아니하여 속이 빈 것을 근심하는 기색.
48) 권연=매우 게으름을 피움.

일월(日月)갓흔 긔상(氣像)이요/양뉴(楊柳)갓흔 풍치(風采)로다.
안목(眼目)이 심히 익어/양구(良久)이 숙시(熟視)ᄒᆞ니,
마제셩(馬蹄聲)이 갓가오며,/맛 독하 손 ᄒᆡᆼ식(行色)이라.
ᄒᆡᆼᄎᆞ(行次) 마즁 오다가/하마 영졉(迎接)ᄒᆞᄂᆞ고나.
별니 격월(別內隔月) 분슈후(分手後)의/노즁 상봉(路中相逢) 반갑도다.
야리(夜來)의 아즁 안후(衙中安候)/강건(康健)ᄒᆞ옵심 뭇ᄌᆞ온 후(後)
동ᄒᆡᆼ(同行)ᄒᆞ여 드러가니,/차차 물식(物色) 번화(繁華)ᄒᆞ다.
곳곳지 션졍비(善政碑)요,/화루 치각(畫樓彩閣) 버렷도다.
즁즁 쳡쳡(重重疊疊) 문(門)을 드러,/큰문(門) 잡아 드러가니,
큰 집이 광긔(廣開)ᄒᆞ여,/반공(半空)의 소샷는 듯
놉흔 문(門)이 차아(嵯峨)ᄒᆞ여,/ᄒᆡᆼ운(行雲)이 걸니는 듯
층층 계하(層層階下)의/하인(下人)들 현신(現身)ᄒᆞ니.
슐상 노림 영회쳐(迎會處)로,/본관 사도(本官使徒) 나가시고
공ᄉᆞ(公事)가 잠겨시니,/문졍(門庭)이 고요ᄒᆞ다,
삼ᄉᆞ(三四)겹 문(門)을 드러,/가마를 부리오니,
남노 여복(男奴女僕) 분분(紛紛)ᄒᆞ여,/하당 영지(下堂迎之)ᄒᆞᄂᆞ고나.
하인(下人)들 물인 후(後)의/가마 문(門) 밧비 여러
빅형슈(伯兄嫂) 마죠 나와,/집슈 환영(執手歡迎) 반기시고,
황용 월틱(花容月態) 딜부 딜녀(姪婦姪女),/ᄒᆞᆫ 가지로 입실(入室)ᄒᆞᆯ 시
츈삼월(春三月) 쟝쟝일(長長日)이/오히려 놉핫도다.
훤당(萱堂)의 봉비(奉拜)ᄒᆞ고,/ᄎᆞ례(次例)로 시좌(侍坐)ᄒᆞᆯ 시
존당 셩후(尊堂盛候) 여샹(如常)ᄒᆞ샤,/면면 이지(面面愛之) 반기시고,
층층(層層)아히 무익(撫愛)ᄒᆞ샤,/환환열지(歡歡悅之)ᄒᆞ옵시니.
빅쇼고(伯小姑) 몬져 오셔,/젹연 별회(積然別懷) 베프시니,
젹연 하회(積然下懷) 경경(耿耿)타가,/샹하 양졍(上下兩情) 반갑도다.
만실 졔친(滿室諸親) 즁회인(衆會人)이/존당 슬하(尊堂膝下) 뉘 아일고?
각니(各離) 안항(雁行) 우봉(遇逢)ᄒᆞ여,/슬하 단낙(膝下團樂) 신긔(神

奇)ᄒ다.
  빅슉 효우(伯叔孝友) 셩덕(盛德)으로,/봉친 열낙(奉親悅樂) 쳡쳡(疊疊)
ᄒ니,
  만당 화긔(滿堂和氣) 무흠(無欠)ᄒ나,/예일 츄감(追感)ᄒ니,
  고락(苦樂)이 샹반(相半)이라./일희 일비(一喜一悲) ᄀ이업다. ᄉ당(祠
堂)의 현비(現拜)ᄒ려/츠례(次例)로 나아가니,
  고루(高樓) 누샹(樓上)의/반공(半空)의 소삿ᄂᆞᆫ 듯,
  층누(層樓) 교샹(橋上)의/인연(因緣)ᄒ여 올라가니,
  샹시(常時)갓치 반기옵셔/말숨을 뭇줍ᄂᆞᆫ 듯,
  예일을 샹샹(想像)ᄒ와/쵹처감회(觸處感懷)⁴⁹⁾비졀(悲絶)ᄒ니.
  비루만항(悲淚萬行) ᄉ비(四拜)ᄒ고,/강잉 엄누(強仍掩淚)⁵⁰⁾물너나니,
  영모 비감(永慕悲感) 골입(骨入)ᄒ와/금일 유한(今日遺恨) 층가(層加)
ᄒ다.
  졍당(正堂)의 뫼아 안져/셕반(夕飯)을 파(罷)ᄒᆫ 후(後)의
  원(員)님 환관(還官)ᄒ오시고,/너아(內衙)로 드오시니,
  일시(一時) 긔비(起拜)⁵¹⁾ᄒ와/츠리(次例)로 뵈온 후(後)의
  우리들 모화 노코/ 당신도 못니 죠화,
  아희들 무익(撫愛)ᄒᆞ샤/환환희지(歡歡喜之)ᄒ옵시내.
  슈슉간(嫂叔間)셜안(설顔)⁵²⁾ᄒ여/말숨이 불감(不敢)ᄒ나,
  귓삽고 반갑습기/다 엇지 긔록(記錄)ᄒᆞᆯ고?
  그날 밤 편(便)이 쟈고,/신셩 문후(晨省問候)⁵³⁾ᄒ온 후(後)의
  동셔(同婿)님 종후(從後)ᄒ와/너아(內衙)를 구경ᄒᆞᆯ 시,

---

49) 쵹처 감회=보는 곳마다 지난날의 일들이 생각됨.
50) 강잉 엄누=마지 못하여 눈물을 감춤. 억지로 눈물을 흘리지 아니함.
51) 긔배=아홉 가지 절중의 하나. 한 번 절함.
52) 셜안=겸연적어 하는 얼굴빛.
53) 신셩 문후=아침 일쯕 일어나 부모님의 침소에 들어가 밤사이의 안후를 여쭙
    는 일.

방스(房舍)도 화려(華麗)ㅎ고,/장지(障紙)로 간(間)을 드려,
우물 반즈 능화벽(綾花壁)의/누각 협실(樓閣夾室) 죵요롭다.
분합 디쳥(分閤大廳) 광디(廣大)ㅎ디/젼후 쟝퇴(前後長退) 더욱 죠희.
친구가(親舅家)로 관부(官府) 구경/흔 두 번이 안이로디,
관스(官舍)의 쓸모 잇기/예 갓흔 디 처음일다.
인(因)ㅎ여 쓸노 나려/형뎨 슉딜(兄弟叔姪)버러셔셔
젼후(前後)로 유완(遊玩)홀시,/디방(大房) 뒤 도라가니,
쳥와(靑瓦) 고각(高閣)이/장관(壯觀)이 한(限)니 읍고,
장원(壯園) 죽님(竹林)니/관스(官舍)을 둘넛ᄂᆞ디,
졀벽(絶壁) 암하(巖下)의/감노슈(甘露水)⁵⁴⁾ 소사나니,
부익(富益) 만슈쳔(萬壽泉)이라./히갈(解渴)은 족(足)히 되고,
시니 잔완(潺緩)⁵⁵⁾ㅎ여/마젼쳐⁵⁶⁾되얏도다.
동산 샹층(東山上層) 올나가면,/읍즁(邑中) 안니 다 뵈이고,
인가(人家)가 즐비(櫛比)ㅎ여/구경홀 만ㅎ다 ㅎ나,
빅쥬(白晝)의 히젼(해젼)⁵⁷⁾ㅎ여/월야(月夜)로 보려 ㅎ고,
힝낭(行廊)가지 귀경흔 후(後)/니아(內衙)로 드러오니,
동헌(東軒)의셔 드러오시고/낫 문안(問安) 씨 되엿도다.
정당(正堂)의 모혀 안져/말솜으로 죵일(終日)ㅎ여,
허비(虛拜)⁵⁸⁾일이 격야(隔夜)시니,/감구지회(感舊之懷)⁵⁹⁾ᄀᆞ이업다.
날이 시여 쇼셰(梳洗)ㅎ고,/ᄉᆞ당(祠堂)의 허비(虛拜)홀 시,
남편(男便)니 ᄒᆞ신 후(後)의/우리ᄂᆞᆫ 츄후(追後)ㅎ여
형뎨 슉딜(兄弟叔姪) 모혀시니,/졔셕(祭席) 좁아 못다셔셔

---

54) 감노슈=맛이 썩 좋은 샘물.
55) 잔완=작은 물줄기가 천천히 흐름.
56) 마젼쳐=생 포목을 빠는 곳, 일반작으로 빨래터를 말하기도 함.
57) 히젼=어리석다고 비웃음거리가 됨.
58) 허비=사당(祠堂) 같은 데에서 신위(神位)께 올리는 절.
59) 감구지회=지난날의 일에 대한 느낌.

항열(行列)디로 체번(替番)60)ᄒ여/ᄎ례(次例)로 단인후(後)의
물너 셔셔 싱각ᄒ니,/셕연 금일(惜然今日) 연셕시(宴席時)의
뎨형뎨(諸兄弟) 셩열(盛列)61)ᄒ와/양친(兩親)긔 헌슈(獻壽)홀 젹,
만셰 히로(萬歲偕老) 만년슈(萬年壽)를/복원 츅슈(伏願祝手)ᄒ왓더니,
지셩(至誠)이 쳔박(淺薄)ᄒ고,/불효(不孝) 막심(莫甚)ᄒ와
오날 허비시(虛拜時)의/츄모 유흔(追慕遺恨) ᄀ이 업닉.
셔울셔 삼남미(三男妹)분/금일 심ᄉ(今日心事) 오작홀가?
함비 관억(含悲寬抑)62) 엄누(掩淚)ᄒ고,/졍당(正堂)의 뫼아 안져
죠반 식샹(朝飯食床) 물인후(後)의/디쳥(大廳)으로 나와보니,
우명일(又明日)은 긔고(忌故)시니,/졔물 긔구(祭物器具) 디후(待厚)63)
ᄒ니.
양위 졔ᄉ(兩位祭祀) ᄒ 날이시니,/ᄌ손 비통(子孫悲痛) 더욱 되닉.
관힝(官行)으로 단니시나/션친 봉양(先親奉養) 못ᄒ오심,
닉외(內外)분 일싱 유한(一生遺恨)/심곡(心曲)의 미치오셔
봉ᄉ봉친(奉祀奉親)64) 지극(至極)ᄒ와 /빅ᄉ(百事)를 친집(親執)ᄒ셔,
지셩(至誠)으로 찰힌 졔물(祭物)/풍비(豊備)ᄒ고 졍결(淨潔)ᄒ다.
우리 갓혼 블쵸인(不肖人)은/흠복 감탄(欽服感歎)65) 블급(不及)일식.
쳔구 영별(遷柩永別)66)십오연(十五年)의/친긔 참ᄉ(親忌參祀) 처엄이니,
망극(罔極)ᄒ 이 심ᄉ(心事)를/다 엇지 형언(形言)홀고?
디쳥(大廳)을 쇄쇼(灑掃)ᄒ고,/졔셕(祭席)을 비셜(排設)ᄒ샤

─────────────

60) 체번=차례를 바꿈.
61) 셩열=많은 사람들이 늘어서 있는 모양.
62) 함비 관억=슬픔을 먹음은 채 격한 감정을 여러 모로 헤아려 억제함.
63) 디후=대접함이 후함.
64) 봉ᄉ 봉친=돌아가신 어른들의 제사 모시는 일과 살아 계시는 부모님을 모시
    는 일.
65) 흠복 감탄=깊이 사모하여 복종하며 느끼어 탄식함.
66) 쳔구 영별=관을 옮겨 장례를 모심. 영별은 영결(永訣)과 같음.

고스 봉안(告辭奉安) ᄒ온 후(後)의/설졔 이통(設祭哀痛) ᄀ이업ᄂㅣ.
가득이 버린 졔물(祭物)/졔상(祭床)이 좁아시나,
아옵심이 업스시니,/흠향(歆饗)67)ᄒ오심 엇지 알고?
쵹광(燭光)이 휘황(輝煌)ᄒ고,/향연(香煙)이 이이(靄靄)ᄒ니,
쵹쳐(觸處) 거목(擧目)의/시로이 망극(罔極)ᄒ다.
계명셩(啓明星)68)올나오고,/북극셩(北極星) 도라지고,
녜졀(禮節)의 구이(拘礙)69)ᄒ와/비루(悲淚)를 관억(寬抑)ᄒ고,
퇴션(退膳)을 무르옵고,/ᄉ당 봉안(祠堂奉安) ᄒ온 후(後)의
졍당(正堂)의 뫼와 안져/시로온 감회(感懷)로다.
파지일(罷祭日) 보롭날은/망궐 하례(望闕賀禮)70)되오시니,
동헌(東軒)의셔 젼영(傳令) ᄂ려/하인등(下人等) 디후(待候)ᄒ다.
개동영(開東暎)71)쇼셰(梳洗)ᄒ셔,/관복 졍졔(官服整齊)ᄒ오시고,
졍당 신셩(政堂晨省)ᄒ오시고,/망궐 하례(望闕賀禮)ᄒ신 후(後)의
죠ᄉ(朝仕)72)ᄆᆽ 졈고 하령(點考下令)73)/긴 디답(對答)도 호긔(豪氣)롭다.
우리도 쇼셰(梳洗)ᄒ고,/죤당 신셩(尊堂晨省)ᄒ온 후(後)
졈고(點考) 구경 ᄒ랴 ᄒ니,/힝낭(行廊)의 가 본다 ᄒ니.
죵들 몬져 젼비(展拜)74)ᄒ여/비부(秘簿)가지 치운 후(後)의

---

67) 흠향=신령(神靈)이 제사 음식을 받아 먹음.
68) 계명셩=샛별.
69) 구이=억매임.
70) 망궐 하례=조선시대 음력 초하루와 보름날이면, 각 지방의 원(員)들이 궐패(闕牌)에 절하여 임금님의 건강과 나라의 안녕을 빌던 의식.
71) 개동영=이른 새벽. 먼동이 틀 무렵.
72) 죠ᄉ=조선시대에 하급 벼슬아치가 아침에 으뜸 벼슬아치를 뵙고 인사하던 일.
73) 졈고 하령=명부에 하나하나 점을 찍어가며 사람의 수효를 확인함을 아래 사람들에게 명령함.
74) 젼비=임금이 종묘, 능침, 문묘 등에 찾아가 절하는 일. 여기서는 고을 원에게 아랫 사람들이 절하여 뵙는 일.

데형 숙질(弟兄叔姪) 모혀 셔셔/졔졔 유유(濟濟唯唯)[75]나아가니,
듕문(中門)밧 막 나셔며,/구경쳐(處)는 지쳑(咫尺)이요,
힝낭(行廊)은 게셔 머니,/다 각각 틈을 어더
은신(隱身)ᄒ여 여어 보니,/구ᄎᆞ(苟且)도 막심(莫甚)ᄒ다.
좌편(左便)은 칙실 측간(冊室厠間)/압흐로 마구 격벽(馬廐隔壁),
악ᄎᆔ(惡臭)가 울입(蔚入)ᄒ나,/구경의 욕심(慾心)으로,
시종(始終)을 보려 ᄒ니,/젼후 ᄎᆞ례(前後次例) 졈고 졀ᄎᆞ(點考節次)
고을마다 ᄒᆞᆫ 가지라./ᄎᆞ례(次例)로 기싱 졈고(妓生點考)
용틱(容態)도 볼 것 업고,/복식(服色)도 긔괴(奇怪)ᄒ다.
진퇴 쳐신(進退處身) 불용이(不容易)요,/믈식(物色)의 화려(華麗)ᄒᆞ미
영하읍(營下邑)[76]은 ᄒᆞᆫ ᄀᆞ지나,/원쥬(院主)[77]만도 못ᄒ도다.
츌뉴(出類)ᄒᆞ신 풍신 지화(風身才華)[78]/명현 인덕(明賢仁德) 드무시니,
어ᄂᆞ 일은 못 당ᄒᆞ며,/무산 일의 막히실가?
영화관(榮華官)[79]이 되오시고,/여ᄎᆞ즉(如此則) 영문 거힝(令聞擧行)
ᄉᆞᄉᆞ(事事)의 토분(討奮)[80]ᄒᆞ니,/때 못 만난 탓시로다.
구경을 다ᄒᆞᆫ 후(後)의/내아(內衙)로 드러오니,
대방(大房)의 다 모히시고,/아춤상(床)이 드러오니,
되셔 안져 밥들 먹고,/구경 셜화(說話) 한쇼(閑笑)ᄒᆞ여
이윽이 안져다가 /샹방(上房)으로 가는 길의
대쳥(大廳)으로 지니더니,/동셔(同壻)님 싱신(生辰)날이
밤이 지격(至隔)ᄒᆞ오시니,/ᄌᆞ녀 니외(子女內外) 버려 셔셔
연슈 물건(宴需物件)[81] 의논(議論)ᄒᆞ니,/의복 효도(衣服孝道) 오날 ᄒᆞ고,

---

75) 졔졔유유=칠서가 있고, 시키는대로 순종함.
76) 영하읍=감영(監營)이나, 병영(兵營)이 있는 고을.
77) 원쥬=조선시대 역권(驛院)을 지키며 근무하던 으뜸벼슬.
78) 풍신 지화=겉으로 들어난 외모와 뛰어난 재주.
79) 영화관=영화로운 벼슬아치, 곧 아주 높은 지위의 벼슬아치.
80) 토분=더 잘 다스리라고 다그침을 받음.

만반 진슈(滿盤珍羞)82) 잔치 졔구(諸具)/내일 날 논(論)ᄒ랴 ᄒ여
내찬(禮饌)의 밤을 새와/죵일 셩연(終日盛宴) 거록ᄒ다.
각쳥(各廳)의셔 졀예(前例)라고/큰 샹(床) 둘의 겻샹 잇고,
니방 호장(吏房戶長)83) 싱신 하례(生辰賀禮)/비단 두 필(疋) 드렷도다.
만당 졔친(滿堂諸親) 모화 안져/연일 단낙(連日團樂) 무흠(無欠)ᄒ고,
층층(層層)ᄒ 주녀(子女)들과/쌍쌍(雙雙)ᄒ 손아(孫兒)들이
기기(箇箇)이 특츌(特出)ᄒ니,/죤당(尊堂)의 놉ᄒ신 복(福)
홀노 계젹(繼續) ᄒ오신 듯/인간 흥쇠(人間興衰) 알여 ᄒ면,
ᄌ손 승약(子孫盛弱) 달녀스니,/션셰 음덕(先世陰德) 보응(報應)인가?
텬고 지광(天高地廣) 셩덕(盛德)으로,/계계승승(繼繼承承) 너론 복(福)이
젼지ᄌ손(傳之子孫) ᄒ오시고,/유젼 만셰(遺傳萬世) ᄒ시리라.
니딕(李宅)도 예 잇더면,/가치 모혀 즐길 거슬
이런 ᄯᅢ 못 맛나니,/즁심(中心)이 아연(啞然)ᄒ다.
일일 년낙(日日宴樂) 연일(連日)ᄒ니,/쥬야 불분(晝夜不分) 구경일시.
이리 조흔 화란 승졀(花爛勝節)84)/고루 치각(高樓彩閣) 올나 보고,
션유완(船遊玩)85) ᄒ여 보면,/구경ᄒ기 졔 ᄯᅢ로다.
듕논(衆論)이 구일(俱一)ᄒ며,/죤당(尊堂)의셔 쳥(請)ᄒ시니,
원(員)님 지효(至孝) 셩심(誠心)으로/친교 봉ᄒᆡᆼ(親敎奉行) 아니실가?
내외(內外)분이 샹의(相議)ᄒ셔/십구일(十九日)노 틱일(擇日)ᄒ니,
혼아(混아)86)샹하(上下) 노쇼(老少) 업시/ᄎ례(次例)로 치장(治粧)ᄒᆞᆯ 시,

---

81) 연슈 물건=잔치에 드는 비용과 물건.
82) 만반 진슈=상에 가득히 찬 맛있는 음식들.
83) 니방 호장=이방(吏房)과 호장(戶長). 이방은 조선시대 승정원(承政院)에 딸린 육방(六房)의 하나인데, 여기서는 고을 관아에 딸린 육방(六房)의 하나로 이전(吏典)에 관한 사무를 맡아 보았으며, 호장은 각 고을 아전의 으뜸자리.
84) 화란 승졀=꽃들이 만발하는 좋은 계절.
85) 션유완=뱃놀이로 여가를 즐김.
86) 혼아=서로 섞여 옷을 입으며 치장함.

각식 물화(各色物貨) 잡아 드려/금의 슈상(錦衣垂裳)[87]말나 노코,
양 딜아(兩姪兒)의 밧븐 ᄆᆞ옴/갑도 쥬고 손슈ᄒᆞ니,
졀셔(節序)의 격(格) 맛츠와/각식(各色) 비단 펼쳐 노코,
오식(五色)실 풀쳐내여/옥지셤슈(玉指纖手)[88]분비(紛霏)ᄒᆞ니.
츠례(次例)로 일워ᄂᆡ이/ᄉᆞ마 진젹(絲麻眞迹)[89] 소악난(蘇若蘭)[90]이
직금 귀문(織錦句文) 슈(繡) 놋는 듯/수공 제도(手工制度) 공교(工巧)
롭다.
션유일(船遊日)이 격쇼(隔所)ᄒᆞ니/ᄂᆡ외 긔구(內外器具) 대후(待候)ᄒᆞᆫ니.
존당(尊堂)을 뫼시옵고,/ᄂᆡ외 상하(內外上下) 다 가려니,
관아(官衙)가 일공(一空)ᄒᆞ니,/하인(下人)으로 슈직(守直)ᄒᆞ고,
날이 볼아 히 도드이/일난 쳥화(日暖淸和) 신통(神通)ᄒᆞ다.
지작일(再昨日)의 토우 풍일(土雨風日)/비ᄉᆞ 쥬셕(飛沙走石) 요란(搖亂)터니,
오날 일긔(日氣) 여ᄎᆞ(如此)ᄒᆞ문/원(員)님 셩효(誠孝) 덕분(德分)일다.
ᄉᆞᄉᆞ 순셩(事事順成) 여합(如合)ᄒᆞ니,/하인(下人)들 대령(待令)ᄒᆞᆯ 시,
치교(彩轎)를 느리 노코,/츠례(次例)로 들나 ᄒᆞ니,
존당 슬하(尊堂膝下) 삼디인(三代人)이/십여(十餘) 사람 되는고나.
안 소솔(所率)이 이러ᄒᆞᆯ 젹/밧 소솔(所率)이 젹을손가?
허다(許多)ᄒᆞᆫ 남편(男便)너논/긔마(騎馬)로 가려 ᄒᆞ고,
부인니 버려서이/대쳥(大廳)니 조바도다.
다 각각(各各) 년치(年齒)디로/의복(衣服)도 호려(華麗)ᄒᆞ다.
춘풍(春風) 화창(和暢)ᄒᆞ여/빅쵸만화(百草萬花) 만발(滿發)ᄒᆞᆯ 듯,

---

87) 금의 슈상=비단 옷감으로 의복 제도에 맞게 재단함.
88) 옥지 셤슈=희고 고운 손가락과 가냘프고 여린 여인의 손.
89) ᄉᆞ마 진젹=고은 실과 굵은 실로 잘 쓴 붓글씨처럼 수(繡)를 놓은 모양. 사(絲)는 명주실 같은 고은 실이고, 마(麻)는 삼실 같은 굵은 실.
90) 소악난=직금시(織錦詩)를 지은 중국인 여자.

청쳔(靑天) 빅일(白日)의/오운(五雲)이 집회는 듯,
다 엇지 형용(形容)ᄒ며/일우 다 긔록(記錄)홀가?
년쇠(年衰)혼 우리 항녈(行列)/긔록(記錄)기 어려오나,
존당 슬하(尊堂膝下) 몃사롬의/어ᄂ 분이 샌지실고?
지화 츌인(才華出人) ᄒ오시고,/식덕 겸비(色德兼備) ᄒ오시니,
션셰 젹덕(先世積德) 호딕(護戴)ᄒᄉ/ᄌ손 여음(子孫餘蔭)91)뻣치신다.
불초 불인(不肖不仁) 나 ᄒ나히/부지 부덕(不才不德) 참괴(慙愧)ᄒ니,
금쟝 소고(錦裝小姑)92)뉵남미(六男妹)의/홀노 츌탁(出卓) ᄀ이업다.
아릭로 딜부 딜여(侄婦姪女)/용화(容華)도 아롬답다.
맛딕 년치(年齒) 싱각ᄒ면,/이모지연(二毛之年)93)되어시나,
청고(淸高) 샹냥ᄒ니,/옥분(玉盆)의 긔화(奇花) 갓고,
큰 딜여(姪女)의 화안 무빙(花顔霧氷)94)/이십 츈광(二十春光) 갓 넘어셔,
빅티 졔미(白態諸美) 완젼(完全)ᄒ여/츄텬 망월(秋天望月) 붉앗는 듯,
자근 딜여(姪女) 옥안 셩모(玉顔盛貌)95)/이팔 쳥츈(二八靑春) 갓 지나고,
식티 쳥낭(色態淸朗) 쇄연(瑣姸)96)ᄒ니/녹파 부용(綠波芙蓉)97)이 향
(香)의 져졋는 듯.
삼덕 이여(三宅愛女) 소교아(小嬌兒)98)는/방금 당연(方今當年) 십오년
(十五年)의
당승(當盛) 작약(芍藥)이/ 됴양(朝陽)의 반기(半開)혼 듯,
십일셰(十一歲) 종손녀(從孫女)는/옥반(玉盤)의 진쥬(眞珠)로다.

---

91) 자손 여음=선조가 쌓은 공덕으로 자손이 받는 복이 자손에게 내려짐.
92) 금쟝 소고=비단으로 잘 치장한 남편의 누이.
93) 이모지연=흰털이 나기 시작하는 나이, 곧 32세를 이름.
94) 화안 무빙=꽃처럼 아름답고 살결이 매우 횜.
95) 옥안 셩모=살결이 희고도 복스러운 얼굴.
96) 쇄연=가냘프면서도 아리따움.
97) 녹파 부용=일렁이는 물결 속에 피어 있는 연꽃들.
98) 소교아=나이가 어린 미소년(美少年).

이럿탓 셩열(盛列)ᄒ여/교즁(轎中)의 들냐 홀 시,
향풍(香風)이 이는 곳듸/홍샹 치의(紅裳彩衣)⁹⁹⁾나붓기니,
샹운(祥雲)니 집희는 듯/셔긔(瑞氣)가 욱울(郁郁)ᄒ닉.
빅쇼고(伯小姑) 믄져 나셔/존당(尊堂)을 뫼시옵고,
가마의 드옵신 후(後)/우리들 함긔 드러
츠례(次例)로 나아갈 시,/연ᄒ여 문(門)을 나셔
인부(人負)¹⁰⁰⁾로 힝(行)ᄒᆞ올 시,/십삼세(十三歲) 종손아(宗孫兒)는
나귀 타고 압ᄒ 가니,/종가딕(宗家宅) 쇼즁아(所重兒)로,
인긔(人氣)도 츌뉴(出類)ᄒ고,/반악 션룡(盤嶽旋龍)¹⁰¹⁾긔이(奇異)ᄒ더,
관옥 풍용(冠玉風容) 칠세 ᄋᆞᄌᆞ(七歲兒子)/하인(下人) 업고 갓치 가니,
츌뉴(出類)ᄒᆞᆫ 옥골 션풍(玉骨仙風)/막샹 막하(莫上莫下) 일쌍일다.
쟝디(長大)ᄒᆞᆫ 대도샹(大道上)의/금슈 치쟝(錦繡綵帳)¹⁰²⁾ 나렬(羅列)ᄒ여
젼차후옹(前遮後擁) 나아가니,/압희는 ᄉ민 힝츠(士民行次)
뒤희는 원(員)님 힝츠(行次)./벽졔(辟除)소리 한가(閑暇)ᄒ다.
구경군이 길이 메여,/셔로 칭송(稱頌) ᄒᆞ는고나.
남여 빅셩(男女百姓) 셔로 일어/공쥬 빈포(公州排鋪) 몃빅년(百年)의
몃등닉(等內)를 츨어난고?/고금이릭(古今以來)역슈(曆數)ᄒᆞ면,
이민 션졍(愛民善政)이 등닉(等內)요,/풍신 복녁(風神福力) 처음 보닉.
딕도샹(大道上)의 덥힌 일힝(一行)/안젼 쇼솔(安全所率) 다릭닉.
열친 효양(悅親孝養)ᄒ시노라,/금강 션유(錦江船遊) ᄒ오시고
공누(拱樓)노림 ᄒ시노라,/희한(稀罕)ᄒᆞᆫ 됴흔 구경
우리들 모화 가즈./인셩(人聲)이 열요(悅擾)ᄒ여
투보젼도(鬪步顚倒)¹⁰³⁾ᄒᆞ는 샹(相)이/그도 역시(亦是)구경일다.

---

99) 홍샹 치의=아름다운 무늬가 있는 붉은 치마와 저고리.
100) 인부=남에게 업힘.
101) 반악 션룡=큰 산처럼 또아리를 틀고 서려 있는 용.
102) 금슈 치쟝=비단에 수를 놓아 오색이 찬란한 휘장.

쌍쌍(雙雙)흔 본관 기싱(本官妓生) /이날 별(別)로 치레ᄒ여
가마 압희 둘식 셔니,/쳥운(靑雲)갓튼 윤잔 흑발(黑髮)
구람 갓치 쑤워 언고,/의복(衣服)치레 제법ᄒ니,
어룬 기싱(妓生) 쳥샹 금의(靑裳錦衣)/아히 기싱(妓生) 홍샹 치의(紅
裳彩衣)
다 각각(各各) 나홀 짜라/졀복(節服)이 의법(依法)ᄒ여
엇그졔 졈고시(點考時)의/그 몰골은 간 ᄃᆡ 업고,
어변 셩룡(魚變成龍) ᄒ여시니,/용모(容貌)의 미려 불미(美麗不美)
일ᄏ라 무익(無益)ᄒ고,/친신 의장(親身儀裝)104) 달엿도다.
허다(許多)ᄒ 일ᄒᆡᆼ(一行)들리/금강(錦江)의 썟쳐스니,
온화(溫和) 쳥명일(淸明日)의/져(笛)소릐도 선선ᄒ다.
쳥쳥(靑靑) 쟝강(長江)의/슈쳔(水天)이 일식(一色)인ᄃᆡ,
향풍(香風)이 옹비(擁鼻)ᄒ니,/치운(彩雲)이 집희ᄂᆞᆫ 듯,
각 치션(各彩船)의/ᄎᆞ례(次例)로 들냐 ᄒ니,
여러 칙 ᄇᆡ를 잡아/샹듕하(上中下)로 난화 들신,
원(員)님 ᄒᆡᆼᄎᆞ(行次) 몬져 ᄂᆞ려/존당(尊堂)을 뫼시읍고,
션챵(船艙) 안희 드옵신 후(後)/우리 가마 연속(連續)ᄒ여,
관션(官船) 안희 드러가니,/편(便)ᄒ기 육지(陸地)갓고,
일좌화각(一座畵閣) 졍졔(整齊)ᄒ여/운쇼(雲宵)105)의 쇼삿ᄂᆞᆫ듯,
화문셕(花紋席) 금슈병(錦繡屛)106)의/ᄉᆞ면 사창(四面紗窓) 황홀(恍惚)
ᄒ다.
잠시(暫時) 유완쳐(遊玩處)의/각식 즙물(什物) 가ᄌᆞ시니,

---

103) 투보 젼도=앞서 가려고 다투어 빨리 걷다가 넘어지고 자빠짐.
104) 친신 의장=자기 자신의 몸가짐과 일정한 격식과 예법에 맞도록 꾸민 옷매무새.
105) 운쇼=드높은 하늘.
106) 금슈병=비단에 수를 놓아 만든 병풍.

지극(至極)ᄒᆞ신 원(員)님 셩효(誠孝)/노친 봉양(老親奉養) 긔구(器具)
로다.
안즌ᄌᆞ리 못졍(定)ᄒᆞ여/삼탕양즙(蔘湯釀汁)107)연속(連續)ᄒᆞ니,
존당(尊堂)의 잡ᄉᆞ옵고,/삼탕 일긔(蔘湯一器) 드려다가
동셔(同壻)님이 극권(極勸)ᄒᆞ와/날 먹으라 쥬오시니,
ᄌᆡ삼 츄탁(再三推託)108)불득(不得)ᄒᆞ고,/민면(憫面)109)ᄒᆞ여 마시오니,
허다(許多)ᄒᆞᆫ 일힝즁(一行中)의/날만 홀노 먹이시문,
노인(老人)도 아니로디,/포병(抱病)110)ᄒᆞᆫ 연고(緣故)로다.
션챵(船艙) 안은 형데 슉딜(兄弟叔姪)/존당(尊堂)을 뫼와시니,
원(員)님 유완(遊玩)ᄒᆞ실 곳슨/각션(各船)의 졍좌(正坐)ᄒᆞ샤
하인등(下人等) 기싱(妓生)들이/대령 거힝(待令擧行)홀듯ᄒᆞ더,
완쟝 대감(阮丈大監)111)뫼셔다가/갓치 힝쥬(行舟) ᄒᆞ오시니,
압존(壓尊)112)ᄒᆞ여 어려오셔/관션(官船) 안히 드오시고,
노친(老親)너 슬젼(膝前)의셔/말ᄉᆞᆷ으로 즐기시니,
졔슌(帝舜)113)갓흔 대효(大孝)시라,/감탄 경복(感歎驚服) ᄀᆞ이업니.
션챵(船艙)밧긔 고인 동피(鼓人鼕牌)114)/풍악(風樂)을 질쥬(迭奏)ᄒᆞ니,
슈광(水光)은 졉쳔(接天)ᄒᆞ고,/강산(江山)이 샹교(相交)ᄒᆞᆫ디,
옥젹셩(玉笛聲)115) 쳥아(淸雅)ᄒᆞ여/힝운(行雲)이 머무ᄂᆞᆫ 듯,
ᄉᆞ챵(紗窓)을 반기(半開)ᄒᆞ고,/쥬렴(珠簾)을 ᄉᆞ이ᄒᆞ여,
ᄉᆞ면(四面)으로 유완(遊玩)ᄒᆞ니,/어더셔 권마셩(勸馬聲)이

---

107) 삼탕 양즙=인삼을 고은 물과 숫양을 고은 물.
108) ᄌᆡ삼 츄탁=두 번 세 번 다른 핑계로 사양함.
109) 민면=민망스러운 표정.
110) 포병=몸에 항상 병을 지니고 있음.
111) 완쟝대감=남의 백숙부(伯叔父)를 높여서 이른 말.
112) 압존=웃어른 앞에서 처신이 자유롭지 못함.
113) 졔슌=중국 고대 현군(賢君).전설상의 인물로 부모에 효성이 지극하였슴.
114) 고인 동피=북을 치는 옛날의 악공(樂工).
115) 옥젹셩=원문에는 "오젹셩"으로 되어 있음.

관힝ᄎ(官行次) 달녀오니,/하인(下人)으로 아라보니,
영동원(永同員)님 영문(榮問)116)길의/승션(乘船)ᄒᆞ는 긔구(器具)로다.
명일(明日)노 보ᄌᆞ하셔/젼갈(傳喝)노 무루시고,
비 쩌여 나아가니,/산쳔(山川) 쵸목(草木)들도
어디로 가노라고,/우리와 동힝(同行)ᄒᆞ니.
각션(各船)이 혹션 혹후(或先或後)/슌뉴(順流)ᄒᆞ여 ᄂᆞ려가니,
국틱 민안(國泰民安) 호시졀(好時節)의/태평곡(太平曲)을 쥬(奏)ᄒᆞ는 듯,
녹음 방쵸(綠陰芳草) 셩화시(勝花時)라,/산슈 풍경(山水風景) 가려(佳麗)ᄒᆞ다.
삼잡이117) ᄉᆞ면셩(三絃聲)은/가인(佳人)의 흥(興)을 돕닉.
압희 가는 ᄌᆞ 션듕(船衆)은 /포진 화병(鋪陳畵屛) 졍졔(整齊)ᄒᆞᆫ 듸.
싱딜(甥姪)손 김진ᄉᆞ(金進士)와/족하손 대좌(對坐)ᄒᆞ여,
풍화(豊和)ᄒᆞᆫ 조흔 풍치(風釆)/츈풍(春風) 화챵(和暢)ᄒᆞ여,
만물(萬物)이 부싱(復生)는 듯/화긔(和氣)가 만션(滿船)ᄒᆞ니.
부모 엄훈(父母嚴訓) 공구(恐懼)ᄒᆞ와/지긔(志氣)를 못 펴다가,
오날눌 별은젼(別恩典)118)의/힝낙(行樂)이 무한(無限)ᄒᆞ니,
쌍쌍(雙雙)ᄒᆞᆫ 명긔(名妓)들이/시 단장(丹粧) 셩(盛)히 ᄒᆞ고,
교언(巧言) 영식(令色)으로/좌우(左右)의 버러시니,
치수(彩袖)로 샹디(相對)ᄒᆞ며,/식틱(色態)롤 ᄌᆞ랑ᄒᆞ여
츈풍(春風) 셰류간(細柳間)의/황잉셩(黃鶯聲)119)이 한가(閑暇)ᄒᆞᆯ 듯,
가곡(歌曲)이 샹응(相應)ᄒᆞ여/풍악(風樂을 화답(和答)ᄒᆞ니.
싱가(笙歌)는 요량 ᄒᆞ랑ᄒᆞ여/구소(九宵)120)의 ᄉᆞ뭇는 듯,

---

116) 영문=새로 과거에 급제하였거나 영전한 사람을 찾아가 축하함
117) 삼잡이=장구잡이와 북잡이와 피리 부는 사람 등 3인.
118) 별은젼=특별히 베풀어 주는 은혜.
119) 황잉셩=어린 꾀꼬리들의 지져귐.
120) 구소=높고 높은 하늘.

어룡(魚龍)이 츌몰(出沒)ᄒ고,/션학(仙鶴)이 비회(徘徊)ᄒ니,
제기(諸妓)들 승흥(乘興)ᄒ여/잉무비(鸚鵡盃)·권쥬가(勸酒歌)로,
비반(杯盤)이 낭ᄌ(狼藉)ᄒ고,/주쥰(酒樽)121)이 업쳐지니,
졀주(節奏)은 비격 졀쇄(飛擊節瑣)122)와/혈식 나군(血色羅裙)123)변쥬오가(犿奏五歌)124)
기녀(妓女)들의 싱낙(生樂)이라./난뉴피(亂類牌)125)도 비쳔(飛天)ᄒ여
송구 영신(送舊迎新)126)ᄒ는 무리/무어시 빈비(頻頻)홀와
슈습(收拾)홀 줄 모로고서/능광(能狂)127)으로 아는고나.
다 각각(各各) 풍속(風俗)으로/싱활(生活)이 그 길이라.
경홍(鵙鴻)128)갓흔 날난 밉시/쵹나 셰요(蜀娜細腰) 무젓는 듯,
쵸월(初月)129)갓흔 고은 아미(蛾眉)130)/츈산(春山)이 졔졔(濟濟)흔 듯
무졍(無情)흔 녀편(女便)너도/ᄉ랑ᄒ여 보이거늘
호방(豪放)흔 남아(男兒)들의/츈졍(春情)이야 이룰손가?
션즁(船中)의 츈풍 화기(春風和氣)/져마다 우슴일싀.
뒤히 오는 쥬즁(舟中) 안은/가온디 간(間)을 막아
포진 화병(鋪陳畫屛) 다 갓흔디/다 각각(各各) 셜시(設施)ᄒ여
웃간(間)은 완장 힝ᄎ(阮丈行次)/일가 노인(一家老人) 디좌(對坐)ᄒ셔
강산 경치(江山景致) 완샹(玩賞)ᄒᄉ/좌우(左右)가 젹젹(寂寂)ᄒ고,

---

121) 주쥰=술을 담은 그릇. 곧 술통.
122) 비격 졀쇄=악기를 연주하는 빠른 손놀림과 날나리의 높은 소리.
123) 혈식 나군=피빛처럼 빨간 비단 치마를 입은 기녀들. 곧 젊은 기생들.
124) 번쥬 오가=노래 부르는 사람들이 서로 다투어 돌아가면서 조선시대 대표적인 판소리 다섯 마당인 춘향가·심청가·수궁가·흥부가·적벽가를 부름.
125) 난뉴피=윤강(倫綱)을 어지럽히는 무리, 곧 사당패(寺黨牌).
126) 송구 영신=묵은 것을 버리고 새것을 맞이함. 여기서는 세월을 보낸다는 뜻.
127) 능광=재간 있는 소리군.
128) 경홍=꾀꼬리와 기러기.
129) 쵸월=초승달.
130) 아미=미인(美人)의 눈섭.

통인 굴노(通引軍奴)131)슈삼인(數三人)이/심심이 뫼셔시니,
젼션(前船)만 ᄇ라보아/졍혼(精魂)을 일헛도다.
아리 간(間) ᄎ션(彩船) 안은/원(員)님 양셔(兩壻) 두 니낭(李郞)이
쌍쌍(雙雙)으로 디좌(對坐)ᄒ여/슈작(酬酌)이 흔가(閑暇)ᄒ니,
ᄒ나흔 개졔 군ᄌ(愷弟君子)132)/ᄒ나흔 룡호 긔상(龍虎氣像)
풍견(風見)이 각각(各各)이나,/인긔(人氣)도 긔이(奇異)ᄒ다.
여ᄌ(女子)의 평싱낙(平生樂)이/인뉸(人倫) 쳐음 달녀시니,
양딜아(兩姪兒)의 복(福)이 놉하/빅년 영화(百年榮華) 무궁(無窮)ᄒᆯ 일
너희롤 위ᄒᆫ ᄆᆞᆷ/지삼 긔특 ᄉ랑홉다.
싀동싱(媤同生) 지좌(在座)ᄒ셔,/존당(尊堂)을 뫼셔시니,
존당(尊堂)의 불안(不安)ᄒ나,/구경의 잠혹(潛惑)133)ᄒ여
쳬면(體面)을 아조 일허,/경물(景物)만 관광(觀光)터니,
젼션(前船)이 풀녀 나셔,/돗디롤 즁지(中止)ᄒ니,
빅일(白日)이 듕쳔(中天)ᄒ고,/인셩(人聲)이 훤요(喧擾)134)ᄒ여,
북누(北樓)을 다 왓다고,/가마롤 디령(待令)ᄒ니.
다 각각(各各) 비예 ᄂᆞ려/고부(高阜)로 올ᄂᆞ가니,
고류(高樓) 화각(畵閣)니/부샹(扶桑)135)의 다핫ᄂᆞᆫ 듯,
단쳥(丹靑)이 휘황(輝煌)ᄒ여/일식(日色)과 병긔(倂記)ᄒ니.
무슈(無數)ᄒᆫ 하인(下人)들과/영본부(營本部) 기녀(妓女)들이
남좌 여우(男左女右) 젼열(展列)ᄒ여/ᄒᆡᆼᄎᆞ(行次)롤 호위(護衛)ᄒ고,
마두젼(馬頭前) ᄉ면(森然)소리136)/호화(豪華)롤 하렷ᄂᆞᆫ 듯

---

131) 통인 굴노=조선 시대 지방 관아의 관장(官長)을 도와 잔 심부름을 하던 사
람과 군아(軍衙)에 딸린 종.
132) 개졔 군ᄌ=얼굴과 기상이 화락하고도 단아한 지성인(知性人).
133) 잠혹=어떤 일에 골돌하여 넋을 잃음.
134) 훤요=시끄럽게 떠들석함.
135) 부샹=동족 바다속 해가 뜨는 곳에 있다는 상상상의 나무.
136) ᄉ면소리=삼연소리, 곧 엄숙한 소리.

연(連)ᄒ여 누(樓)의 올나/가마롤 부리오니,
동헌(東軒)의셔 몬져 오셔/노친(老親)니 뫼신 후(後)의
뎨형(弟兄) 슉딜(叔姪)이/쳥ᄉ(廳舍)롤 둘너 보니,
용(龍)감기 대들보의/봉학(鳳鶴)이 넘노는 듯,
쥬홍(朱紅) 칠흔 원쥬셕(圓柱石)은/한(限)업시 놉하시니,
각식(各色) 치화(彩畵)로,/비금 이수(飛禽異獸) 그려 노코,
문인(文人) 군ᄌ(君子)의/시문(詩文)이 버려시니,
죠흔 줄은 알건마는,/일ᄌ 부지(一字不知) 졀통(絶通)ᄒ다.
십여간(十餘間) 너른 대쳥(大廳)/난간 젼퇴(欄干前退) 쟝대(長大)ᄒ대,
셜포쟝(設布帳)을 둘너시니,/그 밧근 볼 길 업고,
뒤흐로 벽(壁)을 ᄒ여/간간(間間)이 문(門)이 잇고,
문(門)마다 발을 친대,/구경군이 결진(結陣)ᄒ여,
군즁(群衆)이 아니로대,/쟝ᄉ진(長蛇陣)이 되엿고나.
그 밧글 보려 ᄒ나,/녀군진(女群陣)이 문(門)을 막아
볼 거술 다 못 보고,/방(房)으로 드러오니,
이간 쟝방(二間長房) 간(間)을 막고,/노친(老親)니 안헐쳐(安歇處)137)로,
화문셕(花紋席) 치화병(彩畵屛)의/문(門)마다 발을 치고,
담요롤 편니 펴고,/슈안셕(繡案席)138)을 노ᄒ시니,
존당(尊堂)의셔 졍좌후(定坐後)의/우리들 항렬(行列)대로,
ᄎ례(次例)로 좌졍(座定)ᄒ 후(後)/쥬물샹(晝物床)139) 드러오니,
화반 금긔(華盤金器)140)졍제(整齊)ᄒ여/만반 진슈(滿盤珍羞)141) ᄉ치
(奢侈)ᄒ다.

---

137) 안헐쳐=편안히 쉴 곳.
138) 슈안셕=비단에 수를 놓아 만든 안석(案席), 안석은 앉을 때에 몸을 뒤쪽으로 기댈 수 있게 한 방석임.
139) 쥬물샹=귀한 손님을 대접할 때에 처음에 내는 간략한 음식상.
140) 화반 금긔=화려한 음식상과 금으로 만든 듯 화려한 그릇들.
141) 만반 진슈=상바닥에 가득 찬 진귀한 음식들.

기싱(妓生)들 현신(現身)ᄒ고,/구경군들 방(房)이 좁의.
인긔(人氣)에 취(醉)ᄒ이여,/덥기가 삼복(三伏)인 듯,
거쳐(居處)의 한쇼(閑所)142)ᄒ기/션창(船艙) 안만 비히 못히.
뒤 창(窓)을 반기(半開)ᄒ고,/쥬렴(珠簾)을 거더 들어,
경물(景物)을 보려 ᄒ니,/결진(結陣)ᄒᆫ 구경군은
긴긴이 막혓시니,/무용(無用)의 쟝ᄉ진(長蛇陣)이
어ᄂ 쎠나 풀여 날고?/혼금(閽禁)143)을 아니시고,
슌예(順禮)로 허(許)ᄒ시니,/난잡(亂雜)히 욱어 들어,
염치(廉恥)를 불고(不顧)ᄒ니,/우리 족친(族親) 년치 다쇼(年齒多少)
져희다려 알나는가?/불청긱(不請客)이 ᄌ릐(自來)ᄒ여
불문 슈답(不問酬答)144)긔괴(奇怪)ᄒ다./외쳥(外廳)이 분요(紛擾)ᄒ며,
노람을 셜시(設施)ᄒ고,/각식 풍물(各色風物) 가즈시니,
오음(五音)145)뉵뉼(육률)146)이/치루(彩樓)를 둘넛도다.
기녀(妓女)들 긔복(改服)ᄒ고,/대무쳐(對舞處) 마죠 셔니,
의쟝(儀裝)도 볼 것 업고,/가무(歌舞)가 다 싱쇼(生疎)ᄒ다.
디풍뉴(大風流)147)줄풍뉴(風流)148)로/ᄒᆫ 바탕 길게 놀고,
졈심샹(點心床) 올녀 오니,/안 밧긔셔 잡ᄉ온 후(後)
샹(床) 물녀 종들 쥬고,/후창(後窓)을 반기(半開)ᄒ여
쥬렴(珠簾)을 채용(採用)ᄒ고,/ᄉ면(四面)을 유완(遊玩)ᄒ니,

---

142) 한쇼=한적하여 조용한 곳.
143) 혼금=조선시대 관청에서 일반 잡인들의 출입을 금하던 일.
144) 불문 슈답=묻지도 않는데도 묻거니 답하거니 함.
145) 오음=음률(音律)의 다섯 가지 소리. 곧 궁(宮)·상(商)·각(角)·치(徵)·우(羽) 등 다섯 가지 소리를 가리킴.
146) 육률=12율 중에서 양(陽)에 딸린 6율을 말함. 태주(太簇)·고선(姑洗)·황종(黃鍾)·이칙(夷則)·무역(無射)·유빈(蕤賓) 등을 이름.)
147) 디풍류=피리·저·장구·북·깡깡이 등을 불고, 치고, 켜는 풍류.
148) 줄풍류=일명 현풍류(絃風流), 거문고·가야금·향비파 등의 현악기를 연주하는 풍류(風流).

무궁(無窮)흔 됴흔 경기(景槪)/여긔분 아니로더,
심규(深閨)의 좀겨다가/심신(心身)이 호연(浩然)ᄒ다.
장셩(長城)이 둘너 잇고,/쳥강(淸江)이 막혀시나,
셩군(聖君) 명왕(明王)이/피란(避亂)ᄒ신 곳시로다.
악양누(岳陽樓)149)만이셩(萬里城)150)이/듕국(中國)의 유명(有名)ᄒ나,
타국(他國) 만리(萬里)의/약수(弱水)151)가 막혀시니,
원(願)ᄒ여 무익(無益)ᄒ니,/샹쾌(爽快)흔 됴흔 경치(景致)
지금의 예 갓흘가?/초목(草木)이 무셩(茂盛)ᄒ여
취병(翠屛)152)을 둘엇는 듯/빅화(百花) 셩기(盛開)ᄒ여
강(江) 어귀예 붉아시니,/치운(彩雲)이 집희는 듯
녹수(綠水) 쟝강(長江)의/어부션(漁夫船)이 오락가락
치련곡(採蓮曲)153)어부사(漁父辭)154)롤/풍뉴(風流)소리 화답(和答)ᄒ니.
더동강(大洞江) 부벽누(浮壁樓)155)는/여긔와 엇더ᄒ고?
쌍계ᄉ(雙溪寺)156)지척(咫尺)이요./총벽암(總壁巖)157)금벽쳥(金碧靑)158)이니,
십니(十里) 안밧 된다 ᄒ나,/여편(女便)이 이 구경도,

---

149) 악양누=중국 호남성 악양현에 있는 셩루(城樓), 동정호(洞庭湖)를 조망할 수 있어서 유명함.
150) 만이셩=여기서는 중국의 만리장성(萬里長城)을 이름.
151) 약수=중국 서쪽에 신선이 살았다는 전설적인 강. 부력(浮力)이 약하여 기러기의 털도 가라앉아서 생물(生物)이 없다고 함.
152) 취병=꽃나무 가지를 이리저리 틀어서 문이나 병풍모양으로 만든 물건.
153) 치련곡=중국의 알곡명(樂曲名). 중국 양(梁)나라 때 강남에서 유행하였음. 일명 채련자(采蓮子).
154) 어부스=중국의 굴원(屈原)이 지은 노래. 어부와의 문답을 통하여 자기의 결백을 강조한 내용임.
155) 부벽누=평양(平壤) 모란봉(牡丹峰) 절벽 위에 있는 누각(樓閣).
156) 상계ᄉ=여기서는 충청남도 논산군 은진면 불명산에 있는 절.
157) 총벽암=충청남도 공주군 금강(錦江)가에 있는 명승지(名勝地).
158) 금벽청=충청남도 공주군에 있는 금강(錦江)가의 명승지.

꿈인가? 의심(疑心)ᄒᆞ니,/이 밧슬 더 ᄇᆞ랄가?
보는 게나 즉시 보아/일긔(日記)로 ᄒᆞ엿다가
편친(偏親)긔 보니ᄌᆞ고/심듕(心中)의 별넛던니,
도쟝159)의 미인 몸은/드나 나나 깁히 드러
구차(苟且)히 은신(隱身)ᄒᆞ여/보는 거시 분명(分明)ᄒᆞᆯ가?
동셔(東西)롤 분변 부지(分辨不知)/문견(聞見)이 망미(茫昧)160)ᄒᆞ여
긔록(記錄)기 향방(向方) 업고,/식견(識見)이 고루(固陋)ᄒᆞ니,
무어슬 의빙(依憑)ᄒᆞᆯ고?/어불셩셜(語不成說) 참괴(慙愧)ᄒᆞ다.
점심 후(點心後) 잠간(暫間) 슈여/싯노름 시작(始作)ᄒᆞ니,
표고락(拋毬樂)161)대풍뉴(大風流)의/각식(各色) 노름 종일(終日)ᄒᆞ니,
모연(暮煙)이 니러나고,/홍일(紅日)이 함지(咸池)ᄒᆞ니.
여러 쌍(雙) ᄉᆞ등농(紗燈籠)이/일졔(一齊)이162) 올나오니,
금광(金光)이 홀긔(忽起)ᄒᆞ여/누샹(樓上)의 쎠쳣ᄂᆞᆫ 듯,
등촉(燈燭)이 휘황(輝煌)ᄒᆞ여/일광(日光)과 흡ᄉᆞ(恰似)ᄒᆞ다.
ᄉᆞ월 팔일(四月八日) 관등(觀燈)인들/이예셔 더 죠흘가?
족하 ᄉᆞ회 보라 ᄒᆞ셔/예 와셔 셔로 보니,
긔샹(氣象)이 쥰아(俊雅)ᄒᆞ여/볼ᄉᆞ록 ᄉᆞ랑홉다.
님힝(臨行)의 젼골(專汨)163)ᄒᆞ여/되와 안져 먹은 후(後)의
파연곡(罷宴曲)164)질쥬(迭奏)ᄒᆞ고,/환아영(還衙令)165)노흐시니,
호명셩(呼名聲)긴 디답(對答)의/북누(北樓)가 쩌드ᄂᆞᆫ 듯

---

159) 도쟝=조선시대 여인들이 거처하는 방. 곧 규방(閨房).
160) 망매=보고 들은 것이 없거나 좁아서 세상 물정에 아주 어두움.
161) 표구락=포구락(拋毬樂)의 잘못, 포구락은 나라의 잔치 때에 추던 고려(高麗) 때 춤의 한 가지.
162) 일졔이=원문에는 "일계의"로 되어 있음.
163) 젼골=오로지 골몰에 빠짐.
164) 파연곡=연회나 잔치를 마칠 때에 부르는 노래.
165) 환아영=관아(官衙)로 돌아가자는 명령.

군진(軍陣)이 풀니는가?/인셩(人聲)이 열요(熱擾)166)ᄒ니.
가노라.금강슈(錦江水)야!/다시 보ᄌ 북두 삼경(北斗三庚)!
가려(佳麗)ᄒᆞᆫ 묽은 경물(景物)/ᄭᅮᆷ 속의 보왓단가?
희한(稀罕)ᄒᆞᆫ 죠흔 구경/ᄌᆞ셰(仔細)히 다 못보고,
긔회(期會) 업시 ᄯᅥ나려니,/심듕(心中)이 아연(啞然)ᄒ다.
만일(萬一)의 남아(男兒)런들,/팔도강산(八道江山) 두루 노라,
복니산(蓬萊山) 불노약(不老藥)과/삼신산(三神山) 쟝싱초(長生草)를
아모조록 광구(廣求)ᄒᆞ여/양친(兩親)긔 효양(孝養)ᄒ고,
연연 익슈(延年益壽) 만년세(萬年歲)를/북두 셩신(北斗星辰) 축원(祝願)ᄒ고,
문필(文筆)이 강하(江河)갓고,/츌쟝 입샹(出將入相) 죠달(早達)ᄒ여,
이현부모(以顯父母)167)ᄒ올 거살/젼싱(전생)의 죄 즁(罪重)ᄒ여
규합(閨閤)의 미인 몸이/ᄉᆞᄉ(事事)의 원(願) 밧기라.
쟈최가 무어시며,/싱낙(生樂)이 엇더ᄒᆞᆫ고?
심신(心身)이 유유(悠悠)ᄒ여/가마 안히 드러가니,
쌍쌍(雙雙)ᄒᆞᆫ ᄉ등농(紗燈籠)은/가마다 압히 셔고,
횃불이 죠요(照耀)ᄒ여/읍듕(邑中)가지 ᄶᅥ쳐시니,
칠야(漆夜)가 빅쥬(白晝) 갓치/호발(毫髮)을 혜리로다.
아아! 이 놉흔 누(樓)의/차례(次例)로 ᄂᆞ려 오니,
쳔병 만마(千兵萬馬) 분보(奔步)ᄒ여/산쳔(山川)니 드례ᄂᆞᆫ 듯,
흔가한 북소레ᄂᆞᆫ/승젼고(勝戰鼓)을 울이ᄂᆞᆫ 듯,
요지 연종(了知宴終)168)/일낙(逸樂)의169)/군션(群仙)들이 풀이ᄂᆞᆫ 듯,

---

166) 열요=매우 시끄럽고 요란함.
167) 이현부모=『효경(孝經)』「개종명의(開宗明義)」에 나오는 공자(孔子)의 말로,효도의 한 가지는 "부모를 드러나게 함"이라는 뜻..
168) 요지 연종=잔치가 끝났음을 잘 앎.
169) 일낙=편안히 놀기를 즐김.

야쳔(夜天)이 묵묵(默默)ᄒ고,/셩신(星辰)이 버려ᄂᆞᆫ디,
신신흔 져(笛)쇼리가/ 힝ᄎᆞ(行次)를 ᄌᆡ촉ᄒᆞ니.
져근 듯 삼문(三門) 드러/너아(內衙)로 드러오니,
감영 폐문(監營閉門) 갓 지나고,야쵸경(夜初庚)[170)]이 넘엇도다.
졍당(正堂)의 모혀 안져/존당 슉침(尊堂宿寢) ᄒᆞ신 후(後)의
다 각각(各各) 물너가셔/그날밤 평편(平便)히 자고,
날이 새여 문후(問候)ᄒ니,/죵일 구치(終日驅馳) ᄒ오셔도,
존후 여샹(尊候如常)ᄒ오시니,/막디(莫大)흔 경ᄉᆞ(慶事)로다.
존당(尊堂)을 뫼와 안져/쟉일 유완(昨日遊玩) 환쇼(歡笑)ᄒᆞ여
쥬야 단낙(晝夜團樂) 무흠(無欠)ᄒ고,/동셔(同壻)님 화우 셩덕(和友盛德)
갈ᄉᆞ록 지극(至極)ᄒᄉᆞ/시시(時時)로 젼골[171)]진찬(珍饌)
삼일(三日)의 쇼연(小宴)이요,/오일(五日)의 대연(大宴)이라.
ᄒᆞ로도 삼시(三時)로/음식(飮食)이 부졀(不絶)ᄒ니,
산쵸 야치(山草野菜) 져즌 양(樣)이/고량 진미(膏梁珍味)[172)]잠겻도다.
남은 경(景) 남은 흥(興)이/오히려 미진(未盡)ᄒᆞ여
삼ᄉᆞ일(三四日) 지난 후(後)의/내아(內衙)의 노름 비치
시로이 다시 ᄒ고,/가기(歌妓)들 불너 드려,
풍악(風樂)으로 죵일(終日)ᄒᆞ여/황혼(黃昏)의 허여진 후(後)
셔울셔 편지(便紙) 오니,/경즁(京中)이 무ᄉᆞ(無事)ᄒ고,
강(講) 잘 ᄒᆞ신 소식(消息)이라./존당(尊堂)의셔 못ᄂᆡ 깃버
환환희희(歡歡喜喜) ᄒ오시니,/회과(誨科)[173)] 곳 마치시면,
진실(眞實)노 열친(悅親)이라./츅쳔 용심(祝天用心)[174)]무한(無限)되ᄂᆡ.

---

170) 야쵸경=하룻밤을 5등분하여 첫째 부분의 시간, 곧 오후 8 - 10시 사이.
171) 젼골=요리(料理)의 한 가지. 잘게 썬 고기에 양념을 하고, 어패류(魚貝類)와 버섯과 채소 따위를 섞어서 쟁개비나 벙거짓골에 담고 국물을 조금 부어 끓임.
172) 고량 진미=기름진 고기와 좋은 곡식으로 조리(調理)한 맛있는 음식.
173) 회과=과거 시험을 보기 위한 준비 공부.

동헌(東軒)을 마주 보려/공관시(空館時)를 여의더니,
각읍 슈령(各邑守令) 대회(大會)ᄒᆞ여/공누(拱樓)노림 혼다ᄒᆞ고,
원(員)님겨셔 나가신 후(後)/여러히 모혀 셔셔,
내칙실(內冊室) 몬져 보니/니아(內衙)와 연경(連境)ᄒᆞ여
안흐로 문(門)이 나고/쟝지(障紙)로 간(間)을 막아
방ᄉ(房舍)가 화려(華麗)ᄒᆞ나/대쳥(大廳)이 마히 적어
뒤흐로 막혀시니/여람175)은 옹울(壅鬱)176)홀 둣
다락도 게는 업고/쓸모가 바히 업니.
즁간(中間)의 산졍(山頂) 잇고/압흐로 동헌(東軒)이라.
ᄉ 삼문(四三門) 굿기 닷고/ᄎᆞ례(次例)로 구경ᄒᆞ니,
산졍(山頂)은 별(別)노 놉하/경치(景致)가 볼만ᄒᆞ니,
분쟝(分墻)177)이 둘너시니/ 너외(內外)로 쟝원(墻園)이라.
압흐로는 동헌(東軒)뒤요/의싱방(醫生房) 격벽(隔壁)일시.
동헌(東軒)뒤로 믄져 가셔/맛겻 경치(景致) 둘너 보니,
화류 졍경(花柳情景) 볼만ᄒᆞ여/무릉도원(武陵桃源) 이곳진 둣.
취원 층암(翠園層巖)178)가려(佳麗)ᄒᆞ여/화계(花階)가 졀노 일노
긔샹 이쵸(奇狀異草) 버려시니/샹운(祥雲)이 덥헛는 둣,
치졉(彩蝶)179)이 분무(紛舞)ᄒᆞ고/쌍봉(雙蜂)이 노리ᄒᆞ니.
경치(景致)가 아름다워/떠나기 연연(戀戀)ᄒᆞ니,
한아(閑雅)ᄒᆞᆫ 됴은 경긔(景槪)/다 엇지 긔록(記錄)홀고?
동헌(東軒)으로 올나가니,/겹겹한 찬합실(饌盒室)180)이

---

174) 츅쳔 용심=하늘을 향하여 비는 데에 온 정성을 드리는 마음.
175) 여람=여름.
176) 옹울=속이 막혀 답답함.
177) 분쟝=담장이 높이가 층이 지게 쌓아 만든 담.
178) 취원 층암=단풍나무가 우거진 동산의 층이 진 바위들.
179) 치졉=아름다운 무늬가 있는 날개를 가진 나비.

창호(窓戶)도 화려(華麗)ㅎ고,/겻흐로 슈쳥방(守廳房)[181]은
침실(寢室)로 문(門)이 나셔/방ᄉ(房舍)가 절묘(絶妙)ㅎ다.
셩ᄉᆡᆨ(聲色)을 멀니 ㅎᄉ/즁방(中房)[182]을 너허 두고,
쳥검(淸儉)을 슝샹(崇尙)ㅎ셔/도학션(道學仙)[183]의 거쳐(居處)갓희.
급쟝쳥(及唱廳)[184] 굴노쳥(軍奴廳)[185]과/통방(通房)[186]가지 구경ㅎ고,
반일(半日)을 쇼유(逍遊)ㅎ여/내아(內衙)로 드러오니,
계미 츄(癸未秋)[187]의/원아(院衙) 가셔 동헌(東軒) 구경ㅎ던 일이
셰셰(細細)히 긔역(記憶)ㅎ여 /안젼(眼前)의 버러시나,
인ᄉ가(人事)가 번복(飜覆)ㅎ여/녜 일이 깁허시니,
은근흔 영모비회(永慕悲懷)[188]/심신(心神)이 산란(散亂)ㅎ다.
션구 션인(先舅先人)[189]계셔시면,/우리 싱계(生計) 니러ᄒᆞᆯ가?
고고히 슬픈 심회(心懷)/촉쳐(觸處)의 쎠가 녹닉.
단취 환낙(團聚歡樂) 날이 가니,/집 쩌난 지 협슌(浹旬)[190]이라.
귀긔한(歸期限)이 다쳐 오니,/슈일 지격(數日至隔)ㅎ엿도다.
죤당(尊堂)의셔 결홀(結欻)[191]ㅎ샤/지삼 권연(再三眷然)[192]ㅎ오시고,

---

180) 찬합실=찬합들처럼 규모가 크거나 넓지도 않으면서 구조가 쓸모가 있고 아담한 방(房).
181) 슈쳥방=높은 벼슬아치의 앞에서 잔심부름을 하는 기생(妓生)이 머무는 방.
182) 즁방=조선시대 지방 수령을 따라다니며, 시중을 들던 남자.
183) 도학션=도학을 깊이 닦은 신선 같은 사람.
184) 급쟝쳥=급창청(及唱廳)의 잘못. 급창은 원(員)의 명령을 간접으로 받아 큰 소리로 전달하는 일을 맡아 보던 조선시대 지방 관아의 사령(使令)의 하나.
185) 굴노쳥=군노청(軍奴廳)의 잘못. 군노청은 군노들이 머물던 방.
186) 통방=조선시대 지방 관아의 통인(通引)들이 머물던 방.
187) 지은이가 21세되던 해로, 순조 23년(1823) 가을.
188) 영모비회=오래도록 사모하여 잊지 못하는 슬픈 마음.
189) 션구 션인=돌아가신 시아버지와 친정 아버지.
190) 협슌=열흘 동안.
191) 결홀=옷섭을 잡으며 붙듦.
192) 지삼 권연=사모하여 여러번 뒤돌아 봄.

형뎨 슉질(兄弟叔姪) 샹니지회(相離之懷)/피츠(彼此) 업시 일반(一般)
이라.
동헌 니외(東軒內外) 합역(合役)ᄒ셔/쥬시ᄂ게 불소(不少)ᄒ나,
이로 다 못 긔록(記錄)ᄒ고,/이번의 우리 왕ᄂ(往來)
그 쇼입(所入)193)이 휴헐(休歇)194)ᄒ며,/셔울셔 회시(會試)195) 보기,
근 빅금(百金)이 들 거시니,/동긔간(同氣間) 예ᄉ(例事)로디,
념치(廉恥)에 불안(不安)ᄒ다./금누(錦樓)노림 션유(船遊)ᄒ기,
잔 소입(所入)을 도합(都合)ᄒ면,/고인 기싱(鼓人妓生) 졀예(節禮)가지,
육칠 빅금(六七百金) 넘다 ᄒ니,/그 밧긔 쇼쇼(少少) 잔젼(殘錢)
그 슈(數)를 니로 헬가?/니방(吏房)은 원망(怨望)ᄒ고,
관쳥(官廳)은 마란다니,/관황(官況)인들 견딜손가?
고을 왓다 가는 사람/누구 ᄒ나 그져 갈가?
의복(衣服)가지 돈 관식(官食)은/져마다 어더가니,
경향(京鄕)으로 그 슈응(酬應)이/공ᄉ(公事)도곤 더심(甚)ᄒ다.
쵸일일(初一日)노 쩌나려다/연일(連日)ᄒ여 비가 오니,
ᄉ오일(四五日) 더 유(留)ᄒ기/오히려 든든ᄒ나,
연산 하인(連山下人) 승교(乘轎)군들/날포 잇기 민망(憫惘)터니,
초ᄉ일(初四日) 오후(午後)부터/일긔(日氣)가 쳥화(晴和)ᄒ여,
명일(明日)노 발ᄒᆡᆼ(發行)ᄒ려/인마(人馬)를 디령(待令)ᄒ니,
초오일(初五日) 파일(破日)196)이라/환가(還家)ᄒ기 슬흔 거슬
치ᄒᆡᆼ(治行)ᄒ 지 오일(五日)이요,/승교군(乘轎軍)이 발광(發狂)ᄒ여,
ᄉ세 부득(事勢不得) 발ᄒᆡᆼ(發行)ᄒ려/존당(尊堂)의 하직(下直)ᄒ고,

---

193) 쇼입=어떤 일에 비용으로 쓰여진 돈이나 재물.
194) 휴헐=적지 않음.
195) 회시=조선시대 소과(小科)에 급제한 사람에게 보이던 복시((復試).
196) 파일=조선시대 민속으로 매달 초닷새날, 열 나흗날, 스무 사흗날에 일을 하면 불길하다고하여 금기(禁忌)하였음.

다 각각(各各) 젼별(餞別)홀시/님별 이졍(臨別離情) 그음업니.
팔슌 노친(八旬老親) 니슬(離膝)ᄒ기/불효 불쵸(不孝不肖) 나 혼ᄌ 듯,
니친지심(離親之心) 여졀(如絶)ᄒ니/억졔(抑制)ᄒ기 어렵도다.
남산 하슈(南山賀壽)197)암튝(暗祝)198)ᄒ고/치교(彩轎) 안희 들냐 ᄒ니,
존당(尊堂)의셔 연연(戀戀)ᄒ스/집슈 함누(執手含淚)199)ᄒ오시고,
내 여년(餘年)이 보라 ᄒ니200)/너희를 다시 보랴?
셩음(聲音)이 오열(嗚咽)ᄒ스/말숨이 슬푸시니,
심신(心身)이 여할(如割)ᄒ고/즁졍(中情)이 엄홀(奄忽)201)ᄒ니,
눈물이 압히 막혀/ᄒ 말슴을 못 디답(對答)ᄒ고,
교군(轎軍)이 드러온다./방(房)으로 드오시니,
여취 여치(如醉如恥)202)아연하회(啞然下懷)203)/심신(心神)이 현혼(眩昏)ᄒ여
삼문(三門)을 언제 난 지?/비교마(非轎馬)는 발셔 가고,
교마(轎馬)를 디령(待令)ᄒ니/내아 노비(內衙奴婢) 다 나와셔,
져마다 연연지싴(戀戀之色)/하직(下直)고 드러가니,
잘 잇시라. 말 못ᄒ고,/면면(面面)이 셥셥ᄒ다.
우리들 보니시고,/여실좌우(如失左右)204)ᄒ신 심ᄉ(心思)
괴(過)히 우려(憂慮)ᄒ오시고,/존후(尊候)가 엇더신고?

---

197) 남산 하슈=서울의 남산(南山)이 불변(不變)하듯 오래 살기를 비는 덕담(德談).
198) 암튝=마음 속으로 축원함.
199) 집슈 함누=남의 손을 잡고 눈물을 머금음.
200) 보라 ᄒ니=보고자 한 들.
201) 엄홀=갑작스러움.
202) 여취 여치=술에 취한 듯하기도 하고, 부끄러워 어쩔 줄 몰라하는 것 같기도 함.
203) 아연 하회=어안이 벙벙하여 말을 할 수 없음.
204) 여실좌우=자기의 주변에서 도와주거나 말벗이되던 사람들이 다 사라져 외로운 듯함.

일각(一刻)이 다 못ㅎ여/니슬지졍(離膝之情) 이러ㅎ니,
긔회(期會)읍시 가는 졍니(情理)/지향(指向)ㅎ기 어렵도다.
고고히 굿본 이회(離懷)/심신(心身)이 요요(寥寥)ㅎ니,
춤춤이 권마셩(勸馬聲)의/말거름도 비련(悲戀)ㅎ 듯,
갈 디는 곳시 피여/만산(萬山)의 붉앗더니,
산화(山花)는 발셔 지고,/녹님(綠林)이 어려엿다.
인마(人馬)가 신보(迅步)ㅎ여/어느덧 경쳔(敬天) 오니,
빅일(白日)이 즁쳔(中天)ㅎ고,/ㅅ말 오쵸(巳末午初)205)넘엇도다.
니슬(離膝)ㅎ 지 반일(半日)이요,/ 낫 문안(問安)쩌 되어시니,
여러분이 못즈오면206),/우리 즈리 부여시니,
노친(老親)너 지삼(再三) 보ㅅ/홀연 동심(忽然動心) 엇더실고?
곳곳치 미친 하회(下懷)/고고히 간졀(懇切)ㅎ다.
니측지회(離側之懷) 일반(一般)이라./환가(還家)ㅎ기 시(時)가 밧바
졈심(點心)을 지쵹ㅎ여/다 각각(各各) 먹은 후(後)의
형뎨 소솔(兄弟所率) 동힝(同行)ㅎ니,/음양(陰陽)은 쩌롤 알아
일긔(日氣)가 훈화(薰和)ㅎ여/인마(人馬)가 피곤(疲困)ㅎ니.
쥬마(走馬)로 비ㅅ령207)의/어느덧 본향(本鄕)이라.
구럭지208) 너머 드러/셔리미209)ㅂ라보니,
창숑(蒼松)이 울울(鬱鬱)ㅎ여/군문(群紋)이 졀노 일고,
빅ㅅ졍(白沙亭) 너른 터의/습진210)을 버리는 듯,
녹님(綠林)이 슈려(秀麗)ㅎ여/쳥ㅅ장(靑紗帳)211)을 둘너는 듯,

---

205) ㅅ말 오쵸=오전 11시경부터 12시전까지의 시간.
206) 못즈오면=모이시면.
207) 비ㅅ령=배사령(白沙嶺)의 잘못. 백사령은 충청남도 논산군 연산면에 있는 고개 이름임.
208) 구럭지=충청남도 논산군 모촌면과 양촌면 경계에 있는 고개.
209) 셔리미=충남 논산군 양촌면 임화리에 있는 수리미산.
210) 습진=나무가 울창히 우거져 둘러쳐진 숲.

시너는 잔원(潺湲)²¹²)ᄒ여/두 줄노 홀너 가고,
금젼 옥토(金田玉土) 만야(滿野)ᄒ여/젼후(前後)로 버려시니,
치초(採草)²¹³)ᄒ는 농부(農夫)들은/격양가(擊壤歌)²¹⁴)로 샹화(相和)ᄒ닉.
평원광(平原曠)에 명승지(名勝地)로 /반농산(盤龍山)²¹⁵)중주령(長主嶺)이
국슈봉(國師峰)²¹⁶)주산(主山)ᄒ여/졀승지(絶勝地)가 예뿐인 듯,
션조 명감(先祖明鑑)²¹⁷) 션틱(選擇)ᄒ신/현인 군ᄌ(賢人君子) 복거쳐
(卜居處)라.
유젼 만셰(遺傳萬世) 장구(長久)터롤/젼지ᄌ손(傳之子孫) ᄒ시리라.
우리 장졍(壯丁) 지영ᄎ(祗迎次)²¹⁸)로/노비(奴輩)들 현신(現身)ᄒ고,
송님간(松林間)을 바라보니/당중(當中)흔 와가젼후(瓦家前後)
샹하 디촌(上下大村) 즐비(櫛比)ᄒ더나/도곡(道曲)의 며인 사롬,
힝ᄎ(行次)롤 영졉(迎接)ᄒ고,/계구지²¹⁹)졍ᄌ목(亭子木)은
우리롤 반기는 듯,/ᄎ례(次例)로 말게 나려,
집을 드러가니,/물식(物色)이 의구(依舊)ᄒ고,
구경군 집이 좁아/져마다 인ᄉ(人事)ᄒ닉.
비비(婢輩)들 분부ᄒ여²²⁰)셕식(夕食)을 쥰비(準備)ᄒ고,

---

211) 쳥ᄉ장=푸른 비단으로 만든 휘장.
212) 잔원=물이 조용히 흘러서 잔잔한 모양.
213) 치초=농부들이 가축에게 주기 위하여나, 거름으로 쓰기 위하여 풀을 베는 일.
214) 격양가=농부들이 풍년이 들고, 세월이 태평함을 괭이로 땅을 치며 부른 옛 중국인들의 노래.
215) 반농산=충청남도 논산군 노성면 효죽리에 있는 산.
216) 국슈봉=국사봉(國師峰)의 잘못. 충청남도 논산군 연산면에 있는 산으로 옛날에는 봉수대(烽燧臺)가 있었다고 함.
217) 션조 명감=돌아가신 조상님들이 미래에 대한 관찰력이 뛰어났음을 이르는 말.
218) 지영ᄎ=조정의 백관들이 임금님의 행차를 공경히 맞이한다는 말인데, 여기서는 지은이의 일행이 환가(還家)함을 노비들이 정성으로 맞이한다는 뜻.
219) 계구지=충청남도 논산군 연산면 반곡리에 있는 부락 이름.

내외(內外)로 너란 가정(家庭)/진심 슈직(盡心守直)²²¹⁾ 긔특(奇特)ᄒ다.
형뎨 슈슉(兄弟嫂叔)아희가지/밋쳐 좌정(座定) 못ᄒ여셔,
삼딕 소솔(三宅所率) 화쇼(還所)ᄒ니/동긔 동항(同氣同行) 든든타가
환귀 분소(還歸分所) 아연(啞然)ᄒ니/정연 동이(情戀同而)²²²⁾각거(各居)ᄒ여

조셕 상문(朝夕相問) 부절(不絶)ᄒ나/심규(深閨)의 깁흔 몸이,
셰셰(細細)의 잠겨시니/일연 슈ᄎ(一年數次) 승간(乘間)²²³⁾ᄒ여,
홀왕 홀닉(忽往忽來) 샹봉(相逢)ᄒ나/잠시 봉별(暫時逢別) 총총(忽忽)ᄒ니,
피ᄎ 정회(彼此情懷) 못펴보고/환유 환소(歡遊還巢)못ᄒ다가,
형뎨 동긔(兄弟同氣) 금힝(錦行)ᄒ여/일실 광음(逸失光陰) 회우 정니(會遇定離),
진가 불분(眞假不分) 츈몽(春夢) 갓고/존당 슬하(尊堂膝下)협슌낙(浹旬樂)의
단ᄎ 환쇼(團聚歡笑) 골몰(汨沒)ᄒ여/진졍 하회(眞正下懷) 니졋다가
환귀일(還歸日)이 다 못가셔/졀졀 하회(切切下懷) 우발(又發)ᄒ니.
져녁상(床)이 들러오나/진미 셩찬(珍味盛饌) 놉흔 입이
산촌 박찬(山村薄饌)²²⁴⁾ 맛시 업셔/아히만 먹인 후(後)의
명촉(明燭)을 도두 혀고/고을 샹셔(上書) 셩필후(成筆後)의
종일 구치(終日驅馳) 곤뇌(困惱)ᄒ여/아히 겻히 누웟더니,
힝역(行役)의 곤(困)ᄒ 잠이/오히려 다 못 드러
아히 두창(痘瘡)²²⁵⁾ 디단(大端)ᄒ 지?/종일(終日) 노양 더 셩(盛)ᄒ지?

---
220) 분부ᄒ여=원문에는 "분분ᄒ여"로 되어 있음.
221) 진심 슈직=마음을 다하여 정성으로 집을 잘 지킴.
222) 정연 동이=정으로 그립기는 같은 마음임
223) 승간=잠시 틈을 탐.
224) 산촌 박찬=산간에서 사는 사람들이 먹는 변변하지 못한 반찬.
225) 두창=머리에 나는 종기.

잠 못 ᄌᆞ고 우는 소리/만져 달라 셩화(星火)ᄒᆞ니.
자란 밤의 잠 못들고,/여복ᄒᆞ여 이러훌가?
잔잉지심(殘仍之心)²²⁶⁾ 밍동(猛動)ᄒᆞ여/슬상(膝上)의 누여노코,
어로만져 잠 드리며,/부이 모혜(父愛母惠) 싱각ᄒᆞ니,
우리 남ᄆᆡ(男妹) 여러 몸을/엇지 길너 ᄂᆡ오신고?
양ᄌᆞ 방지(兩者旁支)²²⁷⁾ 부모은(父母恩)니/고뷔고뷔 ᄭᅵ치이나,
휵양지은(畜養之恩) 싱각ᄒᆞ여/영친효양(榮親孝養)²²⁸⁾무엇ᄒᆞ고,
싀포지심(豕哺之心)²²⁹⁾ 호랑이도/어버이게 효(孝)를 알고,
가마괴 반포졍(反哺情)과/슈달피 보본ᄉᆞ(報本事)²³⁰⁾가
말 못ᄒᆞ는 즘싱이나,/싱휵지은(生畜之恩) 능히 아니,
만물(萬物)의 계일싱(第一生)의/사름이 되어 나셔
싱휵(生畜)ᄒᆞ신 구로은(劬勞恩)²³¹⁾을/무엇스로 효(孝)를 훌고?
셰셰 회포(細細懷抱) 젼젼(輾轉)ᄒᆞ여/동방(東方)이 긔박(旣迫)ᄒᆞ니,
비비(婢輩)들 문후(問候)ᄒᆞ고,/고을 하인(下人)하직(下直)ᄒᆞ니,
힝구(行具)들 졈검(點檢)ᄒᆞ여/샹셔(上書)와 동봉(同封)ᄒᆞ고,
하인(下人)들 슐갑 쥬위/뎐어(傳語)ᄒᆞ여 보닌 후(後)의
그 ᄉᆞ이 밀인 가ᄉᆞ(家事)/쳡쳡(疊疊)이 싸혀시니,
남여 비복(男女婢僕) 직임 직ᄉᆞ(職任職事)/다 각각(各各) 문의(問議)ᄒᆞ나,
니위 졍ᄉᆞ(離闈情思)²³²⁾ 동(動)ᄒᆞᆫ ᄆᆞ음/만ᄉᆞ(萬事)가 부운(浮雲)인 ᄃᆞᆺ,
무심(無心)이 날이 가니,/환가(還家)ᄒᆞᆫ 지 삼일(三日)만의

---

226) 잔잉지심=차마 보기 어렵게 애처로운 마음.
227) 양ᄌᆞ 방지=두 사람이 나뭇가지처럼 나뉘어 갈라짐.
228) 영친 효양=자식이 벼슬살이를 하여 부모를 영화롭게 효성으로 모심.
229) 싀포지심=호랑이가 효도하느라 돼지를 물어다가 어버이 호랑이에게 주었다는 고사.
230) 보본ᄉᆞ=생겨나거나, 자라난 근본을 잊지 않고 그 은혜를 갚음.
231) 구로은=부모님이 수고하시어 길러 주신 은혜.
232) 니위 졍ᄉᆞ=어버이가 계신 곳을 떠나 정겹게 여러 가지로 생각함

고을셔 편지(便紙) 오니,/하셔(下書)롤 감(鑑)홀 일가?
반가옵기 て이 업셔,/봉피(封皮)롤 쩨고 보니,
빅쇼고(伯小姑) 친필(親筆)이요,/셔즁스(書中事)가 즈시 보니,
우리들 써나던 날/당후(堂候)가 불편(不便)ᄒᆞ스
관격(關格)체로233)지니시고,/대셰(大勢)는 나으시고,
오히려 밀쥬(密奏)234)ᄒᆞ셔/하셔(下書)도 못ᄒᆞ오시니,
경황(驚惶)흔 쵸조심(焦燥心)을/진정(鎭定)키 어렵도다.
슈슉(嫂叔)이 의논(議論)ᄒᆞ고,/문안 하인(問安下人) 보닌 후(後)의
ᄉᆞᄉᆞ 만념(私思萬念)235)빅츌(百出)ᄒᆞ니,/그 ᄉᆞ이는 엇더신고?
일일(一日)이 여삼츄(如三秋)라,/시(時)롤 조여 급흔 ᄆᆞ음
이 하인(下人)이 어셔 와셔/깃분 문안(問安) 현망(見望)ᄒᆞ니,
쟝쟝 하일(長長夏日) 초젼(焦煎)236)ᄒᆞ여/종일(終日)토록 일이 슬코,
하졀 단쇼(夏節短宵)237)경경(耿耿)ᄒᆞ니,/종야(終夜)토록 잠이 업닉.
친당 문안(親堂問安) 드른 지도/협슌(浹旬)이 넘어가고,
과일(科日)238)이 박두(迫頭)ᄒᆞ나,/셔울 소식(消息) 아득ᄒᆞ니,
득실(得失)이 어더실고?/경향(京鄕)으로 용여지심(用餘之心)239)
견디기 어려오니,/슉식(宿食)이 편(便)할손가?
남챵(南窓)을 통긔(通開)ᄒᆞ고,/원천(遠天)을 쳠망(瞻望)ᄒᆞ니,
초슌(初旬)달 중천(中天)ᄒᆞ니,/쳥실(廳室)이 죠요(照耀)ᄒᆞ고,

---

233) 관격체로=관격처럼. 관격(關格)은 음식물을 먹은 뒤에 갑자기 체하여 배가 아프고, 가슴이 막힌 듯 답답하면서도 토하지 못하고, 대소변도 잘 보지 못하는 위급한 병.
234) 밀쥬=신민(臣民)비밀리에 임금님께 아뢰는 일. 여기서는 지은이의 시숙(媤叔)인 판관(判官)님에게 몰래 알렸다는 뜻.
235) ᄉᆞᄉᆞ 만념=남 몰래 혼자서 여러 가지로 생각하여 봄.
236) 초전=볶고 지지는 듯한 더위.
237) 하절 단쇼=여름철에는 밤이 짧음.
238) 과일=과거를 보는 날.
239) 용여지심=쓰고 남은 마음.

만뇌(萬籟) 구젹(俱寂)ᄒᆞ여,/ᄉ면(四面)이 고요ᄒᆞ니,
관월(關月) 쵸창(悄愴)ᄒᆞ여/욱욱 아심(郁郁我心) 지향(指向) 업다.
고을셔 당후 불평(堂候不平)/쥬야간(晝夜間)은 엇더신고?
친당 편친(親堂偏親)240)침슈 졔졀(寢睡諸節)/잇쩌ᄂᆞᆫ 엇더신고?
니슬 니측(離膝離側)241) ᄉ친졍(思親庭)니/깅가 십층(更加十層) 방황
(彷徨)ᄒᆞ여
녯사ᄅᆞᆷ의 글을 외와/방즁(房中)으로 비회(徘徊)ᄒᆞ니,
져근덧 밤의 드러/셔편(西便)의 돌이 지고,
셩신(星辰)이 셧건 곳듸/은하슈(銀河水) 경경(耿耿)ᄒᆞ니,
야심 한긔(夜深寒氣) 입실(入室)ᄒᆞ여/아히게 초풍(礁風)242)홀가?
심심이 문(門)을 닷고,/아히 겻희 누엇더니,
여름밤이 허슈ᄒᆞ여/어ᄂᆞ덧 닭이 울고,
동방(東方)이 붉아 오니,/이날 어셔 가면,
고을 문안(問安) 드르리라./ᄆᆞᄋᆞᆷ이 죠민(操憫)243)ᄒᆞ여
니러나셔 쇼셰(梳洗)ᄒᆞ고,/반일(半日)을 초조(焦燥)ᄒᆞ여
문안 하인(問安下人) 도라오니,/존후 쾌안(尊候快顔)ᄒᆞ오시고,
친필 하셔(親筆下書) 밧ᄌᆞ오니,/쳔ᄒᆡᆼ 만ᄒᆡᆼ(千幸萬幸) 깃븐 ᄆᆞᄋᆞᆷ
태산 하ᄒᆡ(泰山河海) 경(輕)ᄒᆞ고다./그날 일슈(日數) 디통(大通)ᄒᆞ여
친당 문안(親堂問安) ᄯᅩ 드르니,/친후 강건(親候康健)ᄒᆞ오시고,
대소가(大小家) 평안(平安)ᄒᆞ셔/다 각각(各各) 편지(便紙) 오니,
환환 무비(歡歡無比)244)깃븐 ᄉᆞ졍(私情)/여득 만금(如得萬金) 더 즐
겁다.

---

240) 친당 편친=친가의 홀로 된 어버이.
241) 니슬니측=부모님 곁을 떠남.
242) 초풍=경풍을 일으킬 만큼 깜짝 놀람.
243) 죠민=마음이 조급하여 가슴이 답답하고 괴로움.
244) 환환 무비=더할 수 없이 기쁨.

만심(萬心)이 혼흔(欣欣)ᄒ여/셕식(夕食)을 됴히 먹고,
당창(當窓)ᄒ여 안져시니,/어제 진 달 도다 온다.
월명셩희(月明星稀)245)묽은 경(景)의/오죽(烏鵲)이 남비(南飛)ᄒ니,
비교(比較)ᄒ기 부당(不當)ᄒ나,/조밍덕(曹孟德)246)의 시(詩)룰 외와
ᄆ옴을 쾌창(快暢)ᄒ고,/양가 편친(兩家偏親) 친필 하셔(親筆下書)
양슈(兩手)로 밧드러셔/즁심(中心)이 든든하여
지삼(再三) 보고 반가오나,/친안(親顔)이 의희(依稀)247)ᄒ 듯,
ᄉ친지회(思親之懷) 일양(一樣)이니,/하일 하시(何日何時) 승당(乘堂)ᄒ여
슬하(膝下)의 현비(見拜)ᄒ고,/여젼(如前)이 즐겨 볼가?
하ᄂ님긔 축슈(祝手)ᄒ고,/신명(神明)이 술피오셔
존당 연슈(尊堂延壽) 만만셰(萬萬歲)롤/남산슈(南山壽)로 축원(祝願)ᄒ고,
우리 편친(偏親) 무강지슈(無彊之壽)/누만셰(累萬歲)나 누리 리쇼셔.
나의 소원(所願) 무궁(無窮)ᄒ니,/천우신죠(天佑神助)ᄒ오시고,
쇼망(所望)이 여합(如合)ᄒ여/평싱(平生) 쾌락(快樂)ᄒ리라.

<필사본에셔>

〈참 고〉

盧泰朝,『校註 錦行日記』, 서울:創學社, 1987.

---

245) 월명 셩희=밝은 달빛 때문에 별들이 잘 안 보임.
246) 조밍덕=중국 후한(後漢) 말엽의 영웅 조조(曹操)의 자(字). "월명성희(月明星稀)"와 "오작 남비(烏鵲南飛)"는 모두 조조의 싯구인데, 소동파(蘇東波)가 그의 「전적벽부(前赤壁賦)」에 인용하여 유명하여겼음.
247) 의희=어렴풋하여 명확하지 아니함.

28. 북천가(北遷歌)

김진형(金鎭衡)

해제 작품은 조선 말엽에 지어진 유배가사로 더 유명한 관북지방 기행가사이다. 내용은 지은이가 철종 4년(1853)에 옥당각신(玉堂閣臣)으로서 이조판서인 서인(西人) 서기순(徐箕淳 : 1791-1854)의 잘못을 탄핵하는 소를 올렸다가 왕의 노여움을 사서 벼슬을 빼앗기고, 고향 안동으로 내려가던 중 수찬(修撰) 남종순(南鍾順 : 1819-?)의 논척을 받아 전 함경도 명천(明川)으로 유배되어 가면서의 견문과 배소에서의 생활과 해배되어 돌아오면서 경험한 여러 견문들을 자랑스럽게 노래하여 여성들에게 읽히려고 지은 것이다.
　지은이 김진형(金鎭衡 : 1801-1864)은 자를 덕종(德種)이라 하고, 호를 청사(晴蓑)라고 하였다. 철종 1년(1850)에 문과에 급제하여 벼슬은 홍문관 교리를 지냈다. 저술로는 한문 문집인 『晴蓑集(청사집)』이 필사본으로 전한다.

세상(世上) 스름드라!/이ᄂ 말ᄉᆞᆷ 드러보쇼.
과거(科擧)를 ᄒ거들낭/쳥츈(靑春)에 안이ᄒ고,
오십(五十)에 등과(登科)ᄒ여/빅슈 홍진(白首紅塵) 무슴 일고?
공명(公明)이 느즈나마,/힝셰(行世)나 약바르졔.
무단(無斷)히 니달아셔/쇼인(小人)의 쳑(斥)이 되야
부월(斧鉞)을 무릅스고,/쳔문(天門)에 샹소(上疏)ᄒ니,
이젼(以前)으로 보게 되면,/빗ᄂ고도 올컨마는

요요(擾擾)흔 이 셰샹(世上)에/남 다른 노릇이라.
소(疏) 한 쟝 오르면셔/만죠(滿朝)가 울컥혼다.
어와! 황숑(惶悚)홀샤!/쳔위(天威)가 진노(震怒)호샤
삭탈 관직(削奪官職) 호시면셔/엄치(嚴治)호고 쑤중호니,
운박(運薄)흔 이 신명(身命)이/고원(故園)으로 도라갈 식,
츄풍(秋風)에 비를 타고,/강호(江湖)로 향(向)호다가
남슈찬(南修撰) 샹소(上訴)몾히/명쳔 졍비(明川定配) 놀납도다.
젹소(謫所)로 치힝(治行)호니,/환희풍파(宦海風波) 고이호다.
챵망(悵惘)흔 힝식(行色)으로/동문(東門)에서 디죄(待罪)호니,
고향(故鄕)은 젹막(寂寞)호고,/명쳔(明川)이 이쳔리(二千里)라.
두류막에 흰씌 쓰고,/북쳔(北天)을 향(向)히시니,
사고무친(四顧無親) 고독단신(孤獨單身)/죽눈 줄 그 뉘 알리?
스룸마다 당(當)케 되면,/우름이 나련마는
군은(君恩)을 갑흐리라./쾌(快)흠도 쾌(快)홀시고.
인신(人臣)이 되얏다가/소인(小人)의 참소(讒訴) 입어
엄지(嚴旨)를 봉승(奉承)하여/졀역(絶域)으로 가는 스룸
쳔고(千古)에 몃몃치며,/아죠(我朝)에 그 뉘런고?
칼집고1) 이러 셔셔/슐 먹고 노래호니,
이쳔리(二千里) 젹킥(謫客)이라./쟝부(丈夫)도 다울시고.
더위는 홍노(紅爐)굿고,/쟝마는 극악(極惡)흔디,
나쟝(羅將)2)이 뒤에 셔고,/쳥노(靑奴)3)룰 압셔우고,
익경원(院) 니달아서/다락원(院) 잠관 쉬여
츅셩영(築城嶺) 넘어가니,/북쳔(北遷)이 머러간다.

---

1) 칼집고=조선시대 형구(刑具)의 하나인 목에 채우는 나무틀을 목에 쓴 채 그것을 집고 일어섰다는 뜻.
2) 나쟝=조선시대 의금부(義禁府)에 딸린 아랫 사람들.
3) 쳥노=어린 종놈.

슬푸다! 이닉몸이! /영쥬각(瀛洲閣) 신션(神仙)으로
나나리 칙(冊)을 끼고,/천안(天顔)을 뫼시다가
일죠(一朝)에 졍(情)을 쩨고,/천이(天涯)로 가깃고나.
구즁(九重)을 쳠망(瞻望)ᄒ니,/운연(雲烟)이 아득ᄒ고,
죵남(終南)4)은 아아(峨峨)하여/몽샹(夢上)에 막연(漠然)ᄒ다.
밥 먹으면 길을 가고,/잠을 끼면 길을 쩌나
물 건너고 지를 넘어/십리(十里) 가고 빅리(百里) 가니,
양쥬(楊州)짜 지는 후(後)에/포쳔읍(抱川邑) 길가이오.
쳘원지경(鐵原地境) 발븐 후(後)에/영평읍(永平邑) 건너 보며,
금화 금셩(金化金城) 지는 후(後)는/회양읍(淮陽邑) 막쥭이라.
강원도(江原道) 북관(北關)길이/듯기 보기 ᄌᆞᄒ구나.
회양(淮陽)셔 즁화(中火)ᄒ고,/쳘영(鐵嶺)을 향(向)히 가니,
쳔험(天險)ᄒᆞᆫ 쳥산(靑山)이요,/쵹도(蜀道)ᄌᆞᄒᆞᆫ 길이로다.
요란(搖亂)ᄒᆞᆫ 운무즁(雲霧中)에/일식(日色)이 그지는다.
남여(藍輿)를 잡아 타고,/쳘영(鐵嶺)을 넘는고나.
슈목(樹木)은 울밀(鬱密)ᄒ여/쳔일(天日)을 갸리우고,
암셕(巖石)은 총총(叢叢)ᄒ여/업버지락 잡바지락
즁허리에 못 올느셔/황혼(黃昏)이 거이로다.
샹샹봉(上上峰) 올느셔니,/초경(初庚)이 되얏구나.
일힝(一行)이 허기(虛飢) 져셔/기장쩍 사 먹으니,
쩍마시 이샹(異常)ᄒ여/향기(香氣)롭고 아름답다.
홰불을 신칙(申飭)ᄒ여/화광즁(火光中) 느려가니,
남북(南北)을 모ᄅ거든,/산형(山形)을 어이 아리?
삼경(三更)에 산(山)에 ᄂᆞ려/탄막(炭幕)에 잠을 자고,

---

4) 죵남=죵남산(終南山)의 준말. 곧 지금의 서울 특별시 중구 남산동에 있는 남산.

시벽에 쩌느셔니/안변읍(安邊邑) 어디민요?
홀일 업논 니 신세(身勢)야!/북도 젹긱(北道謫客) 되얏고나!
함경도(咸慶道) 쵸면(初面)이오./아틱죠(我太祖) 고토(故土)로다.
산쳔(山川)이 광활(廣闊)ᄒ고,/슈목(樹木)이 만야(滿野)ᄒ디,
안변읍(安邊邑) 드러가니,/본관(本官)이 나오면셔
포진 병장(鋪陳屛帳) 신칙(申飭)ᄒ고,/음식(飮食)을 공괴(供饋)ᄒ니,
시원케 잠을 자고,/북향(北向)ᄒ여 쩌느가니,
원산(元山)이 역에런가?/인가(人家)도 굉장(宏壯)ᄒ다.
바다소리 요란(搖亂)ᄒ디,/물화(物貨)도 장(壯)ᄒ시고.
덕원읍(德源邑) 중화(中火)ᄒ고,/문쳔읍(文川邑) 슉소(宿所)ᄒ고,
영흥읍(永興邑) 드러가니,/웅장(雄壯)ᄒ고 가려(佳麗)ᄒ다.
틱죠디왕(太祖大王) 틱지(胎地)로셔/총총 가기(叢叢佳氣) ᄲᅮᆫ이로다.
금슈 산쳔(錦繡山川) 그림 중(中)에/바다ᄀᆞᆺᄒᆞᆫ 관시(關塞)로다.
본관(本官)이 즉시(卽時) 나와/치하(致賀)ᄒ고,관디(款待)ᄒ여
졈심상(點心床) 보닌 후(後)에/치병화연(彩屛花筵) 등디(等待)ᄒ니,
죄명(罪名)이 몸에 잇셔/치하(致賀)ᄒ고,환송(還送)ᄒᆞᆫ 후(後)
고원읍(高原邑) 드러가니,/본슈령(本守令) 오공신
셰의(世誼)가 자별(自別)키로/날 보고 반겨ᄒᆞ니.
쳔리 긱지(千里客地) 날 반기리?/이 얼운 ᄲᅮᆫ이로다.
칙방(冊房)에 마ᄌᆞ 드러/음식(飮食)을 공괴(供饋)ᄒ며,
위로(慰勞)ᄒ고,다졍(多情)ᄒ니,/긱회(客懷)를 잇기구나!
북마(北馬) 쥬고,사령(使令) 쥬고,/힝자(行資) 쥬고,의복(衣服) 쥬니,
잔읍 힝세(殘邑行勢) ᄉᆡᆼ각ᄒ고,/불안(不安)ᄒ기 그지업다.
능신(凌晨)ᄒ고,발힝(發行)ᄒ니,/운슈(運數)도 고이ᄒ다.
갈 길이 몃 쳔리(千里)며,/온 길이 몃 쳔리(千里)고?
하날ᄀᆞᆺᄒᆞᆫ 져 쳘영(鐵嶺)은/향국(鄕國)을 막아 잇고,
져승ᄀᆞᆺᄒᆞᆫ 귀문관(鬼門關)은/올연(兀然)히 셧겨구나.

28. 북쳔가(北遷歌)

표풍(漂風)ᄀᆞᇀ흔 이니 몸이/지향(志向)이 어디민요?
초원역(草原驛) 즁화(中火)ᄒᆞ고,/함흥감영(咸興監營) 드러가니,
만셰교(萬歲橋) 긴 다리논/십리(十里)를 뻣쳐 잇고,
무변디희(無邊大海) 챵망(蒼茫)ᄒᆞ여/더야(大野)를 둘너 잇고,
쟝강(長江)은 도도(滔滔)ᄒᆞ여/만고(萬古)에 흘너구나.
구름ᄀᆞᇀ흔 셩쳡(城堞) 보쇼/낙민누(樂民樓) 놉고 놉다.
만인가(萬人家) 젼역 연기(煙氣)/츄강(秋江)에 그림이오.
셔산(西山)에 지논 히논/원긱(遠客)의 스흠이라.
술 먹고 누(樓)에 올나/칼 만지며,노러ᄒᆞ니,
무심(無心)ᄒᆞᆫ 쯘 구름은/고향(故鄕)으로 도르가고,
유이(有意)ᄒᆞᆫ 강젹(江笛)소리/긱회(客懷)를 더쳐셔라.
샤향(思鄕)ᄒᆞᆫ 이니 눈물/쟝강(長江)에 썬져 두고,
빅쳑누(百尺樓) 느려와셔/셩니(城內)에서 잠을 자니,
셔울은 팔빅리(八百里)오./명쳔(明川)은 구복리(九百里)라.
비 맛고 유삼(油衫) 쓰고,/함관령(咸關嶺) 넘어가니,
영티(嶺態)도 놉건이와/슈목(樹木)도 더욱 쟝ᄂ(壯)타.
남여(藍輿)논 느려가고,/디로(大路)논 셔셔고나.
노변(路邊)에 셧논 비셕(碑石)/비각 단쳥(碑閣丹靑) 요조(耀照)하다.
티죠디왕(太祖大王) 소시졀(小時節)에/고려국(高麗國) 쟝슈(將帥)되야
말갈(靺鞨)에 승젼(勝戰)ᄒᆞ고,/공덕(功德)이 어졔 ᄀᆞᆺ다.
역(驛)말을 갈아타고,/홍원읍(洪原邑) 드러가니,
무변 히식(無邊海色) 둘넌논디,/읍양(邑樣)이 졀묘(絶妙)ᄒᆞ다.
즁화(中火)ᄒᆞ고 쩌나 셔니,/평포역(平浦驛) 슉소(宿所)로다.
니 온 길 싱각ᄒᆞ니,/쳔리(千里)만 되얏고나.
실ᄀᆞᇀᄒᆞᆫ 목슘이오./거미ᄀᆞᇀ흔 근력(筋力)이라.
쳔쳔이 길을 가면,/살고셔 볼 거신디,
엄지(嚴旨)를 메셔스니,/일신들 지쳬(遲滯)ᄒᆞ랴?

죽기를 가리잔코,/슈화(水火)룰 불분(不分)ᄒ니,
만신(滿身)에 쌈쩌 도다./셩죵지경(成腫地境) 되야 잇고,
골슈(骨髓)에 든 더위는,/자고 시면 셜사(泄瀉)로다.
나장(羅將)이 ᄒ는 마리,/나으리 거동(擧動) 보니,
엄엄(奄奄)ᄒ신 기력(氣力)이오./위틱(危殆)ᄒ신 신관(新官)이라.
하로만 조리ᄒ여/북쳥읍(北靑邑)에 묵스이다.
무식(無識)ᄒ다.네 말이야!/엄지즁(嚴旨中) 일신(一身)이라.
싱사(生死)룰 사양각ᄒ여/일신들 유체(留滯)ᄒ랴?
ᄉ름이 죽고 살기/하날에 달엿스니,
네 말이 기특(奇特)ᄒ나,/가다가 보조쑤나!
북쳥(北靑)셔 슉소(宿所)ᄒ고,/남송졍(南松亭) 도라 드니,
무변디희(無邊大海) 망망(茫茫)ᄒ여/동쳔(東天)이 가이 업고,
만산(萬山)은 쳡쳡(疊疊)ᄒ여/남향(南鄕)이 아득ᄒ다.
마곡역(麻谷驛) 즁화(中火)ᄒ고,/마쳔령(摩天嶺) 다다르니,
안박지 육십리(六十里)라./하날에 마쳐 잇고,
공즁(空中)에 걸린 길은/참바 ᄀᆞ치 서렷구나.
다리덤불 얼켜스니,/쳔일(天日)이 밤즁 ᄀᆞᆺ고,
층암(層巖)이 위틱(危殆)ᄒ니,/머리 우에 써려질 듯,
하날인가? 쌍이런가?/이승인가? 겨승인가?
샹샹봉(上上峰) 올ᄂ서니,/보이는 게 바다이오.
너른 거시 바다이라.
몃날을 길에 잇셔/이 지를 넘어 든고?
이 영(嶺)을 넘은 후(後)에/고향(故鄕)싱각 다시 업네.
쳔일(天日)만 은근ᄒ여/두상(頭上)에 비쳐구나.
원평읍(院坪邑) 즁화(中火)ᄒ고,/길쥬읍(吉州邑) 드러가니,
셩곽(城郭)도 쟝(壯)커니와/여염(閭閻)이 더욱 조타.
비 올 바람 일어ᄂᆞ니/써날 길이 아득ᄒ다.

읍니(邑內)셔 묵즈하니,/본관폐(本官弊) 불안(不安)ᄒ다.
원(員) ᄂ오고 칙방(冊房) 오니,/쵸면(初面)이 친구 ᄀᆺ다.
음식(飮食)은 먹거니와/포진 기싱(鋪陳妓生) 불관(不關)ᄒ다.
엄지(嚴旨)를 메셔스니,/꼿자리 불관(不關)ᄒ고,
죄명(罪名)을 가즈시니,/기싱(妓生)이 호화(豪華)롭다.
운박(運薄)ᄒ온 신명(身命) 보면,/분상(奔喪)ᄒᄂᆫ 샹쥬(喪主)로다.
기싱(妓生)을 물이치고,/금연(錦筵)을 거더 너니,
본관(本官)이 ᄒᄂᆫ 마리/영남 양반(嶺南兩班) 고집도다.
모우(冒雨)ᄒ고, 써나 셔니,/명천(明川)이 육십리(六十里)라.
이 짱을 싱각ᄒ면,/묵특의 고토(故土)로다.
황ᄉ(黃沙)의 일분토(一墳土)ᄂᆫ/왕소군(王昭君)의 쳥츙(靑塚)이오.
팔십리(八十里) 광연(筐輦) 모션/소무(蘇武)의 간양도(看羊島)다.
회홍츙(懷紅塚) 이릉퇴(李陵堆)⁵⁾ᄂᆫ/지금(只今)의 원억(冤抑)⁶⁾이오.
빅용퇴(白龍堆)⁷⁾ 귀문관(鬼門關)은/압지 ᄀᆺ고, 뒷뫼 ᄀᆺ다.
고참역마(古站驛馬) 좁ᄋᆞ 타고,/비소(配所)로 드러가니,
인민(人民)은 번셩(繁盛)ᄒ고,/셩곽(城郭)은 웅장(雄壯)ᄒ다.
여각(旅閣)에 드러 안즈/픠문(牌門)을 붓친 후(後)에
밍동원(孟東園)의 집을 무러/본관(本官)다려 젼(傳)ᄒ니,
본관(本官) 젼갈(傳喝)ᄒ고,/공형(公兄)⁸⁾이 나오면셔
병풍(屛風) 즈리 쥬물상(晝物床)⁹⁾을/쥬인(主人)으로 디령(待令)ᄒ고,

---

5) 이릉퇴=전한(前漢) 무제(武帝) 때에 흉노(匈奴)와 싸우다가 패하여 항복하니, 선우(單于)가 우교왕(右校王)으로 삼아끝내 변절자로 취급된 이능(李陵)의 흙무덤.
6) 원억=원통하게 누명을 씀.
7) 빅용퇴=중국의 신강성(新疆省) 천산남로(天山南路)의 약칭인데, 여기서는 그와 흡사한 함경북도 소재의 고개.
8) 공형=조선시대 각 고을의 호장(戶長)·이방(吏房)·수형리(首刑吏)를 이르는 삼공형(三公兄)의 준말.
9) 쥬물상=귀한 손님을 대접할 때에 간략하게 차려서 먼저 내는 다담상(茶啖床).

육각(六角)소리 압셰우고,/쥬인(主人)으로 나와 안ᄌ
쳐소(處所)에 젼갈(傳喝)ᄒ여/뫼셔 오라 젼갈(傳喝)ᄒ네.
슬프다! 너 일이야!/꿈에나 드럿던가?
이곳이 어더인고?/쥬인(主人)의 집 차ᄌ가니,
노픈 더문(大門) 너른 사랑/삼쳔셕(三千石)군 집이로다.
본관(本官)과 초면(初面)이라/서로 인ᄉ(人事) 다흔 후(後)에
본관(本官)이 ᄒ는 말이/김교리(金校理) 이번 졍비(定配)
죄(罪) 업시 오는 쥴은/북관수령(北關守令) 아는 비요,
만인(萬人)이 울엇ᄂ니,/조곰도 슬퍼 말고,
나와 함께 노ᄉ이다./삼현기싱(三絃妓生) 다 불너라.
오날부터 노쟛구나./호반(虎班)의 규모(規模)런가?
활협(闊俠)도 장(壯)ᄒ도다./그러나 너 일신(一身)이
귀젹(歸謫)흔 ᄉ롬이라./화광빈긱(華光賓客) 꼿자리에
기악(妓樂)이 무엇이냐?/극구(極口)에 퇴송(退送)ᄒ고,
혼자 안ᄌ 쇼일(消日)ᄒ니,/셩너(城內)의 션비드리
문풍(聞風)ᄒ고 모여들어/하나 오고 두셋 오니,
육십인(六十人) 되얏구나!/칙(冊) 씨고 쳥학(請學)ᄒ며,
글제(題) 너고 골여지라./북관(北關)에 잇는 수령(守令)
관쟝(關將)만 보앗다가/문관(文官)의 풍셩(風聲) 듯고,
한사(限死)ᄒ고 달려드니,/너 일을 싱각ᄒ면,
남 가르칠 공부(工夫) 업셔/아무리 사양(辭讓)흔들
모면(謀免)홀 길 젼(全)혀 업니./쥬야(晝夜)로 씨고 잇셔
셰월(歲月)이 글이로다./한가(閑暇)ᄒ면,풍월(風月) 짓고,
심심ᄒ면,글 외우니./졀셰(絶世)의 고종(孤踪)이라.
시쥬(詩酒)에 회포(懷抱) 붓쳐/불출문외(不出門外)ᄒ오면셔
편(便)케 편(便)케 날 보니니./츈풍(春風)에 놀는 꿈이
변산(邊山)에 셔리 온다./남쳔(南天)을 바라 보면,

그려기 쳐량(凄凉)ᄒ고,/북방(北方)을 구버보니,
오랑키 지경(地境)이라./키가죽 샹하착(上下着)은
샹놈들이 다 입엇고,/조밥 피밥 기장밥은
기민(饑民)의 죠셕(朝夕)이라./본관(本官)의 셩덕(盛德)이오.
쥬인(主人)의 졍셩(精誠)으로/실ᄌ흔 이니 목슘
달반을 걸럿더니,/쳔만외(千萬意外) 가신(家信) 오며,
명녹(明錄)이 왓단 말가?/놀납고 반가워라.
밋친 놈 되얏고나./졀시(絕塞)에 잇던 ᄉ롬
항간(巷間)에 도라온 듯/나도 나도 이럴망졍
고향(故鄉)이 잇셧든가?/셔봉(書封)을 쪠여 보니,
졍찰(情札)이 몃 장(張) 잇고,/폭폭이 친척(親戚)이오.
면면(面面)이 가향(家鄉)이라./지면(紙面)의 자자획획(字字劃劃)
자질(子姪)의 눈물이오./옷우에 그림빗은
안히의 눈물이라./소동파(蘇東坡)의 초운(楚雲)인가?
양디운우(陽臺雲雨) 불샹ᄒ다./그 중(中)에 ᄉ롬 죽어
돈몰(頓沒)이 되단 말가?/명녹(明錄)이 디(對)코 안ᄌ
눈물로 문답(問答)ᄒ니,/집 쩌ᄂᆞᆫ지 오러거든
그 후(後) 일을 어이 아리?/만슈쳥산(萬樹青山) 멀고 먼디,
내 엇지 도라가며,/덤덤이 싸인 회포(懷抱)
다 일을 슈 업기고나./명녹(明錄)아! 말 드러라!
무사(無事)이 도라가셔/우리 집 ᄉ롬다려
술ᄋ더라 젼(傳)ᄒ여라./죄명(罪名)이 키가 우니,
은명(恩命)이 쉬우리라./거연(居然)히 츄셕(秋夕)이라.
가가(家家)이 셩묘(省墓)ᄒ니,/우리 곳 ᄉ롬들도
소분(掃墳)을 ᄒᄂᆞ니라./본관(本官)이 ᄒᄂᆞᆫ 말이
이곳의 칠보산(七寶山)은/북관중(北關中) 명승지(名勝地)라.
금강산(金剛山) 닷톨지니,/칠보산(七寶山) 한 번 가셔

방피심산(訪彼深山) 엇더ᄒ뇨?/나도 역시(亦是) 좃컨이와
도리(道理)에 난쳐(難處)ᄒ다./원지(遠地)에 미안(未安)ᄒ여
마음에 좃컨만은/못가기로 작정(作定)ᄒ니,
쥬인(主人)의 ᄒᄂ는 마리/그릇치 안이ᄒ다.
악양누(岳陽樓) 황강경(黃崗景)10)은/왕등(王騰)의 사젹(事蹟)이오.
젹벽강(赤壁江) 졔석(除夕)노름/구소(歐蘇)의 풍정(風情)이니,
김학사(金學士) 칠보(七寶)노름/무슴 험 잇스리오?
그 말을 반겨 듯고,/황망(慌忙)이 이러ᄂ셔
나귀에 슐을 실고,/칠보산(七寶山) 드러가니,
구름ᄀᆺᄒ 천만봉(千萬峰)은/화도강산(畵圖江山) 광경(光景)이라.
박달영(嶺) 넘어가셔/금장동(金藏洞) 드러가니,
곳곳지 물소리ᄂ/빅옥(白玉)을 ᄭᅵ쳐 잇고,
봉봉(峰峰)이 단풍(丹楓)빗쳔/금슈장(錦繡帳)을 둘너셔라.
남여(藍輿)를 놉피 트고,/기심사(開心寺) 드러가니,
원산(遠山)은 그림이오./근봉(近峰)은 물형(物形)이라.
육십명(六十名) 션비드리/압셔고 뒤에 셔니,
풍경(風景)도 좃컨이와/광경(光景)이더욱 장(壯)타.
창망(蒼茫)ᄒ 지난 회포(懷抱)/기심ᄉ(開心寺) 드러가셔
밤 한 경(庚) 시운 후(後)에/미명(未明)에 일어ᄂ셔
소쇄(掃灑)ᄒ고,문(門)을 여니,/기싱(妓生)드리 압헤 와셔
현신(現身)ᄒ고,ᄒᄂ는 마리/본관(本官)사도 분부(分付)ᄒ되,
김교리(金校理)임 칠보산(七寶山)에/너 업시 노름되랴?
당신(當身)은 사양(辭讓)ᄒ되,/너 도리(道理)에 그를손야?
산신(山神)도 셥셥ᄒ고,/원학(猿鶴)도 슬푸리라.
너이드를 송거(送去)ᄒ니,/나으린들 엇지ᄒ랴?

---

10) 황강경=중국 호북성(湖北省)에 있는 산인 황강(黃崗)의 경치.

부디부디 조심(操心)ᄒᆞ고,/칠보 청산(七寶靑山) 거힝(擧行)ᄒᆞ라.
샷도의 분부(分付)밋헤/소녀(少女)드리 디령(待令)ᄒᆞ오.
우습고 붓그럽다./본관(本官)의 졍셩(精誠)이여!
풍류 남자(風流男子) 시쥬긱(詩酒客)은/남관(南關)에 나쁜인디,
신션(神仙)의 곳에 와셔/너를 엇지 보니리오?
이왕(已往)에 너이드리/칠십리(七十里)를 등디(等待)ᄒᆞ니,
풍류남자(風流男子) 방탕셩(放蕩性)이/매몰ᄒᆞ기 어려왜라.
방(房)으로 드라 ᄒᆞ여/일홈 뭇고 나 무르니,
한 연은 미향(梅香)인디,/방년(芳年)이 십팔(十八)이오.
하나혼 군산월(君山月)이/십구세(十九歲) 꼿치로다.
화상 불너 음식(飮食)ᄒᆞ고,/노러 시켜 드러 보니,
미향(梅香)의 평우조(平羽調)는/운우(雲雨)가 훗허지고
군산월(君山月)의 혀금(奚琴)소리/만학 천봉(萬壑千峰) 푸르도다.
지로승(指路僧) 압셔우고,/두 기싱(妓生) 엽헤 끼고,
연화만곡(蓮花滿谷) 깁흔 고디/기심디(開心臺) 올느가니,
단풍(丹楓)은 비단이오,/송셩(松聲)은 거문고라.
샹샹봉(上上峰) 노젹봉(露積峰)과/만사암(萬寺巖) 천불암(千佛巖)과
탁자봉(卓子峰) 쥬작봉(朱雀峰)은/그림으로 둘너지고,
물형(物形)으로 놉고 놉다./아양곡(峨洋曲) 한 곡조(曲調)롤
두 기싱(妓生) 불너ᄂᆞ니,/만산(萬山)이 더 놉흐고,
단풍(丹楓)이 더 샐도다./옥슈(玉手)로 양금(洋琴) 치니,
송풍(松風)인가? 물소린가?/군산월(君山月)의 손길 보쇼.
곱고도 고을시고,/춘산(春山)에 물손인가?
안동(洞) 밧골 금낭(錦囊)인가?/양금(洋琴) 우에 노는 손이
보드랍고 알시롭다./남여(藍輿) 트고,젼향(前向)ᄒᆞ여
한 마루 올느가니,/앗가 보든 산모양(山貌樣)이
홀지(忽地)에 환형(換形)ᄒᆞ여/모난 봉(峰)이 둥그럿코,

히든 바외 푸르고나./절벽(絶壁)에 식인 일홈
만죠졍(滿朝廷) 물식(物色)이라./산(山)을 안고 드러가니,
방션암(方船巖)이 여기로다./기암괴셕(奇巖怪石) 쳡쳡(疊疊)ᄒ니,
갈ᄉ록 황홀(恍惚)홀ᄉ./일리(一里)를 드러가니,
금강굴(金剛窟) 이상(異狀)ᄒ다./차아(嵯峨)ᄒᆫ 놉흔 구리
셕식 창틱(石色蒼苔) 시로와라./연젹봉(鉛滴峰) 구경ᄒ고,
회샹디 향(向)ᄒ다가/두 기ᄉᆼ(妓生) 간 디 업셔
찻나라 골몰터니,/어디셔 일셩 가곡(一聲歌曲)
즁쳔(中天)으로 이려ᄂᆞ니,/놀ᄂᆞ여 브라보니,
회샹디 올ᄂᆞ 안ᄌᆞ/일지 단풍(一枝丹楓) 꺽거 쥐고,
녹의 홍상(綠衣紅裳) 고은 몸이/만쟝암(萬丈巖) 구름 우에
ᄉ롬을 놀닐시고,/어와! 기졀(氣絶)ᄒ다.
이 몸에 이른 고지/신션(神仙)의 지경(地境)이라.
평ᄉᆼ(平生)의 연분(緣分)으로/쳔죠(天朝)에 득죄(得罪)ᄒ여
바람에 붓친다시/이 광경(光景) 보깃고나.
연젹봉(硯滴峰) 지ᄂ 후(後)에/션녀(仙女)를 짜라가셔
연화봉(蓮花峰) 져 바회ᄂ/쳥쳔(青天)에 소ᄉ 잇고,
비바회 치셕봉(彩石峰)은/안젼(眼前)에 버려 잇고,
ᄉᆼ황봉(笙篁峰) 보살봉(菩薩峰)은/신션(神仙)의 굴혈(窟穴)이라.
미향(梅香)은 술을 들고,/만장운(萬丈雲) 한 곡조(曲調)에
군산월(君山月) 안즌 거동(擧動)/아조 분명(分明) 못치로다.
오동 목판(梧桐木板) 거문고에/금사(金絲)로 줄을 메와
디쪽으로 타ᄂ 양(樣)이/거동(擧動)도 곱거니와
셤셤(纖纖)ᄒᆫ 손길 믓히/오식(五色)이 영농(玲瓏)ᄒ다.
네 거동(擧動) 보고 ᄂᆞ니,/군명(君命)이 엄(嚴)ᄒ여도,
반홀번 ᄒ깃구나./영웅 졀사(英雄節士) 업단 말은
사칙(史冊)에 잇ᄂ니라./닉 마암 단단ᄒ나,

네게야 큰 말 흐랴?/본 거시 큰 병(病)이오.
안 본 거시 약(藥)이런가?/이쳔리(二千里) 졀시즁(絶塞中)에
단졍(端正)이 몸 가지고,/귀젹(歸謫)을 잘흔 거시
아조 모도 네 덕(德)이라./양금(洋琴)을 파(罷)흔 후(後)에
졀집에 느려오니,/산즁(山中)에 잇눈 찬물
졍결(淨潔)흐고, 향긔(香氣) 잇다./이튼날 도라오니,
회샹디 노든 일이/져승인가? 몽즁(夢中)인가?
국은(國恩)인가? 쳔인(天恩)인가?/쳔이(天涯)의 이 힝긱(行客)이
이럴 줄 아라든야?/흥진(興盡)흐고, 도라와셔
슈노(首奴) 불너 분부(分付)흐되,/칠보산(七寶山) 유산시(遊山時)눈
본관(本官)이 보닉기로/기싱(妓生)을 다려스나,
도라와 싱각흐니,/호화(豪華)흔 즁(中) 불안(不安)흐다.
다시는 지휘(指揮)흐여/기싱(妓生)이 못오리라.
션비만 다리고셔/심즁(心中)에 긔록(記錄)흐니,
쳥산(靑山)이 그림되야/슐잔(盞)에 써러지고,
녹슈(綠水)는 긔리되야/죠희 우에 단쳥(丹靑)이라.
군산월(君山月)의 녹의 홍샹(綠衣紅裳)/씨고 느니 쑴이로다.
일월(日月)이 언졔런고?/구월구일(九月九日) 오날이라.
왕한림(王翰林)이젹션(李謫仙)은/용산(龍山)에 놉히 쉬고,
죠션(朝鮮)의 김학사(金學士)는/지덕산(在德山)에 올낫구나.
빅쥬향화(白酒香花) 압헤 노코,/남향(南鄕)을 샹샹(想像)흐니,
북병산(北屛山) 단풍경(丹楓景)은/김학사(金學士)의 차지(次知)요,
이하(籬下)에 황국화(黃菊花)는/쥬인(主人)이 업셔구나.
파리흔 늘근 안히/슐을 들고 슬푸던가?
츄월(秋月)이 낫ㅈ흐니,/조운(趙雲)의 회포(懷抱)로다.
칠보산(七寶山) 반흔 놈이/소무굴(蘇武窟) 보려 흐고,
팔십리(八十里)경셩(鏡城)짱에/구경츠로 길을 써느

창연(愴然)히 드러가니,/북히상(北海上) 디틱즁(大澤中)에
한가(閑暇)ᄒ고 외로와라./츄광(秋光)은 가업ᄂᆞᆫ디,
갈 고지 슬푸도다./창파(滄波)ᄂᆞᆫ 망망(茫茫)ᄒ여
회식(灰色)을 연(連)ᄒ엿고,/낙엽(落葉)은 분분(紛紛)ᄒ여
쳥공(靑空)에 ᄂᆞ럿고나./츙신(忠臣)의 놉흔 자최
어디 가셔 차ᄌᆞ 보랴?/어와! 거룩ᄒᆞᆯ소!
소즁낭(蘇中郞)11) 거룩ᄒᆞᆯ 소./나도 ᄯᅩ한 일을망졍
쥬상(主上)임 멀이 ᄯᅥ나/졀역(絶域)에 몸을 ᄯᅥ져
회포(懷抱)도 슬푸더니,/오날오날 이 셤 우에
졍셩(精誠)이 ᄌᆞᄒ고나./낙일(落日)에 칼을 잡고,
후리쳐 도라 셔니,/병산(屛山)의 풍셜즁(風雪中)에
촉도(蜀道)ᄌᆞᆮᄒ 길이로다./귀문관(鬼門關) 도라 셔니,
음침(陰沈)ᄒ고,고이ᄒ다./삼쳑(三尺)을 드러 셔니,
일신(一身)이 송구(悚懼)ᄒ다./노방(路傍)에 일분토(一墳土)ᄂᆞᆫ
왕소군(王昭君)의 쳥총(靑塚)인가?/쳐량(凄凉)ᄒᆞᆫ 어린 혼(魂)이
빅야(白野)에 슬푸도다./츈풍(春風)에 한(恨)을 먹고,
홍협(紅頰)을 울여구나./졍졍(錚錚)ᄒᆞᆫ 환픠(環佩)소리
월야(月夜)에 우ᄂᆞ니라./슐 한 잔(盞) 갓ᄯᅳᆨ 부어
방혼(芳魂)을 위로(慰勞)ᄒ고,/유졍으로 드러가니,
명쳔읍(明川邑)이 십리(十里)로다./탄막(炭幕)에 드러ᄶᅡ가
경방자(京房子)12)달녀드니,/무산 기별(寄別) 왓다던고?
방환 기별(放還寄別) ᄂᆞ렷도다./쳔은(天恩)이 망극(罔極)ᄒ여
눈물이 망망(茫茫)ᄒ다./문젹(文籍)을 손에 쥐고,
남향(南向)ᄒ여 빅비(百拜)ᄒ니,/동힝(同行에 거동(擧動) 보쇼.

---

11) 서즁낭=소무(蘇武)의 벼슬 이름.
12) 경방자=조선시대 경저리(京低吏)가 소관 읍으로 보내는 공문이나,통신을 전달
하는 하인.

치하(致賀)ᄒᆞ고, 거록ᄒᆞ다./식젼(食前)에 말을 달여
쥬인(主人)을 차ᄌᆞ가니,/만실(滿室)이 경사(慶事)로다.
광경(光景)이 그지 업다./죄명(罪名)이 업셔스니,
평인(平人)이 되얏구나./쳔은(天恩)을 덥허스고,
양계(陽界)을 다시 보니,/삼쳔리(三千里) 고향(故鄕)땅이
지쳑(咫尺)이 안이런가?/ᄒᆡᆼ장(行裝)을 지쵹ᄒᆞᆯ 제,
군산월(君山月)이 디령(待令)ᄒᆞ다./션연(嬋娟)ᄒᆞᆫ 거동(擧動)으로,
우스면셔 치하(致賀)ᄒᆞ니,/나으리 희비(解配)ᄒᆞ니,
작히 작히 감츅(感祝)ᄒᆞᆯ가?/칠보산(七寶山) 우리 인연(因緣)
츈몽(春夢)이 아득ᄒᆞ다./이날에 너를 보니,
그것도 군은(君恩)인가?/그렷다가 만ᄂᆞᆫ 졍(精)이
맛 ᄂᆞ고도 향기(香氣)롭다./본관(本官)의 거동(擧動) 보쇼.
삼현 육각(三絃六角) 거ᄂᆞ리고,/이고졀 나오면셔,
치하(致賀)ᄒᆞ고,손 잡으며,/김교린(金校理)가? 김학산(金學士)가?
셩군(聖君)의 은틱(恩澤)인가?/나도 이리 감츅(感祝)커든,
임지야 오작ᄒᆞᆯ가?/홍문 교리(弘文校理) 졍(情)든 ᄉᆞ롬
일시(一時)라 쳔(賤)케 ᄒᆞ랴?/지금(只今)으로 졔안(提案)ᄒᆞ고,
그 길노 나왓노라./이더지 싱각ᄒᆞ니,
감ᄉᆞ(感謝)ᄒᆞ기 그지 업다./군산월(君山月)을 다시 보니,
ᄉᆡ ᄉᆞ롬 되얏구나./형극즁(荊棘中)에 썩긴 난초(蘭草)
옥분(玉盆)에 옴겨구나./진이(塵埃)의 야광쥬(夜光珠)가
박물군자(博物君子) 만ᄂᆞ구나./신풍(神風)에 뭇친 칼이
뉘를 보고 나왓든야?/꼿다운 어린 자질(資質)
임자롤 마ᄂᆞ구나./금병 화쵹(錦屛華燭) 깁흔 밤의
광풍 졔월(光風霽月) 달 발근 날/글 지으면,화답(和答)ᄒᆞ고,
슐 가지면,동비(同盃)ᄒᆞ니,/졍분(情分)도 깁거니와
호사(豪奢)도 그지 업다./시월(十月)에 말을 타고,

고향(故鄕)을 차즈가니,/북관(北關)의 셩덕(盛德) 보쇼.
남복(男服) 짓고,종 보느여/이빅냥(二百兩) 힝지(行資) 너여
져 하나 쓰라 쥬며,/임힝(臨行)에 하는 말이
메시고 잘 가그라./나으리 유경심9遊京時)에
네게야 너외(內外)홀가?/쳔리 강산(千里江山) 디도샹(大道上)에
김학사(金學士) 꼿치 되야/비위(脾胃)를 마초면셔
죠케죠케 잘 가그라./승교(乘轎)롤 압셔우고,
풍류 남자(風流男子) 뒤짜르니,/오든 길 넘고 넘어
귀흥(歸興)이 그지 업다./길쥬읍(吉州邑) 드러가니,
본관(本官)의 거힝(擧行) 보쇼./금연 화쵹(錦筵華燭) 너른 방(房)에
기악(妓樂)이 가득ᄒ다./군산월(君山月)이 하나이나,
풍졍(風情)이 가득ᄒ다./연연(姸姸)한 군산월(君山月)이
금샹첨화(錦上添花) 되얏구나./신죠(晨朝)에 발힝(發行)ᄒ여
임명(臨溟)에 즁화(中火)ᄒ고,/창히(滄海)는 망망(茫茫)ᄒ여
동쳔(東天)이 그지업고,/병산(屛山)은 즁즁(重重)ᄒ여
면면(面面) 이 셥셥도다./츄풍(秋風)에 치론(彩鸞)[13] 들고,
셩진(城津)을 드러가니,/북병사(北兵使) 마조 나와
두 군관(軍官) 합셕(合席)ᄒ니,/삭읍 관가(朔邑官家) 군병(軍兵)이오.
길쥬 관쳥(吉州官廳) 홍안(紅顔)이라./금쵹(金燭)이 영롱(玲瓏)ᄒ디,
병사(兵士)의 호강이라./북관(北關)이 ᄒ는 말이
학사(學士)에 다린 스름/얼골이 기이(奇異)ᄒ다.
셔울셴가? 북도셴가?/쳥지(廳直)긴가? 방자(房子)인가?
일홈은 무어시며,/나흔 지금(只今) 멋살인고?
손 보고 눈미 보니,/남즁 일식(男中一色) 처음 보니.
우스며 디답(對答)ᄒ되,/북도 아히(北道兒孩)를 다려다가

---

13) 치란=아름답게 채색한 난새. 여기서는 군산월을 상징화 한 것이라고 풀이됨.

밤중에 옴긴 후(後)에/장가 드려 살이겟소.
종적(踪跡)을 감초오고,/풍악중(風樂中)에 안즈드니,
병사(兵使)가 취(醉)14)흔 후(後)에/소리를 크게 ᄒ되,
김교(金校理) 쳥직(廳直)이야!/너겻헤 이리 오라!
위령(違令)을 못ᄒ여셔/공손(恭遜)이 나아드니,
손 니어라! 다시 보즈!/엇지 그리 기이(奇異)ᄒ고?
춍모피(驄毛皮) 토슈 속에/옥슈(玉手)를 반만 너여
덥셕 드러 쥐려 홀 졔,/쎄치고 이러셔니,
계집의 조분 소견(所見)/미련코 미몰ᄒ다.
사나히 모양(貌樣)으로/손 잡거든 손을 쥬고,
흔연(欣然)ᄒ고,쳔연(天然)ᄒ면,/위여 위여 ᄒ련ᄆᄂ,
갓득이 슈상(殊常)ᄒ여/치보고 나리 보고,
군관(軍官)이냐? 기싱(妓生)이냐?/면면(面面)이 보든 ᄎ(次)에
미몰이 쎄치ᄂ 양(樣)/졔 버릇 업슬손야?
병사(兵使)가 눈치 알고,/몰ᄂ노라.몰ᄂ노라.
김학사(金學士)의 안히신쥴./니 졍녕(丁寧) 몰낫노라.
만당(滿堂)이 디소(大笑)ᄒ고,/뭇 기싱(妓生)이 달여 드니,
앗가 셧든 남자(男子)몸이/계집 통졍(通情)ᄒ깃고나.
양식단(兩色緞) 두류막이/옥판(玉板) 다라 이암 스고,
꼿밧헤 써겨 안ᄌ/노리를 밧고 쥬니,
쳥강(淸江)에 옥동(玉童)인가?/화원(花園)에 범나뷔야!
ᄃᆰ울며 일츌(日出) 구경/망양졍(望洋亭) 올ᄂ가니,
금쵹(金燭)에 꼿치 피고,/옥호(玉壺)에 술을 부어
마시고 취(醉)ᄒ 후(後)에/동희(東海)을 건너 보니,
일식(日色)이 오ᄅ면셔/당홍(唐紅)바다 되ᄂ구나.

---

14) 취=원문에는 "최"로 되어 있음.

부상(扶桑)은 지척(咫尺)이오./일광(日光)은 술회(述懷)로다.
디풍악(大風樂) 좁아 쥐고,/틱산(泰山)을 구버보니,
부유(蜉蝣) ㅈ흔 이 닉 몸이/셩은(聖恩)도 망극(罔極)하다.
북관(北關)을 몰룻드면,/군산월(君山月)이 엇지 올가?
병사(兵使)을 이별(離別)ㅎ고,/마쳔령(摩天嶺) 넘어간다.
구름우에 길을 두고,/남여(藍輿)로 올ᄂ가니,
군산월(君山月)이 압셔우면,/안젼(眼前)에 꽂치 되고,
군산월(君山月)이 뒤셔우면,/후면(後面)에 션동(仙童)이라.
단쳔(端川)에 즁화(中火)ㅎ고,/북쳥읍(北靑邑) 슉소(宿所)ㅎ니,
반야(半夜)에 깁흔 졍(情)은/금셕(金石) ㅈ흔 언약(言約)이오.
틱산(泰山) ㅈ흔 인졍(人情)이라./홍원(洪原)에 즁화(中火)ㅎ고,
영흥읍(永興邑) 슉소(宿所)ㅎ니,/본관(本官)이 나와 보고,
밥 보닉고, 관디(款待)ㅎ니./고을도 크건이와
기악(妓樂)도 씀쪽ㅎ다./디풍악(大風樂) 파(罷)ㅎ 후(後)에
힝졀(行節)이만 잡아 두니,/힝졀(行節)의 거동(擧動) 보쇼.
곱고도 고을시고!/쳥슈부용(淸水芙蓉) 평신(萍身)이오.
운우 양디(雲雨陽臺)15) 틱도(態度)로다./효두(曉頭)에 발힝(發行)ㅎ여
고원(高原)을 드러가니,/쥬슈(主倅)에 반기는 양(樣)
니달ᄂ 손잡으며,/경ᄉ(慶事)롤 만낫고나.
문쳔(文川)에 즁화(中火)ㅎ고,/원산(元山)장터 즁화(中火)ㅎ고,
명쳔(明川)이 쳔여리(千餘里)오./셔울이 육빅리(六百里)라.
쥬막(酒幕)집 깁흔 방(房)에/밤 한 경(庚) 시운 후(後)에
계명시(鷄鳴時)에 소쇄(梳灑)ㅎ고,/군산월(君山月)을 씨와니니,
몽농(朦朧)흔 히당화(海棠花)가/이슬에 휘지는 듯,

---

15) 운우 양디=송옥(宋玉)의「고당부(高唐賦)」에서 연유된 말로, 신녀(神女)의 미칭(美稱)이며, 남녀의 교정(交情)을 뜻하는 운우와 그 비밀스런 놀이가 있었던 장소인 무산(巫山)의 양대를 함께 이른 말임.

괴(怪)코도 아랍둡다./유졍(有情)ᄒ고,무졍(無情)ᄒ다.
옛일을 일을 게니,/네 잠간(暫間)16) 드러 봐라.
이젼(以前)에 장디장(張大將)이/졔쥬목사(濟州牧使) 과만후(瓜滿後)17)에
졍(情) 드럿든 슈쳥기싱(守廳妓生)/ᄇ리고 나왓더니,
바다롤 건넌 후(後)에/차마 잇지 못ᄒ여셔
비 잡고 다시 가셔/기싱(妓生)을 불너니야
비슈(匕首) 쎄여 버힌 후(後)에/도라와 디장(大將)되고,
만고 명인(萬古名人) 되얏스니,/나 본디 문관(文官)이라
무변(武弁)과 다르기로,/너를 도로 보너ᄂ게
이거시 비슈(匕首)로다./너 말을 드러 봐라!
너 본디 영남(嶺南) 잇셔/션비에 졸(拙)흔 몸이
이쳔리(二千里)을 기싱(妓生) 실고,/쳔고(千古)에 업손 호강
싯나게 ᄒ엿스니,/협기(挾妓)ᄒ고,셔울 가면,
분의(分義)에 황송(惶悚)ᄒ고,/모양(貌樣)이 고약ᄒ다.
부디 부디 잘 가그라!/다시 볼 날 잇ᄂ니라.
군산월(君山月)이 거동(擧動) 보쇼./쌈짝이 놀ᄂ면셔
원망(怨望)으로 ᄒᄂ 마리/ᄇ릴 심사(心思) 계셧스면,
중간(中間)에 못ᄒ여셔/어린 스롬 홀여다가
사무친쳑(四無親戚) 외론 고디/게발 무러 썬진 ᄃ시
이런 일도 ᄒᄂ이가?/나으리 셩덕(盛德)으로
사랑이 비 부르나?/나으리 무졍(無情)키로
풍젼 낙화(風前落花) 되얏구나!/온야! 온야! 나에 쓰젼
그럿치 안이ᄒ여/십리(十里)만 가잣든 게
쳔리(千里)나 되얏고나!/져도 부모(父母) 잇ᄂ 고로,

---

16) 잠간=원문에는 "잠관"으로 되어 있음.
17) 과만후=벼슬살이하는 사람의 벼슬이 맡겨진 임기가 찬 뒤.

원리(遠離)훈 심회(心懷)로셔/우스며 그리ᄒᆞ오.
눈물로 그리ᄒᆞ오./효식(曉色)은 은은ᄒᆞ고,
츄강(秋江)은 명낭(明朗)ᄒᆞ디,/홍상(紅裳)에 눈물 날여
학사 두발(學士頭髮) 히겟구나./승교(乘轎)에 담아니여
져 먼져 회송(回送)ᄒᆞ니,/쳔고9千古)에 악(惡)훈 놈
나 ᄒᆞ나쑨이로다./말 타고 도라셔니,
이목(耳目)에 삼삼(森森)ᄒᆞ다./남자(男子)에 간장(肝臟)인들,
인경(人情)이 업술손가?/이쳔리(二千里) 장풍류(長風流)를
일죠(一朝)에 노쳐구나!/흥진비리(興盡悲來) 되얏구나.
안변원(安邊員)이 ᄒᆞᄂᆞᆫ 마리/엇지 그리 무정(無情)ᄒᆞ오?
판관(判官) 삿도 무셥던가?/남의 눈이 무셥던가?
장부(丈夫)의 헛된 간장(肝臟)/상(傷)ᄒᆞ기 쉬우리라.
니 기싱(妓生) 봉션(鳳仙)이를/남복(男服) 시켜 압셔우고,
쳘영(鐵嶺)까지 동힝(同行)ᄒᆞ여/회포(懷抱)를 잇게 ᄒᆞ소.
봉션(鳳仙)이를 불러 들여/짜라가라! 분부(分付)ᄒᆞ니,
자식(姿色)이 옥골(玉骨)이라./군산월(君山月)의 고혼 모양(貌樣)
심즁(心中)에 깁허스니,/시낫 보고 이즐손야?
풍셜(風雪)은 아득ᄒᆞ디,/북쳔(北天)을 다시 보니,
츈풍(春風)에 나ᄂᆞᆫ 꼿치/진흘게 구으는가?
추쳔(秋天)의 외기력이/짝 업시 가ᄂᆞᆫ 이라.
쳘영(鐵嶺)을 넘을 적에/봉션(鳳仙)이를 하직(下直)ᄒᆞ고,
억구즌 이 니 몸이/ᄒᆞᄂᆞᆫ 거시 이별(離別)이라.
죠히 잇고, 잘 가그라./다시 엇지 못만나랴?
남여(藍輿)로 지 넘으니,/북도 산쳔(北道山川) 그지 ᄂᆞ다.
셔름도 그지 느고,/나문 거시 귀흥(歸興)이라.
회양(淮陽)에 즁화(中火)ᄒᆞ고,/금화 금셩(金化金城) 지ᄂᆞᆫ 후(後)에
영평읍(永平邑) 드러가셔/쳘원(鐵原)을 넓은 후(後)에

포천읍(抱川邑) 슉소(宿所)ᄒ고,/왕셩(王城)이 어디미뇨?
귀흥(歸興)이 도도(滔滔)ᄒ다./갈 적에 빅의(白衣)러니,
올 적에 쳥포(靑袍)로다./젹긱(謫客)이 어지러니,
영쥬학사(瀛洲學士) 오놀이야!/슐 먹고 말을 타며,
풍월(風月)도 졀노 ᄂ고,/산 넘고 물 건너며,
노리로 예 왓구나!/만사 여싱(萬死餘生) 이 몸이오.
쳔고 호걸(千古豪傑) 이 몸이라./츅셩영(築城嶺) 넘어가니,
삼각산(三角山) 반가와라./중쳔(中天)에 소스스니,
귀흥(歸興)이 놉ᄒ 잇고,/만슈(萬樹)에 샹화(霜花) 피니,
셜샹(雪霜)이 츈광(春光)이라./삼각(三角)에 지비(再拜)ᄒ고,
다락원(院) 드러가니,/관쥬인(關主人) 마조 나와
우름으로 반길시고./동더문(東大門) 드러가니,
셩상(聖上)임이 무강(無疆)ᄒᆞᆯ스!/힝장(行裝)을 다시 츠려
고향(故鄕)으로 가올 적에/시지를 넘어셔니,
영남(嶺南)이 여기로다./오쳔(梧川)셔 밤 시우고,
가산(家山)에 드러오니,/일촌(一村)이 무양(無恙)ᄒ여
이젼 잇던 힝각(行閣)이라./어린 것들 반갑구나.
잇글고 방(房)에 드니,/이 쓰든 늘근 안희
븟그러워 ᄒ는구나!/어엽불스 수둑어미,
군산월(君山月)이 네 왓더냐?/박잔(盞)에 슐을 부어
마시고 취(醉)ᄒ 후(後)에/삼쳔리(三千里) 남북 풍상(南北風霜)
일장 츈몽(一場春夢) 씨여구나!/어와! 김학사(金學士)야!
그릇타 한(恨)을 마라!/남자(男子)의 쳔고 사업(千古事業)
다ᄒ고 완느니라./강호(江湖)에 편(便)케 누어
티평(太平)에 놀게 되면,/무삼 흔(恨)이 쏘 잇스며,
구(求)ᄒᆞᆯ 일이 업스리라./글 지어 기록(記錄)ᄒ니,
부녀(婦女)들 보신 후(後)에/후셰(後世)에 남자(男子) 되야

남자(男子)들 부려 말고,/이 너 노릇 흐기 되면,
그 안이 상쾌(爽快)홀가?
<교합 필사본에서>

〈참 고〉

金時鄴,「北遷歌」硏究,『成大文學』19집, 成均館大學校, 1976.

29. 지헌금강산유산록(止軒金剛山遊山錄)

박희현(朴熺鉉)

해제 이 작품은 원래 지은이와 지어진 연대를 알 지 못하는 필사본이었는데 최강현(崔康賢)이 최초로 학계에 소개하면서 지은이와 그 지어진 연대를 고증하여 발표한 것이다. 지은이는 본관을 순천(順天)으로 하는 박씨(朴氏) 희현(熺鉉:1814-1880)이고, 지어진 연대는 철종 6년(1855)이다. 일행도 없이 지금의 경상북도 영풍군 순흥면(榮豊郡順興面)에서 혼자 여행을 떠나 서울을 거쳐 송도(松都)를 지나 내·외·해 삼금강산을 두루 구경하고, 자마석(自磨石)과 청간정·낙산사까지도 아울러 구경하고 귀향하면서 금강산 구경은 힘들고 무서우니, 집에서 이 글이나 보면서 즐기라는 당부를 하는 것이 이색적이다.

어와! 인싱 천지간(天地間)이/부귀 영명(富貴榮名) 마달손가?
공명(功名)이 유렴(留念)ㅎ니,/셰도문(勢道門)이 닷치엿고,
치손(治産)을 ㅎ랴 ㅎ니,/셰졍(世情)이 쇼활(疏闊)ㅎ의.
ㅎ욤 업손 이 뇌 평싱(平生)/수십여셰(四十餘歲)되여꾸나.
지닌 이력(履歷) 싱각ㅎ니/허룩ㅎ고 실(實)업셔라.
이친척(離親戚) 기분묘(棄墳墓)난/숨빅이(三百里) 머렷꾸나.
수오연(四五年) 무흔 고상(無限苦生)/뉘 권(勸)ㅎ며,시겻듯고1)
가소(可笑)롭다.나문 셰월(歲月)/빅연(百年)이며,쳔연(千年)일까?

---
1) 시겻듯고=시켰는가?의 뜻.

홀여니 나는 싱각/유산 관히(遊山觀海) 간절(懇切)ᄒᆡ이[2]
금강산(金剛山) 죠흔 경쳐(景處)/들은 지 오리롤쇠.
노쳐(老妻)다려 이른 말이/즁부 셰상(丈夫世上) 빅연간(百年間)이
조년 부귀(早年富貴) 못ᄒᆞᆯ진딘,/아니 놀고 무엇홀이?
관동 팔경(關東八景) 조흔 귀경/즁원(中原)ᄉᆞ람 원(願)ᄒᆞᆫ 비라.
ᄒᆞᆫ번 구경ᄒᆞ게 되면,/션분(仙分)을 밋ᄃᆞ ᄒᆞᄃᆡ.
졍(情)답ᄉᆞ온 져 마암이/진졍(眞情)으로 고지 듯고,
ᄌᆞ치뵈 ᄆᆞᆺ쳐 너여/보션을 마련(磨練)ᄒᆞ네.
어두운 눈 비비 쓰고/바늘 귀는 거동(擧動) 보소.
힝즁(行裝)을 ᄎᆞ례 지고,/먼 흔길 ᄯᅥ나 셔니,
압히 셔난 동싱(同生)이요,/뒤에 셔난 ᄌᆞ식(子息)일쇠.
길 아리난 놈동이오/그 겻히난 넌년죵일다.
동구(洞口)박긔 ᄂᆞ셔 보니,/그도 ᄯᅩᄒᆞᆫ 경(景)이로다.
삼슌 구식(三旬九食)[3]ᄒᆞ난 권구(眷口)[4]츈곤(春困)을 어이홀고?
모란 다시 ᄯᅥ쳐 두니,/그 마암이 목셕(木石)일쇠.
반 쳘이(半千里) 먼 흔길의/오륙일(五六日) 고싱(苦生)ᄒᆞ여
동디문(東大門) 들어셔니,/거동(擧動)ᄒᆞ신 삼일(三日)일ᄉᆞ.
적기시(適其時) 환궁(還宮)이라./이 역시(亦是) 구경일다.
죵누(鐘樓)의 비겨 셔셔/공슈(拱手)ᄒᆞ고 셧느라니,
즁ᄒᆞ고도 금즉ᄒᆞ다./팔도 인싱(八道人生) 만흘시고.
남녀 노쇼(男女老少) 구경군이/일졔이 모여구나.
말 탄 군ᄉᆞ(軍士),건난 군ᄉᆞ(軍士)/몃 빅명(百名) 느러션고?
위의(威儀)도 장(壯)홀시고./호령(號令)이 츄상(秋霜)일ᄉᆞ.
졍승 판셔(政丞判書) 귀공ᄌᆞ(貴公子)도/그 압히난 살 곳 업다.

---

2) 간절ᄒᆡ이=간절ᄒᆞ네의 잘못.
3) 삼슌 구식=가난한 삶을 이른 말. 3일에 한 끼니도 잘 못먹음.
4) 권구=식구(食口)들.

29. 지헌금강산유산록(止軒金剛山遊山錄) 335

그 다음 오마 죽디(五馬作隊)/군법(軍法)도 위름(威凜)흥의.
층층(層層)이 느러셔니,/쥬중(柱杖)이며,권중(棍杖)일쇠.
놀납고도 거룩흐다./시위(侍衛)소리 긴 디답은
층층(層層)이 듯기 죠코,/숨현(三絃)이며,육각(六角)소리
졀츳(節次)도 그이 항이./용더긔(龍大旗)며,스명긔(司命旗)난
풍낭(風朗)의 빗치 나고,/옥년(玉輦)이며,가교(駕轎)들은
문치(紋彩)도 황홀(恍惚)홀소./홍보(紅褓) 덥흔 져 갸즈(駕子)는
무소 음식(飮食) 실엇던고?/디젼별감(大殿別監) 금군(禁軍)들은
식의 보도(色衣寶刀) 황양(煌煬)흐다./디군(大君)이며, 정승 판셔(政丞
判書)
좌우(左右)로 버려 타고,/승지(承旨), 당상(堂上),디스간(大司諫)은
번긔갓치 달여가니,/초헌(招軒)5)이며, 평교즈(平轎子)난
나는 다시 지닌도다./훈련디쟝(訓練大將) 위의(威儀) 보소.
풀닙히 쩌는구나./져 궁상(窮狀)의 환관(宦官)들언
쑥그리고 반(半)만 웃니./홍냥손(紅陽傘) 벗듯6)흐니,
쳔안(天顔)이 지쳑(咫尺)일쇠./거록홀소 우리 님금
만즁의 계시거다./갓졀 닙퓌 동가(動駕)는
군문(軍門)으로 드신구나./국틱 미안(國泰民安)7)흐엿시니,
셩덕(聖德)이 흐희(河海)갓고,/시화 셰풍(時和歲豊)흐엿스니,
국운(國運)이 만연(萬年)일쇠./만죠 빅관(滿朝百官) 뒤에 셔고,
억만 싱녕(億萬生靈) 느러셔니,/요순 일월(堯舜日月) 이 안이며,
틱평 건곤(太平乾坤) 이 안인가?/후진(後陣)을 파(罷)흔 후(後)의
쥬인(主人)을 츠즈랴니,/일박 셔순(日迫西山) 기운 날의
갈 곳도 전혀 업다./막가(幕家)을 츠즈 든이

---
5) 초헌=원문에는 "초허"로 되어 있음.
6) 벗듯=번듯의 잘못.
7) 국틱 미안=국태 민안의 잘못인 듯함.

츄졉ᄒᆞ고 누리거다./더돈 밥숭 바다보니,
반 양(量)의도 아니 ᄎᆞ네./그날 밤 다 보니고,
세도(勢道)집 ᄎᆞᄌᆞ가니,/골목도 분쥬(奔走)ᄒᆞ고,
문호(門戶)도 요란(搖亂)ᄒᆞ다./판셔 ᄎᆞᆷ판(判書參判) 당상 당ᄒᆞ(堂上堂下)
문무(文武) 빅관(百官)/ 층층(層層)이 썩엇구나.
져 흔 됴관(朝官) 거동(擧動) 보소./불ᄊᆞᇰᄒᆞ고,가련(可憐)ᄒᆞ이.
세도(勢道) 흔변 보랴 ᄒᆞ고,/됴셕(朝夕)ᄭᅥ를 모론도다.
밤즁이며,ᄒᆞ나줄이,/시즁ᄒᆞᆯ 시 업실손가?
져의 부모(父母) 슬ᄒᆞ(膝下)이셔/져다지 쳔(賤)히 큰가?
이니 졍신(精神) 어디 두고,/져듯지 쳔(賤)히 ᄒᆞ노?
아스라! 셰샹(世上)ᄉᆞ롬/공명(功名)이 무어신고?
슈솜일(數三日) 뉴슉(留宿)ᄒᆞ니,/그도 역시(亦是) 경(景)이로다.
죵누가숑(鐘樓街賞) 칠팔일(七八日)의/계읍고도 지리ᄒᆞᆯᄉᆞ.
아스라! 다 던지고,/관동(關東)길 ᄶᅥ날시고.
가는 길 숑도(松都) 셔울/고려국왕(高麗國王) 도읍(都邑)일쇠.
오빅년(五百年) 틱평(太平)으로/국운(國運)이 중(壯)ᄒᆞᆯ시고.
우리 나라 틱됴디왕(太祖大王)/충업(創業) 임금 등극(登極)ᄒᆞ사,
고려(高麗)님금 공양왕(恭讓王)니,/요슌지도(堯舜之道) 젼위(傳位)ᄒᆞ여
ᄒᆞᆫ양(漢陽)으로 셔울ᄒᆞ니,/고젹(古蹟)이 만흘시고.
임진강(臨津江) 건니셔니,/숑악산(松嶽山)의 의구(依舊)ᄒᆞᆯ이
취젹교(吹笛橋),탁탁교(橐橐橋)는/고국 ᄉᆞ젹(故國事蹟) 분면ᄒᆞ고,
남디문(南大門) 져 북소리/숨십숨쳔(三十三天) 이십 팔슈(二十八宿)
됴셕(朝夕)으로 쳐량(凄凉)항이./만월디숭(滿月臺上) 지쵸돌건[8]
궁궐(宮闕)터이 완연(宛然)ᄒᆞ고,/층층(層層) 노상(路上) 져 비(碑)돌은
고려죠사(高麗朝士) ᄌᆞ최롤쇠./쳠셩디(瞻星臺)며,각 궁실(各宮室)은

---

8) 지쵸돌건="주초(柱礎)돌은"의 뜻.

역역(歷歷)히 쳐층(悽愴)ᄒᆞ고,/죵누(鐘樓)에 물싁(物色)들언
죠션국운(朝鮮國運) 즁(壯)홀시고,/소츙옷 갈삭가ᄂᆞ
고려 말년(高麗末年) 여습(餘習)이요,/이팔 쳥츈(二八靑春) 힌 물음은
풍속(風俗)이 우읍도다./션쥭교(善竹橋) 도라 들어
포은션싱(圃隱先生) ᄉᆞ젹(事蹟) 보소./고려 말연(高麗末年) 졍승(政丞)으로
국운(國運)을 붓드랴고,/션쥭교(善竹橋) 거니다가
죠영규(趙英珪)9) 쇠방맛치/뒤꼭지 마즈쏘다.
즉지(卽地)에 ᄉᆞ졀(死節)ᄒᆞ니,/유혈(流血)이 임이(淋漓)10)ᄒᆞ여
다리돌게 흘늣도다./지금거지 오빅연(五百年)을
싱혈(生血)갓치 완연(宛然)ᄒᆞ일./그 겻희 션는 비(碑)ᄂᆞᆫ
읍비(泣碑)로 유명(有名)ᄒᆞ일,/션싱ᄉᆞ젹(先生事蹟) 긔록(記錄)ᄒᆞ니,
분명(分明)이 우는도다./이런 귀경 ᄒᆞ긔 듸면,
츙담(忠膽)이 셔늘ᄒᆞ일./ 우리 ᄂᆞ라 신ᄌᆞ(臣子)되고,
뉘 아니 감동(感動)할고?/그 길노 도라 들어
셥손젹 안쥬 구어/두 푼 즌(盞) 소쥬(燒酒) 일빅(一盃)
구경후(後) 졔격(格)일쇠./팔만 쟝안(八萬長安) 고젹(古蹟) 귀경
남ᄌᆞ(男子)되고 마달손가?/ᄉᆞ오일(四五日) 쟝쟝츈일(長長春日)
셥셥이 지ᄂᆡ구다./ ᄌᆞᄅᆞᆫ 막ᄃᆡ 둘너 집고,
관동(關東)을 향(向)ᄒᆞᄂᆞ니,/귀경도 조커니와
오입(誤入)이 졍영(丁寧)ᄒᆞ의./ᄉᆞ오일(四五日) 화류 산쳔(花柳山川)
역역(歷歷)히 중(壯)홀시고./촌촌(寸寸)이 거러가니,
김화 김셩(金化金城) 초도(初道)롤쇠./셕양(夕陽)이 비긴 경(景)은

---

9) 죠영규=조선의 개국공신 조영규(趙英珪:?-1395). 이는 이방원(李芳遠)의 명을 받아 포은(圃隱) 정몽주(鄭夢周)를 선죽교에서 격살(擊殺)하여 조선 건국에 공신(功臣)이 됨.

10) 임이=임리(淋漓)의 잘못.

금강손(金剛山) 봉만(峰巒)인가?/ㅎ늘이 다인 졔봉(諸峰)
은은이 머즌토다./통구(通溝) ᄂ로 ᄃᄃ르니,
져 ᄉ공(沙工) 기다른다./어셔 가즈! 밥비 가즈!
지측ᄒ여 건니셔니,/뒤 쥰 지 이심니(二十里)예
쥬막(酒幕)도 초초(草草)ᄒ다./십여리(十餘里) 들어셔니,
틱손(泰山)이 놉흐도다./이 지 일홈 무어신고?
단발영(斷髮嶺) 일너구나./ 단발영(斷髮嶺) 무ᄉ 말고?
머리 ᄭ근 곳지롤쇠./유젼(流傳)ᄒ온 속담(俗談) 듯고,
뉘라셔 신쳥(信聽)ᄒ리?/지 우의 디돌들은
ᄂ라 긔구(祈求) 졍영(丁寧)ᄒ의./우리 ᄂ라 셰조디왕(世祖大王)
금강손(金剛山) 보시랴고,/이 고기 올나 셔니,
셰렴(世念)이 머러지고,/젼도(前途)가 간졀(懇切)ᄒ여
머리 싹근 곳지로ᄃ./힝화촌(杏花村) 나려 셔니,
식쥬가(色酒家)도 가련(可憐)할ᄉ./한 즌(盞)슐 바다보니,
안쥬 범졀(凡節) 서겁도ᄃ./철이(鐵伊)고기 너머셔니,
장연ᄉ(長淵寺) 옛터일쇠./ 활거리 졍각(亭閣)이며,
바구리지 이ᄉ(異常)ᄒ의./젼문(傳聞)말 드러보니,
긔이(奇異)ᄒ고,실(實)업서라./옛나라 김졍승(金政丞)이
쥬글 죄(罪) 도망(逃亡)ᄒ여/이곳에 나려오니,
규즁 쳐ᄌ(閨中處子) 미가예(未嫁女)가/그 부친(父親) 따라 와서
선도(仙道)에 도골(道汩)ᄒ여/효성(孝誠)으로 봉양(奉養)ᄒ니.
활 글너 낭게 걸고,/쵸막(草幕)을 얼거니여
바구리 저려 파라/부여(父女)가 보명(保命)ᄒ니.
표훈디ᄉ(表訓大師)[11]거동(擧動) 보소./이 쳐녀(處女) 싱각ᄒ여

---

11) 표훈디ᄉ=신라 스님. 의상(義湘)의 10대제자 중 1인. 여러가지 이적(異跡)을 행한 것으로 전한다.

천만금(千萬金) 지물(財物) 두고,/몟히을 마암 쓴고?
심즁(心中)의 잇는 졍곡(情曲)/쳐녀(處女)다려 발셜(發說)ㅎ니,
금쳐녀(金處女)[12] 디답(對答)ㅎ되,/몃히간 기친 신셰
니 엇지 거역(拒逆)ㅎ리?/가즈! 가즈!어셔 가즈!
법당(法堂)이 죵용(從容)ㅎ의,/어리젹은[13] 져 즁 보소.
쳐녀(處女)을 짜라가니./법당(法堂)이 드러셔셔
져 즁다려 이른 말리/부쳐임 안진 방셕(方席)
거더니여 즈리 보소./ 우리 두리 즈스이드.
져 즁이 마다 ㅎ니,/김쳐녀(金處女) 이른 마리
산 부쳐 모를진딘/등신부쳐 엇더ㅎ리?
져 즁이 놀닉 듯고,/복지(伏地)ㅎ여 스과(謝過)ㅎ니,
김쳐녀(金處女) 해호(偕老)ㅎ고,/만즁 칭암(萬丈層巖)[14] 놉푼 굴(窟)의
좌졍(座定)ㅎ다 일너구나./표훈디스(表訓大師) 감화(感化)ㅎ여
표훈스(表訓寺) 큰 졀 지어/김쳐녀(金處女) 등숭(等像) 지어
지금(至今)꺼지 젼(傳)ㅎ도드./ 이론 말슴 듯긔 되면,
그 안니 허황(虛荒)할가?/굴 알에 졀벽간(絶壁間)의
슈간 암즈(數間庵子) 긔이(奇異)ㅎ의./암즈(庵子)기동 구리쇠는
스십 여(三十餘)길 즁(壯)흘시고./이 기동 볼죽시면,
뉘 아니 신쳥(信聽)할고?/두 닌물 건니셔니,
즁안스(長安寺) 동구(洞口)로다./즈른 막디 뒤든지며,
허위허위 들어가니,/ 낙낙 중숑(落落長松) 즌남기며,
친친 감긴 다리로다./길고도 너분 다리
윗틱(危殆)이 건닉 셔니,/ 구비구비 쳘쥭화(躑躅花)요,
골골이 시솔일다./ 비셕(碑石)이며, 탑(塔)돌들은

---

12) 금쳐녀=김쳐녀의 잘못.
13) 어리젹은=어리셕은의 잘못.
14) 만즁 칭암=만장 층암(萬丈層巖)의 잘못.

지물(財物)도 ㅎ케 셧니./일쥬문(一柱門) 들어셔니,
남우다리 중(壯)홀시고./ 슈십여(數十餘)발 편 남그로
두 곳을 건너 셔니,/뒤에셔 급피 부른
져 마너라 거동(擧動) 보소./ 곱송고른 시우 등의
걸망틱 억기 메고,/ 셔방(書房)임 건너 쥬소.
이 슐병(甁) 건너 쥬소./ 귀 어둡고 눈 어둔
이 니 싱(生)이 이쓴일쇠./ 슐병(甁)얼 바아들고,
옷깃셜 씨들어셔/경(情)다이 건너 쥬니,
이 마누라 그동(擧動)15) 보소./ 권쥬가(勸酒歌) 졔법일쇠.
잡우시오.잡우시오./이 슐 혼 존(盞) 잡우시오.
싱원(生員)임 덕틱(德澤)으로,/ 줄 건너니 니 복(福)일쇠.
져런 몰골 권쥬가(勸酒歌)는 그 역시(亦是) 경(景) 아닌가?
좌우(左右)를 둘너 보니,/ 만쳡 쳔봉(萬疊千峰)긔이(奇異)ㅎ의.
이편 져편 바회틈은/ 셧셧치 졔명(題名)이요,
머리 우의 봉만(峰巒)들언/ 틈틈이 꼿치로다.
범종누(梵鐘樓) 올나션이/일만(一萬) 이쳔봉(二千峰)이로다.
쳘쥭화(躑躅花),진달니난/ 슈풀 속이 반만 웃고,
안기 거더 빅운(白雲)되고,/빅운(白雲) 거더 다긔봉(多奇峰)ㅎ니,
이 골 져 골 단중(丹粧)일다./ 꾀고리,복골시는
가지 가지 실피 울고,/ 호반시,목탁시는
쩌 마초아 줄도 운다./무당시,할미시는
망영(妄靈)시리 소리ㅎ다./ 슬피 우는 두견(杜鵑)이는
피눈물 가련(可憐)홀스./ 쳔말이(千萬里) 고국(故國) 싱각
멧 쳔연(千年)실퍼든고?/ 고금(古今)의 이향긱(離鄕客)이
네 소리 듯기 실타./ 열 두 중목 싱치(生雉) 느니,

---

15) 그동=거동(擧動)의 잘못.

산쳔(山川)이 죠료ᄒ고,/ 빅셜죠(白雪鳥) 길게 운이,
산곡(山谷)이 요란(搖亂)ᄒ다./중숨(長衫)이며,곡갈 쓴은
인물(人物)도 셔혹(棲鶴)일쇠./지셩(至誠)으로 녜불(禮佛)ᄒ니,
불도(佛道)가 졍영(丁寧)ᄒ 덧./ 누승(樓上)의 치어보니,
졔명 현판(題名懸板) 중(壯)ᄒ시고./ 슴졍승(三政丞) 육판셔(六判書)난
승냥(上樑)에 걸이엿고,/ 방빅(方伯)이며,슈령(守令)들은
들보 좌긔ᄒ엿구나./무변(武弁)이며,명ᄒᄉ(名下士)난
연목(椽木)이 달이엿고,/ 힝긱(行客)이며,유산긱(遊山客)은
쳡쳡(疊疊)이 걸이엿다./ 쳔만명(千萬名) 모든 사람
ᄒ 즈리예 인ᄉᄒ 닷./ 아나니 모르나니
역역(歷歷)히 다 보거다./ 디웅봉젼(大雄寶殿)16) 두 층(層) 법당(法堂)
부쳐도 거록ᄒ다./ 명부젼(冥府殿),어향각(御香閣)은
집 졔도(制度) 그이항에./ ᄉ셩젼(四聖殿) 이층(二層)집도
뉘 지죠 져닷ᄒ고?/ 신션누(神仙樓) 올나보니,
졔명 현판(題名懸板) 더 증항이./ 히은암(海隱庵) 시 졀 지어
크고도 화려(華麗)ᄒ다./허다(許多)ᄒ 졀 ᄌ시 보니,
불국(佛國)이 예 안인가?/ 두 푼 요긔(療飢) 좀간(暫間)ᄒ고,
다른 졀 구경ᄒ시./ 지중봉ᄒ(地藏峰下) 지장암(地藏庵)은
졍쇄(淨灑)ᄒ고,유벽(幽僻)ᄒ다./ 동힝(同行)을 직촉ᄒ여
영원동(靈源洞) 구경ᄒ시./ ᄒ 골을 들어셔니,
층암 졀벽(層巖絶壁) 협촉(狹窄)ᄒ다./ 관음봉(觀音峰), 셕가봉(釋迦峰)은
임아 우에 덥치엿고,/ 긔졀(奇絶)ᄒ고,별돌들은
면면(面面) 졔명(題名)일다./ 만중(萬丈) 우의 오리바회
졍영(丁寧)이 안즛구나./ 옥경디(玉鏡臺) 귀경ᄒ소.
뉘가 보든 거울인고?/ 업경디(業鏡臺) 더욱 죠타.

---
16) 디웅봉젼=대웅보젼(大雄寶殿)의 잘못.

파쇠(破碎)ᄒ여 바려 둔 듯,/ 즉시 보고 다시 보니,
바회가 분명(分明)ᄒ의./ 이 압희 보든 거동(擧動)
실(實)업다고 부듸 마소./셩문(城門)이며, 황천문(黃泉門)은
뉘 긔셰(氣勢)로 셩(城)을 싼고?/ 황쳥각(黃淸閣), 극낙문(極樂門)은
구비구비 닷기엿고./ 연셕문(煉焟門), 지옥문(地獄門)은
뉘가 져리 제목(題目)혼고?/금ᄉ굴(金蛇窟), 흑ᄉ굴(黑蛇窟)은
젼싱 쥐인(前生罪人) 갓치연니./ 비 붓드러 미든 바회
어늬 ᄉ공(沙工) 졍영(丁寧)혼고?/널셕(列石)바회, 기딘 바회,
빈 틈 읍시 일홈일쇠./이편 져편 둘너 보니,
션경(仙境)이 여긔로다./이십니(二十里) 깁흔 골의
쵼쵼(寸寸)이 츠ᄌ 드니,/구비구비 화초 병풍(花草屛風)
면면(面面)이 쥬렴일쇠./ 물소리며, 싀소리예,
셰렴(世念)이 젼혀 읍니./영원암(靈源庵) 올나셔니,
도인(道人)의 득도쳴(得道處)다./ 영원죠ᄉ(靈源祖師)[17] 발근 도(道)를
이곳의 어듯도다./젼후 좌우(前後左右) 긔졀경(奇絶景)은
금병풍(金屛風) 둘이인 닷./ 져 건너 빅마봉(白馬峰)은
안중(鞍裝) 벗고 션는 듯./ 우두봉(牛頭峰), 마면봉(馬面峰)은
굴닉 버슨 거동(擧動) 보소./ 쪼흔 져편 추일봉(遮日峰)은
혼인디ᄉ(婚姻大事) 쓴 거신가?/ 안손(案山)의 소신 봉(峰)은
시왕봉(十王峰) 일넛구나./ 져 십왕 거동(擧動) 보소.
츠례(次例)로 느러션니./ 송제봉 도시봉은
슈염(鬚髥)도 엄젼(嚴全)ᄒ다./ 진광디왕(眞光大王) 염ᄂ봉(閻羅峰)은
인물(人物)도 거록할ᄉ./젼윤디왕(轉輪大王) 초손봉은
위엄(威嚴)도 중(壯)할시고./ 그 겻히 동ᄌ봉(童子峰)은

---

17) 영원죠ᄉ=조선 스님. 호는 화담(花潭). 속성은 박(朴) 무안인으로 어려서 중이 되어 여러 산을 돌며 수도하여 경전에 통달할 뿐 아니라 왕희지체(王羲之體)를 익혀 서예(書藝)에도 뛰어났음. 법랍은 58.(1776-1849)

어엿부고 남젼ᄒ다./ᄉᄌ봉(獅子峰) 압히 셔니,
십왕 위의(十王威儀) 즁(壯)ᄒᆞᆯ시고./ 그 겻히 판관봉(判官峰)은
모디(帽帶)ᄒ고,국궁(鞠躬)ᄒᆞᆫ 닷/져편의 죄인봉(罪人峰)은
무ᄉᆞᆫ 죄(罪)로 나립(裸立)ᄒ고?/ 치죄(治罪)ᄒᄂᆞᆫ 거동(擧動) 보소.
불숭ᄒ고,알쏠읍다./ 마소! 마소! 셰샹(世上) 스람
그른 일 부디 마소./ 금ᄉᆞ 흑ᄉᆞ(金蛇黑蛇) 두 굴(窟) 보면,
ᄉᆞ후 팔ᄌᆞ(死後八字) 더 두렵도다./ 죄인봉(罪人峰) 볼작시면,
지ᄒᆞ(地下)의도 위셰(威勢)로다./ 비셕디(倍石臺) 너른 바위롤식.
우편(右便)의 옥쵸디(玉肖臺)ᄂᆞᆫ/ 위티(危殆)ᄒ고, 명낭(明朗)ᄒᆞ이.
압뒤을 둘너 본이,/ ᄯᅥ날 마음 젼혀 업다.
이 다음 죠흔 경쳐(景處)/ 망군디(望軍臺) 널너낫다.
힝장(行裝)을 차려지고,/ 뒤젹뒤젹 날녀 간이
슈렴동(水簾洞) 죠흔 폭포(瀑布)/ 쥬렴(珠簾)갓치 나려진다.
이 골 더옥 기이(奇異)할사./ 빅탑동(白塔洞) 여긔로다.
문탑(門塔)이며, 다보탑(多寶塔)은/ 칭칭(層層)이 공골(工巧)업다.
쳔빅 쟝(千百丈) 노픈 돌걸/ 뉘 글역(筋力)으로 싸핫단고?
이다지 기푼 골의/ 어느 셕슈(石手)런고?
자셰(仔細) 보고, 다시 본이,/ 쳔작(天作)이 분명(分明)ᄒᆞ의.
십려(十里)18) 이 기푼 골의/ 만장 졀벽(萬丈絶壁) 그이항의.
외나무 칭칭(層層)달니,/ 이옥이옥 이운 달니,
자바 들고 비겨 션이/ 반공즁(半空中)이 니몸일식.
나도 픔기 힛것만은/ 졍신(精神)이 언질항의19).
압퓌 즁 그동(擧動) 보쇼../ 니 손을 ᄶᅥ어잡니.
져 죽기 싱각 업고,/ 날 구하기 간졀(懇切)항의.

---

18) 십려=십리(十里)의 잘못.
19) 언질항의=어질하네의 잘못.

우편(右便)의 둘너 본이,/ 빅포장(白布帳) 둘너 친닷,
좌편(左便)의 다시 본니,/ 금병풍(金屛風) 더옥 장타.
장지 도비(壯紙塗褙) 각장 장판(角壯壯版)/ 팔션녀(八仙女) 노던 딘가?
유리 병풍(琉璃屛風) 문쵸 장막(紋綃帳幕)/구궁 션여(九宮仙女) 게 안인가?
긔구 범절(器具凡節) 중(壯)할시고,/ 옥경(玉京)이 예 안인가?
쳔틱 만상(千態萬象) 긔절쳐(奇絶處)을/뉘 정신(精神)이 다할숀가?
이 어이 빈말이리?/ 빅만 편(百萬片) 경쳐(景處)로쇠.
도솔봉(兜率峰) 올나 션이,/ 도솔암(兜率庵) 졍쇄(精灑)ᄒ다.
놉흐고도 집흔 곳이/ 양식 우치(糧食寓置) 뉘 긔군(器具)고?
동편 절벽(東便絶壁) 올ᄂ 셔니,/ 쇠스실 긔이(奇異)항이.
바회틈이 걸인 거시/ 마흔 아홉마더 로다.
흔 마듸 두 썜식은/ 열 발이 넘게구ᄂ.
이 스실 데우 줍고,/ 끈끈이 올ᄂ 셔니,
나무다리 숨스층(三四層)을/ 등자 거리(等尺距離) 셰워구ᄂ.
쏘 다시 올ᄂ 셔니,/ 쇠스실 쏘 잇도다.
팔구졀(八九節) 숨스(三四)발을/ 데우 줍아 올나 셔니,
망군디(望軍臺) 놉흔 봉(峰)이/ 졔명(題名)도 희흔(稀罕)ᄒ다.
이다지 놉흔 봉(峰)이/망군디(望軍臺) 무손 일고?
실ᄂ 말연(新羅末年) 경이왕(景哀王)이/ 피란(避亂)을 여긔ᄒ여
숨억군(三億軍) 진(陣)을 치고,/후망(後望)ᄒ든 디영(大營)일쇠.
비로봉(毘盧峰) 놉다 마소,/억게에 등등(等等)ᄒ데.
젼후 좌우(前後左右) 만 쳔봉(萬千峰)이/ 슬ᄒ(膝下)의 버려구ᄂ
이 니몸 싱각ᄒ니,/쳔승(天上)의 옥경(玉京)인 닷,
무궁무진(無窮無盡) 이 니 흥(興)을/ 꽃방석(方席)의 던져 인니.
낫비 보고 나려 오니,/ 스ᄌ(獅子)목 여긔로다.
홈통갓치 파인 바회/ 스십여(四十餘) 길 되연구ᄂ.

간신(艱辛)이 올느셔니,/ 져편이 더 즁흉이.
그 겻히 용각셕(聳角石)은/ 긔이(奇異)ᄒ고,쳔연(天然)ᄒ다.
그 너미 쇠ᄉ슬은/ 홍젼년(紅殿椽)의 단 거시라.
슈십 여파(數十餘把) 긴 ᄉ슬을/ 졍쳔(穽天)이 싀됴롤쇠.
반(半)나마 씃어가니,/ 그 도젹(盜賊) 고이ᄒ다.
ᄂ려지는 졀벽간(絶壁間)이/ ᄒ 발 즈춧 ᄒ엿시면,
어너 친쳑(親戚)츠ᄌ 올고?/ 쇄골 표풍(碎骨飄風) 졍영(丁寧)ᄒ에.
어린 동ᄉᆼ ᄌ식 두니/ 금강(金剛) 귀경 권(勸)치 마소.
죠흔 경쳐(景處) 보랴 ᄒ니,/ 긔ᄉ 근ᄉᆼ(幾死僅生) 멧번인고?
ᄎᄎ 보아 나려오니,/ 반셕(盤石) 죠코 물도 죠타.
골골이 바회들은/ 인공(人工) 갓치 공교(工巧)롭다.
슈십니(數十里) 나려오니,/ 셩츅(城築)이 완연(宛然)ᄒ다.
경이왕(景哀王) 도젹 염여(盜賊念慮)/ 이다지 과(過)ᄒ던가?
영원동(靈源洞) 셕문지디(石門址臺)/ 이 셩(城)을 연(連)ᄒ엿너.
송ᄂ동(松蘿洞) 옛 암ᄌ(庵子)이/ 옥계슈(玉溪水) 물맛 죠타.
셕양(夕陽)이 빗긴 길을/ 허위허위 나려 오니,
솜불암(三佛庵) 옛 졀터이/ 슈십여(數十餘)길 바회 보소.
압히 긔린 솜디불(三大佛)은/쟝(壯)홀시고,크술ᄒ다.
나옹션ᄉ(懶翁禪師) 도슐(道術)노셔/ 졍영(丁寧)이 일너구나.
뒤에 긔린 오십삼불(五十三佛)/ 김동거ᄉ(金同居士) 그리연너.
나옹(懶翁) 김동(金同) 두 ᄉ람이/ 직조 셔로 시험(試驗)ᄒ니.
그 겻히 불측 심담(不測深潭)/ 우쇠[20]라 일넛ᄶᅮ나.
우쇠 일홈 무숨일고?/ 우는 소리 졍영(丁寧)ᄒ이.
김동거ᄉ(金同居士) ᄒᆡᆼ실(行實) 듯소,/음힝(淫行)이 특심(特甚)ᄒ여
셰ᄉᆼ(世上)에 일ᄉᆡᆨ(一色)들은/ 간통(姦通)이 무슈(無數)ᄒ에.

---

20) 우쇠=울소(鳴淵)의 잘못.

나옹션ᄉ(懶翁禪師) 글니 보고,/쳐치(處置)ᄒ기 도모(圖謀)ᄒ디.
울소 우의 노니다가/ 발길노 거듯 ᄎ니,
부지불각(不知不覺) 김동거ᄉ(金同居士)/쳥소(淸沼)이 ᄂ려졋다.
ᄲᅢ져 쥬근 원혼(冤魂)되여 /지우금(至于今) 울소일쇠.
빅화암(白樺庵) 도라드니,/ 졀 모양(模樣) 굉즁(宏壯)항에.
셔편(西便)의 지(岾) 일홈은/ 비졈(拜岾)이라 일넛도다.
이젼(以前)의 왕즁군(王將軍)이/금보살(金菩薩) 졀흔 딀쇠.
비셕(碑石)이며, 불물(佛物)들은/도승 ᄉ젹(道僧事蹟) 그이ᄒ다.
이 압희 조혼 경쳐(景處)/ 표후ᄉ(表訓寺)²¹⁾ 그이ᄒ다.
함영교(含暎橋) 그너셔니,/ 능파루(凌波樓) 굉즁(宏壯)항이.
졀집도 즁(壯)커니와/졔명 현판(題名懸板) 즁(壯)할시고.
이 압희 즁안ᄉ(長安寺)이/졔명(題名)이라 할 굿 읍다.
우리 형(兄) 졔명(題名)ᄒ여/승양(上樑)이 놉히 달고,
나려셔 도라보니,/ 그도 역시(亦是) 경(景)이롤쇠.
반야당(般若堂) 들어 보니,/ 좌우 죠산(左右造山) 나렬(羅列)ᄒ이.
일만 이쳔(一萬二千) 금강봉(金剛峰)을/ 홀그로 무어니여
고 가온다 부쳐 동상(銅像)/ 담무갈(曇無喝) 일넛구나.
황금탑(黃金塔) 일곱 층(層)은/왜물(倭物)이라 일너구나.
층층(層層)이 안진 부쳐/인공(人工)도 그이ᄒ다.
오동 향노(烏銅香爐)륙십근(六十斤)언/ 즁(重)갑도 들엇구나.
그 밧긔 놋쇠 실우/ 넙고도 크도다.
졀 즁의긔 ᄌ시(仔細) 듯소/ 열 셤 ᄯᅥᆨ은 ᄶᅵᆫ다 ᄒ니.
그 겻히 용션젼(龍船殿)은/ 숨디왕(三大王) 원당(願堂)일쇠.
닌물을 건너 셔니,/ 졍양ᄉ(正陽寺) 졔일(第一) 죠타.
흘누(歇樓)²²⁾의 올나 셔니,/ 쳔ᄒ 승경(天下勝景) 예 안인가?

---

21) 표후ᄉ=표훈사(表訓寺)의 잘못.

일만 이쳔(一萬二千) 소슨 봉(峰)이/안젼(眼前)에 나렬(羅列)흐다.
셔숭(西山)23)의 쳔일디(天逸臺)는/ 남풍(南風)을 츠면(遮面)ᄒ고,
남편(南便)의 혈망봉(穴望峰)은/ 구무도 긔이(奇異)ᄒ다.
동(東)으로 일츌봉(日出峰)은/ 히둣는 게 더옥 죠코,
그 겻히 월츌봉(月出峰)은/ 달 모양(模樣) 졍영(丁寧)ᄒ에.
북편(北便)의 즁향경(衆香城)24)은/ 각식 모양(各色模樣) 바히 나고,
졔일(第一) 놉흔 비죠봉(毘盧峰)25)은/ 금강 일믹(金剛一脈) 쥬산(主山)일쇠.
망군디(望軍臺) 놉흔 봉(峰)은/ 눈 아러 쥬먹 갓고,
미륵봉(彌勒峰), 가셥봉(迦葉峰)은/부쳐 형숭(形像) 완연(宛然)ᄒ고,
우두봉(牛頭峰)마면봉(馬面峰)은/ 갈기 졍영(丁寧) 쌀이 분명(分明)
츠일봉(遮日峰), 십왕봉(十王峰)은/영월동(靈源洞)26)본경(本景)이요,
디향노(大香爐), 소향노(小香爐)은/향(香)너가 완연(宛然)ᄒ다.
빅마봉(白馬峰), ᄉᄌ봉(獅子峰)은/다시 보니, 긔이(奇異)항에.
그 겻히 지중봉(地藏峰)은/동숭(銅像)부쳐 완연(宛然)ᄒ고,
셕가봉(釋迦峰), 승숭봉(丞相峰)은/ 불도(佛道)의 도골(道汨)흔 닷,
돈도봉은 각식(各色) 몰골ᄒ고,/ 셕응봉(石鷹峰), 쳥학디(靑鶴臺)는
션학(仙鶴)이 나려 온 닷,/은현봉(隱顯峰), 문필봉(文筆峰)은
구ᄌ 현인(九子賢人) 공부(工夫)흔 닷,/달마봉(達摩峰), 금강디(金剛臺)난
슈려(秀麗)ᄒ고, 기이(奇異)홀ᄉ./안젼(眼前)의 버린 봉만(峰巒)
어느 화공(畵工) 긔련난고?/유문 디단(有紋大緞) 침중(寢帳) 보소.
만 쳔봉(萬千峰)이 투식(妬色)ᄒ니,/시즁ᄒ고 알픈 각역(脚力)

---

22) 홀누=헐셩루(歇惺樓)의 잘못.
23) 셔숭=서산(西山)의 잘못.
24) 즁향경=즁향셩(衆香城)의 잘못.
25) 비죠봉=비로봉(毘盧峰)의 잘못.
26) 영월동=영원동(靈源洞)의 잘못.

지절로 졔각(除却)되니./ 문즁 명필(文章名筆) 팔즈(八字)로셔
이런 경(景) 긔록(記錄)할가?/약스젼(藥師殿) 도라드니,
육(六)모각(閣) 광즁(宏壯)ᄒ다./셕탑(石塔) 우이 뫼신 부쳐
엄연(嚴然)ᄒ고,거록홀스./일런 경(景) 기이(奇異)홈언
졍양스(正陽寺) 지일(第一)일쇠./ 누샹(樓上)에 둘너 본이,
죵논 졔명 현판(題名懸板)일다./ 즁지(壯紙) ᄒᆞᆫ 축(軸) 끈쳐니여
형졔(兄弟) 일혼27) 디셔(大書)ᄒ여/ 그 겻틱 부쳐 보니,
일가 친쳑(一家親戚) 더욱 죠타./ 표훈스(表訓寺) 도라셔니,
외나무 위틱(危殆)ᄒ이./ 마죠 인난 큰 바회눈
금강문(金剛門) 졔명(題名)일쇠./ 그 문(門)을 난셔28) 보니,
만폭동(萬瀑洞) 즁ᄒ시고./각쳐 누샹(各處樓上) 졔면(題名)29)들은
에 비(比)ᄒ면 엇즙즌타./ 바독 두난 신션(神仙)들언
판얼 두고 어듸 간고?/원회동쳔(元化洞天)30) 팔더즈(八大字)눈
약봉닉(楊蓬萊)31)의 명필(名筆)이오./쳔ᄒ 졔일(天下第一) 강산즈(江山
字)난
임지 모른 명필(名筆)일쇠./억만 명(億萬名) 시긴 졔명(題名)
그 스람 다 뉘권고?/ 층층(層層)이 깁흔 모션32)
팔담(八潭)이라 일더구나.33)/쳥용담(靑龍潭) 졔일 경쳐(第一景處)
머리 깜든 그럿 보소./ 슈건(手巾) 버셔 거든 흔젹(痕迹)
완연(宛然)ᄒ고 졍영(丁寧)항이./ 과음보술(觀音菩薩)34) 노든 유젹(遺跡)

---

27) 일혼=일홈의 잘못.
28) 난셔="나셔"의 잘못.
29) 졔면=졔명(題名)의 잘못.
30) 원회동쳔="봉래 풍악(蓬萊楓嶽) 원화동천(元化洞天)"의 잘못. 이는 만폭동(萬瀑洞) 반석에 양봉래(楊蓬萊)가 쓴 8대자(大字)임.
31) 약봉닉=양봉래의 잘못.
32) 모션=못은의 잘못.
33) 일더구나=일러구나의 잘못.
34) 과음보술=관음보살의 잘못.

역역(歷歷)히 귀경일쇠./흑송담(黑龍潭)35) 둘지 못슨
물도 집고 어르거다./ 동편(東便)으로 건네 가니,
보덕암(普德庵) 긔이(奇異)항이./만증 층암(萬丈層巖) 졀벽간(絕壁間)이
구리 기동 셰윗구나./ 시무 마듸 구리쇠를
층층(層層)이 이엇구나./ 흔 마듸 흔 발 남기
근 숨십(三十)이 되엿도다./ 셔편(西便) 졀벽(絕壁) 의지(依支)ᄒᆞ여
기동얼 셰윗구나. 그 기동 의지(依支)ᄒᆞ여
보덕암(普德庵) 지어니니,/ 그 솜시 뉘걸넌고?
신역(神力)으로 지엇도다./ 인공(人工)되건마는
신역(神力) 업시 져러할가?/ 숨층(三層)집 느려 셔니,
졍신(精神)이 엇즐항이./두 문(門)을 열고 드니,
보덕굴(普德窟) 긔이(奇異)항이./보덕 보술(普德菩薩) 등숭(等像)부쳐
졍녕(丁寧)ᄒᆞ고 음견할스./보술 스젹(菩薩事蹟) 즈셰(仔細) 보면,
불셜(佛說)이 헌말이리?/ 이 압 표훈디스(表訓大師)
김쳐녀(金處女)로 도숭(道僧)된가?/ 이 암즈(庵子) 즈시(仔細) 보니,
쳐녀 스젹(處女事蹟) 분명(分明)항에./계슴(第三)못 느려 셔니,
비파담(琵琶潭) 중(壯)할시고./ 졔스담(第四潭) 엇더흐고?
벽ᄒᆞ담(碧霞潭) 더욱 죠타./ 치ᄒᆞ(彩霞)가 반공(半空) 쓰니,
오싴(五色)이 영농(玲瓏)항이./졔오담(第五潭) 올ᄂᆞ 셔니,
분셜담(噴雪潭) 물빗 죠타./ 물술이 훗터지니,
옥셜(玉雪)을 픔는도다./ 쏘랑눈 썩린다고
분셜담(噴雪潭) 일너구나./계류(第六)은 귀담(龜潭)이니,
거북체로 숨겻구나./ 졔칠(第七)언 션담(船潭)이니,
비 모양(模樣) 분명(分明)ᄒᆞ의./졔팔(第八)은 화룡담(化龍潭)이
너르고도 물빗 죠타./ 팔담(八潭)의 구경처(處)는

---

35) 흑송담=흑룡담의 잘못.

일필(一筆)노 다 못할쇠./ 계명(揭名)36)을 볼죽시면,
일국(一國) 사람 다 왓던가?/ 우연(偶然)훈 천죽(天作) 못시
져다지 그이ᄒ고,/ 그 우이 사자(獅子) 바회
긔이(奇異)ᄒ고 위틴(危殆)ᄒ다./ 옛시졀(時節) 날이들을
이 바회가 쫏ᄎ다네./훈 소리 호영(號令)ᄒ니,
쳔진(天地)37)가 진동(震動)ᄒ여/ 도젹(盜賊)이 놀너 듯고,
이 골얼 피(避)ᄒ엿니./일런 사젹(事蹟) 볼죽시면,
우연(偶然)훈 일 안이로다./ 미아연(摩訶衍)38)올나 셔니,
암자중(庵子中)에 졔일(第一)일쇠./암자터 엇더ᄒ고?39)
금강산(金剛山) 복중(腹臟)일다./혈망봉(穴望峰)이 안산(案山)이오.
중향셩(衆香城)이 쥬산(主山)일쇠./쳡쳡(疊疊)이 둘인 봉만(峰巒)
부용화(芙蓉花)로 보니도다./ 월중(月中)이 계슈(桂樹)남근
뉘 기구(祈求)로 이종(移種)ᄒ고?/ 쓸압희 두 쥬(柱) 심거
지엽(枝葉)이 무셩(茂盛)ᄒ이./ 만한 져 중들런
붕경 공부(佛經工夫)40)장(壯)할시고./가사 착복(袈裟着服) 염쥬(念珠)
들고,
아미타불(阿彌陀佛) 지셩(至誠)일쇠./빅니(百里)박 쳘이(千里)41) 안이
녀인 공불(女人供佛) 우읍도다./ 여러 디찰(大刹) 귀경 중이
이 암자(庵子)이 우이 업니./ 오육일(五六日) 유슉(留宿)ᄒ여
써날 마음 졍허 업다./ 이 우이 만희암(萬灰庵)42)은
더옥 그이ᄒ이./ 젼후 좌우(前後左右) 둘너보이,

---

36) 계명=제명(題名)의 잘못인 듯함.
37) 천진=천지(天地)의 잘못.
38) 미아연=마하연(摩訶衍)의 잘못.
39) 엇더ᄒ고=엇더ᄒ고의 잘못.
40) 붕경 공부=불경 공부(佛經工夫)의 잘못.
41) 쳘이= 천리(千里)의 잘못인 듯함.
42) 만희암=만회암(萬灰庵)의 잘못.

별건곤(別乾坤) 여기로다./ 회셩용왕(灰成龍王) 져 바회는
쳔연(天然)이 승쳔(昇天)호 닷/그 우이 사즈봉(獅子峰)바회
용(龍) 밧드러 승쳔(昇天)호 둧./ 빅운디(白雲臺) 올나간이
만학 쳔봉(萬壑千峰) 구름 보쇼./ 식식(色色)이 보인 경쳐(景處)
셰렴(世念)이 머러지니./ 쇠사실 쌍줄 잡고,
층층(層層)이 올나 셔니,/승경(勝景)이 더옥 죠타.
안기 거더 비운(白雲)43)되고,/ 비운(白雲) 거더 다긔봉(多奇峰)ᄒᆞ니,
별건곤(別乾坤) 이 안인가?/무흔경(無限景) 그만 두고,
금강슈(金剛水) 마셔 보시./ 동편(東便)으로 나려 셔니,
금강(金剛) 우물 긔니(奇異)44)ᄒᆞ다./표즈박 글너너여
호 즌(盞) 물 마셔 보니,/ 흉격(胸膈)이 슝쾌(爽快)함에.
일비일비(一盃一盃) 부일비(復一盃)를/마실 슈록 승연(爽然)호 둧
이 물맛 만슬45)보면,/ 셰상(世上) 스람 반홀시고.
가셥동(迦葉洞) 들어셔니,/ 긔암 괴셕(奇巖怪石) 별경(別景)일쇠.
낙낙쟝숑(落落長松) 느러진디,/ 져 시솔이 실피 우다.
방정 마즌 져 홀미시,/ 뉘게 마즈 져리 알노?
두견(杜鵑)의 실푼 소리,/ 쳔츄(千秋) 눈물 불거구나.
녹슈 음농(綠水陰濃) 져 꾀고리/ 쳡의 꿈을 놀니엿다.
바회틈의 물소리는/ 오음 뉵률(五音六律) 쳔연(天然)함에.
젼후 좌우(前後左右) 슈풀 소긔/ 바람소리 더옥 죠타.
은은이 울인 동학(洞壑)/산명 곡응(山鳴谷應) 그이ᄒᆞ이.
졀벽간(絶壁間) 달인 입혼/ 풍낭(風浪)이 츔을 춘 닷
물가온디 빈친46) 곳혼/오식(五色)이 영농(玲瓏)ᄒᆞ이.

---

43) 비운=백운의 잘못.
44) 긔니=기이(奇異)의 잘못.
45) 만슬=맛을(마슬)의 잘못.
46) 빈친=비친의 잘못.

천만 체격(千萬體格) 바회 말슴/ 허황(虛荒)타고 듯지 마소.
너 말 어이 빈말이리?/ 천만연젼(千萬年前) ᄒᆞ엿니.
다른 경쳐(景處) 져만 두고,/ 가셥(迦葉)귀경 ᄌᆞ시(仔細) 듯소.
퉁소(筒簫)바회 싱학 바회/뉘가 불고 져긔 두며,
탕건(宕巾)이며, 스모(紗帽)바회/ 어늬 죠관(朝官) 버서 둔고?
거문고며, 횡금바회,/ 임ᄌᆞ 업시 노엿구나.
숨지충(三枝槍) 은월도(偃月刀)는/ 어늬 디중(大將) 쓴 거신고?
인(印)바회며, 홀(笏)바회는/분간(分揀)ᄒᆞᆯ 길 젼혀 업다.
안중(鞍裝)바회, 등ᄌᆞ(鐙子)바회,/ 오초마(烏雛馬)의 지엇던가?
압희셔 문는 바회/ 안져 디소(大笑)ᄒᆞ는 바회,
곱송고려 ᄌᆞ는 바회,/ ᄭᅩ박 ᄭᅩ박 졋습는닷,
둥실둥실 구으는 듯,/만년 티평(萬年太平) 긔ᄉᆞ(騎士)바회,
금시(今時)예 ᄯᅥ러진 닷,/반(半)만 피는 부용(芙蓉)바회,
거의 피는 목단(牧丹)바회,/오리바회, 거우바회,
활기 피고 나라는 듯,/봉황(鳳凰)이며, 학(鶴)두름이
너울너울 나리는 듯/시졀이매,보리미는
씽을 보고,덥치는 듯,/쳥용 황용(靑龍黃龍) 셔린 바회
구름 속이 노니는 듯,/이십니(二十里) 각식 봉만(各色峰巒)
형용(形容) 어이 다 할손가?/이다지 허황(虛荒)ᄒᆞᆫ 말
뉘 보고 미들손가?/안존(安存)ᄒᆞ고 참된 마암
실(實) 업서 다 못할쇠,/이 경(景) 져 경(景)다 던지고,
가셥(迦葉)골 졔일(第一)일쇠,/만천봉(萬千峰) 승경쳐(勝景處)의
가셥봉(迦葉峰)만 ᄒᆞ올손가?/두 고긔 느려 셔니,
슈미암(須彌庵) 긔이(奇異)항이,/이 암ᄌᆞ(庵子) ᄌᆞ시(仔細) 보니,
별건곤(別乾坤) 예 안인가?/좌우 봉만(左右峰巒) 둘닌 거동(擧動)
가셥동(迦葉洞) 흡ᄉᆞ(恰似)항의,/슈미(須彌)바회 슈빅(數百)길언
공교(工巧)ᄒᆞ고 이상(異常)ᄒᆞ다./네모를 갓긔 버려

층층(層層)이 싸효구나./인력(人力)인가? 천죽(天作)인가?
그이후고 괴중(宏壯)후다.⁴⁷⁾/다섯군디 인는 탑(塔)이
디소 분간(大小分揀) 더옥 죠타./흔 지(岾)를 너머 셔니,
절벽하(絶壁下)이 션암(船庵)일쇠./박빈거스(朴貧居士) 이 졀의셔
득도(得道)후여 갓다 후니,/돌비(碑)를 놉피 타고,
육신(肉身) 등공(騰空)후엿도다./외나무 웟티(危殆)흔 디,
십여 추(十餘次) 건니 셔니,/불지암(佛地庵) 긔이항에.
감노슈(甘露水) 조흔 물을/슈솜 표주(數三瓢子) 먹은 후(後)이
묘길숭(妙吉祥) 미럭(彌勒)부쳐/그도 역시(亦是) 경(景)이로다.
슈십(數十)길 놉흔 절벽/어늬 셕슈(石手) 숙엿든고?
시화 셰풍(時和歲豊) 조흔 셰월(歲月)/안밧 금강(金剛) 귀경후시.
안 산(山) 경쳐(景處) 거의 보니,/밧 산(山)이 죠타후니.
스션교(四仙橋) 너머 셔니,/안기가 통츙(通暢)후여
오중 뉵부(五臟六腑)시원홀스./만경(萬景)도⁴⁸⁾ 건늬 보니,
비포중(白布帳) 둘너 친 닷/별류천지(別有天地) 비인간(非人間)은
이곳을 일넛든가?/열 두칭(層) 폭포슈(瀑布水)는
하날 우이 나려진닷./은중 셩식(殷粧盛飾) 미여(美女)들은
옥경(玉京)노림⁴⁹⁾ 예 안인가?/셔왕모(西王母) 션여(仙女)라도
이곳의 귀경혼가?/이 경쳐(景處) 낫비 보고,
구용담(九龍潭) 드러셔니,/호박갓치 파인 구무
우물 갓치 파인 구무,/아홉군디 파인 디럴
낫낫치 귀경후주./이른 스젹(事蹟) 듯긔 되면,
허황(虛荒)이 막심(莫甚)항에./유졈스(楡岾寺) 법당(法堂)터은
구룡(九龍)의 못시로다./그 못쇠 구용(九龍) 잇셔

---

47) 괴중후다=굉장(宏壯)후다의 잘못.
48) 만경도=만폭동(萬瀑洞)의 잘못인 듯함.
49) 노림=노름의 잘못.

몟쳔연(千年) 의탁(依托)인고?/오십 숨불(五十三佛) 나온 후(後)의
유렴스(楡岾寺)50)터를 보고,/구룡(九龍)을 쫏츠니여
이 못셜 몟굇구나./효운동(曉雲洞) 스젹(事蹟) 듯소.
눈 먼 용(龍)의 노든 될쇠51)./부쳐 도슐(道術)을 어더 니여
이 모싁 눈발갓다./아홉층(層) 파닌 곳은
구룡(九龍)이 즈고 갓니./슈숨 마즁(數三馬場) 나려 셔니,
유졈스(楡岾寺) 즁할시고,/셕홍교(石虹橋) 건너 셔니,
산영누(山暎樓) 즁할시고./히탈문(解脫門) 들어 셔니,
스쳔왕(四天王) 교슐ᄒ다./용읍누(龍泣樓) 나려 셔니,
졔명 현판(題名懸板) 더 즁(壯)할스./형졔(兄弟)일홈 숙여든고?
요긴쳐(要緊處) 츠즈 드니./쳔디(天地) 만승 경쳐(萬勝景處)이
이도 역시(亦是) 귀경일다./지여문(地如門) 들어 셔니,
열 흔층(層) 셕탑(石塔) 보소./그 우의 능인보젼(凌寅寶殿)
법당(法堂)도 굉즁(宏壯)ᄒ의./목가슨(木假山) 물어 니여52)
가지가지 즁(壯)할시고./오십 숨불(五十三佛) 순금(純金)부쳐
공교(工巧)로이 안쳐도다./동편(東便)의 스당(祠堂)셥은
노츈시(盧偆氏) 되셧구나./그 아리 셧는 군스(軍士)
영낭포(永郞浦) 권롱(勸農)일시./이 스젹(事蹟) 즈시(仔細) 보면,
뉘 아니 취신(取信)할고?/셔흔(西漢)ㄴ라 효명황녜(孝明皇帝)
즉위(卽位)ᄒ지 갑즈년(甲子年)53)이./신나국(新羅國) 남히왕(南海王)은
단연으로 인연(因緣)이라./셔쳔 셔역(西天西域) 스위국(舍衛國)의
문슈보살(文殊菩薩) 불도(佛道)ᄒ여/황금(黃金)을 모아 들여

---

50) 유렴스=유점사의 잘못. 아마도 원전에 "유뎜스"로 표기된 것을 옮겨 쓰는 사람이 잘못 쓴 듯함.
51) 될쇠=데일세의 뜻.
52) 물어니여="무어니어"의 잘못.
53) 갑즈년=신라 제2대 남해왕 1년(4).

오십 숨불(五十三佛) 지어구나./쇠북이며, 은옥교(銀玉橋)
돌비예 실엇도다./만경 충희(萬頃滄海)면 말니(萬里)를
월지국(月氐國)에 다엿구나./그 임금 반겨 보고,
법당(法堂) 지여 뫼시랴니,/오십 숨불(五十三佛) 하는 말이
네 느라 연분(緣分) 업다./우리 밧비 퓌국(避國)ᄒ소.
갈길이 밥부도다./돌비를 돌여 타고,
조션국(朝鮮國) 도라 셔니,/고성(高城) 고을 면 말니(萬里)에
영낭포(永郎浦) 다이엿다./돌비를 다인 후(後)이
오십 숨불(五十三佛) ᄒ륙(下陸)ᄒ이,/션쥬암(船舟巖) 유슉(留宿)ᄒ고,
돌비를 업쳐 두고,/금강손(金剛山) 들어가시.
그 겻희 옥(獄)을 지어 /ᄉ공(沙工)얼 가두엇다.
만만리(萬萬里) 건니 와셔/무슨 죄(罪)로 구류(拘留)ᄒ고?
션쥬암(船舟巖) 볼죽시면, 이승(異常)코 긔이(奇異)ᄒ다.
ᄉ오간(四五間) 쳐마집의/각식(各色)으로 숨겻거다.
감실(龕室)갓치 쥐민 모양(模樣)/탁즈(卓子)갓치 걸엿구나.
현반(懸盤)갓치 걸인 모양(模樣)/호박갓치 파 잇구나.
그 압희 돌비 보소./업친 모양(模樣) 흡ᄉ(恰似)항에.
이곳의셔 쇠북 타고,/금강손(金剛山) 들어오네.
적기시(適其時) 권롱(勸農) 보소./오십 숨불(五十三佛) 귀경ᄒ늬,
희지는 줄 모르다가/괄령(官令)을 거역(拒逆)ᄒ늬.
고셩군슈(高城郡守) 노츄씨(盧偆氏)도54)/권롱(勸農) 치죄(治罪)ᄒ라 ᄒ니,
권롱(勸農)이 젼(傳)ᄒ 말이/이 니 말슴 즈시(仔細) 듯소.
영낭도(永郎浦)55) 다달나셔/오십 숨불(五十三佛) ᄒ륙(下陸)ᄒ듸,
희 지도록 귀경타가/관령(官令)을 어긔이다.

---

54) 노츄씨도="노춘씨도"의 잘못.
55) 영낭도=영랑포(永郎浦)의 잘못.

노츈씨(盧偆氏)반겨 듯고,/압셔우고 추즈 간다.
삼십니(三十里) 추즈 드니,/슈목(樹木)이 춤쳔(參天)ᄒ의.
쇠북 노흔 흔젹(痕迹) 보소./지금(至今)거지 완연(宛然)항에.
흔 고기 올나 셔니,/문슈보술(文殊菩薩) 지도(指導)ᄒᄂᆡ.
쏘흔 고기 다다르니,/노승(老僧)의 지로쳬(指路處)요,
도56) 흔 고기 올나 셔니,/기가 압희 인도(引導)흔다.
이 지 일홈 무어신고?/기지라 ᄒ엿구나.
쏘흔 고기 다달으니,/놀기57) 나셔 인도ᄒᄂᆡ.
목 말나 답답흔이 /우물이 긔이(奇異)항의.
이 우물 엇더흔고?/노츈정(盧偆井) 젼ᄒ엿너.
피곤(疲困)ᄒ여 누엇슨이/쇠북소리 반갑도다.
그 소리 반겨셔니,/환희령(歡喜嶺) 일넛구ᄂ.
졈졈(漸漸) 추즈 들어가니,/큰 못가의 남기 션니.
그남우 엇더흔고?/느름남기 중(壯)할시고.
그 남글 치어 보니,/오십 슴불(五十三佛) 안ᄌᆺ구나.
노츈씨(盧偆氏) 반겨 보고,/공슌 예비(恭順禮拜)ᄒ니,
오십 슴불(五十三佛) 좌답(坐答)흔다./그 다음 이른 말이
이곳이 니 곳일쇠,/쥬인(主人)이 즈너런가?
우리 쥬축(住着)ᄒ게 ᄒ소./쥬인(主人)만 젼혀 밋니.
노츈씨(盧偆氏) 디답(對答)ᄒ고,/급급(急急)히 도라왓다.
남희왕(南海王)끠 고(告)흔 후(後)/유졈ᄉ(楡岾寺) 중건(創建)ᄒ니.
노츈씨(盧偆氏) 거동(擧動) 보소./쥬야(晝夜)를 졍셩(精誠)일쇠.
인병부(印兵符) 바려두고,/부인(夫人)게 이별(離別)ᄒ니.
부인(夫人)긔 이른 말이/부부(夫婦)도 조컨마는,

---

56) 도="또"의 잘못.
57) 놀기="노루"의 사투리.

션도(仙道)만 갓흘손가?/부인(夫人)이 져 말 듯고,
간측(懇惻)ᄒ고, 가련(可憐)홀ᄉ./삼종지의(三從之義) 어이ᄒ고,
니 혼ᄌ 고ᄉᆼ(苦生)할가?/노츈씨(盧偆氏)ᄒ는 말이
셰렴(世念)을 어이ᄒ고,/나를 굿티 싸를ᄂᆞᆫ가?
압히 셔락 뒤예 셔락/금강산(金剛山) 들어간이,
금강산(金剛山) 거의 가셔/비 오기 엇진 일고?
져 부인(夫人) 거동(擧動)보소./즁독 덥홀 ᄉᆡᆼ각 나니.
앗즈 그려 싱각ᄒ니,/졍신(精神)이 엇즐하듸.
가도 오도 못ᄒ여셔/길 아리 업더졋다.
임ᄌᆡ 읍슨 귀신(鬼神)되여/지금(至今)거지 원혼(寃魂)일쇠.
ᄉ십니(四十里) 동구(洞口) 밧게/셩황 귀신(城隍鬼神) 어인 일고?
돈간(單間) 집 그림으로/부녀(婦女)의게 어더 먹니.
이런 ᄉ적(事蹟) 듯그되면58)/이ᄉᆼ(異常)ᄒ고 그이(奇異)ᄒ다.
법당문(法堂門) 열고 보니,/쳔ᄒ 졀보(天下絶寶) 예 잇도다.
금갑칙(金匣冊) 그이(奇異)ᄒ이./뉘 글시 명필(名筆)인고?
인목디비(仁穆大妃) 슈적(手跡)으로,/원당(願堂)을 ᄒ오셧다.
진쥬 방젹(眞珠紡績) 유리병(琉璃屛)은/파건(破件)이라 볼 것 업고,
잉무존(鸚鵡盞), 소라존(螺盞)은/희귀(稀貴)ᄒ 보화(寶貨)롤쇠.
오동 향노(烏銅香爐), 놋쇠향노(香爐)/지물(財物)도 마니 썻다.
ᄉ명ᄃᆡᄉ(四溟大師) 긔(旗)들 보소./ᄉ빅년(四百年) 완전(完全)항에.
요션젼(寥禪殿) 도라드니,/보물(寶物)도 더 즁(壯)항에.
왜병(倭甁)이며, 비단 즁막(緋緞帳幕)/궁녀(宮女)솜시 그이(奇異)항에.
졈졈(漸漸) 보아 들어간니,/긔졀쳐(奇絶處) 듸 볼손가?
슈빅간(數百間) 큰 졀집은/퇴락(頹落)ᄒ 일 졀통(絶慟)항의.
이 경(景) 져 경(景) 그만 두고,/즁ᄂᆡ원(衆來院) 귀경ᄒ시.

---

58) 듯그되면=듣게 되면의 뜻.

숨십니(三十里) 놉훈 봉(峰)의/간신(艱辛)이 올나 셔니,
봉만(峰巒)이며, 슈목(樹木)들은/안ᄉ 두고 반졀(半切)일쇠.
비 모양(模樣) 쳔죽(天作) 모시/오류(五六)길 깁홋도다.
폭포슈(瀑布水)며, 반셕(盤石)돌언/긔졀쳐(奇絶處) 만할시고.
쥬ᄂ원(州內院) 올나 셔니,/안기(眼界)가 통츙(通暢)항에.
만경ᄃ(萬景臺) 소슨 봉(峰)은/화격으로 달임ᄒ고,
지중봉(地藏峰) 놉흔 봉(峰)은/하늘 우희 다이엿고,
미륵봉(彌勒峰) 올나 셔니, 동희(東海)바다 평반(平盤)일쇠.
만쳔봉(萬千峰) 쥬먹 갓고./빅만(百萬)골 즌뉘발쇠.
귀암(龜巖)이며, 향노봉(香爐峰)은/그이(奇異)ᄒ고, 흡ᄉ(恰似)항에.
이 경(景)을 하직(下直)ᄒ고,/관동팔경(關東八景) 고르 보시.
고셩(固城)짜 슴일포(三日浦)는/졔일 강산(第一江山) 일넛구나.
ᄉ션졍(四仙亭) 건너 보니,/물가온ᄃ, 졍쇄(精灑)항에.
이 졍ᄌ(亭子) 뉘 지은고?/우리 션조(先祖) 충건(創建)일쇠.
몽쳔암(夢泉巖) 올나 셔니,/ᄉ젹(事蹟)도 그이(奇異)ᄒ다.
히금강(海金剛) 귀경ᄒ니,/물소옥이 봉만(峰巒)일쇠.
은은흔 만쳔봉(萬千峰)이/물밋희 완경(玩景)일쇠.
후쳔지(後天地) 조흔 경쳐(景處)/ᄯ 다시 예 잇도다.
간셩(杆城)ᄯ ᄌ마셕(自磨石)은/밋돌갓치 숨겻구나.
ᄌ야발중 갈인 흔젹(痕迹)/다시 보니, 이슝(異常)항에.
그 겻희 쳥간졍(淸澗亭)은/바다가의 구경쳐(求景處)요,
양양(襄陽)ᄯ 낙손ᄉ(洛山寺)ᄂ/별(別)귀경 ᄯ 잇도다.
의슝ᄃ(義湘臺) 놉흔 곳의/셰졍(世情)이 젼혀 업니.
관음굴(觀音窟) 올나 셔니,/바다 우익 ᄯ로 셧니.
물소리 어듸런고?/누(樓) 아리 위름(危凜)항익.
ᄉ젹(事蹟)을 ᄌ시(仔細) 보니,/긔이(奇異)홈을 다 볼손가?
귀경이 경(景) 아니라,/곡경(哭景)이 졍영(丁寧)항에.

소견(所見) 업슨 ᄌ식(子息) 두니, 이 말슴 헐이 마소.
ᄒᆞ번 경쳐(景處) 보랴 ᄒᆞ니,/죽을 지경(地境) 몃번인고?
도라서 싱각ᄒᆞ니,/부모(父母)임끠 득죄(得罪)로다.
관희(觀海) 귀경 조타 마소,/졔존귀예 물이 죠타.
유ᄉᆞᆫ(遊山) 귀경 죠타 마소,/졔 밧귀예 졔일(第一)일쇠.
식쥬가(色酒家) 반치 마소,/졔 부인(夫人) 일식(一色)일쇠.
이 말을 쳔(賤)히 보면,/정영(丁寧)이 오입(誤入)이리.
마소! 마소! 셰샹(世上) 스람/ᄌ셰(仔細)이 명염(銘念)ᄒᆞ소.
이 가ᄉᆞ(歌辭) ᄌ시(仔細) 보면,/금강(金剛) 귀경 안ᄌ 보리?
돈문 졸필(短文拙筆) 이쑨이라,/그만 져만 쥬리치니.
을묘(乙卯) ᄉᆞᆷ월일(三月日) 박지헌 희현(朴止軒熺鉉)은 셔(書)ᄒᆞ노라.

<필사본에서>

〈참 고〉

崔康賢,「미발표 금강산유산록(金剛山遊山錄)을 살핌」,『千峰李能雨博士七旬紀念論叢』, 大田:大田大學校,1990.

30. 관동장유가(關東張遊歌)

실명씨(失名氏)

해제 이 작품도 역시 지은이를 알 수가 없는 금강산 기행가사이다. 다만 그 지어졌을 듯싶은 연대만은 이 작품의 앞부분에서, "기미년 하사월 녹음방초 호시절에" 운운한 것으로 보아 철종 10년(1859:기미) 음력 8월 18일에 지은이는 금강산 여행길을 떠났음을 알 만하다. 내용은 지은이 가 어디서 출발하였는지는 밝히지 않았으나, 지금의 강원도 정선군(旌善郡) 화암동(畵巖洞) 계곡을 거쳐 무릉대를 지나 삼척으로 가서 두타산(頭陀山) 일대를 구경하고, 강릉 경포대를 구경하고, 낙산사를 지나 지금의 설악산 울산바위[天吼山], 계조굴(繼祖窟), 신흥사(新興寺)를 두루 구경하고, 청간(淸澗亭)을 지나 영랑호, 고성읍, 삼일포(三日浦), 통천읍, 천도 등 해금강을 구경하고 외금강, 내금강의 순으로 구경하고 장안사, 만천교로 돌아오기까지의 노정과 견문을 노래한 것이다.

관동팔경(關東八景)이 이 듕(중)의 잇느니라.
통천군(通川郡)   양양부(襄陽府)
고셩군(高城郡)   강능부(江陵府)
간셩군(杆城郡)   삼쳑부(三陟府)
평희군(平海郡)   울진현(蔚珍縣)

곤륜산(崑崙山) 일지믹(一支脈)이/슈만니(數萬里) 힝용(行龍)ᄒᆞ여
빅두산(白頭山)되엿시니,/우리 나라 됴종(祖宗)이라.
쟝빅산(長白山) 쩌러져서/턴녕(天嶺) 놉흔 고기
남북(南北)으로 분계(分界)ᄒᆞ고,/디간용(大幹龍) 한 가지가
동히(東海)바다 엽히 끼고,/금강산(金剛山)되엿시니,
금강산(金剛山) 엇더턴고?/텬하(天下)의 제일 명산(第一名山)이라.
듕국(中國)의 옛스롬도/글지어 이른 말이
원컨디 조선국(朝鮮國) 싱댱(生長)ᄒᆞ여/금강산(金剛山) 흔번
보리로다.ᄒᆞ엿시니,/듕국(中國)셔도 그러ᄒᆞ거든,
아국(我國)스롬 되여 나셔/한번 보지 못홀진디,
그 아니 한(恨)니 될가?/허물며 바다가의
관동팔경(關東八景) 버러 잇셔/곳곳지 명승(名勝)이오.
구셕구셕 별계(別界)로다./그 아니 됴흔 딘가?
긔미년(己未年) 하ᄉᆞ월(夏四月)/녹음 방초(綠陰芳草) 호시졀(好時節)의
우연(偶然)니 노는 막디/속이산(俗離山) 계룡산(鷄龍山)
화양동(華陽洞) 빅마강(白馬江)을/ᄎᆞ례(次例)로 다 본 후(後)의
동힝(同行)들의 이른 말이/금강산(金剛山) 단풍경(丹楓景)을
예붓터 일넛시니,/빅 위상(白露爲霜)ᄒᆞ올 적의
귀경 한 번 못홀손가?/츄풍(秋風)의 희요(稀邀)ᄒᆞ니,
유흥(遊興)이 도도(滔滔)ᄒᆞ다./츄셕후(秋夕後) 졔삼일(第三日)의
일긔 가장 쳥명(淸明)ᄒᆞ거눌/가바야운 힝장(行裝)으로
표여니(飄然) 문(門)을 나니,/진누(塵陋)를 하직(下直)ᄒᆞ고,
의금의 편쳔ᄒᆞ(遍天下)라./영낭 슉낭(永郎述郎)[1] 신션(神仙)들을
거의거의 볼 거시오./히산 풍경(海山風景) 됴흔 경(景)을

---

1) 슉낭=슐랑(述郎)의 잘못임.

곳곳지 보리로다./라 듁댱 망혜(竹杖芒鞋) 가는 길이
졍션(旌善)으로 몬져 드러/무륜디(沒雲臺)2) 그림바회
추례(次例)로 올나 보니,/무륜디(沒雲臺) 됴홀사고.
챵벽(蒼壁)이 디(臺)가 되고,/반셕(盤石)이 밋히 셜여
흘너가는 시닉물이/구뷔구뷔 흰돌이라.
지평(地平) 구뷔 십니 슈셕(十里水石)/진실(眞實)노 명승(名勝)일네.
그림바회 볼죡시면,/조화옹(造化翁)의 지조(才操)로다.
통한 반셕(盤石) 우희/졀벽(絶壁)이 둘너 잇고,
바회밋 엇덧턴고?/오치(五彩)가 영농(玲瓏)ᄒ다.
붓스로 그린 다시/단쳥(丹靑)빗 휘황(輝恍)ᄒ다.
디지영(嶺)넘어 셔셔/오십쳔(五十川)3) 건너가니,
관동(關東)의 졔일뉘(第一樓)4)라,/누빅(累百)길 층암(層巖) 우희
표묘(縹渺)히 지엇시니,/오십쳔(五十川) 큰 시닉가
징담(澄潭)되어 둘너 잇고,/빅ᄉ쟝(白沙場) 건너 셔셔
두터산(頭陀山)5),틱빅산(太白山)6)/셔남(西南)으로 먼니 뵈고,
그 남은 젹은 산(山)은/영츙(影窓)으로 병풍(屛風)갓치 펼쳐시니,
챵숑(蒼松)은 울울(鬱鬱)ᄒ고,/듁엽(竹葉)은 쳥쳥(靑靑)ᄒ다.
그 아니 승경(勝景)인가?/보ᄂ 니는 알녀니와
못본 스롬이야/형용(形容)흔들 엇지 알니?
진동문(鎭東門)7)나려가셔/퇴조비(退潮碑)8)구경하고,

---

2) 무륜디=몰운대(沒雲臺)의 잘못. 현 강원도 정선군 화암면에 있음.(?)
3) 오십천=현 강원도 삼척시내 죽서루 밑으로 흐르는 강.
4) 졔일뉘=여기서는 현 강원도 삼척시내에 있는 누각(樓閣)으로 관동팔경의 하나인 죽서루(竹西樓)를 가리킴.
5) 두타산=현 강원도 삼척군 무릉계곡에 있는 산. 높이 1353미터.
6) 틱빅산=현 강원도 태백시와 경상북도 봉화군 경계에 있는 산. 높이 1668미터. 태백산맥의 주봉이 있는 산.
7) 진동문=현 강원도 삼척시내에 있는 진동루(鎭東樓), 옛날에는 진영성 동문(鎭營城東門)이었음.

능파디(凌波臺)9)로 지로(指路)호니,/능파디(凌波臺) 볼죽시면,
초면목(初面目)의 쟝관(壯觀)이라./긔긔괴괴(奇奇怪怪) 바회들이
바다 속의 소수나셔/갑쥬(甲冑)혼 디장군(大將軍)과
염불(念佛)호는 슈즈(首座)즁과/스룸 모양(貌樣) 즘싱 모양(貌樣)
긔치 창검(旗幟槍劍) 버린 모양(貌樣)/형형 식식(形形色色) 괴상(怪狀)
토다.
놉흔 디셔 바라보니,/연단(鍊丹)혼 구름덩이
챵파(滄波)의 떠오른다./그리로셔 도라드러
두타산즁(頭陀山中) 드러가셔/삼화스(三花寺)의 슉소(宿所)호고,
무릉계(武陵溪) 구경호즈./졀일홈은 예붓터 엇짐인고?
쏫송이 셰 가지라./셔쳔국(西天國) 약스여러(藥師如來)10)
동국(東國)의 나올 젹의/삼형뎨(三兄弟) 갓치 왓너.
돌비 무어 타고,/동히(東海)바다 디엿눈디,
각각(各各) 연(蓮)꼿 가젓시디,/한 부쳐는 거문 연(蓮)꼿,
한 부쳐는 푸른 연(蓮)꼿/한 부쳐는 누른 연(蓮)꼿,
이쳐로 드러와셔/도쟝(道場)을 비셜(配設)호니,
삼화스(三花寺)라 일홈호니,/이 아니 고젹(古蹟)인가?
쏘 한 가지 젼(傳)혼 말이/이 부쳐 나올 젹의
룡(龍) 호나 타고 왓너./그 룡(龍)이 바회되여

---

8) 퇴조비=동해묘비(東海廟碑) 또는 척주 동해비(陟州東海碑)라고도 이름. 현종 2년(1661) 미수(眉叟) 허목(許穆)이 삼척부사(三陟府使)로 부임하여 해일(海溢)의 피해를 막고자 비문을 스스로 지어 전서(篆書)로 각자(刻字)하여 정라진(汀羅津) 마니도(萬里島)에 세웠던 비(碑). 뒤에 이 비가 없어지매, 숙종 36년(1710) 당시 부사 박내정(朴乃貞)이 육향산(六香山) 죽관도(竹串島)에 옮겨 새로 세웠음.
9) 능파디=현강원도 동해시 북평동 추암리 바닷가에 있는데, 바다 구경처로 유명함. 이 대 위에 해암정(海嚴亭)이 있음.
10) 약사여러=약사여래불(藥師如來佛)의 준말. 약사여래는 중생(衆生)을 질병에서 구제하여 준다는 부처임.

기울가의 누엇시니,/일홈이 룡(龍)바회라.
그 바회 볼죽시면,/흔젹(痕迹)이 완년(宛然)ᄒ다.
진실(眞實)노 그럿턴가?/지로승(指路僧) 압셰우고,
ᄉ쟈(獅子)목 드러가니,/기기(奇奇)ᄒ 봉만(峰巒)들이
좌우(左右)의 버러 잇고,/무릉계(武陵溪)11) 다다르니,
희고 흰 너른 반셕(盤石)/동학(洞壑)의 쌀엿고나.
그 가온디 시니물이/쒸놀면셔 ᄂ려오니,
영농(玲瓏)ᄒ고 긔장(奇壯)ᄒ다./그 우희 폭포(瀑布) 잇셔
슈십장(數十丈) 써러져셔/룡츄(龍湫)가 되엿더라.
화비령(화비嶺) 너머 셔셔/강능 읍니(江陵邑內) 드러가니,
어풍누(御風樓),/가히누(駕海樓)ᄂ/동(東)녁 남(南)녁 문누(門樓)되고,
한송(寒松)졀 나려가셔/한송졍(寒松亭) 올나가니,
녜 신션(神仙) 노던 ᄌ최/역역(歷歷)히 일넛시되,
신나(新羅)젹 네 신션(神仙)이/여긔 와셔 노랏다데.
돌졀구 돌부억 양식(糧食)찌코/약(藥)다리던 부억이오.
그 아리 우물 일홈은/슐낭(述郞)의 우물이니,
돌 다듬아 덥허노코,/이슴 갓치 돌을 파셔
그 굼그로 쩌 먹으니,/물맛시 쳥녈(淸冽)ᄒ데.
빅ᄉ쟝(白沙場) 압희 노코,/바다물은 밧긔 잇다.
디슈풀은 뒤히 잇고,/소나무 누쳔쥬(累千柱)가
좌우(左右)의 울울(鬱鬱)ᄒ니,/소쇄(瀟灑)한 풍경(風景)일네.
경포디(鏡浦臺)로 ᄎ져 가니,/경포디(鏡浦臺) 됴홀시고.
삼십니(三十里) 경호(鏡湖)물이/면경(面鏡)갓치 둥그럿코,
흰모리ᄂ 언덕되여/그 밧긔 만경창파(萬頃蒼波) 둘넛고나.

---

11) 무릉계=현 강원도 동해시 삼화동 두타산 입구에 있는 계곡, 경치가 아름답기로 유명함.

남(南)녁으로 솔슈풀리/은영(隱影)ᄒ여 그림갓고,
고기 잡ᄂ 어옹(漁翁)들과/나라가ᄂ 빅구(白鷗)들은
거울낯츨 희롱(戲弄)ᄒ다./동정호(洞庭湖) 악양누(岳陽樓)가
아모리 됴타 흔들/이갓치 장(壯)홀손가?
흉금(胸襟)이 쇄락(灑落)ᄒ고,/호탕(豪宕)ᄒ기 그지업다.
이곳의 오ᄂ 사롬/긔 뉘 아니 칭찬(稱讚)홀가?
풍쳥 월빅(風清月白) ᄒ올 젹의/일엽션(一葉船) 흘니 져어
옥통소(玉筒簫) 빗기 불고,/홍장암(紅粧巖) 도라가면,
그 아니 신션(神仙)인가?/양양(襄陽)으로 올나가니,
낙산사(洛山寺) 관음굴(觀音窟)은/바다가의 볼 거시오.
토왕폭(土王瀑) 비션디(飛仙臺)ᄂ/산듕(山中)의 구경ᄒ시.
낙산사(洛山寺) 드러가니,/크기도 크거니와
터 됴흔 도장(道場)일네,/화경 놉흔 언덕
일월츌(日月出) 보ᄂ 디라./일츌(日出)을 보량이면,
쳔하 장관(天下壯觀) 이 아니냐?/시벽의 이러나셔
바다흘 건너 보면,/하놀과 바다빗치
셩션젼(猩猩氈)12)을 펼쳣ᄂ가?/진홍(眞紅)물을 푸럿ᄂ가?
수멀수멀 한참 쓸니./그 밧그로 오싴 치싴(五色彩色)
영농(玲瓏)ᄒ게 어리엿다./잠간(暫間)사이 도라오니,
하놀과 바다틈이/진홍(眞紅) 징반 밧든 모양
션뜻시 올나셔니,/이야 진짓 녜출우신이로다.
홍년암(紅蓮庵) 츠져가니,/바다 우희 지엇더라.
홍년암(紅蓮庵) 완손편의/깁고 깁흔 굴(窟)이 뚤여
바다물이 드나들고,/굴 어귀 바회 우희

---

12) 셩션젼=셩셩젼(猩猩氈)의 잘못. 셩셩젼은 셩셩이의 피로 물들인 심홍색(深紅色)의 젼(氈).

법당(法堂)을 지엇ᄂᆞ듸,/압기동은 바다히오.
뒤기동은 굴 우히라./마로쳥 널 뚤고 보니,
나리미러 보게 드면,/무셥기도 그지업다.
컴컴한 굴(窟)속으로/풍낭(風浪)이 드리치면,
딘동(震動)ᄒᆞ는 그 소리가/뇌졍(雷霆)갓치 웅쟝(雄壯)ᄒᆞ다.
예붓터 젼(傳)ᄒᆞᆫ 말이/그 굴(窟)속 깁흔 곳의
관셰음(觀世音) 보살(菩薩)부쳐/머물너 잇다 ᄒᆞ여
신나시졀(新羅時節) 의샹ᄃᆡᄉᆞ(義湘大師)라/관음(觀音)을 보랴 ᄒᆞ고,
굴 우히 업ᄃᆞ여셔/지셩(至誠)으로 예불(禮佛)ᄒᆞ되,
관음을 못보거눌/ᄆᆞ음의 한(恨)니 되여.
바다의 ᄲᅡ지려 ᄒᆞ고,/몸을 더져 써러지니,
기동 가온듸,/룡(龍)이 잇셔
밧드러 너여/바화 우히 안친 후(後)의
구슬 옥(玉)조각을 /ᄃᆡᄉᆞ(大師)끠 드리더라.
굴(窟) 속의 관음 보살(觀音菩薩)이/슈졍 염쥬(水晶念珠) 손의 들고,
ᄃᆡᄉᆞ(大師)를 너여 쥬며,/ᄃᆡᄉᆞ(大師)다려 일은 말이,
ᄂᆡ 몸은 못보리라./이 산 우히 올나가면,
왕ᄃᆡ폭 위 소슨 곳의/나의 머리 우히니라.
ᄃᆡ폭 위 소슨 곳의/졀 ᄒᆞ나 지어보라.
ᄃᆡᄉᆞ(大師)가 ᄎᆞ져가니,/ᄃᆡ폭 위 소슷거눌,
그곳의 법당(法堂) 짓고,/부쳐 삭여 안쳐시니,
낙산ᄉᆞ(洛山寺)가 이 졀이라.
목조대왕(穆祖大王) 여긔 와셔 불공(佛供)ᄒᆞ고,/빅의ᄃᆡᄉᆞ(白衣大師) 현몽(現夢)후(後)의
익조대왕(翼祖大王) 탄강(誕降)ᄒᆞᄉᆞ/지금가지 일너오네.
텬후산(天吼山)13)ᄎᆞ져 가니,/봉만(峰巒)이 엇덧턴고?
돌노 ᄶᅡᆨ가 셰워시니,/칼도 ᄀᆞᆺ고, 창(槍)도 ᄀᆞᆺ고,

봉봉(峰峰)이 긔이(奇異)ᄒ다./텬후산(天吼山) 일홈 뜻이
녜부터 일넛스되,/바람이 불녀든지,
더우(大雨)가 오려 ᄒ면,/텬후산(天吼山)이 몬져 울어
그 소리 괴상(怪狀)한 죽/반다시 풍우(風雨) 잇셔,
징험(徵驗)이 분명(分明)ᄒ여/일홈을 지엇서되,
하놀이 부르지지ᄂ/산(山)이라.ᄒ여시니,
그 아니 이상(異常)ᄒ가?/그 아리 계조굴(繼祖窟)은
바회가 집이 되어/문(門) ᄒ나히 열엿시니,
그 속의 방(房)을 노코,/듕싱(衆生)들이 불공(佛供)ᄒ다.
ᄉ면(四面)의 큰 바회가/담도 되고 방셕(方席)되여
그 엽히 돌 ᄒ나히/ 바회 우히 언쳐ᄂ되,
한 ᄉ롬이 흔드러도,/흔들흔들,빅(百)ᄉ롬이
흔드러도 흔들흔들/더ᄒ지도 아니ᄒ고,
들ᄒ지도 아니ᄒ니,/호왈(號曰) 동셕(動石)이라.
신흥ᄉ(新興寺) 도라드러,/토왕셩폭(土王城瀑) 건너 보니,
만장 졍산(萬丈頂山) 놉흔 곳의/폭포슈(瀑布水) 쩌러지니,
쳔빅 장(千百丈) 너른 빅(白)깁,/반공(半空)의 거럿더라.
여산폭포(廬山瀑布) 됴타 ᄒ되,/이와 ᄀ치 장(壯)ᄒ던가?
지로승(指路僧) 인도(引導)ᄒ여/비션되(飛仙臺)14)츠져가니,
골도 깁고,산(山)도 놉다./와션되(臥仙臺) 드러가니,
시니바닥 한 가운되 반셕(盤石)이 쌀녓더라.
졈졈(漸漸) 츠져 깁히 가니,/동학(洞壑)이 별텬지(別天地)라.
동문(洞門)의 드러셔니,/식당(食堂)이 긔괴(奇怪)ᄒ다.
엇지ᄒ여 식당(食堂)인가?/밥상(床)것튼 바회로다.

---

13) 텬후산=지금의 강원도의 설악산(雪嶽山), 또는 울산바위라고 하는 산봉(山峰).
14) 비션되=비션대(飛仙臺)의 잘못. 비션대는 설악산에 있는 명소(名所).

빅옥(白玉)갓튼 큰 바회를/번듯훈 모양(貌樣) 널너 잇고,
큰 바회 젹은 바회/도모지 희고 희여
틧글 한졈 업더고나./그 스이 흐르는 물
왕왕(往往)이 폭포(瀑布)되여/좌우(左右)의 창벽(蒼壁)되여
병풍(屛風)의 그림 ᄀ치 쯰여 잇고,/금강봉(金剛峰),북쥬봉(북主峰)은
엇지 그리 고이ᄒ며,셕악산(雪嶽山)15)봉만(峰巒)들이
긔긔 묘묘(奇奇妙妙) 어리엿다./이리 보고 져리 보니,
아모려도 션경(仙境)일네./비션디(飛仙臺) 옛일홈이
정영(丁寧)이 그러ᄒ다./물 따라 올나가니,
안문다리 보문(普門)골이/십니 장곡(十里長谷) 슈셕(水石)이라.
김삼연(金三淵)16) 일은 말이,/슈셕(水石)을 의논(議論)ᄒ면,
비션디(飛仙臺)가 제일(第一)이라./여긔 와 구경ᄒ고,
그 말솜 비교(比較)ᄒ면,/아느니는 졀노 알니.
신흥ᄉ(新興寺) 동구(洞口)나셔/큰길노 올나가면,
죽도셤(竹島)셤 건너 보니,/흰구름 한 덩이가
바다의 뜬 것 ᄀ고,/쥭도(竹島) 속의 바회 ᄒ나
오목히 파엿는디,/그 속의 돌 ᄒ나히
져졀노 갈인다니./그 돌이 쑤러지면,
천지 기벽(天地開闢)ᄒ다 ᄒ니,/그 말이 올흘넌지?
간셩지경(杆城地境) 드러셔셔/청간졍(淸澗亭) 올나보니,
좌편(左便)은 만경디(萬頃臺)요,/우편(右便)은 만경누(萬頃樓)라.
풍경(風景)이 졀승(絶勝)ᄒ니,/팔경(八景)의 들니로다.

---

15) 셕악산=설악산의 잘못.
16) 김삼연=조선시대 학자이며, 시인이었던 김창흡(昌翕:1653-1722). 영의정 수항(壽恒:1629-1689)의 아들로, 시문에 뛰어나 형 농암(農巖) 창협(昌協:1651-1708)과 함께 율곡(栗谷)의 형제학자로 유명하였음. 저서로『삼연집(三淵集)』이 있음.

명ᄉᆞ 십니(明沙十里) 지나 셔셔/능파디(凌波臺) 츠져가니,
ᄉᆞ댱(沙場) 우희 산호(珊瑚)나히/돌 노피여 삼겻ᄂᆞᆫ디,
봉(峰)도 되고,골도 되어/온갓 형용(形容) 긔긔(奇奇)ᄒᆞ니,
귀신(鬼神)니 삭엿ᄂᆞᆫ가?/엇지 그리 신통(神通)ᄒᆞ며,
엇던 즘셩 파 먹은 지?/이디도록 공교(工巧)홀가?
이미 망냥(魍魎魍魎) 머리 굿고,/온갓 즘셩 얼골ᄀᆞᆺ치
쳔ᄇᆡᆨ(千百)가지 모양(貌樣)으로/형형 식식(形形色色) 이상(異常)ᄒᆞ데.
그 아ᄅᆡ 굴(窟)이 잇셔/음참(陰慘)ᄒᆞ게 깁허ᄂᆞᆫ디,
풍낭(風浪)이 이러나셔/바다물 드리칠 졔,
굴 압히 모라와셔/동(東)녁 바회 몬져 치고,
셔(西)녁 바회 들쳐 ᄯᅡ려/한편으로 이러셔며,
공듕(空中)의 번듯ᄒᆞ고,/놉흔 바회 씻더리고,
훗터져 ᄂᆞ려질 졔/ᄇᆡᆨ셜(白雪)갓치 헛날니며,
우박(雨雹)ᄀᆞᆺ치 ᄯᅥ러지니,/그 소리 뇌졍(雷霆)ᄀᆞᆺ치
산(山)골이 진동(震動)ᄒᆞ니,/그 아니 댱관(壯觀)인가?
바회 도 이상(異常)ᄒᆞ나,/이것 보기 더욱 됴타.
아야구뷔 지나다가/ ᄌᆞ마셕(自磨石) 츠져 보니,
우 아ᄅᆡ 두 바회가/제졀노 갈닌다데.
바다가의 산모통이/바회들이 싸혓ᄂᆞᆫ디,
큰 바회 우희 잇셔/돌이 괴여 밧쳐 잇고,
업집쳐로 허공(虛空)ᄒᆞ디,/그 아ᄅᆡ 큰 돌 잇셔
웃 바회ᄂᆞᆫ 우묵ᄒᆞ고,/아ᄅᆡ돌은 부리 졋고,
두 바회를 술펴보니,/갈인 흔젹(痕迹) 완연(宛然)ᄒᆞ여
믜돌갓치 달랏더라./구경ᄒᆞᄂᆞᆫ ᄉᆞ롬들이
시험(試驗)ᄒᆞ여 보려 ᄒᆞ고,/웃바회의 먹을 갈아
표(標)을 ᄒᆞ고,몃칠 후(後)의 보게 드면,/먹무든 것 업셔지고,
돌가로가 흘너 잇니./그 모양(模樣) ᄌᆞ시 보니,

우희돌은 븟박이/ 큰 돌들이 괴엿시니,
  느려 올 슈 젼혀 업고,/아리돌은 따로 잇셔
올나가셔 가나 보데./두 바회 냥편(兩便)가의
다른 돌을 술펴보니,/그도 쏘한 웃쳐져셔
겻히 돌도 갈엿더라./쳔지간(天地間)의 바회돌이
여긔져긔 만컨만은/졔졀노 가는 바회
쏘 어디 잇셔스며,/우희돌은 갈녀니와
아리돌이 올나가셔/스이스이 가는 모양(模樣)
그 아니 이샹(異常)흔가?/음양 조화(陰陽造化) 고이ᄒ다.
그 압히 반셕(盤石) 우희/동셕(動石)이 노혓시니,
쏘한 계조굴(繼朝窟)과 갓다더라./고셩지경(高城地境) 드러셔셔
지경(지경)고기 올나셔니,/금강산(金剛山) 동편(東便) 얼골
낫낫치 뵈이는더,/긔묘(奇妙)히 싹근 산(山)니,
봉봉(峰峰)이 긔괴(奇怪)ᄒ여/평싱(平生)의 의중(誼重)흔 고인(故人)
타향(他鄕)의 맛남 갓고,/쳔하(天下)의 명하ᄉ(名下士)[17]를
처음 얼골 보앗는 듯,/반갑기도 그지업데.
영낙호(永郞湖)[18] 지나가셔/구션봉(求仙峰) 우러러 보니,
엇지 그리 긔묘(奇妙)ᄒ냐?/돌노 싹가 셰웟는더,
낫낫치 그이ᄒ다./그 우희 우믈 잇고,
바돔판 삭엿시니,/신션(神仙) 노던 즈최로다.
현종암(懸鐘巖) 구경ᄒ니,/쇠북 달던 바회로다.
보셜암(보셜암)구경ᄒ니,/바다 속의 돌 ᄒ나히
비 모양(模樣)이 되엿시니,/예로붓터 젼(傳)흔 말이
셔쳔국(西天國) 오십삼불(五十三佛)/동히(東海)로 나올 젹의

---

17) 명하ᄉ=명하사(名下士). 문예(文藝)에 재주가 있거나, 명망(名望)이 높은 사람.
18) 영낙호=영랑호(永郞湖)의 잘못.

돌비를 타고 나와/바회 밋히 비를 미고,
유졈ᄉ(楡岾寺)의 드러갈 졔,/돌비는 업허지고,
그 비줄민든 흰젹(痕迹)19) 잇셔/바회을 볼작시면,
휘휘 츤츤 감던 모양(模樣)/울먹 줄먹 분명(分明)ᄒ니,
줄 민 거시 분명(分明)ᄒ가?/남강(南江)을 건너셔니,
금강산(金剛山)밧산 물이/모도 모혀 강(江)이 되고,
구션봉(求仙峰) 뒤가지가/ 젹벽(赤壁)이 되엿고나.
비를 연회(宴會)ᄒ니,/젹벽(赤壁)이 과연 됴타.
물은 깁허 푸르럿고,/붉은 모리 희고희다.
소나모 젓나모/벽상(壁上)의 얽혓시니,
그림으로 나린 모양(模樣)/엇지 다 형용(形容)ᄒᆞᆯ가?
고셩읍닉(高城邑內) 드러가니,/동편(東便)의는 거북바회,
셔편(西便)의도 거북바회/두 바회가 용호(龍虎)되여
두 거북이 마조 본다./고셩 아ᄉ(高城衙舍) 셔편 언덕의
히산졍(海山亭)을 지엇시니,/동(東)으로는 바다 뵈고,
셔(西)흐로는 금강(金剛) 뵈니./큰 바다 푸른 물의
칠셩봉(七星峰) 내려뵈고,/금강산(金剛山) 쳔만봉(千萬峰)은
쳠하(簷下)밧긔 현신(現身)ᄒ니,/ᄯᅩ 한편 브라보니,
남강(南江)물이 씌가 되어시니,/관동 명승(關東名勝) 이 아닌가?
ᄃᆡ호졍(帶湖亭) 엇더ᄒᆞᆫ고?/남강(南江)가 반셕(盤石) 우희
소(沼) 셰히 지엇시니,/빅ᄉ장(白沙場) 압히 노코,
젹벽(赤壁)을 빗기 보믹,/고잠촌(고잠촌) 건너 보니,
졍영(丁寧)ᄒᆞᆫ 그림일네./히금강(海金剛) 구경ᄒᆞ시.
히금강(海金剛) 엇더턴고?/풍구암(風具巖) 한가지가
풍구산(풍구산) 되여 잇고,/풍구산(풍구산) 써러져셔

---
19) 흰젹=흔젹(痕迹)의 잘못.

입셕진(입석진) 되어시니,/희고 흰 괴셕(怪石)들이
빅스댱(白沙場)의 느러셧너./뉵지(陸地)의도 그러ᄒᆞ고,
물속의도 더욱 만하/신션(神仙) 갓고,부쳐 갓고,
산(山)도 갓고,뫼도 갓고,/창검(槍劍)갓치 긔긔 별별 모양(別別模樣)
파도(波濤) 속의 각각(各各) 셧너./놉흔 산(山) 깁흔 구렁
식식(色色)이로 되어셔라./놉고 나즌 그 모양(貌樣)이
현황(眩慌)ᄒᆞ게 빅(百)가지로 싱겻시니,/만물초(萬物肖) 이러ᄒᆞ가?
듕향셩(衆香城) 이갓튼가?/물밋츨 구버보니,
층층(層層)한 긔암괴셕(奇巖怪石)/물 속의 잠겻더라.
칠셩봉(七星峰) 일곱 바회/셔남(西南)으로 버러 잇셔,
엇지 그리 그이ᄒᆞ고?/져녁 쩨 되온 후(後)의
셕양(夕陽)이 빗최거놀/눈을 들고 바라보니,
녕농(玲瓏)ᄒᆞ고,긔졀(奇絶)ᄒᆞ다./바다 속의 금강산(金剛山)이
이럿타시 긔묘(奇妙)ᄒᆞ다./ᄒᆡ금강(海金剛)이라 일홈ᄒᆞᄂᆞ데.
보기를 다흔 후(後)의/삼일폭(三日浦)[20]ᄎ져 가세.
고성읍너(高城邑內)셔북(西北)으로 /십니 쟝송(十里長松) 지ᄂᆞ가셔
솔슈풀 드러가셔/십니 쥬회(十里周回) 되ᄂᆞᆫ 물이
둥글게 되여 잇고,/그 가온더 셤 ᄒᆞ나히
큰 바회로 봉(峰)이 되고,/소나모와 단풍나모
좌우(左右)로 돌나셧다./ᄉᆞ션졍(四仙亭) 지엇시니,
소쇄(瀟灑)ᄒᆞ고 졀긔(絶奇)ᄒᆞ다./건너셔 얼풋 보니,
표묘(縹渺)ᄒᆞ고 졀긔(絶奇)ᄒᆞ다./은영(隱影)ᄒᆞ여 분명(分明)흔 그림일네.
셔역편 산(山)밋흐로,/몽쳔암(夢泉庵)이 뵈이거눌,
소리ᄒᆞ여 불너보니,/곳갈 쓴 듕 ᄒᆞ나희
비를 져어 오ᄂᆞᆫ지라./비의 올나 셜니 져어

---

20) 삼일폭=삼일포(三日浦)의 잘못.

스션졍(四仙亭)의 올나 보니,/거울 ᄀᆞ치 둥근 물의
셕봉(石峰)이 소삿ᄂᆞ딕,/동(東)녁, 셔(西)녁, 남(南)녁ᄒᆞ로,
삼십 뉵봉(三十六峰) 둘너 잇셔,/표묘(縹渺)ᄒᆞ게 보이더라.
신션(神仙)니 잇게 되면,/여긔 아니 놀겟ᄂᆞ가?
분명(分明)ᄒᆞᆫ 션경(仙境)이오,/인간 셰계(人間世界)아니올네.
녜 신션(神仙) 노던 디라./졍ᄌᆞ(亭子) 일홈 스션(四仙)이오.
삼일(三日) 묵고 놀나시니,/모 일홈은 삼일포(三日浦)라.
셔편(西便)으로 무션딕(舞仙臺)ᄂᆞᆫ/신션(神仙) 츔 춘 곳이로다.
남(南)녁ᄒᆞ로 단션암(丹仙巖)은/녜 신션(神仙) 졔명(題名) 잇고,
북편(北便)으로 ᄉᆞ지암(獅子庵)은/ᄉᆞ지(獅子) 모양(貌樣) 졍영(丁寧)ᄒᆞ데.
비를 져어 연희(宴戱)ᄒᆞ고,/ᄯᅩ한 단션암(丹仙巖) 글ᄌᆞ 보니,
슐낭도 남셕힝(述郞徒南石行)/글ᄌᆞ 여ᄉᆞᆺ 삭엿ᄂᆞ딕,
희미(稀微)ᄒᆞ나 완연(宛然)터라./몽쳔암(夢泉庵) 드러가니,
몽쳔암 일홈이야/예부터 이상(異常)터라.
이곳의 졀 지을 젹/물이 업셔 걱졍ᄒᆞ니,
신인(神人)이 현몽(現夢)ᄒᆞ여/한 곳을 가라치며,
파 본즉 시암이라./인ᄒᆞ여 졀일홈을
몽쳔암(夢泉庵)이라 ᄒᆞ엿다데./동편(東便)으로 올나가니,
문(門)바회가 그이ᄒᆞ다./좌우(左右)희 셕벽(石壁) 셔고,
바회가 쳔쟝(千丈)되여/쟝인(匠人)을 드려 지엇슨들,
이여셔 더ᄒᆞᆯ손가?/동편(東便)으로 디히(大海)가 접쳔(接天)ᄒᆞ고,
삼일폭(三日瀑) 압희 노하/경면(鏡面)갓치 영농(玲瓏)터라.
통쳔(通川)으로 올나갈 졔/금강산(金剛山) 엽희 ᄭᅵ고,
ᄒᆡ변(海邊)으로 ᄎᆞ져가니,/쳔니 쟝셩(千里長城) 바회 우희
미바회 긔이(奇異)ᄒᆞ다./쳐연(天然)ᄒᆞᆫ[21] 보라미가

---

21) 쳐연ᄒᆞᆫ=쳔연(天然)ᄒᆞᆫ의 잘못.

봉(峰) 우희 안젓구나./몃 만년(萬年) 날지 아니ᄒ고,
박인 다시 안젓시되,/지금 장촛 날 듯ᄒ데.
돗벼루 지나 셔셔/빅정봉(白井峰) 구경ᄒ니,
십니 쳥산(十里靑山) 혐(險)ᄒ길의/촌촌(寸寸)이 올나가니,
긔긔(奇奇)한 봉만(峰巒)들이/모도 돌노 되엿더라.
바회가 편편ᄒ더,/오목ᄒ고 둥그러지 듯,
갓튼 형용(形容)들이/무슈(無數)히 되엿기로,
일홈이 빅정(百井)이라./문(門)바회 지나가셔
통쳔읍니(通川邑內) 얼픗 지나,/금난굴(金爛窟) 건너 보니,
바다 셕봉(石峰)밋희/굴이 쓸여 깁헛더라.
빈 타고 드러가며,/먼니먼니바라보니,
부쳐 형용(形容) 거긔 잇셔,/희미(稀微)히 보이더라.
젼(傳)ᄒ여 오는 말이/관음보살(觀音菩薩) 거긔 잇니.
그 압히 셧는 돌이/낫낫치 긔묘(奇妙)ᄒ고,
바회의 문치(紋彩) 잇셔,/공교(工巧)ᄒ게 빗치 난다.
총셕졍(叢石亭) 츠져가니,/총셕졍(叢石亭) 구경 엇더ᄒ고?
쳔하(天下)의 쟝관(壯觀)일네./바다가의 산 하나히
바다를 드러가셔/웃둑이 쓴어지고,
그 밋희 돌이 잇셔/그듕 놉흔 네 기동이
물 가온디 쌔혀 나고,/그 가의 쳔빅(千百)가지
슈(數)업시 쓰힌 돌이/안즌 것,누은 것,
뉵지(陸地)의 잇는 것,/흙 속의 뭇친 것,
물 속의 줌긴 것/도모지 한 모양(貌樣)이라.
그 모양(貌樣) 엇더한고?/말노라도 못다 ᄒ고,
붓스로도 어려워라./모양(貌樣)을 보량이면,
돌마다 여슷 모홀/졍졔(整齊)ᄒ게 깍가 잇니.
먹줄 치고,즈로 즈혀 톱으로 혀닉인지?

디퍼로 미럿던가?/우 아러 곳곳ᄒ며,
모모히 반듯ᄒ고,/면면(面面)니 방졍(方正)ᄒ다.
조각을 마련(磨練)ᄒ여/플노 붓쳐 너엿ᄂ지?
혼솔이 각각(各各) 잇니,/스롬의 열 손가락
한 디 모힌 모양(貌樣)이오,/왕(王)디퉁 한 아람을
뭇거 셰운 형용이라,/층층(層層)이 가론 금이
연(連)ᄒ여 둘너 잇니,/지조 잇는 쟝인(匠人)다려
싹가 나여 일웟슨들/낫낫치 뉵모흐로,
이갓치 공교(工巧)홀가?/ᄒ나 둘흔 그럿타 ᄒ려니와
누쳔 누빅(累千累百) 여러 돌을/엇지 그리 곳게 된고?
신통(神通)ᄒ고 긔이(奇異)ᄒ여/형언(形言)홀 길 바히 업니.
쳔하 댱관(天下壯觀) 아닐손가?/이 바다로 올나가셔,
안변(安邊)짜 국도(國島)셤을/물길의 십니(十里)를 드러가면,
셤 속의 잇는 돌이/모도 이런 모양(貌樣)이니,
더욱 긔이(奇異)ᄒ다 ᄒ데,/협곡 지경(歙谷地境)²²⁾쓀닌 셤은
쏘한 아니 이샹(異常)흔가?/바다 속의 셤이 잇셔
굼기 크게 쓀녓시디,/비 타고 왕니(往來)ᄒ면,
그 겻히 총셕(叢石) 둘이/더욱 긔이(奇異)ᄒ오미라.
영동 칠읍(嶺東七邑) 오빅니(五百里)의/됴흔 구경 다 ᄒ엿니.
그만 져만 졔쳐 노코,/금강산듕(金剛山中) 들어가세.
고셩(高城)으로 도로 나려/온졍(溫井)의 목욕(沐浴)ᄒ고,
만물쵸(萬物肖) 드러가니,/삼십니(三十里) 긴긴 골의
만쳡산(萬疊山) 드러가미,/희미(稀微)흔 플길의
간신간신(艱辛艱辛) 츠져가니,/셰샹(世上)의 이런 구경
어디라셔 잇슬손가?/만물쵸(萬物肖) 여긔로다.

---

22) 협곡 지경=현 강원도에 딸린 지명인 흡곡 지경(歙谷地境)의 잘못.

금강산(金剛山) 됴타 말이 /어긔와셔 알니로다.
바회가 문(門)이 되고,/동학(洞壑) ᄒᆞ나 되엿는더,
그 속이 엇더ᄒᆞ고?/휘황 찬난(輝煌燦爛) 금작ᄒᆞ다.
옥(玉)갓튼 봉만(峰巒)들이/ᄉᆞ면(四面)의 층층(層層)ᄒᆞ고,
ᄉᆞ룸갓튼 봉만(峰巒)들이/쳔만(千萬)가지 되어 잇닉.
삭엿는가? 싹갓는가?/셧는 ᄉᆞ룸 안즌 ᄉᆞ룸
팔장 들고,읍(揖)ᄒᆞ는 듯,/구불구불 졀ᄒᆞ는 듯
관디(冠帶) 입고,ᄉᆞ모(紗帽) 쓰고,/님군긔 뵈옵는 듯,
노쟝(老長)즁이 송낙(松絡) 쓰고,/부쳐님긔 예불(禮佛)ᄒᆞ며,
투고 쓰고 갑쥬(甲胄) 입은/쟝군(將軍)의 형용(形容)이오.
머리 고기 분단당(粉丹粧)ᄒᆞ/미인(美人)의 형용(形容)일네.
ᄉᆞ룸의 모양(貌樣)도 그러ᄒᆞ거니와/즘성의 모양(貌樣)으로
형용(形容)으로 ᄒᆞ량이면,/온갓 모양(貌樣) 신통(神通)ᄒᆞ다.
룡(龍)도 ᄀᆞᆺ고,범도 ᄀᆞᆺ고,시도 ᄀᆞᆺ다./나는 놈,닷는 놈,
형형식식(形形色色) ᄀᆞᆺ틈도 ᄀᆞᆺᄒᆞᆯ시고./얼풋 보면,놀납고,
ᄌᆞ시 보면,신긔(神奇)ᄒᆞ다./조화옹(造化翁)의 처음으로,
만불(萬佛)[23]을 형용(形容)ᄒᆞᆯ 졔,/여긔 와셔 ᄒᆞ엿던가?
신계ᄉᆞ(新溪寺)로 도라드러/봉만(峰巒)을 볼죽시면,
희고 희게 긔이(奇異)ᄒᆞ다./슉쇼(宿所)ᄒᆞ고,그 잇튼날,
구룡년(九龍淵)의 팔담(八潭)으로,/드러가 구경ᄒᆞ셰.
의질(蟻蛭) 남여 십여명(男女十餘名)을/깁흔 산골 속의
촌촌(寸寸)이 드러가니,/흙 ᄒᆞᆫ 쥼 업는 길의
바회와 물ᄲᅮᆫ이라./층암 졀벽(層巖絶壁) 험악(險惡)ᄒᆞ더,
간신간신(艱辛艱辛) 추져 가니,/바회 우희 단풍(丹楓) 드러

---

23) 만불=원문에는 만불(萬佛)로 되어 있으나, 문맥상으로 보면, "만물(萬物)"이
옳겠음.

셩셩(猩猩)ᄀᆞ치 다홍(多紅)빗치/눈압희 현황(眩慌)ᄒᆞ니,
휘황 찬난(輝煌燦爛)ᄒᆞ온 빗치/고음도 고흘시고.
오션암(五仙巖),감ᄉᆞ담(監司潭)/좌졍암(座定巖),앙지디(仰止臺)로,
금강문(金剛門) 드러가니,/큰 돌이 놉게 셔셔,
길을 막아 갈길 업니./돌틈으로 드러가며,
계유 계유 용신(容身)ᄒᆞ여/옥유동(玉流洞) 다다르니,
홀련(忽然)니 명낭(明朗)ᄒᆞ다./빅옥(白玉)ᄀᆞ흔 반셕(盤石)들이
샹하(上下)의 실여 잇고,/그 우희 폭포슈(瀑布水)가
구슬쳐로 훗터져셔 오니그려/그 밋히 징담(澄潭)되여
묽기도 이샹(異常)ᄒᆞ다./좌우(左右)의 봉만(峰巒)들은
빅옥(白玉)갓치 싹가 잇고,/둘녀 셧ᄂᆞᆫ 챵벽(蒼壁)들은
이샹(異常)ᄒᆞ게 되엇더라./금강산(金剛山) 니외산(內外山)의
반셕(盤石) 슈셕(水石)이/쵸면목(初面目)의 졔일(第一)인 듯,
ᄎᆞᄎᆞ로 ᄎᆞ져 올나가니,/위티(危殆)흔디 만흘시고,
허공(虛空) 원디 건너가면,/졀벽 빙이(絶壁憑崖) 안고 도니.
ᄉᆞ슬도 줍고 가며,/업디여 긔ᄂᆞᆫ 거동(擧動)
그 아니 험(險)홀손가?/연담고 지ᄂᆞ가니,
외팔담(外八潭) 가ᄂᆞᆫ 길이/산(山)으로 올나가니.
비로봉(毘盧峰) ᄂᆞ린 물이/팔담(八潭)이 되엇고,구룡(九龍)되여
층층(層層)이 폭포(瀑布)되고,/구븨 구븨 못시 되니,
지지 녑녑(枝枝葉葉) 긔이(奇異)ᄒᆞ다./셋지 못 볼죽시면,
웅장(雄壯)ᄒᆞ고,무섭더라./여듭 못 ᄯᅥ러져셔
구룡연(九龍淵)되여 잇고,/산(山)길노 ᄂᆞ려셔셔
골노 도로 드러가니,/왼손편 졀벽(絶壁) 잇셔
수빅(數百)길 놉하더라./그 우희 물 한 줄기
ᄯᅥ러져 ᄂᆞ려오다/듕간(中間)의 훗터져셔
실갓치 흔들 흔들/셰우(細雨)ᄀᆞ치 훗날녀셔

반셕(盤石)의 느려지니,/일홈이 비봉폭(飛鳳瀑)이라.

올흔 편 무봉폭(舞鳳瀑)은/기울이 쏘다지며,

삼ᄉ장(三四丈)을 드리윗니./기울물 우아리로

돌빗치 모도 희다./셕벽(石壁)을 안고 도라

슈 삼니(數三里) 올나가셔/구룡연(九龍淵) 다다르니,

돌바닥 우아리가/돌 반셕(盤石) ᄒ나ᄲᆞᆫ니로다.

우흐로 층암 절벽(層巖絶壁)/쟝셩(長城) 굿티 둘너 잇고,

팔담(八潭)으로 느린 물이/그 우흐로 ᄯᅥ러지니.

비류직하 삼천쳑(飛流直下三千尺)24)ᄒ니,/은하의시 은하낙구텬(銀河
疑是銀河落九天)25)니라.ᄒ미

이를 두고 일음인가?/완연(宛然)니 은하슈(銀河水) ᄯᅥ러지고,

진쥬(眞珠) 몃셤 쏘다진 듯,/긔절(奇絶)ᄒ고,웅장(雄壯)ᄒ다.

절벽(絶壁)밋 반셕상(盤石上)의/굼기 크게 ᄯᅮᆯ엇논디,

둥그럿케 되엿고나./가마솟 아가린가?

슈레박회 모양(貌樣)일세./폭포(瀑布)가 ᄯᅥ러지며,

그 못슬 급(急)히 ᄶᅥᆺ니./못물이 쒸놀면셔

셩 니는 모양(貌樣)이니,/그 소리 진동(震動)ᄒ여

벽녁(霹靂)ᄀᆞ치 무셔우니,/긔세(氣勢)를 볼죽시면,

무셥고 놀나와셔/ᄀᆞ가이 못갈너라.

숨얼 숨얼 ᄭᅳᆯ는 물이/넘쳐셔 느려 온다.

바회가 ᄯᅮ러지고,/쏘 한 못시 되엿시니,

우희 못 비홀진디,/둥글기도 거의 ᄀᆞᆺ고,

---

24) 비류직하삼천쳑=폭포수가 허공중을 흘러 약 900미터의 높이를 쏟아져 내림.
당(唐)나라 이백(李白)이 「망여산폭포(望廬山瀑布)」라는 제목으로 읊은 시의
셋째구임.
25) 은하의시은하낙구텬=앞주의 이백시(李白詩)의 끝구인데, 의시은하낙구천(疑是
銀河落九天)이 옳다. 뜻은 여산폭포의 장엄한 모양이 마치 하늘에서 은하수
가 쏟아져 내리는 듯하다는 것임.

크기는 더욱 크다./가에 돌 믯그러워
실쪽(失足)ᄒ면, 쌘질너라./우리 나라 삼더폭(三大瀑)의
이 폭포(瀑布)가 제일(第一)인 둣/여산폭(廬山瀑)26)엇덧턴고?
이여셔 더홀손가?/이러ᄒ 바회돌과
이갓흔 깁흔 못시/여산(廬山)도 잇셧는가?
댱(壯)흠도 쟝(壯)홀시고./승가(僧家)의 전(傳)ᄒ 말이
유점ᄉ(楡岾寺) 아홉 뇽(龍)이/붓쳐의게 쫏치여셔
못 속의 왓다 ᄒ데./우리 나라은 폭포(瀑布)가
세곳의 잇다 ᄒ되,/이 폭포(瀑布)가 제일(第一)이라.
의논(議論)들이 그러ᄒ여/박연폭(朴淵瀑) 비홀진더,
나은 더가 만타 ᄒ데./구경을 다 흔 후(後)의
발연동(鉢淵洞) ᄎᄌ가니,/돌 하나히 연못되여
둥굴기도 신통(神通)ᄒ다./폭포슈(瀑布水) 나리 찌어
징담(澄潭)이 되엿구나./발연ᄉ(鉢淵寺)는 터만 잇고,
븬 산(山) 속의 시너물만/젹젹(寂寂)히 흐르더라.
폭포암(瀑布암) 보량이면,/이샹(異常)이도 쳥결(淸潔)ᄒ다.
빅옥(白玉)ᄀᆞᆺ흔 바회 우희/은(銀)빗ᄀᆞᆺ튼 폭포(瀑布)물이
휘휘 도라 나려가셔/징담(澄潭)이 되엿구나.
냥북닉(楊蓬萊)27)글시 삭여/봄닉(蓬萊)28)로라 ᄒ엿더라.
홍예(虹霓) 트러 노흔 다리/시너 우희 그져 잇닉.
경고(경庫)를 지니 가니,/물방하 만히 잇셔
유점ᄉ(楡岾寺) 둥의 냥식(糧食)/이곳의셔 용정(舂精)ᄒ데.

---

26) 여산폭=중국 강서성구강현(江西省九江縣) 남쪽에 있는 명산(名山) 여산(廬山)의 폭포(瀑布).
27) 냥북닉=양봉래(楊蓬萊)의 잘못. 양봉래는 조선시대 시인이며 서예가였던 양사언(楊士彦)의 호(號).
28) 봄ᄂᆡ=봉래(蓬萊)의 잘못인 듯함. 양봉래는 이곳 반석에 "蓬萊楓嶽元化洞天"이라는 팔자(八字)를 크게 써 놓았다고 함.

빅쳔교(百川橋) 다다르니,/옛젹의 홍예(虹霓)다리
큰 물의 문허지고29),/널다리로 단니더라.
열 두 폭포(瀑布) 느린 물이/원통(圓通)골노 흘너온다.
송임굴(松林窟)의 원통(圓通)이/그 굴 속의 잇셧더니,
지금은 업셔지고,/다만 굴(窟)만 남엇더라.
젹령영(嶺) 올나가니,/놉기도 놉흘시고.
듕디(中臺)의 올나 안져/바다흘 굽어 보니,
일망 무지(一望無地) 시원터라./노루목 지나 셔셔
단풍교(丹楓橋),오유교(五柳橋)와/노츈(盧偆)우물 지나 셔셔
유졈ᄉ(楡岾寺) 드러가니,/터도 됴코,졀도 크고,
금죽이도 웅쟝(雄壯)터라./산영누(山暎樓) 올나가니,
시니 속의 지엇더라./산(山)빗과 물소리ᄂᆞᆫ
노ᄂᆞᆫ ᄉᆞ람의 흥(興)을 돕니./법당(法堂)의 드러가니,
황금(黃金)빗 찬난(燦爛)ᄒᆞ다./느릅나모 형용(形容)ᄒᆞ여
오십 삼불(五十三佛) 안쳐더라./듕들의 일은 말이
셔쳔국(西天國) 오십삼불(五十三佛)/쇠북 타고 나올 젹의
동ᄒᆡ(東海)의 비 다히고,/이곳으로 향(向)ᄒᆞ거늘,
안챵(安昌) 마을 권농(勸農)놈이/본관(本官)의 고(告)ᄒᆞ거늘
고셩원(高城員)니 노츈(盧　)이라./그 말 듯고,뒤흘 ᄯᅡ라
기지영 올나가셔/듕디(中臺)로 지날 젹의
승(僧) ᄒᆞ나히 보이더니,/홀연(忽然)니 간 ᄃᆡ 업고,
그 압희 긔 ᄒᆞ나희/ᄯᅡ라 오다 어디 가고,
노루 ᄒᆞ나 ᄯᅱ여간다./그 우흘 바라보니,
오식(五色) 구름 어리엿다./이러ᄒᆞᆫ ᄉᆞ젹(事跡)으로,

---

29) 큰 물의 문허지고=다른 기록에 따르면, 조선 정조 1년(1777:정유)에 홍수를 만나 백천교가 무너진 것으로 되어 있다.

영(嶺) 일홈을 기지라 ᄒ고,/디(臺) 일홈은 듕디(中臺)오.
너머 고기 노로목이라./법당(法堂) 엽희 집 한간을 지어
노츈 동상(盧 銅像) 안쳣더라./오십 삼불(五十三佛)오던 쩌의
법당(法堂)터히 큰 못시라./아홉 농(龍)이 거긔 잇셔
부쳐를 속이려고,/뇌졍 벽녁(雷霆霹靂) 큰 비 와셔
디슈(大水)가 챵일(漲溢)커눌/그 압희 느름남기
오십삼불(五十三佛) 올ᄆ 안쳐/디슈(大水)를 피(避)ᄒ 후(後)의
금쳑(金尺)을 손의 들고,/도슐(道術)을 ᄒᄂ고나.
못물을 덥게 ᄒ여/솟히 물 쓸틋ᄒ니,
룡(龍)의 조화(造化)도 잇것마ᄂ/엇지 능(能)히 이길손가?
견디지 못ᄒ여/홀 일 업시 다라ᄂ니,
그 못물 매여 노코,/도량 비셜(道場配設) ᄒ엿다니.
큰 집 ᄒ나 엽히 잇셔/일홈을 ᄒ엿스되,
무연각(無煙閣)이라 ᄒᄂ고나./부억의 불 쩌면,
연기(煙氣)가 업다 ᄒ니./구리솟 거러시니,
쓸셤이나 안칠너라./옛젹의 지(齋) 올닐 적
밥 짓던 솟치라데./졀을 크게 지엇스되,
갓가이 우물 업셔/우물을 파려 ᄒ되,
어ᄂ 곳을 모ᄅ더니,/엇더ᄒ 가마괴가
싸홀 와셔 좃ᄂ지라./그곳슬 파고 보니,
우물이 소솟다니./가마괴 조아 가라친 고로
오탁슈(烏啄水)라 ᄒ엿다데./우리 나라 인목대비(仁穆大妃)[30]
불경 시쥬(佛經施主) ᄒ신 칙(冊)을/밧드러 구경ᄒ니,
은(銀)글즈로 쎠 계신디,/졍(精)ᄒ고도 찬난(燦爛)ᄒ다.

---

30) 인목대비=조선 선조대왕의 계비(繼妃). 연흥부원군(延興府院君) 김제남(金悌男)의 딸, 1584-1632.

피엽(貝葉)나모 입스귀논/셔쳔국(西天國) 나모 입흘
지공디스(指空大師)31) 가져 와셔/이 졀의 두어 잇닉.
젼담(船潭)을 츠져가니,/이샹(異常)ᄒ고,긔묘(奇妙)ᄒ다.
돌 ᄒ나히 쳔연(天然)ᄒ 빅 모양(模樣)이라./기리는 뉵칠쳑간(六七尺
間)이오.
너비논 삼ᄉ간(三四間)이라./이물 고물 형용(形容)되고,
허리간(間)은 너로더라./층암샹(層巖上) 폭포슈(瀑布水)가
써러져 못시 되어/돌빅 안의 가득 츠면,
허리를 넘쳐 ᄂ려/쏘 한 못시 되거고나.
물결을 볼죽시면,/흰 구름이 이러난 듯,
빅셜(白雪)이 헛눌인 듯/우 아러 바회들이
거문 돌이 바히 업다./안 산(山)을 너머 가면,
션담(선담)이 쏘 잇스나,/이만 바히 못ᄒ니라.
그리ᄒ여 길을 츠져/놉히 놉히 올나가면,
만경디(萬景臺) 긔긔(奇奇)ᄒ다./올나 안져 나려 보면,
보이는 디 가히 업셔/통쳔(通川),양양(襄陽),강능(江陵)
슬하(膝下)의 보이더라./효운동(曉雲洞) 츠즈 보니,
아홉 농(龍) 쫏겨 갈 졔/여긔 와 머문 더라.
돌 병풍(屛風) 둘너 잇고,/아홉 굼기 쑤러졋니.
반셕(盤石) 우희 흐르는 물이/못시 되고,폭포(瀑布)도 되엿더라.
은셕디 츠져가니,/바회가 디(臺) 되여
놉기가 빅쟝(百丈)이라./큰 구렁 압히 노코,
건너편 볼죽시면,/만쟝 챵벽(萬丈蒼壁) 둘너 잇셔
셩쳡(城堞)ᄀᆞ치 길게 되고,/그 우흐로 열 두 폭포(瀑布)

---

31) 지공디ᄉ=원(元)나라에 귀화한 인디아 스님. 가셥존자(迦葉尊者)의 108대손, ?-1363.

층층(層層)이 쩌러지니,/한 층 두 층 츠츠 되여
모도 희면 하나히 되니,/빅셜(白雪) ᄀᆞ혼 너른 깁을
반공(半空)의 펼친 듯시니,/긔이(奇異)ᄒᆞ고 쟝(壯)ᄒᆞ시고.
동편(東便)으로 바라보니,/더희슈(大海水)가 술잔(盞) 갓다.
경치(景致)를 의논(議論)ᄒᆞ면,/밧 산(山)의 갑을(甲乙)이라.
칠보디(七寶臺) 잠간(暫間) 보니,/셔북(西北)으로 봉만(峰巒)들이
칠보단(七寶壇) 쟝(壯)ᄒᆞᆫ 것ᄀᆞ치/아롬답게 보이더라.
안무지 올나셔셔/안팟 산(山) 산셰(山勢) 보니,
비로봉(毘盧峰)이 쥬봉(主峰)되여/큰 가지가 ᄂᆞ려 왓다.
안무지 안팟스로/닉외산(內外山) 지경(地境)되고,
밧 산(山)은 흙이 만코,/닉산(內山)은 돌뿐니라.
닉산(內山) 경치(景致) 볼죽시면,/휘황 찬난(輝慌燦爛)ᄒᆞ더구나.
유리병풍(琉璃屛風) 두른다시/구구뷔 썩거ᄂᆞ려 가셔
골바닥 다다라니,/츠츠(次次) 가며 슈셕(水石)일셰.
이허디(李許臺)와 빅헌담은/반셕(盤石)이 되가지고,
그 압희 못시 되어/슈셕(水石)이 졀승(絶勝)ᄒᆞ니,
만폭동(萬瀑洞) 근원(根源)일셰./물을 싸라 나려오니,
곳곳시 반셕 폭포(盤石瀑布)/구셕구셕 경치(景致)더라.
소광암,오션디(五仙臺),/일일(一一)이 구경ᄒᆞ고,
묘길샹(妙吉祥) 츠져가 보니,/반셕(盤石) 우희 셕벽(石壁) 잇고,
셕벽(石壁) 우희 부쳐 삭여/크기가 슈십장(數十丈) 이라.
그 압희 졀터 잇셔/쟝명등(長明燈) 셔 잇더고나.
마하연(摩訶衍) 드러가니,/졀터히 그이(奇異)ᄒᆞ다.
금강산(金剛山) 복장(腹臟)이오./명긔(명기)가 금죽ᄒᆞ다.
뒤흐로는 듕향셩(衆香城)/압흐로는 혈망봉(血望峰),
긔이(奇異)ᄒᆞ게 보이더라./혈망종(血望峰) 건너보니,
일만(一萬) 길 놉흔 봉(峰)이/쏙뒤히 굼기 쓸녀

하놀 빗치 보이더라./그 아러 법긔봉(法起峰)은 부쳐의 모양(模樣)인더,
예붓터 젼(傳)ᄒ기를,/금강산(金剛山) 쥬지(主持)ᄒᄂᆞᆫ
법긔보술(法起菩薩) 동ᄉᆡᆼ(同生)이라./졀 압희 나모 하나
홀계수(桂樹)라 ᄒᄂᆞᆫ구나./향노봉(香爐峰) 엽희 끼고,
동산(東山)으로 ᄂᆞ려 오니,/너팔담(內八潭)이 거긔로셰.
쳥농담(靑龍潭),흑룡담(黑龍潭),/진쥬담(眞珠潭),벽하담(碧霞潭),
비파담(琵琶潭), 화룡담(化龍潭),/귀담(龜潭),션담(船潭),
합(合)ᄒ여 팔담(八潭)되고,/그 나문 젹은 모순
옹벽담(瓮壁潭), 빅룡담(白龍潭),/분셜담(噴雪潭), 가지가지 되여 잇고,
결구ᄀᆞᆺ치 둥근 것슨/셰두분(洗頭盆)이라 ᄒ더고나.
낫낫치 웅장(雄壯)ᄒ니,/폭포슈(瀑布水) ᄯᅥ러지면,
못 ᄒ나식 되여 잇고,/못가의 반셕(盤石) 낄여
층층(層層)이 ᄂᆞ려 오며,/연(連)ᄒ여 되엿더라.
그 중의 벽하담(碧霞潭)의/반셕(盤石)이 더욱 됴코,
분셜담(噴雪潭) 술펴보니,/폭포(瀑布)물 훗터져셔
눈 갓치 ᄲᅮ려지니,/일홈을 분셜담(噴雪潭)32)이라 ᄒ고,
진쥬담(眞珠潭) 보량이면,/진쥬(眞珠) 몃 셤 훗ᄂᆞᆫ 것과
형용(形容)이 갓튼지라./ᄉᆡᆨᄉᆡᆨ(色色)이 긔이(奇異)ᄒ다.
션담(船潭) 모양(模樣) 엇더ᄒ고?/비 모양(模樣)갓튼 돌이
기울가의 누엇시니,/밧 산(山)만은 못ᄒ여도
그도 ᄯᅩ한 긔이(奇異)ᄒ다./분셜담(噴雪潭) 셔편(西便)으로
보덕굴(普德窟)이 삼겻시니,/보덕굴(普德窟)이 엇더ᄒ고?
우러러 볼쟉시면,/졀벽(絶壁) 우희 암ᄌᆞ ᄒ나 지엇구나.
셕ᄃᆡ(石臺)가 층(層)이 되여/층층(層層)이 발바 가니,
올나가기 어렵더라./올나가기 다ᄒ 후(後)의

---

32) 분셜담=원문에는 "분셜당"으로 잘못되어 있음.

졀 지은 것 슬펴보니,/위틱(危殆)ᄒ고,그이ᄒ다.
졀벽(絶壁) 엽히 집을 짓고,/그 아리ᄂ 허공(虛空)이라.
구리기동 ᄒ나흐로/왼집을 밧쳐 잇고,
흔들일가 염녀(念慮)ᄒ여/쇠스슬을 굴게 ᄒ여
좌우(左右)로 줍아미고,/바회의 굼글 쑬고,
녹여 부어 박앗더라./바람 불면, 흔들일 듯
날니여 쩌나갈 듯/올나 안져 굽어 보니,
현긔(眩氣)가 졀노 나니./이닉 몸 살펴보니,
반공(半空)의 안져ᄂ 듯,/향노봉(香爐峰) 굽어보니,
슬히(膝下)의 꿀엿더라./옛젹의 보덕(普德)각시
이곳의셔 공부ᄒ엿다데./바회 우희 졔명(題名)들이
븬 틈이 바히 업다./반셕(盤石) 우희 큰 글ᄌᄂ
양북닉(楊蓬萊)33) 고젹(古蹟)이니,/크고 크게 삭엿시디,
봄닉풍악(蓬萊楓嶽) 원화동쳔(元化洞天),/ 여답ᄌ가 웅장(雄壯)ᄒ기 금
죽ᄒ다.
북편(北便)으로 골이 잇스니,/ 그 골 일홈은 원통(圓通)이라.
원통(圓通)골노 도라가니,/ 우흐로 올나가면,
틱샹동(太上洞) 우화동(羽化洞)과 쳥영나(淸泠瀨)34)되여 잇고,
슈미탑(須彌塔),구구디(구구대)/ 그 골 안의 모도 잇셔
쳥호연(靑壺淵) 믄져 보니./ 바회가 병(甁)과 ᄀ치
셧ᄂ 형용(形容)되엿더라./ 그 병부리의 물이 홀너
쩌러져 소(沼)히 되고,/ 룡곡담(龍谷潭) 볼죽시면,
바회가 파이여셔/룡(龍)과 갓치 트레트레
그 속으로 물이 홀너/룡(龍)ᄀ치 구븨치니,

---

33) 양북닉=양봉래(楊蓬萊)의 잘못.
34) 쳥영나=쳥령뢰(淸泠瀨)의 잘못.

긔이(奇異)ᄒ게 되엿더라./ 만졀동(萬折洞),틱샹동(太上洞)과
쳥영나(淸泠瀨),ᄌ운동(紫雲洞)은/층층(層層)ᄒ 반셕(盤石)들이
샹하(上下)의 쌀여 잇고,/ 폭슈(瀑布水)로 의논(議論)ᄒ면,
누은 폭포(瀑布),셧는 폭포(瀑布),/ 각식(各色)으로 되여 잇고,
쳔학디(天鶴臺) 지ᄂ가셔/ 강션디(降仙臺) 올나셔셔
영낙참(永郞站)35) 바라보니,/긔셰(氣勢)가 웅장(雄壯)ᄒ다.
슈미암(須彌庵) 드러가니,/ 긔긔(奇奇)ᄒ 바회들이
옥(玉)갓치 싹가 셧다./ 깁기도 ᄒ거니와
진실(眞實)노 션경(仙境)일녜./ 골노 나려 드러가니,
슈미탑(須彌塔) 긔이(奇異)토다./ 우러러 언 듯 보니,
쳔지간(天地間) 긔관(奇觀)일셰./ 빅여(百餘)길 되는 바회
탑 모양(塔模樣)이 쳐년(天然)ᄒ다./ 아리로 큰 반셕(盤石)이
밧침돌이 되여 잇고,/동아줄 ᄉ린 모양(模樣)
층층(層層)이 되엿는디,/ 무미(無味)ᄒ게 아니되고,
케케로 언져시디./ 집 지은 쳠하(簷下)쳐로,
올나가며,층층(層層)이 되고,/ 쏙지 우흘 볼족시면,
긔묘(奇妙)ᄒ 돌 ᄒ나히/ 언치여셔 쏙지 되고,
돌빗츤 엇더ᄒ고?/ 흰빗츠로 되엿더라.
웅위(雄偉)도 ᄒ거니와/ 긔묘(奇妙)ᄒ기 다시 업다.
쳔지간(天地間)의 긔린(麒麟)이라./탑(塔) 압히 반셕(盤石) 잇고,
폭포(瀑布)물 써러지니./ 동북(東北)으로 올나가니,
쏘 한 탑이 이러셧다./ 바회가 케가 되어
슈십(數十)길이 되엿시니,/슈미탑(首彌塔)만은 못ᄒ여도,
그도 쏘흔 긔이(奇異)ᄒ다./ 그 골노 도로 ᄂ려
금강문(金剛門)두러 ᄂ려/표훈ᄉ(表訓寺) 드러가니,

---

35) 영낙참=영랑참(永郞站)의 잘못.

30. 관동장유가(關東張遊歌) 387

법당(法堂)일홈 반야젼(般若殿)의/담무갈(曇無竭)부쳐 안젓시니,
금강 주지(金剛主持) 부쳐로세./ 듕향셩(衆香城) 모양(模樣)으로
산(山) 민들어 엽희 노코,/ 젹은 부쳐 안져더라.
정양亽(正陽寺) 올나가셔,/ 헐셩누(歇惺樓) 놉게 안져
亽면(四面)을 주시 보니,/ 금강산(金剛山) 됴흔 얼골
여긔 와셔 다 보겟너./ 일만 일쳔(一萬一千) 됴흔 얼골
여긔 와셔 다 보겟너./ 일만 일쳔봉(一萬一千峰) 모양(模樣)이
낫낫치 뵈눈구나./ 봉(峰) 일홈 각각(各各) 잇셔
형형식식(形形色色) 보이더라./ 亽롬으로 갓다 ᄒ면,
안즌 亽롬,셧는 亽롬,/ 우러러 고기 드니,
업디여 구부졍하니,/ 디쟝군(大將軍)이 진(陣)을 치고,
억만 젹병(億萬敵兵) 거느린 모양(模樣)/ 칼 든 놈,긔(旗) 든 놈,
닷토아 나아간다./ 노쟝(老長) 즁 예불(禮佛)ᄒ다.
무슈(無數)흔 디亽(大師)들이/ 가亽 착복(袈裟着服) 둘너 잇다.
봉닉 방댱(蓬萊方丈) 신션(神仙)들이/ 션관 우의(仙冠羽衣) 정제(整齊)ᄒ고,
옥황 샹뎨(玉皇上帝)의 뵈랴 간다./ 각식(各色) 즘싱 갓게 보면,
눌나 가는 즘싱과/ 쮜여 가는 길 즘싱과
긔형 괴샹(奇形怪狀) 긔긔(奇奇)ᄒ다./ 송고리고 셧는 모양(模樣)
쏙흐려 굽힌 모양(模樣)/ 丛흐려고 고기 들고,
쮜여 가려는가?/ 다라나다 안젓던가?
이리 보면,이러ᄒ고,/ 져리 보면,져러ᄒ여
쳔빅(千百)가지 거동(擧動)으로,/그러ᄒ듯 긔괴(奇怪)ᄒ다.
어제 밤의 눈이 온가?/ 희기도 희엿도다.
엇지 그리 찬난(燦爛)ᄒ고?/ 져녁볏 빗최이면,
현황(眩煌)ᄒ여 어리엿다./ 붉은 달밤 도라오면,
빅옥경(白玉京) 이 아닌가?/ 헐셩누(歇惺樓) 됴타기는

이러ᄒ기 됴타 ᄒ데./ 산승(山僧)이 가라칠 제,
손을 ᄯᅡ라 건너 보니,/ 셔편(西便)으로 봉 모양(峰模樣)이
셰샹(世上) ᄉ름 보라ᄒ니./ 지옥(地獄)을 비셜(配設)ᄒ가?
염나부(閻羅府) 모양(模樣)으로,/ 십황봉(十王峰)이 버렷ᄂᆞ디,
그 압희 판관봉(判官峰)과/ ᄯᅩ 그 압희 형방봉(刑房峰)과
그 압희 ᄉᆞᄌᆞ봉(使者峰)과/ 그 압희 죄인봉(罪人峰)이
챠례(次例)로 버렷시디,/ 십왕(十王)은 안져 잇고,
판관(判官)은 셔 잇고,/ 형방(刑房)은 구푸리고,
죄인(罪人)은 업디렷니./그 형샹(形狀) 볼죽시면,
의연(毅然)ᄒ 모양(模樣)이라./ 그 엽희 지장보살(地藏菩薩)
엽희 잇셔 션심(善心)을 가라치니./ 귀부(鬼府)를 뉘가 본가?
셰샹(世上)말이 그러ᄒ나,/ 여긔 안져 모양(模樣) 보니,
그러ᄒ 듯 긔괴(奇怪)ᄒ다./ 쳔일디(天逸臺) ᄂᆞ려 안져
샹하(上下)를 둘너 보니,/ 헐셩누(歇惺樓) 보는 것과
갓튼 것도 만커니와/ 못보고 다른 것도
디강(大綱) 각각(各各)일네./ 법당(法堂)을 구경ᄒ니,
뉵(六)모로 지엇ᄂᆞ디,/ 들보 업시 지엿더라.
공교(工巧)히 지엇시니,/ 일홈은 팔각뎐(八角殿)이라.
붓쳐 그린 큰 쪽ᄌᆞ(簇子)를/바람벽(壁)의 붓쳐ᄂᆞ디,
영샹 화샹(靈像畵像) 그렷더라./ 젼(傳)ᄒ여 오는 말이
당(唐)나라 오도자(吳道子)의 그림이라./ 명연담(鳴淵潭) ᄂᆞ려가니,
빙이(憑崖) 밋터 큰 소(沼)되고,/ 만폭동(萬瀑洞) ᄂᆞ린 물이
거긔 와셔 모혀 잇니./ 빙이(騁崖)의 길이 업셔
남그로 부계 미고,/ 허공(虛空) 우희 왕니(往來)ᄒ니,
굽어 보면,무섭더라./ 형뎨(兄弟)바회,송장바회,
물가와 물 가온디에,/ 일홈들이 각각(各各) 잇다.
빅화암(白華庵) 드러가니,/졍결(淨潔)ᄒ 도장(道場)이오.

디스(大師)의 부도(浮圖)들이/ 여러흘 안쳐더라.
삼불암(三佛庵) 지느가니,/ 길가의 큰 바회에
큰 부쳐 삭여 잇고,/ 젹은 부쳐 총총이 삭여
무슈(無數)히 븬 틈 업시/ 오빅 나한(五百羅漢) 안쳣고나.
쟝안스(長安寺)드러가니,/ 안 산(山) 쵸입(初入) 큰 졀이라.
법당(法堂)도 여러히오./ 스면(四面)니 졍치(精緻)ᄒ다.
빅쳔동(百川洞) 드러가셔/명경디(明鏡臺) 올나 안져
황쳔강(黃泉江) 굽어보고,/ 명경디(明鏡臺) 건너 본다.
빅(百)길되는 바회 ᄒ나/ 졀벽(絶壁)되여 둘너잇셔
너븨는 십여간(十餘間)이/ 오뭇 우희 셔 잇고나.
일빅폭(一百瀑)은 비단(緋緞) 곷출/ 빈 우희 펼친 다시
반송(盤松)과 곷포귀/ 가날게 얼켜 잇다.
돌빗츠로 의논(議論)ᄒ면,/ 누르고 거문 빗치
광치(光彩)가 젼혀 잇고,/ 곷곷ᄒ기 이상(異常)ᄒ다.
그 뒤흐로 도라가면,/ 금스굴(金蛇窟)이 잇다더라.
황쳔강(黃泉江) 남편(南便)으로 도라가니,/돌노 쏘흔 셩(城) ᄒ나히
거의 다 문허지고,/셩(城)으로 문(門)이 잇셔
호왈(號曰) 지옥문(地獄門)이라데./셕가봉(釋迦峰),관음봉(觀音峰)이
우 아리로 셔 잇더라./신나(新羅)젹 왕ᄌ(王子) 잇셔
이 산듕(山中)의 셩(城)을 쌋코 잇셧는디,/그 안의 드러가면,
디궐(大闕)터히 잇다 ᄒ데./그 골노 드러셔셔
빅탑(白塔)을 챠져 가니,/이십니(二十里) 쟝곡(長谷) 속의
나모와 돌 쑨이다./험(險)ᄒ기도 험(險)홀시고.
박야곳등 지느가니,/가는 길이 쓴허지고,
빅(百)길이나 되는 빙의(憑崖) 우희/발 붓칠 디 젼혀 업닉.
간신간신(艱辛艱辛) 넘어 셔셔/칠팔니(七八里)를 나아가니,
문탑(門塔)이 거긔로다./엇지ᄒ여 문탑(門塔)인고?

집으로 드러가면,/문붓텀 드러간다.
문탑 모양(門塔模樣) 볼죽시면,/바회가 탑(塔)이 되여
웃둑이 셔 잇더라./거기를 지나 가니,
골은 더옥 깁허가고,/좌우(左右)의 봉만(峰巒)들이
긔괴(奇怪)흠도 금죽ᄒ다./모양(模樣)을 볼죽시면,
닷는 즘싱 긔여 왓고,/나는 즘싱 나라간다.
죽순(竹筍)갓치 올나오며,/왕디갓치 뭇거 센 듯,
엇더흔 디 바라보면,/정제(整齊)ᄒ게 쏘히여서
셤돌노 켸를 쏘하/층층(層層)흔 벽돌ᄀ치 뵈이더라.
형형식식(形形色色) 보아 오니,/쳔티 만상(千態萬象) 고이ᄒ다.
징명탑(징명탑) 다드르니,/십여장(十餘丈)되는 돌이
완연(宛然)흔 탑(塔)이로라./정제(整齊)ᄒ게 둥근 모양(模樣)
벽돌노 쓰핫던가?/혼 솔마다 금이 잇셔,
기울지도 아니ᄒ고,/모양(模樣)이 한 빗ᄎ로
신통(神通)ᄒ게 괴엿고나./물을 싸라 올나가셔
슈 빅보(數百步) 드러가니,/다보탑(多寶塔)이 거긔 잇니.
빅여(百餘)길 되는 탑(塔)이/켸켸로 올나가셔
챠ᄎ츠 뭇치 빠라/쇠북 업혼 모양(模樣)이라.
켸켸로 쏘핫스되,/우 아리 흔갈 ᄀ치
븬 틈 ᄒ나 못볼너라./그 우희 돌 ᄒ나히
쏘족ᄒ게 셔 잇스니,/형샹(形象)이 그이ᄒ다.
쳔지간(天地間) 귀경홀 곳시/여긔져긔 만컨만은
이갓치 긔이ᄒ디/몃곳시나 잇슬손가?
그 우ᄒ로 올나가셔/졀벽(絶壁)이 가로쳐셔
올나가는 길이 업니./신을 버셔 아리 노코,
비를 붓쳐 긔엄긔엄 올나가니,/그 졀벽(絶壁)의 폭포(瀑布) 써어
아리는 허공(虛空)지고,/드리워 써러져셔

슈력(水力)이 되엿더라./그 우희 올나 안져
동편(東便)으로 쑤러러 보니,/고은 산(山)빗 열니여셔 나죽ᄒᆞ고,
동셔편(東西便) 바회돌이/무슈(無數)흔 탑(塔)이 되여
큰 것도 잇거니와/젹은 것도 긔이(奇異)ᄒᆞ다.
일홈이 실빅탑이라./구경ᄒᆞᄂᆞ 사ᄅᆞᆷ들이
빅탑동(百塔洞) 드러갈 졔./반야고동(般若古洞) 다다르면,
거의 다 도라오고,/혹시(或是) 더러 넘어 와도
징명(澄明), 다보(多寶) 겨유 보고,/슈렴(水簾)바회 오르ᄂᆞ니,
빅(百)의 ᄒᆞ나 바히 업다. 산(山)구경 벽(癖) 잇셔도,
모로면 못보겟고,/일녁(日力)이 부죡(不足)ᄒᆞ면,
한듸셔 노슉(露宿)ᄒᆞ기/그도 아니 어려우며,
지로(指路)ᄒᆞᄂᆞ 산승(山僧)들도/먼니 가기 슬희여ᄒᆞ고,
됴흔 곳 혹(或) 잇셔도/업다 ᄒᆞ고 속이기ᄂᆞᆫ
산승(山僧)의 버릇시라./미양(每樣) 그러ᄒᆞ여 오니,
구셕구셕 다 보기ᄂᆞᆫ/사ᄅᆞᆷ마다 어려워라.
젼예(前例)로 단니면셔/남 보는 것 보앗스면,
그도 ᄯᅩ한 본 것시라./영쳔(靈川)고기 넘어가니,
놉기도 하늘 ᄀᆞᆺ고,/혐(險)ᄒᆞ기도 금죽ᄒᆞ다.
영쳔암(靈川庵) 드러가셔/빅셕디(白石臺),옥초디(玉草臺)를
ᄎᆞ례(次例)로 올나보니,/십왕봉(十王峰)과 판관봉(判官峰)이
갓가이 ᄌᆞ시 뵈니./영원암(靈源庵) 졍쇄(淨灑)ᄒᆞ여
인간(人間) ᄀᆞᆺ지 아니터라./동구(洞口)로 도로 나려
빅쳔동(百川洞) 다ᄃᆞ르니,/셕가봉(釋迦峰) 쏙더기에
돌 ᄒᆞ나히 긔이ᄒᆞ여/ᄌᆞ시 보니,시 ᄀᆞᆺ더라.
일홈이 오리봉(峰)이라./장안ᄉᆞ(長安寺) 슉소(宿所)ᄒᆞ고,
그 잇튼날 ᄯᅥ나 올 졔,/금강산(金剛山) 이별(離別)ᄒᆞ고,
만쳔교(萬川橋) 건너 셔셔/도라보고 도라보며,

써나 오기 섭섭ᄒ다./나 본 것슨 이러ᄒ니,
다른 사롬 보는 것시/날과 쏘ᄒ 엇더ᄒ고?
아모리 잘 보느니도/봉봉(峰峰)이 못 오르고,
골골이 엇지 갈고?/더강영(大綱領) 보앗시면,
그도 쏘ᄒ 구경이라./츈하츄동(春夏秋冬) 사시졀(四時節)의
경치(景致)가 쏘한 달나시니,/보는 씨, 보는 경(景)이
사롬마다 어든 씨라./산(山)으로 의논(議論)ᄒ면,
봉봉(峰峰)이 돌도 되고,/골골이 반셕(盤石)인디,
흰돌이 젼혀 만타./나모로 의논(議論)ᄒ면,
슌젼(純全)ᄒ 단풍(丹楓)이라./가을의 구경ᄒ면,
쏫 필 계와 낫다 ᄒ데./폭포(瀑布)로 말ᄒ진디,
잇는 디도 만커니와/금강산(金剛山) 됴ᄒᆫ 것시
구룡연(九龍淵) 웅장(雄壯)ᄒ고,/십이 폭포(十二瀑布) 긔이(奇異)ᄒ다.
물형(物形)으로 보량이면,/이 봉(峰) 져 봉(峰) 다 갓트나,
만물초(萬物肖) 갓튼 것슨/쳔하(天下)의 쏘 잇는가?
졀마다 다 잇시나,/사람의 공역(功力) 드려
벽돌노 무엇거나,/돌 다듬아 민들거나,
님공(人工)으로 되건마는/엇지ᄒ여 금강산(金剛山)의
슈미탑(須彌塔),빅탑(百塔)들은/텬직(天作)으로 탑(塔) 갓튼 고,
그이ᄒ고 괴이(怪異)ᄒ다./디체(大體)로 말을 ᄒ면,
부쳐의 산(山)니로세./우리 나라 지형(地形) 보면,
동셔 남북(東西南北) 네 편(便)으로/바다히 둘넛시니,
바다흐로 도라가며,/경쳐(景處)들이 잇다 ᄒ되,
영동 구읍(嶺東九邑) 회변쳐(海邊處)로/이갓치 만흘손가?
구경ᄒ는 사롬들이/금강(金剛) 보고,영동(嶺東) 보면,
장관(壯觀),긔관(奇觀) 다ᄒᄂ니,/예붓텀 명현(名賢)들이
면니 아지 아니ᄒ고,/한번 두 번 보려 ᄒ고,,

무지(無知)흔 범인(凡人)들도/금강(金剛) 구경 됴타 ᄒᆞ니,
그러홀 시 올컨만은/못보ᄂᆞ니 젼혀 만타.
아모리 간다 ᄒᆞ나,/ᄌᆞ셔히 보ᄂᆞ니가
쏘한 여러히 못되기ᄂᆞ/위티(危殆)흔 디 갈 슈 업고,
길도 몰나 못찻더라./산듕(山中)의 산승(山僧)들이
긔이ᄂᆞ 게 버릇시라./미양미양(每樣每樣) 잘 보ᄂᆞ니
업ᄂᆞ 것시 이러ᄒᆞ기/두루두루 잘 보기가
쉽지 아니터라./평ᄉᆡᆼ(平生)의 별넛더니,
뉵슌(六旬)니 거의 되어/구경ᄒᆞ고 도라가니.
못본 디로도 의논(議論)ᄒᆞ면,/십분(十分)의 이삼(二三)이라.
장유가(壯遊歌) 지엇스니,/못본 ᄉᆞᄅᆞᆷ 이것 보면,
디강(大綱) 짐작(斟酌)ᄒᆞ오리다.

셰신ᄒᆞ(歲辛亥) 초동(初冬) 월일(月日) 일감졍필셔(一鑑亭畢書)
안혼 부실(眼昏不實)ᄒᆞ여 쥰풍 낙ᄌᆞ(落字) 만하 슈괴(羞愧)ᄒᆞ나,
우리 형뎨(兄弟) 좌셕(座席)의셔 팔경(八景) 묵견(默見)ᄒᆞ소셔.
초(草)ᄒᆞ노라.

<필사본에서>

〈참 고〉

崔康賢, 『韓國紀行文學硏究』, 서울:一志社, 1982.

31. 채환지젹가(蔡宦再謫歌)

채귀연(蔡龜淵)

해제 이 작품은 김영수(金榮洙)가 『韓國學報(한국학보)』 46집에 소개하여서 비로소 학계에 널리 알려지게 된 유배가사이면서 기행가사이기도 한 것이다. 내용은 지은이가 이웃사람의 참소에 의하여 억울하게 유배되었다가 도중에 풀려났다가 다시 정배되어 남해안의 추자도(楸子島)로 귀양 가면서 들본 일들과 배소에서 가진 고생을 다하는 괴로움을 생생하게 노래하고 있다.
　　지은이 채귀연(蔡龜淵)에 관하여는 아직 자세히 알려지지 아니하여 앞으로 작가론적 측면에서의 조명이 필요하다.

　어화! 친구(親舊)네야!/팔ᄌ타령(八字打令) 드러보소.
　희비(解配)한지 두 달만의/두번 구양 무삼 일고?
　니의 됴상(罪狀) 싱각ᄒ면,/만번 죽어 쓰것만는
　셩상(聖上)이 호싱(好生)ᄒᄉ,/특디 일누(特待一縷) 지됴지명(再罪之命)
　황공 감츅(惶恐感祝) 쎠의 사겨/남산 구여(南山九如) 쥬야 츅슈(晝夜祝手)
　거년 정월(去年正月) 첫 빈소(配所)도/망극(罔極)ᄒᄉ 국은(國恩)이야!
　지돈(至尊)의 샹소(上疏)한일/당돌 무엄(唐突無嚴) 망ᄉ지됴(罔赦之罪)

더힝 디왕(大行大王) 포용지덕(包容之德)/감수도비(減死島配) ᄒᆞ이시니,
샹셜 우로(霜雪雨露) 막비쳔은(莫非天恩)/기과쳔션(改過遷善) 직분(職分)인디
일년이 다못가셔/여익(餘厄)이 미진(未盡)튼지?
쳔나 디망(天羅地網) 닥쳤던가/훼풍신(毁風身)이 둘넛던가?
미경ᄉᆞ(未經事)라 귀가 여려/횡셜 슈셜(橫說竪說) 고지듯네.
요망 괴귀(妖妄怪鬼) 고셕현(高奭鉉)이/금지 옥엽(金枝玉葉) ᄌᆞ부랴고
도튝 츌몰(出沒) 바ᄌᆞ니며/빅단 흉계(百端凶計) 인인 셩ᄉᆞ(因人成事)
졔 아모리 ᄒᆞ드라도/초불간예(初不干預)할 일인디,
운익(運厄)이 불길(不吉)ᄒᆞ여/감타 슐중(甘墮術中) ᄒᆞ엿스니,
슈원 슈규(誰怨誰咎) 그만두세/ᄌᆞ쟉지얼(自作之孼) 되엿스니,
도졔(道濟)동묘 할릴업고/훈유동긔(薰蕕同器) 졀노 된다.
곤눈산(崑崙山)의 불리나니/옥셕 구분(玉石俱焚) 어이할고?
광망(狂妄)한 너의 됴안(罪案)/ᄌᆞ반 불츅(自反不測) ᄒᆞ엿스니,
됴귀 박복(罪歸薄福)이라 ᄒᆞ면/디중 첨ᄃᆞ(罪中添罪) 아니될가?
슈륙불황(水陸不遑) ᄒᆞ든고샹(苦生)/디강(大綱)이나 알외리라.
무됴(無罪)한 도중 니민(島中里民)/가슈 본읍(可守本業) 무삼 망거(妄擧)
이어(鯉魚)쏨의 시우 죽고/입한 둑겁 돌의 치네.
구진 일은 너게 지목(指目)/업는 풍셜(風說) 졈졈 난다.
이리 히도 당연(當然)ᄒᆞ고/져리 히도 잘코스니
만고 풍샹(萬古風霜) 격거 보니,/희(噫)라! ᄌᆞ칙(自責) 졀노 나네.
가국(家國)의 막디지되(莫大之罪)/불효 불충(不孝不忠) 나쁜일다.
계히납월(癸亥臘月)[1] 샹경시(上京時)의/풍치 뎐쳘(風馳電轍)[2] 쌀니

---

1) 계히 납월=철종 12년(1863) 음력 12월.

가니,
　밤나스로 올나갈 제/완영(完營)의 다러 드니,
　황텬(皇天)이 부됴(不弔)ᄒᆞᆺ/텬붕지통(天崩之痛) 맛나셰라.
　망극 니하(罔極奈何)? 도통 니하(悼痛奈何)?/노즁 망곡(路中望哭)ᄒᆞ온 후(後)의
　화성부(華城府)3)을 언 듯 지나/과쳔현(果川縣)의 다다르니,
　디왕디비(大王大妃) 슈렴(垂簾)ᄒᆞᆺ/ᄉᆞ필 귀졍(事必歸正) 되엿세라.
　죽어도 남을 ᄃᆡ(罪)를/방츅지젼(放逐之典) 나리시니,
　구븨 구븨 텬은(天恩)이요,/갈스록 황송 무지(惶悚無地).
　국법(國法)이 지즁(至重)ᄒᆞ여/그런 양가(養家) 못가 보고,
　싱졍 여쥐(生庭驪州)4) 츠져 가니,/노친(老親) 뵐 낫 젼여 업니.
　윤졍(倫情)의 스룽ᄒᆞ여/이우(貽憂)5)ᄒᆞᆫ 일 씨셔 덥고,
　지독지의(舐犢之誼) 졀노 나니,/맛불들고 통곡(痛哭)ᄒᆞ니.
　불초ᄌᆞ(不肖子)을 그러 안고,/우르시며 ᄒᆞ신 말슴,
　스라나냐? 니 ᄌᆞ식(子息)!/맛나고나! 니 ᄌᆞ식(子息)!
　부모 동싱(父母同生) 깃거ᄒᆞ나,/니 요량(料量)을 니가 ᄒᆞ니.
　되즁 벌경(罪重罰輕) ᄒᆞ엿스니,/합문 송건(閤門誦愆)ᄒᆞ오리라.
　이웃 스룸 아니 보고,/일호 초옥(一戶草屋) 굿게 닷고,
　됴반 셕죽(朝飯夕粥) 연명(延命)ᄒᆞ여/공ᄉᆞ 쳐분(公事處分)ᄒᆞ엿스니,
　셩셰(盛世)의 기물(棄物)이요,/고가(高家)의 쳠촌(添寸)이라.
　반구져긔(反求諸己)6) 할쟉시면,/부지난용(覆載難容) ᄒᆞ오리라.
　갑ᄌᆞ 졍월(甲子正月)7) 검부 셔리(禁府胥吏)/명녕(命令)을 니젼(來傳)

---

2) 풍치 젼쳘=바람을 타거나, 번개를 몰아 빨리 달림.
3) 화셩부=지금의 경기도 수원시(水原市).
4) 싱졍 여쥐=지은이가 자라난 집이 있는 여주(驪州).
5) 이우=남에게 근심과 걱정을 끼침.
6) 반구져긔=어떤 일이 잘못되엿룰 때에 그 원인을 남에게로 돌리지 않고, 자기 자신을 반성함.

ᄒᆞ니.
 필ᄉᆞ 이ᄉᆞ ᄒᆞ오시고,/환위 안치(環圍安置) ᄒᆞ이시니,
 낙화 희ᄉᆞ(樂禍喜事) 나의 되명(罪名)/지당(至當)홀ᄉᆞ.셩교(聖敎)로다.
 ᄒᆞ로 유련(留連) 황송(惶悚)ᄒᆞ여/잇틀날 발힝(發行)힐 제,
 가도 ᄉᆞ벽(家塗四壁) 소연(蕭然)ᄒᆞ다./여간 힝장(如干行裝) 추려 닐 제,
 심은 보리 밋쳐 못나/헐가 방미(歇價放賣) 급(急)히 판다.
 토록(土祿)8)도 텬녹(天祿)인디,/불초(不肖) 잘니 업시ᄒᆞ이,
 소됴(所遭)를 싱각ᄒᆞ면,/잡은 마음 너머 격다.
 단석 나졍(袒裼裸裎)9) ᄒᆞ드라도,/언능 미아(焉能浼我)10) 쳔년(千年)터면,
 힝혹 ᄉᆞ지(行或使之) 뉘가 ᄒᆞ면,/지혹 일지(止或泥之) 뉘라 ᄒᆞ리?
 아셔라! 두어라!/이 탓 져 탓 그만 두고,
 기지 위기(皆知爲己) 싱각ᄒᆞᄌᆞ/구송 텬은(口誦天恩) 니 일일다.
 소쳔소지(訴天所志) 쓸 더 업고,/호야 호양(呼爺呼孃) 무엇ᄒᆞ리?
 당(唐)나라 유몽득(劉夢得)은/ᄌᆞ후(子厚)11) 갓흔 친구(親舊) 두어
 노친(老親)이 지당(在堂)타고,/기ᄌᆞ 연쥬(改資克州) ᄒᆞ엿스니,
 인슈구지(人數救之)12) 됴혼 일은/부러울ᄉᆞ. 옛일이야!
 압헤 셔리(胥吏), 뒤헤 나쟝(羅將)/형니 군인(刑吏軍人) 안동(眼同)ᄒᆞ여
 풍우(風雨)가치 모라갈 제,/츄지 불급(追之不及) 어이ᄒᆞᆯ고?
 일가 권속(一家眷屬) 우난 소리/산쳔(山川)이 소슬(蕭瑟)ᄒᆞ다.
 일년(一年) 머슴 담 ᄉᆞ라도/눈물로 젼송(餞送)ᄒᆞ나,
 셔울집은 격졀(隔絶)ᄒᆞ여/양가 층당(養家層堂) 못뵈와라.

---

7) 갑ᄌᆞ 졍월=고종 1년(1864) 음력 1월.
8) 토록=농사 지어 얻는 소득(所得). 땅에서 받는 품값이라는 뜻.
9) 단석 나졍=웃웃을 벗어 어깨를 드러냄과 발가 벗음. 곧 무례한 행위를 뜻함.
10) 언능 미아=누가 나의 명예를 더럽힐 수 있겠는가?
11) ᄌᆞ후=당나라의 정치가이며, 문인이었던 유종원(柳宗元)의 자(字). 벼슬은 유주 자사(柳州刺史)를 지내어서 일명 유유주(柳柳州)로 불려지기도 함.
12) 인슈구지=남의 나쁜 운명을 고쳐서 좋이 잘 살게 하여 줌.

팔십 노인(八十老人) 양됴모(養祖母)가/두 살부터 손공 드려
취탄 부득(吹彈不得) 이 닉 몸을/불면 날가 쥐면 쓸가?
일년(一年)이나 그리윗다./슬하(膝下)의 못모시고,
원악도(遠惡島)13)의 직적(再謫)ᄒ니,/불효지되(不孝之罪) 못 면(免)히라.
고마 일필(孤馬一匹) 자바 타고,/골골이 체파(遞罷)ᄒ다.
만겁(萬劫)여희 뢰엿스니,/정신(精神)이 혼미(昏迷)ᄒ여
ᄒ로 가고 잇틀 가셔/지어지쳐(止於止處) 향방(向方) 몰나
의복(衣服)가지,약간 전량(若干錢糧)/경귀 오유(驚鬼迂儒) 다이러라.
나쥐(羅州)싸의 다다르니,/와젼(訛傳)인지? 졍말인지?
슛더리며 ᄒ난 말리/져긔져긔 가는 되인(罪人)
부모 혼실(父母渾室) 즈쳐(自處)14)ᄒ고,/고독 단신(孤獨單身) 남엇구나.
샹신(常身)으로 평복(平服)ᄒ니,/제몸 스라 무엇ᄒ누?
이 말을 드러 보니,/삼젼시호(三傳市虎)15)의심(疑心) 난다.
텬디(天地)가 아득ᄒ고,/일신(一身)이 젼율(戰慄)ᄒ다.
놀닌 마음 못 졍(定)ᄒ니,/혼슈유이(魂須臾離) 구텬(九天)일네.
죽을 싸의 안 죽어도/의(義)에 계관(係關)ᄒ 일이요,
안 죽을 씨 죽드라도/오른 혼(魂)이 못되건만,
만우 난회(萬牛難回) 스곡지심(邪曲之心)/일쳔(一千)돔이 복고 쓔셔
즁유(中流)의 이르러셔/한갓 마음 독기 먹고,
어복지골(魚鰒之骨) 무양(無恙)터냐?/명나유침(汨羅幽沈) 억하심졍(抑何心情)
동시(終始)도 경솔(輕率)ᄒ니,/고지 듯는 병통(病痛)일세.

---

13) 원악도=육지에서 멀리 떨어져 있는 사람 살기가 매우 어려운 섬.
14) 즈쳐=자살(自殺).
15) 삼젼 시호=거짓말도 거듭 들으면, 참말처럼 믿어지게 된다는 뜻. 저자에 호랑이가 나타났다고 세 사람이 거짓말을 함.

막즁 명녕(莫重命令) 되셧스니,/홀몸도 아니연만,
근어부인(近於婦人) 일편지심(一片之心)/뭇 셔름이 한듸 믜여
풍긔 덩실 쩌러지니,/일침 일부(一沈一浮) 샹혼 실빅(傷魂失魄)
일한 반시(日限半時) 쩌가다가/일엽션(一葉船)이 급히 둣츠
막디 가진 총각 아희(總角兒孩)/도포(道袍)즈락 후여 당겨
건져 너여 구히 듀니,/붓거럽기 층양(測量) 업다.
그쟉 져쟉 팔즈(八字)런가?/중익 형둔(拯溺亨屯)16) 돈 일인가?
스亽(事事)이 부졀업셔,/도독 도독 되(罪)만 짓네.
임참(臨讒)이 무진(無盡)ᄒ니,/유수(流水)도 됴롱(嘲弄)ᄒ다.
노샹(路上)의 힝인(行人)들도/나의 되샹(罪狀) 짐쟉(斟酌)ᄒ고,
비웃거려 ᄒ는 말리/거년(去年)의 가든 스롬,
무삼 모양(貌樣) 쏘 오난고?/유구 무언(有口無言) 니 모양(貌樣)은
스롬 한나 못 스괴여/남즈비 나즈빌라
불원텬(不怨天) 불우인(不尤人)의/되귀어기(罪歸於己) 너일일다.
영암 강진(靈巖康津) 다 지나셔/어듸메로 츠져 가노?
마도나루 건너 셔니,/고금도(古今島)가 거긔로다.
미실리(梅實里)의 올나 셔니,/갓쓴 고지 마쥬 뵌다.
구亽 미강 어린 혼(魂)니/지적신도(再謫薪島) 분명(分明)ᄒ다.
빈쳔 곤익(貧賤困厄) 함취 일신(咸聚一身)/거졔 척이(籧篨戚施)17) 너
몸이야!
악츠 악츠(惡叉惡叉) 이리 져리/즁인지슈(衆人之誰) 되여셰라.
오날 스라 텬은(天恩)이요,/너일(來日) 산 것 쳔은(天恩)이나,
텬이디각(天涯之角) 방원지디(方圓之地)/중구난방(衆口難防) 염녀(念慮)터니,

---

16) 증익 형둔=물에 빠진 사람을 건져 살려 줌.
17) 거졔 척이=거저 척시(籧篨戚施)의 잘못. 거적 자리에 너덜너덜 헌옷을 걸친 추악한 사람을 이르는 말.

션챵(船艙) 안의 비를 디니,/아든 스룸 볼낫 업닉.
샹산(商山)도 등소(登訴)ᄒᆞ고,/더분쟝이 헌 되(罪)로다.
영쥐(瀛州가 지욕(在辱)이요,/챵낭(滄浪)이 즁지(中在)로다.
빈달지소(頻達之訴) 되엿스니,/스룸이야 일너 무삼.
일지이열요(日遲已熱요)ᄒᆞ니/고신(告身)이 넝낙(冷落)일셰.
언시권봉(言是拳捧) 좌우(左右) 비썰/양비 칙묵 장관(壯觀) 일셰.
안부 셜도(安否雪道) 전후 풍셜(前後風說)/언지 쟝야(焉遲長也) 여풍(如諷)라니,
한신(韓信)의 됴욕(遭辱)인가?/장의(張儀)에 소리런가?
이리 져리 인ᄒᆡ즁(人海中)의/일코 남은 여간(如干)것도
디강 슈십(大綱收拾)흔다 ᄒᆞ나,/십수일(十數日)이 간 데 업다.
금년 빈츄(今年빈추) 야무야(야무야)난/날로 일른 말리로다.
예셔 불속 졔셔 불속/법원권근(法遠拳近) 위테(危殆)터니,
감슈 기칙(甘受其責) 말 업스니,/소안불타(笑顔不唾)[18] 짐작(斟酌)ᄒᆞ네.
실낫 갓튼 명분(名分)인가?/그도 역시(亦是) 텬은(天恩)일다.
아참 굼고,전역 굼겨/보소(保所)[19] 짜라 나가란다.
쳑츅 쳑츅 것는 거름/동임(洞任)을 압헤 셰고,
논틀 밧들 우걱 지걱/히가 지고,달리 돗네.
십니(十里)도 안 것다가/됵견(足繭)괴시 되단말가?
독치지를 올나 셔니,/촉도지난(蜀道之難) 더홀손가?
양지(陽地)마을 간다 ᄒᆞ니,/누구 보랴 가는 길고?
허위 단심(噓唏斷心)[20] 나가려니,/촌치 여긔 버러 잇다.
모옥(茅屋)의 솔불 혀고,/시문(柴門)의 기 짓난다.

---

18) 소안 불타=웃는 낯에 침을 뱉지 못한다. 는 뜻.
19) 보소=조선 시대에 귀양 오는 사람이 머물 수 있도록 관가에서 마련하여 준 집.
20) 허위 단심=허우적거리며, 무척 애를 씀.

동임(洞任)이 방간(防奸) 업셔,/긱실(客室)를 뒤져 날 졔,
이 집 져 집 무러 보니,/편지(片紙) 쥬고 타박 맛니.
한 집은 추겨가니,/샹방(上房)이라 핑계ㅎ고,
쏘 한 집 무러보니,/안방이라 싸돌이네.
불욕문이즈무(不欲問而自無)ㅎ니,/호샹우어(互相偶語) ㅎ난 말리
여쟝쇼도(如掌小島) 젹은 셤의/쟌민 보돈(殘民保存) 못ㅎ겟다.
구양사리 아니며난,/무삼 걱정 잇슬소냐?
도비(島配)ㅎ면, 도비쵀(島配債)요,/풀니며난 희비쵀(解配債)라.
셔리 나쟝(胥吏羅將) 부비쵀(부비債)요,/죽어지면, 물고쵀(物故債)라.
미명 미월(每名每月) 삼두 양식(三斗糧食)/슈 십명(數十名)이 슈헐찬네.
ㅎ나 가면, 둘식 오니,/이 노르슬 어이 ㅎ리?
연호 잡역(煙戶雜役)21) 쑨이라도/범녁 불급(犯役不及)22) 되것난듸,
희의 쳥틱(海衣靑苔)23) 기검불을/손과 발노 거둔더도
돈 한 입을 쟝만츠면,/북풍 셜한(北風雪寒) 쎠 녹는다.
구셕 구셕 구진 소리,/이소 고연(理所固然) 진졍(陳情)일네.
헛간 ㅎ나 잠시(暫時) 비허/ㅎ로밤을 더싯셰라.
스가 보월(思家步月) 쳥소립(靑宵立)은/그 밤부터 긱회(客懷)로다.
스면(四面)을 ㅂ라보니,/농중됴(籠中鳥)가 분명(分明)코나.
입구쯘(口字)로 산(山)이 둘네/ㅂ다도 아니 뵈니.
북(北)더히로 바라보니,/븩운하(白雲下)의 친사(親舍)런가?
북두 칠셩(北斗七星) 둘넛스니,/구중 챵합(九重閶闔)24) 거긔런가?
군친(君親)이 머럿스니,/오닉(五內)가 붕셕(崩釋)ㅎ다.

---

21) 연호 잡역=담배를 재배하는 집의 잡된 일.
22) 범녁 불급=구양 온 죄인들이 하는 일로는 많아서 넘친다는 뜻.
23) 희의 쳥틱=해의(海衣)라는 바다풀과 청태(靑苔)라는 푸른 이끼. 여기서는 땔감으로 쓰기 위하여 수집하였음.
24) 구중 챵합=겹겹이 둘러 쌓인 천상(天上) 대궐의 문.

빅쳔 만겁(百千萬劫) 호디디(胡大罪)로,/모년 고상(暮年苦生) 이리 ᄒ노?
논둑의 슘벅시난/무삼 일노 슬피 울고?
듁님(竹林)의 두견(杜鵑)이는/날 곳 보면,불여귀(不如歸)
셔쵹(西蜀)의 비견쳐(拜見處)요./쟝ᄉ(杖死)의 부복(俯伏)일다.
산두(山頭)의 퓌난 남긔/만쳡(萬疊) 근심 졀노 된다.
픔굿히 미친 이슬/양힝 쳬루(兩行涕淚)25) 쑤리것다.
금능지(金陵之) 신지도(薪智島)는/아국지 소상(我國之瀟湘)인가?
산원 광기(山原壙氣)26)영시(迎尸)ᄒ고,/쳔틱 우기(川澤雨氣)27)희쵹(解髑)일다. 형승지(形勝地)도 겨승 갓고./풍경(風景)도 곡경(哭境)일다.
잇튼날 임ᄉ(任使) 와셔/환부 쟝방(鰥夫長房)28) 비러싸고,
어셔 가라! 지쵹커늘/아무커나 츠져 가니,
와각 의질(蝸角蟻垤)29) 낫고 됴바/괴여 들고 긔여 나네.
거믜쥴의 몬지 ᄭᅵ고,/쥐구멍의 연긔(煙氣) 난다.
각장 쟝판(角壯壯版) 어디 가고,/헌 덕셕은 어이 일고?
디병 소병(大屛小屛) 간데 업고,/공셕(空石)으로 방풍(防風)ᄒ다.
그러구러 고상(苦生)이니,/젼일(前日) 싱각 그만 두고,
안치 지인(安置罪人) 되엿스니,/좌지불쳔(坐之不遷)ᄒ오리라.
스립문(門)도 안 나가니,/측간(厠間)길리 츌립(出入)이라.
져진 일 헤아리면,/파리쥭도 앗갑것만,
도즁(島中)ᄉ름 인심(人心) 됴와/셔홉 믹반(麥飯) 츠려 쥬고,
슈졍 염찬(水精鹽饌) 과(過)ᄒ것만,/무장쎵이 디졉(待接)ᄒ니.

---

25) 양힝 쳬루=양항 체루(兩行涕淚)의 잘못. 곧 두 줄기로 흐르는 눈물.
26) 산원 광기=산과 들판과 땅구멍에서 나오는 지기(地氣)를 가리킴.
27) 쳔틱 우기=흐르는 냇물이나 바닷물과 고여 있는 못물과 하늘에서 내리는 빗물 등의 모든 물기운을 이름.
28) 환부 쟝방=홀아비가 사는 긴 방.
29) 와각 의질=와곽 의질(蝸角蟻垤). 곧 달팽이의 뿔처럼 아주 좁고, 개미둑처럼 보잘 것이 없음.

ᄒᆞ로 두 씨 곱술무니,/고풀 젹이 만컨마는
허리씌 탓실넌가?/써써로 돌나 미고,
인쭈샹(忍字像)의 쥬긔(主飢)ᄒᆞ니,/쟝우 단탄(長旰短嘆) 졀노 난다.
한 스무날 거의 되니,/니뎡 동쟝(里正洞長) ᄒᆞ는 말리
다른 되인(罪人) 부슈(保授)30) 쥬나,/이 넉 혼ᄌ 윤식(輪食)이요,
윤식 윤식(輪食輪食) 윤식법(輪食法)은/가토 호식(家討戶索)ᄒᆞ는 법(法)을
우리 동니(洞內) 본초(本初)이라,/아직 갓다 쥬건이와
ᄒᆞ로 두집 다어 오고,/너일(來日) 모러 그만이라.
이 너머 음지(陰地)마을/픠(牌) 써셔 돌니리라.
ᄌᆞ시 디강(仔細大綱) 드러보소,/거절 박츅(拒絶迫逐) 아니로다.
난ᄉᆞᄉᆞ리 할지언졍/요미 걸년(搖尾乞憐) 못ᄒᆞ겟니.
아ᄉᆞᄉᆞ(餓死事)는 극소(極小)ᄒᆞ고,/실네ᄉᆞ(失禮事)는 극디(極大)라고.
안가랴고 고집(固執) 니여/문(門) 쳐닷고 누어시니,
굴문 학(鶴)이 규어(窺魚)ᄒᆞ며,/쥬린 봉(鳳)이 탁쇽(啄粟)ᄒᆞᆯ가?
슈양 치미(首陽採薇)31)당(當)치 안코,/북히 젼셜(北海傳說)32)방불(彷佛)ᄒᆞ다.
진퇴 유곡(進退維谷) 지진두(地盡頭)의/젓써러진 아기로다.
두더쥐라 ᄯᅡᆼ을 파며,/돔고기라 칙(冊) 먹을가?
잠츔(蠶蟲)이라 뽕 먹으며,/송츔(松蟲)이라 솔 먹을가?

---

30) 보슈=유배되어 온 죄수를 머물게 하는 집 주인.
31) 슈양 치미=백이(伯夷) 숙제(叔齊) 형제가 은(殷)나라의 멸망을 보고 주(周)나라 백성이 될 수 없다고 수양산(首陽山)에 들어가 고사리를 캐 먹다가 굶어 죽은 고사.
32) 북히 젼셜=한(漢)나라 소무(蘇武)가 흉노(凶奴)에 사신으로 갔다가 16년간 억류되어 갖가지 회유에도 굴하지 않고 절개를 지켰다가 무사히 귀국한 고사에 얽힌 전설.

동곳 쟝도(粧刀) 슉가락을/소지무여(掃地無餘)³³⁾뒤져 너여
슈즁물(手中物)를 파라시니,/비하혈(鼻下穴)³⁴⁾이 즁(重)홀시고.
그져 쥬지 아니할 만,/텬원디방(天圓地方) 통보(通寶) 어더
한 홉 두 홉 파라드려/ᄒ로 잇틀 연명(延命)ᄒ니,
나무 쓸리 다 귀(貴)ᄒ니,/계옥지슈(桂玉之愁)³⁵⁾ 처음일다.
씨진 화로(火爐) 압히 노코,/약탕관(藥湯罐)을 손됴 안쳐
취황(取黃) 귤줄 불를 이러/비반 비죽(非飯非粥) 쓰려너니,
이웃 아희 인졍(人情) 만어/소곰 반찬(飯饌) 갓다 쥰다.
한 슐 쓰고 두 슐 쓰고,/한 번 낙누(落淚) 두 번 낙누(落淚)
눈물마시 씀도 쓰고,/연긔(煙氣) 님싀 거스리나,
그게나마 만하스면,/싱귀 식소(生口食小) 안될안만,
그젹 져젹 다 먹으니,/입 다실 것 젼여 업니.
긔한(飢寒)이 지신(至身)티도,/경긔지지(耿介之志)³⁶⁾ 못 변(變)할네.
셕ᄉ가의(夕死可矣) 먹은 마음/부질업시 글만 보나?
읽어 보면,비 부를가?/초요긔(初療飢)도 못되더라.
칙(冊) 넝길 심 ᄒ나 업셔,/긔침 포석(起寢布席) 절노 ᄒ네.
스홀 반을 싱불(生佛)되여/일곱 쎠을 굴먹고나.
모진 목숨 안 죽은 것/그 역시(亦是)도 텬은(天恩)일네.
구즁 궁궐(九重宮闕) 근시(近侍)할 졔,/금년 옥ᄉ(今年獄事) ᄉ송(事訟) 무러
젹구 윤장(積久淪贓) 되엿시니,/묵은 힘이 아니런가?
삼촌셜(三寸舌)의 빅티(白苔) 셰고,/양편(兩便) 눈의 현화(眩化)인가?

---

33) 소지 무여=땅바닥을 쓸어 나오는 것이 없도록 찾는다는 뜻에서 샅샅이 뒤져서 남김 없이 함.
34) 비하혈=입.
35) 계옥 지수=남의 나라에 가서 사는 서름과 근심. 여기서는 지은이가 유배되어 살게 된 섬.
36) 경긔지지=결백한 의지. 청렴한 지조.

춤 밧트면, 혈담(血痰)되고,/오됴 누면, 간장빗.
눈 가무면, 셔울집/스몽 비몽(似夢非夢) 디궐(大闕)만,
무하지징(無何之症) 병(病)이 되어/흑첨향(黑添香)의 혼몽(昏夢)ᄒ다.
ᄉ고 무친(四顧無親) 젹막(寂寞)ᄒ니,/문병(問病)ᄒ리 뉘 잇스리?
히욤 업시 슬픈 눈물/벼기가 임니(淋漓)한다.
노친(老親) 다시 못뷜넌가?/어린 ᄌ식(子息) 못만날가?
삼십년(三十年) 양휵지은(養畜之恩)/파양 이쓔(罷養二字) 긔(氣)막키고,
승젼(承傳) 무른 명녕 아히(螟蛉兒孩)/아비 날을 못만나셔
북소지하(北訴之下) 파란(波瀾)되니,/틱산(泰山)갓탄 너 ᄃ(罪)로다.
쳔ᄉ 만녀(千思萬慮) 쳠슈(添崇)37)되니,/역여(疫癘) 쥬긔 명지 경각(命在頃刻)
쥬인 환부(主人鰥夫) 나를 보고,/동뉘 노소(洞內老少) 모아 노코,
공ᄉ 불논(公事發論) ᄒ난 말리,/두민 동쟝(頭民洞長) 드러 보소.
불샹헌 환과 고독(鰥寡孤獨)/계 셔름도 셜다는디,
ᄃ인 고집(罪人固執) 황고집(固執)의/아ᄉ지경(餓死之境) 이르럿너.
너 역시(亦是) 잘 살며는/스롬 구제(救濟) 무상(無償)컷만,
됴불녀셕(朝不慮夕) 홀 슈 업셔,/쥬킥(主客)이 모다 굼네.
쳠원(僉員)이 의논(議論)ᄒ고,/이정(里正)의긔 밥 시긴가?
불아 하기(不我遐棄) 감동(感動)ᄒ여/입시 츠져 ᄃ시 시쟉(始作)
물 한 먹음 졍신(精神) 나니,/불ᄉ약(不死藥)이 곡긔(穀氣)로다.
쳠유등잔(添油燈盞) 불발킨 듯,/호구 인강(糊口咽腔) 졍말일네.
구연 됴셕(苟延朝夕)38) 지닉더니,/슌삭 졈고(旬朔點考)39)당히세라.
공후 간셩(公候干城) 시 만호(萬戶)가/이임초(莅任初)의 강명(剛明)ᄒ다.
디소 되인(大小罪人) 불너 드려,/동훈(東軒)쯸의 버러 셸 졔,

---

37) 쳠슈=빌미를 더함.
38) 구연됴셕=구차히 아침과 저녁 식사를 이음.
39) 슌삭 졈고=매월 초하루와 10일에 사람의 수효를 점을 찍어가며 확인하는 일.

무부 스령(武夫使令) 쳔인(賤人)들도/디인(罪人)이라 업슈 여겨
힝함 쟝죽(行含長竹) 빗기 물고/코소리로 인수(人事)ᄒᆞ데.
강잉(强仍)ᄒᆞ여 드러가셔/한편의셔 타졈(打點) 맛고,
보슈촌(保授村)에 도라 와셔/슈오지심(羞惡之心) 혼ᄌ 됴롱(嘲弄)
피골 샹년(皮骨相連) 슈심(愁心) 속의/불건 말건 젼퍼 인ᄉ(人事)
야몽(夜夢)이 극흉(極凶)터니/화불단힝(禍不單行) 젹실(的實)ᄒᆞ다.
고셩 디갈(高聲大喝) 쳑호 셩명(斥戶姓名)/쳑의 ᄉᆞ롬 ᄒᆞ나 온다.
방간(房間) 빌녀 쥬엇다고/방약무인(傍若無人) 픠역(悖逆)ᄒᆞ니.
화로(火爐) 집어 불 노라고/막디 들고 견우면셔
구불가도(口不可道) 무슈 후욕(無數詬辱)/쏭단지난 졍홀네라.
여간 셔ᄎᆡᆨ(如干書冊) 이부ᄌᆞ리/다관 요항(茶罐尿缸) 실 발 등물(等物)
불탄불념(不憚不念) 간쟉 긔물(器物)/무이 무뎜(無碍無玷) 지버 너나?
유아지탄(由我之嘆) 왕ᄉᆞ(往事) 잇고/독불쟝군(獨不將軍) 홀 슈 업네.
승슈 호걸(承受豪傑) 네가 되고/부역 군ᄌ(附逆君子) 너가 되ᄌ.
그 즁(中)의 엇던 이난/츙효목(忠孝目)도 ᄒᆞ는 모양(貌樣)
긔지 쟝지(奇智長智) 도다 너여/여우 홀녀 장구(杖鼓) 치니.
경ᄌ 복지(경자복지) 질겨 ᄒᆞ니/야유귀(揶揄鬼)⁴⁰⁾의 심ᄉ(心思)로라.
말겨 쥬난 시뉘 밉고/치는 시모(媤母) 들 야속다.
이것 져것 너 타시니/한긔(寒氣) 홀너 부둑(不足)닉라.
나는 슈욕(受辱) ᄒᆞ련이놔/쥬인(主人)이야 무삼 탓고?
임ᄉ(任使)의 긔식(寄食)터니/무셔라고 안 희 쥰다.
부로(父老)드리 공논(公論)ᄒᆞ고/음지(陰地)마을 지로(指路)ᄒᆞ다.
하릴 업셔 너머가니/파겁(破怯) 못흔 나의 모양(貌樣)
긱지(客地)는 일야(一也)연만/잇든 곳의 도로 간다.
오날 아침 뒤집 츠려/져녁의난 압집 한다.

---

40) 야유귀=빈정거리기 좋아하는 사람.

미명젼(未明前)의 한 슐 먹고,/삼경양(三庚量)의 쏘 한슐
나무 픽(牌)의 이름 써셔/ㅅ립 ㅅ립 기웃 기웃,
슌한 집을 만나며는/긔말 져말 업거니와
밥 한슐의 욕(辱) 한 삼틱/변슌 샹계(番巡上啓) ᄒ는 모양(貌樣)
씨진 ᄉ발(沙鉢) 기다리반(盤)/불견시도(不見試圖) 짐쟉(斟酌)ᄒᆞ닉.
힉졔지동(孩提之童) 아희(兒孩)들도/귀양사리 입의 익어
싸라 오며 흥(興)을 니여/일각 츌문(一刻出門) 만지 여측(晩之如厠)⁴¹⁾
디텬 무량(大天無量) 옛글이라./다리, 다리, 무슴 다리?
산(山)의 올나 산달인가?/들의 나려 징검다리,
물짐승의 슈달(水獺)인가?/나무일홈 박달인가?
나락 담는 멱달인가?/산호(珊瑚)동곳 고달인가?
머리 우의 월ᄍᆞ(月字)다리,/다리 아러 밥는 다리.
베슬길 즌다리며,/집 일 젹의 ㅅ다리며,
됴총 츌신(鳥銃出身) 기다리며,/관산마(關山馬)의 귀다리며,
누령통이 황다린가?/쌍지팡이 젼다린가?
샹원 츄셕(上元秋夕) 왼 일인가?/아미산월(蛾眉山月) 반달인가?
다리, 다리, 됴흔 다리,/쳔니 고향(千里故鄕) 둑달일다.
다리, 다리, 놉흔 다리,/고굉 양신(股肱良臣) 팔달일다.
삼승(三升)벼션 목다리며,/안셩유긔(安城鍮器) 실굽다리,
강장 강장 가치다리,/씀벅 씀벅 황시다리,
다리 ㅅ셜(辭說) 그만 두고,/입향 슌속(入鄕順俗)ᄒᆞ여 보즈.
언츙신(言忠信) 힝독경(行篤敬)은/만믹지방(蠻貊之邦) 힝의(行儀)라데.
이곳시 머다 ᄒᆞ되도/예법(禮法)이 심(甚)히 발가
힝신 만일(行身萬一) 줄못ᄒᆞ면,/혈혈 단신(孑孑單身) 의지(依支) 업셔
물 우의도 기름이요,/지밥의도 톨톨릴셰.

---

41) 만지 여측=어두워진 뒤에나 뒷간(화장실)에만 감.

죽쟝 망헤(竹杖芒鞋) 초초 힝쟝(草草行裝)/여리박빙(如履薄氷) 시분 됴심(時分操心)
이 사름도 빅면부지(白面不知)/져 사름도 소믹·평싱(素昧平生)
등누 시제(登樓時際) 회피 부득(回避不得)/근신(謹愼) 그리 우쟉(又作)일다.
동니 됴식(東里朝食) 모셔린(暮西隣)ᄒᆞ니,/근시 신위(近是身違) 원걸인(遠乞人)
ᄎᆞ지 즁도(此地重到) 도시몽(都是夢)의/음양촌(陰陽村)이 면기신(面皆新)을
눈물 씻고 을퍼 보니,/궁(窮)한 소릭 그만 찟ᄌ.
간 곳마다 니별(離別)ᄒᆞ니,/의식어분쥬(衣食於奔走)로다.
공셕 불난(公席紛亂) 과(過)할시고,/묵돌불금(墨乭不黔)42)아닐넌가?
어니 고시 잘 곳신고?/전역되면,한심(寒心)ᄒᆞ다.
이 집 져 집 비두 발갈/일슌방(房)도 난득(難得)일세.
봉두난발(蓬頭亂髮) 농인(農人)드리/쇠코바지 길목 버션
한 방간(房間)의 슈십명(數十名)식/가로 눕고,세로 누어
꼼격이면,한 말 몬지,/구셕 구셕 보리방긔(放氣)
한 편 구석 비러 ᄭᅴ여/뜬 눈으로 도텬명(到天明)을.
박휘,빈디, 이,벼둑과/비암,지의(蜘蟻), 쌀다귀도
니 살 마시 별(別)노 단지?/쓸쓸이도심히 문다.
동의(冬衣) 거면 여름 의복(衣服)/흑투성이 땀이 비여
단갈 천결(單褐千結) 남누(襤褸)ᄒᆞ니,/셕은 님식 촉비(觸鼻)한다.
아는 집의 ᄎᆞ져 가셔/한 가지나 쌀냐 ᄒᆞ면,
물의 디강(大綱) 흔드러셔/보리풀를 한다 ᄒᆞ니,,
입고 한 번 그러가면43),/보리가로 써러진다.

---

42) 묵돌 불금=묵돌불검(墨乭不黔)의 잘못. 빛깔이 까만 먹돌보다도 더 검음.

그나마 남의 신셰(身世)/슈고(手苦)한 일 고맙드라.
우쟝(雨裝) 삭갓 나무신도/남의 압희 빌야 ᄒ니,
날 구져도 걱정이요/두로 두로 나의 근심
ᄒ로 소견(消遣) 일년(一年) 갓고/한 달 멀기 십년(十年)인 듯,
강틱공(姜太公)의 시졀(時節)낙든/보곤침의 고든 낙시
일간쥭(一竿竹)을 드러메고/두모포(豆毛浦)44)가 위슈(渭水)런가?
봉봉 셕슌(峰峰石筍) 방박(磅薄)흐디/텬쟉 됴디(天作釣臺) 반셕(盤石) 일셰.
약파 연ᄌ(弱波燕子) 교틱(嬌態)로며/졈슈 쳥졍(點水蜻蜓) 활긔(活氣)
로다.
심불지됴(心不在朝) 괴연 독좌(塊然獨坐)/유연 북망(悠然北望) 근심일다.
여윈 고기 밥 쥬다가/활활 쳥틱(活活靑苔) 실됴(失足)ᄒ여
양셕지간(兩石之間) 틈의 ᄭ여/드도 나도 못헐넌니,
활인지불(活人之佛) 곡곡 유지(谷谷有之)/빅발 홍안(白髮紅顔) 챵낭슈
(滄浪之水)가
원슈 증지(怨讐憎之) ᄒ여 쥬니/오기어의(吾寄魚意) 몃번인고?
가련(可憐)ᄒ다. ᄃ인(罪人)몸은/그 노릇도 못ᄒ겟다.
안지가지 못ᄎ지니/유잉(流鶯)이 무졍슌(無情水)가?
ᄌ됴 보아 낫 익어셔/김모 니모(金某李某) 알만터니,
음지촌(陰地村) 다 된 후(後)의/가인(家人)이도 다 먹어셔
한 고기를 너머가니/동고지가(東古之家) ᄎ례(次例)로다.
호우지시(好雨之時) 됴흔 비의/이앙(移秧)들리 한챵일다.
엽피 남묘(饁彼南畝)45) 졈심밥을/그릇 그릇 이고 지고,

---

43) 그러가면=걸어가면,
44) 두모포=지금의 서울 특별시 용산구(龍山區) 동빙고동(東氷庫洞)과 보광동(普光洞) 앞 한강가의 옛날 나루터 이름.
45) 엽피 남묘=『시경(詩經)』 빈풍(豳風) 칠월장(七月章)에서 인용한 싯구로 저편

들 가온디 모야 안져/고로 고로 분식(分食)할 졔,
구우일모(九牛一毛) 십시일반(十匙一飯)/불고염치(不顧廉恥) 어더 요긔(療飢).
간 곳마다 은혜(恩惠) 지니,/졍부젼(情不全)이 이박(愛薄)일다.
마됴 안즈 슈작(酬酌)ᄒ면,/쥬경 야독(晝耕夜讀) 션비 만아
밤 젼역의 츠져 와셔/쳔긱 축식(賤客畜食) 위로(慰勞)ᄒ나,
삼함기구(三緘其口) 심밍(甚盟)이라./열 번 무러 한 번 디답(對答)
즈미(滋味) 업셔 가건만는/면시 비비(面是背非)⁴⁶⁾ 무셔왜라.
챡오 동일(착오 終日)간하려는/뷘 집 동일(終日) 니가 본다.
소즈(小子) 언초 디즈(大子)어는 /나무 가고 낙기 간다.
혼즈 잇셔 일 업스니,/한계 독셩(閑暇讀書) 소우(消憂)로다.
막디 집고,문(門)의 나니,/갈ᄇ이 이우(貽憂)러라.
쳔봉 군산(千峰群山) 둘너 잇고,/만니 풍낭(萬里風浪) 들닐 젹의
원근 산쳔(遠近山川) 둘너보니,/젹거 승긔(謫居勝槪) 귀(貴)치 안타.
즈고 유러(自古由來) 젼(傳)한 말리/쟝군디좌(將軍大坐) 터이라네.
안쟝(鞍裝)ᄇ회 군령(軍令)ᄇ회/갈마도(葛馬島)를 응(應)히 잇고,
긔션봉(奇仙峰)이 특입(特立)한듸,/됴수(潮水)소리 북소릴다.
열 샥 습증(朔濕症) 남방 슈토(南方水土)/빅병 젼신(百病全身) 졀노 된다.
학질,이질(瘧疾痢疾) 인후 단아(咽喉丹啞)/화병(火病)으로 소ᄉ나니,
이 약(藥)져 약(藥) 쓸 졔 업고,/슈유 당귀(茱萸當歸) 됴컷마는,
후박(厚朴)한 인졍(人情)으로/반하(半夏)를 스라낫니.
독활(獨活) 먹고,혼즈 술며,/인동(忍冬)으로 겨울 낙가
회싱산(回生山)의 히비탕(解配湯)은/어늬 쩌나 먹어 볼고?

　　양지밭머리에는 들밥을 가져다 먹음.
46) 면시비비=코앞에서는 옳다고 하다가 등뒤에서는 아니라거나 그르다고 함.

몸져 누어 못당기니,/쥬인(主人) 한 집 신셰(身世) 만타.
한 집의는 밥추례(次例)의/어계 진 밥 갓다 쥬니,
후픽(朽敗)ᄒ여 못먹으니,/밧분 농가(農家) 예ᄉ(例事)연만,
쥬인(主人) 혼ᄌ 걱정ᄒ니,/폐(弊)시기난 니탓실다.
병셰(病勢)가 슈힐ᄒ니,/그 동니(洞里)가 쏘 다 된다.
샹니촌(上里村) 츠져가니,/이삼십호(二三十戶) 빈촌(貧村)이요,
밧 김미기 보리치기/ᄉ롬보기 귀(貴)ᄒ드라.
믹슉 샹젼(麥菽桑田) 동마쥭은/식샹(食床)마다 한 모양(貌樣)
시장이 반찬(飯饌)인지?/그도 쏘흔 눈의 ᄭ네.
슈십일(數十日)를 묵삭여도/지면(知面)ᄒ니,별양(別樣)업셔
그 마을도 ᄆᆽ슬 짓고,/신긔리(新基里)로 올나가니,
ᄉ면(四面)이 텬옥(天獄)이요,/도중(島中)의도 두 마지긔
결도 갓고,촌(村)도 갓고/답답ᄒ기 층양(測量) 업네.
십실 잔동(十室殘洞) 할 슈 업셔/가든 길로 굴머셰라.
낭핍 일젼(囊乏一錢) 안릴느면,/보티 쥴 맘 진정(眞情) 나데.
솀셜 어롬 발논(發論)ᄒ여/안 ᄯᅳ른 밥 토식(討食)ᄒ고,
디평니(大坪里)을 가랴 할 졔,/됵무소착(足無所着) 할 슈 업셔
집 한 단을 어디 노코,/쳣솜시로 슴아 보니.
한 편 날를 ᄭᅩ고 나니,/두 손바닥 피가 나고,
민발노난 못당기여/목동(牧童)의게 디강(大綱) 빌와
ᄒ로 한짝 못다 겨려/가리토시 셔단말가?
그 잇튼날 마ᄌ ᄉ머/웃도긔지 너머 셔셔
노학봉하(老鶴峰下) 츠져가니,/디평니(大坪里)가 거긔로다.
연쟝 졉옥(連墻接屋) 질비(櫛比)ᄒ니,/칠십여호(七十餘戶) 디촌(大村)
일다.
의관 문물(衣冠文物) 볼쟉시면,/경화(京華)의셔 다름 업네.
당당 명ᄉ(堂堂名士) 소연(少年)들은/인물(人物)들도 곱거이와

협칙 왕니(挾冊往來) 셔지츌입(書齋出入)/이오지셩(咿唔之聲) 부졀(不絶)일다.

불누일쟝(不遇一場) 과거벽(科擧癖)은/디셩 소셩(大成小成) 불원(不願)일네.

양싱 송亽(養生送死) 예(禮) 발그니,/쥬진촌(朱陳村)이 그럿턴가?

임亽(任使)집의 두류(逗遛)ᄒ니,/울너머가 셔당(書堂)일다.

윤식 디인(輪食罪人) 왓다 ᄒ니,/亽립 밧긔 나지 마소.

덕인셔지(德人書齋) 오게 드면,/불공 ᄌ파(不功自破) 파졉(罷接)ᄒ리?

쳥약불문(聽若不聞) 짐쟉(斟酌)ᄒ니,/기연 미연(其然未然) 됴심(操心)난다.

진졍(眞情) 그리 할지라도,/남 됴심(操心)의 불시예亽(不是例事)

오리 잇셔 격거 보니,/빅지 와젼(白紙訛傳) 간언(奸言)일세.

격닌셔셩(隔隣書聲) 귀가 씌니,/기왕소亽(旣往所事) 못견디여

ᄒ나 친(親)코, 둘 친(親)ᄒ여/무리 황셜(無理荒說) 디답(對答)ᄒ니,

노돌(露拙)은 되것만은/혼연 망각(渾然忘却) 지장亽(齋莊事)을

시츌 셩졍(時出性情) 한다 ᄒ나,/귀귀 ᄌᄌ(句句字字) 나의 셔름

굴ᄌ평(屈子平)의 구변(口辯)이며,/유동원(柳宗元)의 팔우(八尤)런가?

한챵녀(韓昌黎)의 오궁(五窮)이오,/도연명(陶淵明)의 칠인(七忍)인가?

인간 ᄌ적(人間在謫) 황산곡(黃山谷)은/유방 빅셰(流芳百世) 됴흘시고.

텬샹 일거(天上一去) 니쳥년(李青蓮)은/유명 쳔츄(有名千秋) 되단 말가?

빅동파(百東坡)⁴⁷⁾의 샴션연(三仙緣)은/젹벽강(赤壁江)의 호강일다.

슬프다.니 귀양은/남의 부당(不當), 돌의 부당(不當)

이리 돌고, 져리 도라/돌고 도라 윤식(輪食)일다.

모쥬동(母酒筒)⁴⁸⁾의 열막인가?/쳿싹휘의 기미런가?

---

47) 빅동파=소동파(蘇東坡)의 잘못인 듯함.
48) 모쥬동=모주통(母酒筒)의 잘못. 모주통은 밑술통.

31. 채환지적가(蔡宦再謫歌) 413

　보리 치는 도릿긴지?/며밀 가는 미돌인지?
　도는 길의 참을 인ᄍᆞ(忍字)/쳐 확철(確鐵)이 유환(有患)일다.
　신니(新里) 마을 나려가니,/들 가온디 씌엄 씌엄
　쥬셔 모와 오륙십호(五六十戶)/노는 션빅 하나 업고,
　의지 식지(衣之食財) 넉넉히도/것모양(模樣)은 말 안릴네.
　인스 의디(人事衣帶) 져만 ᄒᆞ고,/간후이건 쏘홈 난다.
　묵을 곳시 오돌막집/환부(鰥夫) 집는 젼례(前例)너라.
　근심 속의 밥양(量) 쥬려/한 술 쓰고 너놋는다.
　인졍(人情)이 잇거드면,/더 먹어라 권할 셕셰
　낙으니는 먹고 달고,/졔 비치기 위쥬(爲主)ᄒᆞᆫ다.
　그 중의 아희(兒孩) 계집/무름마츰 ᄒᆞ는 말리
　아모집은 다리 붓쳐/밥셜치을 ᄒᆞ나보다.
　빈계(牝鷄) 신명(晨鳴)ᄒᆞ니,/어룬 업는 동닐너라.
　우연(偶然)이 각긔(咯氣) 나셔/못다 먹고 도라올 졔
　보슈촌(保授村) 양지(陽地)마을/고기너머 쳘니(千里) 갓다.
　잠시(暫時) 쥬인(主人) 거동(擧動) 보소./무지먹지(無知莫知)가질(可知)
너라.
　오른 팔의 늙은 ᄌᆞ/왼팔의는 졀문 놈
　이리 져리 ᄌᆞᆸ 당겨/밧구셕의 궁글인다.
　약(弱)한 몸을 욱다기니,/도쥬(逃走)할가 염녀(念慮)런가?
　쥬이부시(周而復始) 도라와셔/그만 둘가 여겻더니,
　후뉵삭(後六朔)을 ᄯᅩ 돌니여/도로 람미타불(阿彌陀佛)일다.
　흔 번 ᄒᆞ나 두 번 ᄒᆞ나/우셰되기 맛찬가지.
　각동 둔둉(各種臀腫) 골습증(骨濕症)의/각보 구급(各寶救急) 젼인(傳
人)ᄒᆞ니,
　ᄎᆞ병간(此病間)의 양식 변통(糧食變通)/쟉쳥 인심(作廳人心) 브라노라.

도즁(島中)스룸 드러보소./디강(大綱) 젹어 치(冊)이 되네.
편언 쳑스(片言隻辭) 쥬쟉(做作) 업셔/십목소시(十目所視) 모도 아니.
날기 돗친 학(鶴)이 되어/샹림원(上林苑)의 나라가셔
슬피 우러 원졍(願情)ᄒ여/셩문우쳔(聲聞于天) ᄒ게 드면,
ᄉ춍ᄉ명(四聰四明) 우리 셩샹(聖上)/복분지조(覆盆之照) 빗최련만,
급경(急更)ᄒ리 업셧스니,/ᄌ탄 ᄌ가(自歎自歌) 쑨이로다.
하날님게 미인 목슘/지셩(至誠)으로 속지(贖罪)ᄒ세.
획죄우쳔(獲罪于天) 무소도(無所逃)은/모르느 게 아니어만,
암암히 말 못ᄒ고,/식ᄌ 우환(識者憂患) 진졍(陳情)ᄒ니.
　　　경오 지월 초십일 돈촌(庚午至月初十日 敦村)
　　　　　　　　　　＜金榮洙의 소개본에서＞

〈참 고〉

金榮洙,「蔡宦再謫歌」,『韓國學報』46호, 서울: 一志社, 1987, 봄.

32. 蓬萊別曲(봉래별곡)

정현덕(鄭顯德)

해제 이 작품은 박지홍(朴智弘)이 『港都釜山(항도부산)』 4호에 처음으로 발표하여 학계의 주목을 받게 된 향토 기행가사이다.[1] 내용은 지은이가 동래부사(東萊府使)로 부임하여 임기를 마치고 떠나기 전에 신선들이 사는 고장이라는 봉래(옛 東萊의 다른 이름)를 둘러 보고 그 느낌을 고종 6년(1869)에 노래하여 지은 것이다.

 지은이 정현덕(鄭顯德 : 1810-1883)은 자를 백순(伯淳)이라 하고, 호를 우전(雨田)이라고 하였다. 철종 2년(1850)에 문과에 급제하여 벼슬이 형조참판에 이르렀다. 흥선대원군(興宣大院君)의 총애를 받아 "북쪽에 마행일 이 있고, 남으로 정현덕이 있으면 나는 근심할 것이 없다. (北有馬行一 南有鄭顯德 吾無憂)"라고 할 만큼 항왜정치(抗倭政治)를 잘 하였다.[2] 철종 3년(1852)에는 부사과(副司果)로 동지 겸 사은사행(冬至兼謝恩使行)의 서장관으로 연경(燕京)을 다녀오기도 하고, 고종12년(1875)에는 흥선대원군이 실각하면서 문천(文川)으로 유배되었다가 고종 19년(1882)에 풀려났다가 이듬해에는 위리안치 되었다가 사사되고, 고종 31년에는 보수파들의 집권으로 다시 복관되었다.

蓬萊山(봉래산) 옛말 듯고,/예 와 보니 지척(咫尺)이라.
東海水(동해수) 淸明(청명)한데,/魯仲連(노중련)이 간 곳 없다.

---

1) 朴智弘,「蓬萊別曲의 硏究」,『港都釜山』4호, 부산 : 釜山市史編纂委員會, 1964.
2) 黃玹,『梅泉野錄』권 1의 上,

徐氏(서씨)의 採藥舟(채약주)에/童男童女(동남 동녀) 못 보와라.
安期生(안기생) 赤松子(적송자)난/白雲深處(백운 심처) 자최 없다.
神仙(신선)말이 荒唐(황당)하니,/다 후려 더져 두고,
所見(소견)을 말을 내니,/別曲(별곡)이 되엿도다.
丈夫慷慨(장부 강개) 못 이겨서,/多遊(다유)하야 살펴보니,
金井山城(금정산성)3) 大排布(대배포)에/梵魚寺(범어사)4)가 더욱 조타.
蘇蝦亭(소하정)5) 드러가니,/處士(처사)난 간 곳 업고,
遊仙臺(유선대) 올나가니,/道士(도사)난 어대 간고?
溫井藥水(온정 약수) 神效(신효)하니,/病人治療(병인 치료) 근심 업다.
盃山(배산)6)이 案山(안산) 되고,/슈무막이7) 되엿도다.
荒嶺峰(황령봉)8) 올나갈 제/竹杖芒鞋(죽장망혜) 醉(취)한 몸이
左(좌)편은 水營(수영)이요,/右(우)편은 釜山(부산)이라.
對馬島(대마도) 一岐島(일기도)난/海外(해외)에 둘너 잇다.
沒雲臺(몰운대)9) 海雲臺(해운대)10)난/勝地(승지)라 이르니라.
永嘉臺(영가대)11) 노푼 집은/釜山景槪(부산 경개) 제일(第一)이라.

---

3) 金井山城=현재의 부산시내에 있는 일명 동래산성(東萊山城). 금정산 꼭대기에 있기 때문에 금정산성이라고 함. 조선 숙종 29년(1703)에 당시의 경상감사 조태동(趙泰東)이 기공하여 숙종 33년(1707)에 동래부사 한배하(韓配夏)에 의하여 완성되었다고 함.
4) 梵魚寺=현재 부산시내의 금정산성 안에 있는 절. 신라 때에 의상(義湘)스님이 창건하였다고 함.
5) 蘇蝦亭=지금의 부산 동래 온천과 부산대학교 사이에 있었던 소하(蘇蝦)라는 처사(處士)가 놀던 정자인데, 정조 2년(1778)경에 이미 없어졌다고 함.
6) 盃山=지금의 부산대학교 정문에서 보이는 산의 이름.
7) 슈무막이=풍수 용어로 골짜기에서 흐르는 물이 멀리 돌아 흘러서 하류가 보이지 않게 된 땅의 형세.
8) 황령봉=현재 부산 시내에 있는 항도고등학교의 뒷산.
9) 沒雲臺=지금의 부산시의 명소로, 다대포(多大浦) 남쪽 10리에 있음.
10) 海雲臺=부산시의 명소.
11) 永嘉臺=지금의 성남초등학교 서쪽 철로 사이에 있던 높은 언덕. 광해군 6년(1614)에 당시의 경상도 순찰사 권분(權昐)이 항만을 개척하고, 그 언덕 위에

節制使(절제사) 主鎭(주진)되고,/兩浦萬戶(양포 만호) 附庸(부용)대야
왜관(倭館)12)을 防衛(방위)하니,/남고 쇠락13) 여기로다.
壬辰年(임진년) 八年兵火(팔년 병화)/忠臣烈士(충신 열사) 그 뉘신고?
宋忠臣(송충신)14) 鄭忠將(정충장)15)은/紫衣黑衣(자의 흑의) 거룩하다.
形色千秋(형색 천추) 못 이겨서/殉節(순절)터의 築壇(축단)16)하니,
烈女(열녀)로 扶植(부식)하고,/壯士(장사)로 배향(配享)한다.
子城臺(자성대)17) 一片石(일편석)은/萬古史蹟(만고 사적) 긔 뉘 알리?
大明恩德(대명 은덕)갚으랴면,/昊天(호천)이 罔極(망극) 하다.
鄭墓(정묘)라 이른 말은/東萊鄭氏(동래정씨) 始祖(시조)로다.
東平縣(동평현) 古邑(고읍)터의/人家(인가)도 櫛比(즐비)하다.
烈女閣(열녀각) 孝子碑(효자비)난/大路邊(대로변)의 포량(襃揚)이라.
甑臺城上(증대성상)18) 둘너보니,/倭城(왜성)턴이19) 분명(分明)하다.
龜峰烽(귀봉봉)20) 太平(태평)하니,/ 邊方(변방)에 일이 업다.

8간의 정자를 짓고, 안동(安東)의 옛이름인 영가(永嘉)라고 하였는데, 지금은
그 언덕조차도 없어졌다.
12) 倭館=지금의 경상남도에딸린 지명이 아니고, 지금의 부산 초량도에 있었던
조선시대 왜인(倭人)들이 머물러 살며 통상(通商)하던 사무소.
13) 남고쇄락=남요쇄약(南徼鎖鑰)의 잘못인 듯함. 그 뜻은 남쪽 국경을 굳게 지킨
다는 의미임.
14) 宋忠臣=임진왜란 당시의 동래부사(東萊府使)로 동래성을 지키다가 순절한 송
상현(宋象賢).
15) 鄭忠將=임진왜란 당시 동래부 첨사(僉使)로 순국한 정발(鄭撥).
16) 築壇=제단을 쌓았다는 뜨이나, 여기서는 첨사 정발이 순국한 바로 그 저리로
지금의 부산 좌천동(佐川洞)에 있는 정공단(鄭公壇).
17) 子城臺=지금의 부산 범일동에서 대연동으로 약 500미터쯤에 있는 오른 편의
언덕.
18) 甑臺城上=증대성 위. 증대성은 지금의 부산성(釜山城). 임진왜란 때에 일본군
이 쌓은 성.
19) 倭城턴이="왜성터임이"의 뜻.
20) 龜峰烽=귀봉에서 올리는 봉화. 귀봉은 지금의 부산고등학교 뒷산. 이산에 봉
화대가 있었음.

개원 豆毛 다 지내니,/草梁浦村(초량포촌) 分明(분명)하다.
守設門(수설문)21) 嚴肅(엄숙)하니,/客舍大廳(객사 대청) 雄壯(웅장)하다.
四屛山下(사병산하)22) 宴大廳(연대청)은/倭使接對(왜사접대) 무삼 일고?
東西館(동서관) 완담 안에/동쳥사(東淸舍)23)가 더욱 죠타.
大峙(대치)을 넘어가니,/多大鎭(다대진)24)이 거룩하다.
降仙臺(강선대) 어대메요?/神仙(신선)이 노단날가?
陸地(육지)를 다 본 후(後)에/ 島中(도중)을 향(向)하리라.
絶影島(절영도) 들어가니,/水路十里(수로 십리) 的實(적실)하다.
山下(산하)는 牧場(목장)되여/三千駿馬(삼천 준마) 聳動(용동)이라.
山上(산상)은 封山(봉산)되여/왜시 入禁(倭市 입금) 多事(다사)하다.
졈졈(漸漸) 지피 드러가니,/數三漁村(수삼 어촌)뿐이로다.
伐木 겨경(벌목 溪徑) 차자가서/太宗臺(태종대)25) 다달으니,
海上(해상)의 높은 바외/千丈萬丈(천장 만장)뿐이로다.
관쳥대(官廳臺)가 그 앞이요,/동우섬26)이 압임이라.
五六島(오륙도)난 東便(동편)이요,/牛巖浦(우암포)난 北便(북편)이라.
滄浪歌(창랑가) 한 曲調(곡조)에/仙境(선경)이 的實(적실)하다.
仙緣(선연)이 업돗던지?/紅塵(홍진)에 일이 만타.
秦始皇(진시황) 漢武帝(한무제)도 /이곳을 어이 보리?
니내몸 무삼 緣分(연분)/仙境(선경)을 遍踏(편답)하고,
不死藥(불사약) 잇다 말이/方士(방사)의 빈말이라.
吳道子(오도자)27)의 腹中山川(복중산천)/긔 누라셔 알아내리?

---

21) 守設門=과거 왜관(倭館)에 있었던 5간자리 수문(守門)과 3간짜리 설문(設門).
22) 四屛山下=지금의 부산 대쳥동(大廳洞) 뒷산인 사병산 아래.
23) 東淸舍=왜관의 동헌(東軒).
24) 多大鎭=지금의 부산 다대포에 있었던 조선시대 진(鎭).
25) 太宗臺=지금 부산의 명승지. 신라의 태종 무열왕이 백제와의 전쟁에서 승리한 뒤에 이곳에 들려 놀다가 갔기 때문에 태종대라고 하였는 것으로 전한다.
26) 동우섬=태종대에 있는 유분도(鍮盆島)를 가리킴.

니 내몸 虛浪(허랑)하여/江山(강산)을 周遊(주유)하니,
歲月(세월)이 如流(여류)하여/三年(삼년)이 如夢(여몽)이라.
도라가 傳(전)하고져./洛陽親舊(낙양 친구) 일어리라.
입아! 蓬萊(봉래) 벗님들아!/내 길 막아 무어하리?
나도 가기 실타마난/聖恩(성은)이 罔極(망극)하니,갚으러 가노라.

　　　　　　　　　　　　　　　<朴智弘의 소개본에서>

〈참　고〉

朴智弘,「蓬萊別曲의 硏究」,『港都釜山』4호, 釜山市史編纂委員會, 1964.

---

27) 吳道子=당나라 현종(玄宗)때의 화가(畫家).

33. 도히가(渡海歌)

조희백(趙熙百)

해제 이 작품은 필사본 가집 『關東張遊歌(관동장유가)』에 실려 있는 작자 연대 미상인 것을 최강현(崔康賢)이 지은이와 연대를 고증하여 학계에 소개하므로서 널리 알려지게 된 해양기행가사이다. 내용은 지은이가 고종 11년(1874)에 함라태수 겸 성당창 조세 영운관(咸羅太守兼聖堂倉租稅領運官)에 임명되어 이듬해인 고종 12년(1875)에 12척의 대동 조세선(大同租稅船)을 영솔하여 서해안 일대를 남에서 북으로 종주하여 강화도 연미정(鷰尾亭)에 닿기까지의 견문들을 노래한 것이다.

지은이 조희백(趙熙百 : 1825-1900)은 자를 순기(舜起)라 하고, 호를 수산(睡山)이라 하였다. 아버지는 형조참의를 지낸 조규년(趙奎年 : 1799-1867)이고, 어머니는 참판 윤정렬(尹鼎烈 : 1774-?)의 딸인 정부인 해평윤씨(貞夫人海平尹氏 : 1799-1882)이다. 31세 때인 철종 6년(1855)에 진사가 되고, 이듬해에 참봉이 되어 진산군수(珍山郡守) 등 여러 고을 원을 지냈다. 저술에 이 작품과 같은 여행의 내용을 한문으로 기록하여 지은 『乙亥漕行錄(을해조행록)』이 있다.

슈산장(睡山丈)이 함열(咸悅)고을 갈디 노즁(路中)의셔 지은 글인디, 곳곳지 경치(景致)가 됴키인 볏기다.

셩은(聖恩)이 특듕(特重)ᄒ여/함나티슈(咸羅太守)ᄒ이시니,

샤조 영스(辭朝榮仕)ᄒ온 후(後)의/뎡월 회간(正月晦間) 샹관(上館)ᄒ다.
읍양(邑樣)도 조잔(凋殘)ᄒ올셰./팔읍 봉셰(八邑俸稅) 밧부도다.
민졍(民情)도 졀박(切迫)ᄒ고,/조션 일졀(漕船一切) 공교(工巧)ᄒ다.
쳔신만고(千辛萬苦) 쥰ᄉ후(竣事後)의/틱일 발션(擇日發船) ᄒ여셔라.
훤당(萱堂)1)의 비ᄉ(拜辭)ᄒ온 후(後)의/웅포 신지(熊浦信地) 나아가니,
열 두 조션(漕船) 느러셔고,/연강 빅셩(沿江百姓) 구경ᄒ다.
방포 일셩(放砲一聲) 취타(吹打) 삼하/슌풍(順風)의 돗슬 달고,
림피 셔포(臨陂西浦) 다다르니,/조슈(潮水)가 물너 난다.
돗슬 쥬어 지슉(止宿)ᄒ니,/호샹 경치(湖上景致) 졀승(絶勝)ᄒ다.
평명 군령(平明軍令) 발션(發船)ᄒ니,/동남풍(東南風)이 고이ᄒ다.
물 흐르듯 슌식간(瞬息間)의/장암진(長巖津)이 여긔로다.
층암 졀벽(層巖絶壁) 문(門)을 지어/변방 듕디(邊方重地) 적실(的實)ᄒ다.
함라산(咸羅山)니 뒤를 기니,/고을 지경(地境) 물너진다.
디히(大海)가 당도(當到)ᄒ니,/후풍ᄎ(候風次)로 지박(止泊)ᄒ네.
영교(領校) 불너 졈고(點考)ᄒ니,/공ᄌ(貢字)비가 락후(落後)된다.
불상ᄒ다! 져 격군(格軍)아!/무삼 일노 임ᄉ(臨死)ᄒ고?
가히업다.슈듕 고혼(水中孤魂)!/위로(慰勞)ᄒ들 쓸디 업다.
밤을 시와 경경(耿耿)ᄒ고,/명일 발션(明日發船) 단속(團束)ᄒ다.
구즌 비가 죵일(終日) 오니,/이일 두류(二日逗留) 민망(憫惘)ᄒ다.
기동시(開東時)의 힝션(行船)ᄒ니,/호남 풍경(湖南風景) 머지 안타.
형뎨 작별(兄弟作別) 붕우 뎐송(朋友餞送)/쩌나가니,챵연(悵然)ᄒ다.
동구(洞口)밧 지나 셔셔 보니,/히싁(海色)이 망연(茫然)ᄒ다.
가리목이 험(險)ᄒ올셰다./넘어가기 위틱(危殆)ᄒ다.
조심 조심 지니여셔/오식도(烏息島)의 닷슬 쥬니,
의지(依支) 업는 빈밋히셔/우리소리 무슴일고?

---

1) 훤당=원문에는 "헌당"으로 되어 있음.

혼들 혼들 지향(指向)업시/츄풍 낙엽(秋風落葉) 물의 썼너.
왕령(王令) 소계 지즁(至重)ᄒᆞ미,/슌풍 도박(順風渡泊) 밋엇셰라.
닷 감는 비소리를/밤듕만의 됴케 듯고,
흑야 ᄉᆞ경(黑夜四庚) 바람 일어/비를 쓰여 가는구나.
오초 동남(吳楚東南) 어디미냐?/일츌(日出)ᄒᆞ니,동방(東方)인가?
잘못 왓니.길을 일허./고군산(古群山)니 여긔로다.
조화옹(造化翁)이 도앗는가?/동남풍(東南風)이 년일(連日) 부니.
연도(烟島)셤이 묘연(杳然)ᄒᆞ다./어부(漁父)다려 길을 뭇셰.
어젼(漁箭)그물 길을 막아/얼거지고 트러졋니.
만쳡 산즁(萬疊山中) 드러간 듯,/허여날 슈 젼혀 업니.
모든 ᄉᆞ격(沙格) 졍셩(精誠)드려/소리치며 노를 져어
간산 간신(艱辛艱辛) 버셔나니,/일낙셔쳔(日落西天) 되여셔라.
연도지경(烟島地境) 다드르니,/말양진(馬梁鎭)이 불원(不遠)ᄒᆞ다.
만경창파(萬頃蒼波) 빈 세우고,/연일 지슉(止宿) 심난(心亂)ᄒᆞ다.
몹슬 바람 이러나니,/파도(波濤)소리 웅장(雄壯)ᄒᆞ다.
션두(船頭) 쌍돗 모두 지니,/셔북풍(西北風)이 무슴 일고?
촌촌 젼진(寸寸前進)ᄒᆞ노라니,/고디도(古代島)를 언제 갈고?
ᄉᆞ격(沙格)들아! 힘을 써라!/노(櫓)나 져어 가보리라.
돈 셕 냥(兩)을 상급(賞給)ᄒᆞ니,/노리 불너 즐기도다.
동남편(東南便)의 쁘는 긔운(氣運)/쥬류 치각(朱樓彩閣) 신루(蜃樓)런가?
다스리(多㐉只)라 ᄒᆞ는 돌셤/금강산(金剛山)니 게 잇고나.
억지길 빅여리(百餘里)가/닌력(人力)이 관듕(關重)ᄒᆞ다.
홀일 업셔 닷츨 쥬니,/쳘심 안위(鐵心安慰) 아올손가?
만졈 이화(滿點梨花) 버러 뵈니,/침침 칠야(漆夜) 의지(依支)로다.
납죽(臘作)셤 넘어 셔드니,/일긔(日氣)도 쳥명(淸明)ᄒᆞ다.
죄편(左便)의 모란봉(牡丹峰)과/우편(右便)의논 원산(元山)이라.
고디도(古代島)라 일으더니,/과연(果然)일셰.명승지(名勝地)라.

급창 스령(及唱使令) 호령(號令)ᄒ고,/예 감고 분쥬(奔走)ᄒ다.
졍결 하처(淨潔下處) 졍(定)ᄒ 후(後)의/ᄒ륙(下陸)ᄒ기 처음일다.
십이 졔션(十二諸船) 제도(齊到)ᄒ고,/만반 지슈(萬盤珍羞)이상(異常)ᄒ다.
고진 감ᄂᆡ(苦盡甘來) 일은 말을/이 압ᄒᆡ나 증험(徵驗)ᄒᆞᆯ가?
이 쓴 도졸(棹卒) 헐각(歇脚)ᄒ고,/두 방 샹급(賞給) 더ᄒ니라.
듕노 문ᄉᆞ(中路問使) 아니 오니,/아듕 문안(衙中問安) 답답(沓沓)ᄒ다.
병(病) 든 션인(船人) 고귀(告歸)ᄒ니,/슈ᄌᆞ 셔간(數字書簡) 붓치리라.
일시(一時)의 돗슬 드니,/남풍 긔셰(南風氣勢) 굿세도다.
언뜻 번뜻 산(山)빗치요,/울녕 츌녕 물소리라.
눈 쓸 ᄉᆞ이 긔빅니(幾百里)요,/현긔(眩氣) 나셔 어렵도다.
겨울바다 지나가니,/안흥진(安興鎭)이 여긔로다.
관장(關將)목을 다ᄃᆞ르니,/만학 쳔봉(萬壑千峰) 셕각(石角)이라.
비머리를 그릇 둘녀/압 뒤 사공(沙工) 겁(怯)을 너여
돌머리을 밧겟구나./앗ᄎᆞ! 앗ᄎᆞ! 엇지ᄒᆞᆯ고?
어여챠! 이어츠!/져어다고! 너 격군(格軍)아!
천우신조(天佑神助) 무ᄉᆞ과경(無事過境)/한츌쳠빅(汗出沾背) 정신(精神)업니.
넘어셔도 염녀(念慮)로다./열골 물이 벽녁(霹靂)소리.
소근(所斤) 방셔(方嶼) 밤의 지나,/민어리(民魚里)셔 히 돗는다.
셔남풍(西南風)이 디단(大端)ᄒ더,/흑무 챵쳔(黑霧蒼天) 어둡도다.
지척(咫尺)을 불변(不辨)ᄒ고,/열 두비가 허여지며,
나발 군호(軍號) 쓸 디 업고,/셔로 불너 디답(對答) 업니.
동셔 남북(東西南北) 알 길 업셔/지남쳘(指南鐵)만 밋엇셔라.
겁(怯)을 닌다? 져 ᄉᆞ공(沙工)아!/돌셤 풀등 엇지ᄒᆞᆯ고?
디를 너허 질어 보니,/물도 졈졈(漸漸) 엿터 간다.
당진(唐津) 면쳔(沔川) 지나간다./슈원(水原) 남양(南陽) 어림일다.

파도듕(波濤中)의 어림 업셔/홀 일 업셔 지슉(止宿)혼다.
밝아 보니,우즁(雨中)인가?/령흥도(靈興島)가 지쳑(咫尺)일다.
곡갈셤이 그이호다./슌식간(瞬息間)의 지느리라.
팔산(八山) 바다 멈도 머다./녁풍(逆風) 불기 무슴 일고?
영죵진(永宗鎭)을 쎌 듯호디./날 져무러 못가리라.
삼각산(三角山)니 뵈는구나!/우리 셩쥬(聖主) 뫼셔 뵌 듯.
디궐(大闕)셤을 건너 볼가?/진녁(盡力)호여 노(櫓)을 젓니.
셕 냥(兩) 상급(賞給) 너여거니./스귀신(使鬼神)도 호오리라.
밤을 시와 힝션(行船)호야/송도(松島)셤을 다다랏다.
영죵셩쳡(永宗城堞) 견고(堅固)호니/보쟝즁지(寶藏重地) 적실(的實)호다.
쟝강(長江) 어귀 드럿스나/낙후션(落後船)니 걱정일다.
셰어리(細魚里) 쥬졍(駐碇)호고/촌스(村舍) 갈의여 쥬졍(住定)호고.
졍죡산셩(鼎足山城) 지졈(指點)호고/놉히 올라 쇄풍(灑風)홀가?
각 고을 싱니(色吏) 현신(現身)호고/싱합 진니 지공(支供)혼다.
손돌(孫乭)목도 협진(狹津)일셰./미도션(未到船)을 기드리라.
좌우 셕판(左右潟坂) 구버 보니./불상호다.포민 싱이(浦民生涯).
셕화(石花) 키어 구명(救命)호니/열 손가락 피가 나니.
셰샹(世上) 구경 호여 볼가?/졀도즁(絶島中)의 산다 말가?
나물 쏫치 푸엿고나./현슌 박결(懸鶉百結) 불상호다.
각스 보장(各司寶藏) 슈졍(修整)호고/호로 류련(留連)호리로다.
압 뒤 비가 다 왓도다./황산(黃山)으로 나아가리.
십젼 구도(十轉九倒) 오는 길의/손돌(孫乭)목이 쏘 잇고나.
아홉 룡(龍)이 이러느나?/파도(波濤)소리 요란(擾亂)호다.
층암 졀벽(層巖絶壁) 아니여든./폭포 급류(瀑布急流) 무슴 일고?
압히 스공(沙工) 조심호소./뒤의 스공(沙工) 경계(警戒)혼다.
졔일(第一)목을 지낫스나,/여슷 구뷔 답답(沓沓)호다.
초지쳠스(草芝僉使) 호송(護送)호여/광셩진(廣城津)을 더위잡아

봉봉(峰峰)마다 디포(大砲) 뭇고,/구뷔 구뷔 셕셩(石城)이라.
션겁도다. 이 장군(將軍)이/뎐망공신(戰亡功臣) 되단 말가?
룡진(龍鎭) 제물(濟物) 지나가니,/셩쳡 돈디(城堞墩臺) 황량(荒凉)ᄒ다.
강화부(江華府)를 바라보니,/만셰 금탕(萬世金湯) 이 아닌가?
마니산(摩尼山)[2] 나린 줄기/갑곳진(甲串津)이 한문(漢門)이라.
루디 강호(樓臺江湖) 졀승(絶勝)ᄒ다./문슈산셩(文殊山城) 안디(案對)로다.
동향(同鄕)이라 반갑도다./연미졍(燕尾亭)의 비를 디고,
올나 보니,표묘(縹緲)ᄒ다./히우 명경(海隅明景) 젹실(的實)ᄒ다.
양경 합금(兩京合襟) 너른 강싴(江色)/경면(鏡面)갓치 맑갓도다.
일셩상하(一城上下) 연ᄒ지(烟霞在)요,/이슈듕간(二水中間) 일야부(日夜浮)을
글을 지어 읇흔 후(後)의/술을 부어 취ᄒ리라.
도가(棹歌) 이젹 흥(興)을 도아/여긔 져긔 일어나니.
쳔니 창히(千里滄海) 이셥(履涉)ᄒ니,/셩샹 여쳔(聖上如天) 덕틱(德澤)일시.
일비 일비(一盃一盃) ᄯ 부어라!/억만 ᄉ연(億萬斯年) 빌이로다.
을히(乙亥)[3] ᄉ월(四月) 입ᄉ일(卄四日) 발션(發船)ᄒ여 오월(五月) 초팔일(初八日) 환관(還官).

<필사본 『관동장유가(關東張遊歌)』에서>

---

2) 마니산=강화도의 주산 마리산(摩尼山)의 잘못. "마리"는 首頭의 뜻.
3) 을해=고종 12년(1875).

〈참 고〉

崔康賢, 「미발표 '도희가'를 살핌」, 『高鳳』, 25호, 경희대학교, 1981.
趙熙百, 『乙亥漕行錄』, 필사본, 국립중앙도서관 소장.

34. 관동신곡

조윤희(趙胤熙)

해제 이 작품은 지은이와 연대를 알 수 없는 필사 단본의 가집을 진동혁(秦東赫)이 고증하여 지은이와 연대를 밝혀 학계에 보고하면서 널리 읽혀지게 된 금강산 기행가사이다. 내용은 천안(天安)에 살고 있던 지은이가 양부(養父)인 조병식(趙秉式 : 1832-1907)을 모시고, 1894년 음력 4월 20일에 천안(天安)을 떠나 서울을 거쳐 금강산을 구경하고 그 노정과 들본 것을 귀가하여 자상하게 노래하여 지은 것이다.

지은이 조윤희(趙胤熙 : 1854-1931)는 자를 영조(永祚)라고 하는데, 아버지 조병위(趙秉瑋)와 어머니 숙인창원 황씨(淑人昌原黃氏)의 3남 4녀중 3남으로 출생하여 예조판서(禮曹判書)를 지낸 조병식(趙秉式)에게로 입양(入養)되었다. 과거에 급제하지 못한 선비로 도의 웅지(道義雄志)를 기르기 위하여 금강산을 구경하였다. 뒤에 황주군수(黃州郡守)를 지냈다.

망망천지(茫茫天地) 무궁(無窮)흐뎌/ 부유인싱(蜉蝣人生) 묘연(杳然)흐다
우쥬(宇宙)의 빗겨셔셔/ 고금ᄉ(古今事)를 무르리라
육지광음(陸地光陰) 빅디인물(百代人物)/ 영웅호걸(英雄豪傑) 몃몃치냐
인싱칠십(人生七十) 고리희(古來稀)라/ 진촌(塵村)의 도라간후
북망산(北邙山) 무근 무덤/ 가을바람 잔풀리라
지금 셰샹(至今世上) 사람덜은/ 이히영욕(利害榮辱) 골몰(汨沒)흐여

부귀복턱(富貴福澤) 자세ᄒ고/ 일평싱(一平生)을 허송(虛送)ᄒ다
황장급제(黃場及第) 디관(戴冠)ᄒ여/ 한님디교(翰林特敎) 각신(閣臣)ᄒ고
이죠참의(吏曹參議) 디사성(大司成)의/ 병이판셔(兵印判書) 즁신(重臣)이며
우샹좌샹(右相左相) 영의졍(領議政)은/ 문관지위(文官地位) 극진(極盡)ᄒ고
남힝션젼(南行宣傳) 별군직(別軍職)의/ 쵸사(初仕)ᄒ여 사례(謝禮)ᄒ후
남북병사(南北兵使) 통졔ᄉ(統制使)며/병조참의(兵曹參議) 금군별쟝(禁軍別將)
좌우포쟝(左右捕將) 어쟝훈쟝(御將訓將)/ 호반지위(虎班地位) 극진(極盡)ᄒ고
쵸시진ᄉ(初試進士) 결신(結信)ᄒ여/ 동몽교관(童蒙敎官) 능참봉(陵參奉)의
계방관원(桂坊官員) 션혜낭쳥(宣惠郞廳)/ 광나쥬목(廣羅州牧) 다지니고
도영도졍(都領都正) 보국판션(輔國判書)/ 남힝지위(南行地位) 극진ᄒ고
귀(貴)ᄒᄉ람 부(富)안할가/ 남젼북답(南田北沓) 남노여비(男奴女婢)
고디광실(高臺廣室) 놉흔집의/ 금의옥식(錦衣玉食) 싸여쓰니
우환질고(憂患疾痼) 젼혜 읍고/ 희희낙낙(喜喜樂樂) 질거워라
오날 가고 ᄂᆡ일 가니/ 쳘연(千年)일듯 말연(萬年)일듯
일쟝츈몽(一場春夢) 거귀(遽遽)즁의/ 무졍셰월(無情歲月) 다 보ᄂᆡ다
곳슬 보고 곳슬 보고/ 풍우(風雨)에 ᄶᅥ러지고
달을 보고 달을 보고/ 보름 후의 도로 쥰다
영쳔 은ᄌ(穎川隱者) 소부허유(巢父許由)/ 누항돈표(陋巷簞瓢) 안ᄌ(顔子)님은
져부귀(富貴)를 부러ᄒ고/ ᄂᆡ의 낙(樂)을 곳칠소냐
ᄂᆡ 아모리 날긔 셔싱(一個書生)/ 삼쳑미명(三尺微命) 가련(可憐)ᄒ다.

승현(聖賢)의 글을 닐거/ 고닌(古人)을 사모(思慕)ᄒ니,
져러흔 진셰(塵世)사람/ 흔가지로 싹홀쇼냐?
비우리라. 비우리라./ 예사람의 비우리라,
등틱산(登泰山)이 쇼쳔ᄒ(小天下)닌/ 공부ᄌ(孔夫子)의 도덕(道德)이요,
이십(二十)의 남유강회(南遊江淮)/ 사마쳔(司馬天)의 문장이요,
남혼여가(男婚女嫁) 맛친 휘(後)의/ 유람쳔ᄒ(遊覽天下) 상평(生平)이며,
광풍졔월(光風霽月) 주렴계(周廉溪)난/ 명산쳔(名山川)의 질거이고
황ᄒ(黃河)보고 틱산(泰山)보니/ 소ᄌ유(蘇子由)의 안목(眼目)니요
향순거사(香山居士) 빅낙쳔(白樂天)은/ 녹슈쳥산(綠水靑山) 쥬인니요,
무의구곡(武夷九曲) 조흔경긔(景槪)/ 듀부ᄌ(朱夫子)의 노던터라.
ᄌ고급금(自古及今) 쳔만연(千萬年)의/ 셩현문쟝(聖賢文章) 몃분니냐?
명순디쳔(名山大川) 널니 노라/ 진토(塵土)의 버셔나셔
ᄒ동조션(海東朝鮮) 삼쳘니(三千里)의/ 명슨(名山)니 몃곳지냐?
남지리(南智異) 북황산(北香山)과/ 동금강(東金剛) 셔구월(西九月)외은
일국(一國)의 경긔쳐(景槪處)라/ 고금(古今)사람 만니 노니,
금강손쳔(金剛山川) 졔닐(第一)리라/ 즁국(中國)의도 소문(所聞)낫다.
원싱고려(願生高麗) 닐견금강(一見金剛)/ 디국(大國)사람 글리로다.
됴션(朝鮮)의 싱겨 나셔/ 금강손(金剛山) 안니보랴?
갑오모츈(甲午暮春) 발졍(發程)ᄒ여/ 한양셩즁(漢陽城中) 다다려셔
슈십일(數十日) 유연후(留連後)의/ 사월렴간(四月念間) 둉(當)ᄒ엿드.
십팔닐(十八日) 비가 오고 / 십오닐(十五日) 날리 기니[1],
쳔긔(天氣)ᄀ 쳥명(淸明)ᄒ고/ 풍일(風日)리 화챵(和暢)ᄒ다
힝구(行具)를 슈습(收拾)ᄒ여/ 금강손(金剛山) 향ᄒ리ᄅ
당시(唐詩) ᄒ편(一篇) 지필묵(紙筆墨)은/ 힝장(行裝)니 담복(淡泊)ᄒ다.
죽쟝망혜(竹杖芒鞋) ᄀ는 곳의/ 압길리 몃빅니(百里)야?

---

1) 십오닐 날리지니 = "십구닐 날리기니"의 잘못인 듯함.

가친(家親)을 모셧씨니/ 부즈동힝(父子同行) 희귀(稀貴)ᄒᆞ다
평양(平壤)ᄉᆞ람 홍화열(洪和說)과/ 이웃ᄉᆞ람 황범슈(黃範洙)난
글벗시요, 말벗시라./ 적막(寂寞)지 안니ᄒᆞ다
일가(一家) 으른 친구벗님/ 슐를 쥬며 글을 쥬며,
평안왕ᄂᆡ(平安往來) 부탁(付託)ᄒᆞ니/ 젼별회포(餞別懷抱) 챵연(悵然)ᄒᆞ다.
동ᄃᆡ문(東大門) ᄂᆡ다라셔/ 아남동(安岩洞) 다다른니,
안기ᄀᆞ 광활(廣闊)ᄒᆞ여/ 흉즁(胸中)이 쇄락(灑落)ᄒᆞ다.
무넘니(水踰里) 닐르러셔/ 즁화(中火次)ᄎᆞ로 슈이던니,
쳥용산(靑龍山)즁 운고 쟝화/ 금강보고 오난 길의
노ᄉᆞᆼ숭봉(路上相逢) 반가올ᄉᆞ/ 안부(安否)를 셔로 뭇고,
유람경기(遊覽景槪) 의논후(議論後)의/ 즁노 분별(中路分別) 챵연(悵然)ᄒᆞ다
하로 가고 니틀 가니/ 양주(陽州) 포천(抱川) 쳘원(鐵原) 김화(金化)
네 골지경(地境) 지ᄂᆡ도다./ 김셩읍ᄂᆡ(金城邑內) 들러ᄀᆞ셔
본읍현영(本邑縣令) 연명(延命)ᄀᆞ고/ 광관(公館)니 젹젹(寂寂)ᄒᆞ니,
챵연(悵然)ᄒᆞ기 긔지읍다/ 챵도역(昌道驛) 못미쳐셔
열여쟝씨(烈女張氏) 젹문(旌門)니라/ 쟝열여(張烈女)의 졀기(節介)보소.
년광(年光)니 십구셰(十九歲)의/ 츌가셩닌(出嫁成人) 못ᄒᆞ여셔
병자호란(丙子胡亂) 변(變)을 만나/ 오랑키의 사로잡혀
인물(人物) 졀식(絶色)이라/ 도젹(盜賊)니 ᄉᆞ모(思慕)ᄒᆞ여
엇기를 후여잡고/ 겁칙필욕(劫勅必辱) ᄒᆞ랴 ᄒᆞ니,
쟝씨(張氏)마음 분(憤)니 여겨/ 즁심(中心)의 허아리되,
부모(父母)의 바든 혈육(血肉)/ 도젹(盜賊)의 둘러우니,
여ᄌᆞ(女子)의 고든 졀기(節介)/ 사싱(死生)을 도라보랴?
도젹의 자분 엇기/ 칼을 쎄여 잘은 후의
그 칼노 자문(自刎)ᄒᆞ니/ 일누잔명(一縷殘命) 가련(可憐)ᄒᆞ다.
쟝(壯)ᄒᆞ도다. 져쟝씨여 !/ 지ᄒᆞ(地下)의 도라간 후

봉천두씨(奉天杜氏) 짝을 지여/ 아황여영(娥皇女英) 비힝(陪行)ᄒᆞᆫ가?
츄상(秋霜)갓치 놉흔 졍졀(貞節)/ 빙옥(氷玉)갓치 말글셔라.
오고가는 힝닌(行人)닌들/ 뉘안니 감챵(感愴)할가?
외로운 져 무덤은/ 열여(烈女)의 산소(山所)라도
일가친쳑(一家親戚) 뉘가 잇셔/ 산소슈호(守護) ᄒᆞ엿스랴?
무근쑥디 우거지고/ 공곡ᄒᆞᆫ풍(空谷寒風) 소슬(蕭瑟)ᄒᆞ다
방황(彷徨)ᄒᆞ며 바라보니/ 감모지회(感慕之懷) 할냥(限量)읍다.
오리(五里) 가고 십니(十里) 간니/ 빅여리(百餘里) 쏘 왓쏘다.
니십오리(二十五里) 셕양쳔(夕陽天)의/ 단발영(斷髮嶺)이 닐렷다.
십오리(十五里) 놉흔고기/ 반공(半空)의 소사쓴니.
수목(樹木) 울밀(蔚密)ᄒᆞ고/ 우ᄒᆞ(雨霞)가 자욱ᄒᆞ다.
울멍줄멍 바회길의/ 말니장쳔(萬里長天) 오르난듯,
빅니진관(百里珍觀) 니러ᄒᆞᆫ가? 삼쳑쵹도(三陟蜀道) 니러ᄒᆞᆫ가?
셰거름의 두 번 쉬고/ 다섯거름 셔번 쉬여
쉬염쉬염 올나가니/ 홈(險)ᄒᆞ고도 넙홀셔라.
영샹(嶺上)의 계우 올나/ 금강산(金剛山) ᄇᆞ라보니,
웃쑥웃쑥 말니쳔봉(萬二千峰)/ 운무즁(雲霧中)의 소사낫다.
빅옥(白玉)으로 싹거너여/ 쳔은단쟝(天銀丹粧) ᄒᆞ여난듯,
동지(冬至)셧달 써닌 눈니/ 그져 녹지 못ᄒᆞ연네.
산니어이 져러ᄒᆞᆫ가?/ 쳔ᄒᆞ장관(天下壯觀) 네로구나.
샹셔(祥瑞)구름 넌난 곳의/ 신션(神仙)니 나려오나?
져 구름의 올나안져/ 옥경션자(玉京仙子) 동모지여
삼산북지(三山北地) 조흔 곳의/ 말연동락(萬年同樂) ᄒᆞ여보세
유셰동입(遊世獨立) 우화등션(羽化登仙)/ 소동파(蘇東坡)가 니 안니며,
긔경샹쳔(騎鯨上天) 니틱빅(李太白)은/ 오날 다시 보리로다.
조흔 흥치(興致) 다흔 후의/ 슬픈 심회(心懷) 도로난다.
남쳔(南遷)의 묘망운슈(渺茫雲樹)/ 고향(故鄕)이 아득ᄒᆞ다.

남북(南北)의 멀니 쩌나/ 친구(親舊)싱각 읍실소야?
단발영(斷髮嶺) 고기 일홈/ 츌쳐(出處)를 무러보자.
고려(高麗)쩌의 문장군(文將軍)니/ 이 고기 올너 셔셔
금강산(金剛山) ㅂ라보고/ 삭발위승(削髮爲僧) ㅎ여기로
고기 일홈 단발(斷髮)리라/ 지우금(至于今) 젼ㅎ엿드네.
산(山)아리 너려가셔/ 장안면(長安面)셔 숙슈(宿所)ㅎ고,
이십육일 죠발(早發)ㅎ여/ 쳘니(鐵伊)고기 올나스니,
형졔송(兄弟松) 긔이(奇異)ㅎ다./ 여셧쥬(株) 솔나무가
흔 뿌리의 두 가지씩/ 나른이 연(連)ㅎ엿다
괘궁젼(掛弓殿) 다다른니/ 문장군(文將軍)의 활근 터라.
탑(塔)거리의 즁화(中火)ㅎ고/ 장안동(長安洞) 졉어드니,
잔나무 천만쥬(千萬株)난/ 좌우(左右)의 울밀(鬱密) ㅎ고,
쳥계빅셕(淸溪白石) 졀승(絕勝)ㅎ니/ 유흥(遊興)니 졀노 난다.
천만교(千萬橋) 근너셔셔/ 장안사(長安寺)가 예로구나.
삼보슈승(三寶修僧) 영졉(迎接)ㅎ여/ 그힝범졀(擧行凡節) 분명ㅎ다.
남녜(藍輿)군과 다담상(茶啖床)은/ 졔례(除禮)ㅎ라 분부(分付)ㅎ니,
여러 즁들 합장비예(合掌拜禮)/ 고맙다고 사례(謝禮)혼다.
법총누(法叢樓)2) 올나안자/ 젼닌졔명(前人題銘) 구경(求景)ㅎ자.
유현문장(儒賢文章) 시인고긱(詩人高客)/ 고왕금닉(古往今來) 허다(許多)ㅅ람
쳔명(天名)인지? 만명(萬名)인지?/ 불지기슈(不知其數) 알슈 읍다.
금강산(金剛山) 장안ㅅ(長安寺)라/ 여셧자 두엿흐니,
금화디사 글시로다./ 필획(筆劃)니 긔이(奇異)ㅎ다.
진여문(眞如門) 들러셔셔/ 디웅보젼(大雄寶殿) 바라본니,
이층젼각(二層殿閣) 삼층젼각(三層殿閣)/ 웅장(雄壯)ㅎ고 긔이(奇異)ㅎ다.

---

2) 법총루 = 범종루(梵鐘樓)의 잘못인 듯함.

아로식닌 분압문(分閤門)은/ 오식단쳥(五色丹靑) 영농(玲瓏)ㅎ다.
법당(法堂)의 금부쳐난/ 어이 져리 웅장(雄壯)ㅎ요?
실나국(新羅國) 승법왕씨3)/ 이 절을 지여슨니,
뉘가창건(創建) ㅎ엿썬야/ 진표율스(眞表律師) 도승(道僧)니라.
즁원(中原)의 닐등목슈(一等木手)/ 불너다가 지엿다데.
지우금(至于今) 쳔여년의/ 몃번이나 곳쳐난요?
어향문(御香門) 용션젼(龍船殿)은/ 디웅보젼(大雄寶殿) 왼편니요,
용션젼(龍船殿) 왼편의난/ 사승젼(四聖殿)니 웅장(雄壯)ㅎ다.
그도 쏘흔 이층젼각(二層殿閣)/ 단쳥(丹靑)이 휘황(輝煌)ㅎ다.
영특(英特)ㅎ다. 스쳔왕(四天王)은/ 위풍(威風)이 늠늠(凜凜)ㅎ다.
사승젼(四聖殿)뒤 비로젼(毘盧殿)언/ 졍묘(精妙)ㅎ게 지여노코,
사승젼압 시션누(神仙樓)난/ 광활(廣闊)ㅎ고 시원ㅎ다.
졍결(淨潔)ㅎ다 힝운암(幸運庵)언/ 됴부원군(趙府院君) 원당(願堂)이랴>?
디소즁삼(大中小三) 관암봉(冠巖峰)은/ 즁쳔(中天)의 웃쑥ㅎ고,
쌘쑥쌘쑥 장경봉(長慶峰)언/ 그 우의 더욱 놉다.
장경봉(長慶峰) 장경암(長慶庵)은/ 뷔인 졀쑨이로다.
졍쇄(精灑)ㅎ다 관음암(觀音庵)은/ 즁ㅎ나니 거쳐(居處)ㅎ다.
고요ㅎ다 보원암(普願庵)언/ 여승(女僧)덜리 거쳐(居處)ㅎ다.
지장암(地藏庵) 구경가자/ 지로승(指路僧)니 지로(指路)ㅎ여
지장암(地藏庵) 다다르니/ 도량(道場)니 졍결(淨潔)ㅎ다.
구경을 맛친 후의/ 옥경(玉鏡)을 ᄎᄌ가ᄌ,
셰니물을 엽헤 찌고/ 동(東)으로 올나간니,
수십보(數十步) 다못가셔/ 삼죵죠(三從祖) 심암상공(心菴相公)4)의
휫자(諱字)식인 돌리로다./ 쏘 수십보 올나간니,

---

3) 승법왕씨 = 장안사 건축은 신라 진흥왕 12년(551)인, 진흥왕의 잘못임.
4) 심암상공+ 철종때 영의정을 지낸 조두순(趙斗淳:1796-1870).

남무암미타불(南無阿彌陀佛)리라/ 돌우의 식여쓰다.
옥경디(玉鏡臺)의 다다른니/ 긔이(奇異)ᄒ고 절묘(絶妙)ᄒ다.
육칠십장(六七十丈) 놉흔 ᄇ회/ 널비난 일여들간
공즁(空中)의 소ᄉ쓴니/ 돌빗치 어른어른
마죠 셔셔 바라보면/ 얼골리 빗치난 듯,
디ᄒ(臺下)의 황뉴담(黃流潭)은/ 물빗치 누루도다.
악(惡)ᄒ 사람 악ᄒ더로/ 션(善)ᄒ사람 션ᄒ더로,
저싱의 들어갈 제/ 옥경(玉鏡)의 빗친다데.
이싱의 악ᄒ 사람/ 져싱의 가난 길의
황누담(黃流潭) 근느노라고/ 무ᄒ신고(無限辛苦) ᄒᄃ・ᄒ데,
옥경디(玉鏡臺) 근너편의/ 티자셩(太子城)이 나마 잇다.
실나국(新羅國) 경순왕(敬順王)디/ 고여(高麗)의 항복(降伏)ᄒ여
경순티ᄌ(敬順太子) 도망(逃亡)ᄒ여/ 이곳의 셩(城)을 ᄊ코
피란(避難)ᄒ던 곳지로다./ 셩(城)가온디 지옥문(地獄門)언
돌틈의 굴리 뚤여/ 그 속은 몃길린지?
감아득 못보것네./ 지옥문(地獄門)의 귀를 디고
가만이 둘러보면/ 이싱의 모진ᄉ람
념나국(閻羅國)의 잡펴 가셔/ 무ᄒ 형벌(無限刑罰) 밧너나고
비난 소리 우난 소리/ 녁녁(歷歷)히 들인단니
허탄(虛誕)ᄒ고 밍낭(孟浪)ᄒ 말/ 왼 셰샹(世上)을 다쇽인다.
비룡문(飛龍門)이 긔이(奇異)ᄒ다./ 봉(峰)우의 두 ᄇ위가
마조 셔셔 문이 되여/ 비룡(飛龍)이라 일홈ᄒ데.
이샹ᄒ다 오리봉언/ 오리모양 쳔연(天然)ᄒ다
영월동(靈源洞)이5) 조ᄐᄒ나/ 길 흠ᄒ여 못가건네.
지로승(指路僧)의 말을 들어/ 구경을 디신ᄒ자.

---

5) 영월동= 영원동의 잘못.

영원디스(靈源大師) 염불(念佛)ᄒ던/ 영원암(靈源庵)은 터만 남고,
금스굴(金蛇窟) 흑스굴(黑蛇窟)리/ 바위밋테 쑬여쓴니,
모진 죄 지은 스람/ 죄악(罪惡)의 경즁(輕重)더로
금스망(金絲網)의 금스굴(金蛇窟)과/ 흑스굴(黑蛇窟)의 흑스굴언
보악(報惡) 일연(一然)ᄒ니/ 그 안니 두려운가?
망군디(望君臺) 놉흔 봉은/ 철스(鐵絲)를 느리워셔
구경ᄒ난 사람더리/ 철스(鐵絲)잡고 오른다데.
신나티자(新羅太子) 피란(避亂)할디/ 그 봉위의 올나셔셔
인군(人君)을 ᄇ라본니/ 후인(後人)이 일홈ᄒ여
망군디(望軍臺)라 ᄒ여다네./ 엽길노 나려와셔
표훈스(表訓寺) ᄎᄌ가자./ 셰닉물 거실여셔
북(北)으로 올나간니/ 명연담(鳴淵潭)이 긔묘(奇妙)ᄒ다.
너리셕 바회 위의/ 폭표수(瀑布水) 나려질너
연못시 되어스니/ 물빗치 금푸루다.
어나씨 진동거스(金同居士)/ 이못셰 싸지연노?
원혼(怨魂)이 나마 잇셔/ 천음우습(天淫雨濕) ᄒ난 날의
귀곡셩(鬼哭聲)이 난다더라/ 큼도 크다 천왕(天王)바회
길가의 웃쑥ᄒ니/ 구부숭 수구려셔
바회 밋테 길리 ᄂ니/ 십여인(십餘人)이 폐우(蔽雨)홀 듯,
빅화암(百花岩) 다다른니/ 삼불암(三佛岩)이 긔의(奇異)ᄒ다.
한간 널비 되난 도리/ 두어길 넘퍼시니,
그 바회 젼면(前面)의다/ 부쳐 싯술 식여쏘다.
삼불암(三佛庵) 셰글자ᄂ/ 윤스국(尹師國)의 글씨로다.
법당(法堂)의 올나보니/ 단쳥치식(丹靑彩色) 황홀ᄒ다.
법당의 나려셔셔/ 슈즁영각(水中影閣) 구경ᄒ자.
동방(東方)1의 모든 도승(道僧)/ 족ᄌ(簇子)의 화승(畫像)이라
벽우의 걸연씬니/ 누구누구 모엿쩐야?

지공더스 난용더스/ 고여(高麗)쩍 도승이요,
난용상좌 무학(無學)이난/ 이터조(李太祖)쩍 도승(道僧)이요,
임진연(壬辰年) 왜난(倭亂)쩍의/ 스승상좌 합역(合力)ᄒᆞ여
승군의병(僧軍義兵) 이릿키니/ 셔산더스(西山大師) 스승이요,[6]
사명당(泗溟堂)의 제ᄌᆞ(弟子)로다./ 사명당(四溟堂)의 화상 본니
웅중(雄壯)ᄒᆞ고 쥰슈(俊秀)ᄒᆞ다./ 치거실른 두 눈셥은
어이 져리 사나우며/ 부릅쓴 눈모양은
봉(鳳)의 눈이 이러쿠나/ 수염은 안이 싹거
비아리 나려온니/ 기리가 혼자 남짓
왼손의난 긔(旗)를 들고/ 오른손의 염쥬(念珠) 걸고,
엄연(儼然)이 안진모낭/ 위풍(威風)이 서리갓다.
현판(懸板)의 금자(金字)식여/ 문(門)의 붓쳐씨니,
더광보국(大匡輔國) 승국더부(承國大夫)/ 중의직품(職中) 놀랍도다
슬푸다! 오날날의/ 왜적(倭賊)이 쏘 승(盛)ᄒᆞ여
동닉(東來)인천(仁川) 덕원부(德源府)이/ 집을 지고 나와 살며
진고기 젼을 보니/ 도셩(都城)의 들어와셔
셔산더사(西山大師) 시명당(四溟堂)을/ 어이ᄒᆞ면 다시 어더
져 왜적(倭賊)을 물이쳐서/ 이니 마음 상쾌(爽快)할가?
빅화암(白華庵) 다 본 후의/ 표운사(表訓寺)의 다다른니,
혼영교(含影橋) 긔의ᄒᆞ다/ 젼나무 연이여서
십여간 널분 다리/ 근너가기 위터(危殆)ᄒᆞ다.
함영교(含影橋) 근너셔서/ 능파루(凌波樓) 구경ᄒᆞ고,
샹수문(橡樹門) 들어슨니/ 반야보전(般若寶殿) 굉장(宏壯)ᄒᆞ다.
졍각교의 글씨로다/ 두려시 현판(懸板)ᄒᆞ고,
흔마로 더들보의/ 간진 치셕 모다 ᄒᆞ여

---

6) 셔산더스 스승이요 = 서산대사 스승이요의 뜻.

슈멀슈멀 모이난 양/ 구름피여 오른난 듯,
도리마다 연곳식여/ 울굿불굿 치식(彩色)ᄒ고
용(龍)식이고 봉(鳳)식이여/ 오식(五色)이 황홀ᄒ다
법당(法堂)의 안진 금불(金佛)/ 금관조복(金冠朝服) 웅장(雄壯)ᄒ다.
좌우(左右)의 걸인 초롱(燭籠)/ 오식사(五色絲)로 발너씬니,
황금디자(黃金大字) 덕담(德談)식여/ 이모져모 붓쳐놋코,
오식당ᄉ(五色唐絲) 구실끠여/ 쥬렁쥬렁 다라쩌라.
셰조디왕(世宗大王) 시주(施主)ᄒ신/ 구리시루 굉장(宏壯)ᄒ다.
널비난 흔간 남죳/ 놉기난 흔갈 남죳
조자리난 여덜비라/ 십여명(十餘名)이 든다 ᄒ데.
이졀 고젹(古蹟) 무러보자./ 어나쩌 지여던냐?
신나국(新羅國) 승덕왕(聖德王)쩌/ 표훈도ᄉ(表訓道士) 창셜(創設)리라.
십여년젼(十餘年前) 중슉(重修)ᄒ니/ 집졔도(制度) 일신(一新)ᄒ다.
나흔젼(羅漢殿) 산신각(山神閣)과/ 응진젼(凝眞殿) 명부젼(冥府殿)을
좌우(左右)의 지여씨며/ 여승암자(女僧庵子) 용션젼(龍仙殿)은
서편(西便)의 지연쓴니/ 단쳥(丹靑)이 찰난ᄒ다.
졀뒤의 놉흔 봉(峰)은/ 청학디(靑鶴臺)라, 학소디(鶴巢臺)라.
어나쩌 쳥학(靑鶴) 와셔/ 져봉(峰)의 깃드련노?
삼보슈승(三寶修僧) 영졉(迎接)ᄒ여/ 요긔상(療饑床) 츠여 오니,
쑬물이며 줏박산은/ 달고도 향취(香趣) 잇다.
요긔샹 물인 후의/ 졈심상 들러 온니,
나물로만 차린 밥상(飯床)/ 칠쳡반상(七楪飯床) 분명(分明)ᄒ다.
콩나물 슉쥬ᄂ물/ 겻들려 흔졉씨며
도라지 고비 고사리/ 겻들여 흔졉시며,
표고 능이 나물이며/ 거문셕이 나물이요.
곰취쌈 흔졉시며/ 더덕나물 흔졉시의
다스마 튀각이며/ 뭇김쌈 무릇무침

별미(別味)로 ᄒᆞ여놋코/ 귀두름 아욱국언
두어술짐 써셔 노코/ 엿시 고은 콩자반은
쌉즈름 달착지근/ 고초장은 너머 쓰다.
졈심 요긔 다ᄒᆞᆫ 후의/ 졍영ᄉᆞ 구경가자.
표훈ᄉᆞ(表訓寺) 뒤으로셔/ 삼ᄉᆞ오리(三四五里) 올나간니
졍양ᄉᆞ(正陽寺) 쥬장즁이/ 문의 나라 영접(迎接)ᄒᆞ다.
사쳐방(私處房)의 먼져 안져/ 잠간(暫間)안져 슈인 후의
반야젼(般若殿) 현승젼을/ ᄎᆞ례로 구경ᄒᆞ고,
약산젼(藥師殿) 구경ᄒᆞ니/ 졔도ㄱ 긔의ᄒᆞ다.
육모로 지은 집이/ 더들보 안니ᄒᆞ고,
긔괴(奇怪)ᄒᆞ게 아로싁여/ 가진 치식 영농(玲瓏)ᄒᆞ다.
담우의 돌부쳐난/ 돈졍(端正)이 안져도다.
흘셩누(歇惺樓)의 올나 안져/ ᄉᆞ면(四面)을 바라본니,
금강산(金剛山) 모든 봉이/ 녁녁(歷歷)히 다 보인다.
장경봉(長慶峰) 관암봉(冠巖峰)은/ 장안ᄉᆞ셰(長安寺勢) 먼져 보고
웃쑥ᄒᆞᆫ 셔가봉(釋迦峰)은 / 석가려러(釋迦如來) 모양이요,
쎄쭉쎄쭉 십왕봉(十王峰)은/ 열 뎌왕(大王)이 져러ᄒᆞ며,
불숭ᄒᆞ다. 죄인봉(罪人峰)은/ 무삼 죄를 못씨 지여
져디지 뒤결복의/ 비난 모양 참혹(慘酷)ᄒᆞ다.
엄연(儼然)ᄒᆞᆫ 판관봉(判官峰)은/ 최판관(崔判官)이 져러ᄒᆞᆫ가?
어여쑤드, 동자봉(童子峰)은/ 희미ᄒᆞ게 웃둑 셧다.
영악(獰惡)ᄒᆞ다. 사자봉(獅子峰)은/ 네굽을 흔더 모고,
등셩이를 쥬구리고/ 소리를 지르난듯,
웅장(雄壯)ᄒᆞ다. 빅마봉(白馬峰)은/ 은안장(銀鞍裝) 금치쵹의
오릉소연(五陵少年) 어더 두고/ 이곳의 혼즈 잇노?
마면봉(馬面峰) 우두봉(牛頭峰)은/ 말얼굴 쇠머리요,
쳔연(天然)ᄒᆞ다 차일봉(遮日峰)은/ 차일친 모양이요,

쑈쑥흔 셰 봉오리/ 삼인봉(三人峰)이 져안니며,
영특(英特)흔 미륵봉(彌勒峰)은/ 미륵보살(彌勒菩薩) 형상(形象)이요,
빅람봉 슈렴봉은/ 마조 셔셔 웃둑ㅎ고,
네모 번듯 승샹봉(丞相峰)은/ 평승(平床)노은 모양이요,
셕응봉(席鷹峰)이 긔이(奇異)ㅎ다/ 미안진 모냥이요,
법긔봉(法起峰) 팔을봉은/ 모다 보살 일홈이요,
다섯봉이 나른ㅎ니/ 오션봉(五仙峰)이 이 안니냐?
금수디(金繡臺) 조흔경긔/ 구월단풍(九月丹楓) 제일(第一)이라.
이샹(異常)ㅎ다. 혈망봉(穴望峰)언/ 봉오리 가온디의
구명이 뚤여쓴니/ 쳔지긔벽 ㅎ난 날의
져 구명의 쓴을 끠여/ 공즁(空中)의 다라노코
오디산(五臺山) 옴겨다가/ 그밋테 지디(地帶)놋코
보기산(寶盖山) 쩌여다가/ 그 우의 덥퍼 노와
쳔지(天地)가 다시 되여/ 셰샹비판 도로 ㅎ면,
유리쎠 금옥산쳔(金玉山川)/ 극낙셰계(極樂世界) 된다ㅎ데.
일출봉(日出峰) 월출봉(月出峰)은/ 일월(日月)돗난 곳시로다.
옥(玉)갓치 흰 봉오리/ 등양셩(象香城)이 예 안이며,
만이쳔봉(萬二千峰) 제일(第一)놉흔/ 비로봉(毘盧峰)이 제러구나.
표훈사(表訓寺)로 나려와셔/ 만폭동(萬瀑洞) 츠즈가자
두돌 마조 셔셔/ 문모양(門模樣)이 쳔연(天然)ㅎ다.
금강문(金剛門)니 이안니냐?/ 금강문(金剛門) 셰글자를
두려시 싁여도다./ 금강문(金剛門) 지나 셔셔
만폭동(萬瀑洞) 다다른니/ 별유쳔지(別有天地) 예로구나.
돌은 희고 물은 맑거/ 슈셕(水石)이 긔이(奇異)ㅎ다.
봉ᄂᆡ풍악 원화동쳔(蓬萊楓岳元化洞天)/ 여들글즈 분명(分明)ㅎ다
양봉ᄂᆡ(楊蓬萊)의 글시로다./ 돌의식인 바둑판은
삼강국이 이러흔가?/ 신션노던 곳지로다.

소동영영(小洞泠泠) 풍파창창(風波滄滄)/ 갈션인(葛仙人)의 글시로다.
영약지 지니셔셔/ 셔루문 다다르니,
몰골 옥녀 나려와셔/ 머리감넌 곳지로다.
방션교(舫船橋) 근너 셔셔/ 홍용담 이르르니,
팔담(八潭)이 츠음이라/ 비파담(琵琶潭) 벽파담(碧波潭)을
추례(次例)로 구경ᄒ고/ 불셜담(噴雪潭)7)의 다다르니
망승암 긔이(奇異)ᄒ다/ ᄒ바위 오식빗치
쳥황젹빅(靑黃赤白) 영농(玲瓏)ᄒ니/ 그안니 니샹(異常)ᄒ가?
동(東)으로 올나가셔/ 보덕굴(普德窟) 귀경ᄒ자.
쳔장셕벽(千丈石壁) 놉흔 우의/ ᄉ층(四層)집을 지여쓰되
ᄒ편의난 돌의 붓고/ ᄒ편이난 공즁(空中)이라
흡ᄉ(洽似)ᄒ다. 집이집이/ 벽의 달린 모양이라.
셕벽(石壁)의 못슬 글고/ 쇠ᄉ실로 ᄉ면(四面) 거러
이리져리 얼거씨니/ 위틱(危殆)ᄒ지 안니ᄒ야
열아홉층 구리지동/ 그 밋츨 고여시니,
급흔 바람 부난 날의/ 흔들흔들 흔다ᄒ데
법당(法堂)의 안진 부쳐/ 사긔(沙器)로 ᄒ여쓴니,
지뼘으로 ᄒ쎔남즛/ 앙증ᄒ고 가련(可憐)ᄒ다.
그 우의 올라셔셔/ 아릭를 구버본니
쳔길린지 만길린지/ 졍신(精神)이 아득ᄒ다
넛길로 나려와셔/ 광담구경 마조ᄒᄌ
진쥬담(眞珠潭)을 언듯보고/ 지담 설담 엇듯 지ᄂ,
황종담 마자 보니/ 팔담(八潭)을 다보왓다.
마ᄒ연(摩訶衍) 츳ᄌ간니/ 즁 나와 영접ᄒ다.
십여간(十餘間) 즈근 졀리/ 졍결(淨潔)ᄒ고 긔묘ᄒ다.

---

7) 불셜담+ 분셜담의 잘못.

문압페 칠보디(七寶臺)난/ 보물(寶物) 무첫다데.
디(臺)아리 계슈(桂樹)나무/ 몃쳘연(千年)이나 되녀넌야?
빅운디(白雲臺)를 ᄎᄌ가즈./ 만화암 지ᄂ가셔
삼마장(三馬場) 남즛 가니/ 싹까지른 셕부우의
쳘ᄉ(鐵絲)를 르리워셔/ 그 쳘ᄉ(鐵絲) 휘여잡고
미달여 올라간니/ 빅운디(白雲臺)가 이러쿠나.
디ᄒ(臺下)의 금강슈(金剛水)난/ 물맛시 아름답다.
마ᄒ연(摩訶衍) 나려와셔/ 그날밤 슉수ᄒ고
그이튼날 죠반후(朝飯後)의/ 불지암(佛地庵)을 구경가즈.
감노수(甘露水) 마신후의/ 소광암을 지ᄂ셔셔
묘길샹(妙吉詳) 구경가즈./ ᄉ오간 널분 돌리
부쳐화승 싀여씨니/ 웅장(雄壯)ᄒ고 영특ᄒ다
얼골 널비 ᄒ 간 남즛/ 손가락니 기동만큼
엄연(嚴然)이 셧난 모양/ 난용디사(懶翁大師) 분명(分明)ᄒ다.
사션암(四仙巖) 지나간이/ 안문영을 다다럿다.
영숭의 올나쓴니/ 고셩(高城)짱 지경(地境)이라.
영ᄒ(嶺下)의 나려간니/ 십이폭포 긔이ᄒ다.
슈셕졀승(水石絶勝) 호운동(曉雲洞)[8]은/ 십니폭포 제일이라.
빅옥(白玉)갓치 조흔 돌리/ 셰니물의 쌀이였고,
돌가운디 아홉구멍/ 구룡(九龍)이 뚤여싸데.
용귀효동운수습(龍歸孝洞雲雨濕)을/ 옛글의 들어던니
오날날 이니몸이/ 이곳의 오단말가?
유졈ᄉ(楡岾寺) 다다른니/ 슈승(首僧)나와 영졉(迎接)ᄒ다.
만월누(滿月樓)의 스쳐ᄒ고/ 졈심요긔(點心療飢) 다ᄒ 후의
도량(道陽)을 구경ᄒ니/ 동뉴수(東流水) 가로 놋코,

---

8) 호운동= 효운동의 잘못.

자좌오향(子坐午向) 판이 되여/ 디지명당(大地明堂) 분명(分明)ᄒ다
니룡(內龍)도 죠컨이와/ 쳥용빅호(靑龍白虎) 웅장(雄壯)ᄒ다.
집졔도를 볼작시면/ 쟝안ᄉ(長安寺) 표훈ᄉ난
예다 디면 힝낭(行廊)이라/ 산영누(山映樓) 들러셔셔
호지문 지나간디/ 용읍누(龍泣樓) 굉장(宏壯)ᄒ다.
웅장(雄壯)ᄒ다 능인봉(能仁峰)은/ 붓쳐 인난 법당(法堂)이요,
영산젼(靈山殿) 칠션각(七仙閣)과/ 십왕젼(十王殿) 봉황각(鳳凰閣)과
부용누(芙蓉樓) 연화ᄉ(蓮花寺)와/ 월지왕ᄉ슈즁영각(月氏王師水中影閣)
용션젼(龍仙殿) 만월누(滿月樓)며/ 쳥연암 자묘암이
동셔남북(東西南北) 젼후좌우(前後左右)/ 부인 곳시 젼혜읍다
아로싀인 분압살창/ 치식(彩色)ᄒ 도리기둥
어이져리 굉(宏壯)장ᄒ고/ 영농(玲瓏)ᄒ고 찰난(燦爛)ᄒ다.
법당의 들어가셔/ 오십삼불(五十三佛) 구경ᄒ자.
느름나무 뿌리로다./ 이리져리 뒤얼거셔
단쳥(丹靑)으로 치식(彩色)ᄒ고/ 틈틈이 연꼿 식여
연꼿마다 방셕 펴고/ 오십삼불(五十三佛) 좌졍(坐定)ᄒ고,
그밋테 아홉 용이/ 희롱(戲弄)ᄒ며 노이언 양
풍운조화(風雲造和) 부리난듯/ 이상ᄒ고 긔교ᄒ다.
이졀 사젹 무러보자./ 이상(異常)ᄒ고 긔이(奇異)ᄒ다.
어나ᄭᅢ 문슈보살(文殊菩薩)/ 황금(黃金)으로 불녀너여
오십삼불(五十三佛) 죠셩(造成)ᄒ여/ 쇠북의 안치여셔
바다물의 쓰여던니/ 물우의 써단니며
구빅여년(九伯餘年) 지닌 후의/ 신나국(新羅國) 남희왕(南解王)ᄭᅴ
고셩(高城)ᄯᅡ의 이르러셔/ 안창포(安昌浦)의 하륙(下陸)ᄒ니,
고셩동명(高城洞名) 긔방초년/ 부쳐 쉬던 촌명(村名)이요.
쇠북노은 홀층셕(歇鐘石)은/ 쇠북자최 그져 잇다.
오십삼불(五十三佛) 쇠북타고/ 금강산(金剛山) 향ᄒ온니

삽살기와 스향노루/ 압질을 지로(指路)ᄒ니,
기지고기 노로목이/ 지로(指路)ᄒ든 곳시로다.
유점ᄉ(楡岾寺) 터의와셔/ 졀터를 증(定)ᄒ랄졔
아홉뇽이 니다라셔/ 터를 안니 뗏기야고
지조결음 셔로 할졔/ 붓쳐의 조화로다.
연못물을 쓸케 ᄒ니/ 아홉뇽이 다라나셔
구룡소(九龍沼)로 옴겨 ᄀ니/ 그 연못 우의다가
유점ᄉ(楡岾寺) 지여다데./ 만월누(滿月樓)의 숙소(宿所)ᄒ고,
그 잇튼날 조반(朝飯)들여/ 삼일포(三日浦) 구경가ᄌ.
칠십이(七十里) 종일(終日)가니/ 삼일포(三日浦) 다다른니
ᄉ면(四面)으로 산니 둘녀/ 고리안 갓치되여
그 안의 물이 나셔/ 쳔작(天作)으로 못시 되녀
ᄉ면이 평균(平均)ᄒ고/ 주회(周廻)난 십여리(十餘里)라.
ᄉ면이 둘인손니/ 삼십육봉 분명ᄒ니
천퇴산(天台山)이 이 안니며/ 물가온디 셰 스음은
삼신산(三神山)이 이 안인가?/ 긔희(奇稀)ᄒ고 졀승(絶勝)ᄒ다.
이슈중분 빅노주(二水中分白露州)요/ 삼산반낙(三山半落) 쳥쳔외(靑天外)난
리젹션(李謫仙)의 글리로다./ 방묘방당(百畝方塘) 일감기(一鑑開)요,
천광운영(天光雲影) 공비회(空徘徊)난/ 주부ᄌ(朱夫子)의 글리로다.
두 글을 읍퍼본니/ 삼일문 그림이라.
슴우의 ᄉ션졍(四仙亭)은/ 어나쩨에 신션(神仙)니
사흘을 노라넌냐?/ 삼일포(三日浦) ᄉ산경이
일노ᄒ여 일홈이라/ 몽쳔암(夢泉庵) 뷔인졀은
뎡막ᄒ고 황낭(荒凉)ᄒ다/ 셔산의 무션셕(舞仙石)은
신션(神仙) 노일 쩌의/ 춤츄던 돌리로다.
남쳔(南天)의 반셕(盤石)우의/ 글한슈 싁여스니,

주인(主人)을 무러보자./ 양봉닉(楊蓬萊)의 문장(文章)이라.
물속의 사지석(四肢石)은/ 사지모양(四肢模樣) 쳔연(天然)ᄒ다
고성읍(高城邑) 드러가셔/ 슐막의 슉수ᄒ고,
그 잇튿날 조반 후의/ 입셕포(立石浦) 비를 잡아
ᄒᆡ금강(海金剛) 구경가ᄌ./ 만경창파(萬頃蒼波) 모연(渺然)ᄒ디,
일엽편쥭(一葉片舟) 올나안자/ 빗스공놈 노질ᄒ여
관의성(欸乃聲) ᄒᆞᆫ 곡죠(曲調)를/ 쳘양(凄凉)이 불너ᄂᆞ니,
이닉마음 무궁회포(無窮懷抱)/ 감창(感愴)ᄒ기 긔지읍다.
동ᄒᆡ(東海)의 크단 말을/ 젼셜(傳說)로 들어더니,
오날날 구경ᄒᆞ니/ 듯던 말이 진젹ᄒ다.
하날의 연졉(連接)ᄒ여/ 감마아득 할양읍다.
풍셰(風勢)더로 파도 치니/ 물소리 굉장(宏壯)ᄒ다.
셔양목 돗쳘다러/ 즁유(中流)의 션난 비난
ᄒᆡ삼ᄯᅡ고 젼복ᄯᅡ난/ 일본(日本)스람 비로구나.
굴둑의 연긔(煙氣)나며/ 화살갓치 ᄲᅡ른 비난
원숀(元山)으로 향ᄒᆞ가난/ 화륜션(火輪船)이 이 안니냐?
명스십이(明沙十里) 너른 들의/ ᄒᆡ당화(海棠花) 어엿ᄲᅮ다.
이슬의 져즌 모양/ 운난듯 반기난 듯,
ᄒᆡ당화(海棠花)야 ᄒᆡ당화(海棠花)야/ 모진 풍우(風雨) 원(怨)을 마소.
올봄의 ᄯᅥ러진 ᄭᅩᆺ/ 명츈삼월(明春三月) 다시 피여
싹일른 져 갈믹기/ 오고 가며 슬피 운다.
순풍(順風)의 비를 ᄶᅥ여/ 풍우(風雨)의 ᄶᅥ나가며,
츈수션여(春水仙女) 쳔상좌(天上座)난/ 두자미(杜子美)의 글을 외고,
종일위(縱一葦) 능만경(凌萬頃)은/ 적벽부(赤壁賦)도 을퍼 보며,
순식간(瞬息間)의 다다른니/ ᄒᆡ금강(海金剛) 예로구나.
물위의 솟슨 봉이/ 옥돌노 조와넌 듯,
놉흔 봉 낫튼 봉이/ 웃쑥웃쑥 긔희(奇稀)ᄒ고,

누른빗 푸른 빗치/ 어른어른 빗치인다.
오십삼불(五十三佛) 져 바휘난/ 붓쳐 안진 모양(模樣)이요,
묘(妙)ᄒᆞ도다. 곡갈바휘/ 도승(道僧)이 귀이던야?
쵸목금슈(草木禽獸) 가진 모양/ 쳔틱만상(千態萬象) 긔괴(奇怪)ᄒᆞ다.
ᄒᆡ즁(海中)의 삼신산(三神山)을/ 옛글의 보아던니
아마도 봉닉영쥬(蓬萊瀛州)/ 이곳시 분명(分明)ᄒᆞᆫ 듯,
진시왕(秦始皇)의 치약션(採藥船)은/ 어디 가고 안이오며,
한무졔(漢武帝)의 빅양디(栢木梁臺)난/ 어이 예다 못지연네.
비를 돌여 도라올졔/ 쳔ᄒᆞ장관(天下壯觀) 쪼보것다.
바다물결 두눕넌 듯/ 우리갓튼 소리나며,
졈싱ᄒᆞ나 들러온니/ 굼실굼실 노이넌 양(樣)
고리모양 져러ᄒᆞᆫ가?/ 영악(獰惡)ᄒᆞ고 흉칙ᄒᆞ다.
기리난 ᄉᆞ오십쳑(四五十尺)/ 등셩이는 틴마루만
쪼리로 물결치면/ 벽역(霹靂)치난 소리나고,
물먹으며 니샏무면/ 소낙이 소더지난 듯,
초음으로 당히 본니/ 우틱(危殆)ᄒᆞ고 두렵도다.
무러보자 져고리야 !/ 치셕장(采石江) 명월야(明月夜)의
니틱빅(李太白)이 틱워다가/ 어느곳의 두언넌야?
강남풍월(江南風月) 조혼 경긔(景觀)/ 지우금(至于今) 젹막(寂寞)ᄒᆞ다.
구경을 맛친 후의/ 고셩읍(高城邑)의 즁화(中火)ᄒᆞ고,
신계ᄉᆞ(新溪寺) ᄎᆞᄌᆞ간니/ 즁 나와 영졉(迎接)ᄒᆞ다.
만셰루(萬歲樓)의 올나셔셔/ 젼인졔명(前人題銘) 잠간(暫間)보고,
디웅젼(大雄殿)의 올나안자/ 좌우를 살펴본니,
칠셩각(七星閣) 산신각과/ 향노젼(香爐殿) 극낙젼(極樂殿)과
뇽흥암(龍興庵)은 동편(東便)이요/ 나흔젼 용션젼과
셜션당(說善堂)은 셔편(西便)니요/ 사쳐의 숙쇼(宿所)ᄒᆞ고,
그 잇튼날 죠발(早發)ᄒᆞ여/ 구뇽연(九龍淵) 구경가자.

오션암(五仙庵) 지나간니/ 다셧 신션(神仙) 노던터라.
앙지더 언듯지나/ 용용관 다다른니,
바휘의 굴리 뜰여/ 그속으로 길리 낫다.
일곱 신션(神仙) 노던 곳슨/ 칠션암(七仙庵)이 그져 잇다.
이상ᄒ다 감사굴(監司窟)은/ 바휘의 뚤인 굴리
네모번듯 방(房)이된니/ 어나써 강원감(江原監)이
금강산(金剛山) 구경와셔/ 폐우(蔽雨)ᄒ던 곳시로다.
아름답다. 옥욱동은/ 슈셕이 더욱 죠타.
그 우의 쳔화봉(天華峰)은/ 구름피여 오른난 듯,
빅옥(白玉)으로 아로식여/ 연꽂피여 오르난 듯
연쥬담(連珠庵) 지나간니/ 위틱(危殆)ᄒ기 할양읍다.
너러셕 바휘 우로/ 빗둘게 길이 난이
그 아리난 쳔장만장(千丈萬丈)/ 물이 되여 못시로다.
만일(萬一)ᄒ번 실젹ᄒ면/ 새골부심 염예읍다.
비몽폭포 무몽폭포/ 츠례로 구경ᄒ고
연담교 근너신니/ 길리 더욱 흠(險)ᄒ도다
올나가기 어려운디/ 사다리 놓와시며
근너가기 어렵운디/ 외나무 다리로다
나무가지 후여잡고/ 칙넌츌의 미달이여
간신간신(艱辛艱辛) 올나간니/ 구뇽연(九龍淵)이 예로구나.
쳔장셕벽(千丈石壁) 싹싸질너/ 병풍(屛風)두른 모양이라.
증으로 조와넌가?/ 디픠로 미러넌가?
쳔작(天作)으로 치셕(治石)ᄒ여/ 반들업고 고흘셔라
그 우난 우묵ᄒ여/ 말안장 형농(形容)이라.
우묵ᄒ 그 시이로/ 폭포수(瀑布水) 쏘더진다.
흰무지기 쎄치인듯/ 은하수(銀河水) 쓰더지 듯,
소리도 졀노 나고/ 찬바람 졀노 난다.

셕벽(石壁)의 부드쳐셔/ 물방울 구난 모양,
유리 쇼반 우희다가/ 진주(眞珠)구슬 굴이난 듯,
폭포슈 소치난듸/ 돌확이 되여쓴니,
널비난 흔간 남즛/ 깁기난 할양읍다.
비유직ᄒ(飛流直下) 삼천쳑(三千尺)/ 여산폭포 일러흔가?
숑도(松都)의 빅연폭포(朴淵瀑布)/ 영변(寧邊)의 향산폭포(香山瀑布)
일국의 쇼문난난/ 이 폭포수(瀑布水)만 못ᄒ다데
노폭즁사(露瀑中斯) 사인현젼(斯仁賢傳)/ 여덜글자 분명ᄒ다.
어너ᄉ람 글실년야?/ 우암션싱(尤庵先生) 필젹(筆跡)이라.
쳔장빅연(千丈百年) 만곡진쥬(萬斛眞珠)/ 됴벽현의 글씨로다.
녯길로 날여와셔/ 보광암(普光庵) ᄎ자간니,
쥭장(主將)즁 나와마자/ 졈심요긔(點心療飢) 딕졉(待接)ᄒ다.
신계사(新溪寺)로 날여와셔/ 그날밤 숙쇼(宿所)ᄒ고,
그 이튿날 발힝ᄒ여/ 만물쵸(萬物肖) 구경가자.
은징영 놉흔 고긔/ 사십이(四十里) 올나간니,
만물쵸(萬物肖) 이러구ᄂ./ 구경을 ᄌ셰(仔細)ᄒᄌ.
긔긔괴괴(奇奇怪怪) 만학쳔봉(萬壑千峰)/ 가진 물형(物形) 다잇 도다.
쳔틱산(天台山) 옥동자(玉童子)가/ 학을 타고 져를 불며
구름속의 달리난 듯/ 월즁선여(月中仙女) 니려와셔
칠보단장(七寶丹粧) 갓게 ᄒ고/ 단졍(端正)이 안잔난 듯,
상산사오(象山四皓) 모여안져/ 바둑두며 노이난 듯,
셔가여리(釋迦如來) 붓쳔님/ 오빅나흔(五百羅漢) 거나리고
여하디(蓮花臺)9)의 올나안자/ 셜법(說法)ᄒ난 모양이요.
장판교(長板橋)의 장익덕(張益德)이/ 쟝창금(長槍劍)을 빗겨 들고,
고리눈을 부릅쓰고/호령(呼令)ᄒ난 모양이요,

---

9) 여하디= 연화디의 잘못.

와늉션싱(臥龍先生) 졔갈양(諸葛亮)이/ 빅우션(白羽扇) 학창의(鶴敞衣)로
신륜거(神輪車)의 올라안즈/ 쳔병만마(千兵萬馬) 두르난듯
금관됴복(金冠朝服) 져지상(宰相)은 옥호(玉笏)를 손의쥐고
조헌(軺軒)우의 놉희안즈/ 공고(公故)의 들어가나?
웅장(雄壯)ᄒ다 져장수(將帥)난/ 투구 쳘갑 가초 입고,
챵창디금(長槍大劍) 빗겨 들고/ 은안빅마(銀鞍白馬) 놉희 안즈
오방긔취(五方旗幟) 휘두르며/ 젼장(戰場)의 나아가나?
위수(渭水)의 강퇴공(姜太公)이/ 낙디들고 조난 모양
부츈산(富春山)의 엄즈릉(嚴子陵)이/ 소모라 밧가난 듯,
광한누(廣寒樓) 리도령(李道令)이/ 난간의 의지(依支)ᄒ여
츈향(春香)이 바라보고/ 졍신(精神)읍시 안즌난 듯,
육관디ᄉ(六觀大師) 승진(性眞)의가/ 팔션여(八仙女) 만나 보고
꼿가지 셔로 쥐며/ 반기여 노이난 듯,
쳥용황용(靑龍黃龍) 넙느러셔/ 여의쥴(如意珠)을 희롱(戲弄)ᄒ나?
월궁(月宮)의 옥톳기가/ 불사약(不死藥) 방아쩐나?
쇼상동졍(瀟湘洞庭) 달발근밤/ 쩨기럭이 나려오나?
봉도 갓고 학도 갓고/ 형형싁싁(形形色色) 다 잇도다.
사람으로 볼쌱씨면/ 왼갓ᄉ람 다 모이고
짐싱으로 볼작시면/ 가진 짐싱 다 잇도다.
이리보면 이것갓고/ 져리 보면 져것갓다.
쳔튀만산(千態萬像) 황홀난측(怳惚難測)/ 긔이(奇異)ᄒ고 괴이(怪異)ᄒ
다.
한퇴지(韓退之)의 문쟝(文章)으로/ 글로 형승(形狀) 못ᄒ겟고
쇼진장의(蘇眞張儀) 구변(口辯)으로/ 말로혀용 못ᄒ겟고
소양난(蘇楊蘭)의 지됴로도/ 수(繡)도 눗치 못ᄒ겟고,
고긔지(顧愷之)의 그림으로/ 그려디지 못할너라.
옛길로 나려와셔/ 온쳔(溫泉)의 목욕(沐浴)ᄒ고,

지로승(指路僧) 이별흔 후/ 총셕결 물러가자
금강산(金剛山) 됴흔 곳의/ 신션(神仙)을 짝을 지여
평싱동낙(平生同樂) ᄒ지던니/ 연분(緣分)인비 할일읍다.
구룡만폭(九龍萬瀑) 조흔경긔/ 어느날 다시놀가
잘잇거라 잘잇거라/ 금강산(金剛山)아! 잘잇거라.
이몸이 늘기 젼의/ 다시 흔번 쏘 오리라.
듕노(中路)의 숙소(宿所)ᄒ고/ 시벽에 잠을 끼여
산우의 올나셔셔/ 일츌구경(日出求景) ᄒ여보세.
불곳갓치 불근 안긔/ 바다희 덥피이고,
주홍(朱紅)갓치 불근 날리/ 물속의셔 쇼사난니,
수멀수멀 쓸넌 모양/ 그 안니 쟝관인가?
용쳔읍 중화(中火)ᄒ고/ 층셕졍(叢石亭) 올라보니,
층층(層層)이 셧난 돌이/ 층셕이 이 안니야?
굴기난 기동만큼/ 기리난 사오십쟝(四五十丈)
육모치고 팔모친 것/ 석수(石手)들려 다두문 듯
여화(女媧)씨의 조화(造化)로다/ 오식(五色)돌 불너니여
ᄒ날깃고 나문돌을/ 이곳의 두언난가?
진씨황(秦始皇)의 긔괴(奇怪)로다/ 주추돌 다드머셔
아방궁(阿房宮) 지을더의/ 이곳의 싸은넌가?
영낭슐낭(永郎述郎) 노든 곳즌/ 환션젼(歡仙殿)이 터만 남고.
오류촌(五柳村) 찬 바람의/ 도연명(陶淵明)은 어디갓노?
오월오일(五月五日) 회졍(廻程)하여/ 회양(淮陽)읍 향ᄒ온니,
언덕 우의 드린 버들/ 봄빗슬 자랑ᄒ고,
추천(鞦韆)ᄒ난 져츤여(處女)난/ 화용월티(花容月態) 고을셔라
금의공자(金衣公子) 꾁꼬리난/ 벗부르난 소리로다
타향(他鄉)의 손이 되야/ 단양가졀(端陽佳節) 당(當)ᄒ여셔
고향소식(故鄉消息) 아득ᄒ니/ 챵연심회(愴然心懷) 긔지읍다

츄지령(楸池嶺) 나려셔셔/ 화천(樺川)장터 숙소(宿所)ᄒ고,
회양아즁(淮陽衙中) 들러가셔/ 사오일 유련(留連)후의
김셩읍(金城邑) 들어와셔/ 녹엽(綠葉)을 츠지든니,
남즁(南中)의 동학날니(東學亂離)/ 그져 평전(平定) 못되잇고,
왜병(倭兵) 들러와셔/ 도셩(都城)에 진을 친니,
쇼셜(騷屑)이 요란(搖亂)ᄒ고/ 인심(人心)이 송구(悚愧)ᄒ다
어렵도다. 이닉몸이/ 육빅여리(六百餘里) 집을 쩌나
불안혼 이런 쩌의/ 타향고즁(他鄕苦中) 염예(念慮)로다.
할일읍시 회졍(廻程)ᄒ여/ 영평(永平)싸의 도라오니,
팔경(八景)이 조타 ᄒ니/ 쟌간 구경ᄒ여 보ᄌ.
틱화산즁(太華山中) 드러가셔/ 삼부연(三釜淵) 구경ᄒ니,
빅여쳑(百餘尺) 셕벽우(石壁)의/ 삼층폭포(三層瀑布) 긔이(奇異)ᄒ고,
삼연션싱(三淵先生) 노던 곳즌/ 연응젼이 터만 잇다.
활유암압 화젹연(禾積淵)은/ 길리 머러 모보겟다.
영평읍(永平邑) 지닉셔셔/ 금수졍(錦繡亭) 구경ᄒ자
보장산(寶藏山) 혼줄기가/ 물속의 들러와셔
다롬이 자로갓치/ 스음모야 되여ᄉ니,
빅노쥬(白露洲) 널분닉물/ 귀비쳐 둘너 잇고,
물가의 육모졍자/ 표묘(縹妙)ᄒ게 지여도다.
아로싁인 곡난간(曲欄干)은/ 쥬츄셕돌 단졍(端靜)ᄒ다
어나쩌의 냥봉닉(楊峰萊)가/ 물을 곳이 젼혜읍다.
굉장(宏壯)ᄒ다. 빅운누(白雲樓)는/ 민판셔(閔判書)의 뎡다(亭子)로다.
쌍쌍이 오난 초젹(草笛)/ 고기잡난 스람이요,
사장(沙場)의 됴난 빅구(白鷗)/ 어니 져리 흔가 흔고?
도화유슈(挑花流水) 묘연거(渺然去)/ 별유쳔지(別有天地) 비인간(非人間)
리젹션(李謫仙)의 글을외고/ 신선(神仙)이 분명ᄒ다.

쟝옥병이 조타ᄒ니/ 잠간(暫間) 구경히보자.
냥봉니(陽蓬萊)의 노던 곳슨/ 이양경이 터만 남고,
셕벽(石壁)의 식인글시/ ᄒ셕봉(韓石峰)의 글시로다.
비견와의 올나셔셔/ 삼공화샹 쳠비(瞻拜)하니
사모관복(紗帽冠服) 각ᄃᆡ(角帶)씌고/ 엄연(儼然)니 안즌 모양
츄월(秋月)갓치 말근 정신/ 오날 다시 보겟도다.
구경을 맛친 후의/ 옛길노 도라가셔
발힝(發行)ᄒ제 삼일(三日)만의/ 도셩(都城)의 들러와셔
수삼일(數三日) 류연후(留連後)의/ 집으로 돌라올졔
삼일(三日)만의 득달(得達)ᄒ니/ 유월쵸싱 당ᄒ엿다.
명산ᄃᆡ천(名山大川) 됴흔 곳의/ 삼사월 노던 몸이
오날날 도라와서/ 가사(歌辭)의 허다 수뢰(許多述懷)
일됴(一朝)의 다시 본니/ 울심회(鬱心懷) 불영(不寧)ᄒ다
금강산의 노든일을/ 홀노 누워 싱각ᄒ니,
취즁(醉中)인지 몽즁(夢中)인지/ ᄭᅢ닷지 못ᄒ겟네.
구경ᄒ던 경긔쳐(景槪處)를/ 모두 긔록(記錄) ᄒ여씨면
가사(歌辭)한권 너무리라/ 난필(亂筆)로 적어씬니,
그 사셜(辭說) 우습도다./ 노쇼남여(老小男女) 보시난니
눌너보고 곳쳐보와/ 과희 비소(鼻笑) 안니할가?

35. 西遊歌(서유가)

김한홍(金漢弘)

해제 이 작품은 박노준(朴魯埻)에 의하여 최초로 학계에 공개되어 주목을 받게 된, 현재로서는 조선시대 사람이 당시의 아메리카 합중국을 여행하고 지은 유일한 기행가사이다. 이 작품은 필사『海遊歌(해유가)』인데, 이 작품의 첫머리가 기록된 이름은 「西遊歌(서유가)」오 되어 있다. 내용은 지은이가 나라의 운명이 어지러운 가운데 실의 빠진 영남의 젊은이로서 관천하(觀天下)를 목적으로 서울에 상경하여 친구의 권유로 일본(日本)을 구경하려다가 아메리카 합중국의 하와이까지 가서 그곳에서 영사관 서기로 근무하다가 을사 보호조약(乙巳保護條約)으로 인하여 영사관이 폐쇄되매 귀국하게 되어 그간의 보고들은 갖가지 일들을 노래하여 귀국후인 순종 2년(1908)에 지은 것이다.

    지은이 김한홍(金漢弘 : 1877-1943)은 자를 경일(敬逸)이라 하고, 호를 하산(河山) 또는 수계(隨溪)라고 하였다. 17세 때인 고종 31년(1894)에 향시(鄕試)에서 장원을 하였고, 이 작품의 내용 중 중요한 부분을 차지하는 경력으로 대한제국 주하와이 영사관 협회부 서기를 지내기도 하였다.

草堂(초당)에 혼즈 누워/自家事(자가사) 生覺(생각)ᄒᆞ니,
心神(심신)니 默亂(묵란)ᄒᆞ고,/意思(의사)가 不平(불평)ᄒᆞ다.
나도ᄉ 이를 망뎡/士夫窟澤(사부 굴택) 嶺以南(영이남)에

35. 西遊歌(서유가)

古家世族(고가 세족) 後裔(후예)로서/年令(연령) 將近三十(장근삼십)토록
事業(사업)니 무어시며,/行色(행색)니 무어신가?
寒士珮號(한사패호) ᄒᆞ얏쓴니,/安貧守道(안빈 수도) ᄒᆞ기 슬코,
靑雲之路(청운지로) 未開(미개)ᄒᆞ니,/未繼家聲(미계가성) 羞恥(수치)롭고,
廟堂安危(묘당 안위) 全昧(전매)ᄒᆞ니,/國民資格(국민 자격) 慚恥(참치)ᄒᆞ고,
蒼生困難(창생 곤란) 未濟(미제)ᄒᆞ니,/壯夫行色(장부 행색) 니 안일쇠.
夏之日(하지일) 冬之夜(동지야)에/抱枕思慮(포침 사려) 不昧(불매)로다.
宇宙中間(우주 중간) 一丈夫(일장부)로,/무슨 事業(사업) 宜當(의당)할가?
江湖勝地(강호 승지) ᄎᆞᄌ 가셔/吟風弄月(음풍 농월) ᄒᆞᄌ ᄒᆞ니,
詩中天子(시중 천자) 李靑蓮(이청련)1)니/采石江(채석강)2)에 먼저 갓고,
繫馬高樓(계마 고루) 垂柳(수류)ᄒᆞ고,/十千斗(십천두) 술 먹짠니,
長安遊俠(장안 유협) 少年(소년)드리/新登店(신등점)에 취(醉)히 갓고,
風坮月榭(풍대 월사)3) 好名區(호명구)에/暢敍詩懷(창서 시회) ᄒᆞᄌ ᄒᆞ니,
無知(무지)ᄒᆞᆫ 어부(漁父)드리/宛爾而笑(완이이소)4) ᄒᆞ기 쉽고,
雲深山中(운심 산중) ᄎᆞᄌ 드러/採藥(채약)이나 ᄒᆞᄌ ᄒᆞ니,
松下童子(송하 동자) 俗客(속객) 만나/言師採藥(언사 채약) ᄒᆞ기 쉽고,
洲地江湖(주지 강호) 눈 찬 고디/고기 낙ᄭᅵ ᄒᆞᄌ ᄒᆞ니,
桐江水(동강수)5) 七里灘(칠리탄)에/嚴子陵(엄자릉)6) 안ᄌ 넛고,
柴桑村(시상촌) 드러가서/採菊撫松(채국 무송) ᄒᆞᄌ ᄒᆞ니,
晉處士(진처사) 陶淵明(도연명)니,/栗里村(율리촌)에 먼저 갓고,

---

1) 李靑蓮=당(唐)나라 시인 이백(李白). 청련은 그의 호. 이태백(李太白).
2) 采石江=중국 안휘성 당도현(安徽省當塗縣)에 있는 지명. 낚시터로 유명하며, 이곳에 이태백(李太白)의 묘가 있음.
3) 風坮月榭=바람 쐬기 좋은 언덕과 달 구경하기에 좋은 정자.
4) 宛爾而笑=말없이 빙긋이 웃기만 함.
5) 桐江水=중국 절강성 전당강 상류(浙江省錢塘江上流). 일명 동려강(桐廬江). 후한(後漢) 때 엄자릉(嚴子陵)이 낚시를 즐기던 곳으로 유명함. 칠리탄(七里灘)은 또 다른 이름으로 엄릉탄(嚴陵灘)이라고도 함.
6) 嚴子陵=후한 광무(後漢光武) 때의 은사(隱士).

三江五湖(삼강 오호) 조혼 무리/與客泛遊(여객 범유) ᄒᆞᄌᆞ ᄒᆞ니,
赤壁江(적벽강) 秋夜月(추야월)에/蘇子瞻(소자첨) 지너 갓고,
高山幽峽(고산 유협) 드러가서/飮犢上流(음독 상류) ᄒᆞᄌᆞ ᄒᆞ니,
穎水(영수)⁷⁾물 말근 시너/蘇父許由(소부 허유)⁸⁾ 먼저 갓고,
武陵源(무릉원) ᄎᆞᄌᆞ 드러/世外消息(세외 소식) 막ᄌᆞ ᄒᆞ니,
漁舟子(어주자) 春光(춘광)따라/人間漏說(인간 누설) ᄒᆞ기 쉽고,
蓬萊瀛洲(봉래 영주)⁹⁾ 드러가서/安期赤松(안기 적송)¹⁰⁾ ᄎᆞᄌᆞ ᄒᆞ니,
張子方(장자방)¹¹⁾ 一去後(일거후)에/진연(眞緣)니 漠漠(막막)ᄒᆞ고,
春衣春服(춘의 춘복) 조흔 風彩(풍채) 登山臨水(등산 임수)ᄒᆞᄌᆞ ᄒᆞ니,
宋(송)나라 歐陽永叔(구양 영숙)¹²⁾/너 먼저 지너 갓고,
雲淡風輕(운담 풍경) 조흔 나러/訪花隨柳(방화 수류) ᄒᆞᄌᆞ ᄒᆞ니,
程明道(정명도)¹³⁾ 程先生(정선생)니/前川(전천)에 已過(이과) 힛고,
古松流水(고송 유수) 白鶴觀(백학관)에/圍棋消日(위기 소일) ᄒᆞᄌᆞ ᄒᆞ니,

---

7) 穎水=중국 하북성 행당현(河北省行唐縣) 서북에 있는 기산(箕山) 남쪽의 물이름. 허유(許由)가 요임금에게서 천하(天下)를 맡아 다스려 달라는 부탁을 듣고 이 물에 와서 귀를 씻었다고 함.
8) 蘇父許由=소부(巢父) 허유(許由)의 잘못. 소부는 요(堯)임금 때의 고사(高士)로 요임금이 천하(天下)를 양여(讓與)하여도 받지 않고, 산속에서 나무 위에 집을 짓고 살아 소부라는 이름을 얻음. 허유는 소부와 같은 시기의 같은 고사(高士).
9) 蓬萊瀛洲=동해(東海) 가운데에 있다는 신선 세계(神仙世界). 조선시대 선인(先人)들은 봉래는 금강산(金剛山), 영주는 한라산(漢羅山)으로 비유하였음.
10) 安期赤松=옛날 중국의 신선(神仙)들. 안기생(安期生)과 적송자(赤松子)라고도 함.
11) 張子方=한(漢)나라 건국 공신 장양(張良) 지방은 그의 자(字). 한(韓)나라 누대(累代) 대신(大臣)의 후예로 진(秦)나라가 한(韓)을 멸망시키매, 역사(力士)를 시켜 박랑사(博浪沙)에서 진시황을 죽이려다가 실패하여 "장양지추(張良之椎)"라는 고사성어의 주인공이 되기도 함.
12) 歐陽永叔=당송팔대가(唐宋八大家)의 1인으로 유명한 구양수(歐陽修). 영숙은 그의 자(字).
13) 程明道=송(宋)나라 유학자 정호(程顥). 명도는 그의 호. 자(字)는 백순(伯淳). 아우 정이천(程伊川) 이(頤)와 함께 "정선생(程先生)"이라 일컬어짐.

35. 西遊歌(서유가)

無端(무단)히 俗客(속객) 왓서/爛柯還鄕(난가 환향) ᄒ기 쉽고,
天朝(천조)에 拜顔(배안)ᄒ고,/國家事(국가사) 參與(참여)찬니,
天涯漠漠(천애 막막) 海窮鄕(해궁향)에/王化落落(왕화 낙락) 未及(미급)니요,
負笈師門(부급 사문) 다시 ᄒ야/兀頭舊業(기두 구업) 更從(갱종)찬니,
兩先正(양선정) 오현(五賢)집에/不可加於遺風(불가가어유풍)니며,
有善(유선) 업는 曲直(곡직)으로,/南老是非(남노시비)[14]보기 슬코,
草野(초야)에 뭇치 안ᄌ/叛牛課農(반우과농) ᄒᄌ ᄒ니,
貪官汚吏(탐관 오리) 雜類(잡류)드리/殘民虐政(잔민 학정) 心憎(심증)나고,
西窓(서창)에 도라 안ᄌ/送窮文(송궁문) 朗讀(낭독)찬니,
在傍(재방)한 친교(親交)들게/窮輩嘲弄(궁배 조롱) 듯기 슬코,
압 南山(남산) 數畝田(수무전)에/荷鋤種荳(하서 종두) ᄒᄌ ᄒ니,
新式(신식)이니,更章(경장)[15]이고,/無名雜說(무명 잡설) 귀찬ᄒ고,
朱舍靑樓(주사 청루)[16] 歌舞筵(가무연)에/携手佳人(휴수 가인) 노ᄌ ᄒ니,
文明(문명)ᄒ 此時代(차시대)에/蕩家子(탕가자)가 羞恥(수치)롭고,
西山(서산)에 놉피 올나/採薇曲(채미곡) 부르잔니,
無知(무지)ᄒ 後人(후인)드리/陜隘評論(협애 평론) ᄒ기 쉽고,
草堂春風(초당 춘풍) 寂寞(적막)ᄒ듸,/高枕假眠(고침 가모) ᄒᄌ ᄒ니,
京都(경도)가 七百里(칠백리)라./ᄎᄌ 오리 뉘기시며,
槳率三軍(장솔 삼군)[17] 다시 ᄒ야/北征中原(북정 중원) ᄒᄌ ᄒ니,

---

14) 南老是非=남인(南人)과 노론(老論)간의 옳고 그름으로 싸움.
15) 更章=更張의 잘못인 듯함. 경장은 사회나 정치 등이 썩거나 잘못된 제도들을 고치어 새롭게 함.
16) 朱舍靑樓=익어진 말로는 "酒肆靑樓"로 써서 술집과 화려한 요리집을 뜻함.
17) 槳率三軍="將率三軍"의 잘못인 듯함.

人物(인물)니 업서시니,/附從者(부종자)가 뉘기시며,
直言疏(직언소) 다시 지어/斥倭拒俄(척왜 거아)[18]ᄒᆞᄌᆞᄒᆞ니,
屈三閭(굴삼여)[19]의 萬古忠魂(만고 충혼)/魚腹中(어복중)에 可矜(가긍)ᄒᆞ고,
千峰萬壑(천봉 만학) 기푼 고디/太乙經(태을경)[20] 宿讀(숙독)[21]찬니,
翰墨從事(한묵 종사) 니 니몸니/惑世珮號(혹세 패호)[22]ᄒᆞ기 쉽고,
竹裡館(죽리관) 깁피 안ᄌᆞ/警世琴(경세금) 타자 ᄒᆞ니,
昏夜乾坤(혼야 건곤) 同族(동족)드리/知音者(지음자)가 뉘기런고?
千思萬慮(천사 만려) 轉輾(전전)ᄒᆞ야/할 니리 바히 업닉.
忽然(홀연)니 生覺(생각)ᄒᆞ니,/一片心線(일편 심선) 將驅(장구)로다.
三千里(삼천리) 槿花江山(근화 강산)/帝城(제성)니 主張(주장)닌디,
近來所聞(근래 소문) 드러 본니,/外國人物(외국인물) 充滿(충만)ᄒᆞ야
政府權利(정부 권리) ᄌᆞ바 들고,/千萬事(천만사)主管(주관)니라.
二千萬(이천만) 彬彬人士(빈빈 인사)/ᄉᆞ람니 업서썬가?
洙泗遺風(수사 유풍)[23]我東方(아동방)니,/蠻夷奴隸(만이 노예)되단 말가?
憤心(분심)니 激腸(격장)ᄒᆞ야/觀望(관망)ᄎᆞ로 가ᄌᆞ서라.
厥明日(궐명일) 治裝(치장)ᄒᆞ야/서울노 ᄎᆞᄌᆞ갈 식.

---

18) 斥倭拒俄=일본의 세력이 밀려 옴을 물리치고, 러시아의 접근을 저항함.
19) 屈三閭=중국 춘추 전국시대 초(楚)나라 충신 굴원(屈原). 삼려 대부(三閭大夫)의 벼슬을 지냈으나, 회왕(懷王)이 실정(失政)하매, 「이소(離騷)」를 지어 간(諫)하여 용납되지 않으므로 멱라수(汨羅水)에 빠져 죽음.
20) 太乙經=1901년 전라도 정읍(全羅道井邑)에서 강일순(姜一淳)이 창설한 흠치교(吽哆敎)의 일파인 태을교(太乙敎)의 경전(經典).
21) 宿讀="熟讀"의 잘못인 듯함.
22) 惑世珮號=세상을 어지럽힌다는 비난을 받는 대상으로 소문남.
23) 洙泗遺風=공자(孔子)가 살던 곳인 산동성 곡부현(山東省曲阜縣)에서 발원하여 사수(泗水)로 흐르는 수수(洙水)와 강소성 회수(江蘇省淮水)로 흐르는 사수(泗水). 공자는 이 사수(泗水)가에서 제자를 교육하였으므로 유학(儒學)을 가리킴.

35. 西遊歌(서유가)

花城府(화성부)24) 드러가서/關王廟(관왕묘) 奉尋(봉심)ᄒ고,
暎湖樓(영호루)25) 올나 보니,/千年古蹟(천년 고적) 壯(장)ᄒ도다.
그 길노 ᄯ어나가서 龍宮邑(용궁읍)26) 到達(도달)ᄒ야
古事(고사)를 追念(추념)ᄒ니/悵懷(창회)가 無窮(무궁)니라
十里南邊(십리 남변) 武夷村(무이촌)은/先祖妣(선조비) 遺墟地(유허지)라.
人亡(인망) 餘古宅(여고택)니,/오날에 니름닌가?
悲懷(비회)를 抑制(억제)ᄒ고,/ᄯ다시 登程(등정)니라.27)
該郡梅閣(해군 매각) ᄎᄌ 드러/張鳳煥氏(장봉환씨) ᄎᄌ ᄒ니,
舊誼(구의)을 談話(담화)ᄒ야/酬酢(수작)니 親切(친절)ᄒ다
客地人事(객지 인사) 私情(사정) 아라/路資(노자)까지 補助(보조)로다.
그 고서 留宿(유숙)ᄒ고,/關明日(궐명일) 登程(등정)니라.
割毋山(할모산) 진나 가서/푸실골 다다른니,
江山(강산)도 조흘시고,/水石(수석)도 明麗(명려)ᄒ다.
峽裏(협리)에 交歸亭(교귀정)은/慶尙觀察(경상 관찰) 遞歸所(체귀소)라.
巖間(암간)에 흐른 龍湫(용추)/廬山瀑布(여산폭포) 彷佛(방불)ᄒ다.
鳥嶺三門(조령 삼문) 지는 後(후)에/忠州(충주)ᄯ앙 當到(당도)ᄒ니,
精神(정신)니 肅然(숙연)ᄒ고,/心事(심사)가 悵憾(창감)니라.
路邊(노변)에 高碑閣(고비각)은/林將軍(임장군)28)의 忠烈祠(충열사)라.
다 갓튼 天稟人事(천품 인사) 니다지 宏壯(굉장)할가?
大明忠臣(대명 충신) 朝鮮孝子(조선 효자)/碑面(비면)에 高刻(고각)니라.
丹月江(단월강) 건너가서/彈琴坮(탄금대)29) 바라보니,

---
24) 花城府=지금의 경북 안동시(慶北安東市).
25) 暎湖樓=안동시내에 있던 정자 이름.
26) 龍宮邑=지금의 경북 문경군(聞慶郡)에 딸린 지명. 조선 시대에는 현(縣)이었음.
27) 悲懷-登程니라=원문에는 지운 듯이 세로줄이 그어져 있으나, 내용상으로 볼 때에 살리는 것이 더 옳을 듯하여 살렸음.
28) 林將軍=임경업(林慶業)장군.

於乎(오호)라! 申壯士(신장사)30)여!/當年(당년)에 不幸(불행)ᄒ야
背水陣(배수진) 그릇 드러/千古無功(천고 무공)되단 말가?
그 길노 바로 쩌나/拜退嶺(배퇴령) 다다른니.
典刑(전형)니 宛然(완연)ᄒ고,/丈碩(장석)니 依俙(의희)ᄒ다.
李退溪(이퇴계) 老先生(노선생)니/니 고더 拜退(배퇴)힌니.
數三日(수삼일) 行役(행역)ᄒ야/皇城(황성)에 到着(도착)니라.
崇禮門(숭례문) 드러가며,/大廟洞(대묘동) ᄎᄌ 가서
金課長(김과장) 반겨 만나/千里相面(천리 상면) 歡悅(환열)31)니라.
周回(주회)를 玩賞(완상)할 지,/無非 다 傷心(상심)니라.
光化門(광화문) 六曺(육조)거리/雜草(잡초)가 菲菲(비비)ᄒ고,
普信閣(보신각) 옛집 압픠/黑服(흑복)니 橫行(횡행)니라.
北嶽山(북악산) 느즌 松栢(송백)/萬像(만상)니 悽愴(처창)ᄒ고,
紫霞洞(자하동) 흐른 무른/灘聲(탄성)니 嗚咽(오열)니라.
春塘坮(춘당대) 荒堦下(황계하)에/晚菊(만국)니 愁色(수색)니요,
慶會樓(경회루) 畫樑上(화량상)에/啼鳥(제조)만 雙雙(쌍쌍)니라.
政府時勢(정부 시세) 드러 보니,/臆絶哽塞(억절 경색) 절노 된다.
日語能者(일어 능자) 品職(품직)니고,/俄語善通(아어 선통) 大官(대관)
니라.
如我遐鄕(여아 하향) 寒士(한사)로서/比諸形勢(비저형세) 言論(언론)컨딘
一仕路(일사로)도 無堦中 (무계중)에/區區追勢(구구 추세) 非願(비원)
니라.
搬而思之(반이사지) 靈坮(영대)ᄒ니,/倘非晝(당비주) 出망悢(출망량)가?

---

29) 彈琴坮=지금의 충북 충주시내(忠州市內)에 있는 명소.
30) 申壯士=壬辰倭亂 때에 탄금대에서 왜군(倭軍)과 싸우다가 전사(戰死)한 신입 (申砬)장군.
31) 千里相面歡悅=원문에는 "數個月留連"을 지우고 기워 넣은 것인데, 의미상으로 수정이 분명함.

罷除萬事(파제만사) 夢外(몽외)ᄒᆞ고,/莫如耕稼(막여 경가) 山陽(산양)
니라.
金課長(김과장) 作別(작별)ᄒᆞ고,/回程(회정)를 ᄒᆞ려 ᄒᆞ니,
物色(물색)도 悽凉(처량)ᄒᆞ고,/風景(풍경)도 蕭瑟(소슬)ᄒᆞ다.
南山蠶頭(남산 잠두) 落葉聲(낙엽성)은/蕭蕭(소소)ᄒᆞ기 傷心(상심)니요,
漢江上(한강상) 皎皎秋月(교교 추월)/憐憐(연런)ᄒᆞ기 訴懷(소회)로다.
回程(회정)ᄒᆞᆫ 數日(수일)만에/鳥嶺(조령)를 다시 넘어
聞慶邑(문경읍) 留宿(유숙)ᄒᆞ고,/野城(야성)를 나려올 지,
닛쩌예 狂風心線(광풍 심선)/다시곰 生覺(생각)ᄒᆞ니,
慶南晉州(경남 진주) 조탄 마른/前日(전일)에 드름니라.
긔시(旣時) ᄒᆞᆫ 번 나온 기러/求景(구경)ᄒᆞ고 가ᄌᆞ서라.
芒鞋短筇(망혜 단공) 느지 드러/晉陽(진양)를 나려갈 시,
所經(소경)에 許多光景(허다 광경)/다 엇지 記錄(기록)ᄒᆞ리?
咸昌邑(함창읍) 燦爛(찬란)ᄒᆞ고,/尙州邑(상주읍) 宏壯(굉장)ᄒᆞ다.
高靈郡(고령군) 留宿(유숙)ᄒᆞ고,/開寧邑(개녕읍) 歷路(역로)로다.
星州大邑(성주대읍) 玩賞(완상)ᄒᆞ고,/三嘉峽川(삼가 협천)32) 지낫쏘다.
節候(절후)는 언지런가?/쎠 마참 小春(소춘)니라.
八百里(팔백리) 長短程(장단정)에/寒雪(한설)니 霏霏(비비)ᄒᆞ다.
며칠간 辛苦(신고)ᄒᆞ야/晉州府(진주부) 到達(도달)ᄒᆞ니,
어저추 니 山水(산수)여!/嶺南形勝(영남 형승) 第一(제일)니라.
矗石樓(촉석루) 올나간니,/眼界(안계)가 恢恢(회회)ᄒᆞ다.
樓前(누전)에 雙碑閣(쌍비각)은/三壯士(삼장사)33)의 功勳(공훈)닌가?
城下(성하)에 義妓祠(의기사)난/論介(논개)의 忠節(충절)일니.
板上(판상)에 四句詩(사구시)난/鶴峰先生(학봉선생)34) 手澤(수택)닌가?

---

32) 三嘉峽川=三嘉, 陜川의 잘못.
33) 三壯士=임진왜란(壬辰倭亂) 때 이듬해 진주성 전투에서 성과 함께 순국한 세 장수. 김천일(金千鎰)과 최경회(崔慶會)와 황진(黃進)을 이름.

楣頭(미두)에 六大字(육대자)난/古人(고인)의 筆蹟(필적)니라.
畵棟(화동)에 四句柱聯(사구 주련)/申靑泉(신청천)35) 傑作(걸작)닌가?
宣化堂(선화당) ᄎᄌ 가서/閔相國(민상국)(衡植:형식) 通刺(통자)ᄒ니,
舊誼(구의)가 重重(중중)ᄒ야/酬接(수접)니 款曲(관곡)ᄒ다.
監理營(감리영) ᄎᄌ 드러/韓進稷(한진직) ᄎᄌ 보니,
金課長(김과장) 紹介(소개) 바다/待接(대접)도 多情(다정)ᄒ다.
金秉泌(김병필) (五山) ᄎᄌ 보니,/陰鄕情誼(음향 정의) 尤別(우별)니라.
金秉泌(김병필) 周旋(주선)으로/量地委員(양지위원) 撰用(찬용)니라.
多少(다소)ᄒ 月俸(월봉)으로/客地(객지) 經過(경과) 輕便(경편)니라.
니리 저리 送日(송일)ᄒᄌ/數三朔(수삼삭)니 좀짠니라.
鄕懷(향회)가 挑挑(도도)ᄒ야/回程(회정)을 ᄒ려 ᄒᆯ 지,
崔進士(최진사) 春五君(춘오군)니/날다려 ᄒ는 마리
世界(세계)예 上等國(상등국)니/英米法獨(영미법독)36) 그 안닌가?
米國行(미국행) 今番路(금번로)가/千載(천재)예 得一時(득일시)니,
年富力强(연부 역강) 니 ᄉᆞ람아! /與我同伴(여아동반) 可如何(가여하)오?
余亦挽近(여역 만근) 以來(이래)로/傷時之嘆(상시지탄) 病腸(병장)니라.
狂風(광풍)에 쓰닌 마음/夢醉中(몽취중)에 許諾(허락)니라.
不日間(불일간) 束裝(속장)ᄒ야/東萊(동래)37)로 나려갈 시,
昌原馬浦(창원 마포)38) 나려가서/火輪船(화륜선) 잡바 타고,
熊川郡(웅천군) 엽히 두고,/金海邑(김해읍) 건너 보고,
瞬息間(순식간) 가는 빈가/釜港(부항)39)에 到泊(도박)니라.

---

34) 鶴峰先生=김성일(金誠一). 학봉은 그의 호.
35) 申靑泉=조선시대 문사인 신유한(申維翰). 청천은 그의 호. 저술에 일본 통신사행기록인 『해유록(海遊錄)』과 시문집이 있음.
36) 英米法獨=지금의 잉글랜드, 아메리칸 합중국, 프랑스, 도이치. 이는 중국음(中國音)으로 표기(表記)한 것임.
37) 東萊=지금의 부산광역시에 딸린 동래구.
38) 昌原馬浦=지금의 창원시(昌原市)와 마산시(馬山市).

35. 西遊歌(서유가)

永嘉坮(영가대) 놉피 올나/左右(좌우)를 살펴보니,
港海(항해)도 奇絶(기절)ᄒ고,/風景(풍경)도 壯觀(장관)니라.
東倭館(동왜관) 西淸館(서청관)은/相雜(상잡)히 버러 잇고,
火輪船(화륜선) 自輪車(자륜차)ᄂ/水陸(수륙)에 橫行(횡행)일니.
五六島(오륙도) 列立(열립)ᄒ니,/巫山十二(무산 십이)依稀(의희)ᄒ고,
潮濤海(조도해) 널넛쓰니,/瀟湘洞庭(소상 동정)40) 彷佛(방불)ᄒ다.
東萊(동래)가 蓬萊(봉래) 갓고,/釜山(부산)니 三山(삼산)41)니라.
傍人(방인)니 ᄒ는 말니,/日本行船(일본행선) 明日(명일)니라.
明日(명일)니 今日(금일)되야/火輪船(화륜선) 놉피 올나
梢工(사공)은 機械(기계) 젓고,/艦長(함장)은 方隅(방우) 바서
對馬島(대마도) 臨迫(임박)ᄒ야/釜港(부항)을 도라보니,
醉中(취중)에 一片(일편) 本情(본정)/悵懷(창회)가 시롭ᄶ다.
宇宙間(우주간) 男兒之事(남아지사)/域外一遊(역외 일유) 常事(상사)로되,
通仕節(통사절) 아니어던/使臣(사신)으로 가단 말가?
奉命將(봉명장) 안니어던/征伐(정벌)ᄒ로 가단 말가?
追勢者(추세자)가 안니어던/遊學(유학)으로 가단 말가?
雖然(수연)나 余之今行(여지금행)/或非異事(혹비 이사) 今古(금고)로다.
萬古大聖(만고 대성) 孔夫子(공부자)도 周遊天下(주유 천하) ᄒ여시고,
二十歲(이십세) 司馬遷(사마천)42)도 南遊江漢(남유 강한)ᄒ여 넛고,
申靑泉(신청천) 申進士(신진사)도 /海遊錄(해유록) 지엇써던,
하믈며 此時代(차시대)예/坐井觀天(좌정 관천)43) 吾耳目(오이목)니,
不知中(부지중)에 十出(십출)ᄒ야/世外閱覽(세외 열람) 질겨 ᄒ야

---

39) 釜港=지금의 부산 광역시.
40) 瀟湘洞庭=중국에 있는 명승지 소상강과 동정호.
41) 三山=삼신산(三神山)의 준말.
42) 司馬遷=중국의 역사책 『사기(史記)』를 지은 여행가며 사학자.
43) 坐井觀天=우물 속에 앉아서 하늘을 쳐다 본다는 뜻에서 견문이 좁음을 이른 는 말.

生存競爭(생존 경쟁) 場(장)을 막고,/優勝劣敗(우승 열패) 理致(이치)이라.
將還鄕(장환향) ᄒᆞ는 나라/海外風俗(해외 풍속) ᄌᆞ랑ᄒᆞ면,
新舊學文(신구 학문) 兩兼(양겸)으로,/布衣寒士(포의 한사) 壯觀(장관)이라.
反以思之(반이사지) 靈臺(영대)ᄒᆞ니,/粗寬(조관) 懷於胸中(회어흉중)이라.
살쩌갓치 가는 비가/限定(한정)업싯 쒸윗ᄂᆞᆫ듸,
楚水吳山(초수 오산) 閱歷(열력)니오,/朔風寒雨(삭풍 한우) 呻吟(신음)이라.
鯨濤(경도)는 萬頃(만경)니고,/鰐浪(악랑)은 千丈(천장)이라.
行船(행선)ᄒᆞᆫ 일야(一夜)만에/馬關港(마관항) 求景(구경)ᄒᆞ니,
馬港(마항)44)은 僻村(벽촌)이요,/釜山(부산)은 浦口(포구)로다.
馬關(마관)서 비을 타고,/新戶港(신호항)45) ᄎᆞᄌᆞ갈 시,
長崎島(장기도) 엽희 두고,/廣島縣(광도현) 건너 보며,
林林葱葱(임림 총총) 굴둑써는/花加山(화가산) 農村(농촌)넌가?
烟月裏(연월리)예 櫛比家屋(즐비 가옥)/奈知縣(내지현) 蠶室(잠실)이라.
二晝夜(이주야) 지닌 後(후)에/神戶港(신호항) 到着(도착)ᄒᆞ니,
奇奇怪怪(기기괴괴) 別風景(별풍경)은/筆說(필설)노도 難記中(난기중)에
筆(필)디강 傳(전)한 마리/平沙百里(평사 백리) 摠人家(총인가)라.
下陸(하륙)ᄒᆞᆫ 지 數日(수일)만에/ᄯᅩ 다시 登船(등선)이라.
二晝夜(이주야) 지는 後(후)에/橫濱港(횡빈항)46)抵泊(지박)이라.
大端(대단)ᄒᆞ다. 物色(물색)이여!/眼界(안계)가 不足(부족)이라.
十餘層(십여층) 金石閣(금석각)은/英國人(영국인)의 第宅(제택)이요,
十字街路(십자 가로) 絡繹鐵路(낙역 철로)/米國人(미국인)의 敷設(부

---

44) 馬港=우리 나라 마산항을 가리킴.
45) 新戶港=일본의 지명. 고오베(神戶)항(港)의 잘못.
46) 橫濱港=일본 동경(東京) 근처에 있는 요코하마항.

35. 西遊歌(서유가)

설)니라.
東京(동경)47)은 咫尺(지척)니요,/大坂(대판)48)은 粗隔(조격)니라.
胡地(호지)에 無花草(무화초)난/그 뉘귀 誤說(오설)넌가?
二月中旬(이월 중순) 風雪中(풍설중)에/花樹(화수)가 濃濃(농롱)ᄒ다.
人物(인물)은 異色(이색)넌나,/世界(세계)는 鮮明(선명)ᄒ다.
數月日(수월일) 留連後(유련후)에/米國船(미국선) 發行(발행)니라.
蒙古里(몽고리)야 四大船(사대선)에/寄我一身(기아 일신) 縹緲(표묘)니라.
萬頃蒼波(만경 창파) 쒸워 논니/一葉片舟(일엽 편주) 搖搖(요요)ᄒ다.
三晝夜(삼주야) 지넌 後(후)에/ᄒ 고디 到着(도착)ᄒ니,
似僧納(사승납) 三箇峰(삼개봉)니/海上(해상)에 兀兀(올올)ᄒ더,
無人家(무인가) 海中山(해중산)에/烟火(연화)가 滿凝(만응)키로,
疑訝(의아)가 自生(자생)ᄒ야/舟子(주자)에게 아라 보니,
그 山(산)니 火山(화산)넌디,/四時(사시)로 조논니다.
奇絶(기절)ᄒ고,稀罕(희한)ᄒ다./니 엇쩐 理數(이수)런가?
無陸地(무육지) 大洋中(대양중)에/長時火光(장시 화광) 니 왼일고?
쉬지 안코 가는 빈가/十餘日(십여일)니 거의토록,
山陸(산륙)은 本(본)디 업고,/蒼天(창천)과 碧海(벽해)로다.
얼마쯤 가다가서/쏘 ᄒ곳 到着(도착)ᄒ니,
鯨濤鰐浪(경도 악랑) 杳茫(묘망)ᄒ더,/ᄒ편을 건너 본니,
幾廣尺(기광척) 天涯水(천애수)가/水勢(수세)가 湯陽(탕양)49)ᄒ야
風浪(풍랑)은 본(本)디 업고,/비단(緋緞)볫치 明朗(명랑)커널
舟子(주자)가 ᄒ는 마리/저 고즐 아란는가?
古史(고사)에 傳(전)ᄒ 말과/弱水千里(약수 천리) 저 고지라.
암쪽히 生覺(생각)ᄒ니,/니 고지 어더런가?

---

47) 東京=일본의 현재 행정 수도(首都). 도쿄.
48) 大坂=현재 일본 제2의 대도시. 오오사카.
49) 湯陽=물이 질펀히 넘쳐 흐르는 모양을 뜻하는 "탕양(湯漾)"의 잘못.

西天(서천)니 가즉ᄒᆞᆫ가?/弱水(약수)가 니 왼일고?
다시곰 仔細(자세) 보니,/奇絶(기절)ᄒᆞ고,稀貴(희귀)ᄒᆞ다.
浩浩洋洋(호호 양양) 大海中(대해중)에/靑碧水(청벽수)로 分間(분간)50)
닌디,
其廣(기광)은 幾何(기하)오며,/其長(기장)은 얼마련가?
단뎡 알기 어려우나,/擧大綱(거대강) 짐작(斟酌)ᄒᆞ니,
廣不過(광불과) 四五里(사오리)오./其長(기장)은 千餘里(천여리)라.
其中(기중)에 杳茫(묘망)ᄒᆞᆫ 일/人作(인작)닌가? 天作(천작)닌가?
弱水邊(약수변) 去路中(거로중)에/電火木(전화목)을 서원는디,
電火木(전화목) 每每上(매매상)에/琉璃燈(유리등)을 高揭(고게)로다.
그 所由(소유) 아라보니,/人才(인재)도 難測(난측)니라.
弱水中(약수중)에 비가 들면,/行船(행선)ᄒᆞ기 當難(당난)키로,
夕夜間(석야간)에 비가 ᄀᆞ면,/掛燈(괘등)마다 明朗(명랑)ᄒᆞ야
弱水海水(약수 해수) 分間(분간)ᄒᆞ야/行路從便(행로 종편)홈미로다.
滄波萬里(창파 만리) 遠遠中(원원중)에/火光相通(화광 상통) 壯觀(장관)니라.
吾東方(오동방) 儒道(유도)로난/脫屐不及(탈극불급) 此造化(차조화)라.
그 求景(구경) 다 ᄒᆞᆫ 後(후)에/水疾(수질)은 太甚(태심)ᄒᆞ고,
客懷(객회)는 杳沸(묘비)ᄒᆞ야/遡風次(소풍차)로 上艦(상함)ᄒᆞ니,
意外(의외)에 白首米人(백수 미인)/艦頭(함두)에 안잣싸가
반겨ᄒᆞ며 ᄒᆞᄂᆞᆫ 마리/居住姓名(거주 성명) 아ᄉᆞ니다.
암쎡니 반갑도다./黃白人(황백인)니 初面(초면)일쇠.
貌樣(모양)은 米人(미인)이나,/言語(언어)는 韓人(한인)니라.
나 亦是(역시) 韓國(한국) 가서/六年遊學(육년 유학)ᄒᆞ고 와소.
姓名(성명)은 林武吉(임무길)니요./年光(연광)은 六十(육십)니라.
娓娓(미미)ᄒᆞᆫ 兩說話(양설화)로/從容相和(종용 상화)ᄒᆞᄌᆞ ᄒᆞ니,

---

50) 分間=사물이 같지 않음을 헤아린다는 뜻의 "분간(分揀)"을 잘못 쓴 것임.

35. 西遊歌(서유가)

저 스룸 ᄒ는 마리/나도 年前(연젼) 貴國(귀국) 가서
積年遊學(젹년 유학) ᄒᄌ ᄒ니,/韓國風俗(한국풍속) 大綱(대강)이오.
士農工商(사농공상) 貴賤(귀천) 두고,/上中下(상즁하) 分間(분간)닌듸,
座下(좌하)모양(貌樣) 仔細(자셰) 보아/선비 行色(행색) 分明(분명)니라.
學優登士(학우 등사) 일너쓰니,/벼실도 宜當(의당)ᄒ고,
東洋大聖(동양 대성) 孔夫子(공부자)라./遊必遊方(유필 유방) 正大訓(졍대훈)은
니거슬 다 버리고,/萬里域外(만리 역외) 니 왼일고?
君言(군언)도 亦復佳(역부가)ᄒ나,/知其一(지기일) 미지일(未知一)니라.
坐井觀天(좌졍 관쳔) 일너쓰니,/海外遊覽(해외 유람) 宜一(읭리)니요,
各國相通(각국 상통) ᄒ얏쓰니,/東西遊學(동셔 유학) 宜一(의일)니오.
風磨雨濕(풍마 우습) 닐너쓰니,/天涯苦閱(쳔애 고열) 宜一(의일)니라.
저 사람 ᄒᄂ 마리/子言(자언)니 唯唯(유유)ᄒ다.
霎時間(삽시간) 好面(호면)으로,/分路(분로)ᄒ기 相難(상난)ᄒ나,
彼此間(피차간) 去路(거로) 달나/悵然(창연)니 設懷(셜회)로다.
그리 져리 消日(소일)되야/十五日(십오일)니 거의로다.
ᄒ 고듸 到泊(도박)ᄒ니,/平明(평명)니 曉頭(효두)된듸,
船中(션즁)니 紛撓(분요)키로,/遠天(원쳔)을 건너 보니,
依稀(의희)ᄒ 雲霧中(운무즁)에/一高山(일고산)니 訖立(흘립)[51]니라.
此地(차지)가 那邊(나변)닌가?/布哇國(포왜국)[52] 米領(미령)니라.
시원ᄒ고 반가워라./陸地(육지)가 반갑도다.
船倉(션창)에 반겨 나려/四顧(사고)를 살펴보니,
形形色色(형형색색) 別風景(별풍경)은/置之一邊(치지 일변) 姑舍(고사)ᄒ고,

---

51) 訖立=산이 우뚝 솟아 있는 모양을 뜻하는 흘립(屹立)의 잘못.
52) 布哇國=지금의 미합중국 소속인 하와이주.

잇쩌가 언지런가?/갑진이월(甲辰二月) 七日(칠일)니라.
二月獲稻9이월 획도) 니 왼 일고?/寒食剝棗(한식 박조) 可觀(가관)니라.
琉璃鏡(유리경) 窓門(창문)밧기/芭蕉實(파초실) 箇箇(개개)ᄒ고,
金玉樓(금옥루) 石堦下(석계하)에/枯草(고초)나무 落落(낙락)ᄒ다.
自衝車(자충차) 電動車(전동차)는/街路(가로)에 絡繹(낙역)ᄒ고,
電語線(전어선) 電報絲(전보사)난/半空(반공)에 亘滿(긍만)니라.
東金屋(동금옥) 西玉樓(서옥루)난/帝鄕(제향)니 依稀(의희)ᄒ고,
空中樓閣(공중 누각) 海上臺(해상대)난/玉京(옥경)니 如似(여사)ᄒ다.
安期赤松(안기 적송) 主人(주인)닌가?/爛柯山(난거산)니 彷佛(방불)ᄒ다.
枕床春夢(침상 춘몽) 잠꽌 니뤄/槐安國(괴안국) 드롸썬가?
松隱集(송은집)를 朗讀(낭독)다가/花神國(화신국)을 ᄎᄌ 완나?
집집니 富豪子(부호자)오./處處(처처)에 烟月(연월)니라.
寒熱(한열)니 업서쓰니,/冬夏(동하)를 難辨(난변)니요,
東西(동서)가 遠隔(원격)ᄒ니./晝夜(주야)가 相左(상좌)로다.
人物(인물)은 엇쩌턴고?/鼻高毛黃(비고 모황) 白人(백인)니요,
人心(인심)은 엇쩌턴고?/極良寬厚(극량 관후) 淳俗(순속)니라.
書同文(서동문) 先儒言(선유언)53)니/觀於今日(관어 금일) 浪說(낭설)니라.
此地文法(차지 문법) 달나쓰니./乙字本文(을자 본문) 卄六字(입륙자)라.
言語(언어)가 辦異(판이)54)ᄒ니./交接(교접)니 非便(비편)ᄒ고,
文字(문자)가 相殊(상수)ᄒ니./通情(통정)니 尙難(상난)ᄒ다.
니곳서 韓國(한국) 가기/里數(이수)가 얼마런가?
傍人(방인)니 ᄒ는 마리/萬九千里(만 구천 리) 中隔(중격)니라.
다시곰 生覺(생각)ᄒ니./悵懷(창회)가 졀노 나니.
滄茫(창망)ᄒ 雲霧(운무) 밧기/어디 지음 古國(고국)닌가?

---

53) 書同文先儒言=세계인들이 쓰는 글들은 모두 같다고 한 돌아가신 유학자들의 말씀.
54) 辦異=아주 다르다는 뜻의 判異의 잘못.

35. 西遊歌(서유가)

吳妃明月(오비 명월) 몽상(夢想)니고,/楚山愁雨(초산 수우) 傷心(상심)니라.
思家步月(사가 보월) 立靑宵(입청소)는/杜子美(두자미)의 恨歎(한탄)닌가?
太行看雲(태항 간운)望古國(망고국)은/狄仁傑(적인걸)의 客懷(객회)로다.
前後(전후)가 落落(낙락)ᄒ니,/去留(거류)을 奈何(내하)런고?
不得已(부득이) 留連(유련)ᄒ니,/달 가고, 날 갓쏘다.
於焉間(어언간) 付流光陰(부류 광음)/甲辰至月(갑진 지월)55)잇써로다.
쯧밧기 郵便配達(우편 배달)/一封家書(일봉 가서) 傳(전)ᄒ거날,
蒼黃(창황)니 바다 들고,/次例(차례)로 玩讀(완독)ᄒ니,
朝門夕閭(조문 석려) 나의 心事(심사)/너는 分明(분명) 아라슬나?
罷除萬事(파제 만사) 束裝(속장)히라,/叔父主(수부님)의 寄書(기서)로다.
쏘 ᄒ 封(봉) 헤쳐 보니,/外家書(와가서)가 至重(지중)ᄒ다.
島雲嶼雨(도운 서우) 殊方異域(수방 이역)/水土(수토)도 相殊(상수)ᄒ고,
天涯地角(천애 지각) 黃沙白堆(황사백퇴)/居處飮食(거처 음식) 다을지라.
一天之下(일천지하) 우리 叔侄(숙질)/各天人事(각천 인사) 始作(시작)ᄒ니,
우리 눈님 外內分(와내분)은 /子息(자식) 닛짜 ᄒ깃는가?
어서 밧비 回程(회정)히라,/內舅主(내구님)의 筆蹟(필적)니라.
편지(便紙)軸(축)을 쥬어 모와/案床(안상)에 두려 할 지,
엇쩌ᄒ 諺文(언문)편지(便紙)/皮封(피봉)속에 드러써날,
눈물을 抑制(억제)ᄒ고,/仔細(자세)히 부쳐보니,
굿뿌다. 오라비야!/前生(전생)에 무쏜 罪(죄)로
孤子(고자)한 우리 娚妹(남매)/니시에 부쳐나서
初年(초년)에 父母(부모)일코,/相依相托(상의 상탁) ᄒ랴쩐니,

---

55) 甲辰至月=1904년 11월.

萬里國(만리국)에 各居(각거)ㅎ야/生死存亡(생사 존망) 모로는가?
어서 밧비 還古(환고)ㅎ야/生前一面(생전 일면) ㅎ스니다.
니 편지(便紙) 뉘기련가?/申妹阿(신매아)의 手筆(수필)니라.
쏘 흔장 들고 보니,/보기도스 추마 슬타.
너무ㅎ오. 저 君子(군자)난/그다지도 泛泛(범범)할가?
父母神靈(부모 신령) 悽凉(처량)ㅎ고,/妾(첩)의 身命(신명) 可矜(가긍)
ㅎ다.
寂寂無人(적적 무인) 書堂(서당)밧긔/主人(주인) 찬는 許多(허다)손님
門外徘徊(문외 배회) 모혀 서서/同門受學(동문 수학) 옌말 ㅎ고,
喜笑悲悵(희소 비창) 相談(상담)타가/할일 업서 도라서며,
四中吉日(사중길일) 佳節(가절)마다/少年行樂(소년 행락) 닛썬마는
엇지ㅎ야 저 君子(군자)는/天涯落落(천애 낙락) 絶域國(절역국)에
무쓴 樂(낙)이 그리 조화/去以不返(거이 불반) 作定(작정)넌가?
千金一身(천금 일신) 安保(안보)ㅎ와/ㅎ로 밧비 還古(환고)ㅎ오.
그 편지(便紙) 뉘기련고?/안희의 눈물일니.
石木(석목) 안닌 肝腸(간장)으로/淚水(누수)가 自然(자연)니라.
水路(수로)가 면 萬里(만리)라./回程(회정)ㅎ기 쉬울손가?
四顧無親(사고무친) 一旅客(일여객)니/住接無處(주접 무처) 彷徨(방황)
턴니,
喜逢(희봉)흔 니 고국一文(고국 일문)/生路(생로)을 因導(인도)ㅎ되,
領事館(영사관) 協會部(협회부)에 書記名色(서기 명색) 參與(참여)로다.
所俸(소봉)도 豊裕(풍유)ㅎ니,/居處(거처)도 從便(종편)ㅎ다.
於焉間(어언간) 逆旅光陰(역려 광음)/七八朔(칠팔삭)니 잠관니라.
憤(분)ㅎ다. 乙巳年(을사년)56)에/國權墜落(국권 추락) 니 왼일고?
領事館(영사관) 協會部(협회부)를/無難(무난)히 撤廢(철폐)로다.

---

56) 乙巳年=1905년.

憤氣充腸(분기 충장) 此踪事(차종사)을/呼訴(호소)할 곳 어디런고?
不勝憤腸(불승분장) 서름 지어/痛嘆(통탄)ᄒ고,도라서서
不日間(불일간) 束裝(속장)ᄒ야/米京(미경)57)을 드러갈 시,
五晝夜(오주야) 行船(행선)ᄒ야/米桑港(미상항)58) 到着(도착)ᄒ니,
다른 말 다 던지고,/里數(이수)을 詳考(상고)ᄒ니,
布哇(포왜)는 二萬里(이만리)요,/米京(미경)은 萬餘里(만여리)라.
方言(방언)도 略通(약통)ᄒ고,/風俗(풍속)도 디강(大綱) 아라,
할 일이59)바히 업서/商業(상업)으로 開路(개로)ᄒ니,
士農工商(사농공상) 平等(평등)ᄒ니,/行世(행세)ᄒ기 從便(종편)ᄒ고,
與受上(여수상)이 有規(유규)ᄒ니, 賣買(매매)ᄒ기 尤好로다.
人間(인간)에 別天地(별천지)가/正是(정시) 此米國(차미국)이니라.
古人(고인)의 傳(전)한 마리/海中神仙(해중 신선) 니짜던니,
니 고즐 뉘가 보고,/人間(인간)에 誤傳(오전)넌가?
金臺玉閣(금대 옥각) 數十層(수십층)은/閻羅府(염라부)도 不當(부당)ᄒ고,
公平正直(공평 정직) 風俗法律(풍속 법률)/菩薩界(보살계)도 其然未然
(기연 미연)
鑿山通道(착산 통도) 埋谷架橋(매곡 가교)/千里大陸(천리 대륙) 朝夕
往還(조석 왕환)
用鐵爲航(용철위항) 引電爲械(인전위계)/萬里浩洋(만리호양) 無難來往
(무난내왕)
政府界(정부계) 도라보니,/堯舜世界(요순 세계) 여기로다.
傳子傳孫(전자전손) 帝王(제왕) 안코/四年式(사년식) 遞任(체임)ᄒ니,
勿論男女(물론남녀) 老少(노소)ᄒ고,/取其人才(취기 인재) 任職(임직)
이니라.

---

57) 米京=아메리카 합중국의 수도인 워싱턴시.
58) 米桑港=아메리카 합중국의 서부 해안 도시인 샌프랜시코우시.
59) 할 일이=원문에는 "할이일"로 되어 있음.

途路修築(도로 수축) ㅎ는 法(법)은/廣闊(광활)ㅎ기 磨鍊(마련)ㅎ야
馬車火車(마차 화차) 通行(통행)ㅎ니,/男負女戴(남부 여대) 本無(본무)
로다.
孤兒院(고아원) 濟衆院(제중원)에/治療費(치료비)가 豊厚(풍후)ㅎ니,
勿論誰某(물론수모) 街路上(가로상)에/矜恤病人(긍휼 병인) 永無(영무)
ㅎ고,
上中下(상중하) 各學校(각학교)에/勸學(권학)니 嚴切(엄절)ㅎ니,
無論爾我(무론이아) 愚劣(우열)ㅎ고,/全無識(전무식)을 難見(난견)니요,
遊逸者(유일자)를 處罰(처벌)ㅎ니,/貧寒人(빈한인)니 本無(본무)ㅎ고,
奬忠節(장충절)니 極甚(극심)ㅎ니,/愛國誠(애국성)니 各自(각자)로다.
實業上(실업상)을 勸勉(권면)ㅎ니,/家給人足(가급 인족) 到處(도처)로다.
專制政治(전제 정치) 不施(불시)ㅎ니,/萬落千村(만락 천촌) 烟月(연월)
니요,
億兆人民(억조 인민) 同等(동등)ㅎ니,/上和下穆(상화 하목) 全國(전국)
니라.
軍隊兵艦(군대 병함) 正備(정비)ㅎ니,/凌侮之國(능모지국) 其誰(기수)
런고?
機械法(기계법)니 能闊(능활)ㅎ니,/水火用作(수화 용작) 任意(임의)로다.
水火任意(수화임의) ㅎ고 보니,/作農之家(작농지가) 無凶(무흉)니라.
家家敬天(가가 경천) 宗敎(종교)ㅎ니,/人無惡疾(인무악질) 安堵(안도)
로다.
行貨法(행화법)은 어떠썬고?/紙金銀銅(지금은동) 輕寶(경보)로다.
衣冠文物(의관 문물) 엇떠턴고?/堅固輕便(견고 경편) 無過(무과)로다.
奇服(기복)에 黑染(흑염)니요,/皮冠(피관)에 革帶(혁대)로다.
니리 저리 玩賞中(완상중)60)에/旅葜(여명)니 如流(여류)ㅎ야

---

60) 玩賞中=원문에는 "玩償中"으로 되어 있음.

35. 西遊歌(서유가)

甲辰二月(갑진 이월) 醉裏行(취리행)니/戊申八月(무신 팔월)[61] 遽屆(거계)토다.
忽然(홀연)니 回心(회심)ᄒᆞ니,/潮風(조풍)도 좃컨니와
나무 나라 求景(구경)ᄒᆞ고,/古國情況(고국 정황) 生覺(생각)ᄒᆞ니,
風流(풍류)는 뒷결지고,/鬱懷(울회)가 沸騰(비등)니라..
二千萬(이천만) 저 人事(인사)가/長夜昏夢(장야 혼몽) 깁피 드러
禮義東方(예의 동방) 自稱(자칭)ᄒᆞ고,/世界大勢(세계 대세) 拒絶(거절)ᄒᆞ야
擧世推福(거세 추복) 雖談(수담)니나,/不墜家聲(불추가성) 固守(고수)ᄒᆞ야
去舊從新(거구종신) 甚理致(심이치)지,/口以誦而不行(구이송이불행)ᄒᆞ니,
滿腔鬱鬱(만강 울울) 此所懷(차소회)을/向何人(향하인)니 傳說(전설)할가?
於彼於此(어피어차) 生覺(생각)ᄒᆞ면,/寧欲老於那邊(녕욕노어 나변)[62]니되,
向日葵之吾心(향일규지 오심)[63]으로,/豈久作於淮橘(기구작어 회귤)[64]가?
攄萬事而束裝(터만사이 속장)[65]ᄒᆞ니,/懷茫茫於彼洋(회망망어 피양)니라.
蒙古里(몽고리)야 四大船(사대선)에/浩然而寄身(호연이 기신)니라.
他本國人(타본국인) 許多中(허다중)에/作別場(작별장)에 臨泊(임박)ᄒᆞ니,
삼사년(三四年) 同苦餘(동고여)에/此亦是(차역시) 難悵(난창)니라.
雖然(수연)니나, 還古吾行(환고 오행)/挽留(만류)ᄒᆞ리 뉘기런가?
火輪船(화륜선)에 돗다라라./半島江山(반도 강산) ᄎᆞᄌᆞ 가즈.
빗탄 지 卄餘日(입여일)에/日本新戶(일본 신호) 到着(도착)니라.

---

61) 戊申八月=1908년 8월.
62) 寧欲老於那邊=차라리 아무 데서나 살아 늙어지고 싶음.
63) 向日葵之吾心=해바라기꽃과 같은 나의 마음.
64) 豈久作於淮橘=아무리 오래 살아도 회수(淮水)땅의 귤처럼 동화될 수 없을 것을 무엇하러 하겠는가?
65) 攄萬事而束裝=만사를 헤쳐 버리고 행장을 꾸림.

不共戴天(불공대천) 네 나라냐,/東洋江山(동양 강산) 반갑도다.
下陸(하륙)흔 數日後(수일후)에/安東丸(안동환) 다시 타고,
長崎馬關(장기 마관) 다시 보고,/大韓(대한)을 ᄎᆞᆽ올 싀,
九九日(구구일)66) 아츰나리67)釜港(부항)에 抵泊(지박)니라.
近十年(근십년) 작객여(作客餘)에/古江山(고강산)을 ᄎᆞᆽ 오니,
즐겁기넌 뒷결지고,/感懷(감회)가 니 원일고?
中流(중류0에 停船(정선)ᄒᆞ고,/病人有無(병인 유무) 檢査(검사)할 지,
醫學士가 뉘기련고?/大阪兒(대판아)가 나오더라.
港頭(항두)에 반겨 나려/行裝(행장)을 檢閱(검열)할 지,
海關主人(해관 주인) 뉘기련고?/明治年號(명치년호) 門牌(문패)로다.
音寂寂兮(음적적혜) 靑衿(청금)68)니고,/語洋洋者(어양양자) 黑齒(흑치)69)로다.
大聲欲問同族(대성 욕문동족)드라!/엇지ᄒᆞ야 니 地境(지경)고?
三千里(삼천리) 錦繡江山(금수 강산)/地靈(지령)니 不足(부족)던가?
心猿意馬(심원 의마) 저분드라!/治進亂退(치진 난퇴) 無級也(무란야)아?
上和下睦(상화 하목) 數千年(수천년)에/泰平無事(태평 무사) 할 쩌예는
先正後裔(선정 후예) 니 안닌가?/國家柱石(국가 주석) 自稱(자칭)ᄒᆞ고,
高官大職(고관 대직) 獨擅(독천)ᄒᆞ며,/政府權利(정부 권리) 主張(주장)ᄒᆞ야
窮心志之所樂(궁심지지 소락)으로,/無所不爲(무소불위) 任意(임의)타가
有事(유사)ᄒᆞ는 今日(금일)에야/鰍魚(추어)갓치 謀漏(모루)70)ᄒᆞ니,
大聲一問(대성 일문) 吾輩(오배)드라!/誰怨誰尤(수원 수우) 다시 할고?

---

66) 九九日=구월 구일.
67) 아츰나리=원문에는 "아츰니리"로 되어 있음.
68) 音寂寂兮靑衿=말을 잘 못하는 사람들은 조선인(朝鮮人)임.
69) 語洋洋者黑齒=말을 잘 하는 사람들은 일본인임.
70) 謀漏=빠져나가기를 꾀함.

向蒼山而欲間(향창산이 욕문)ᄒ니,/蒼山(창산)니 無語(무어)ᄒ고,
臨淸溪而溯懷(임청계이 소회)ᄒ니,/流水(유수)가 嗚咽(오열)니라.
밧쑤도다. 밧쑤도다./鄕山古宅(향산 고택) 츠ᄌ가기.
停車場(정거장) 츠ᄌ가서/汽車(기차)에 몸을 부쳐
暫時間(잠시간) 가는 기리/三浪驛(삼랑역) 當到(당도)로다.
大江(대강) 건너 竹林下(죽림하)에/宏傑(굉걸)ᄒ 一樓閣(일누각)은
密陽古蹟(밀양 고적) 嶺南樓(영남루)가/舊面目(구면목)니 餘存(여존)니라.
數分間(수분간) 停留(정류)ᄒ야/쏘 다시 前進(전진)니라.
生峴長窟(생현 장굴) 얼넌 지나/淸道慶山(청도 경산) 잠관니라.
平原廣野(평원 광야) 얼넌얼넌/達城大邱(달성 대구) 到着(도착)니라.
層層樓橋(층층 누교) 空中樓閣(공중 누각)/停車亭(정거정) 壯觀(장관)니라.
亂福中(난복중) 風月(풍월)처럼/達城公園(달성공원) 求景(구경) 가ᄌ.
上坮(상대)예 놉피 올나/四圍(사위)을 살펴보니,
조흘시고.조흘시고./天作名地(천작명지) 니 안닌가?
數十里(수십리) 一大邱(일대구)에/千家萬戶(천가 만호) 櫛比(즐비)한듸,
巍然(위연)ᄒ 宣化堂(선화당)은/布政舊制(포정 구제) 宛然(완연)ᄒ고,
屹然(흘연)ᄒ 軟慶館(연경관)은/新制度(신제도)가 壯觀(장관)니라.
大嶺以南(대령 이남) 七十州(칠십주)에/第一勝地(제일 승지) 잇짱니라.
厥明日(궐명일) 治行(치행)할 시,/馬上(마상)에 寄身(기신)ᄒ야
永川邑(영천읍) 到抵(도지)ᄒ야/城中(성중)에 宿所(숙소)ᄒ고,
 一步二步(일보 이보) 散步(산보)ᄒ야/城外城內(성외 성내) 周覽(주람)할 지,
 東西南北(동서남북) 繁昌市街(번창 시가)/舊主人(구주인)니 太半(태반)닌듸,
 畵樑彩棟(화량 채동) 舊樣子(구양자)난/朝陽閣(조양각)쑨니로다.
 그 길노 다시 나와/沒梁阿火(몰양 아화) 얼푼 진나

乾川橋(건천교) 中火(중화)ᄒ고,/鷄林古都(계림 고도) ᄎᄌ 드러
鳳凰坮(봉황대) 올나가서/瞻星坮(첨성대) 바라보니,
一千年(일천년) 古都風物(고도 풍물)/玉笛聲(옥적성)니 隱隱(은은)ᄒ 덧,
四十八(사십팔) 王陵中(왕릉중)에/金尺(금척)니 安在地(안재지)오.
暎池佛國(영지불국) 다시 볼가?/栢栗筍松(백율 순송) 如前(여전)ᄒ가?
汶川逆沙(문천역사) 어디민야?/長沙浮石(장사 부석) 壯觀(장관)니라.
古往今來(고왕금래) 詩人騷客(시인 소객)/몟썬니나 傷心(상심)넌가?
兒孩야! 말 모아라./玩償(완상)니 不平(불평)니라.
走馬加鞭(주마 가편) 치을 쏘츠/安康大野(안강대야) 當到(당도)ᄒ야
西便(서편)을 바라보니,/紫玉山(자옥산)니 놉파 닛고,
東邊(동변)을 건너 보니,/良佐洞(양좌동)니 深邃(심수)하다.
조홀시고! 니 地靈(지령)과/壯(장)할시고! 니 山水(산수)여!
東方大賢(동방 대현) 晦齋先生(회재선생)/當年(당년)에 遺躅地(유촉지)라.
五百年下(오백년하) 後生(후생)니나,/景仰(경앙)니 無窮(무궁)니라.
그 길노 다시 나서/六峴(육현) 옛길 잠관 지나
淸河邑(청하읍) 드러가서/海日樓(해일루) 잠관 보고,
聯海濱而路尋(연해빈이 노심)71)ᄒ야/옛집을 ᄎᄌ 올 시,
傳節村(전절촌) 到達(도달)ᄒ야/井嶺先塋(정령 선영) 올나가서
上下先塋(상하 선영) 封尋(봉심)ᄒ니,/下懷(하회)가 無窮(무궁)니라.
祖先蔭德(조선 음덕) 안니더면,/아츳ᄒ면,엇지 될지?
齋幕(재막)에 나려와서/午饒(오료)을 좀깐 ᄒ고,
夕陽走馬(석양 주마) 忽忽(총총) 쏘츳/直川古庄(직천 고장) ᄎᄌ 드니,
仙井山(선정산)니 依舊(의구)ᄒ고,/玉女峰(옥녀봉)니 如前(여전)니라.
近鄕情怯(근향 정겁) 徐徐(서서) 거러/疎槐古巷(소괴 고항) 드러오니,
笑問客從(소문객종) 저 童子(동자)는/門前行客ㅅ(문전행객) 모로는 덧,

---

71) 聯海濱而路尋=바닷가를 따라 길을 물어 찾아감.

芒妻下機(망쳐하기) 嫌人(혐인)ᄒ야/欲言未言(욕어 미언) 躕躇(주저)ᄒ
덧,
　日月(일월)니 幾換(기환)니며,/滄桑(창상)니 幾變(기변)닌가?
　江山(강산)은 依舊(의구)ᄒ터,/人物(인물)은 變換(변환)니라.
　菊圃齋(국포재) 느즌 菊花(국화)/舊主人(구주인)을 반겨 ᄒ 덧,
　老勿峰(노물봉) 蒼松翠栢(창송 취백)/옛 面目(면목)을 相對(상대)ᄒ 덧.

<필사본『海遊錄』에서>

〈참 고〉

朴魯埻, 「'海遊歌'(一名 西遊歌)의 세계인식」,『韓國學報』64집, 一志社,
　　　1991. 가을.
金漢弘,『海遊歌』, 金漢弘先生遺稿發刊委員會, 1996.

36. 금강산 완경록(金剛山玩景錄)(백영본)

실명씨(失名氏)

해제 이 작품도 지은이와 연대를 알 수 없는 금강산 기행가사이다. 이 작품의 지은이와 그 연대는 정확히 알 수가 없지만, 지은이의 신분만은 일반 속인이 아닌 스님이었을 가능성이 짙음을 유추할 수가 있다. "자성금강(自性金剛)"을 얻어 "거름마다 여흼업시 싱각마다 잇지 마소."라고 권유하는 것은 바로 불교 포교를 위하여 걸립행각(乞粒行脚)을 하는 스님을 연상하게 하기 때문이다.

텬디이의(天地二儀) 분(分)흔 후(後)에/삼라 만상(森羅萬象) 이러나니,
오직 사름 최귀(最貴)ᄒ다./인간 셰월(人間歲月) 싱각ᄒ니,
인간 칠십(人間 七十) 고리희(古來稀)라./인간 빅년(人間百年) 몽중ᄉ(夢中事)롤
탐착(貪着)홀 것 무엇 잇나?/불경중(佛經中)에 갈오ᄉ디,
인간 슈명(人間壽命) 오빅년(五百年)이/텬샹 셰월(天上歲月) 일쥬야(一晝夜)라.
경문(經文)마다 일너스니,/가소(可笑)롭다.인간 셰월(人間歲月).
칠팔십(七八十)을 산다 흔들/ᄒ로ᄉ리 목숨인가?
슈명 쟝단(壽命長短) 무샹(無常)ᄒ다./무샹ᄉ(無常事)롤 싱각ᄒ니,

묘창히지 일속(渺滄海之一粟)이라./어화! 가소(可笑)롭다.이 몸이여!
질게 밋든 사랑 권속(眷屬)/오리 누릴 귀(貴)호 지물(財物)
무상 살귀(無上殺鬼) 즈바 갈 제,/안고 가며,지고 갈가?
가련(可憐)ᄒ다. 이 너 몸이/기약(期約) 업슨 명(命) 맛츨 제,
 그 뉘라셔 구제(救濟)ᄒ고?/부모 쳐즈(父母妻子) 만당 권속(滿堂眷屬)
 금은 옥빅(金銀玉帛) 우마 젼디(牛馬田地)/젼후 좌우(前後左右) 가득
ᄒ들
 디신(代身) 가리 누 잇스며,/인졍(人情) 쓸 디 바히 업다.
 이보시요! 어루신니!/밍셰 대졍(盟誓大定) 결단(決斷)ᄒ소.
 불경즁(佛經中)에 일너쓰되,/인신 난득(人身難得) 쟝부 난득(丈夫難得)
 츌가 난득(出家難得) 불법 난봉(佛法難逢)/이란 말숨 희유(稀有)ᄒ다.
 인간 일신(人間一身) 어든 것도/젼싱(前生) 무슴 인연(因緣)일셰.
 임의 인간(人間) 몸을 어더/속졀 업시 나왓다가
 속졀 업시 드러가기/원통(冤痛)코도 의달스외.
 팔히 유식(八海有識) 군즈(君子)님니!/이 몸 어더 왓슬진디,
 무힝 공신(無行功臣) 무엇ᄒ고?/셰간 만수(世間萬事) 후리치고,
 금강산(金剛山)이나 구경가시./금강(金剛)인 빈,즈셩(自性)일셰.
 즈셩 금강(自性金剛) 츠즈가시./쥬류 텬하(周遊天下) 무변 국토(無邊
國土)
 밤낫 업시 근고 슈힝(勤苦修行)/일구 월심(日久月深) 짠졀ᄒ들,
 즈셩 금강(自性金剛) 못 어드면,/밤시도록 가는 질의
 문(門) 못 들기 원통(冤痛)ᄒ외.
 금강산(金剛山)을 구경 갈 제,/즈셩 금강(自性金剛) 몬져 살펴
 거름마다 여휨 업시,/싱각마다 잇지 마소.
 츈삼월(春三月) 호시졀(好時節)에/한유(閑裕)ᄒ 씨 틈을 어더
 단표즈(簞瓢子) 일랍(一衲)의/쳥려쟝(靑藜杖)을 빗기 들고,
 빅운산(白雲山) 가는 질의/쳡쳡 강산(疊疊江山) 무궁(無窮)이요,

밀밀 풍경(密密風景) 할양(限量) 업다.
하하! 질거울스!/우리 힝장(行裝) 질거울스!
인싱 힝득 쟝부신(人生幸得丈夫身)이/틱평 텬디(太平天地) 너른 ᄯᅴ의
걸임업시 횡힝(橫行)ᄒᆞ니,/츌롱학(出籠鶴)[1]이 이 아니며,
츌격 쟝부(出関丈夫)[2] ᄯᅩ 잇눈가?/가소(可笑)롭다.인간ᄉ(人間事)여!
셰망(世忙)의 걸인 아기/탐욕(貪慾)이 밤이 되닉.
비록 인간(人間) 칠십(七十)이나,/아젹 이실 갓다 ᄒᆞ닉.
일싱ᄉ(一生事)를 싱각ᄒᆞ니,/몽즁(夢中)일시 분명(分明)ᄒᆞ다.
락양셩(洛陽城) 버든 질의/츤츤(寸寸)이 즈로 거러
셕양 산식(夕陽山色) 져문 날의/힝쟝(行裝)을 직촉ᄒᆞ야
ᄒᆞ로 이틀 삼ᄉ일(三四日)의/단발영(斷髮嶺) 놉푼 고기
허위 허위 올나 안즈/금강산(金剛山)을 바라보니,
즁향셩(衆香城)이 더욱 놉다./셰불 보살(世佛菩薩) 도회쳐(都會處)요,
셩문 연각(聲聞緣覺) 지죡쳐(知足處)라./명산 대쳔(名山大川) 어듸미요?
텬하 명산(天下名山) 거의로다./시고(是故)로 긱국후(開國後)에 셰조대왕(世祖大王)
이고디 친림(親臨)합셔/봉래 풍경(蓬萊風景) 쳡앙(瞻仰)합고,
홀연(忽然)이 삭발(削髮)코즈/보리심(普提心)을 발(發)ᄒᆞ옵스
거름마다 합쟝 빅례(合掌拜禮)/거록홈도 거록홀스.
불후신(佛後身)이 그 안인가?/이러무로 단발영(斷髮嶺)이라 ᄒᆞ미로다.
쎼죽 쎼죽 쳔만봉(千萬峰)은/빅옥(白玉)인 듯 활살 갓다.
골골마다 잔잔 녹슈(潺潺綠水)/비감심(悲感心)을 감동(感動)ᄒᆞ닉.
층층(層層) 셕각(石角)은/벽텬(碧天)의 이웃ᄒᆞ고,
락락(落落) 쳥송(青松)은/고로(古路)의 이엿도다.

---

1) 츌롱학=새장에 갇혀 있던 학이 자유로이 날아다닐 수 있게 풀려남.
2) 츌격 쟝부=고요함 속에서 벗어난 남자 대장부.

슬피 우는 츈산죠(春山鳥)여!/무리 무리 스례(謝禮)ᄒ고,
아리ᄯᅡ온 두견화(杜鵑花)는/나의 마음 희롱(戱弄)ᄒ닉.
삽삽(颯颯)ᄒᆫ 쳥풍(淸風)소릭/쳔봉(千峰)의 거문고요),
쳡쳡(疊疊)ᄒᆫ 빅운봉(白雲峰)은/만학(萬壑)의 츠일(遮日)일다.
좀좀 묵묵(潛潛默默) 싱각ᄒ니,/셰욕(世慾)이 머러지고,
인간(人間)이 아득ᄒ다./압푼 다리 거부엽고,
둔(鈍)ᄒᆫ 발이 홀갑도다./쳔리 노곤(千里勞困) 씨갓ᄒ고,
희미 졍신(稀微精神) 쇄락(灑落)ᄒ다./주인(主人)은 닉 ᄆᆞ음이라.
쥬인공(主人公) 쥬인공(主人公)아!/금강산(金剛山)도 조커니와
ᄌᆞ셩 금강(自性金剛) 살리려문./힝쟝(行裝)을 지촉ᄒ야
ᄎᆞ례(次例)로 구경ᄒ시./신원동(新院洞) 도라들 졔,
쳘이(鐵伊)고기 허위 너머/샹님촌(桑林村) ᄎᆞᄌᆞ가니,
박쥬 산치(薄酒山菜) 가관(可觀)일다.
활거리 도라드러/쟝연ᄉᆞ(長淵寺)³⁾ 고탑(古塔)은
지닐 질에 좀간(暫間) 보고,/쟝안ᄉᆞ(長安寺) 드러갈 졔,
닉외 금포(內外金抱) 밧비 지나/홍문(虹門)을 더위 ᄌᆞ바
만쳔교(萬川橋) 건너가니,/산영루지(山暎樓址) 놉푼 거동(擧動)
쟝경봉(長慶峰)을 디야 잇고,/텬왕문(天王門)을 바라보니,
ᄉᆞ텬왕(四天王)이 엄슉(嚴肅)ᄒ다./동방 호셰(東方護世) 지국텬왕(持國天王).
남방 호셰(南方護世) 증쟝텬왕(增長天王),/셔방 호셰(西方護世) 광목텬왕(廣目天王).
북방 호셰(北方護世) 약츠텬왕(天王)⁴⁾./불법 문풍(佛法門風) 쳥졍 도

---

3) 쟝연ᄉᆞ=강원도 금화군 원동면 정연리에 있던 절, 고려 공민왕 11년(1362)에 나옹화상(懶翁和尙)이 담실(曇實)을 시켜 지었는데, 1735에 진각(眞覺)스님이 중건, 1876에 셩련스님이 중건하고 홍룡암(興龍庵)이라 고쳐 부르다가 1910년 다시 장연사라고 고쳐 부름.

량(淸淨道場)

　　옹호 신쟝(擁護神將) 장관(壯觀)일다./향슈문(香水門) 범종각(梵鐘閣)은
　　진여문(眞如門)의 다아 잇고,/대웅뎐(大雄殿) 어층각(二層閣)은
　　반공(半空)의 소스 잇니./그 안을 더위 드러
　　국궁 비례(鞠躬拜禮) 살펴보니,/삼셰 여리(三世如來) 뉵관 보살(六觀
　　菩薩)5) 추례(次例)로 친견(親見)ᄒ니,/디엄(至嚴)ᄒ고 거록ᄒ다.
　　쥬인공(主人公) 쥬인공(主人公)아!/화샹(畵像)은 가관(可觀)커니,
　　진실샹(眞實像)은 어디 잇나?/회광 반조(回光返照) ᄒ려무나!
　　룡션뎐(龍仙殿),명부뎐(冥府殿)과/ᄉ셩뎐(四聖殿),비로뎐(毘盧殿)을
　　역역(歷歷)키 구경ᄒ고,/다시금 살펴보니,
　　대웅뎐(大雄殿) 젹멸궁(寂滅宮)과/ᄉ셩뎐(四聖殿),극락궁(極樂宮)은
　　삼구로 버러 잇니./물력(物力)6) 쟝(壯)커니와
　　인공(人工)도 거록ᄒ다./경쳐(景處)도 됴흔 신션루(神仙樓)의
　　더위ᄌ바 올나 안자/산쳔(山川)을 바라보니,
　　계슈(溪水)는 잔잔(潺潺)ᄒ고,/송빅(松栢)은 총총(叢叢)ᄒ디,
　　식식홀셔 두견화(杜鵑花)여!/이 슬플ᄉ! 츈산됴(春山鳥)라.
　　향(香)니는 밀밀(密密)ᄒ디,/쳥풍(淸風)이 건 듯 부니,
　　은은ᄒ 풍경(風磬)소리/진실(眞實)노 불국(佛國)일다.
　쟝경봉하(長慶峰下)　장경암(長慶庵)7)은/쟝경조ᄉ(長慶祖師) 득도쳐(得
　　道處)요, 관음봉하(觀音峰下) 관음암(觀音庵)은/관음 도량(觀音道場)
　졀묘(絶妙)ᄒ다.
　　디쟝봉하(地藏峰下) 디쟝암(地藏庵)은/디쟝보살(地藏菩薩) 도량(道場)

---

4) 약츠텬왕=다문천왕(多聞天王)의 잘못.
5) 뉵관 보살=관세음보살(觀世音菩薩). 관세음보살은 육도로 순회하면서 중생(衆
　生)을 교화한다고하여 육관음이라고 함.
6) 물력=원문에는 "무력"으로 되어 있음.
7) 쟝경암=강원도 회양군 내금강면 장연리에 있었던 암자. 신라 중기의 창건이라
　고 함. 장안사의 말사로 1853년 조만영(趙萬永)이 중수.

이요,
   셕가봉하(釋迦峰下) 슈월암(水月庵)은/수월 도량(水月道場) 쳥결(淸潔)
ᄒ다.
   구뷔 구뷔 도라갈 졔,/빅쳔동(百川洞) 구버 보니,
   쳥셕(靑石)도 됴커니와/산경(山景)이 더욱 됴타.
   령원동(靈源洞) 가는 질에/오리봉 브라보고,
   로승암(老僧庵) 미봉지을/ᄌ셔이 살펴보니,
   텬작(天作)으로 싱긴 모양(貌樣)/긔괴(奇怪)ᄒ고 야릇ᄒ다.
   황쳔강(黃泉江) 업경디(業鏡臺)논/디옥문(地獄門)의 가즈 잇고,
   명경디(明鏡臺) 금ᄉ굴(金蛇窟)은/인간(人間)의셔 긔록(記錄)디 못홀
경(景)이로다.
   쏘흔 셩곽(城郭) ᄎᄌ가니,/녯날 경슌왕(敬順王)의 피난쳐(避難處)라.
   나문 거시 대궐(大闕)터요,/다만 오작(烏鵲)이 실피 운다.
   구뷔 구뷔 산(山)모롱이/잔돌박이 가시 덤불
   신니물 ᄌᄌ 건너/잔 고기 밧비 너며
   슈십니(數十里) 유벽쳐(幽僻處)의/허위 허위 ᄎᄌ가니,
   령원암(靈源庵) 일초당(一草堂)은/령원 조ᄉ(靈源祖師) 견셩쳐(見性處)라.
   산쳔(山川)도 됴커니와/집터도 졀묘(絶妙)ᄒ다.
   빅운(白雲)을 버즐 삼고,/신니물을 이웃삼아
   인간 소식(人間消息) 아득ᄒ고,/풍진 셰계(風塵世界) 돈졀(頓絶)ᄒ다.
   산식(山色)은 은은ᄒ고,/슈셩(水聲)은 잔잔(潺潺)ᄒ듸,
   쳥풍(淸風)이 건 듯 부니,/풍경(風磬)소리 요요(搖搖)ᄒ다.
   별유 텬디(別有天地) 비인간(非人間)을/쥬인공(主人公)! 쥬인공(主人
公)아!
   녜 싱각이 엇더ᄒ요?/이 고디 이르러는
   나갈 싱각 바이 업다./본디 잇는 공부승(工夫僧)과
   공부 도리(工夫道理) 문답(問答)흔 즉/ᄌ고(自古)로 이고디 잇는 사롬

셰욕(世慾)이 적어지고,/보리심(菩提心)을 발싱(發生)ᄒ야
불보살(佛菩薩)의 쓰즐 바다/참션 공부(參禪工夫) 쥬인(主人)숨아
ᄌ셩(自性)을 츄구(追究)ᄒ고,/일구 월심(日久月深) 슈힝(修行)ᄒ야
물외 도인(物外道人) 그 안인가?/치근(採根) 목과(木果)로,
쥬린 간쟝(肝臟)을 위로(慰勞)ᄒ고,/송락(松락) 초의(草衣)로,
식신(色身)을 가리우며,/일심 렴불(一心念佛) 지극(至極)ᄒ야
극락 발원(極樂發願) ᄌ랑ᄒ니,/쥬인공(主人公)! 쥬인공(主人公)아!
극락(極樂)도 죠커니와/ᄌ심 극락(自心極樂) 잇지 마소!
슈문 슈답(隨問隨答) 그디 업시,/ᄉ면(四面)을 둘너보니,
디쟝봉(地藏峰) 쥬봉(主峰)되야/동북간(東北間)을 막아 잇고,
시왕봉(十王峰)이 안산(案山)되야/셔남간(西南間)을 눌너 잇니.
옥초디(玉草臺), 비셕디(陪石臺)는/청룡 빅호(靑龍白虎) 졀묘(絶妙)ᄒ다.
렴라봉(閻羅峰), 판관봉(判官峰)은/되인 명목(罪人名目) 긔록(記錄)는 듯,
쟝군봉(將軍峰), 동ᄌ봉(童子峰)은 /지필 문셔(紙筆文書) 디령(待令)ᄒᆯ 듯,
우두 마면(牛頭馬面) ᄉᄌ봉(使者峰)은/다인(罪人) 좁아 압셰운 듯,
졸리봉(卒吏峰)과 되인봉(罪人峰)은/취열 다짐 고통(苦痛)소리
줄줄이 밋친 봉(峰)들/텬작(天作)으로 싱긴 모양(貌樣)
야릇ᄒ고,긔괴(奇怪)ᄒ다./본니 텬디(本來天地) 긔벽후(開闢後)에
뉘라 능(能)히 일홈ᄒᆯ고?/빅마봉(白馬峰), 츠일봉(遮日峰)은
쳥텬(靑天)을 괴와 잇고,/향노봉(香爐峰), 촉디봉(燭臺峰)은
반공(半空)의 소ᄉ 잇니.
빅탑동(백탑동) 가는 질의/문탑(門塔)이 초입(初入)이라.
다보탑(多寶塔),증명탑(證明塔)도 됴커니와/빅탑동(白塔洞)을 볼쟉시면,
쏘흔 인간(人間) 비(比)치 못ᄒᆯ 경(景)이로다./슈렴동(水簾洞) 츠ᄌ가니,[8)]
계슈(溪水)는 잔잔(潺潺)ᄒ디,/두견성(杜鵑聲)이 비감(悲感)ᄒ다.

---

8) 츠ᄌ가니=원문에는 "츠가니"로만 되어 있음.

션불지(仙佛岾) 너머셔니,/쏘흔 성곽(城郭) 둘너 잇니.
김부디왕(金傅大王) 피란(避亂)홀 졔,/인민 고싱(人民苦生) 막심(莫甚)
호다.
도솔문(兜率門) 너머 드러/송라암(松蘿庵) 추즈가니,
산쳔(山川)도 됴커니와/신니물 쳥결(淸潔)호다.
찻든 표즈(瓢子) 글너 니야/옥계슈(玉溪水) 머근 후(後)에
승샹(丞相)바위 브라보고,/스즈(獅子)목 너머 드러
스층 쳘스(四層鐵絲) 더위즙고,/망군디(望軍臺)를 계우 구러 올나 안즈
스면(四面)을 살펴보니,/혈망봉(穴望峰) 긔괴(奇怪)호다.
추례(次例)로 밋친 봉(峰)과/줄줄이 셧는 바위
곱거든 희지 말고,/희거든 곱지 말졔.
희고 곱고 놉푼 바위,/반공즁(半空中)의 소스 잇셔
쥬야(晝夜)를 불분(不分)호고,/이렴심(愛染心)9)이 업셔스니,
텬디 기벽(天地開闢) 초판시(初判時)예/아조 싱긴 불국(佛國)일셰.
역역 션쳔(歷歷山川) 다 본 후(後)의/명현담(鳴淵潭)10)츠즈가니,
김동거스(金同居士) 명종쳐(命終處)라,/텬왕(天王)바위 친견(親見)호고,
삼불암(三佛庵) 츠즈가니,/만덕 존샹(萬德尊像) 삼신불(三身佛)은
나옹화샹(懶翁和尙) 친필(親筆)이요,/오십삼존(五十三尊) 불보살(佛菩
薩)은
김동거스(金同居士) 슈젹(手蹟)일다,/쳔츄 만셰(千秋萬歲) 쳥셕비(靑石
碑)눈
츙신 열스(忠臣烈士) 스젹비(事蹟碑)요,/빅화암(白華庵) 표츙스(表忠
祠)눈
셔산대스(西山大師) 셔원(書院)일셰,/츠암후지 비부도(此庵後之碑浮

---

9) 이렴심=애집심(愛執心). 자기의 소견이나 소유를 지나치게 생각하는 일.
10) 명현담=명연담의 잘못.

屠)11)는
　고션스지 힝젹(古禪師之行蹟)이라.
　　표훈스(表訓寺) 드러갈 졔,/함영교(含影橋) 즈로 건너
　　능파루(凌波樓)의 올나 안즈/동쳔(洞天)을 구버보니,
　　비지영(拜岾嶺) 고디흐디/풍경(風磬)소리 졀묘(絶妙)ᄒᆞ다.
　　향슈문(香水門) 범종각(梵鐘閣)은/진여문(眞如門)의 다아 잇니.
　　반야궁젼(般若宮殿) 드러가와/법긔보살(法起菩薩) 친견(親見)ᄒᆞ고,
　　응진뎐(凝眞殿), 명부뎐(冥府殿)과/룡션뎐(龍船殿) 슈다 방스(數多房
舍)
　　츠례(次例)로 구경ᄒᆞ고,/졍양스(正陽寺) 올나갈 졔,
　　쳔일디(天逸臺) 즘간(暫間) 보고,/헐셩루(歇惺樓)의 올나 안즈
　　셕양(夕陽)을 지다려/산쳔(山川)을 구버보니,
　　금강산(金剛山) 일만이쳔봉(一萬二千峰)이/완년(宛然)이 낫타나니,
　　헐셩루지 장관(歇惺樓之壯觀)이라./약ᄉ뎐(藥師殿) 뉵면각(六面閣)은
　　물력(物力)도 쟝(壯)커니와/인공(人工)도 무슈(無數)ᄒᆞ다.
　　반야뎐(般若殿), 무셜뎐(無說殿)과/현셩뎐(見性殿) 광명탑(光明塔)을
　　역역(歷歷)키 구경ᄒᆞ고,/쳔일디(天逸臺)를 다시 올나
　　박쥬 산치(薄酒山菜) 머근 후(後)에/의긔 양양(意氣揚揚) 충텬쟝부(衝
天丈夫) 거의로다.
　　돈디암지 은젹암(墩臺巖之隱寂庵)은12)/보희암지 쳥련암(보희巖之靑蓮
庵)은
　　즈고(自古)로 유벽쳐(幽僻處)라.
　　금강문(金剛門) 졔명셕(題名石)은/빅운간(白雲間)에 비겨 잇고,
　　오션봉(五仙峰) 쳥학디(靑鶴臺)는/일월 셩신(日月星晨) 갓쵸도다.

---

11) 츠암후지 비부도=이 암자의 뒤에 있는 비석과 부도탑들.
12) 뒤에 한 구가 빠진 듯함.

쳥학(青鶴)은 어디 가고,/다만 학소(鶴巢)13) 뿐이로다.
ᄂᆡ원통(內圓通) 가는 질의/룡곡담(龍谷潭)도 괴이(奇異)ᄒ다.
보문국(普門國) 원통회샹(圓通會像)/쳔슈관음(千手觀音) 친견(親見)ᄒ고,
십뉵라한(十六羅漢) 비례(拜禮)후(後)의/셕응봉(石鷹峰),쟝항봉(長項峰)을
지닐 질에 좀간(暫間) 보고,/션암(船巖)을 ᄎᆞᄌᆞ가니,
박빈거ᄉ(박빈居士) 득도쳐(得道處)라./드러가는 질 어구(於口)에
나무다리 슈샹(殊常)ᄒ다./나무다리 업시ᄒ면,
나는 시나 드러올가?/임의 츌납(任意出入) 위틱(危殆)ᄒ다.
진실(眞實)노 인간 소식(人間消息) 돈졀(頓絶)ᄒ니,
물외 도인(物外道人) 거쳐(居處)로다./슈미탑(須彌塔) 가는 질에
ᄌᆞ운담(紫雲潭) 흘너 잇고,/티샹동(太上洞), 우화동(羽化洞)은
지닐 질에 춤견(參見)ᄒ고,/강션디(降仙臺) 올나 안ᄌ
슈미탑(須彌塔) 바라보니,/텬작(天作)으로 싱긴 모양(貌樣)
반공즁(半空中)의 소ᄉ 잇ᄂᆞ,/슈미탑(須彌塔)도 됴커니와
슈미봉(須彌峰)이 더욱 됴타./쏘ᄒ 고즐 ᄇᆞ라보니,
쳥학(青鶴)이 공즁(空中)으로/나라드러 물결을
향(向)ᄒ야 ᄂᆞ리는 듯/거리인(去來人)의 광소(광소)로다.
관음봉(觀音峰) 귀경홀 제,/감로슈(甘露水) 유명(有名)ᄒ다.
영낭봉(永郞峰) 도라드니,/삼산션지 유격쳐(三神仙之遺跡處)라.
능라봉(綾羅峰) ᄇᆞ라보니,/디엄(至嚴)ᄒ고,웅쟝(雄壯)ᄒ다.
셰존봉(世尊峰)과 미륵봉(彌勒峰)은/셕가봉지 ᄂᆡ믹(釋迦峰之來脈)이라.
역역(歷歷)키 관광후(觀光後)의/만폭동(萬瀑洞) 너리 다라.
슈셕(水石)을 구경ᄒ니,/텬하지 쟝관(天下之壯觀)이라.
　봉ᄅᆡ풍악 원화동텬(蓬萊楓嶽元化洞天) / 셔팔ᄌᆞ(書八字)는 양봉ᄅᆡ(楊
蓬萊)의 필젹(筆跡)이라.

---

13) 학소=원문에는 "학슈"로 되어 있음.

신션(神仙)은 어디 가고,/바독판만 나마 잇닉.
진셰간(塵世間) 탐욕심(貪慾心)을/폭포슈(瀑布水)의 씨슨 후(後)의
팔담(八潭)을 올나가니,/쳥룡담(青龍潭),흑룡담(黑龍潭)은
벽파담(碧波潭)의 다아 잇고,/셰두분(洗頭盆)에 머리 감고,
분셜담(噴雪潭)을 츠주가니,/츤 부람이 쇄락(灑落)ᄒ다.
보덕굴(普德窟) 올나가니,/십구층(十九層) 통기동은
뉘 변화(變化)로 셰원논고?/외기동의 집을 짓고,
쳔만인(千萬人)이 츌납(出納)ᄒ되,/위티(危殆)호 곳 바이 업닉.
인공(人工)도 쟝(壯)커니와/관음 신력(觀音神力) 이 인(因)인가?
굴문(窟門)을 제위 열고,/관음보살(觀音菩薩) 친견후(親見後)에
난간(欄干)을 의지(依支)ᄒ고,/팔담(八潭)을 구버보니,
빅쳔룡(百千龍)이 굼이는 듯,/뢰셩 벽역(雷聲霹靂) 날치는 듯,
텬디 뉵합(天地六合) 요란(搖亂)ᄒ다./운무긔가 텅텬(撑天)ᄒ고,
지쳑(咫尺)을 모르기니,/염불 일성(念佛一聲) ᄒ온 후(後)의
물외ᄉ(物外事)를 노리ᄒ니,/홀연 광풍(忽然狂風) 표긔(颷起)터니,
운무 약긔(雲霧若起) 표기(颷起)터니,/광대 건곤(廣大乾坤) 황연(煌然)ᄒ고,
일월 셩신(日月星辰) 명낭(明朗)ᄒ다./진쥬 션담(眞珠船潭),거북담(潭)은
화룡담(化龍潭)의 다아 잇고,/대향노봉(大香爐峰) 쇼향노봉(小香爐峰)은
법긔봉(法起峰)의 다아 잇닉./ᄉ주봉(獅子峰) 부라보고,
마하연(摩訶衍)을 츠주가니,/금강산지 복쟝(金剛山之腹臟)이요,
즁향셩(衆香城)도 거의로다./칠셩디(七星臺)를 둘너 보고,
법긔보살(法起菩薩) 친견(親見)ᄒ니,/무슈 비례(無數拜禮) 졀노 난다.
일만 보살(一萬菩薩) 이쳔 보살(二千菩薩)/젼후 좌우(前後左右) 둘너 잇고,
타류보살(菩薩) 쳥법(聽法)ᄒ니,/무슨 법문(法文) 이르던고?
반냐밀다 심경(般若密多心經)일세./경문즁(經文中)에 일너스되,

범소유샹 기신 허망/약견졔샹(若見諸相) 비샹ᄒᆞ면,
즉시 여러 친견(卽時如來親見)ᄒᆞ다 일너슴니./경문즁(經文中)에 쏘 가
로ᄃᆡ,
일체 만법(一切萬法) 몽즁(夢中)이요,/곡두각시 갓다 ᄒᆞ며,
물겁품과 다름 업고,/뫼아리와 그림지며,
번기 갓고, 이슬 갓다 ᄒᆞ야스니,/이 도량(道場)의 오는 사롬
이 관샹(觀賞)을 ᄒᆞ시는지?/이 관샹(觀賞)을 익켜 가면,
ᄌᆞ연 명심(自然銘心) 아니홀가?/밤 시도록 가는 질의
희 도들 써 졀노 보리./무명운(無明運)이 거더지면,
ᄌᆞ연 일월(自然日月) 낫타나리./쥬인공(主人公)아! 쥬인공(主人公)아!
이 ᄂᆡ 말솜 신쳥(信聽)ᄒᆞ소./빅운딕(白雲臺) 가는 질의
만회암(萬灰庵)을 올나가니,/희슈 관음(海水觀音) 쟝관(壯觀)일다.
좌편(左便)의는 남슌동ᄌᆞ(南順童子)/우편(右便)의는 희상 룡왕(海上龍王)
십이시즁(十二時中) 시봉(侍奉)ᄒᆞ야/례비 공경(禮拜恭敬) 간단(間斷)
업니.
나도 져와 함긔 ᄒᆞ야/동참 비례(同參拜禮) 졀노 논다.
경(經)의 취(醉)ᄒᆞᆫ 이 ᄆᆞ음이/비회 반셕(俳徊盤石) ᄒᆞ옵다가
쏘흔 졀벽 ᄇᆞ라보니,/일층 쳘ᄉᆞ(一層鐵絲) 쇠스슬이
벽공즁(碧空中)에 달여 잇니./ᄌᆞ른 막대 지쵹ᄒᆞ며,
희틱심(懈怠心)14)을 썰쳐 먹고,/일층 쳘ᄉᆞ(一層鐵絲) 더위 줍고,
운딕(雲臺)를 올나가니,/허공 운다(虛空雲多) 철이 강산(千里江山)
슬하(膝下)의 굼이논다./ᄉᆞ방(四方)을 살펴보니,
일츌봉(日出峰)과 월츌봉(月出峰)은/허공(虛空)의 소사 잇고,
즁향셩(衆香城) ᄇᆞ라보니,/무슈 비례(無數拜禮) 졀노 논다.
졔불지 도회쳐(諸佛之都會處)요,/셩문 연각(聲聞緣覺) 지족쳐(知足處)라.

---

14) 희틱심=불교의 75법의 1로 20수번뇌(隨煩惱)의 1. 게으름을 뜻함.

쥬인공(主人公) 쥬인공(主人公)아!/이 고더 이르러는
써날 싱각 바히 업다./불국 셰계(佛國世界) 드러온 몸
인간 셰샹(人間世上) 다시 갈가?/쥬인공(主人公) 쥬인공(主人公)아!
착염(着念)ᄒ고,싱각ᄒ야/일도 양단(一刀兩斷) 결단(決斷)ᄒ소.
힝여 인간(幸)여 인간(人間) 다시 나가/물욕샹(物慾上)의 물이들이
샹빅운(上白雲)이 이러ᄒ니,/즁빅운(中白雲)도 디승(至勝)ᄒ다.
금ᄉ굴(金蛇窟) 쟝군슈(水)는/몃 사롬이 히갈(解渴)ᄒ고?
가셥동(迦葉洞) ᄇ라보니,/가셥존ᄌ(迦葉尊者) 득도쳐(得道處)라.
ᄉ면(四面)을 살펴보니,/압길이 망연(茫然)ᄒ다.
오든 질노 니리다라/불디암(佛地庵)을 올나가니,
감로슈(甘露水)도 그이ᄒ다./일표음슈(一瓢飮水) 히갈후(解渴後)에
좌우(左右)를 살펴보니,/쳥룡 빅호(靑龍白虎) 졀묘(絶妙)ᄒ디,
셰됴대왕(世祖大王) 원당(願堂)일다./묘길샹(妙吉祥)을 올나가니,
만덕존샹(萬德尊上) 장엄신(莊嚴神)은/문슈보살(文殊菩薩) 현신쳐(現身處)라.
나옹화샹(懶翁和尙) 친필 원불(親筆願佛)/후러인(後來人)의 복젼(福田)이며,
만고 명필(萬古名筆) 윤ᄉ국(尹師國)15)은/묘길샹지 친필슈젹(妙吉祥之親筆手跡)
급고 급금(及古及今) 완연(宛然)ᄒ다./이허디(李許臺)를 졈간(暫間) 보고,
바로봉(毘盧峰)을 올나 안ᄌ/동히(東海)를 ᄇ라보니,
만경챵파(萬頃蒼波) 쟝관(壯觀)이요,/거리 어션(去來漁船) 무슈(無數)ᄒ다.
빅화담(白華潭) 밧비 지나/칠보디(七寶臺) 졈간(暫間) 보고,

---

15) 윤ᄉ국=자는 빈경(賓卿), 호는 직암(直庵), 벼슬은 공조판서를 지내고,기사(耆社)에 들었고, 글씨를 잘 썼음. (1728-1809).

은션디(隱仙臺) 올나 안ᄌ/셩문동 십이폭포(城門洞十二瀑布) 바라보니,
긔이(奇異)홈도 긔이(奇異)ᄒ다./소운동(소운동) 구버보고,
만경디(萬景臺) 올나가니,/금강산(金剛山) 그이ᄒ고,
긔이(奇異)흔 경긔(景槪)를/이 고디셔 다 구경ᄒ리로다.
쏘 힝쟝(行裝)을 지쵹ᄒ야/중니원(중래원)을 올나가니,
쳔거북 도량(道場)이요,/셩문뎐각(聲聞殿閣) 닙정쳐(입정處)라.
분명(分明)타. 향노봉9香爐峰)도/됴토다.ᄒ려니와
화엄봉(華嚴峰)이 완연(宛然)ᄒ다./티을봉(太乙峰)을 구경ᄒ고,
동히슈(東海水)를 구버 보니,/셰간 탐심(世間貪心) 아조 업고,
물외도인(物外道人) 졀노 된 듯/티평곡(太平曲)을 부르면셔
반일(半日)을 논일면셔/션담(船潭)을 둘너 보고,
유졈ᄉ(楡岾寺)를 나리 다라/산영루(山暎樓)의 올나 안ᄌ
좌우(左右)를 살펴보니,/일국 명현(一國名賢) 지샹 명호(宰相名號)
이 고디셔 보리로다./히탈문(解脫門) 범종각(梵鐘閣)은
진여문(眞如門)에 다아 잇고,/능인보젼(能仁寶殿) 드러가와
오십삼불(五十三佛) 친견(親見)ᄒ고,/무슈 비례(無數拜禮) ᄒ온 후(後)의
사면 불탑(四面佛塔) 둘너보니,/느릅나무 쑤리마다
순금 불샹(純金佛像) 완연(宛然)ᄒ다./ᄉ젹(事蹟)을 살펴보니,
셔텬 셔역(西天西域) 가비라국(迦毗羅國)16) 견불 문법(見佛聞法) 못흔
즁싱(衆生)
삼억대가(三億大家) 바라문(婆羅門)17)이/문슈보살(文殊菩薩) 교령(敎
令)으로

---

16) 가비라국=석가모니(釋迦牟尼)보다 1세기 전에 살았던 선인(仙人)을 이르기도 하며, 그가 살던 고장을 이르기도 하는데, 그곳은 지금의 네팔국 타라이지방 이다. 석가가 이곳에서 출생하여 유명함.
17) 바라문=인디아의 사성(四姓) 가운데 가장 높은 지위의 사람들. 때로는 이 바라문종들이 신봉하던 종교인 바라문교(婆羅門敎)를 말하기도 함.

각각(各各) 금불(金佛) 일존샹식(一尊像式) 됴셩ᄒ야/샹호 됴흔 구덕
샹을
오십 삼불(五十三佛) 모셔니야/쇠북 속에 봉안(奉安)ᄒ고,
대ᄒㅣ슈즁(大海水中) 씌우면셔/발원(發願)ᄒ야 가로ᄉ디,
유연국토(有緣國土) 가읍소셔./발원(發願)ᄒ물 맛츤 후(後)에
난 디 업든 대ᄒㅣ룡(大海龍)이/쇠북을 질머지고,
월지국토(月氐國土) 쥬졈(駐占)ᄒ와/조션국토(朝鮮國土) 강림(降臨)ᄒ셔
유졈ᄉ(楡岾寺)의 봉안쳐(奉安處)라./유졈ᄉ(楡岾寺) 초챵시(草創時)예
챵건쥬(創建主)ᄂᆞᆫ 그 뉠넌고?/고셩군슈(高城郡守) 이 안인가?
고셩군슈(高城郡守) 노츈시(盧偆氏)ᄂᆞᆫ/월지국왕(月氐國王) 후신(後身)
일셰.
오십 삼불(五十三佛) 봉안후(奉安後)에/이날가지 류젼(流傳)ᄒ야
진미ᄅᆡ제(眞未來祭) 무궁셰월(無窮歲月)/쳔츄만디(千秋萬代) 젼지무궁
(傳之無窮)
불ᄉᆡᆼ불멸(不生不滅) 무량공덕(無量功德)/몃 ᄎᆞᆺ 즁ᄉᆡᆼ(衆生) 결연(結緣)
ᄒᆞᆯ고?
무량슈불(無量壽佛) 담무갈뎐(曇無竭殿)/령산회샹(靈山會上) ᄉᆞ셩뎐
(四聖殿), 명부 십왕(冥府十王)
츠례(次例)로 친견(親見)ᄒ고/향젹뎐(香寂殿) 도라들 졔,
오탁슈(烏啄水) 졀묘(絶妙)ᄒ다./일표음슈(一瓢飮水) ᄒㅣ갈후(解渴後)에
노후ᄉ각(노후사각) 빈례(拜禮)ᄒ고,/별(別)구경을 다시ᄒᆞ니.
보리슈지 픠엽경(普提樹之貝葉經)은/관음 대셩(觀音大聖) 친필(親筆)
이요,
인목대비(仁穆大妃) 존승셔(존승서)란/왕후셩지 필젹(王后聖之筆跡)일다.
잉무잔(鸚鵡盞)에 호박비(琥珀盃)와/류리비(琉璃盃)며, 봉황잔(鳳凰盞)을
진쥬 방셕(眞珠方席) 온갓 보비/쳔츄만셰(千秋萬歲) ᄉᆞ젹(事蹟)일다.
계슈(桂樹)나무 만져 보고./산암(山庵)을 구경ᄒ시.

홍셩암(홍셩庵), 반야암(般若庵)은/경쳐(景處)도 됴커니와
빅련암(白蓮庵), 명젹암(明寂庵)은/뉴벽(幽僻)호 중(中) 졀묘(絶妙)호다.
진실(眞實)노 물외킥(物外客)의 거쳐(居處)로다./죳타고 민양(每樣) 보랴?
힝쟝(行裝)을 지쵹ᄒ야/박달고기 졈졈(漸漸) 너머
북경디(북경대)와 풍혈디(風穴臺)를/지닐 질의 줌간(暫間) 보고,
외원통(外圓通)을 드러가니,/일간 난야(一間蘭若) 빅운간(白雲間)을
숑림굴지 승풍경(松林窟之勝風景)은/오십삼지 라한도량(五十三之羅漢道場)
례비 공양(禮拜供養) ᄒ온 후(後)의/호양영(嶺)을 밧비 너머
발연폭포(鉢淵瀑布) 올나가니,/바리 갓튼 폭포 형샹(瀑布形狀)
벽공(碧空)의 달이엿고,/긔화 요초(奇花瑤草) 졔물식(諸物色)은
유동즁(流動中)의 만발(滿發)ᄒ고,/허다 풍경(許多風景) 나믐 업시
눗눗치 구경ᄒ고,/신계ᄉ(神溪寺)를 ᄎᄌ가니,
대관음지 도량(大觀音之道場)일다./대웅뎐(大雄殿) 쳠앙(瞻仰)ᄒ와
삼셰졔불(三世諸佛) 뉵광보살(六光菩薩)/대회샹(大會上)에 두면,
례독(禮讀) ᄒ사옵고,/ᄌ리리타(自利利他) 밍셰발원(盟誓發願) ᄒ온 후(後)에
약ᄉ뎐(藥師殿) 각법당(各法堂)을/눗눗치 친견(親見)ᄒ고,
만셰루(萬歲樓)의 올나 안ᄌ/국티 민안(國泰民安) 셩슈 만셰(聖壽萬歲)
티평곡(太平曲)을 부른 후(後)의/암ᄌ(庵子) 구경 가는 거동(擧動)
보운암(普雲庵), 샹운암(祥雲庵)은/그 조ᄉ지 득도쳐(祖師之得道處)라.
디쟝 관음(地藏觀音), 대승암(大勝庵)은/졀묘(絶妙)ᄒ고, 공부쳐(工夫處)라.
구룡연(九龍淵) 가는 질의/옥류동(玉流洞)과 비봉폭(飛鳳瀑)은
긔이(奇異)ᄒ고,거룩ᄒ다./구룡연(九龍淵) 폭포슈(瀑布水)는

빅쳔룡(百千龍)이 산난(散亂)ᄒ다.
팔담(八潭)을 올나가니,/쏘흔 팔쳐(八處) 승기(勝槪)로다.
흑운(黑雲)이 둘너 잇고,/빅홍(白虹)이 막아 잇닌.
폭포(瀑布)도 만커니와/구룡폭포(九龍瀑布) 즘간(暫間) 보니,
텬하지 쟝관(天下之壯觀)일다./쥬인공(主人公)아! 어셔 가즈!
구쥬쳐(久住處)가 아니로다./신계ᄉ(神溪寺)를 도로 니려
온졍(溫井)의 목욕(沐浴)ᄒ고,/만물초(萬物肖)로 올나가니,
구경즁(中)의 졔일(第一)일다./텬디디간(天地之間) 빅쳔 만물(百千萬物)
이 고더셔 보리로다./힝쟝(行裝)을 슈습(收拾)ᄒ야
빅졍봉(白丁峰)을 올나가니,/빅졍(白丁)은 컨이와
빅쳔졍(백쳔졍)도 더ᄒ도다./옥류동(玉流洞) 흐른 물결
진쥬(眞珠)룰 쑤리는 듯,/봉황 잉무(鳳凰鸚鵡) 쌍(雙)을 지어
반셕샹(盤石上)의 논이는 듯,/ᄉ희 신션(四海神仙) 츠례(次例)로 열좌
(列坐)ᄒ야
쳥학 빅학(靑鶴白鶴) 무리 지여/허공즁(虛空中)의 논이는 듯,
층층(層層)이 뇌인 바위/빅옥(白玉)을 뭇ᄉ온 듯,
쑈둑 쑈둑 쳔만봉(千萬峰)은/억만 군즁(億萬軍中) 긔치 챵검(旗幟槍劍)
쥴쥴이 묵거 션 듯,/이 골 져 골 험골 암셕(巖石)
젹진 군즁(敵陣軍中) 엿보는 듯,/쥴쥴이 셧는 바위
십만 대병(十萬大兵) 승젼곡(勝戰曲)을 울이면셔/셔리 갓탄 검극(劒
戟)으로
일월 광명(日月光明) 희롱(戲弄)ᄒ 듯,/시니물가 묘(妙)ᄒ 바위
월궁 션녀(月宮仙女) 목욕(沐浴)ᄒ 듯,/죵굿죵굿 션는 바위
빅쳔 졔불(百千諸佛) 강림(降臨)ᄒ 듯,/삼삼 총총(森森叢叢) 슈다 암셕
(數多巖石)
보살 라한(菩薩羅漢) 인간 텬샹(人間天上)/함긔 뫼야

쥬셰불(主世佛)을 뫼와 안즈/샹쥬 셜법(常住說法) ᄒᆞ시는 듯,
구름 속의 은은이 션는 바위/참션 슈좌(參禪首座) 입졍(입정)ᄒᆞᆫ 듯,
이 등 져 등 활긔바위/믹산 영군 군우ᄒᆞᆫ 듯,
폭포 암하(瀑布巖下) 쥬셕돌은/각딕(各宅) ᄒᆞ님
우질기며,셰답ᄒᆞ 듯,/신니 강변(江邊) 다름바위
무열쟝ᄉᆞ(武烈壯士) 말 달인다./병풍(屛風)바위 츠일(遮日)바위
텬ᄌᆞ(天子) 졔위(帝位)/만죠 빅관(滿朝百官) 거나리고,
츠디(箚對) 드러 졍ᄉᆞ(政事)ᄒᆞ듯/록양 방초(綠楊芳草) 셧긴 바위
원(元) 감ᄉᆞ(監司)님/만민(萬民)을 거나리고,
공ᄉᆞ 치민(公私治民) 굼이는 듯,/폭포암상(瀑布巖上) 더진 바위
호걸 군ᄌᆞ(豪傑君子) 풍월화답(風月和答)/도화류슈(桃花流水) 표연(飄然)ᄒᆞ니,
무릉도원(武陵桃源) 별유건곤(別有乾坤)/오작(烏鵲)바위 호랑바위
노로 ᄉᆞ심 희롱(戱弄)ᄒᆞ 듯,/해ᄯᅥ봉(峰)과 솔ᄯᅥ봉(峰)은
곡두갓시 노름인 듯,/일츌(日出)바위 월츌(月出)바위
쥬야(晝夜)를 희롱(戱弄)ᄒᆞ 듯,/여시금강(如是金剛) 만물초(萬物肖)는
셰샹(世上) 인간(人間)/비(比)치 못ᄒᆞᆯ 경(景)이로다.
옛눌의 소동파(蘇東坡)와 니젹션(李謫仙)은/쳔하(天下)의 호걸(豪傑)인들
이런 경쳐(景處) 보아슬가?/여산폭포(廬山瀑布) 조타ᄒᆞᆫ들
이 경(景)의셔 더ᄒᆞᆯ손가?/우리 셰샹(世上) 난득인신(難得人身)
힝봉불법(幸逢佛法) 외로운 몸/금강(金剛)구경 다 본 후(後)에
관동팔경(關東八景) 마즈 보시,/셕곡현지 슈승딕(歙谷縣之殊勝臺)
요18),
통텬군지 총셕졍(通川郡之叢石亭)을/고셩군지 삼일포(高城郡之三日浦)요,

---

18) 셕곡현지 슈승딕=흡곡현지 슈승딕(歙谷縣之殊勝臺)의 잘못인 듯함.

간셩군지 쳥간졍(杆城郡之淸澗亭)을/양양부지 의샹디(襄陽府之義湘
臺)요,
　강능부지경포디(鏡浦臺)를/삼쳑부디 쥭셜루(三陟府之竹西樓)[19]요,
　평히현지 월송졍(平海縣之越松亭)을/울진현지 미양디(蔚珍縣之望洋
臺)[20]를
　낫낫치 다 본 후(後)의/동왕극락(同往極樂) ᄒᆞ옵시다.
　나무 아미타불(南無阿彌陀佛).

<정병욱소장필사본에서>

〈참　고〉

　비슷한 필사 이본(異本)들이 많이 있다. 또 내용은 같으나, 그 이름이 "금강산유산록"으로 바뀐 것도 많이 있는데, 남은 것은 훗날에 다시 묶어 소개하기로 한다.

---

19) 쥭셜루=쥭서루(竹西樓)의 잘못.
20) 미양디=망양대(望洋臺)의 잘못. 일명 망양정이 더 유명 함.

37. 금강산 완경록(金剛山玩景錄)(궁중잡록본)

실명씨(失名氏)

해제 이 작품도 지은이와 지어진 연대를 알 수 없는 작품인데, 특히 이 작품은 앞의 백영본「금강산완경록」과 뒤에서 언급할「금강산유산록」(연대본)을 절충하여 간결하게 발췌한 듯한 짧은 작품이다.
   이 작품의 지은이는 그 신분이 앞의「금강산완경록」과는 달리 속인인 듯하다. "츈삼월(春三月) 호시절(好時節)에/근쳐 친고(近處親故) 벗님네./모화 다리고/힝쟝(行裝)을 급(急)피 츠려"라고 한 것에서 짐작이 간다. 그리고 이 작품은 아마도 앞의 백영본「금강산완경록」계 이본에서 불교를 짙게 권하는 부분만을 삭제하여 축약한 듯싶기도 하다.

천지 일월(天地日月) 삼긴 후(後)/삼나 만싱(森羅萬生) 니러나니,
오직 스람 최귀(最貴)흔가?/셰상ᄉ(世上事)를 싱각ᄒ니,
묘창히지 일속(渺滄海之一粟)이라./인싱(人生)이 빅셰(百歲)라 ᄒ여건만,
빅셰(百歲)를 다 스라도/쵸로(草露)갓튼 인싱(人生)이라.
아니 노든 못ᄒ리라.
팔히 육심(八海六沁) 군ᄌ(君子)더라!/금강산(金剛山)구경 가자스라!
츈삼월(春三月) 호시졀(好時節)에/근쳐 친고(近處親故) 벗님네.
모화 다리고/힝쟝(行裝)을 급(急)피 츠려
낙양셩(洛陽城) 버든 길에/츤츤(寸寸) ᄌ로 거러

셕경(石逕)에 막더 집고,/단발녕(斷髮嶺) 놉푼 고기
계우 올나 안ᄌ/금강산(金剛山) 바라보니,
제불지 도회처(諸佛之都會處)요,/셩문(聲聞)언 각상쥬(各常住)라.
압푼 발 ᄌ로 드러/신원촌(新院村) 도라드러
철니(鐵伊)고기 너머 서서/힝화촌(杏花村) ᄎᄌ 드러
박쥬 산치(薄酒山菜) 먹근 후(後)에/활거리 ᄎᄌ 드러
장연ᄉ 구긔(長淵寺舊基) 잠간 보고,/장안ᄉ(長安寺) 드러갈 제,
ᄂᆡ외 금표(內外禁標) 잠간(暫間) 지나/홍문(虹門)안 드러
일쥬문(一柱門) 헐소(歇所)ᄒ고,/마천교딘(마川橋津) 너머 서서
샹수문(香水門)를 올나가니,/범종각(梵鐘閣)은 진여문(眞如門)에 다아 잇고,
더웅젼(大雄殿) 이층(二層)집은/반공(半空)에 소사 잇다.
그 안을 드러가서/삼세 여리(三世如來) 육광보살(六光菩薩) 친견(親見)ᄒ고,
뇽션젼(龍船殿), 명부젼(冥府殿)/ᄉ셩젼(四聖殿), 비로젼(毘盧殿)를 다 본 후(後)에
승요ᄉ(僧寮舍)는 삼방(三房)이라./경물(景物) 죠흔
신션누(神仙樓)에 올나 안ᄌ/산천(山川)을 바라보니,
계슈(溪水)는 잔잔(潺潺)ᄒ고,/송ᄇᆡᆨ(松柏)은 울울(鬱鬱)ᄒᆫ데,
싁싁할손 두견화(杜鵑花)는/여긔 져긔 푸여 잇고,
슬플손 츈산죠(春山鳥)는/이리 저리 푸여 잇고,
향(香)ᄂᆡ는 밀밀(密密)ᄒ고,/쳥풍(淸風)은 건 듯 부니,
은은ᄒᆫ 종경(鐘磬)소릭/난간(欄干)에 졀노 난다.
진실(眞實)노 일국지 명산(一國之名山)이요,/졔불지 ᄃᆡ찰(諸佛之大刹)이라.
장경(長慶) 봉하(峰下)에/장경암(長慶庵) 빈셜(配設)ᄒ고,
관음(觀音) 봉하(峰下)에/관음암(觀音庵) 빈셜(配設)ᄒ고,

셕가(釋迦) 봉하(峰下)에/수월암(水月庵) 비셜(配設)ᄒ고,
븩쳔동구(百川洞口) 바리보니,/경기(景槪)도 졀승(絶勝)ᄒ다.
이미봉은 칠보(七寶)로 장엄(莊嚴)ᄒ고,/녕원동(靈源洞) 가는 길에
오리봉(峰) 바라보니,/황쳔강(黃泉江) 지옥문(地獄門)에
옥경디(玉鏡臺) 가자 잇다./면경디(面鏡臺) 금ᄉ굴(金蛇窟)은
긔이(奇異)ᄒ고 졀묘(絶妙)ᄒ다./경순왕(敬順王) 디궐(大闕)터에
오작(烏鵲)이 슬피 운다./녕원암(靈源庵) 일쵸당(一草堂)은
븩운(白雲)를 벗즐 숨고,/ᄌ심(自心)을 궁구(窮究)ᄒ여
극낙(極樂)을 발원(發願)ᄒ다./옥쵸디(玉초대) 비셕디(碑石臺)는
좌우(左右)에 갈나 잇고,/지장봉(地藏峰) 쥬봉ᄒ(主峰下)에
염나봉(閻羅峰), 십왕봉(十王峰),/판관봉(判官峰), 귀왕봉(鬼王峰),
장군봉(將軍峰), 동ᄌ봉(童子峰),/우두봉(牛頭峰), 마면봉(馬面峰),
ᄉᄌ봉(獅子峰), 죠이봉(峰),/죄인봉(罪人峰)이 ᄎ례(次例)로 버러 잇다.
븩마봉(白馬峰) ᄎ일봉(遮日峰)은/쳥쳔(靑天)을 괴와 잇다.
븩탑동(白塔洞) 가는 길에,/문탑(門塔), 다보탑(多寶塔)
증명탑(證明塔) 됴커니와/븩탑(白塔)을 볼작시면,
비인간(非人間)이요,/션경(仙境)이 여긔로다.
션불리(선불리) 말니셩(萬里城)은/경순왕(敬順王)에 피란쳐(避亂處)라.
도솔문(兜率門) 너머 서서/송나암(松蘿庵)¹⁾조ᄎ 드러
쳥계수(淸溪水) 옥계수(玉溪水)를/양(量)디로 먹은 후(後)에
승상봉(丞相峰) 바라보고,/ᄉ직목 너머 서서
ᄉ층(四層) 쇠사슬 후여잡고,/망군디(望軍臺) 올나가니²⁾,
씃씃마다 미친 봉(峰)과/마르마르 섯는 바회,
곱거든 희지 말고,/희거든 검지 말지.

---

1) 송나암=원문에는 "송나안"으로 되어 있음.
2) 올나가니=원문에는 "올나가니"로 되어 있음.

반공(半空)에 소스 잇서/쥬야(晝夜)를 모로나니,
천지 죠판(天地肇判) 기벽시(開闢時)에/아죠 숨긴 제불(諸佛)과
명연담(鳴淵潭)³⁾ᄎᆞᆽ 가니,/압폐는 무학 나옹 지공(無學懶翁指空)
삼화상(三和尙)에 원불(願佛)이요,/그 뒤에 오십 삼불(五十三佛)은
김동거ᄉᆞ(金同居士) 삭인 비라./빅화암(白華庵) ᄎᆞᆽ 가니,
서산(西山) ᄉᆞ명(四溟)/양화상(兩和尙)에 표츙(表忠)이요,
그 뒤에 비부도(碑浮屠)는/고션ᄉᆞ(古禪師)에 힝젹(行蹟)이라.
표훈ᄉᆞ(表訓寺)⁴⁾ 드러갈 제,/함영교(含影橋)건 너머 서서
능파누(凌波樓)에 올나 안ᄌᆞ/동천(洞天)를 구버보니,
풍경(風景)도 졀승(絶勝)ᄒᆞ다./상수문 진여문(眞如門)은
범죵각(梵鐘閣)에 다아 잇고,/반야지당(般若之堂) 드러가서,
석가산(石假山) 탁ᄌᆞ(卓子) 우에/법긔보살(法起菩薩) 친견(親見)ᄒᆞ고,
응진젼(凝眞殿),명부젼(冥府殿),/농션젼(龍船殿) 다 본 후(後)에
향각(香閣) 드러가니,/부죵(桴鐘)도 거룩ᄒᆞ다.
승요ᄉᆞ(僧寮舍)는 상방(上房)이라./정양ᄉᆞ(正陽寺) 올나갈 제,
천일디(天逸臺) 잠간(暫間) 보고,/허령ᄂᆞ(歇惺樓)에 올나 안ᄌᆞ
ᄉᆞ면(四面)을 둘너 보니,/일만 이천봉(一萬二千峰)이
슬하(膝下)에 꿀여 잇다./약ᄉᆞ젼(藥師殿) 인명각(人命閣)은
인공(人工)도 무궁(無窮)ᄒᆞ다./반야젼(般若殿) 무설당(無說堂)과
현성각(見性閣)을 녁녁(歷歷)키 다 본 후(後)에/금강문(金剛門) 너머서서
오션봉(五仙峰) 바리 보고,/청학디(靑鶴臺) 둘너보니,
청학(靑鶴)은 어디 가고,/학소(鶴巢)만 나마 잇노?
너원통(內圓通) 가는⁵⁾ 길에/청ᄒᆞ련(청하련) 용곡담(龍谷潭)을
좀간(暫間) 보고,/너원통(內圓通) 올나가서

---

3) 명연담=원문에는 "면연담"으로 되어 있음.
4) 표훈ᄉᆞ=원문에는 "표운ᄉᆞ"로 되어 있음.
5) 가는=원문에는 거듭되어 있음.

천수보살(千手菩薩) 친견(親見)ᄒᆞ고,/관음봉(觀音峰),쟝항봉(長項峰),
만졀동(萬折洞),팃샹동(太上洞),/우화동(羽化洞)을 다 본 후(後)에
션암(船巖)을 ᄎᆞᄌᆞ가니,/박빈거ᄉᆞ(薄貧居士) 득도쳐(得道處)라.
수미탑(須彌塔) 가는 길에/강션ᄃᆡ(降仙臺) 헐소(歇所)ᄒᆞ고,
수미탑(須彌塔)올나가니⁶⁾,/탑셔도 죠커니와
수미봉(須彌峰)이 더옥 죠타./구고ᄃᆡ(구고臺) 운옥병(雲玉屛)은
션경(仙境)이 여긔로다./만폭동(萬瀑洞) 돌아오니,
봉ᄂᆡ풍악(蓬萊楓嶽) 원화동쳔(元化洞天)이라/셔팔ᄌᆞ(書八字) 반샹(盤
上)은
양봉ᄂᆡ(楊蓬萊)에 친필(親筆)이라.신션(神仙)은 어딘 가고,
바독판만 나마는고?/셰두분(洗頭盆)⁷⁾ 말근 물에
진의(塵埃)을 씨신 후(後)에/팔담(八潭)을 올나가니,
쳥농담(靑龍潭)⁸⁾,흑농담(黑龍潭)은/벽파담(碧波潭)에 다아 잇고,
분셜담(噴雪潭),진쥬담(眞珠潭)은/거북담에 다아 잇고,
션담(船潭),화용담(化龍潭)은/보던 바 긔관(奇觀)이라.
보덕굴(普德窟) 올나가니⁹⁾/십구층(十九層) 구리기동은
뉘 죠화(造化)로 셰워는고?/인공(人工)도 무수(無數)ᄒᆞ다.
난간(欄干)에 비겨 서서/벽담(碧潭)을 구버보니,
흰 모시를 거러는 듯/쳥농 빅농(靑龍白龍)이 ᄊᆞ오는 듯,
상설풍(霜雪風)이 진동(震動)ᄒᆞ다./더향노봉(大香爐峰) 소향노봉(小香
爐峰)
ᄉᆞ지봉(獅子峰) 바ᄅᆡ보고,/마아연(摩訶衍) 올나가니¹⁰⁾,

---

6) 올나가니=원문에는 "올나가니"로 되어 있음.
7) 세두분=원문에는 "세두번"으로 되어 있음.
8) 청농담=원문에는 "청몽담"으로 되어 있음.
9) 올나가니=원문에는 "올나가니"로 되어 있음.
10) 올나가니=원문에는 "올나가니"로 되어 있음.

일츌봉(日出峰),월츌봉(月出峰)은/청천(青天)에 고와 잇다.
가섭동(迦葉洞) ᄎᄌ가니,/별유천지(別有天地) 비인간(非人間)이라.
장군수(水),금강수(金剛水)을/비 부르게 먹은 후(後)에
혈망봉(穴望峰) 바라보니,/진가섭(眞迦葉)이 완연(宛然)ᄒ다.
즁향셩(衆香城)11)바라보니,/유리셩(琉璃城)이 완년(宛然)ᄒ다.
만회암(萬灰庵) 도라드니,/경긔(景槪)도 졀묘(絶妙)ᄒ다.
불지암(佛地庵) ᄎᄌ가니,/셰죠더왕(世祖大王) 원당(願堂)이라.
표ᄌ(瓢子)를 글너 너여/감노수(甘露水)를 양(量)더로 먹근 후(後)에
묘길샹(妙吉祥) 올나가서12)/나옹 원불(懶翁願佛) 친견(親見)ᄒ고,
니허디(李許臺) 잠간(暫間) 보고,/ᄌ른 막더 심 써 집고,
비로봉(毘盧峰) 올나13) 안ᄌ/동히(東海)을 바라보니,
삼신션(三神仙) 유젹(遺跡)이라./박현담 잠간(暫間) 보고,
칠보더(七寶臺) 본 년후(然後)에/아무지 너머 서서
은션디(隱仙臺) 올나 안ᄌ/석문동(石雲洞) 십니 폭포(十里瀑布) 바라보니,
빅뇽(白龍)에 구뷔로다./효운동(曉雲洞) 구버 보고,
만경디(萬景臺) 둘너보니,/인간 만경(人間萬景) 여긔로다.
즁니원(즁내원) 향노암(香爐庵)은/션경(仙境)이 이 아니야?
불국(佛國)일시 젹실(的實)ᄒ다./션담(船潭)을 즘간(暫間) 보고,
유졈ᄉ(楡岾寺) 나려가니,/산영누(山暎樓) 히탈문(解脫門)은
천왕문(天王門)에 다아 잇고,/용음누(龍飮樓),범종각(梵鐘閣)은
진여문(眞如門) 다아 잇고,/능인보젼(能仁寶殿) 드러가셔
셕가산(石假山) 탁ᄌ(卓子) 우에/오십삼불(五十三佛) 모서시니,

---

11) 즁향셩=원문에는 "즁양셩"으로 되어 있음.
12) 올나가서=원문에는 "올나가서"로 되어 있음.
13) 올나=원문에는 "올나"로 되어 있음.

월지국(月氏國)서 와 계시다./금법당(金法堂) 히장전(解障殿)과
용셩젼(용성젼) 명부전(冥府殿)14) 무연각(無緣閣)을 다 본 후(後)에
표ᄌ(瓢子)을 글너니여/오탁슈(烏啄水)를 잘근 먹고,
ᄉ물고(史物庫) 드러가니,/잉무잔(鸚鵡盞),호박비(琥珀盃)15)의
진쥬 농문(眞珠龍紋) 방셕(方席)과/보리슈(菩提樹) 나무닙퓌
팔만(八萬) 디쟝경(大藏經)/더욱 긔이(奇異)ᄒ다.
고셩군슈(高城郡守) 노츈씨(盧椿氏)/오십 삼불(五十三佛) 모셔 잇다.
계슈(桂樹)나무 친견(親見)ᄒ고,/승뇨ᄉ(僧寮舍)는 오방(五房)이라.
흥셩암(興性庵) 반야암(般若庵)과/명젹암(明寂庵) 올나 가셔
빅년암(白蓮庵) 졈간9暫間) 보고,/긔지녕(嶺) 너머 셔셔
빅쳔교(百川橋) 밧비 지나,/졍구촌(村) 졈심(點心)ᄒ고,
신계ᄉ(神溪寺)16) 츠ᄌ가니,/디관음(大觀音) 터이로다.
디웅젼(大雄殿) 유리 보젼(琉璃寶殿)/농션젼(龍船殿) 만셰누(萬世樓)를
다 본 후(後)에
승뇨ᄉ(僧寮舍)는 삼방(三房)이라./구룡연(九龍衍) 드러갈 졔,
금강문(金剛門) 너머 셔셔/옥유동(玉流洞) 비봉폭(飛鳳瀑)17)
무봉포(舞鳳布)는 긔이(奇異)ᄒ고,졀묘(絶妙)ᄒ다./구룡연(九龍淵) 디
폭슈(大瀑水)는
쳔샹 은ᄒ슈(天上銀河水) 이 안이야?/졍신(精神)이 싁싁ᄒ다.
팔담(八潭)을 잠간(暫間) 보고,/신계ᄉ(神溪寺)로 도라나와
극낙(極樂)고긔 너머 셔셔/온졍(溫井)에 목욕(沐浴)ᄒ고,
만물샹(萬物相) 올나가니18),/경긔(景槪)도 졀묘(絶妙)ᄒ다.

---

14) 명부전=원문에는 "명부진"으로 되어 있음.
15) 호박비=원문에는 "호박디"로 되어 있음.
16) 신계ᄉ=원문에는 "신겨ᄉ"로 되어 있음.
17) 비봉폭=원문에는 "비봉포"로 되어 있음.
18) 원문에는 "만물을 나가니"로 되어 있음.

히금강(海金剛) 나려가니,/오십 삼불(五十三佛) 유적(遺跡)이라.
통천(通川)으로 가는 길에/빅졍봉(百鼎峰) 올나가니,
일빅(一百) 숫치 더옥 장관(壯觀)이라./관동 팔경(關東八景) 보고 가셰.
나무 아미타불(南無阿彌陀佛)!
통쳔(通川) 총석정(叢石亭)19)/고성(高城) 삼일포(三日浦)
간성(杆城) 쳥간졍(淸澗亭)/양양(襄陽) 낙산디(洛山臺)
강능(江陵) 경포디(鏡浦臺)/삼쳑(三陟) 쥭셔누(竹西樓),
울진(蔚珍) 망양졍(望陽亭)/평히(平海) 월송졍(越松亭),
불출 문젼(不出門前) 삼오보(三五步)/관진 금강(觀盡金剛) 쳔만봉(千萬峰).

<필사본『宮中雜錄(궁중잡록)』에서>

〈참 고〉

崔康賢,『韓國紀行文學硏究』, 서울 : 一志社, 1981.

---

19) 원문에는 "총섭경"으로 되어 있음.

38. 금강산 유산록(金剛山遊山錄)(연대본)

실명씨(失名氏)

해제 이 작품도 지은이와 지어진 연대를 알 수 없는 작품이다. 이 작품의 지은이는 그 신분이 아마도 승려인 듯하다. "일의 일발(一衣一鉢) 다마지고,/육환장(六環杖)을 둘너집고,"라고 한 것으로 볼 때에 스님이었을 가능성이 짙어 보인다.

텬디 이의(天地二儀) 분(分)한 후에/삼나 만상(森羅萬象) 이러나니,
유정 무정(有情無情) 삼긴 얼굴,/천진 면목(天眞面目) 절묘(絶妙)ᄒ다.
인신 난득(人身難得) 장부 난득(丈夫難得)/밍구 우목(盲龜遇木) 갓다 ᄒ니,
인간 장부(人間丈夫)되야 나셔,/구경 안코 어이ᄒ리?
텬하 강산(天下江山) 죠타 흔들,/금강산(金剛山)이 제일(第一)이라.
몽듕(夢中)갓튼 스름소리/일죠(一朝)의 후리치고,
일의 일발(一衣一鉢) 다마지고,/육환장(六環杖)을 둘너집고,
남지리(南地異) 북향산(北香山)을/ᄎᆞᄎᆞ로 구경ᄒ고,
마천동(마천동) 더우잡아/단발영(斷髮嶺) 올나가셔
듕향셩(衆香城) 바라보니,/천불 만불(千佛萬佛) 의희(依稀)ᄒ다.
장안ᄉᆞ(長安寺) 스십이(四十里)을/나난드시 드러가니,
만천소(萬千沼)도 죠커이와/오리 송졍(五里松亭) 더욱 죠타.
장경암(長慶庵) 드러가니,/장경(長慶)바회 역역(歷歷)ᄒ다.

단표ᄌ(單瓢子) 푸러니야/셕경슈(石逕水) 떠 먹으니,
인삼 산삼(人蔘山蔘) 다 드린 들./이 물에 당(當)홀손가?
일야(一夜)을 유숙(留宿)ᄒ니/인간 셰렴(人間世念) 아조 업다.
관음암(觀音庵) 드러가니/관음종(觀音峰)이 분명(分明)ᄒ다.
쟝안ᄉ(長安寺)을 드러가니/신션누(神仙樓) 긔묘(奇妙)ᄒ다.
디웅뎐(大雄殿) 큰 법당(法堂)을 /합쟝(合掌)ᄒ고 드러가셔,
삼셰 여리(三世如來) 친견(親見)ᄒ고,/닷집을 구경ᄒ니,
텬쟉(天作)인가? 인죽(人作)인가?/뉘 지죠로 지어난고?
각방 요ᄉ(各房寮舍) 열입(列立)ᄒ디,/졔법당(諸法堂) 구경ᄒ니,
이층뎐(二層殿) 삼층뎐(三層殿)난/법계도(法界圖)로 버려 잇다.
ᄒ로밤 유숙(留宿)ᄒ고,/지장암(地藏庵) 올나가니,
디장보살(地藏菩薩) 쥬불(主佛)이다./셔가봉(釋迦峰) 지장봉(地藏峰)은
텬진 면목(天眞面目) 졀묘(絶妙)ᄒ다./영원동(靈源洞) 구경ᄒ려
보보(步步)이 올나가니,/영원동(靈源洞) 졔묵(題墨) 글시
흰츌코 긔묘(奇妙)ᄒ다./황텬강(黃泉江) 업경디(業鏡臺)난
인간 화복(人間禍福) 표표(飄飄)ᄒ다./입아! 인간(人間) 스람드라!
셰간 탐심(世間貪心) 다 바리고,/명산(名山)을 ᄎᄌ 드러
ᄌ기 미타(自己彌陀) 친견(親見)ᄒ면,/황천(黃泉)이 영쳔(靈泉)이요,
업경(業鏡)이 명경디(明鏡臺)라./디옥문(地獄門) 너머가니,
황쳔 풍경(黃泉風景) 의희(依稀)ᄒ다./금ᄉ굴(金蛇窟) 쳥ᄉ굴(靑蛇窟)을
역력(歷歷)히 구경ᄒ니,/인간 탐심(人間貪心) 못바리면,
져 굴(窟)에 아니 갈가?/보보(步步)이 올나가며,
좌우(左右)을 살펴보니,/쳥계 빅셕(淸溪白石) 묘동쥐(묘동洲)을
혼ᄌ 보기 앗갑도다./영원암(靈源庵) 올나가니,
개인 안목(個人眼目) 여긔로다./옥쇼디(玉巢臺) 올나 셔셔
건너편 바라보니,/십왕봉(十王峰)이 열입(列立)ᄒ고,
샤ᄌ봉(獅子峰)이 분명(分明)ᄒ다./우두봉(牛頭峰) 마면봉(馬面峰)은

위의(危儀)도 엄슉(嚴肅)ᄒᆞ다./십왕봉(十王峰) 온ᄂᆡ굴(온내窟)에
죄인봉(罪人峰) 잡펴 드러/인간 죄복(人間罪服) 믓는 소리
송빅간(松栢間)의 징징(錚錚)ᄒᆞ다./비셕딕(拜石臺) 올나가셔
디장봉(地藏峰)에 예비(禮拜)ᄒᆞ니,/셰간 탐심(世間貪心) 아조 업고,
염불심(念佛心)이 졀노 난다./오던 길노 다시 와셔
빅탑동(백탑동) 드러가니,/쳥계 빅셕(淸溪白石) 조컨이와
수렴동(水簾洞)이 더욱 조타./곡곡 잔잔(谷谷潺潺) 건너여셔
셔셔(徐徐)이 올나가니,/문답(問答)도 긔묘(奇妙)ᄒᆞ고,
증명탑(證明塔)이 완연(宛然)ᄒᆞ다./오리허(五里許)에 올나가니,
다보탑(多寶塔)이 더 묘(妙)ᄒᆞ다./좌우(左右)을 바라보니,
천탑 만탑(千塔萬塔) 듯듯(重重)ᄒᆞ다./송빅(松栢)은 층층(層層)ᄒᆞ듸,
비회(徘徊)ᄒᆞ여 구경ᄒᆞ니,/젹송즈(赤松子) 부러ᄒᆞ며,
반일 신션(半日神仙) 이 아닌가?/ᄎᆞᄎᆞ로 나려 오며,
셔편(西便)을 바라보니,/미바회 긔묘(奇妙)ᄒᆞ고,
오리바회 더 묘(妙)ᄒᆞ다./장안ᄉᆞ(長安寺) 다시 보고,
표훈ᄉᆞ(表訓寺) 올나갈 제, 심쳔(沈川)를 긔 뉘 알고?
김동거ᄉᆞ(金同居士) 외도(外道)놈이/나옹화상(懶翁和尙) 희(害)코ᄌᆞ늘,
미바회 무러다가/울쇼(沼)의 드리치니,
김동(金同) 아들 삼형제(三兄弟)가/물가의 우니는 듯,
송빅(松栢)은 층층(層層)ᄒᆞ듸,/셔셔(徐徐)이 올나가니,
삼불암(三佛庵) 만덕 지용(萬德眞容)/나옹(懶翁)스님 원불(願佛)이다.
표훈ᄉᆞ(表訓士)을 ᄎᆞᄌᆞ가니,/표훈죠ᄉᆞ(表訓祖師) 도량(道場)일싀.
능파루(能罷樓)에 올나 셔셔/계명(題名)훈 것 즘간(暫間) 보고,
반야법당(般若法堂) 드러가니,/법긔보살(法起菩薩) 듀불(主佛)이라.
각방 요ᄉᆞ(各房寮舍) ᄎᆞᄌᆞ보고,/졔법당(諸法堂) 구경ᄒᆞ니,
　법긔보살(法起菩薩) 만덕 진상(萬德眞相)/셰됴디왕(世祖大王) 원불(願
佛)이다.

퉁시루 잠간(暫間) 보니,/범인 조족(凡人造作) 아니로다.
정양ᄉ(正陽寺) 올나가셔/헐성누(歇惺樓)에 안ᄌ 보니,
만 이쳔봉(萬二千峰) 무한경(無限景)이/안젼(眼前)에 버러 잇다.
반야젼(般若殿) 드러가셔/법긔보살(法起菩薩) 친견(親見)ᄒ고,
죽면각(작면각) 드러가니,/약ᄉ여리(藥師如來) 듀불(主佛)이다.
반야뎐(般若殿) 죽면각(작면각)은/인간 죠족(人間造作) 아니로다.
남편(南便)을 바라보니,/오층뎐(五層殿) 보덕굴(普德窟)은
운간(雲間)에 쇼ᄉ시니,/인간 별계(人間別界) 이 아닌가?
쳔일디(天逸臺) 올나가니,/안계(眼界)도 훤츌ᄒ다.
정양ᄉ(正陽寺) 무ᄒᆞᆫ경9無限景)은/필묵(筆墨)으로 못ᄒ리로다.
표훈ᄉ(表訓寺) 직슉(再宿)ᄒ고,/빅화암(白華庵) 잠간(暫間) 보니,
셔산 ᄉ명(西山四溟) 비부도(碑浮屠)ᄂᆞᆫ/진보계(眞寶界)예 모셧더라.
망군디(望軍臺) 츠ᄌ갈 졔,/송나암(松蘿庵) 드러가니,
나월 송풍(蘿月松風) 졀묘(絶妙)ᄒ다./쳥계슈(淸溪水),옥계슈(玉溪水)ᄂᆞᆫ
일홈도 조컨이와/물맛도 비상(非常)ᄒ다.
사ᄌ(獅子)목 차ᄌ가셔/아러를 술펴보니,
쳔 길인동 만 길인동/ᄉ인 현젼(사인현젼) 여긔로다.
압 잡으며, 뒤 줍으며,/계유 그러 너머 가셔
쇠ᄉ슬을 바라보니,/열 두 발이 드리웟다.
마듸 마듸 념불(念佛)ᄒ며,/근근이 올나가셔
일 마장(一馬場) 나려가니,/엿발 ᄉ슬 ᄯᅩ 걸엿내.
골희마다 념불(念佛)ᄒ여/겨오 겨오 올나가니,
구경쳐도 긔묘(奇妙)ᄒ다./일마장(一馬場) 다시 가니,
셔발 ᄉ슬 ᄯᅩ 거러니./밀거니,당기거니,
계우 구러 올나가셔/반공듕(半空中)에 셔셔 보니,
망군디(望軍臺)가 여긔로다./어이ᄒ여 망군디(望軍臺)뇨?
이 ᄯᅳ즐 술피시쇼./마야검(摩倻劍)을 손의 들고,

원각산(圓覺山) 올나가셔/오음 뉵젹(오음육적) 졔 군졸(諸軍卒)과
팔만 ᄉ쳔(八萬四千) 마군듕(魔軍衆)을/일휘 능참(一揮能斬) 년여(念
慮)홀가?
　이러무로 망군딕(望軍臺)니,/그난 그러ᄒ건이와
　구경 잠간(暫間) ᄒ여 보시,/북편(北便을 바라보니,
　비로봉(毘盧峰) 즁향셩(衆香城)에/졔불(諸佛)이 열입(列立)ᄒ고,
　미륵봉(彌勒峰) 영원동(靈源洞)과/만 이쳔봉(萬二千峰) 긔묘쳐(奇妙處)가
　목젼(目前)의 버러 인닉,/송나암(松蘿庵) 다시 와셔
　졈심(點心) 잠간(暫間) 요긔(療飢)ᄒ고,/ᄎᄎ로 나려 오니,
　산조(山鳥)난 남남ᄒ고,/빅화(百花)는 만발(滿發)ᄒ딕,
　보보(步步)이 염불(念佛)ᄒ니,/극낙셰계(極樂世界) 또 잇슬가?
　돈도암(頓道庵) 올나가니,/명당(明堂)도 긔승(奇勝)ᄒ다.
　셕간슈(石間水)도 죠컨이와/목년화(木蓮花)가 더 묘(妙)ᄒ다.
　표훈ᄉ(表訓寺) 다시 보고,/금강문(金剛門) 너머가니,
　슈셕(水石)도 죠컨이와/봉만(峰巒)도 긔묘(奇妙)ᄒ다.
　쳥학봉(靑鶴峰), 빅학봉(白鶴峰)은/오션딕(五仙臺)와 마죠 셧닉.
　봉닉풍악 원화동쳔(蓬萊楓嶽元化洞天)/양감ᄉ(楊監司)¹⁾의 친필(親筆)
이다.
　상산ᄉ호(尚山四晧)²⁾ 노던 ᄌ최/바둑돌이 분명(分明)ᄒ다.
　만폭동(萬瀑洞) 졔목(題目) 보니,/글시도 거룩ᄒ다.
　딕향노봉(大香爐峰), 쇼향노봉(小香爐峰)/황연(恍然)이 어릐엿다.
　셕면(石面)을 바라보니,/고금 ᄌ상(古今宰相) 다 보리로다.
　오는 ᄉ람 가는 ᄉ람/념불(念佛)쇼리 ᄌ지ᄒ다.
　ᄎᄎ로 올나가니,/셰두분(洗頭盆)이 신통(神通)ᄒ다.

---

1) 양감ᄉ=봉래(蓬萊) 양사언(楊士彦)이 회양부사(淮陽府使)로 부임하였던 것을
　감사(監司)로 잘못 노래하고 있다..
2) 상산ᄉ호=원문에는 "향산ᄉ호"로 되어 있음.

엇디ᄒ여 세두분(洗頭盆)고?/동의도 긔묘(奇妙)ᄒ다.
녯젹의 머리 감든/관음보살(觀音菩薩) 동의로세.
천만장(千萬丈) 바회 끗틔/보덕굴(普德窟)를 지엇스니,
엇던 죠ᄉ(祖師) 도량(道場)인고?/회정션ᄉ(懷正禪師) 창건(創建)일세.
오층뎐(五層殿) 큰 법당(法堂)은/혹(或) 타쳐(他處)의도 잇건이와,
십구층(十九層) 통기동은/뉘 변화(變化)로 세윗는고?
보덕굴(普德窟)을 드러가니,/츅셕(築石)도 거룩ᄒ다.
디즈 디비(大慈大悲) 관음보살(觀音菩薩)/위물 흥비(爲物興悲)ᄒ시ᄂ 듯,
만폭동(萬瀑洞) 올나가며,/팔담(八潭)을 구경ᄒ니,
제일(第一)에 흑용담(黑龍潭)은/흑용(黑龍)이 굽이ᄂ 듯,
진쥬담(眞珠潭) 술펴보니,/사가라(娑伽羅)³⁾ 디용궁(大龍宮)의
빅진쥬(白眞珠) 담은 장(檣)을/예다가 다 훗난 듯,
분셜담(噴雪潭) 바라보니,/디ᄒ 쇼한(大寒小寒) 아니로되,
빅셜(白雪)이 훗날엿니./쳥용담(靑龍潭) 구버보니,
쳥용(靑龍)이 굽이ᄂ 듯,/구담(龜潭)을 구경ᄒ니,
영구 음슈(靈龜飮水) 분명(分明)ᄒ다./션담(船潭)을 살펴보니,
셕션(石船)이 완연(宛然)ᄒ다./비파담(琵琶潭) 구경ᄒ니,
비파(琵琶)도 왕양(汪洋)ᄒ다./팔담(八潭)도 죠커니와
반셕(盤石)이 더 묘(妙)ᄒ다./팔담(八潭)을 구경ᄒ며,
팔담슈(八潭水)을 써 먹으니,/물맛도 죠커니와
정신(精神)이 상쾌(爽快)ᄒ다./극낙 셰계(極樂世界) 팔공덕슈(八功德水)
팔덕(八德)⁴⁾이 구족(具足)ᄒ야/그 맛시 죠커니와
이 와(外)에 더 죠흘가?/ᄉᄌ암(獅子庵) 올나가니,

---

3) 사가라=인디아어로, 우리 말의 "큰 바다"라는 뜻. "사가라 용왕"이라고 하면, 8대 용왕중의 하나로 큰 바다의 용왕이라는 뜻임.
4) 팔덕=인(仁)·의(義)·예(禮)·지(智)·신(信)·충(忠)·효(孝)·제(悌)의 여덟가지 덕목(德目).

사즈(獅子)바회 완연(宛然)ᄒ다./거북바회 지나가셔,
마하연(摩訶衍) 드러가니,/법긔보살(法起菩薩) 도량(道場)이요,
의상죠ᄉ(義湘祖師) 창건(創建)이다./젼후면(前後面) 도라보니,
텬하 명당(天下明堂) 여긔로다./칠보디(七寶臺) 올나 안ᄌ
묵고 ᄉ방(默顧四方) 구경ᄒ니,/듕향셩(衆香城) 졔불 보살(諸佛菩薩)
빅운듕(白雲中)에 열입(列立)ᄒ고,/가셥동(迦葉洞) 칠셩봉(七星峰)은
통텬관(統天官)이 완연(宛然)ᄒ다./남방(南方)을 바라보니,
법긔보살(法起菩薩) 디셩존(大聖尊)이/쳔만 장(천만丈) 사ᄌ좌(獅子座)에
졍(亭)에 드러 안ᄌ는 듯,/혈망봉(穴望峰) 바라보니,
구무도 넉넉ᄒ다./마하연(摩訶衍) 유슉(留宿)ᄒ고,
칠보디(七寶臺)로 올나가니,/듕향셩(衆香城) 불보살(佛菩薩)과
법긔 진신(法起眞身) 셜법처(說法處)의 쳥법(聽法)도 ᄒ련이와
예비(禮拜)ᄒ기 더욱 좃타./만회암(萬灰庵) 가셔 보니,
긔묘(奇妙)한 명당(明堂)일다./암후(庵後)에 관음봉(觀音峰)은
진관음(眞觀音)이 완연(宛然)ᄒ고,/암젼(庵前)에 션는 바회
남슌동ᄌ(南巡童子) 완연(宛然)ᄒ다./흔 마로 너머가셔
ᄎᄎ로 올나가니,/아홉 발 쇄ᄉ슬을
셕벽(石壁)에 거러 잇다./근근이 올나가니,
빅운디(白雲臺)가 여긔로다./이보시오! 어루신너!
인간(人間) ᄉ롬 되얏다가/빅운듕(白雲中)의 안ᄌ시니,
이 안이 신통(神通)ᄒ가?/빅운디(白雲臺)의 올나 안ᄌ
듕향셩(衆香城) 바라보니,/쳔불 만불(千佛萬佛) 무슈불(無數佛)이
ᄎ례(次例)로 연좌(列坐)흔 듯,/일마장(一馬場) 나려가셔
금강슈(金剛水) 쩌 먹으니,/팔만 ᄉ쳔(八萬四千)5) 번노 혹결6)

---

5) 팔만 ᄉ쳔=인디아에서 사물의 수가 많음을 나타내는 말.
6) 번노 혹결=번뇌와 의혹의 덩어리.

일시(一時)에 탕쳑(湯滌)ᄒ다./이 물 ᄒ번 먹은 스룸
삼악도(三惡道)의 아니 가고,/극낙(極樂)으로 간다 ᄒ니,
마니 만마니 먹으쇼셔./오던 길노 나려와셔
마하연(摩訶衍) 유슉(留宿)ᄒ고,/불디암(佛地庵) 가는 길의
팔윤보살(八輪菩薩) 친견(親見)ᄒ니,/헌듀 셩불(헌주成佛) 의희(衣稀)
ᄒ다.
불디암(佛地庵) 드러가니,/긔승(奇勝)ᄒ 명당(明堂)일다.
감노슈(甘露水) 써 먹으니,/졍신(精神)도 상쾌(爽快)ᄒ다.
졔호 상미(醍瑚上味) 좃타 ᄒ들/감노슈(甘露水)의 더ᄒ손가?
마하연(摩訶衍) 도라와서/운간(雲間)를 슬펴보니,
이층젼(二層殿) 법당(法堂)바회/녁녁(歷歷)코 완연(宛然)ᄒ다.
샤ᄌ(獅子)목 너머가셔/원통암(圓通庵) 드러가니,
ᄉ십 이슈(四十二手) 관음보살(觀音菩薩)/ᄌ용 신묘(慈容神妙) 거록ᄒ다.
암젼 암후(庵前庵後) 년화봉(蓮花峰)은/봉만(峰巒)도 긔묘(奇妙)ᄒ다.
운옥병(雲玉屛) 차ᄌ 드러/흑용담(黑龍潭) 구경ᄒ고,
젹용담(赤龍潭) 올나가니,/슈셕(水石)도 장관(壯觀)이다.
슈미탑(須彌塔) ᄎᄌ가니,/츌진 나흔(出塵羅漢) 여긔로다.
쳔장 만장(千丈萬丈) 슈미탑(須彌塔)이/반공듕(半空中)의 쇼ᄉ 잇다.
웅장(雄壯)코 거록키는/예밧긔 ᄯᅩ 잇ᄂ가?
오던 길노 다시 와셔/션암(船庵)을 드러가니,
명당(明堂)도 긔이(奇異)ᄒ고,/폭포(瀑布)가 더 묘(妙)ᄒ다.
박빈거ᄉ(薄貧居士) 염불(念佛)ᄒ여/육신 등공(肉身騰空) ᄒ엿더라.
먼장 셕벽(萬丈石壁) 너머 가니,/슈미 토굴(須彌土窟) 텬작(天作)일다.
일마장(一馬場) 올나가셔/북편(北便)을 바라보니,
영낭 신션(永郎神仙) 노던 도량(道場)/송빅(松栢)이 울울(鬱鬱)ᄒ다.
가셥동(迦葉洞) 너머 가니,/호중 별계(壺中別界) 여긔로다.
마하연(摩訶衍) 다시 보고,/묘길상(妙吉祥) 올나가니,

원만 쳥졍(圓滿淸淨) 만덕 ᄌᆞ존(萬德自尊)/나옹(懶翁)스님 원불(願佛)
이라.
　길상암(吉祥庵) 고긔(古基) 보고,/비로봉(毘盧峰) ᄎᆞᆺ 갈 졔,
ᄒᆞ비로(下毘盧), 듕비로(中毘盧)롤/ᄎᆞᄎᆞ로 구경ᄒᆞ고,
샹비로(上毘盧) 잠간(暫間) 쉬여/십이(十里) 너덜 올나가니,
금식 은식(金色銀色) 황홀(恍惚)ᄒᆞ다/쳠젼 고후(瞻前顧後) 살펴보니,
불보살(佛菩薩)이 의희(依稀)ᄒᆞ다/상상봉(上上峰) 올나가니,
비로봉(毘盧峰)이 여긔로다/동편(東便)을 바라보니,
챵히(滄海)가 망망(茫茫)ᄒᆞ고, 북편9北便)을 바라보니,
만리(萬里)가 훤츌ᄒᆞ다/일츌봉(日出峰), 월츌봉(月出峰)은
셔긔(瑞氣)가 영농(玲瓏)ᄒᆞ고,/미륵봉(彌勒峰), 혈망봉(穴望峰)은
빅운(白雲)이 어리엿다/니외산(內外山) 무흔경(無限景)을
예 안ᄌᆞ 다 보리로다/봉샹(峰上)에 잠간(暫間) 안져
회광 반죠(回光返照) 싱각ᄒᆞ니,/비로ᄂᆞᆫ ᄌᆞ셩(自性)이요,
챵히(滄海)ᄂᆞᆫ 심히(深海)로다/비로 졍상(毘盧頂上) 무흔경(無限景)을
진셰(塵世)ᄉᆞ롬 긔 뉘 알고?/셔셔(徐徐)이 나려오며,
보보(步步)이 념불(念佛)ᄒᆞ니,/화장셰계(華藏世界)7) ᄶᅩ 잇스며,
극낙졍토(極樂淨土) 이 아닌가?/ᄉᆞ션디(四仙臺) 잠간(暫間) 보고,
안무지 올나 셔셔/니산(內山)을 다시 보니,
거록ᄒᆞ기 측냥(測量)업다/장표훈(長表訓)8) 디강(大綱) 보고,
유졈ᄉᆞ(楡岾寺)로 너머간다../오리허(五里許)의 나려가니,
칠보디(七寶臺) 긔묘(奇妙)ᄒᆞ다/반십니(半十里) 다시 가니,
졈심쳥(點心廳)이 여긔로다/졈심 잠간(點心暫間) 요긔(療飢)ᄒᆞ고,
듕내원(中內院) ᄎᆞᄌᆞ갈 제,/만경디(萬景臺) 올나가니,

---

7) 화장셰계=연화장셰계(蓮華藏世界)의 준말. 석모니불의 진신(眞身)인 비로자나불의 정토(淨土).
8) 장표훈=장안사와 표훈사를 합쳐 이른 말.

경계(景槪)도 죠컨이와/송풍 나월(松風蘿月) 좀도 죳타.
즁내원(中內院) 츠즈가니,/쳔거북이 완연(宛然)ᄒ다.
일야(一夜)롤 유슉(留宿)ᄒ고,/미륵봉(彌勒峰)이 더욱 죳다.
즁니원(中內院) 다시 와셔/관음봉(觀音峰) 친견(親見)ᄒ니,
미륵봉(彌勒峰) 진미륵(眞彌勒)과/관음봉(觀音峰)성관음(生觀音)을
예 와셔 다 뵈오니,/도솔텬(兜率天)이 이 아닌가?
하니원(下內院) 잠간(暫間) 보고,/션담(船潭)을 구경ᄒ니,
담슈(潭水)도 만컨이와/반셕(盤石)이 긔이(奇異)ᄒ다.
유졈ᄉ(楡岾寺) 나려오니,/오십 삼불(五十三佛) 쥬쳐(住處)로다.
큰 법당(法堂) 드러가셔/오십 삼불(五十三佛) 친견(親見)ᄒ고,
관음뎐(觀音殿) 드러가셔/빅의 관음(白衣觀音) 친견(親見)ᄒ니,
상호(相好)도 거록ᄒ고,/유후남무 더 묘(妙)ᄒ고,
오탁슈(烏啄水)가 이상(異常)ᄒ다./향젹뎐(香寂殿) 구경ᄒ니,
무연돌(無烟突)이 여긔로다./통시루 잠간9暫間) 보니,
범인 죠작(凡人造作) 아니로다./월지국왕(月氏國王) 노츈시(盧春氏)는
오십불(五十佛) 뫼셔 두고,/외호신(外護神)이 되여 안즈
영험(靈驗)도 긔이(奇異)ᄒ다./산영루(山暎樓) 올나가니,
졔명(題名)도 무슈(無數)ᄒ다./슈셩(水聲)도 묘(妙)컨이와
산영(山暎)이 더 묘(妙)ᄒ다./빅년 명젹(百年名蹟) 반야암(般若庵)을
츠츠로 구경ᄒ고,/효운동(曉雲洞) 올나가니,
빅용(白龍)이 노니는 듯,/은션디(隱仙臺) 올나 안즈
십이 폭포(十二瀑布) 구경ᄒ니,/폭포(瀑布)도 죠컨이와
물쇼리 더욱 죳타./유졈ᄉ(楡岾寺) 지슉(再宿)ᄒ고,
풍혈디(風穴臺) 구경ᄒ니,/구무도 묘(妙)컨이와
양풍(凉風)이 긔이(奇異)ᄒ다./효양(孝養)고기 박달영과
폭포(瀑布)다림 잠간(暫間) 보고,/유졈ᄉ(楡岾寺) 다시 와셔
개지영(嶺) 츠즈갈 졔,/노리목 너머가니,

사즈(獅子)목이 쏘 잇더라./승방돌 올나 안즈
영동 구읍(嶺東九邑) 바라보고,/만경 창파(萬頃蒼波) 구경ᄒ니,
안계(眼界)도 훤츌ᄒ다./빅쳔(百川)도 나려가니,
슈셕(水石)도 긔승(奇勝)ᄒ다./송임굴(松林窟) ᄎᄌ가니,
포도(葡萄) 다리 휘여젓다./동ᄌ승(童子僧)이 쏘바다가
쇼금 셕거 구어 녹코,/졈심 잠간(點心暫間) 요긔(療飢)ᄒ니,
산듕 별미(山中別味) 이 아닌가?/졍고롤 구경ᄒ니,
오십 삼불(五十三佛) 지시(指示)로다./유졈 내외(楡岾內外) 약간(若干)
보고,
신계ᄉ(神溪寺)롤 ᄎᄌ갈 제,/발연ᄉ(鉢淵寺) 드러가니,
발연 폭포(鉢淵瀑布) 거룩ᄒ다./신계ᄉ(神溪寺)을 ᄎᄌ가니,
용화회샹(龍華會相) 여긔로다./졔법당(諸法堂) 각방 요ᄉ(各房寮舍)
ᄎᄎ로 구경ᄒ고,/보문암(普門庵),관음암(觀音庵)은
긔지(基地)도 평탄(平坦)ᄒ다./화장암(華藏庵) 잠간(暫間) 보고,
구용년(九龍淵) ᄎᄌ갈 졔,/금강문(金剛門) 드러가니,
뎐작(天作)으로 삼겻더라./옥유동(玉流洞) 올나가니,
반셕(盤石)이 졔일(第一)이다./졔명(題名)ᄒ 것 술펴보니,
금즉고 거록ᄒ다./허공(虛空)다리 올나 셔셔
비봉폭포(飛鳳瀑布) 텬상(天上)에 은하슈(銀河水)을
반공(半空)에 드리온 듯,/좌우(左右)을 술펴보니,
슈셕(水石)도 웅장(雄壯)ᄒ다./구용연(九龍淵) 드러가니,
구룡(九龍)이 굽이는 듯,쳔만(千萬)길 용츄(龍湫) 속에
운년(雲烟)이 셧도는 듯,폭포(瀑布)을 바라보니,
쳔(千) 길인동 만(萬) 길인동,/은하슈(銀河水) 말근 물을
쳥텬(靑天)에 드리온 듯,/놀납고 금즉기는
너외산(內外山) 졔일(第一)이다./노폭 풍ᄉ(怒瀑風師) 사인 현젼(士人
賢傳)

우암션싱(尤庵先生) 친필(親筆)일다./홀으는 물 쥬여 먹고,
비회(徘徊)ᄒᆞ여 구경ᄒᆞ니,/텬상(天上)인 듯, 용궁(龍宮)인 듯,
쎠날 쓰지 아조 업ᄂᆡ./오던 길노 다시 와셔
팔담(八潭)을 올나가니,/긔암괴셕(奇巖怪石) 이상(異常)ᄒᆞ다.
신계ᄉᆞ(神溪寺) 다시 주고,/만물초(萬物肖) 추주간다.
신계 온졍(神溪溫井) 잠간(暫間) 보고,/ᄇᆡ졍봉(百鼎峰) 바라보니,
암셕(巖石)도 죠컨이와,/숑ᄇᆡᆨ(松栢)이 층층(層層)ᄒᆞ다.
삼십니(三十里)을 드러가니,/만물초(萬物肖)가 여긔로다.
샤ᄌᆞ(獅子)목 올나 안ᄌᆞ,/망견(望見)ᄒᆞ여 바라보니,
봉만(峰巒)도 긔이(奇異)ᄒᆞ고,/물형(物形)도 이상(異常)ᄒᆞ다.
허위 허위 올나가니,/금강문(金剛門)이 니닷ᄂᆞᆯ,
계우 계우 너머가셔/반셕(盤石)에 올나 안ᄌᆞ
묵고 ᄉᆞ방(默顧四方) 술펴보니,/만고 졔일(萬古第一) 여긔로다.
혹쳐(或處)의 불보살(佛菩薩)이 겹겹이 안즈신 듯,
혹쳐(或處)의 ᄉᆞ삼 죠ᄉᆞ(卅三祖師)/졍(靜)에 드러 안즈신 듯,
혹쳐(或處)에 팔부 신듕(八部神衆)/ᄎᆞ례(次例)로 버려 션 듯,
혹쳐(或處)에 열시왕(十王)이/도의좌의 거란즌 듯,
혹쳐(或處)에 쳥황용(靑黃龍)이/반공(半空)에 뒤눕난 듯,
혹쳐(或處)의 육아 ᄇᆡᆨ샹(育牙白象)/쳥황 ᄉᆞᄌᆞ(靑黃獅子) 긔린(麒麟)이가
반공(半空)에 달니는 듯,/그 져편 바라보니,
쳥학 ᄇᆡᆨ학(靑鶴白鶴) 잉무 공작(鸚鵡孔雀)/벽텬(碧天)에 넘노는 듯,
구렁 ᄇᆡ암 호랑 ᄉᆞᄌᆞ(獅子)/비금 쥬슈(飛禽走獸) 온갓 즘싱
완연(宛然)이 굽이는 듯,/만물초(萬物肖) 만물초(萬物肖)난
명불허득(名不虛得) 아니로다./그 아ᄅᆡ 구버 보니,
옥녀(玉女)의 셰두분(洗頭盆)난/졔법 실상(諸法實相) 이 아닌가?
셕굴(石窟)에 슉쇼(宿所)ᄒᆞ고,/쳔불동(千佛洞) 추주가되,
위테(危殆)코 험(險)ᄒᆞᆫ 곳의/굴(窟) 아니면, 어이 갈고?

슈삼일(數三日) 흔둔(屯)ᄒ고,/근근이 ᄎᄌ가니,
　쳔불 만불(千佛萬佛) 무슈불(無數佛)이/쳡쳡(疊疊)이 안ᄌᄂᆞᆫ 듯,
　화장셰계(華藏世界) 불보살(佛菩薩)이/예 와셔 도회(都會)ᄒᆞᆫ 듯,
　여긔 져긔 구경ᄒᆞ니,/쳥남도 무슈(無數)ᄒ고,
　반셕(盤石)도 웅장(雄壯)ᄒ다./입아! 인간(人間) ᄉᆞ롬들아!
　이 ᄂᆡ 말삼 드러보쇼./일불(一佛)도 거록ᄒᆞᄃᆡ,
　쳔불(千佛)이 엇더ᄒᆞᆯ고?/셰망(世網)에 걸닌 ᄉᆞ롬
　셰간 탐심(世間貪心) 그만ᄒ고,/츌농학(出籠鶴)이 어셔 되야
　쳔불(千佛)을 친견(親見)ᄒ쇼./인간 장부(人間丈夫) 되엿다가
　이리 죠흔 금강산(金剛山)을/못듯고ᄂᆞᆫ 말연이와
　듯고 참아 아니 볼가?/셰간 탐심(世間貪心) 바리고,
　회광 반조(回光返照) 잠간(暫間)ᄒ면,/쳥졍 불셩(淸淨佛性) 구족(具足)
ᄒ니,
　ᄌᆞ긔 금강(自己金剛) 아니 볼가?
　관동 팔경(關東八景) 구경ᄒᆞ니,/쇼상 팔경(瀟湘八景) 부러ᄒᆞᆯ가?
　통쳔(通川)은 총셕졍(叢石亭)이요,/고셩(高城)은 삼일포(三日浦)라.
　간셩은 쳥간졍(淸澗亭)이다./양양(襄陽)은 낙산ᄃᆡ(洛山臺)라.
　강능(江陵)은 경포ᄃᆡ(鏡浦臺)요,/삼쳑(三陟)은 쥭셜누(竹雪樓)라.
　울진(蔚珍)은 미양졍(望洋亭)과/평ᄒᆡ(平海)는 월송졍(越松亭)을
　낫낫치 구경ᄒᆞ니,/흉금(胸襟)도 쇄락(灑落)ᄒ다.
　금강산(金剛山) ᄂᆡ외경(內外景)을/ᄃᆡ강(大綱)은 보아스나,
　긔이(奇異)코 묘(妙)ᄒᆞᆫ 곳은/인역(人力)9)못갈지라.
　긔묘(奇妙)ᄒᆞᆫ 승경계(勝景界)을/낫낫치 못다ᄒ니,
　명월 쳥풍(明月淸風) 산슈객(山水客)과/운산 운슈(雲山雲水) 진군ᄌ
(眞君子)난

───────────

9) 인역=원문에는 "일역"으로 되어 있음.

셰셰(細細)히 보소셔./금강 만이(金剛萬二) 무한경(無限景)을
필묵(筆墨)으로 못ㅎ리라./그만 져만 긋치노라.

<필사본에서>

〈참　고〉

崔康賢,『韓國紀行文學硏究』, 서울 : 一志社, 1981.

39. 金剛山遊山錄(금강산유산록)(악부본)

실명씨(失名氏)

해제 이 작품도 그 지은이와 지어진 연대를 알 수가 없다. 다만 지은이의 신분을 유추하여 보면, 승려는 아닌 듯싶다. 그 이유는 지은이가 벼슬살이의 꿈을 버리고, 무상한 인생살이를 강산 유람이나 하면서 풍류를 즐기겠다고 한 데에서 몰락한 선비로 추정된다.

願生高麗國(원생 고려국)호야/一見金剛山(일견 금강산)은
大國(대국)사롬도 호거든/호물며 東國人(동국인)이
보는 바의 咫尺(지척)이라./더욱 일너 무엇호리?
世上事(세상사) 生覺(생각)호면,/杳滄海之一粟(묘창해지 일속)이라.
人生(인생) 可憐(가련)호야/호루 갓튼지라.
아니 놀고 무엇호리?/만(萬) 英雄(영웅) 豪傑士(호걸사)도
북망산(北邙山(북망산) 틔글되고,/歷代王候(역대왕후) 富貴功名(부귀공명)
世上事(세상사) 후리치고,/行裝(행장) 수습호야
金剛山(금강산) 구경 가세./洛陽城(낙양성) 버든 길노
村村(촌촌)이1) 즈조 거러/竹杖芒鞋(죽장 망혜) 單瓢子(단표자)2)로,

---

1) 村村이=문맥으로 볼 때에는 "촌촌(寸寸)"이가 옳다. 이유는 "마을마다 자주 걸어"보다는 "조금씩 조금씩 자주 걸어"가 더 그럴싸한 표현이기 때문이다.
2) 單瓢子=다만 하나뿐인 표주박.

斷髮嶺(단발령) 올너 안져/金剛山(금강산) 바라보니,
諸佛地都會處(제불지 도회처)³)오../상셜반야(常說般若) 법긔보살(法起菩薩)
衆香城(중향성) 七寶臺(칠보대)의/聲聞緣覺(성문 연각) 시위로다.
신원촌(新院村) 츳ᄌ 드러/쳘리고기 너머 셔셔
힝화촌(杏花村) ᄌ바 드니,/薄酒山菜(박주 산채) 머근 後(후)의
활거리 헐소(歇所)ᄒ고,/長安寺(장안사) 드러갈 졔,
世念(셰념) 頓絶(돈졀)ᄒ다./左右山川(좌우 산쳔) 바라보니,
玉層層(옥층층) 峰巒(봉만)이오./金點點(금졈졈) 巖石(암셕)이라.
日柱門(일주문)⁴) 歇宿(헐슉)ᄒ고,/萬川橋(만쳔교) 건너 셔셔
相隨門(상수문) 올나가니,/泛鐘閣(범종각)⁵)眞如門(진여문)은
츠려로 다아 잇다./二層殿(이층젼) 金法堂(금법당)은
半空(반공)의 소사 잇다./三世如來(삼셰여래) 六觀菩薩(육관보살)
츠레 親見(친견)ᄒ고,/龍船殿(용션젼) 冥府殿(명부젼)과
四聖殿(사셩젼),毘盧殿(비로젼)은/녁녁(歷歷) 다 본 後(후)의
승요ᄉ(僧寮舍)는 솜방(三房)이라./神仙樓(신션루)의 올너 안져
左右(좌우)를 도라보니,/溪水(계수)는 潺潺(잔잔)ᄒ고,
松栢(송백)은 鬱鬱(울울)ᄒ다./씩씩할손 杜鵑花(두견화)요,
이슬풀손 春山草(춘산초)⁶)라./香雲(향운)은 密密(밀밀)ᄒ고
淸風(청풍)은 건 듯 부니,/風磬(풍경)소리 졀노 난다.
진실(眞實)노 佛國(불국)이라./一行(일행)은 지쵹ᄒ야
指路僧(지로승) 압흘 셰고,/山川景槪(산쳔 경개) ᄌ셰 보니,

---

3) 諸佛地都會處= "제불지도회처(諸佛之都會處)"의 잘못. 뜻은 수많은 부처님들이 다 모인 곳.
4) 日柱門= "일주문(一柱門)"의 잘못.
5) 泛鐘閣= "梵鐘閣(범종각)"의 잘못.
6) 春山草=다른 이본에는 "츈산됴(春山鳥)"로 되어 있음. 아마도 "춘산조"의 잘못인 듯함.

隱隱(은은)흔 奇巖奇石(기암기석)/面面(면면)이 경슈(擎手)[7]ᄒ야
靑天(청천)을 괴와 잇다./長慶峰下(장경 봉하)의
長慶庵(장경암) 排設(배설)ᄒ고,/觀音峰下(관음 봉하)의
觀音庵(관음암) 비셜(排設)ᄒ고,/地藏峰下(지장 봉하)의 地藏庵(지장암)[8],
釋迦峰下(석가봉하)의 水月庵(수월암)/다 영원(嶺源) 童子(동자) 브드러
오리峰(봉) 브라보니,/칠보(七寶)로 도여구나.
黃泉江(황천강) 지옥문(地獄門)은/業鏡臺(업경대)의 다아 잇다.
明鏡臺(명경대)와 金蛇窟(금사굴)은/奇異(기이)ᄒ고,絶妙(절묘)ᄒ다.
敬順王(경순왕) 大闕(대궐)터의/烏鵲(오작)이 슬피 운다.
靈源洞(영원동) 일쵸(一草)堂(당)은/白雲(백운)을 벗들 삼고,
ᄌ심(自心)을 궁구(窮究)ᄒ다./玉燭臺(옥촉대)와 拜石臺(배석대)는
左右(좌우)로 갈나 잇다./地藏峰下(지장봉하)의 閻羅峰(염라봉)
十王峰下(시왕봉하) 官峰(관봉)[9]/將軍峰(장군봉),童子峰(동자봉),
牛頭峰(우두봉),馬面峰(마면봉)이/次例(차례)로 列立(열립)ᄒ야
조인峰(봉)[10]에 다아 잇다./교리峰(봉),白馬峰(백마봉)과 遮日峰(차일봉)은
銀河(은하)를 무릅쓰고,/靑天(청천)을 괴와 잇다.
긔긔셕평(奇奇石平) 험(險)흔 길로/白塔洞(백탑동) ᄎᄌ가니,
多寶塔(다보탑),證明塔(증명탑)은/뉘 조화(造化)로 세원는고?
非人間之仙境(비인간지 선경)이라./佛國(불국)이 젹년(的然)ᄒ다.

---

7) 경슈=공경하는 마음으로 두 손을 모아 떠 받들음.
8) 地藏庵=나손본(羅孫本)은 이 부분이 "관음봉하 관음암/지장봉하 지장암/석가봉하의 수월암/영원동자 바들어/오리봉 바라보니,"로 되어 있음.
9) 十王峰下官峰=나손본(羅孫本)에는 "시왕봉 판관봉(十王峰判官峰)"으로 되어 있는데, 이것이 옳다고 본다.
10) 조인峰=「금강산완경록」계통에는 모두 "죄인봉(罪人峰)"으로 되어 있고, 이「유산록」계통은 모두 "조인봉"으로 되어 있음.

션불지 말리셩(城)은/경순왕(敬順王)11)의 避亂處(피란처)라.
兜率門(도솔문) 너머 드러/松蘿庵(송라암) 추주 가셔
쳥계슈(淸溪水),옥계수(玉溪水)을/巨量(거량)디로 머근 後(후)에
丞相峰(승상봉) 바라보며,/獅子(사자)목 너머 셔셔/四層(사층) 쇠스슬
휘여줍고, 望軍臺(망군대) 올나가니,/골골마다 밋친 봉(峰)과
마로마로 션는 바위/검거든 희디 말고,
희거든 검디 마지./天地肇判(천지 조판) 開闢時(개벽시)에
아쥬 싱긴 제불(諸佛)이라./홍년관(紅蓮館) 추주가니,
김동거亽(金同居士) 命終處(명종처)라./天王(천왕)바위 잠간(暫間) 보고,
三佛(삼불)바위 올나가니,/指空,懶翁,無學(지공 나옹 무학)
三和尙(삼화상)의 원불(願佛)이라./그 뒤에 五十三佛(오십 삼불)은
김동거亽(金同居士) 시긴 비라./白華庵(백화암) 추주가니,
西山(서산) 四溟(사명)/兩大師(양대사)의 表忠(표충)이라.
그 뒤에 비부도(碑浮屠)는/고션亽(古禪師)의 行蹟(행적)이라.
表訓寺(표훈사) 드러갈 제,/含影橋(함영교) 건너 셔셔
능파루(凌波樓) 올너 안져/동쳔(洞天)을 구버 보니,
風景(풍경)도 졀승(絶勝)ᄒᆞ다./相隨門(상수문) 泛鐘閣(범종각)은
眞如門(진여문)에 다아 잇다./般若之堂(반야지당) 드러가셔
石假山(석가산) 卓子(탁자) 우이/法起菩薩(법기보살) 親見(친견)ᄒᆞ고,
應眞殿(응진전), 冥府殿(명부전)과/龍船殿(용선전)을 다 본 後(후)에
승요亽(僧寮舍)는 三房(삼방)이라./香閣殿(향각전) 드러가니,
鍮甑(유증)도 거록ᄒᆞ다./正陽寺(정양사) 올나갈 제,
千一臺(천일대)12) 잠간(暫間) 보고,/歇惺樓(헐성루) 올너 안져
山川(산천)을 도라보니,/一萬(일만) 二千峰(이천봉)이

---

11) 경순왕=원문에는 "졍순왕"으로 되어 있음.
12) 千一臺=다른 대부분의 한문본들에는 "天逸臺"로 되어 있음.

膝下(슬하)에 버러 잇다./藥師殿(약사전) 六面閣(육면각)은
人功(인공)도 無數(무수)ᄒ다./般若殿(반야전),無說堂(무설당)과
顯聖閣(현성각)을 다 본 後(후)에/表訓寺(표훈사) 도로 너려
金剛門(금강문) 너머 셔셔/五仙峰(오선봉) 바라보고,
靑鶴臺(청학대) 둘너 보니,/靑鶴臺(청학대) 노든 鶴(학)은
단구(段丘) 秋夜月(추야월)에/神仙(신선)을 싸라가고,
鶴(학)소리만 나만는가?/靑壺淵(청호연) 龍谷潭(용곡담)을
ᄌ셔이 본13)然後(연후)에/內圓通(내원통) 올나가셔
千手菩薩(천수보살) 親見(친견)ᄒ고,/觀音峰(관음봉),獐項峰(장항봉)과
萬折洞(만절동) 太上洞(태상동),/羽化洞(우화동)을 다 본 後(후)
般菴(반암)14)을 ᄎᄌ가/百賓居士(백빈거사)15) 得道處(득도처)라.
須彌塔(수미탑) 가는 길에/降仙臺(강선대) 헐소(歇所)ᄒ고,
須彌塔(수미탑) ᄎᄌ가니,/塔石(탑석)도 조커니와
須彌塔(수미탑)이 더욱 조타./구고臺(대) 운옥병(雲玉屛)은
仙景(선경)이 奇異(기이)ᄒ다./萬瀑洞(만폭동) 도라오니,
蓬萊(봉래) 楓岳(풍악) 원화(元化)/洞天(동천)이라, 시긴 거슨
楊蓬萊(양봉래) 親筆(친필)이라./神仙(신선)은 어듸 가고,
바독板(판)만 나만는고?/洗頭盆(세두분) 말근 물에
塵埃(진애)을 활작 싯고,/八潭(팔담)을 올나가니,
靑龍潭(청룡담), 紅龍潭(홍룡담)은/碧潭(벽담)에 다아 잇고,
噴雪潭(분설담), 眞珠潭(진주담)은/거북潭(담)에 다아 잇다.
권潭(담)16)과 화룡潭(化龍담)은/보든 바의 奇觀(기관)이라.

---

13) 본=원문에는 "보"로 되어 있음.
14) 般菴=나손본(羅孫本)에는 물론 다른 기록들에는 모두 "선암(船庵)"으로 되어 있음.
15) 百貧居士=나손본이나, 기타 기록들에는 모두 "박빈거사"로 되어 있음.
16) 권潭=나손본에는 "션담(船潭)"으로 되어 있음.

普德窟(보덕굴) 올나가니,/十九層(십구층) 구리기동
뉘 造化(조화)로 셰윈는고?/人功(인공)도 無數(무수)ᄒ다.
欄干(난간)에 빗기 안져/船潭(선담)을 구버보니,
흰 모시을 걸친 듯/靑龍白龍(청룡 백룡) 쏘오는 듯,
霜雪風(상설풍)이 振動(진동)ᄒ다./大香爐峰(대향로봉), 小香爐峰(소향로봉)과
獅子峰(사자봉) 바라보고,/摩訶淵(마하연) 올나가니,
金剛山(금강산) 복장(腹臟)이라./이허디(李許臺)와 七星臺(칠성대) 잠간(暫間) 보고,
一層(일층) 쇠ᄉ슬 휘어잡고,/白雲臺(백운대) 올나가니,
日出峰(일출봉), 月出峰(월출봉)은/靑天(청천)을 괴와 잇다.
迦葉洞(가섭동) ᄎᄌ가니,/景槪(경개)도 絶勝(절승)ᄒ다.
진迦葉(眞가섭)의 도량(道場)이라./장군수 금강슈(金剛水)를
비 불니 먹은 後(후)에/穴望峰(혈망봉) 바라보니,
眞迦葉(진가섭)이 完然(완연)ᄒ다./衆香城(중향성) 바라보니,
뉴리셩(琉璃城)이 天然(천연)ᄒ오./만회庵(萬灰암) 도라드니,
경긔(景槪)도 有名(유명)ᄒ다./불디庵(佛地庵) ᄎᄌ가
世祖大王(세조대왕) 願堂(원당)이라./瓢子(표자)를 글너니야
甘露水(감로수)를 냥굿 먹고,/묘길상(妙吉祥) 도라가니,
나옹和尙(懶翁화상) 願佛(원불)이라./李許臺(이허대) 잠간(暫間) 보고,
毘盧峰(비로봉) 올나갈 제,/左右(좌우)를 도라보니,
無盡景槪(무진 경개) 絶妙(절묘)ᄒ다./山疊疊(산첩첩) 千峰(천봉)이오.
水潺潺(수잔잔) 碧溪(벽계)로다./奇巖層層(기암 층층) 絶壁間(절벽간)에
온갓 花草(화초) 다 피엿다./漁舟逐水(어주 축수) 愛三春(애삼춘)ᄒ니,
武陵桃源(무릉도원) 복숑화꼿/東君春風(동군 춘풍) 何處在(하처재)오?
蝶舞紛紛(접무 분분) 살구곳/碧樹杳杳(벽수 묘묘) 졀졀뉴(節節流)에
긔방(旣放)흔 梅花(매화)곳/問道春風(문도 춘풍) 未相識(미상식)ᄒ니,

분벽셔창(粉壁西窓)에 진달네곳/長松絶壁(장송 절벽) 靑山頭(청산두)에
亂滿雨中(난만 우중) 躑躅(척촉)곳/온갓 花草(화초) 다 본 後(후)
上上峰(상상봉) 올나가니,/詩興(시흥)이 졀노 난다.
쳠봉하쳐(尖峰何處) 장비(將飛)오?/위셕분면(爲石粉面) 녹하러(欲何來)을.
산공텬경(山拱天京) 무진축(無盡祝)이오,/히우디칙(海隅地柵) 극변외(極
邊外)라. 東海(동해)를 바라보니,/扶桑滄海(부상 창해) 萬里(만리)박게
漁翁(어옹)도 무(無)ᄒ다./영낭지(永郎岾) 바라보니,
숨신션(三神仙)의 遺跡(유적)이라./四面(사면)을 바라보니,
八路(팔로) 江山(강산)을/眼前(안전)에 거두엇도다.
노니다가 摩訶淵(마하연) 도로 너려/안무지 너머가셔
七寶臺(칠보대) 잠간(暫間) 보고,/은션臺(隱仙대) 올너 안져
셩문(城門) 十二瀑(십이폭)는/白龍(백룡)의 구븨로다.
효운洞(曉雲동) 구버보고,/萬景臺(만경대) 둘너 보니,
人間萬景(인간 만경) 녀긔로다./즁닉원(中內源) 香爐巖(향로암)
仙景(선경)이 奇異(기이)ᄒ다./쳔거북 도량(道場)이라.
션潭(船담)을 잠간(暫間) 보고,/楡岾寺(유점사) 니려 와
山暎樓(산영루) 올나가셔/四面(사면)을 보니,
金剛山(금강산) 勝地(승지)로다./解脫門(해탈문),天王門(천왕문)
梵鐘閣(범종각)에 다아 잇다./뇽음樓(龍吟루) 올나 안져
숭요ᄉ(僧寮舍) 둘너 보며,/능인보殿(能仁寶전) 드러가니,
石假山(석가산) 卓子(탁자)/느름나무 쑤리 우익
五十三佛(오십 삼불) 모셔 잇스니,/월지국(月氏國)셔 오시도다.
앗ᄌ션방(亞字禪房) 구경ᄒ니,/공부僧(승)이 ᄌ심(自心)을 궁구(窮究)
ᄒ다.
영산殿(靈山전), 十王殿(시왕전)/뇽쳔殿(湧泉전), 무연閣(無烟각)을 다
본 後(후)에
표ᄌ(瓢子)를 글너 니야/옥탁슈(烏啄水)[17] 머근 後(후)에

법화ᄉ(法華寺)를 구경ᄒ니,/各處道僧(각처 도승) 모야 잇셔
일변은 法華經(법화경)을 일쏘,/일변은 阿彌陀佛(아미타불)을 외와
즈심(自心)을 안정(安靜)ᄒ얏다가/極樂(극락)을 發願(발원)ᄒ다.
슈월당(水月堂)과 발농당(蟠龍堂)을/잠간(暫間) 보고[18],
녜도 쏘흔 工夫處(공부처)라./본골 太守(태수) 노츈시(盧春氏)는
월지왕(月氏王) 後身(후신)으로/五十三佛(오십 삼불) 모시려고,
남더신 되여쓰니,/월디왕사(月氏王使) 니 아인가?
般若庵(반야암), 홍셩암(興聖庵)을 다 본 後(후)에/명젹암(明寂庵), 븩년
암(白蓮庵)을 즈셰(仔細) 보고,
녕운졍(靈雲亭) 니다라/비쳔교(配川橋) 밧비 지나,
졍고(庫)에 點心(점심)ᄒ고,/新溪寺(신계사) 츠즈 가니,
디가남(大伽藍) 도량(道場)이라./디응젼(地應殿), 뉴리보젼(琉璃寶殿)과
萬歲樓(만세루)를 다 본 後(후)에 /승요사(僧寮舍)[19]는 숨방(三房)이라.
九龍淵(구룡연) 드러갈 제,/金剛門(금강문) 너머 셔셔
옥뉴동(玉流洞) 비봉포(飛鳳瀑)/무룡(舞龍)[20]은 絶妙(절묘)ᄒ다.
九龍淵(구룡연) 디포슈(大瀑水)는/天上(천상)에 銀河水(은하수) 니 안
인가?
精神(정신)이 洒落(쇄락)ᄒ다./八潭(팔담)을 잠간(暫間) 보고,
新溪寺(신계사) 도라나와/동셕(動石)이 츠즈가니,
쏘흔 긔묘(奇妙)ᄒ다./絶句(절구) ᄒᄂ ᄒ고 가즈.
슈공쳔하(垂拱天下) 삼보립(三寶立)ᄒ니/松靑石白(송청석백) 間間花
(간간화)라.

---

17) 옥탹슈=나손본에는 "요탹슈"로 되어 있으나, 모두 잘못이며, "오탁수(烏啄水)"
라야 옳다.
18) 보고="보니"의 잘못이거나, 뒤에 몇구가 없어진 듯하나, 나손본도 이와 같다.
19) 승요사=원문에는 "승조사(僧曹寺)"로 되어 있으나, 잘못임. 나손본에는 "승요사"로 되
어 있음.
20) 무룡=원문에는 "무롱"으로 되어 있음.

若使畫工(약사화공)으로 모차경(摸此景)인딘,/其如林下(기여임하)에 鳥
聲何(조성하)오?
新溪(신계)로 도라나와/극낙(極樂)이 고기 너머 셔셔
溫井(온정)에 沐浴(목욕)ᄒ고,/萬物肖(만물초) ᄎᄌ가니,
景槪(경개)도 絶勝(절승)ᄒ다./層層(층층)바위는 白玉(백옥)이오.
션는 돌은 사롬의 形狀(형상)이라./千佛(천불)이 列坐(열좌)ᄒᆫ 듯,
壯士(장사)가 鐵甲(철갑)을 입고,/敵陣(적진)에 對(대)ᄒ는 듯,
將軍石(장군석),童子石(동자석)은 旗幟(기치)을 잡고,
歲月(세월)을 니져거든/風雨(풍우)을 避(피)ᄒᆯ손냐?
金剛山(금강산) 無限景(무한경)을 /歷歷(역력)이 다 본 後(후)에
海金剛(해금강) 너려가니,/五十三佛(오십삼불) 遺跡(유적)이라.
업혀진 돌비는/至今(지금)것 變(변)치 안아쓰,
빅졍봉(百鼎峰) ᄎᄌ가니,/빅(百) 솟치 壯觀(장관)이라.
金剛窟(금강굴) ᄎᄌ가니,/不老草(불로초) 奇異(기이)ᄒ다.
四時長靑(사시장청) ᄒ도다./金剛內外(금강 내외) 보아쓰니,
關東八景(관동 팔경) 마져 보ᄌ./叢石亭(총석정) ᄎᄌ가니,
女와氏(여와씨) 崩(붕)ᄒᆫ 後(후)에/뉘 다시 鍊石(연석)ᄒ야
져딘도록 곱게 ᄒ며,/鬼神(귀신)의 造化(조화)신가?
天工(천공)도 無數(무수)ᄒ다./或一方(혹 일방)은 六面(육면)이오.
或一方(혹 일방)은 四面(사면)이라./面面(면면) 絶勝(절승)ᄒ다.
高城三日浦(고성 삼일포) 너려가셔/몽쳔암(夢泉庵) 져문 날에
鐘磬(종경)소리 淸潔(청결)ᄒ다./一葉船(일엽선) 비를 타고,
션쥬암(船舟庵) 드러가니,/사션(四仙)은 어디 가고,
亭子(정자)만 나만는고?/杆城郡(간성군) 早飯(조반)ᄒ고,
淸澗亭(청간정) 올나가니,/심안(心眼)이 廣闊(광활)ᄒ야
吳楚(오초)가 咫尺(지척)이라./是故(시고)로 니르기를,
淸澗(청간)이라 ᄒ얏도다./襄陽府(양양부) 버든 길노,

洛山寺(낙산사) ᄎᆞ자가니,/碧海岸頭(벽해 안두) 高絶處(고절처)에
觀音佛(관음불)이 鋸鹿(거록)ᄒᆞ다./의상디(義湘臺) 石澗水(석간수)는
의상조ᄉ(義湘祖師) 영젹(靈跡)이라./금법당(金法堂) 뉵슈觀音(六手관음)
神通(신통)이 갸륵ᄒᆞ오./江陵府(강릉부) ᄎᆞ자가니,
놀기 조은 鏡浦臺(경포대)ᄂᆞᆫ/미학(梅鶴)과 마조 잇다.
五湖十里(오호십리) 名沙中(명사중)에/海棠花(해당화) 불거 잇고,
三月春風(삼월 춘풍) 細雨中(세우중)에/白鷗(백구)는 雙雙飛(쌍쌍비)라.
三陟(삼척)이 어디매뇨?/竹雪樓(죽설루)21) ᄎᆞ자가니,
五十川(오십천) 너린 물의/낙화(落花)노름 더옥 조타.
蔚珍縣(울진현) 望洋亭(망양정)은/東海(동해)를 案(안)을 삼고,
희음 업시 바라보니,/三神山(삼신산) 어듸 잇노?
赤松子消息(적송자 소식) 茫然(망연)ᄒᆞ고,/童男童女(동남 동녀) 五百人
(오백인)은
一去(일거)에 不復回(불부회)라./平海(평해)ᄶᅡ 越松亭(월송정)은
風景(풍경)도 조커니와/習習東風(습습 동풍) 明月夜(명월야)에
白鷗(백구)는 어듸 가고,/江山(강산)이 寂寞(적막)ᄒᆞ디,
장송(長松)만 지어 잇고,/茫茫滄海(망망 창해) 無盡景(무진경)을
有酒盈樽(유주 연준) 도라가니,/珍重 보비(珍重寶貝) 이 안인가?

<필사본 『樂府(악부)』에서>

〈참　고〉

崔康賢, 『韓國紀行文學硏究』, 一志社, 1981.
鄭在皓外, 『註解樂府』, 高麗大學校民族文化硏究所, 1992.

---

21) 竹雪樓=죽서루(竹西樓)의 잘못.

40. 기성별곡(箕城別曲)

실명씨(失名氏)

해제 이 작품은 「관서별곡」이 아닌가 하는 의안을 가지고 이주홍(李周洪)이 처음 학계에 보고하여 비로소 알려지게 된 "평양별곡(平壤別曲)" 또는 "신서경별곡(新西京別曲)" 이라고 할 수 있는 기행가사이다. 내용은 지은이가 평안도 감사로 부임하여 관내 순시를 하면서 구경한 평양성 주변의 아름다운 풍경과 문물을 노래한 것이다.

지은이는 어느 시대 어떤 사람인지 불명하나, 평양감사로 부임하였던 사람임은 확실하다. 강전섭(姜銓燮)이 해석(海石) 김재찬(金載瓚 : 1746-1827)으로 고증하여 발표한 바 있으나, 필자의 소견으로는 아직 단정하여 따르기에는 고증이 미흡하다고 여겨져 실명씨의 작품으로 처리한다.[1]

츄강(秋江)의 비룰 미고,/위루(危樓)의 혼즈 안즈

---

1) 그 이유는 나손본에 "희셕 심샹공 소작"이라고 한 기록에 근거하여 해석(海石) 김재찬(金載瓚)으로 보았으나, 필자는 첫째, 당시 사회에서 역성환부(易姓換父)는 최대 최고의 모욕으로 간주되어 왔던 점에서 "김(金)"을 "심(沈)"으로 잘못 기록한 것으로 보는 것은 자기 편의적 발상이다. 둘째, 김재찬은 『海石日錄(해석일록)』이라는 30권 15책의 일기가 있는데, 거기에 일체의 언급이 없다는 점에서 신빙성이 떨어진다. 이 작품을 김재찬이 지었다면, "팔노도신 삼빅 슈령의게 뎐흐고져."라는 창작 동기상으로 볼 때에 아무리 국문으로 이 작품을 지었다고 하더라도 자기의 문집이나, 일록에 밝히지 않고 숨길 이유가 없기 때문이다. 그러니까 필자의 소견으로는 "심(沈)"씨 중에서 찾아야 할 것으로 믿는다.

셔경(西京) 옛 산쳔(山川)을/녁녁(歷歷)히 구버 보니,
댱강(長江)이 횡디(橫帶)ᄒᆞ여/빅슈(百水)가 됴죵(朝宗)ᄒᆞ고,
군산(群山)이 박디(撲地)ᄒᆞ여/금슈(錦繡)가 둘너 잇다.
무변(無邊)ᄒᆞᆫ 큰 들 우희/듕셩(重城)을 싸핫스니,
아마도 쟝(壯)ᄒᆞᆫ 긔셰(氣勢)/졔왕(帝王)의 긔업(基業)이라.
틱빅산(太白山) 단목하(檀木下)의/신인(神人)이 나려시니,
군명(君名)은 단군(檀君)이오./국호(國號)ᄂᆞᆫ 됴션(朝鮮)이라.
당요(唐堯)와 갓치 셔셔/입국(立國)이 쳔년(千年)이라.
슬프다. 은틱ᄉᆞ(殷太史)ᄂᆞᆫ/졔을(帝乙)의 종친(宗親)이라.
믹슈가(麥秀歌) ᄒᆞᆫ 곡됴(曲調)의/빅마(白馬)로 동닉(東來)ᄒᆞ니,
구졍법(九井法) 팔됴교(八條敎)의/왕화(王化)가 디ᄒᆡᆼ(大行)이라.
오동방(吾東方) 슈쳔리(數千里)의/소듕화(小中華)라 일커ᄅᆞ니,
어와! 셩공(聖功)이여!/빅셰(百世)의 이즐소냐?
연(燕)나라 남은 빅셩(百姓)/동(東)으로 건너와셔
왕검셩(王儉城)의 도읍(都邑)ᄒᆞ니,/위만(衛滿)의 됴션(朝鮮)이라.
한무졔(漢武帝) 원봉년(元封年)의/ᄉᆞ이(四夷)의 위진(威震)ᄒᆞ니,
동(東)으로 치든 써의/낙랑셩(樂浪城) 되단 말가?
삼한(三韓)이 병립(竝立)ᄒᆞ니,/고구려(高句麗) 여긔로다.
부국(富國) 강병(强兵)은/피왕(霸王)의 긔업(基業)이라.
슈양졔(隋煬帝) 쳔리 동졍(千里東征)/텬하(天下)가 소죠(蕭條)ᄒᆞ고,
당틱종(唐太宗) 십만 디병(十萬大兵)/안시셩(安市城)의 헤여지니,
산하(山河)의 굿은 형셰(形勢)/동국(東國)의 보빅로다.
흥망(興亡)이 ᄌᆞ최 업고,/풍광(風光)은 의구(依舊)ᄒᆞ니,
옛 님군 도읍(都邑)터히/고젹(古蹟)만 남아 잇다.
옛 말슴 그만ᄒᆞ고,/명승(名勝)을 차즈리라.
디동문(大同門) 드리다라./연광졍(鍊光亭) 올ᄂᆞ가니,
반공(半空)의 ᄂᆞ는 쳠하(檐下)/학(鶴)의 등의 몡에ᄒᆞ고,

십이층(十二層) 식인 난간(欄干)/그림 속의 바이는디,
스양(斜陽)의 발을 것고,/취안(醉眼)을 드러 보니,
쟝강(長江)이 깁 갓ㅎ여/츄텬(秋天)과 한 빗치오.
빅스쟝(白沙場) 긴 슈풀의/져녁 니 ᄌᄌ것다.
풍연(風烟)은 한(限)이 업고,/강산(江山)이 무궁(無窮)ㅎ니,
빅리(百里) 누디(樓臺)의/분첩(粉堞)이 조요(照耀)ㅎ다.
청쟉션(青雀船) 황용츅(黃龍舳)은/등왕각(滕王閣) 번화(繁華)런가?
삼츄계(三秋桂) 십리하(十里荷)의/소셔호(小西湖) 여긔로다.
쌍쌍ᄒ 누션(樓船) 우희/싱가(笙歌)를 가득 싯고,
츈 됴슈(潮水) 긴 ᄇᆞ롬의/쳥뉴벽(清流壁) 올ᄂᆞ가니,
관츨ᄉ(觀察使) 션졍비(善政碑)는/어이 그리 만톳든고?
불근 먹 큰 글ᄌ로/면면(面面)이 삭여 잇다.
됴쳔셕(朝天石) 지나거냐?/쟝경문(長慶門) 차ᄌ가니,
모란봉(牡丹峰) ᄂᆞ린 줄기/부벽루(浮碧樓) 되단 말가?
산곽(山郭)의 니 잠기고,/강촌(江村)의 ᄒᆡ 져무니,
원포(遠浦)의 ᄂᆞ는 빅구(白鷗)/긴 안기를 씌엿는디,
낭낭(朗朗)ᄒ 어젹셩(漁笛聲)이/송풍(松風)과 화답(和答)ㅎ니,
아마도 이 풍경(風景)은/경듕(鏡中)의 여화(女媧)로다.
셩쳔(成川)셔 ᄯᅥ온 뫼히/능나도(綾羅島) 되단 말가?
말근 물 긴 모리의/ᄉᆞ오가(四五家) 어촌(漁村)이라.
니락(里落)이 소쇄(蕭灑)ㅎ니,/계견(鷄犬)조츠 한가(閑暇)ㅎ다.
영명ᄉ(永明寺) 찬 북소리/취(醉)ᄒ 꿈 얼풋 ᄭᅢ여
듁장(竹杖)을 밧비 집고,/득월루(得月樓) 올ᄂᆞ가니,
가ᄉ(袈裟)ᄒ 늘근 즁이/합쟝(合掌)ㅎ고, 마ᄌ 든다.
쳔년(千年)의 옛 ᄌ최를/낫낫치 차ᄌ 보니,
단군(檀君)젹 디궐(大闕)터이/지금(至今)의 완연(宛然)ㅎ다.
긔린(麒麟)이 한 번 가니,/옛글만 남아 잇니.

젹막(寂寞)흔 황디(荒臺) 우희/오쟉(烏鵲)이 지져괴니,
동명왕(東明王) 노든 일은/눌드려 무롤소냐?
금슈봉(錦繡峰) 졔일층(第一層)의/을밀디(乙密臺) 어듸메오?
운연(雲烟)이 막막(漠漠)ᄒᆞ니,/ᄂᆞᆫ 시 도라 들고,
강하(江河)가 곤곤(滾滾)ᄒᆞ니/안력(眼力)이 궁진(窮盡)ᄒᆞ다.
함구문(含口門) 십리(十里)밧긔/긔ᄌᆞ궁(箕子宮) 지엇스니,
구듀단(九疇壇) 거츤 디(臺)의/빅령(百靈)이 호위(護慰)ᄒᆞ고,
팔교문(八敎門) 놉흔 곳의/쳔산(千山)이 공읍(拱揖)ᄒᆞᆫ다.
쓸 아리 늘근 솔의/현학(玄鶴)이 삿기 치니,
밤듕만 우는 소리/경필(警蹕)이 ᄂᆞ리는 듯,
인현셔원(仁賢書院) 드러가셔/졀ᄒᆞ고 올ᄂᆞ가니,
듕당(中堂)의 져근 죡ᄌᆞ(簇子)/셩인(聖人)의 유샹(遺像)이라.
검은 관(冠) 흰 갓옷은/은(殷)나라 졔도(制度)로다.
미간(眉間)의 남은 근심/원(怨)ᄒᆞ는 듯, 한(恨)ᄒᆞ는 듯,
공부ᄌᆞ(孔夫子) ᄒᆞ신 말슴/삼인(三仁)이라 허(許)ᄒᆞ시니,
비간(比干)은 간ᄉᆞ(諫死)ᄒᆞ고,/미ᄌᆞ(微子)는 포긔(抱器)ᄒᆞ니,
옥듕(獄中)의 지은 노리/양광(佯狂)ᄒᆞ기 무삼 일고?
하우씨(夏禹氏) 어든 그림/홍범셔(洪範書)의 븕혓더니,
동(東)으로 오실 ᄯᅥ의/쥬무왕(周武王)끠 젼(傳)탄 말가?
흉듕(胸中)의 남은 조화(造化)/구이(九夷)의 잠간(暫間) 펴니,
부상(扶桑)의 도든 ᄒᆡ는/셩덕(聖德)과 갓치 븕고,
쳥파(淸波)의 흐르는 물/공화(功化)가 양양(洋洋)ᄒᆞ다.
챵망(蒼茫)흔 빈 들 우희/옛집만 황냥(荒凉)ᄒᆞ다.
례수(禮數)ᄒᆞ고 물너나니,/감의(感意)가 졀노 난다.
방슈셩(防水城) 도라드러/졍뎐(井田)터 보오리라.
챵연(蒼然)흔 빅리(百里)밧긔/들빗치 무한(無限)ᄒᆞ다.
쳔ᄆᆡᆨ(阡陌)을 각각 난화/빅(百)이랑식 졍(定)흔 후(後)의

아홉 우물 여둛 집의/열의 하나 셰(稅)룰 브 드
삼디(三代)젹 느린 법(法)을/동토(東土)의 베푸시니,
지는 히 셩귄 비의/소 모는 아히들아!
셩인(聖人)의 끼친 교화(敎化)/아는다? 모로는다?
듕셩(重城)을 다시 들러/이련당(愛蓮堂) 올나가니,
하향(荷香)은 습의(濕衣)ᄒ고,/월ᄉᆡᆨ(月色)은 만졍(滿庭)ᄒ디,
목란쥬(木蘭舟) 끠여 두고,/옥난간(玉欄干) 혼ᄌ 안져
금풍(金風)이 잠간(暫間) 부니,/치련곡(採蓮曲) 듯것마는
홍뇨화(紅蓼花) 깁흔 곳의/ᄉ람은 못볼롯다.
부용화(芙蓉花) 썩거 쥐고,/옥져(玉笛)룰 기리 부러
쾌지졍(快哉亭) 올ᄂ가니,/팔각루(八閣樓) 웅쟝(雄壯)ᄒ다.
관츨ᄉ(觀察使) 슌츨ᄉ(巡察使)는/위의(威儀)도 거룩ᄒ다.
강산(江山)의 흥(興)을 두고,/풍뉴(風流)만 일 숨으면,
승지(勝地)의 ᄒᆡᆼ낙(行樂)ᄒ기/됴키도 됴커니와
관셔(關西) ᄉ십듀(四十州)룰/셩은(聖恩)으로 맛디시니,
션뎡뎐(宣政殿) 하직(下直)ᄒᆞᆯ 쩨/무어시라 이르신고?
승풍(乘風) 션화(善化)는/쉽지는 못ᄒ여도,
부국(富國) 안민(安民)은/싱각지 아닐셔냐?
한 곡됴(曲調) 이 닉 노리/팔노 도신(八路道臣) 삼ᄇᆡᆨ(三百)
슈령(守令)의게 뎐(傳)ᄒ고져.

<樂隱校合本에서>

〈참 고〉

姜銓燮, 「海石 金載瓚의 '箕城別曲'에 對하여」, 『東洋學』 19집, 檀國大學校, 1989.
李周洪, 「資料 關西別曲」, 『국어국문학』 13호, 국어국문학회, 1955.

41. 봉뇌쳥긔(蓬萊淸奇)

실명씨(失名氏)

해제 이 작품은 지은이와 연대를 알 수 없는 금강산 기행가사이다. 필사본 가집으로 고려대학교에 소장되어 있는 이용기(李用基)편 『樂府(악부)』에 실려 있는 이 작품은 최강현(崔康賢)에 의하여 학계에 소개되어 널리 읽혀지게 되었다. 내용은 지은이가 아마도 대과(大科) 공부를 하다가 심기 일전의 전환점을 찾기 위하여 방샹운과 홍학과 심경문과 안셩오를 일행으로 하여 중국의 사마천(司馬遷)과 소동파(蘇東坡)처럼 명산 대천을 여행하고, 기문장관(奇聞壯觀)을 통하여 쾌활한 의지(意志)와 웅건(雄健)한 문장력(文章力)을 키우고자 금강산 구경을 떠나서 서울에서 출발하여 남한산성을 들려 구경하고, 지평읍을 지나 강원도 원주를 거쳐 황성, 홍천, 인제, 고성으로 가서 해금강과 외금강·내금강을 구경하고 단발령을 넘어 김화 철원, 포천, 양주로 회정한 노정과 견문을 노래한 것이 다. 이 노정은 조선시대 금강산행의 일반 노정과는 반대되는 특이한 길이어서 주목된다.
  지은이는 당시에 28세의 혈기 방장한 젊은이임을 알 수 있을 뿐 현재로서는 그 이상 알 수가 없는 것이 애석하다.

히동(海東) 숨쳔리(三千里)의/금강산(金剛山) 잇단 말가?
숨신산(三神山) 어딘 어딘/봉닉 방쟝(蓬萊方丈) 여쥬(瀛洲)로다.
디리산(智異山)이 방쟝(方丈)이요,/한라산(漢拏山)이 영쥬(瀛洲)로다.
관동(關東)의 졔일 명산(第一名山)/금강산(金剛山)이 봉닉(蓬萊)로다.
금강산(金剛山) 졔일 명승(第一名勝) 쳔고(千古)의 일너스니,

원싱고려(願生高麗) 일견금강(一見金剛)/화인(華人)의 말 아니런가?
하물며 동국인(東國人)이/남아(男兒)의 몸으로서
연부 역강(年富力强) 쇼장시(少壯時)의/일견 금강(一見金剛) 아이ᄒ랴?
남아(男兒)의 ᄒ올 일이,/ᄒ고도 만컨마는,
명산 디쳔(名山大川) 유람(遊覽)ᄒ여/긔문쟝관(奇聞壯觀) 심방(尋訪)ᄒ믄
지긔(志氣)도 쾌활(快活)ᄒ고,/문력(文力)도 웅건(雄健)ᄒ니,
한티ᄉ(漢太史) 스마쳔(司馬遷)¹⁾과/송명유(宋名儒) 소ᄌ유(蘇子由)²⁾의
유명 만셰(遺名萬歲) 죠흔 문쟝(文章)/강산지조(江山之助) 아니런가?
고인(古人)의 ᄒ온 일을/후싱(後生)이라 못ᄒ손가?
모츈 숨월(暮春三月) 화류시(花柳時)의/금강산(金剛山) 구경 가셰.
동반(同伴)의 누구 누구?/방샹운 홍학은은
풍류소치(風流所致) 가져스니,/지긔(志氣)도 샹합(相合)ᄒ다.
글 잘 읇는 심경문과/소리 죠흔 안셩오와
부다불소(不多不少) 오인(五人)이/쥭쟝 망혜(竹杖芒鞋) 표연(飄然)ᄒ다.
힝장(行裝)을 졈검(點檢)ᄒ니,/시츅(詩軸) 세 권(卷) 벼루 ᄒ나,
먹 한 쟝 붓 세 ᄌ로/이만 ᄒ면,족(足)ᄒ도다.
숨십 숨쳔(三十三天) 파루(罷漏)마치/디긔문(大開門) 니다를 제,
츈풍(春風)은 산란(散亂)ᄒ고,/효월(曉月)은 미빅(未白)ᄒ디,
젼관교(箭串橋)³⁾의 날이 시고,/광능도(光陵渡)의 비을 타니,
ᄉ풍셰우(似風細雨) 일고쥬(一孤舟)로/홀니 져어 나려가니,
쳥강(淸江)의 ᄯᆫ 빅구(白鷗)야!/너도 흔가(閑暇) ᄒ거니와
오날날 이 너 몸도/이 ᄯᅩ흔 너 갓도다.

---

1) 스마쳔=중국 한(漢)나라 태사령(太史令)을 지낸 학자이며, 정치가인 사마천(司馬遷). 자는 자장(子長), 저서로 『사기(史記)』가 있음.
2) 소ᄌ유=중국 송(宋)나라 정치가이며, 학자인 소철(蘇轍). 자유(子由)는 자,호는 영빈유로(潁濱遺老), 저서로 『노자해(老子解)』등이 있음.
3) 젼관교=지금 서울특별시 한양대학교 앞 중랑천(中浪川)에 있는 돌다리,일명 살꽂이다리.

남한산셩(南漢山城) 드리다러/국쳥스(國淸寺) 잠간(暫間) 쉬고,
더셔강4)을 올나셔니,/안계(眼界)도 샹활(爽闊)홀스.
쳔츄(千秋)의 끼친 흔(恨)이/이 짜이 안니런가?
원근 풍경(遠近風景) 슬퍼보니,/가려(佳麗)도 ᄒ도 홀스.
양뉴(楊柳)는 의의(猗猗)ᄒ여/금(金)실을 드리온 듯
도화(桃花)는 쟉쟉(綽綽)ᄒ여/슈쟝(繡帳)을 둘너는 듯,
산(山)밧게 너른 광야(曠野)/너른 밧게 쟝강(長江)이오.
곳곳이 두견화(杜鵑花)요,/슈풀마다 시소리라.
셔풍(西風)을 의지(依支)ᄒ야/한 잔(盞)을 거우른 후(後)
기원스(開元寺) 남단스(南壇寺)을/얼푸시 구경ᄒ고,
지슈관(池水館) 지나셔셔/학셩 동문(東門) 나아가니,
산쳔(山川)도 유벽(幽僻)ᄒ고,/쵸목(草木)도 울밀(鬱密)ᄒ다.
분원쟝(盆院場) 물식(物色) 죠타./좌우(左右)의 홍분 쇼부(紅粉少婦)
쳥념(靑簾)을 반기(半開)ᄒ고,/옥ᄇ(玉盃)을 손의 잡고,
ᄂ왕긱(來往客) 마즈리라./반빈 반쇼(半嚬半笑) 교티(嬌態)로다.
쇼쳔(小川)의 비를 건너/두릉촌(杜陵村) 드러가니,
소황쥬(小黃州),소금능(小金陵)이/이곳이 거의로다.
쳥돗디 샹고션(商賈船)은/지국총 닷츨 감고,
쳥약립(靑蒻笠) 녹스의(綠蓑衣)로/고기 잡는 어옹(漁翁)들은
세샹(世上) 시비ᄉ(是非事)를/아는다 모르는다?
용문산(龍門山) 푸른 봉(峰)이/긔셰(氣勢)도 츠아(嵯峨)ᄒ다.
월계촌(月溪村) 드러갈 졔,/구뷔 구뷔 죠흔 경치(景致)
아리는 쟝강(長江)이요,/우혜는 챵벽(蒼壁)이라.
즁간(中間) 일소로(一小路)의/셕곽(石槨)이 층층(層層)ᄒ니,
쳥쳥(靑靑) 슈양하(垂楊下)의/단공(短筇)을 의지(依支)ᄒ야

---

4) 셔더강=서장대(西將臺)의 잘못인 듯함.

한 소리 슈파람의/쳥풍(淸風)이 일어는다.
범범 쟝류(泛泛長流) 쳥두압(靑頭鴨)은/쎼을 지어 지져괴며,
유지(柳枝)의 황죠셩(黃鳥聲)은/가는 손을 머무는 듯,
쳑쵹화(躑躅花) 두어 가지,/압산(山)의 반기(半開)ᄒᆞ니,
물 속의 곳치 픠여/호졉(胡蝶)이 왕니(往來)ᄒᆞ다.
십리졈(十里店),오리졈(五里店)의/즁화참(中火站) 슉소(宿所)ᄒᆞ고,
지평읍(砥平邑) 지니치니,/관동 영문(關東營門) 오단 말가?
쵼락(村落)도 즐비(櫛比)ᄒᆞ고,/물식(物色)도 번화(繁華)ᄒᆞ다.
이십 뉵관(二十六官) 관찰ᄉᆞ(觀察使)의/샹영(上營)일시 분명(分明)ᄒᆞ다.
영션고(營繕庫)5) 포진(布陣)ᄒᆞ고,/유산긱(遊山客) 하쳐(下處)ᄒᆞ니,
ᄭᅵ마다 쥬육(酒肉)이오,/날마다 기악(妓樂)이라.
감격(感激)ᄒᆞᆯᄉᆞ 슌ᄉᆞ쟝(巡使丈)의/디졉 극진(待接極盡) 감격(感激)ᄒᆞ다.
봉니각(蓬萊閣) 션유(船遊)ᄒᆞᄌᆞ,/뉴화롱(柳花壟) 셕양쳔(夕陽天)의
관동 명기(關東名妓) 뉵칠인(六七人)을/한 비의 모도 싯고,
비단 돗디 놉히 달고,/병챵 가곡(倂唱歌曲)풍류(風流)ᄒᆞ니,
그 우희 홍샹 취디(紅裳翠黛)/금슈(錦繡) 우희 곳치로다.
유리죵(琉璃鐘) 호박비(琥珀盃)의/일비 일비(一盃一盃) 부일배(復一盃)
잡으시오!이 슐 한 잔(盞)!/권(勸)ᄒᆞᄂᆞ니 몃몃친고?
남젼 일난(藍田一蘭) 킈여니니,/옥경션ᄌᆞ(玉京仙姿)옥션(玉仙)이요,
황학루(黃鶴樓) 노름 가ᄌᆞ,/양션 명월(兩仙明月) 학션월(鶴仙月)이,
무산 남취(巫山藍翠) 프른 봉(峰)의/위운 위우(爲雲爲雨) 취운(翠雲)이오.
무릉도원(武陵桃源) 어디메뇨?/졈졈 홍슈(點點紅樹) 도홍(桃紅)이며,
션관 옥픠(仙官玉佩) 징징(琤琤)ᄒᆞ다./빅운간(白雲間)의 운옥(雲玉)이며,
진루 명월(塵累明月) 봉황곡(鳳凰曲)과/옥소 일셩(玉簫一聲) 봉옥(鳳玉)이라.

---

5) 원문에는 "영션교"로 되어 있음.

취(醉)토록 먹은 후(後)의/화젼지(花箋紙) 돗게 펴고,
일슈시(一首詩) 읇퍼 니니,/흉금(胸襟)이 쇄락(灑落)ᄒ다.
이 노름 그만 두고,/명산(名山)구경 어셔 가자.
봉니각(蓬萊閣) 잘 잇거라./영션고(營繕庫) 작별(作別)ᄒ고,
츈풍(春風) 혼 ᄉ미의/명산(名山)이 지쳑(咫尺)인 듯,
칠팔십니(七八十里) 미일힝(每日行)의/횡셩현(橫城縣) 즁화(中火)ᄒ고,
홍천(洪川)의 범파졍(泛波亭)과/인졔(麟蹄)의 합강졍(合江亭)은
영노(歷路)의 쥬람(周覽)ᄒ니,/이 ᄯ한 명구(名區)로다.
쳥강(淸江) 빅셕샹(白石上)의/누각 단쳥(樓閣丹靑) 황홀(恍惚)ᄒ다.
그져는 못가리라./그림 난간(欄干) 의지(依支)ᄒ여
일비쥬(一盃酒) 일슈시(一首詩)는/소ᄀ(騷客)의 운치(韻致)로다.
그령셩 노닐면셔/심산 궁협(深山窮峽) 졈졈(漸漸)일다.
인가(人家)도 히소(稀少)ᄒ고,/산쳔(山川만 겹겹이니,
지니면 ᄯᅩ 산(山)니요,/임(臨)ᄒ면 ᄯᅩ 물이라.
고산 쥰령(高山峻嶺) 몃몃 구븨/오뉵일(五六日)을 너머가니,
이 ᄯᅡ히 어디런고?/고셩군(高城郡) 오단 말가?
빅쳔도(百川渡) 동히슈(東海水)을/평싱(平生) 처음 장관(壯觀)이라.
호탕(豪宕)ᄒ 만경창파(萬頃蒼波)/그 ᄭᅳᆺ츤 하늘이라.
션쥬암(船舟巖) 큰 바회논/긔셰(氣勢)도 웅장(雄壯)ᄒᆯ샤.
디쇼졍(大小艇) 표묘(縹渺)ᄒ다./금강봉(金剛峰) 바라보니,
명산(名山)일시 분명(分明)ᄒ다./네 과연(果然) 금강(金剛)이냐?
일폭화도(一幅畵圖) 단쳥슈(丹靑繡)의/금슈장(錦繡帳)을 둘너는 듯,
소당 츈슈(小塘春水) 뉴챵(流漲)ᄒ데,/금부용(金芙蓉)을 ᄭᅩ잔는 듯,
동지암(東之巖) 일츌(日出) 보고,/셔지암(西在巖) 바람 보고,
운담 풍경(雲淡風景) 근오쳔(近午天)의/히금강(海金剛) 드러가니,
상하쳔광(上下天光) 일벽즁(一碧中)의/호호탕탕(浩浩蕩蕩) 일엽션(一葉船)은

묘창해지 일속(杳滄海之一粟)이라./셰샹ᄉ(世上事) 부운(浮雲)갓다.
빅낭(白浪)은 혼쳔(渾天)ᄒ여/산악(山嶽)이 문어지고,
어룡(魚龍)은 츌몰(出沒)ᄒ여/비젼이 슛치이니,
고기 잡는 어부한(漁夫漢)과/메욱 짜는 츈녀(村女)들은
싱이(生涯)도 고로올ᄉ./명지경각(命在頃刻) 위퇴(危殆)롭다.
ᄒᆡ즁(海中)의 층층셕(層層石)은/쳔만쟝(千萬丈) 소ᄉ시니,
희기도 희도 흴ᄉ./ᄒᆡ금강(海金剛) 여긔로다.
쳡쳡 층층(疊疊層層) 쳔만봉(千萬峰)은/옥(玉)을 싹가 셰위는 듯,
긔긔 괴괴(奇奇怪怪) 쳔만쟝(千萬丈)은/ᄉ람인 듯,즘싱인 듯,
싱황 퉁소(笙簧筒簫) 못거는 듯./듁슌(竹筍)이 움 나는 듯,
영농(玲瓏)코 황홀(恍惚)홀ᄉ./안치(眼彩)가 현황(眩恍)ᄒ니,
황옹(化翁)의 묘(妙)ᄒᆞᆫ 슈단(手段)/헌ᄉ도 헌ᄉ홀ᄉ.
도로혀 보량이면,/희롱(戲弄)인가? 작는(作亂)인가?
ᄒᆡ풍(海風)은 셔늘ᄒ고,/져녁 안기 희미(稀微)ᄒ니,
셕양(夕陽)이 거의로다./숨일포(三日浦)로 향(向)ᄒ리라.
관동(關東) 팔경(八景)의/이곳즐 일너도다.
영슐안(永述安) 네 신션(神仙)이 /이 ᄯᅡ히 노단 말가?
벽호샹(碧湖上) 져근 셤의/사션졍(四仙亭) 더욱 됴타.
계도난요 하쟝포(桂棹蘭橈何長浦)의/산호(珊瑚) 야속(冶粟) 만이 싯고,
빅납승(百衲僧) 샷디 져어/범범 즁류(泛泛中流) 나려가니,
동졍호(洞庭湖) 칠빅리(七百里)의/악양루(岳陽樓) 다다른 듯.
봉ᄂᆡ굴(蓬萊窟) 한 번 보고,/단셔암(丹書巖) 도라가니,
쟝쳔 일식(長天一色) 너른 물의/치셕강(采石江) 예 아닌가?
칠셩봉(七星峰) 구름 일고,/빅화졍(百花亭) 두견(杜鵑)픠니,
속인(俗人)의 죠흔 흥치(興趣)./취긔(醉氣)를 반(半)만 ᄯᅴ여
봉창(蓬窓)의 놉피 누어/표표(飄飄)히 우화(羽化)홀 듯,
창벽(蒼壁)의 비 ᄃᆡ이고,/ᄉ션졍(四仙亭) 올나 셔니,

41. 봉뇌쳥긔(蓬萊淸奇)   539

계슈화(桂樹花) 치셕(彩席) 우희/황학(黃鶴)이 우즐긴다.
셕일(昔日)의 신션(神仙) 올 찐/이 학(鶴) 타고 오셧던가?
십이 난간(十二欄干) 쥬렴(珠簾) 안의/향풍(香風)이 진울(振鬱)ᄒᆞ니,
쳥강(淸江) 옥젹(玉笛)소리/쳔상(天上)인 듯,인간(人間)인 듯,
몽쳔암(夢泉庵) 유아(幽雅)ᄒᆞ다./문(門)바위 그 뒤히라.
신긔(神奇)ᄒᆞ다.흔쌍 돌이/공즁(空中)의 소스시니,
금강(金剛)이 갓가오니,/신계ᄉᆞ(神溪寺) 쵸입(初入)이라.
동구(洞口) 심슈(深邃)ᄒᆞ고,/산쳔(山川)도 명녀(明麗)ᄒᆞ다.
노젹봉(露積峰) 일 쳔(一千)길이/공즁(空中)의 소스시니,
그 아리 층누 봉각(層樓鳳閣)/굉장(宏壯)ᄒᆞ고 찰란(燦爛)홀ᄉᆞ.
큰 불젼(佛殿) 관음보살(觀音菩薩)/져근 당(堂)의 십디왕(十大王)이
졀마다 잇것마는/크기도 큼도 크다.
만셰루(萬歲樓) 올나 안져/벽상 졔명(壁上題名) 살펴보니,
문인 소ᄉᆞ(文人騷士) 쳔만고(千萬古)의/유람 명산(遊覽名山) ᄒᆞ엿다.
목두치(目豆茉) 쳥미깅(靑米羹)/향취쌈 셕이쌈
아람답고 향긔(香氣)로다./슈륙진찬(水陸珍饌) 불워ᄒᆞ랴?
일야(一夜)를 지닌 후(後)의/구룡연(九龍淵) 드러가니,
디소승(大小僧) 압셰우고,/남녀승(藍輿僧) 뒤를 조차
산즁(山中)의 지샹(宰相)인가?/남여 이ᄌᆞ(藍輿二字) 가소(可笑)롭다.
쵸헌(초軒)의 칙직이오./즁의 당상 관ᄌᆞ(堂上關子)로다.
압뒤의 타고 안져/서로 보고 웃고 간다.
산쳡쳡(山疊疊) 슈잔잔(水潺潺)의/ᄉᆞ십리(四十里) 무인디경(無人之境)
흔 동구(洞口) 드러서니,/별유쳔지(別有天地) 여긔로다.
볼ᄉᆞ록 산(山)빗치오./드를ᄉᆞ록 물소리라.
옥뉴동(玉流洞) 셰 글ᄌᆞᄂᆞᆫ/흰돌의 완연(宛然)ᄒᆞ니,
십리(十里) 반셕샹(盤石上)의/빅셜(白雪)이 덥혀ᄂᆞᆫ가?
흔 폭포(瀑布) 누어 흘너/유리(琉璃)를 펼쳔ᄂᆞᆫ가?

계견셩(鷄犬聲) 업거니와 /도원(桃源)이 예 아닌가?
험(險)ᄒ고 위틱(危殆)홀ᄉ./금강문(金剛門) 나아왓나?
층층 셕벽(層層石壁) 쳔만(千萬)길의/비봉포(飛鳳瀑) 긔이(奇異)ᄒ다.
물줄기 연미(涓瀰)ᄒ여/구름 픠여 오르는 듯,
청쳔빅일(靑天白日) 명낭(明朗)흔데,/풍우(風雨)가 무슴일고?
십여리(十餘里) 긴 골목의/구룡연(九龍淵) 샹쾌(爽快)ᄒ다.
샹쾌(爽快)ᄒ고 웅장(雄壯)ᄒ다./웅장(雄壯)ᄒ고 놀나올ᄉ.
쳔만쟝(千萬丈) 졀벽상(絶壁上)의/옥산(玉山)이 걱구르니,
구만리(九萬里) 은하슈(銀河水)가/반공(半空)의 걸녀는 듯,
동셧달 빅옥관(白玉關)의/셜풍(雪風)이 나븟친 듯,
쳔음 우습(天陰雨濕) 깁푼 산(山)의/뇌셩벽녁(雷聲霹靂) 쏜호는 듯,
듕국(中國) 여산폭포(廬山瀑布) /비류직하(飛流直下)⁶⁾ 삼천쳑(三千尺)을
쟝(壯)ᄒ다. 일너신들/이에셔 더홀손가?
싹가 셴 놉흔 봉(峰)의/이 물 샹류(上流) 팔담(八潭)이라.
칙쑤리 등(藤)넌출의/쌍수(雙手)로 가로잡고,
긔운(氣運)이 쳔쵹(喘促)ᄒ여/올나셔 구버보니,
봉(峰)우희 돌 쌀니고,/돌 우희 여달 못시
근원(根源) 업슨 큰 시암이/소ᄉ나셔 ᄯ러지니,
그 아리 구룡연(九龍淵)니/이 물노 되단 말가?
옥류동(玉流洞) 도라오니,/어너덧 셕양(夕陽)이라.
명션암(明仙庵) 잠간(暫間) 보고,/신계ᄉ(神溪寺)로 도라나려
만물초(萬物草)로 향(向)ᄒ리라./온졍녕(溫井嶺) 넘어가니,
삼ᄉ간(三四間) 와가(瓦家) 안의/온졍슈(溫井水) 신괴(神怪)롭다.
샹탕슈(上湯水) 하탕슈(下湯水)의/빅비탕(白沸湯) 쓸허스니,

---

6) 비류직하=원문에는 "비류직흔"으로 되여 있음. 이는 이백(李白)의 「望廬山瀑布」의 詩句임.

41. 봉뇌쳥긔(蓬萊淸奇)

화옹(化翁)의 인간 구제(人間救濟)/이 쏘한 탕약(湯藥)일가?
뉴화암(楡華庵) 헐각(歇脚)ᄒ고,/김가장(金哥庄) 오반(午飯)ᄒ니,
구만물(舊萬物) 신만물(新萬物)을/ᄎ례(次例)로 편람(遍覽)ᄒ니,
이 엇지 산(山)이리오?7)/돌 안이면,옥(玉)이로다.
웃쑥 웃쑥 쇼쪽 쇼쪽 /만물 형상(萬物形狀) 가즈시니,
슈졍(水晶) 쥬옥(珠玉)으로,/초목금슈(草木禽獸) 삭여논 듯,
심산(深山)의 늙은 즁이/능엄경셔(楞嚴經書) 외오노라
오빅 나한(五百羅漢) 거ᄂ리고,/불젼(佛前)의 열좌(列坐)ᄒ 듯
옥경(玉京)의 일쳔 션관(一千仙官)/금포 옥디(錦袍玉帶) 셩(盛)히 ᄒ고,
샹제(上帝)게 죠회(朝會)ᄒ랴/홀(笏) 꼿고 시립(侍立)ᄒ 듯,
초픽왕(楚覇王) 거뉴젼(去留殿)의/십이 제후(十二諸侯) 불너 볼 졔,
원문(轅門)의 팔쳔 졔즈(八千弟子)/황충(幌槍)ᄒ고,옹위(擁衛)ᄒ 듯
귀신(鬼神)인 듯, 스람인 듯,/물형(物形)인 듯, 산형(山形)인 듯
양안(兩眼)이 현황(眩恍)ᄒ니,/츄향(醜鄕)이 바히 업다.
위혐(危險)ᄒ 돌문(門) 밧게,/셰두분(洗頭盆) 잇단 말가?
돌 우희 세 구영이/옥슈(玉水)가 영영(盈盈)ᄒ니,
ᄒ번 쩌 마슬 보니,/향긔(香氣)가 입의 가득.
밤마다 구쳔 션녀(九天仙女)/셰슈(洗手)ᄒ는 분(盆)이로다.
상봉(上峰)의 느러 안져/ᄉ면(四面)을 완상(玩賞)ᄒ니,
션경(仙境)의 진셰인(塵世人)을 /오리 안이 머물고져,
황혼(黃昏)이 졈졈(漸漸)되니,/이리 실(實)노 념녀(念慮)롭다.
셰우(細雨)가 분분(紛紛)ᄒ니,/ᄂ려갈 밧 허릴 업다.
신계ᄉ(神溪寺) 삼숙(三宿)ᄒ고,/유졈ᄉ(楡岾寺)로 향(向)ᄒ리라.
오류촌(五柳村) 지ᄂ가니,/도쳐ᄉ(陶處士) 예 겨신가?
유졈승(楡岾僧) 남녀(藍輿) 메고,/빅쳔교(百川橋) 등디(等待)ᄒ야

---

7) 산이리오=원문에는 "산리오"로만 되어 있음.

구현녕(狗峴嶺) 넘어가니,/험(險)홈도 긔험(奇險)ㅎ다.
구십구(九十九) 긴 구븨를/십오리(十五里)를 올나서니,
빅일 승쳔(白日昇天) 아니런가?/발 아러 구름 난다.
졀 동구(洞口) 바라보니,/뇨죠(窈窕)ㅎ고,명낭(明朗)홀스.
창숑(蒼松)은 울울(鬱鬱)ㅎ고,/단쳥(丹靑)은 영영(永永)ㅎ니,
문(門) 압희 산영누(山暎樓)가/시너 우희 빗겨시니,
삼십간(三十間) 헌챵(軒暢)ㅎ듸,/아로숙인 난간(欄干)이라.
큰 불당(佛堂) 오십삼불(五十三佛)/유지상(楡枝上)의 안즈시니,
치식(彩色)도 영농(玲瓏)ㅎ고,/가치(佳彩)도 공교(工巧)롭다.
셔쳔 셔역(西天西域) 오십 삼불(五十三佛)/돌비 타고 나아 올 제,
구룡(九龍)이 작난(作亂)ㅎ여/유지(楡枝) 우희 피환(避患)ㅎ야
이 졀터 잡아시니,/이 터이 그 곳시라.
불가(佛家)의 젼언(傳言)이니,/허탄(虛誕)코 황당(荒唐)ㅎ다.
오탁슈(烏啄水) 졍(淨)ㅎ 시암/속병이 쾌츠(快差)ㅎ고,
히탈문(解脫門) 능음률(能律)은/챵서 유희(暢敍遊戲) 죡(足)ㅎ다.
즈묘암(慈妙庵),반야암(般若庵)과/영젹암(靈寂庵),원각암(圓覺庵)은
곳곳시 명승(名勝)ㅎ니,/산님 슈젹(山林水跡) 유슈(幽邃)ㅎ다.
은션듸(隱仙臺) 오르리라[8]/션암(船巖)[9]이 여그로다.
십여간(十餘間) 큰 반석(盤石)이/스면(四面)이 방졍(方正)ㅎ듸,
가온듸 오목ㅎ니,/비 형상(形狀) 완년(宛然)ㅎ다.
그 우의 큰 시너가 /속의 쏘다지니,
형영(瀅濙)[10]ㅎ 믈소리가/언어(言語)을 불변(不辨)이라.
효운동(曉雲洞) 구름 속의/물을 조차 드러가니,
층층(層層) 졀벽(絶壁)이/은션(隱仙)이 여긔로다.

---

8) 오르리라.=원문에는 "오르이라"로 되어 있음.
9) 션암=원문에는 "션안"으로 되어 있음.
10) 형영=물이 질펀하게 돌아 흐르는 모양.

왜철죽은 반기(半開)ᄒ여/돌틈의 션명(鮮明)ᄒ고,
쳔만(千萬)길 깁흔 굴헝/건너편 셕벽(石壁)이라.
오식(五色)이 쵼란(燦爛)ᄒ고,/슈치(水彩)로 쟝졈(粧點)흔 듯,
십이층(十二層) 나린 폭포(瀑布)/어름이 걸녀ᄂᆞᆫ 듯,
무산(巫山) 십이폭(十二瀑)이/일홈도 반가올ᄉᆞ.
쳔만니(千萬里) 프른 긔운(氣運)/이젼(以前)의 드러거놀
졍영(丁寧)흔 하날이라./다시 보니 동희(東海)로다.
두ᄌᆞ미(杜子美) 징웅 동졍(爭雄洞庭)/여긔야 하슈(河水)ᄒ랴?
안무지 험(險)헌 녕(嶺)을/너머셔니,ᄂᆡ산(內山)이라.
조약돌 조은 길의/발 붓칠 더 바히 읍다.
산즁(山中)에 칙력(冊曆) 업셔,/셰월을 모른 ᄂᆞᆫ지
시유(時維) 쵸하졀(初夏節)의 /젹셜(積雪)이 무솜 일고?
흔 구븨 도라셔니,/바회도 웅쟝(雄壯)ᄒ다.
젼면(前面)이 평평(平平)ᄒ여/미륵보살(彌勒菩薩) 삭여시니,
셕디(碩大)ᄒ고 영특(英特)ᄒ다./십여쟝(十餘丈)이 넘게고나.
우변(右邊)의 큰 글ᄌᆞ로/묘길샹(妙吉祥) 삭여시니,
필녁(筆力)도 웅건(雄健)ᄒ다./윤샹셔(尹尙書)[11]의 필젹(筆跡)이라.
산회노젼(山廻路顚) 뉵칠니(六七里)의/불지암(佛地庵) 올느가니,
불당(佛堂)도 졍쇄(靜灑)ᄒ고,/공부(工夫)도 흔가(閑暇)ᄒ다.
졍젼(庭前)의 감노슈(甘露水)를/흔번 ᄯᅥ 마술 보니,
향녈(香冽)ᄒ고,치닝(齒冷)ᄒ야/흔 먹음의 숨이 쵼다.
흔 무졔(漢武帝) 승노반(承露盤)이/이 산(山)의 ᄯᅩ 잇ᄂᆞᆫ가?
경쟝(瓊醬) 옥익(玉液)이니,/나도 거의 신션(神仙)될 듯.
만회암(萬灰庵) 다리 쉬여/빅운디(白雲臺) 올나가니,

---

11) 윤샹셔=순조 때 판돈령부사(判敦寧府事)를 지낸 윤사국(尹師國:1728-1809),정조 14년(1790)에 강원도 감사로 와서 도내 명승지를 순력(巡歷)하며, 문화재 보수와 편액을 많이 남겼음.

검각잔도(劍閣棧道) 촉도난(蜀道難)12)이/이에셔 더홀쏘냐?
쥰판적셕(峻阪積石)13) 십니샹(十里上)의/두어길 큰 바회의
그 우의 두 쇠스슬이/공즁(空中)에 드리웟다.
두 손으로 가로잡고,/미여달녀 올ᄂ갈 디
구버보니,쳔인심학(千仞深壑)/비한(背汗)이 쳠의(쳠의)ᄒ다.
간신(艱辛)니 올ᄂ 셔니,/좁은 길 칼날 선 듯,
양편의 깁흔 굴헝/발 옴기기 간신(艱辛)ᄒ니,
잠간 방심(暫間放心) ᄒ량이면,/쇄골분신(碎骨粉身) 어디 가랴?
어와! 두려울ᄉ!/모골(毛骨)이 송연(悚然)ᄒ다.
디샹(臺上)에 올나 안져/즁향셩(衆香城) ᄇ라보니,
반공(半空)의 우는 빅학(白鶴)/손 온다 보(報)ᄒᄂ야?
계슈(桂樹)나무 쏫치 픠고,/불근 안기 옹위(擁衛)ᄒ니,
그 안니 어디런고?/엇지면,나도 잠간(暫間).
삽시간(霎時間) 현혼(眩昏)ᄒ니/오러 안기 어려오라.
졍신(精神)을 수습(收拾)ᄒ여/계우 다시 나려오니,
즁여원(즁여원) 졔일층(第一層)의/동히슈(東海水) 한잔(盞) 갓고,
비로봉(毘盧峰) 졔일봉(第一峰)의/북극(北極)을 만져 볼 듯,
빅화암(白華庵) 다리 쉬고,/마하연(摩訶淵) 낫참ᄒ니,
슈고롭다. 회양긔(淮陽妓)는 /오반 등디(午飯等待) 슈고(手苦)롭다.
둙게 다리 싱션젹(生鮮炙)이/산즁(山中)의 별미(別味)로다.
보덕굴(普德窟) 자근 암ᄌ(庵子)/반공(半空)의 달너시니,
천만(千萬)길 바회 믓히/아리는 허졍(虛窄)이라.

---

12) 검각 잔도 촉도난=중국의 장안(長安)에서 촉(蜀)으로 들어가는 길에 있는 대·
소검(大小劒) 두 산의 요해지(要害地)에 사다리를 놓듯 각도(閣道)를 개설하
여 붙여진 이름에 당현종(唐玄宗)이 안녹산(安祿山)의 난으로 몽진한 고통을
이백(李白)이 시로 읊어 촉도난(蜀道難)이 유명함.
13) 쥰판젹셕=아주 가파른 언덕에 돌들이 쌓여 있음.

졔비집 지여는 듯,/공교(工巧)롭고 위틱(危殆)ᄒ다.
십구졀(十九節) 쇠ᄉ슬을/둘너 얼거 미여시니,
불가(佛家)의 승긔(乘奇)ᄒ미/이갓치 심(甚)ᄒ도다.
만폭동(萬瀑洞) 상뉴슈(上流水)가/예붓터 시쟉(始作)이라.
귀쥬담(龜舟潭), 화룡담(火龍潭)과/벽파담(碧波潭),진쥬담(眞珠潭)과
분셜담(噴雪潭), 흑뇽담(黑龍潭)과/비파담(琵琶潭) 흘너가셔
ᄎ례(次例)로 팔담(八潭)이라./슈셕(水石)도 쳥슈(淸秀)홀ᄉ.
어와! 명승지지(名勝之地)!/명불허득(名不虛得) 졍녕(丁寧)ᄒ다.
반갑도 감챵(感愴)홀ᄉ./숨디 휘ᄌ(三代諱字) 계시구나.
그 아러 너 일홈을/이어셔 젹각(赤刻)ᄒ니,
우연(偶然)ᄒ 일 아니로다./이윽히 비회(徘徊)ᄒ다.
옥(玉)갓튼 큰 바회가/평평(平平)이 쌀닌 곳의
만폭(萬瀑)이 징류(爭流)ᄒ니/쥬옥(珠玉)을 훗터는 듯,
젼후 좌우(前後左右) 층암 졀벽(層巖絶壁)/고이도 다듬엇다.
셕양(夕陽)이 지산(在山)ᄒ고,/셔풍(西風)이 셔늘ᄒ듸,
ᄉ무 인셩(事無人性)이오./물소리 ᄲᅮᆫ이로다.
쳔년(千年) 로룡(老龍)이/창히을 뒤집는 듯,
십만 졀긔(十萬절긔) 졉젼하라./진문(陣門) 열고 닉닷는 듯,
봉닉풍악(蓬萊楓岳) 원화동쳔(元化洞天)[14]/여덟자 십여간(十餘間)의
죠화(造化)을 머무른 듯,/양봉닉(楊蓬萊)의 글시로다.
그 우희 돌바독판/십구(十九)쥴 분명(分明)ᄒ다.
상산ᄉ호(尙山四皓) 네 노인(老人)이/예 와 놀고 가 계신가?
쳥학봉(靑鶴峰) 히가 지고,/향노봉(香爐峰)의 달이 쓴다.
질병(甁)의 남은 탁쥬(濁酒)/한 잔(盞)식 먹은 후(後)의
표훈ᄉ(表訓寺) ᄎᄌ가셔/일야(一夜)을 쉬우리라.

---

14) 원화동쳔=원문에는 "원와동쳔"으로 되어 있음.

능파루(凌波樓) 올느 셔니,/월식(月色)이 가득ᄒ다.
골식는 쇼리ᄒ고,/늘근 즁 경(經) 외온다.
보살 나훈(菩薩羅漢) 샹하 불당(上下佛堂)/ᄉ면 경기(四面景槪) 슈심ᄒ니,
동편(東便)의 약(藥)풀이오,/셔편(西便)의 셕슈(石水)는
동쳔(洞天)도 유벽(幽僻)ᄒ고,/지명(地名)도 쳥졍(淸淨)ᄒ다.
진(秦)나라 시황뎨(始皇帝)가/어이 이곳 몰느던고?
만일(萬一)의 알아던들/동남동녀(童男童女) 오빅인(五百人)이
부졀업손 슈고(手苦) 말고,/이리로 와 슐노다.
만승(萬乘)의 위엄(威嚴)으로,/평싱(平生) 구경 못ᄒ 거슬
우리는 필부(匹夫)로셔,/이 아니 쳥복(淸福)인가?
장안ᄉ(長安寺) 어디미요?/헐셩누(歇惺樓) 여긔로다.
난간(欄干)의 의지(依支)ᄒ여/원근(遠近)을 고시(顧視)ᄒ니,
일만(一萬) 이쳔봉(二千峰)이/녁녁(歷歷)히 안젼(眼前)이라.
웃쑥ᄒ고,쑈쪽ᄒ니,/안져시며, 셧는 모양(貌樣)
이로 다 못외오리라./더강(大江)이느 긔록(記錄)홀가?
일츌봉(日出峰),월츌봉(月出峰)과/우두봉(右頭峰),좌두봉(左頭峰)과
미륵봉(彌勒峰),장군봉(將軍峰)과/옥녀봉(玉女峰),ᄉ공봉(沙工峰)과
슈학봉,비로봉(毘盧峰)과/오리봉,ᄉᄌ봉(獅子峰)과
곳곳이 명긔 쓰고,봉(峰)마다 긔이(奇異)ᄒ다.
양안(兩眼)이 부시니,/불야셩(不夜城)의 드러온 듯,
한을이 갓가오니,/샹셰인(上世人) 만느 볼 듯,
븍당(北堂)의 쇠북소리/영소보젼(영소보젼) 예 안인가?
쳥손(靑山)의 일모(日暮)ᄒ니,/월경(月景)이 더욱 죠타.
향연(香烟)이 비비(霏霏)ᄒ야/푸른 스미 나붓기고,
쳥풍(淸風)이 슬슬(瑟瑟)ᄒ야/옥퓌(玉佩)소리 요란(擾亂)ᄒ다.
구롬으로 이불ᄒ고,/안기로 장(帳) 두르고,

41. 봉ᄂᆡ쳥긔(蓬萊淸奇)

명월(明月)노 쵹(燭)을 삼아/만이쳔봉(萬二千峰) 쥬인(主人)되고,
현학도인(현학도인) 시위ᄒᆞ야/벽쵸샹(벽초상)의 잠을 드니,
니 한 몸 헤아리면,/인간(人間)의 졔일(第一)리라.
원통암(圓通庵) 오반(午飯)ᄒᆞ고,/슈미탑(須彌塔),빅미탑이며,
도려 나려 빅화암(白華庵)의/삼불암(三佛庵) 둘너보니,
셕벽(石壁)의 세 붓쳐ᄂᆞᆫ/무산 도(道) 닥그리라
감즁년(坎中連) 손을 못고,/무ᄉᆞ무려(無思無慮) 셔 잇ᄂᆞᆫ고?
명경담(明鏡潭) 지ᄂᆞ 셔셔/명경ᄃᆡ(明鏡臺) 다다르니,
징(釘)으로 다듬은 듯,/문치(紋彩)도 휘황(輝煌)ᄒᆞ다.
네모 반 듯 슈십 쟝(數十丈)이/어른 어른 빗최이니,
그 아ᄅᆡ 옥경ᄃᆡ(玉鏡臺)ᄂᆞᆫ/누어 잇ᄂᆞᆫ 돌이로다.
황쳔문(黃泉門),지옥문(地獄門)은/명ᄉᆡᆨ(名色)도 고이ᄒᆞ다.
금ᄉᆞ굴(金蛇窟) 긴 굴(窟) 속의/금비암이 ᄯᅩ 잇ᄂᆞᆫ가?
영원암(靈源庵) 안계(眼界) 죠타./망군ᄃᆡ(望軍臺) 놉흘시고,
녁노(歷路)의 허다 경치(許多景致)/낫낫치 다 본 후(後)의
쟝안ᄉᆞ(長安寺) 큰 ᄉᆞ찰(寺刹)의/신션누(神仙樓) 안져 보니,
만학(萬壑) 쳔봉(千峰)의/이 졀도 굉걸(宏傑)ᄒᆞ다.
이층(二層) 부회(부회)ᄂᆞᆫ/셕디흠도 졔일(第一)일다.
진셰(塵世)의 잇든15) ᄉᆞ름/션경(仙景)을 유람(遊覽)ᄒᆞ니,
죠키도 ᄒᆞ거니와,/가루(家累)가 싱각헌다.
북당(北堂)의 의려지망(倚閭之望)/친쇽(親屬)도 평안(平安)ᄒᆞᆫ가?
쟝안ᄉᆞ(長安寺) 오반(午飯)ᄒᆞ고,/경셩(京城)으로 향(向)ᄒᆞ리라.
단발녕(斷髮嶺) 넘어셔니,/금강손(金剛山) 어ᄃᆡ런고?
즁향셩(衆香城) 산빗시며,/만폭동(萬瀑洞) 물소리가
눈의 암암 귀의 징징/결연ᄒᆞ고 창연ᄒᆞ다.

---

15) 잇든=원문에는 "잇듯"으로 되어 있음.

한단침(邯鄲枕) 아니로디,/황냥침(황량침) 버혀던가?
어쥬 축슈(漁舟逐水) 이산츈(愛山春)16)의/길을 일어 못찻는가?
촌스(村舍)의 보리 탁쥬(濁酒)/쟉별빈(作別盃) 한 잔(盞) 먹고,
돌머리 놉히 베고,/방초상(芳草上)의 누엇더니,
어디셔 일진 향풍(一陣香風)/슈미호빅(鬚眉皓白)17) 한 노인(老人)이
청녀쟝(靑藜杖) 손의 줍고,/흔연(欣然)이 우슘 쯰여
날다려 ᄒᆞ는 말이/그디를 니 아느니,
옥졔젼(玉帝前) 근시(近侍)ᄒᆞ며,/통명젼(通明殿) 죠회시(朝會時)의
홍화쥬(紅霞酒) 침취(沈醉)ᄒᆞ고,/ᄌᆞ표(咨表)을 그릇 쓰니,
그 죄(罪)로 젹강(謫降)ᄒᆞ지?/거연(거然)이 스칠셰(四七歲)라.
이 순는 명순(名山)이라./션연(仙緣) 읍시 못오느니,
그디의 청슈미질(청수미질)/이번의 이 산(山) 구경
젼싱(前生)의로 신션(神仙)으로/ᄎᆞ싱 연분(此生緣分) 즁(重)ᄒᆞ미라.
입신양명(立身揚名) 츙군효친(忠君孝親)/남아ᄉᆞ업(男兒事業) 일운 후(後)의
칠팔십(七八十) 퇴죠(退朝)ᄒᆞ여/강호산림(江湖山林) 누어실 디,
이 산(山)의 다시 오면,/구일안면(舊日顔面) 반기이라.
니 쏘흔 명(命0을 바다/봉니슨(봉래산) 신령으로,
문임 소긱(文人騷客) 천만고(千萬古)의/몃몃출 열력(열력)ᄒᆞ니,
속긱(俗客)의 육안 범골(肉眼凡骨)/오례 명산(名山) 몃몃치고?
청학(靑鶴)의 우는 소리,/소소쳐 이러느니,
어와! 신긔(神奇)ᄒᆞ다./이졔야 니 알괘라.
명산(名山)인 줄 니 알괘라./공즁(空中)을 ᄇᆞᄅ보고,
ᄉᆞᆷᄉᆞᄎᆞ(三四次) ᄉᆞ례(謝禮)한 후(後)/귀가지심(歸家之心) 간절(懇切)ᄒᆞ니,

---

16) 어쥬축수 이산츈=중국 왕유(王維)가 지은 「도원행(桃源行)」의 시구(詩句)로, 고깃배가 물을 따라 가다가 산 속의 봄을 좋아한다는 뜻.
17) 슈미호빅=수염과 눈섭이 몹시 흼.

시위 쩌는 살갓도다./회양부(淮陽府) 금셩현(金城縣)과
금화현(金化縣) 쳘원부(鐵原府) 와/영평 포쳔(永平抱川) 양쥬목(楊州牧)을
오일(五日)만의 ᄉ빅니(四百里)라./동소문(東小門)[18]밧 다다러셔
왕반(往返)을 혜여보니,/슈미 일삭(首尾一朔) 숨십 오일(三十五日)
일쳔ᄉ빅 (一千四百) 뉵십여리(六十餘里)/디소(大小)의 환가(還家)ᄒ니,
합가 안녕(합가 安寧) 깃부도다./아마도 싱셰 ᄉ칠년(生世四七年)의
남아(男兒)의 큰 ᄉ업(事業)을/쳐음 흔가 ᄒ노라.

<필사본 『樂府』에서>

〈참 고〉

崔康賢,「古典의 發見(21-23) 봉ᄂ]쳥긔(蓬萊淸奇)」,『詩文學』81-83호,詩
    文學社, 1978.4-6.
鄭在皓외,『註解樂府』, 高麗大學校民族文化硏究所, 1992.

---

18) 동소문=원문에는 "동슈문"으로 되어 있음.

42. 숑양별곡(崧陽別曲)[1]

실명씨(失名氏)

해제 이 작품도 지은이와 연대를 알 수 없는 것을 강전섭(姜銓燮)이 최초로 학계에 지은이를 동명(東溟) 정두경(鄭斗卿 : 1596-1673)이 그가 몰하기 전에 지은 것이라고 고증하여 학계에 발표하여서 주목받게 된 기행가사이다. 그러나 필자의 소견으로는 아직 의심되는 부분이 많아서 지은이 미상작으로 다룬다.[2] 내용은 지은이가 석양에 나귀를 몰고 만월대를 찾아가 고려의 흥망을 무상히 보고 지금의 개성 일대를 두루 구경하고 그의 느낌을 읊은 것이다.

셕양(夕陽)의 나귀 모라/만월디(滿月臺)[3] 추주가니,
흥망(興亡)이 텬수(天數)여니/셤거운 꿈이로다.
방화(芳華) 고쵸(古礎)의/만초(蔓草)만 얼거것고,
오인(오인) 쌍표(雙豹)은/쥬야(晝夜)로 울어는디,
오빅년(五百年) 왕업(王業)을/눌더러 무려 볼고?
공산(空山)의 우는 주규(子規)/옛 인군의 혼(魂)신가?

---

1) 숑양별곡="숭양별곡"의 잘못임.
2) 첫째, 강전섭이 정동명이 지은 것이라고 증거하는 "君平이 棄世헌가? 世棄君 平 타시로다"에서 "군평"은 정동명의 자이기도 하지만, 시강원 직강을 지낸 李遇春(1688-?), 함경감사를 지낸 이탄(李坦(1669-?), 병조판서를 지낸 洪名漢(1724- ?)도 자를 "군평"이라고 하는 만큼 이들도 이 작품을 충분히 지을 수 있기 때문이다. 학문은 진리를 탐구하는 것인 만큼 심증만을 가지고는 추정할 수는 있으나, 단정할 수는 없기 때문이다.
3) 만월디=지금의 개성(開城)에 있었던 고려 왕궁인 연경궁(延慶宮)의 앞뜰.

션쥭교(善竹橋) 쑤린 피은/쳔만년(千萬年) 지나간들,
츄샹(秋霜) 열일(列日)의/변(變)헐 줄이 이슬손가?
길쥬셔(吉注書)⁴⁾ 가는 길의/누구 누구 짜르신고?
두문동(杜門洞) 모든 스람,/셩명(姓名)죠추 인멸(湮滅)ᄒ고,
괘관지(掛冠岾)⁵⁾부죠현(不朝峴)⁶⁾은/촌낙(村落)이 쳐량(凄凉)ᄒ다.
홍엽(紅葉)이 훗날일 제,/목젹(牧笛)은 무슴 일고?
낙읍(洛邑)⁷⁾의 완민(頑民)들아!/탕무(湯武)⁸⁾을 업다 말아!
쳔운(天運)이 슌환(循環)ᄒ니,/인력(人力)으로 비일손가?
표묘(縹緲)흔 삼각산(三角山)이/규봉(窺峰)⁹⁾이 되엿시니,
도션(道詵)¹⁰⁾의 신안(神眼)인들/운무(雲霧)을 쒜볼손가?
즈즐 기 밋지 말아!/쳘니외(千里外)을 어이 보며,
쟝명등(長明燈) 혀지 말아!/반쳔년(半千年)을 비촐손가?
목쳥젼(穆淸殿)¹¹⁾ 격구장(擊毬場)은/청히빅(青海伯)이 추즈가고,

---

4) 길쥬셔=고려말년의 충신 길재(吉再). 자는 재보(再父), 호는 야은(冶隱),공양왕(恭讓王) 때에 문하 주서(門下注書)를 지냈음. 고려가 망할 것을 알고, 벼슬을 그만 두고 현 경상북도 선산군에 있는 금오산(金烏山)에 들어가 노모(老母)께 효도하며 순어 살았음.
5) 괴관지=괘관지의 잘못. 일명 "괘관현(掛冠峴)".지금의 개성(開城)에 있었던 고개 이름으로 조선이 건국한 뒤 고려 유신(遺臣)들이 벼슬을 그만 두고 가면서 넘었다고 함.
6) 지금의 개성(開城)에 있었던 고려의 왕궁인 경덕궁(敬德宮)앞의 고개.조선 태조가 과거를 보이매, 고려 선비들이 모두 응시하지 않고, 이 재를 넘어 가버렸다고 함.
7) 낙읍=낙양읍(洛陽邑)의 준말. 곧 수도(首都)를 뜻하며, 여기서는 과거 고려의 서울이었던 현 개성(開城)을 가리킴.
8) 탕무=중국 고대의 은(殷)나라와 주(周)나라를 처음 세운 사람들.
9) 규봉=낮은 곳의 사물을 엿볼 수 있는 높은 산봉(山峰). 여기서는 조선이 건국하여 삼각산이 있는 지금의 서울로 수도를 정하고, 개성이 서울이었던 고려를 멸망시킴을 풍수설(風水說)로 이른 것임.
10) 도션=고려 건국을 예언하고 도운 선사(禪師). 한국 풍수 지리학(風水地理學)의 개척자로 유명함.

경덕궁(敬德宮)12) 죠긔지(肇基地)은/무학(無學)이 아라썬지?
노룡(老龍)의 농쥬형(弄珠形의 /셰간 낫다 티동디왕(太宗大王)
종허 이졍이/낙수(洛水)을 건너가니,
삼십삼왕(三十三王) 호긔업(好基業)이/관리 영문(官吏營門) 되거고나.
징니(爭利)허는 져 풍속(風俗)이/예부터 이러턴가?
승국(勝國)13)의 깃친 빅셩(百姓)/시 교화(敎化)을 못 밧든가?
음식 의복(飮食衣服) 졔도(制度)들도/한양(漢陽)과 다르시고.
즈라 망티 슈결문(手決文)은/유안싱의 발명(發明)이요,
삭갓 밋히 큰 창옷슨/냥반(兩班) 즈랑 가련(可憐)헐스.
노쇼 길흉(老少吉凶) 다 더지고,/흰비츨 숭상(崇尙)14)키은
망국 티위(亡國大夫) 향군지심(向君之心)/종신 니상(終身履霜) 마암이라.
부녀(婦女)의 쓸치마은/존비(尊卑)을 어이 알며,
약남 약녀(若男若女) 귀엿골은/옛 규모(規模) 어디 간고?
원월 원일(元月元日) 돌ᄊᆞ음은/긔 무엇슬 상(象)토던고?
녹음 방쵸(綠陰芳草) 고상님(古桑林)의 쳔즁가졀(天中佳節) 도라오니,
유풍(遺風)인가? 션속(善俗)인가?/유가 사녀(遊街士女) 하도 훌스.
호걸남즈(豪傑男子) 각지희(角抵戲)은/용졍(龍井) 우희 판(板)을 즈바
연환보(연환보) 잉무각(앵무각)의/허영 일영(虛榮逸榮) 모도 밧기,
라쳬 홍상(裸體紅裳) 모든 가인(佳人)/구궁녀(舊宮女)의 유희(遊戲)로다.
망국한(亡國恨)은 젼혀 업고,/닷토는니 반션희(頒扇戲)라.
으흐! 무당(巫堂) 팔독춤은/말근 목 고은 쇼리,
호귀신(護鬼神) 져리흔들/망국(亡國)죳ᄎ 회복(恢復)ᄒ야?

---

11) 목쳥젼=지금의 개성에 있었던 숭인문(崇仁門) 안에 있는 조선 태조의 옛집 자리에 조선 태종(太宗)이 세우고 태조의 어용(御容)을 모신 집채.
12) 경덕궁=지금의 개성에 있던 조선 태조의 옛집을 증수(增修)한 집채.
13) 승국=조선이 멸망시킨 고려(高麗).
14) 숭상=원문에는 "흉상"으로 되어 있음.

덕물산(德勿山) 츠,형쟝군(崔瑩將軍)15)/지산지셰(在山之勢) 무엇신고?
셔풍 잔죠(西風殘凋) 븬 능궐(能闕)의/여곽(輿槨)좃츠 쎼여 가니,
동동오종(憧憧午鐘) 츙ᄉ월(忽四月)의/늣기는니 고혼(孤魂)일다.
기쳑뉵진(開拓六鎭) 윤시낭(尹侍郞)16)과/박연 편종(朴淵遍從) 니평간(李評諫)17)이
후셰(後世)의 잇다 흔들,/고국 강산(故國江山) 져리 되며,
목은옹(牧隱翁)18)의 도학 문쟝(道學文章)/이으니 쪼 잇는가?
화담(花潭) 말근 물결/셔사졍(逝斯亭)19)을 둘너시니,
쥬인(主人)은 긔 뉘신고?/쳥풍(淸風)만 고금(古今)일다.
디흥폭(大興瀑) 너러바회/고젹(古蹟)을 차즈리라.
박시(朴生)의 옥젹셩(玉笛聲)의/용낭(龍娘)이 감동(感動)커다.
비류직ᄒ(飛流直下) 삼쳔쳑(三千尺)은/쳔년(千年)의 졀창(絶唱)이요,
은구이삭(隱求而索) 심사자(深思者)는/황진(黃眞)20)의 묘필(妙筆)이라.
산고수려(山高水麗) 나문 긔운(氣運)/진의후이(盡意後已) 아니런가?
양경 간치(佯驚看齒)남자(男子)들은/망셕화상(亡釋和尙)되오리라.
불법(佛法)이 잇고 업기/산쳔 운긔(山川運氣) 아니런가?
신돈(辛旽)21)의 곤셔호녹(袞書虎鹿)22)/왕씨(王氏)의 녹도부(鹿島浮)라.

---

15) 최형쟝군=고려의 충신 최영장군의 잘못. 최영은 팔도 도통사(八道都統使)로 원(元)을 쳐 요동(遼東)을 정벌하려다가 부하 이성계(李成桂)에게 잡혀 처형당함.
16) 윤시낭=고려 숙종 때 문하시중 판상서(門下侍中判尙書)를 지냈던 윤관(尹瓘). 여진(女眞)을 정벌하여 구성(九城)을 쌓아 육진(六鎭)을 개척하였음.
17) 니평간=고려 인종 때에 좌간의대부(左諫議大夫)를 지낸 이공승(李公升).의종 때에 참지정사(參知政事)로 벼슬을 스스로 물러나 자연을 즐기며 시와 술로 여생을 보냈음.
18) 목은옹=고려 말의 문시이며 학자였던 이색(李穡). 목은은 그의 호.
19) 셔사졍=지근의 개성에 있는 화담(花潭) 위에 있었던 정자로, 조선조 유학자 화담(花潭) 서경덕(徐敬德)이 노닐던 곳으로 유명함.
20) 황진=조선 중종 때의 기생. 시문과 노래에 뛰어났음
21) 신돈=고려 공민왕의 스승. 진평후(眞平侯)로 정권을 잡아 개혁 정치를 하다가

디셩(大聖)의 쥬인(主人) 임군/셕간(釋迦)들 구(救)할 손가?
일낙 비락ᄒᆞ는 고져!/샹녀 쥬거(상려주거) 복쥬(伏誅)ᄒᆞ고,
셔관 북경(西關북경) 통(通)ᄒᆞᆫ 길의/별셩 사긔(別星使介) 열낙(連絡)ᄒᆞ니,
풍속(風俗)이 돈후(敦厚)ᄒᆞ고,/인심(人心)이 순박(淳朴)던가?
십셰(十歲) 못된 삼쳑동자(三尺童子)/비호느니 고현(鼓絃)이요,
팔노 힝샹(八路行商) 오식 군인(五色軍人)/힘쓰느니,쳥쵹(請囑)일다.
젼조졍(前朝廷) 남은 번화(繁華)/풍요(豊饒)을 보려 ᄒᆞ고,
셔로(西路)을 곳쳐 바라/남문누(南門樓) 올나가니,
구리가(舊里街) 십자파(十字坡)는/인물(人物)도 예료(豫料)힐사.
인연(人烟)은 조밀(稠密)힐사./사람좃차 미미(昧昧)로다.
식화망리(食貨忘利) ᄒᆞ는 즁(中)의/츙신(忠臣)진들 업슬손가?
항상 가숙(鄕庠家塾) 곳곳마다/현송(絃誦)을 드러 보소.
옛 나라 유풍(遺風)인가?/당금(當今)의 작흥(作興)인가?
신괴 고행(新槐古杏) 셕근 단(壇)의/졔졔 쳥금(濟濟靑衿) 우위(우위)
보소.
일헌 빅비(一獻百拜) 빈쥬려(賓主禮)는/홍규(洪規)을 뉘 젼(傳)ᄒᆞ며,
오시약시(忤視若是) 음양풍(陰陽風)은/닷토느니 군직(君子)로다.
츈하(春夏)의 셰(歲)을 잇고,/츄동(秋冬)의 사렵(射獵)ᄒᆞ기,
임하(林下)의 자호 사은(自號四隱)/구(求)ᄒᆞ는 비 무어신고?
군평(君平)이 기셰(棄世)헌가?/셰기군평(世棄君平) 타시로다.
지화(財貨) 것드는 곳의/현울(賢愚)을 어이 알며,
현울(賢愚)을 분변(分辨)ᄒᆞᆫ 듯,/간목지하(看目之下) 시울손가?
고도(古都)의 씻친 문헌(文獻)/쥬신(主信)ᄒᆞ기 어렵도다.
허물며 편논향젼(便論鄕傳)/문무 각각(文武各各) 일 삼으니,

실패한 중.
22) 곤셔호녹=신돈이 왕을 능멸하여 속였음을 이른 뜻. 직역하면, 왕의 곤룡포자
락에 호랑이를 가리켜 사슴이라고 속여 썼다는 의미.

갑지갑(甲之甲),을징을(乙爭乙)의/십이장단(十二長短)되여셰라.
더북소북(大北小北) 당(黨)이런가?/동년 셔인(東人西人) 비호신가?
교셔 유셔(敎書諭書) 밧은 영공(令公)/낫낫치 쳥덕(淸德)인가?
일녕 일졍(日影逸情) 가다가셔/소회(所懷) 씻친 덕분(德分)인가?
친소 호악(親疎好惡) 셕은 곳의/일편 공심(一片公心) 뉘 잇는고?
인심 물티(人心物態) 다른 짜히/산쳔(山川)이야 변(變)홀 손가?
셕봉(石峰)23)의 묵지여파(墨池餘波)/탁탁교(橐橐橋)의 흔적(痕迹) 업고,
병혁(兵革)의 나문 비(碑)는/더원국사(대원국사) 유계(遺戒)로다.
옥농담(玉龍潭) 빅셕마(白石馬)는/슈셕(水石)만 옛빗치요,
오관산(五冠山)24)셩거산(聖居山)25)은/유연(悠然)히 말이 업네.
화장(華藏)졀 앗즈방(亞字房)은/유제(遺制)만 나맛시니,
원턱골 지는 히의/막더 집흔 늘근 즁이
윤회(輪廻) 화겁(禍劫)을/아는다? 모르는다?
자하 채하(紫霞彩霞) 연화즁(蓮花中)의/글 닉는 션비들은
장의 식장(掌議色掌) 준적(準的)인가?/도헌 부헌(都憲副憲) 희망(希望)인가?
더장부(大丈夫) 되어나셔/지긔(志槪)좃차 연멸(湮滅)헐가?
쳑확지굴(尺蠖之屈) 이구신(以求信)/희셩(羲聖)의 스셩이요,
장긔의신(藏器於身) 더사용(待時動)은/공부자(孔夫子)의 유훈(遺訓)이니,
직셜(稷契)이 몸이 되어/요순(堯舜)을 못 기워도
금수(錦叟) 월노(月老)의 /종상(綜詳)이야 사양(辭讓)헐가?
시부표칙(詩賦表策) 공부(工夫)ᄒ고,/명지졍초(名紙正草) 글시 익켜
거벽 사수(巨擘師受) 구(求)치 말고,/진사 급제(進士及第) 힘을 쓰소.

---

23) 셕봉=조선조 명필 한셕봉(韓石峰). 이름은 호(濩)
24) 오관산=지금의 개성에 있는 산. 고려의 효자 문충(文忠)이 살며 부른 노래 「오관산가(五冠山歌)」가 유명함.
25) 셩거산=개성의 천마산(天馬山)의 동쪽에 있는 산.

교관 교수(敎官敎授) 망통중(望通中)의/문학지화(文學財貨) 싸질손가?
산천 정긔(山川精氣) 이진(已盡)ᄒᆞ니/영웅(英雄)이 업쎠든지?
엇지타 디관 쳥환(大官淸宦)/취적교(吹笛橋)을 못 넘는고?
하날이 사람 닐 제/누을 아니 쓰게 ᄒᆞ며,
나라히 사람 쓸 제/귀쳔(貴賤)이 업건마는
입신 양명(立身揚名) 일조(一朝)로다./이곳의은 다르도다.
옛날의 명신 셕보(名臣碩輔)/오날날 그 자손(子孫)이
일비 일틔(一조一泰) 이러허니/나도 모른 일이로다.
옛 사람 맛나보고,/몽즁(夢中)의 뭇짓더니,
잔곽(殘廓)의 찬 북소리/풋잠을 놀나 ᄭᅢ니,
송악(松嶽)26)의 시벽 빗치/정연 호월(錚然皓月) 분이로다.

<필사본『만언ᄉᆞ』에서>

<참 고>

姜銓燮,「<崧陽別曲>의 作者摸索」,『古典文學硏究』6집, 韓國古典文學
硏究會, 1991.

---

26) 송악=지금의 개성 북쪽 5리에 있는 진산(鎭山). 처음에는 "부소(扶蘇)" 또는 "숭산(崧山)"이라고 하였으며, 이밖에도 "신숭(神嵩)"· "곡령(鵠嶺)"이라고도 일컬어졌음.

43. 陟州歌(척주가)

실명씨(失名氏)

해제 이 작품도 현재까지로는 지은이와 지어진 연대를 알 수 없는 삼척 관유가사이다.
　지은이는 그 신분이 삼척부사로 부임한 사람임을 다음의 사실로 짐작이 가능하다. "聖恩(성은) 罔極(망극)ㅎ샤,/五馬(오마)¹⁾로 보내시니, 北闕(북궐)의 下直(하직)ㅎ고,/東大門(동대문) 나다라셔"라고 하여 지은 이는 삼척부사였음을 짐작할 수가 있으나, 그 이름과 연대는 자세히 알 수가 없는 것이 애석하다.

척주 풍경(陟州風景)²⁾ 됴타.ㅎ고,/흔 番(번) 보기 願(원)ㅎ더니,
事故(사고)의 牽連(견련)ㅎ고,/職業(직업)의 奔走(분주)ㅎ여
뜻 잇고,못이름을/寤寐(오매)에 매쳐더니,
聖恩(성은) 罔極(망극)ㅎ샤,/五馬(오마)로 보내시니,
北闕(북궐)의 下直(하직)ㅎ고,/東大門(동대문) 나다라셔
平丘(평구)길 말미아마/楊根砥平(양근 지평) 지내다가
原州(원주)을 얼풋 드러,/巡相(순상)끠 延命(연명)ㅎ고,
汗馬(한마)을 지促(촉)ㅎ고,/前路(전로)로 추조가니,

---

1) 五馬=조선시대 지방수령·원래 태수(太守)가 타고 다니는 수레는 5필의 말이 끄는 수레였기 때문이었음.
2) 陟州風景=지금의 강원도 삼척시의 풍경.

峽路(협로)도 險(험)홀시여!/九曲羊腸(구곡양장)³⁾ 니러흔가?
大和珍富(대화 진부)⁴⁾ 계유 지나/大關嶺(대관령)을 다다랏다.
九十九曲(구십구곡) 도라 나려/江陵邑內(강릉읍내) 브라보니,
濊國(예국) 舊都墟(구도허)의/大都護府(대도호부) 壯(장)홀시고.
이리 져리 오는 길이/뫼 아니면,믈이로다.
化飛嶺(화비령)⁵⁾ 놉흔 곳에/呂洞賓(여동빈)⁶⁾을 거의 볼 둣,
羽化(우화)ᄒ던 녯 지쵀를/이 ᄯᅳ의 머므럿다.
平丘地境(평구지경) 더위잡아/五里程(오리정)의 다다르니,
一拳山(일권산) 半面城(반면셩)이/邑村(읍촌)도 蕭條(소조)ᄒ다.
客舍(객사) 賀禮(하례)ᄒ고,/東軒(동헌)으로 바로 드다.
三番官屬(삼번 관속) 禮數(예수)ᄒ고,/竹西樓(죽셔루)로 몬져 가니,
어와! 됴홀시고!/景致(경치) 거룩ᄒ다.
층암(層巖) 絶壁(절벽) 우의/屋閣(옥각)이 縹緲(표묘)ᄒ니,
丹靑(당쳥)도 곱거니와/四時風光(사시 풍광) 限(한)이 업다.
詩料(시료)도 됴홀시고,/그림으로 形容(형용)홀가?
이럼으로 先輩題詠(션배 제영)/뷔틈⁷⁾이 견혀 업닉.
數十株(수십주) 桃花(도화)남기/欄外(난외)의 버러 잇고,
五十川(오십쳔) 홀른 믈이/귀뷔 귀뷔 둘너 잇닉.
東海(동해)의 ᄀᆞ를 ᄒ고,/萬山(만산)이 重圍(중위)ᄒ더,
嫋娜(요나)흔 이 景槪는/人間(인간)이 아니로다.
每日(매일)의 登臨(등림)흔들/슬흔 ᄆᆞ음 이슬는가?
三伏(삼복)ᄀᆞ튼 더운 날의/이곳 혼ᄌᆞ 청추(淸秋)로다.

---

3) 九曲羊腸=九折羊腸과 같은 말로 좁고 험하며 굽이가 많은 길
4) 大和珍富=지금의 강원도 평창군에 딸린 2 지명.
5) 化飛嶺=강릉과 삼척 중간에 있는 고개.
6) 呂東賓=당(唐)나라 때 도사(道士) 여옹(呂翁).
7) 뷔틈=빈틈의 잘못.

夕陽(석양)의 下樓(하루)ᄒ여/비를 暫間(잠간) 타 보리라.
舟子(주자)를 招招(초초)ᄒ여/彩閣船(채각선)을 밧비 꼼여
공인(工人)이라.妓生(기생)이라./ᄒ더 올나 가쟈 ᄒ니,
明月(명월)은 來照(내조)ᄒ고,/淸風(청풍)은 前導(전도)ᄒ니.
漁歌(어가) 一曲(일곡)으로,/흘니져어 나려가니,
蒼壁(창벽)도 거록ᄒ고,/白沙(백사)가 異常(이상)ᄒ다.
上下(상하)로 溯洄(소회)ᄒ여/밤 드는 줄 이져시니,
蘇東坡(소동파) 赤壁(적벽)노름/이와 엇더ᄒ돗던고?
因(인)ᄒ여 이 길 노(櫓) 져/鎭東樓(진동루)8)로 흘러가싀.
鳳凰臺(봉황대)9) 지냇더려/汀羅島(정라도)10)로 直向(직향)ᄒ니,
六香下(육향하)11) 竹串島(죽관도)의/東海廟碑(동해묘비)12) 두렷 셧다.
長江(장강)을 다 盡(진)ᄒ여/大河(대하)의 다다르니,
無邊(무변)ᄒ 萬頃波(만경파)가/하늘밧기 連(연)ᄒ엿다.
녯 聖人(성인) 이른 말슴/물 되옴 어렵도다.
交柯驛(교가역)13) 察訪道(찰방도)도/勝地(승지)를 이루더니,
珊瑚館(산호관)14) 臥龍(와룡)되어/일홈도 됴커니와
叢竹亭(총죽정)15) 올나가니,/海景(해경)뿐이 아니로다.
凌波臺(능파대)16) 어디매요?/約日(약일)ᄒ여 노로리라.

---

8) 鎭東樓=지금의 삼척시 포진성(浦鎭城) 동문(東門)이었으나, 지금은 없어졌음.
9) 鳳凰臺=삼척시동쪽에 있는 산.
10) 삼척시 정라진앞 섬.
11) 六香下=삼척시 정라진에 있는 산인 육향산 아래.
12) 東海廟碑=척주퇴조비(陟州退潮碑). 1661년에 허목(許穆)이 삼척부사로 부임하여 동해의 해일(海溢)을 막고자 자기가 지은 비문을 스스로 적각(篆刻)하여 세웠던 일명 퇴조비(退潮碑)를 이름.
13) 交柯驛=지금의 삼척시 근덕면 교가리에 있었던 조선시대 역.
14) 珊瑚館=교가역에 있었던 객사(客舍).
15) 叢竹亭=산호관 남쪽에 있었던 정자. 일명 와유정(臥遊亭).
16) 凌波臺=지금의 동해시 북평읍 추암리(北坪邑湫巖里) 바닷가에 있었던 정자.

큰 비의 돗츨 다라/討捕使(토포사)17)와 同行(동행)ㅎ니,
氷上(빙상)의 胡笛(호적)소릭/新新(신신)도 ㅎ거니와
漁父詞(어부사) 女唱(여창)소릭/裊裊(요요)ㅎ미 더욱 됴희.
져근 덧 一帆風(일범풍)의/信地(신지)의 그쳐시니,
突兀(돌올)혼 둥군지가/大海(대해)을 臨(임)ㅎ엿고,
큰 怪石(괴석) 져근 怪石(괴석)/水邊(수변)의 버러시니,
矗矗(촉촉)히 奇怪(기괴)ㅎ미/海金剛(해금강)과 伯仲(백중)일다.
武陵溪(무릉계)18) 됴타 홈을/녯글에 보앗더니,
일홈이 相似(상사)ㅎ니,/이 아니 桃源(도원)인가?
青山(청산)이 重重(중중)ㅎ고,/綠水(녹수)는 潺潺(잔잔)ㅎ더,
玉(옥)ᄀᆞ튼 너러 ᄇᆞ회/물 우희 갈녀시니,
너뷔를 헤아리면,/十萬人(십만인)도 可(가)홀로다.
轉轉(전전) 深入(심입)ㅎ여/靈境(영경)을 츠ᄌᆞ가니,
壁層(벽층)혼 五色(오색) ᄇᆞ회/하눌을 괴야는 듯,
놉고 놉흔 鶴巢臺(학소대)의/雙瀑(쌍폭)이 가로 셧고,
三層(삼층) 진 깁흔 沼(소)의/神龍(신룡)이 좀겨세라.
天地(천지)의 造化工(조화공)이/엇지 그리 工巧(공교)혼고?
山川(산천)이 이러커든/靈氣(영기)가 업슬손가?
東山活耆(동산 활기)19) 炅吉地(경길지)의/穆祖考妣(목조고비)20) 陵(능)
을 뫼셔 吾東方(오동방) 億萬基業(억만 기업)/일노부터 兆朕(조짐)인가?

---

17) 討捕使=조선시대 삼척 포진성(三陟浦鎭城)의 으뜸 벼슬아치.
18) 武陵溪=지금의 삼척시 북평읍 삼화리(三和里) 두타산(頭陀山) 밑에 있는 계곡.
19) 東山活耆=동산은 지금의 삼척시 말로면 동산리(末老面東山里)를 말하는데, 여기에 조선 태조의 오대조비(五代祖妣)의 묘가 있고, 활기는 말로면 활기리를 가리키는데, 여기에는 조선 태조의 오대조(五代祖)의 묘가 있음.
20) 穆祖考妣=조선 태조의 오대조(五代祖)내외.

43. 陟州歌(척주가)

黃池(황지)의 심는 물이/根源(근원)도 壯(장)홀시고,
큰 뫼를 뚤어 넘어/洛東江(낙동강)이 되엿으니,
宅(댁)움믈 宅(댁)밧 일음/古老(고로)드리 相傳(상전)ㅎ되,
穆祖大王(목조대왕) 사라신 後(후)/이쩍ᄭᅵ지 닐너 온다.
太祖朝(태조조) 주신 犀帶(서대)/至今(지금)의 되셔시니,
이러흔 貴(귀)흔 寶(보)비/世上(세상)의 ᄯᅩ 이슬가?
이 고을 ᄯᅳ되옴이/山海(산해)을 兼全(겸전)ㅎ니,
人物(인물)도 富盛(부성)ㅎ고,/生理(생리)도 極盡(극진)ㅎ다.
各面(각면)을 도라보니,/東西(동서)의 風俗(풍속)다리
十二面(십이면)21) 이음호미,/義意(의의)를 너 모를식,
近德(근덕)은 무숨 일고?/道上道下(도상 도하) 兩里名(양리명)은
길을 두고 일너시니,/上長生(상장생) 下長生(하장생)은
長生不死(장생불사) ㅎ단 말가?/노곡가곡(蘆谷可曲) 末谷曲(말곡곡)은
무스거슬 이름인고?/所達(소달)이라 니르키는
穆祖(목조)로셔 낫다 ㅎ고,/아니 늙는 未老里(미로리)와
質朴(질박)흔 見朴谷(견박곡)은/强仍(강잉)ㅎ여 命名(명명)ㅎ니,
녯사롬의 ᄯᅳᆺ일는가?/物色(물색)으로 보량이면,
山中貴物(산중 귀물) 더욱 됴타./녯 名唱(명창) 梧上月(오상월)이
앗가이도 늙어고나!/제 貌樣(모양) 猛烈(맹렬)ㅎ니,
일홈과 ᄀᆞᆺ돗던가?/梁色(양색)도 고을시고!
桂蓮花(계련화)22)가 피엿는 듯,/公孫大娘(공손 대랑) 나문 法(법)을
六烈成烈(육렬 성렬) 獨步(독보)ㅎ가?/어린 梅(매) 어린 년이
일즉이도 粉(분)ㅎ여되/갈 梅(매)도 곱거니와
正梅(정매)도 언ᄯᅥ느랴?/銀蟾(은섬)23)의 발근 빗치

---

21) 十二面=조선시대 삼척의 면수(面數)
22) 桂蓮花=계수나무꽃과 연꽃.

遠賓(원빈)에 빗최는 듯/임주화(任朱花) 불근 곳슨
桃花(도화)와 엇더ᄒ고?/七分閣(칠분각)24) 閑暇時(한가시)의
歌舞(가무)로 消日(소일)ᄒ니,/客懷(객회)을 慰悅(위열)ᄒ니,
이밧긔 ᄯᅩ 잇는가?/江山(강산)의 主人(주인)되여
仙吏(선리)로 自處(자처)ᄒ니,/天山(천산)의 모든 神仙(신선)
이 滋味(자미) 엇듯던가?/어즈버 이 風流(풍류) 이 行樂(행락)을
莫非聖恩(막비성은)인가 ᄒ노라.

<金駟起 소개본에서>

〈참 고〉

金駟起,「陟州歌攷」,『論文集』11집, 三陟工業專門學校, 1978.

---

23) 銀蟾=달을 가리키는 다른 말.
24) 七分閣=조선시대 삼척부의 동언(東軒)을 칠분당(七分堂)이라고도 하였음.

44. 향산록(香山錄)

실명씨(失名氏)

해제 이 작품도 지은이와 지어진 연대를 알 수 없는 목판인쇄 두루 말이로 된 묘향산을 여행하고 지은 기행가사이다. 지은이는 이 작품의 내용으로 볼 때에 서울이 집이고, 독실한 불교 신자이거나, 불교에 관심이 매우 깊은 사람이라는 것만을 추측할 수가 있고, 그 지어진 연대에 관하여서도 이 작품 속에 "수충사 들어가니/어제 어필 봉안처라"라고 한 데에서 정조 18년(1794)에 왕명으로 수충사에 어필(御筆)로 사액(賜額)하면서 수충사(酬忠祠)라고 한 이후임을 알 수가 있다.

텬기(天開) 디벽후(地闢後)에/산쳔(山川)이 삼겨시니,
오악(五嶽)은 조종(祖宗)이요,/ᄉ희(四海)ᄂ 근원(根源)이라.
빅두산(白頭山) 일지믹(一枝脈)이/동(東)으로 흘너려
묘향산(妙香山)이 되어시니,/북방(北方)에 데일(第一)이라.
일국지(一國之) 명산(名山)이며,/졔불지 디찰(諸佛之大刹)이라.
평싱(平生)에 머근 뜻지/향산(香山) 보쟈 원(願)일너니,
츈삼월(春三月) 호시절(好時節)에/친고 벗과 긔약(期約)ᄒ고,
힝장(行裝)을 급(急)피 추려/낙약셩(洛陽城) 버든 길노,
쳥녀당(青藜杖)둘너 집고,/북향산(北香山) 차저가니,
빅두산(白頭山) 너믹(來脈)이요,/쳥쳔강(淸川江) 근원(根源)이라.
월님강(月林江) 건너 셔셔,/향산동(香山洞) 다다르니,

암샹(巖上)에 퓌는 쏘츤/원긱(遠客)을 반겨 ᄒ고,
계변(溪邊)에 우는 시는/츈흥(春興)을 노릭ᄒ다.
외사자(外獅子)목 너머 들 지,/자우(左右)를 살펴보니,
창숑(蒼松)은 울울(鬱鬱)ᄒ고,/녹슈(綠水)는 잔잔(潺潺)이라.
심진뎡(尋眞亭) 노든 집은/더쇼 힝ᄎ(大小行次) 영숑쳐(迎送處)라.
일힝(一行)을 지쵹ᄒ여/너ᄉᄌ(內獅子)목 도라 드니,
ᄌ우(左右)에 거령신(巨靈神)은/초핀왕(楚覇王)과 풍신(風神)이라.
홍살문(紅箭門) 너머 드러/조계문(曹溪門) 다다르니,
ᄌ우(左右)에 금강신(金剛神)은/인ᄉ(人事) 업시 튝긱(逐客)ᄒ다.
영쳥각(影淸閣) 표묘(縹緲)ᄒ고,/ᄉ적비(事蹟碑) 규연1)ᄒ다.
명월당(明月堂) 희희당2)을/동셔(東西)로 도라보며,
히탈문(解脫門) 나사 드러/문슈 보현(文殊普賢)3) 구경ᄒ고,
텬왕문(天王門) 너머 드러,/ᄉ방텬왕(四方天王) 웅장(雄壯)ᄒ다.
진샹뎐(眞常殿) 너원당(內願堂)4)을/ᄌ우(左右)로 살펴보며,
만셰누(萬歲樓) 올나 안자/원근(遠近)을 바라보니,
남산(南山)에 웃는 쏘슨/희식(喜色)5)을 쯔여 잇고,
젼계(前溪)에 가는 물은/경광(景光)을 알와넌 듯,
취우단(翠雨壇) 비운간에6)/오쟉(烏鵲)이 쌍비(雙飛)ᄒ니,
요지(瑤池)는 어딜넌지?/션경(仙景)은 여긔로다.
여리탑(如來塔) 십구층(十九層)과/다보탑(多寶塔) 십이층(十二層)을
젼후(前後)로 구경ᄒ고,/디웅뎐(大雄殿) 드러가니,
의의(依依)ᄒ 뎐탑샹(殿榻上)에/금불샹(金佛像)이 거록ᄒ다.

---

1) 규연=『精選朝鮮歌曲』본에는 "久遠"으로 되어 있음.
2) 히희당=『精選朝鮮歌曲』에는 "愛月藏"으로 되어 있음.
3) 문슈 보현=문수보살(文殊菩薩)과 보현보살(普賢菩薩).
4) 너원당=『精選朝鮮歌曲』에는 "海會堂"으로 되어 있음.
5) 희식=『精選朝鮮歌曲』에는 "春色"으로 되어 있음.
6) 『精選朝鮮歌曲』에는 "翠雪堂 白雲閣의"로 되어 있음.

이층뎐(二層殿) 불각(佛閣)집은 반공(半空)에 소사시니,
션인(仙人)의 조작(造作)인지?/인간 지조(人間才操) 아니로다.
빅옥누(白玉樓) 광한뎐(廣漢殿)을/말노만 드럿써니,
오눌날 친견(親見)홀 줄/이 엇지야 아라시랴?
총회문(總會門) 너머 셔셔/명부뎐(冥府殿) 드러가니,
디장보살(地藏菩薩) 슈자⁷⁾호고,/시왕(十王)이 널자(列座)로다.
참혹(慘酷)흔 디옥 고싱(地獄苦生)/낫낫치 그려 잇다.
응향각(凝香閣) 드러가셔/오동 향노(烏銅香爐) 구경ᄒ고,
심검당(尋劒堂) 슈월당(水月堂)과/관음뎐(觀音殿) 동님헌(東臨軒)과
미타뎐(彌陀殿) 망월누(望月樓)을/츠례(次例)로 구경ᄒ고,
유산(遊山)길를 츠려 나셔/안심ᄉ(安心寺) 도라 드니,
무수(無數)흔 부도비(浮屠碑)은/도승(道僧)의 유적(遺跡)이라.
녹슈 쳥산(綠水靑山) 깁픈 골노/샹원암(上院庵) 차자갈 지,
디ᄒ포(大河浦) 구경ᄒ니,/졍신(精神)이 쇠락(灑落)ᄒ다.
이층 텰사(二層鐵絲) 더위잡고,/인호디(引壺臺) 올나가니,
숑풍(松風)은 거문괴요,/두견셩(杜鵑聲)은 노리로다.
동편(東便)에 산쥬포(散珠浦)ᄂ은/진쥬(眞珠)를 헛치난 듯,
뇽연포(龍淵浦) 나린 물은/빅룡(白龍)이 섯노난 듯,
텬딘포(天津浦) 노푼 물은/반공(半空)의셔 나리넌 듯,
십쥬(十洲)ᄂ은 엇더ᄒᆫ지?/삼산(三山)은 여긔로다.
샹원암(上院庵) 드러가니,/별유텬디(別有天地) 이곳이라.
칠셩각(七星閣) 구경ᄒ고,/뇽자셕(龍坐石) 도라가니,
관찰ᄉ(觀察使) 틱슈명(太守名)을/면면(面面)이 삭여시니,
셕뎐(石顚)이 반됴뎡(半朝廷)은/녯말이 분명(分明)ᄒ다.
금강문(金剛門) 도라드러/츅셩뎐(築城殿) 드러가니,

---

7) 슈자=『精選朝鮮歌曲』에는 "首座"로 되어 있음.

울이 데왕(帝王) 축슈쳐(祝壽處)라./울울 층층(鬱鬱叢叢) 만셰(萬歲)로다.
화발(花發)흔 산간(山間)으로,/불영디(佛影臺)도라가니
두봉화 만발ㅎ고,/졉동시 슬피운다.
빈발암 덤심ㅎ고,/단군디 올나가니
단군(檀君)이 탄싱쳐(誕生處)에/셕굴(石窟)만 나마잇다.
산쳔(山川)을 구경(求景)ㅎ고,/만폭동(萬瀑洞)도라가니
빅셕층층(白石層層) 천만디(千萬代)로/흐르너니 쳥계슈(淸溪水)라.
우쪽디(遺蹟臺) 올나셔니,/디쇼우젹(大小遺跡) 분명(分明)ㅎ다.
강션디(江仙臺) 올나가니,/신션(神仙)이 ㅎ강쳐(下降處)라.
금강굴(金剛窟) 니려오니,/셔산디사(西山大師) 슈도쳐(修道處)라.
샤리각(舍利閣) 드러가셔,/팔샹뎡(八相堂) 구경(求景)ㅎ고,
니원암(內院庵) 날여가니,/산듕지(山中之) 복쟝(福庄)이라.
무릉포(武陵浦) 너머 오니,/무릉도원(武陵桃源) 여긔로다.
견불암(見佛庵),화장암(華藏庵)과,/ㅅ봉암(四峯庵),오봉암(五峯庵)과,
불디암(佛智庵),너보현(內普賢)을,/녁녁(歷歷)히 구경(求景)ㅎ고,
국진굴(極盡窟) 보윤암(普潤庵)을,/니릴 길에 잠싼(暫間) 보고,
슈튱ㅅ(酬忠祠) 드러가니,/어졔어필(御書御筆) 봉안쳐(奉安處)라.
여시문(如是門) 너머 드러,/영각(影閣)에 드러가니,
셔산ㅅ명(西山大師) 냥디ㅅ의/영상(影像)이 거록ㅎ다.
임진년(壬辰年) 왜란시(倭亂時)에,/검(劒)을 집고 일어셔셔,
일본(日本)을 항복(降伏)밧고,/됴션(朝鮮)을 틱평(太平)이라.
금난가ㅅ(錦欄袈裟) 즐비댱숨(長衫)/뉴리잔(琉璃盞) 픠엽션(貝葉扇)과,
화광쥬[8] 뉵환댱(六環杖)은/냥디ㅅ(兩大師)의 유젹(遺跡)이라.
극낙뎐(極樂殿),녕산뎐(靈山殿)을,/낫낫치 구경(求景)ㅎ고,
디장뎐(大藏殿) 드러가니,/팔만경판(八萬經板) 쏘아 잇다.

---

8) 『精選朝鮮歌曲』에는 "夜光珠"로 되어 있음.

계조암(繼祖庵), 빅수암9)을/주셰(仔細)이 도라보고,
남경암(南精庵) 올나가니,/모죵(暮鍾)이 징연(鏘然)하다.
비로봉(毘盧峰), 셔가봉(釋迦峰)과/관음봉(觀音峰), 나한봉(羅漢峰)과
향노봉(香爐峰), 법왕봉(法王峰)과/미륵봉(彌勒峰), 칠셩봉(七星峰)과
지장봉(地藏峰), 시왕봉(十王峰)과/가셥봉(迦葉峰), 아란봉(阿難峰)과
샹비로(上毘盧) 슈미디(須彌臺)와/듕비로(中毘盧) 비운디와
하비로(下毘盧) 보련디(寶蓮臺)와/삼셩디(三聖臺), 셜녕디(雪嶺臺)을
츠례(次例)로 바라보니,/흉금(胸襟)이 쾌활(快活)하다.
티빅산(太白山) 유발승(有髮僧)이/되고져 할 것만은
셰연(世緣)에 걸닌 몸이/딘연(塵緣)을 미진(未盡)하여
두견셩(杜鵑聲) 한 소리에/고향(故鄕) 싱각 주연(自然) 난다.
산슈(山水)가 졀승(絶勝)하니,/명츈(明春)에 다시 보세.
갈 길을 직쵹하여/명산(名山)을 하딕(下直)이라.

<목판본에서>

---

9) 빅수암=『精選朝鮮歌曲』에는 "白雲庵"으로 되어 있음.

45. 香山別曲(향산별곡)

실명씨(失名氏)

해제 이 작품도 지은이와 연대를 알 수 없는 묘향산을 여행한 기행가사이다. 강전섭(姜銓燮)이 어천찰방(魚川察房)을 지낸 정시숙(鄭時淑 : 1689-1714)이 1712-1713경에 지었을 것이라고 고증한 일이 있으나, 필자는 역시 의심되는 점이 아직은 남아 있기 때문에 실명씨작으로 보고자 한다. 그 이유는 이 작품 속에서 "三淵先生 四韻詩를/ 座上에 써 있으니,/ 옛 사람 지은 글이 오는 날 경이로다."라고 한 데에서 근거할 경우, 삼연(三淵)은 김창흡(金昌翕 : 1653-1722)의 호이니, 김창흡이 이곳에 와서 사운시를 썼다면, 그가 묘향산을 여행하였을 때일 것이다. 그것은 숙종 32년(1706) 봄이니, 강전섭의 말대로 이 작품이 1712년에 지어진 것이라면, 6년밖에 안되는 일을 "옛사람 지은 글"운운할 수가 없다고 보여지기 때문이다.

어제밤 비가 개니,/四山(사산)¹⁾의 봄빛치라.
淸風閣(청풍각) 낮잠 깨야/春服(춘복)이 거의이니,
童子(동자)가 六七(육칠)이요,/어룬이 세네이라.
東臺(동대)의 들 깬 술을/天柱寺(천주사) 내려 와서
六勝亭(육승정) 배를 매고,/隱松亭(은송정) 올나가니,

---

1) 四山=사방으로 둘려 있는 산.

牧丹峰(목단봉) 녑흔 곳애/夕陽(석양)이 거의로다.
石徑(석경)이 막대 쇼래/오나이 어대 중고?
妙香山(묘향산) 봄 風景(풍경)을/너다려 무러 보자.
時節(시절)이 三春(삼춘)이오./피나니,뫼꼿치라.
峰峰(봉봉)이 푸른 빗츤/蓬萊山(봉래산) 金光草(금광초)오.
골골리 흐른 물은/武陵(무릉)의 落花(낙화)로새.
芒鞋(망혜)와 竹杖(죽장)을/欣然(흔연)히 옷을 뜰처
飮博樓(음박루) 내다라서/小林村(소림촌) 지나가니,
뛰니영 달바자의/鷄犬聲(계견성) 閑暇(한가)하다.
石倉(석창) 말을 슈여/魚川驛2) 차자 가니,
꼿쇽의 슈삼 驛村(역촌)/저녁내 자자졌다.
솔바람 디난 後(후)의/四絶亭(사절정) 올나 보니,
四五株(사오주) 너른 남기/落落(낙락)희 버렀는대,
空中(공중)의 달닌 집이/隱然(은연)의 숨어시니,
壁上(벽상)의 삭인 글시/예사람 자쵀로다.
프른 돌 말근 내의/들빗치 無限(무한)하다.
十里(십리) 垂楊(수양) 밧께,歷歷(역력)한 行人(행인)이라
匹馬(필마)를 채을 쳐서/月林江(월림강) 다다로니,
적막(寂寞)한 荒江(황강) 우의/물쇼래 뿐이로다.
부라고 또 불너서/빈 배를 재촉하니,
靑山(청산) 一孤舟(일고주)로,/簑笠(사립) 쓴 저 舟子(주자)야!
滄浪曲(창랑곡)3) 白石歌(백석가)4)의/一生(일생)의 일이 읍나?

---

2) 魚川驛=평안남도 영변군에 딸린 지명.
3) 滄浪曲=굴원(屈原)이 지은 「漁父辭」에 나오는 어부(漁父)가 부른 노래."창랑의 물이 맑으면, 나의 갓끈을 씻을 수 있을 것이요, 창랑의 물결이 흐리면,나의 발을 씻을 수 있을 것이다.(滄浪之水淸兮可以濯吾纓滄浪之水濁兮可以濯吾足)"이라고 한 것임.

白沙汀(백사졍) 다 디나셔/九松臺(구송대) 너머가니,
千萬疊(쳔만쳡) 구름 뫼히/갈 기를 막아 이다.
絶壁(졀벽)의 나무 곳희/쇼 꾸딘는 쇼래 나니,
문노라! 져 백셩(百姓)아!/눌 위호야 예서 산고?
뫼불이 지난 터의/石戰(셕젼)을 깁피 가라
두 암쇼 한 쟁기의/치 갈고 내리 가라.
官稅(관셰)를 바친 後(후)의/計量(계량)을 하오리라.
一年(일년)을 버은 穀食(곡식)/남은 것 을만고?
쇼나모 외다리로/獅子(사자)목 도라드니,
尋眞亭(심진졍) 쟈근 亭子(정자)/내까의 지언는대,
松下(송하) 흰곳 같은//네 다섯 즁이로다.
졀하고 맞바 나셔/압기를 前導(젼도)한다.
杜鵑花(두견화) 丁香樹(졍향수)은/左右(좌우)의 자졋는대,
藍輿(남여)랄 기리 모라/百花洞(백화동) 도라드니,
宏廓峰(굉곽봉), 卓旗峰(탁기봉)은/半空(반공)의 뽐쇼삿다.
꽃香내 시내 소래/十里(십리)의 한 빗치라.
普賢寺(보현사) 밧 洞口(동구)의/曹溪門(조계문) 雄壯(웅쟝)하니,
한 줄로 늙은 솔리/風雨(풍우)가 셕꺼난대,
얼두꼿 물방아가/一時(일시)의 소래하니,
蒼茫(창망)한 큰 洞壑(동학)이/白日(백일)의 雷霆(뇌졍)이라.
天王堂(텬왕당) 깁흔 곳의/찰바람이 결누 나니,
黃金甲(황금갑) 七星劒(칠셩검)의/네 將帥(장수) 난와 셧다.
萬歲樓(만세루) 크게 열고/正堂(졍당)의 안틴 후(後)의
삭인 窓(창) 나난 簷下(쳠하)/壯麗(쟝려)도 함도 할사.

---

4) 白石歌=제(齊)나라 영쳑(寧戚)이 불우하엿을 때에 소의 뿔을 치며 부른 노래라고 함.

四面(사면)의 그린 신선(神仙)/毛髮(모발)이 살아난 듯,
큰 사매 놉흔 관(冠)의/늙은 중 올나 와서
百八珠(백팔주) 쇼의 글고,/한 쇼래 木鐸聲(목탁성)의
열 네 房(방) 모든 중이/次例(차례)로 모혀 오니,
威儀(위의)은 창창하고,/禮數(예수)도 整齊(정제)하다.
蒼蒼(창창)한 松栢林(송백림)의/層層(층층)한 彩色(채색)딥이
眼力(안력)이 현황(眩惶)하니,/갈 길이 稀微(희미)하다.
十王殿(시왕전) 羅漢宮(나한궁)이/東西(동서)로 버럿난대,
뜰압희 삭인 塔(탑)이/은제적 功力(공력)인고?
崑崙山(곤륜산) 白玉石(백옥석)을/蓮花臺(연화대) 삭여내여
그 우희 十二層(십이층)을/層(층)마다 꼿송이라.
모모히 걸닌 겨쇠/생鶴(생학)이 우니난 듯,
衣冠(의관)을 整(정)히 하고,/大雄殿(대웅전) 올나가니,
金碧(금벽)이 燦爛(찬란)하야/구름 속의 어리엿다.
雙龍(쌍룡)을 크게 삭여/殿上(전상)의 셔려난대,
左右(좌우)의 牧丹花(목단화)은/蓮(연)꽃과 셕거 피여
靑紗籠(청사롱) 玉龍盞(옥룡잔)을/面面(면면)히 거러 두고,
寶塔(보탑)을 너피 무어/ 셔부쳐 안디시니,
第一層(제일층) 金光(금광) 속의/世尊(세존)이 主塔(주탑)하고,
彌勒佛(미륵불),觀世音(관세음)은/次例(차례)로 모셰 잇다.
비단보(緋緞褓) 은궤(銀櫃)을/古蹟(고적)을 차자보니,
釋迦如來(석가여래) 어금이가/至今(지금)의 宛然(완연)하다.
韓文公(한문공)5) 佛骨表(불골표)6)의/석은 뼈 이 안닌가?

---

5) 韓文公=당(唐)나라 시인 한유(韓愈).
6) 佛骨表=한유(韓愈)가 당헌종(唐憲宗)의 신불(信佛)을 간(諫)하여 올렸던 표문(表文).

부처가 靈(영)타 한들,/뼈죠차 그록하랴?
西山(서산)7) 집든 막대/貴키도 貴커니와
惟政(유정)8)의 닙든 가사(袈裟)/백세(百世)의 寶배(보貝)로다.
湖南(호남)의 八百義兵(팔백 의병)/千里(천리)의 싸혼 功(공)이
滄波(창파)의 한 돗대로/王命(왕명)으로 도라오니,
그 때의 닙던 오시/이 가사(袈裟) 긔 안닌가?
觀音殿(관음전) 올라 와서/적년齋(赤蓮재) 나아 오니,
쓸흔 밥 뫼난물을/香(향)내롭기 그지 읍다.
밤중만 風磬(풍경)쇼래/꿈죠차 淸凉(청량)하다.
찬 벼개 덜 깬 잠의/南窓(남창)을 녈여 보니,
冷冷(냉랭)한 솔바람의/滿庭(만정)한 花月(화월)이라.
긴 밤을 안자 새와/開心寺(개심사) 너머 가니,
前朝(전조)적 삭인 거북/녯비(碑)랄 등의 지고,
풀 속의 업듸연디/몇 百年(백년) 되단 말가?
셔흔 여달 浮圖石(부도석)을/낫낫치 차자보니,
밤마다 瑞氣(서기)하기/아마도 奇異(기이)하다.
臺下瀑(대하폭) 暫間(잠간 디나,/引虎臺(인호대) 차지리라.
一千(일천) 길 쇠사슬이/絶壁(절벽)의 걸녀 잇다.
半空(반공)의 몸을 내려/거름 거름 올나가니,
귀까의 찬 바람은/太淸(태청)9)의 홀로 난 듯,
발 아래 흰 구름은/下界(하계)가 茫茫(망망)하다.
法王峰(법왕봉) 아젹 안개/돗난 해예 바인난대,
네 뫼의 구름남기/그림 속 烟雨(연우)로다.

---

7) 西山=조선시대 스님 서산대사(西山大師).
8) 惟政=조선조 스님 사명당(泗溟堂).
9) 太淸=하늘.

九天(구천)의 銀河水(은하수)가/세 길로 나려 오니,
散珠瀑(산주폭) 나난 형세(形勢)/굿살을 헤잣난 듯,
龍淵瀑(용연폭) 깁흔 소(沼)의/老龍(노룡)이 잠겻난 듯,
上上層(상상층) 天神瀑(천신폭)난/하날 밧 소래로다.
高麗(고려)적 西域(서역)중이/庵子(암자)터 定(정)할 따의
범이라 引導(인도)하야/이 터의 오단 말가?
바회 우 가난 길로/上院庵(상원암) 건너가니,
밝은 窓(창) 淨(정)한 궤(櫃)의/景物(경물)이 蕭灑(소쇄)할샤.
三淵先生(삼연선생)10) 四韻詩(사운시)을/座上(좌상)의 써 잇시니,
녜 사람 디은 그리/오난 날 경(景)이로다.
龍角石(용각석) 놉흔 돌의/몃몃이 題名(제명)하고,
큰 글자 쟈근 획(劃)이/빈 틈이 져여 읍다.
君子(군자)난 그 언마며,/小人(소인)은 몃 사람고?
돌 우헤 삭인 일홈/後人(후인)의 거우리라.
東(동)으로 셋재 峰(봉)의/佛影臺(불영대) 지어시니,
千年(천년)의 네 史記(사기)을/예다가 주어다가
五臺山(오대산) 온긴 후(後)의/梵王宮(범왕궁)이 되단 말고?
方正(방정)한 너른 뜰의/山杏花(산행화) 훗날이고,
표묘(縹渺)한 놉흔 뫼의/날 새도 그처시니,
石壇(석단)의 안진 중이/松陰(송음)이 죠을 적의
爐烟(노연)은 자라지고,/風鐸(풍탁)이 철노 우니,
내까의 노난 사람/제 와셔 질뜨린다.
솔부를 부러내여/杜鵑花(두견화) 다 진 後(후)의
萬壑(만학)을 얼풋 지나,/佛智庵(불지암) 드러가니,

---

10) 三淵先生=조선시대 시인이요 학자이던 김창흡(金昌翕).

居僧(거승)은 다 떠나고,/빈집만 남아난대,
香노(향로)의 찬 재 우해/뫼쥐 자최 뿐이로다.
普賢庵(보현암) 點心(점심)하고,/賓鉢庵(빈발암) 올나가니,
經(경) 읽난 大師(대사) 중이/두 세 弟子(제자) 다리고,
치衣(緇의)랄 길게 끄어/客堂(객당)의 마정 드니,
房房(방방)이 놉흔 床(상)의/床(상)마다 네 經書(경서)와
法服(법복)랄 가틴 後(후)의/誦聲(송성)이 洋洋(양양)하니,
太古(태고)적 깁흔 뫼오,/히만한 긴 날이라.
人世(인세)의 영여욕(榮與辱)을/아난다? 모로논다?
中臺(중대)을 계오 너머,/檀君臺(단군대) 올나가니,
樸地(박지)한 一千峰(일천봉)이/臺(대) 아래 朝會(조회)하고,
上古(상고)의 흰 구름이/峰(봉)우희 절노 난다.
香(향)나모 등걸 아래/神人(신인)을 뉘라 댄고?
東方(동방)의 첫 人君(인군)이/이 안이 聖人(성인)인가?
녯 마리 蒼茫(창망)하니,/눌더러 무랄노니?
斜陽(사양)을 엽희 기고,/萬瀑洞(만폭동) 나려가니,
百尺(백척)의 나난 무리/것구루 쇼(沼) 들 적의
萬馬(만마)가 함긔 달녀/九龍(구룡)이 섯거 치니,
項羽[11](항우)의 三萬精騎(삼만 정기)/巨鹿[12](거록)의 掩襲(엄습)한 듯,
韓信(한신)의 二千紅旗(이천 홍기)/趙壁(조벽)을 빼앗난 듯,
霹靂(벽력)이 急(급)히 치니,/平地(평지)가 움직인다.[13]
牛足臺(우족대) 暫間(잠간) 보고,/內院庵(내원암) 숙어 드니,

---

11) 項羽=중국 진(秦)나라 말의 장수(將帥). 이름은 항적(項籍), 우(羽)는 자(字)임.
12) 巨鹿=거록(鋸鹿)의 잘못. 중국 하북성(河北省) 남부에 있었던 지명으로 지금의 평향현(平鄕縣)인데, 항우(項羽)가 진군(秦軍)을 격파한 곳.
13) 움직인다=원문에는 "움자인다"로 되어 있음.

바회쇽 쟈근 집은/金剛窟(금강굴) 奇異(기이)하고,
如來(여래)의 舍利塔(사리탑)은/古錢(고전)이 의심(疑心)된다.
큰 房(방)의 나려와서/이 밤을 더새랴니,
깁흔 뫼 혼자 밤의/萬籟(만뢰)14)가 寂寞(적막)하다.
香盤(향반)의 불이 픠고,/佛燈(불등)이 明滅(명멸)한대,
老僧(노승)의 기침소래15)/그 더욱 閑暇(한가)하다.
唐天使(당천사)16) 편지軸(편지축)의/宣廟朝(선묘조)17) 御製詩(어제시)은
祥雲(상운)이 덥허난대,/百靈(백령)이 護衛(호위)한다.
見佛庵(견불암) 디나 건너18)/武陵瀑(무릉폭) 드러가니,
금(金)모래 玉(옥)바회의/水晶簾(수정렴) 걸녓난대,
아젹해 빗기 쬐니,/五色(오색)이 섯거졋네.
點點(점점)이 떠온 꼿치/어디셔 떠러진고?
이 물을 차자가면,/긔 아니 桃源(도원)이랴?
져 峰(봉)의 붉은 기棟(동)/녜 庵子(암자) 터히던가?
迦葉庵(가섭암),阿難庵(아란암)은/어늬 해예 문허지고,
香爐殿(향로전) 다 본 後(후)의/靈山殿(영산전) 올나가니,
南精庵(남정암) 석긴 비(碑)의/쇠북쇼래 新(신)하다.
白소庵(백소암) 나린 峰(봉)의/天柱石(천주석) 놉하시니,
繼祖庵(계조암) 오난 길노/큰 졀로 도라와서19)
긴 시내 진 안개에/洞門(동문)을 다시 나셔
말 잡고,도라보니,/萬壑(만학) 千峰(천봉)이

---

14) 萬뢰=온갖 수많은 소리들.
15) 기침소래=원문에는 "기참소래"로 되어 있음.
16) 唐天使=당나라 천자(天子)가 보낸 사신(使臣).
17) 宣廟朝=조선시대 서조(宣祖)임금.
18) 디나 건녀=원문에는 "디나거녀"로 되어 있음.
19) 도라와서=원문에는 "노라와셔"로 되어 있음.

구름빛 뿐이로다[20].

<李周洪 소개본 『關西別曲』에서>

〈참 고〉

李周洪,「資料 關西別曲」,『국어국문학』13호, 국어국문학회, 1955.
姜銓燮, 海石金載瓚의「箕城別曲」에 對하여 『東洋學』19집, 단국대학
　　교, 1989.

---

20) 뿐이로다=원문에는 "뿜이로다"로 되어 있음.

기행 가사 자료 선집 1

인쇄일 초판 1쇄 1996년 10월 25일
　　　　 2쇄 2017년 03월 20일
발행일 초판 1쇄 1996년 10월 30일
　　　　 2쇄 2017년 03월 23일

지은이 최 강 현
발행인 정 찬 용
발행처 국학자료원
등록일 1987.12.21. 제17-270호

서울시 강동구 성내동 447-11 현영빌딩 2층
Tel : 442-4623~4 Fax : 442-4625
www.kookhak.co.kr
E-mail : kookhak2001@hanmail.net
ISBN 978-89-8206-061-8 03810
가 격 17,000원

*저자와의 협의 하에 인지는 생략합니다.